Ingrandimenti

Joaquín Navarro-Valls

I MIEI ANNI CON GIOVANNI PAOLO II

Note personali

Traduzione di Roberta Fregonese, Andrea Grechi, Laura Menozzi e Raul Schenardi

MONDADORI

mondadori.it

ISBN 978-88-04-77896-7

Titolo dell'opera originale
Mis años con Juan Pablo II
I edizione maggio 2023

Indice

Presentazione

Breve storia di alcuni appunti

«Ora che è innalzato all'onore degli altari, lei scriverà il suo libro di ricordi personali di un santo?» aveva chiesto a Joaquín Navarro-Valls il corrispondente romano di «ABC». Mancava una settimana alla beatificazione di Giovanni Paolo II. «Ha toccato un argomento che mi sta a cuore e che sento come un imperativo morale» aveva risposto l'ex portavoce. «Ho circa 600 pagine di appunti presi in quegli anni… Si è già scritto molto di lui, ma la sua persona, il suo ricco profilo umano sono, almeno in parte, ancora da scoprire.»[1]

Anche Luigi Accattoli, esperto vaticanista del «Corriere della Sera», sapeva dell'esistenza di quegli appunti e racconta che ne avevano parlato più volte: «Durante l'ultima intervista telefonica fatta in occasione della morte di Fidel Castro [25 novembre 2016], gli chiesi: "Come va con le memorie?". Mi rispose: "Non vanno avanti. Sono diventato pigro". Forse era il suo modo di farmi sapere che non stava bene, ma non lo disse esplicitamente, e io non seppi nulla della sua malattia fino alla notizia della morte».[2]

Quell'opera che «non va avanti» è il libro che il lettore ha ora tra le mani. Si tratta di appunti veloci, presi quasi sempre nel corso degli avvenimenti che coprono i ventun anni in cui Navarro-Valls fu portavoce di papa Wojtyła. Sono scritti nella sua lingua madre, lo spagnolo, ma conditi da numerose frasi ed espressioni in italiano, sua lingua d'adozione. È sorprendente che, nel bel mezzo di un'attività senza dubbio intensa, abbia trovato il tempo di scrivere queste note. In realtà, non sempre ci è riuscito: molte date importanti del pontificato di Giovanni Paolo II mancano di annotazioni. Malgrado questo, una volta trascritte, occupavano diverse centinaia di pagine. Per fortuna il trasferimento dal manoscritto al supporto digitale è stato effettuato dall'autore stesso: un dettaglio non trascurabile, visto che la sua calligrafia era all'altezza dello stereotipo della scrittura «da medico».

Quando lasciò l'incarico presso la Santa Sede, un editore americano lo sollecitò a scrivere un libro di memorie sugli anni trascorsi con il papa. Partendo dai propri appunti, Navarro-Valls vi si dedicò per qualche giorno, ma presto si arrese. Si rese conto che per svolgere il lavoro sarebbero state necessarie molte ore, e ciò che desiderava e di cui aveva bisogno in quella fase della vita era un cambio di rotta: tornare alla medicina, il suo primo amore. Rescisse il contratto che aveva già firmato.

Era addirittura sul punto di sbarazzarsi di tali pagine, ma il desiderio di fare «qualcosa di utile» era pressante: lo considerava un «imperativo morale», come testimonia lui stesso nell'intervista citata in apertura. Era consapevole di poter contribuire, con il suo racconto, a una migliore comprensione del profilo umano di Giovanni Paolo II, vero protagonista del libro.

Dalla facoltà di Comunicazione della Pontificia università della Santa Croce, presso la quale anni addietro aveva accettato di essere professore ospite, ci siamo offerti di dargli una mano. Non si trattava più di costruire un libro di memorie a partire dagli appunti, ma di trasformare quello stesso materiale in qualcosa di pubblicabile: bastava mettere in ordine le annotazioni, ripulire il testo, verificare le date, introdurre, se necessario, brevi note di contestualizzazione. Poiché si tratta di un libro composto da contributi disuguali, raccolti nell'arco di più di vent'anni e senza alcuna visione d'insieme, è stato anche necessario eliminare le inevitabili ridondanze.

La revisione è stata effettuata senza fretta e in gran parte mentre Navarro-Valls era ancora in vita, anche se con il progredire della malattia il ritmo è rallentato. Il resto è stato completato qualche tempo dopo, adottando gli stessi criteri. È stata aggiunta la ripartizione in 50 capitoli, che seguono un ordine cronologico e hanno un titolo che conferisce una certa omogeneità alle annotazioni; ciascuna delle quali, inoltre, si presenta con intestazione e data. Alcuni capitoli hanno un tema comune, come quelli sul viaggio a Mosca con la delegazione della Santa Sede, la visita di Gorbačëv in Vaticano, i preparativi per il viaggio del papa a Cuba o l'assassinio del comandante della Guardia svizzera.

Dodici capitoli raccontano i giorni delle vacanze estive in montagna. Lì, la scena cambia, e compare un Giovanni Paolo II che dorme sotto un albero, soffre per la situazione in Libano, parla di filosofia, contempla la natura dalla cima di una montagna e mostra uno spirito avventuroso che, per alcuni, rasenta la temerarietà. In uno di quei giorni, il segretario del papa sorprende il portavoce mentre prende appunti su un taccuino e avverte ironicamente gli altri: «Attenti a quel che dite e ai commenti che fate! Tra qualche anno vedrete tutto scritto e pubblicato in un libro del dottor Navarro!».

Durante l'intero processo di revisione degli originali, era implicito che il libro sarebbe stato pubblicato – «se qualcuno fosse interessato» precisava Navarro-Valls – dopo la sua morte, anche a distanza di anni. Penso desiderasse evitare anche solo il sospetto di volersi mostrare come il «modello» comunicativo della Santa Sede, per di più proprio quando si stava ripensando e riorganizzando tutto ciò che riguarda la comunicazione vaticana.

Il suo punto di vista era noto: considerava imprescindibile, per il proprio lavoro, avere un accesso diretto al papa. Come spiegò anni dopo padre Federico Lombardi,[3] a quel tempo in Vaticano «mancava generalmente la consapevolezza del rapporto molto stretto, vorrei dire dell'intreccio continuo tra governo e comunicazione, nel senso che l'efficacia di una linea di governo sia nel campo disciplinare od organizzativo, sia in campo pastorale, dipende inevitabilmente dalla sua comunicazione ... Di questo il dottor Navarro era assolutamente consapevole e per questo richiedeva insistentemente il rapporto intenso anzitutto con il Papa. Ma ciò in una realtà complessa come quella vaticana non era scontato».[4]

Nelle annotazioni di Navarro-Valls ci sono alcuni riferimenti a queste difficoltà, dovute soprattutto alla mancanza di sensibilità per gli aspetti comunicativi da parte di alcune personalità dotate di potere decisionale all'interno della Santa Sede. Per molti anni le ha risolte rivolgendosi, all'occorrenza, direttamente al papa. Tuttavia, negli ultimi anni del suo pontificato, tenendo conto dello stato di salute di Giovanni Paolo II, ha preferito risparmiargli quel peso.

Di certo, non ha mai considerato il suo rapporto diretto con il papa come un privilegio, bensì come qualcosa di fondamentale per entrare in sintonia con il Santo Padre e trasmettere meglio il suo pensiero. La collaborazione del segretario di Giovanni Paolo II, monsignor Stanisław Dziwisz, è stata decisiva per raggiungere tale obiettivo, come ampiamente testimoniato nelle annotazioni. Usufruivano perlopiù di situazioni informali, come pranzi e cene, o giornate estive di riposo.

Navarro-Valls ha evitato la tentazione di riscrivere i testi con la prospettiva del dopo. In alcuni casi ha aggiunto una nota per chiarire una situazione: per esempio, quando Dziwisz gli chiese, per la prima volta, cosa pensasse di un'eventuale dimissione di Giovanni Paolo II, il portavoce rispose che gli sembrava una follia. In nota aggiunge: «Questo è ciò che pensavo allora. Naturalmente, quasi vent'anni dopo, la storia avrebbe mostrato uno scenario molto diverso». Tali osservazioni sono riportate nel libro a piè di pagina.

In una delle prime, relativa a un incontro tra Giovanni Paolo II e il giornalista Indro Montanelli, Navarro-Valls afferma di aver cercato di «registrare le sue risposte nel modo più accurato possibile». È un'osservazione che egli estende al resto dell'opera, in coerenza con il buon lavoro di un portavoce il quale, peraltro, ha svolto per anni l'attività di cronista. Questa è la credibilità che sta alla base delle numerose frasi attribuite nel libro a Giovanni Paolo II, senza pretendere che ognuna di esse sia testuale al cento per cento.

Un'ultima osservazione: nel testo, le persone sono citate come nell'originale. Di norma, l'autore le nomina usando il cognome ed evitando titoli o formule di cortesia (monsignore, arcivescovo, cardinale, ecc.) che potrebbero compromettere la fluidità del racconto. Nel caso del segretario del papa, alterna il cognome Dziwisz con il nome proprio Stanisław.

Profilo umano

L'origine frammentaria degli appunti non impedisce di cogliere alcuni tratti del profilo umano di Giovanni Paolo II rimasti costanti negli anni. Uno di questi è il suo senso dell'umorismo. Un giorno, arrivato nell'appartamento papale, Navarro-Valls saluta il papa e aggiunge: «"Ogni volta che mi invita a pranzo, lo considero un regalo". Lui mi interrompe con un sorriso e mi dice: "Ho fatto il conto di tutte le volte che l'ho invitata. Sono molte. Sarebbe ora che lo facesse lei, una volta…"» (30 giugno 1989).

Altra caratteristica del papa è il suo totale abbandono nelle mani di Dio, che si manifesta non solo in momenti cruciali come la malattia, ma anche in circostanze più domestiche. In una delle prime occasioni in cui Navarro-Valls lo osserva riposare tranquillo, durante un'escursione in montagna, annota: «Colpisce vederlo dormire in santa pace, abbandonando a Dio il timone della Chiesa» (18 luglio 1988).

Un atteggiamento di abbandono che si accompagna allo stesso tempo alla volontà di compiere tutto ciò che è umanamente possibile per far prevalere il bene, la giustizia e la verità. Una sera annota: «Lascio l'appartamento papale dopo più di un'ora di conversazione su un'ampia gamma di questioni, che rivelano l'interesse universale del papa ... Egli non aspetta passivamente che si presentino le giuste circostanze storiche: usa i mezzi a sua disposizione per indirizzare la storia verso Gesù Cristo» (12 marzo 1994).

Sono numerosi i dettagli che dimostrano l'ammirazione di Navarro-Valls per la statura umana e spirituale di Giovanni Paolo II, che mai viene sentito parlare male di qualcuno, o che mostra di saper ascoltare come se non avesse altro da fare, o che confida nell'efficacia della preghiera a Dio con l'innocenza di un bambino... Ma non si tratta di dettagli di semplice ammirazione, bensì di espressioni dell'affetto di un figlio nei confronti del padre. Come quando gira per i negozi di Roma alla ricerca di un buon bastone da passeggio per il papa, che comincia ad averne bisogno; o quando si mette un naso da clown per farlo ridere e poterlo fotografare senza che si veda la rigidità che il morbo di Parkinson gli provoca sul viso.

In altre occasioni, queste prove d'affetto arrivano inaspettate. Per esempio, in un episodio avvenuto nel pieno della crisi dello scisma di Lefebvre: «Cominciai a leggergli» scrive Navarro-Valls «un dispaccio dell'agenzia Reuters che riportava alcune parole di Lefebvre sul papa: un papa eretico, che ha perduto la fede e così via. Non sono riuscito a finire di leggere quelle parole, ho sentito un groppo in gola e mi sono venute le lacrime agli occhi. Dziwisz mi ha detto di continuare ma io ho riposto il testo dell'agenzia nella cartella e non ho letto oltre» (15 giugno 1988). Non sopporta che il papa sia calunniato a quel modo e che, oltretutto, lo sia per bocca di un vescovo.

Come in ogni famiglia, la conversazione passa dal divino all'umano, dallo scherzo alla malattia. Un giorno, uscendo dalla sala da pranzo, nota che il papa esagera apposta lo scalpiccio delle scarpe. È un modo per stuzzicare Dziwisz con simpatia. «Non vuole che faccia rumore quando cammino...» dice Giovanni Paolo II, ridendo. Il segretario spiega che il papa a volte indossa quelle scarpe perché sono molto comode, ma sono troppo grandi per lui e quindi fanno un po' di rumore. È venerdì. Poco dopo queste battute, il pontefice informa Navarro-Valls che domenica sarà ricoverato in ospedale. Sarà il papa stesso ad annunciarlo ai fedeli nell'*Angelus* di quella domenica (10 luglio 1992).

Come un padre

Giovanni Paolo II è stato per il suo portavoce molto più di un capo o di un superiore. Non c'è dubbio che tra i due si sia instaurato uno speciale rapporto padre-figlio, che ha avuto anche manifestazioni affettive. Torna in mente, a chi ha vissuto quei momenti, la reazione di Navarro-Valls durante l'ultima conferenza stampa prima della morte del papa: «Alle dodici e mezza, quando c'è il briefing con i giornalisti, regna un grande silenzio. Dico che immagino avranno molte domande, ma che risponderò solo a un paio. Non ricordo la prima. La seconda me l'ha rivolta Andreas English, un giornalista tedesco. "Dal punto di vista personale, come vive questo momento?" È allora che la tensione si spezza, e perdo il controllo delle emozioni. Rispondo: "I sentimenti personali non hanno spazio in questo luogo" … Le parole escono a singhiozzo, ho un nodo in gola, che si nota in diretta sulle televisioni di mezzo mondo … Si è introdotto un elemento di verità, di vera umanità, che naturalmente io non avevo voluto comunicare in modo deliberato» (1° aprile 2005).

Si sa che tra le conquiste del suo lungo lavoro di portavoce c'è il superamento del tabù sulla salute dei papi (in perfetta sintonia con il pensiero di Giovanni Paolo II). Durante i vari ricoveri al policlinico Gemelli, e negli anni dell'ultima malattia, le informazioni sono state, nonostante le difficoltà, abbondanti. Fu lui a comunicare ai giornalisti, durante un viaggio in Ungheria nel 1996, che il papa era affetto dal morbo di Parkinson, un'informazione che non era stata preventivamente autorizzata e che, secondo i cronisti dell'epoca, provocò un profondo imbarazzo all'interno della Segreteria di Stato. Nei suoi appunti è forse troppo severo con se stesso, visto che quella decisione favorì una trasparenza elogiata poi da tutti, e riferisce così l'episodio: «… ho finito col parlare troppo. E male, per giunta … Senza dubbio è da me che dipende l'ambiguità con cui si parla, o non si parla, dello stato di salute del papa. Spero che questo possa essere utile e di aiuto in futuro. E non mi riferisco solo agli aspetti tecnici, ma anche alla ricerca della santità, perché è una cosa che mi fa male e mi mortifica» (9 settembre 1996).

Negli appunti non manca il riconoscimento dei propri errori. Un caso si verifica durante il viaggio di Giovanni Paolo II in Guatemala, quando riferisce di un'udienza del papa che, sebbene programmata, non aveva avuto luogo: «Bella gaffe da parte mia! Mi è servito da lezione per non dimenticare che in questa professione non si deve mai fare nulla per abitudine» (6 febbraio 1996).

A volte è il papa stesso a correggere il portavoce. In un'occasione, l'ultimo giorno di uno dei periodi estivi in Valle d'Aosta, Navarro-Valls gli dice che alcuni dei documenti pubblicati dai dicasteri vaticani gli «sembrano scritti solo per dimostrare che si lavora». «No,» osserva il papa «ci sono documenti redatti con grande cura, dedicandoci del tempo...» E il portavoce conclude: «È stata una bella lezione per l'imprudenza che ho dimostrato formulando un giudizio affrettato: non l'ho mai sentito pronunciare un giudizio critico sulla Curia o sulle persone della Curia» (20 luglio 1990).

Se Stanisław Dziwisz era il canale di accesso abituale di Navarro-Valls a Giovanni Paolo II, dagli appunti emerge chiaramente che questo rapporto assumeva talvolta una dimensione fraterna. In un'occasione, il portavoce gli passa copia di un articolo pubblicato su un giornale italiano, che non esiste più, intitolato *Tutti i poteri di don Dziwisz*. Il segretario vi è descritto come «l'uomo onnipotente» della Curia, come se comandasse più dei cardinali stessi. «Glielo do, dicendogli di non preoccuparsi, che non ha importanza. Nel pomeriggio mi chiama a casa: "Sai che non c'è niente di vero in quell'articolo. Ma se mai vedessi qualcosa nel mio modo di agire che vada in quella direzione, me lo devi dire, fraternamente".» E Navarro-Valls conclude: «È un atto di umiltà che mi colpisce» (17 luglio 1992). Altre annotazioni mostrano la preoccupazione del portavoce per la solitudine in cui il segretario si fa carico delle incertezze e sofferenze legate alle malattie del papa.

Queste *Note personali* di Joaquín Navarro-Valls illuminano momenti della vita quotidiana di Giovanni Paolo II e offrono uno spaccato interessante del dietro le quinte del normale lavoro in Santa Sede. Non contengono, però, rivelazioni clamorose. Pertanto, credo che rimarrà deluso chiunque si aspetti una versione vaticana di *West Wing - Tutti gli uomini del Presidente*.[5] Il papa non è un leader politico, gli strumenti che utilizza sono solo quelli della persuasione (messaggi, appelli, lettere…) e i mezzi materiali a sua disposizione sono inversamente proporzionali alla grandezza della missione. Inoltre, una piena comprensione della figura di Giovanni Paolo II richiede l'apertura a un'altra dimensione, che appare con naturalezza anche in queste pagine: la preghiera a Dio, vera arma di cui egli fa costante uso.

Il portavoce dimostra che il suo obiettivo principale era quello di sostenere il papa, anche se sapeva che Giovanni Paolo II non aveva bisogno di tale aiuto perché era un comunicatore così potente da bucare lo schermo. La conclusione del libro è la consapevolezza di essere stato privilegiato per molti motivi, ma soprattutto «perché ho potuto vedere da vicino un uomo santo».

Diego Contreras[6]

Breve profilo biografico

Medico e giornalista

Joaquín Navarro-Valls (Cartagena, Spagna, 16 novembre 1936 - Roma, 5 luglio 2017) è stato un medico passato al giornalismo. La sua attività principale è consistita nella direzione della sala stampa della Santa Sede: per ventidue anni è stato portavoce prima di san Giovanni Paolo II (1984-2005) e poi di Benedetto XVI (2005-2006). Come presidente del Comitato consultivo dell'università Campus Bio-Medico di Roma, ha dedicato l'ultima parte della sua vita a promuovere l'insegnamento e la pratica della medicina.

Navarro-Valls ha compiuto gli studi primari, elementari e superiori presso la scuola La Sagrada Familia dei fratelli maristi e presso la Deutsche Schule della sua città natale. Nel 1961 si è laureato *summa cum laude* in Medicina e chirurgia presso le università di Granada e Barcellona. Ha iniziato gli studi di dottorato in Psichiatria e lavorato come assistente universitario, ma l'interesse per il mondo della comunicazione e della politica internazionale lo ha presto portato a studiare giornalismo e nel 1968 si è laureato all'università di Navarra.

È stato fondatore e vicedirettore della rivista universitaria «Diagonal» (1964), poi corrispondente estero della rivista «Nuestro Tiempo» (1972) e, dal 1977 al 1984, del quotidiano «ABC» per l'Italia e il Mediterraneo orientale. Si è occupato, tra l'altro, dell'assassinio del presidente egiziano Sadat e, come inviato speciale, nel dicembre 1981, della crisi di Varsavia e dell'introduzione della legge marziale sotto la minaccia dei carri armati russi. Nel 1978 ha scritto *Fumata bianca*, reportage sui tre papi che si erano succeduti nel giro di pochi mesi: Paolo VI, Giovanni Paolo I e Giovanni Paolo II.

Nel 1983 i suoi colleghi, corrispondenti esteri a Roma, lo hanno eletto presidente dell'associazione Stampa Estera in Italia, nomina confermata l'anno successivo, ed è stato in qualità di presidente dei giornalisti stranieri che Giovanni Paolo II lo ha conosciuto. Il papa gli ha chiesto alcuni consigli sulla comunicazione vaticana e, poco dopo, lo ha nominato direttore della sala stampa. Navarro-Valls ha posto una sola condizione: l'accesso diretto al papa.

Per quasi un quarto di secolo ha facilitato il lavoro professionale dei quattrocento giornalisti accreditati presso la Santa Sede e delle migliaia di altri che coprivano i grandi eventi e i viaggi del papa. È stato coinvolto anche in alcune missioni speciali: ha partecipato alla prima delegazione vaticana nella Mosca sovietica, a quelle in diverse conferenze internazionali organizzate dall'ONU, e ha lavorato alla preparazione del viaggio di Giovanni Paolo II nella Cuba di Fidel Castro.

Nei suoi anni come direttore della sala stampa vaticana, ha partecipato anche a numerosi congressi di psichiatria e comunicazione. Inoltre, dal 1996, è stato professore ospite presso la facoltà di Comunicazione istituzionale della Pontificia università della Santa Croce, a Roma.

Nel 2007, quando Benedetto XVI ha accettato le sue dimissioni, è tornato alla medicina, collaborando con il Campus Bio-Medico, un'università specializzata in scienze della salute che aveva solo pochi anni di vita ma un'identità innovativa e all'avanguardia che lo aveva conquistato.

Conversatore brillante, fluente nelle lingue e amante della musica classica, del tennis e della pesca subacquea, era appassionato di teatro, che ha praticato soprattutto negli anni dell'università. Tra le sue letture preferite, le storie di naviganti ed esploratori.

Joaquín Navarro-Valls era un uomo dalle profonde convinzioni religiose, e l'appartenenza all'Opus Dei gli ha consentito di accrescerle e consolidarle. Nel 1970 si è trasferito a Roma, dove ha potuto vivere con san Josemaría Escrivá e il beato Álvaro del Portillo. Per aver avuto l'opportunità di confrontarsi e conoscere a fondo tre santi, san Giovanni Paolo II, san Josemaría e il beato Álvaro del Portillo, si è sempre considerato un privilegiato.

I miei anni con Giovanni Paolo II

I

Una svolta inaspettata

(1984-1986)

Il mio primo pranzo con Giovanni Paolo II

18 novembre 1984

A Roma piove e devo recuperare l'auto (ieri me l'hanno rimossa) prima che inizi la conferenza di Giovanni Agnelli all'associazione della Stampa Estera, che devo moderare visto che attualmente ne sono il presidente. Recupero l'auto e riesco ad arrivare pochi minuti prima dell'inizio dell'evento.

A metà conferenza, ripresomi ormai dalla corsa, Maria Teresa Lazzaro, segretaria dell'associazione, mi consegna un biglietto: hanno appena telefonato per invitarmi a pranzare con il papa, in Vaticano, all'una e mezza. Nascondo la sorpresa come meglio posso. Guardo discretamente l'orologio: manca più di un'ora. Il tempo passa e Agnelli continua a parlare. Poco dopo, altra occhiata furtiva: mi sto avvicinando al limite. Anche se Agnelli sta per finire, ogni secondo sembra eterno. Non appena lui pronuncia l'ultima parola, io chiudo l'evento, saluto in fretta, prendo un taxi e arrivo al Portone di Bronzo, l'accesso più diretto all'appartamento del papa, pochi minuti prima dell'orario previsto.

Salgo al cortile di San Damaso, dove si trova l'ingresso principale del Palazzo Apostolico. Un ascensore barocco e pittoresco, con una panca rivestita di raso rosso e, naturalmente, un lift. Supero il primo piano, dove si trovano gli uffici del segretario di Stato. Al secondo ci sono le sale dove il papa riceve: la Sala del Concistoro, la Sala Clementina…

L'ascensore si ferma al terzo piano. Di fronte agli uffici della Segreteria di Stato si trova l'appartamento pontificio, residenza del papa: un'anticamera, una sala di ricevimento, un grande ufficio per i suoi segretari privati e un altro, dalla cui finestra recita l'*Angelus* molte domeniche dell'anno, per se stesso. Più avanti, si trovano la camera da letto e la cappella privata. Veniamo condotti in sala da pranzo, una stanza sobria e spaziosa.

Il Santo Padre ci riceve cordialmente. Siamo in quattro a pranzare con lui: Crescenzio Sepe,[1] il giornalista italiano di origine polacca Gian Franco Svidercoschi, il sostituto della Segreteria di Stato vaticana Eduardo Martínez Somalo[2] e il sottoscritto.

Il papa mi interroga sulla vita e sull'attività dell'associazione della Stampa Estera e scambiamo due parole sui corrispondenti, compresi quelli sovietici. Presto solleva direttamente la questione: cosa si può fare per migliorare l'informazione fornita dalla sala stampa della Santa Sede? A un certo punto cita il lavoro di Deskur, che conosce da molti anni.[3]

Gli dico che non ho nulla di preparato e che dovrò improvvisare. Sembra che non gli importi. Vengono presi appunti. Due giorni dopo, presento una relazione che raccoglie le mie idee in modo più ordinato.

Una chiamata inaspettata
30 novembre 1984

Sto lavorando nel mio ufficio di piazza Navona quando ricevo una telefonata dal Vaticano. Il sostituto Martínez Somalo, riferiscono, vuole vedermi al più presto. «È urgente.» Con la pulce nell'orecchio mi dirigo agli uffici della Segreteria di Stato. Non c'ero mai stato. Per qualche minuto, prima di entrare nel merito, Martínez Somalo, com'è nel suo stile, commenta alcuni particolari del luogo in cui ci troviamo e quindi, di punto in bianco, mi consegna un documento: vedo che porta la firma del papa in inchiostro rosso, e quelle di Casaroli[4] e dello stesso Martínez Somalo in blu. Lo leggo. Giovanni Paolo II mi ha nominato direttore della sala stampa della Santa Sede. La mia prima reazione è di sconcerto, ma la conversazione va avanti e io comincio a rispondere ad alcune domande sulla data di inizio dell'incarico, senza rendermi conto che lo sto accettando.

Non sono pienamente consapevole della responsabilità che mi sono appena assunto. Me ne rendo conto mezz'ora più tardi, mentre torno a casa in taxi. In un tratto di strada ombreggiato, il vetro del finestrino riflette il mio volto. Quello di un uomo che ha appena compiuto 48 anni e ora… la mia vita è a una svolta.

Capisco che è un'opportunità per esercitare la mia professione al servizio diretto della Chiesa, ma se me lo avessero detto qualche tempo prima avrei pensato a uno scherzo. Sono nato a Cartagena il 16 novembre 1936, in piena guerra civile spagnola. Ho studiato in molti istituti diversi: liceo alla Deutsche Schule, medicina a Granada e Barcellona, giornalismo a Pamplona.

Sono membro dell'Opus Dei fin dagli anni dell'università e ho avuto la fortuna di vivere a Roma con il fondatore, Josemaría Escrivá, e il suo successore, Álvaro del Portillo.

Dal 1977 al 1984 sono stato corrispondente del quotidiano spagnolo «ABC» per l'Italia e il Mediterraneo orientale. Questo mi ha permesso di fare esperienza diretta della politica e della cultura in Egitto, Grecia, Israele, Algeria e Turchia. Nel 1979 sono stato eletto membro del consiglio direttivo dell'associazione della Stampa Estera in Italia, e nel 1983 e 1984 presidente.

Ma no, non è uno scherzo. E io, che pensavo di tornare alla mia specialità, la psichiatria, mi dedicherò a un compito che non mi era mai passato per la testa: dirigere la politica informativa sull'attività del papa e della Santa Sede.

Vado a Madrid e comunico al giornale che smetterò di lavorare per loro, senza poterne spiegare il motivo, perché la mia nomina sarà resa pubblica solo il 4 dicembre. In un certo senso, lo preferisco: immagino le loro domande e le loro facce sorprese. Sorpresa che condivido: non mi sono ancora abituato all'idea.

Direttore della sala stampa
18 dicembre 1984

Il 6 dicembre, due giorni dopo la mia nomina a direttore della sala stampa, ho assistito alla messa celebrata dal papa nella cappella del suo appartamento. Inoltre, seguendo la consuetudine vaticana, dopo aver ricevuto la nomina ho chiesto un'udienza al Santo Padre. Questa mattina ho avuto risposta. Il segretario del papa, Stanisław Dziwisz,[5] mi dice per telefono che il papa mi invita a cenare con lui, stasera.

Durante la cena, alla quale partecipano, oltre a Martínez Somalo, i suoi due segretari Stanisław Dziwisz ed Emery Kabongo,[6] gli parlo in modo generico delle possibilità intraviste nelle ultime settimane. Non emergono grandi questioni perché mi sto ancora ambientando nel nuovo lavoro.

Do un suggerimento concreto che il papa condivide: favorire gli incontri dei giornalisti con i cardinali responsabili dei dicasteri;[7] l'intento è mettere in contatto funzionale le fonti delle notizie con i cronisti.

Un ricordo indelebile
2 gennaio 1985

Il papa è tornato ieri da Castel Gandolfo e nel pomeriggio Dziwisz mi ha telefonato per confermarmi che oggi la mia famiglia potrà partecipare alla messa celebrata nella sua cappella privata.

Siamo dodici in tutto: i miei genitori Joaquín e Conchita, i miei fratelli Javier e Juan Carlos, le mie cognate, i nipoti e io. Manca mio fratello Rafael, professore della facoltà di Giurisprudenza dell'università Complutense, che è in viaggio.

Alla fine della messa il papa ci saluta e ci chiede di fare una foto con lui. Sono momenti difficili da descrivere. Tutti noi, i miei genitori in special modo, eravamo molto emozionati.

Alcune frasi a Calcutta
1-10 febbraio 1986

Fin dall'inizio accompagno il papa in pressoché tutti i suoi viaggi.* È appena tornato dall'India. Ho impressa nella memoria la sua visita a Calcutta, dove ha incontrato Madre Teresa e confortato alcuni moribondi assistiti dalle Missionarie della Carità. Lì ha pronunciato alcune parole che mi hanno colpito:

> Il corpo sofferente e lo spirito gridano: «Perché? Perché morire?». E la risposta che ottengono, spesso dettata dal silenzio della benevolenza e della compassione, è ricca di onestà e di fede: «Io non posso dare una risposta esauriente a tutte queste vostre domande; io non posso alleggerirvi di tutto il vostro dolore. Ma di questo sono sicuro: Dio vi ama con un amore infinito. Voi siete esseri preziosi per lui. Anche io vi amo in lui. Perché in Dio siamo realmente fratelli e sorelle».

* Ho passato più di un anno senza prendere appunti: mi sono presto reso conto che queste note non sarebbero mai state un «diario». (Salvo diversa indicazione, tutte le note a piè di pagina si intendono a cura dell'autore.)

Nel viaggio di ritorno, durante l'incontro con i giornalisti, Orazio Petrosillo chiede al papa se è vero che, in India, i suoi due «compagni di viaggio» sono stati Gandhi, per dimostrare che il Vangelo è compatibile con la cultura indù, e Madre Teresa di Calcutta, per dimostrare che il Vangelo può trasformare l'India. Al papa piace questa osservazione e dice a Orazio che l'ha formulata molto bene. In un altro momento sottolinea di aver imparato tanto da Gandhi nel corso della vita e di non avere remore ad ammetterlo: «Gandhi è più cristiano di molti cristiani».

Con Ostellino, direttore del «Corriere»
marzo 1986

Un giorno di marzo, non ricordo la data esatta, accompagno a cena dal papa Piero Ostellino, direttore del «Corriere della Sera». Mi manda a casa un autista perché mi porti alla sede romana del «Corriere», dove mi aspetta: da lì andiamo insieme in Vaticano.

Sebbene Piero, che non è cattolico, sia un uomo determinato, oggi pomeriggio era nervoso: «Come mi rivolgo a lui?», «Devo baciargli la mano?». L'ho rassicurato dicendogli di fare quel che voleva e che riteneva opportuno.

Il papa è stato molto amichevole e affettuoso con lui. La conversazione ha riguardato la Cina e la Russia, due paesi in cui Ostellino ha lavorato come corrispondente.

Poche settimane fa, durante il XXVII congresso del PCUS, Gorbačëv ha proposto due obiettivi: la *perestrojka* (riforma) e la *glasnost* (trasparenza) dell'URSS. Siamo d'accordo che in Russia sta succedendo qualcosa di importante. Dovremo aspettare che queste affermazioni generiche si trasformino in fatti concreti.

Al termine il Santo Padre gli ha dato un rosario per la moglie e i figli. «Sono cattolici» ha detto Piero, visibilmente contento.

Indro Montanelli con il papa
13 giugno 1986

Stasera il papa ha invitato a cena Indro Montanelli. Io lo accompagno. Ancora una volta il traffico romano me ne combina una delle sue: ingorghi, code e strade bloccate. Arrivo al giornale di Montanelli, in Piazza di Pietra, a due passi dal Pantheon, alle sette e dieci, e la cena è alle sette e mezza. Non so come, ma riusciamo a essere puntuali.

Il papa saluta Indro con grande cordialità: «Come vede,» scherza «quando il direttore della sala stampa pensa che mi sia comportato bene mi porta a cena un giornalista». Andiamo subito in sala da pranzo perché sa che Montanelli non è credente e omette, per delicatezza nei suoi confronti, la consueta breve visita al Santissimo Sacramento nella sua cappella privata.*

All'inizio della cena, alla quale è presente Dziwisz, si parla della Polonia. Montanelli racconta le sue esperienze durante la permanenza a Varsavia nel 1939. «Polacchi e italiani» dice a un certo punto «sono simili. I polacchi sono italiani tragici, gli italiani sono polacchi comici.» Il Santo Padre è divertito dal paragone e lo considera azzeccato. Indro gli fa alcune domande sulle udienze private con Gierek e Jaruzelski.

Il papa racconta che durante la conversazione Gierek gli ha detto: «Qui il vento soffia dall'Est. Lei mi potrebbe aiutare portando vento dell'Ovest». Questa è stata, in sintesi, la conversazione tra il papa e Montanelli:**

«Ha nostalgia della Polonia?» gli chiede Montanelli.

«La mia nostalgia» risponde il papa con un'espressione seria «si è trasformata in preoccupazione. Quando guardo a ciò che sta accadendo lì, mi chiedo cosa si potrebbe fare. Quando ricevo i vescovi polacchi mi sorprende vedere che non sono preoccupati: lavorano, vivono… e forse non si rendono conto di quel che sta succedendo.[8] Ma io osservo la situazione da qui, e mi preoccupo.»

«Un viaggio in Russia?»

«Nelle attuali circostanze non è possibile. C'è un apparato poliziesco che controlla tutto, assoggettandolo allo Stato. In questa situazione non posso andare.»

«Ha avuto difficoltà a adattarsi a Roma?»

«Solo nell'estate del 1979, a Castel Gandolfo. Mi sono ricordato delle vacanze in Polonia: le montagne, i laghi, le escursioni. Mi sono reso conto che avevo perso quelle cose per sempre. Allora è stata dura. Ma qui in Vaticano non è così perché con que-

* Fu l'unica volta in cui lo vidi omettere la visita alla cappella che immancabilmente precedeva la cena.

** Nei miei appunti ho ripreso solo il concetto generale delle domande poste al papa, mentre ho cercato di registrare le sue risposte nel modo più accurato possibile. Trascrivo questa intervista – e le altre che appaiono in queste pagine – secondo quanto ho annotato negli appunti.

sto ritmo di lavoro, passando senza sosta da una cosa all'altra,» dice sorridendo «non ho tempo per la nostalgia.»

«Ci sono stati disordini nel conclave?»

«Sì, soprattutto nel primo.»

«Ah, il suo nome era già apparso nel primo?»

«Sì, e anche prima.* Al primo conclave mi sentivo a disagio. Al secondo ero più sereno.»

«Cosa pensa di Ali Ağca?»

«Dà l'impressione di recitare un ruolo. È sorpreso di non essere riuscito a uccidermi e ci pensa continuamente. Me lo ha chiesto il giorno in cui abbiamo parlato, riconoscendo in modo implicito che c'era un potere più grande del suo che gli ha impedito di farlo. Quando ha cercato di uccidermi, non sapeva cosa fosse il 13 maggio.»[9]

«Ora sta bene?»

«Sì, non ci sono strascichi. Dopo la seconda operazione mi sono ripreso del tutto. Forse in futuro avrò qualche dolore, ma per ora mi sento bene.»

«Mangia sempre così poco?»

«Sì, la sera mangio poco.»

«A che ora si alza?»

«Sempre prima delle sei.»

Il papa chiede a Indro come veda la situazione della fede cristiana in Italia: «Male. Questo è un paese di scettici» dice Indro. «E questo atteggiamento è antico o recente?» «Molto antico: dalla fine del Medioevo!» E fa una lunga riflessione sull'atteggiamento degli uomini del Rinascimento italiano verso la fede che il papa ascolta con attenzione.

Finito di cenare, il papa ci chiede di scattare alcune foto. Restiamo a parlare in piedi davanti alla porta della sala da pranzo. Spiego al papa, e Montanelli mi ascolta, che Indro ha perso la madre qualche anno fa. Era una donna profondamente religiosa e sono sicuro, gli dico, che Indro vorrebbe pregare con il papa, nella cappella, per la sua anima. Il papa guarda Montanelli, e lui, commosso, ammette che stava per chiederglielo. Il papa si dirige verso la cappella, noi lo seguiamo e lui inizia a recitare il *Padre Nostro*. Indro, in ginocchio e con le mani sul viso, risponde come può.

* Questo è ciò che ha detto il papa, senza ulteriori spiegazioni o riferimenti storici. Non ho mai parlato con lui di tale questione, di cui non conosco la portata.

Uscendo dagli appartamenti papali mi spiega in tono divertito e cordiale che tutti pensano che «io sia un miscredente, quando in realtà sono un *ghibellino*!».

Due giorni dopo Montanelli mi invia uno splendido articolo su quella cena e mi chiede il permesso di pubblicarlo sul suo giornale. Mi consulto con l'appartamento pontificio e la conclusione è che sia preferibile mantenere l'incontro su un piano personale e privato. Lo riferisco a Montanelli. L'articolo non si pubblica.

Il vulcano Nevado e la dignità umana
luglio 1986

Siamo nel bel mezzo del nostro viaggio in Colombia e a Santa Lucia. Due momenti speciali: l'incontro con gli indigeni a Popayán e la preghiera a Chinchiná per le vittime del vulcano Nevado del Ruiz.[10]

Oggi, 7 luglio, siamo arrivati a Castries, capitale di Santa Lucia, una piccola isola vulcanica dal clima tropicale che ha ottenuto l'indipendenza dal Regno Unito solo pochi anni fa.

Durante il viaggio da Pereira a Medellín ho preparato un breve testo per la stampa, dieci righe, e l'ho mostrato al papa. È una cosa che in queste occasioni faccio spesso per riassumere il significato del viaggio. Il papa mi ha detto che dovevo arricchirlo con nuove idee. Quando stavamo per atterrare a Medellín, mi sono avvicinato di nuovo e lui mi ha detto:

«Durante le visite che faccio nei paesi di questo continente penso a tutta l'America Latina e parlo sempre di libertà. Quello che dico si trova nel documento sulla libertà cristiana e la liberazione.[11]

«A causa della nostra concezione della libertà umana non possiamo accettare nessun altro tipo di liberazione. Per questo le mie parole non sono una riflessione politica, sociologica o di circostanza: sono un'attualizzazione del contenuto della fede cristiana.

«L'uomo è libero fin dal suo atto costitutivo» ha proseguito il Santo Padre. «Dio ha deciso di accettare il peccato dell'uomo piuttosto che privarlo della libertà. E con la sua libertà, l'uomo può fare il bene o il male. Può peccare. E poiché non c'è nulla su questa terra che possa garantire all'uomo tale libertà, ogni progetto umano deve riconoscere la libertà originaria dell'uomo e dirigere i suoi sforzi in quella direzione.

«Per questa ragione» ha concluso «il materialismo storico non può essere considerato un progetto umano di liberazione.»

L'aereo stava per atterrare e io ero ancora chino sulla poltrona del papa prendendo nota delle sue parole. Il papa ha continuato a parlare finché padre Tucci[12] non si è avvicinato per dirgli che eravamo già all'aeroporto di Medellín.

Non ricordo se in quell'occasione il papa ha parlato in italiano o in spagnolo. Non sono espressioni letterali perché ciò che mi interessava, in quel momento, era conoscere il suo pensiero per trasmetterlo ai giornalisti nel modo più fedele possibile.

10 luglio. Oggi siamo tornati a Roma e il papa, come è solito fare dopo ogni viaggio (il giorno stesso dell'arrivo o quello dopo, se torniamo tardi), ci invita a pranzo. Vuole fare un primo bilancio, e poi sapere cosa è stato pubblicato, che reazioni ha suscitato la sua predicazione, ecc. Siamo io, Martínez Somalo, Dziwisz e Mario Agnes.

Gli riferiamo le nostre impressioni, ciascuno dal punto di vista che il proprio lavoro comporta. Gli parlo delle difficoltà riscontrate dai giornalisti: qualcuno di loro mi ha detto che il programma è in genere così denso e serrato che è impossibile coprire tutti gli eventi. Il papa commenta con umiltà e un pizzico di umorismo: «Lo dico sempre: in questi viaggi il papa lavora meno di chi lo accompagna, perché parte da Roma con il lavoro già fatto».

Gli chiedo cosa abbia provato ad Armero, quando ha visto il villaggio sepolto dall'inondazione del vulcano Nevado del Ruiz.

«Mi ha impressionato contemplare quell'enorme tomba di venticinquemila persone... Vedere l'uomo schiacciato, sopraffatto, martirizzato... Ma l'uomo non può essere schiacciato completamente, perché Dio stesso è stato schiacciato e sopraffatto in Cristo. È difficile da capire: un Dio intero martirizzato su una croce! Nemmeno Pietro lo capì.»

Dice queste parole con una forza singolare che gli sgorga dall'anima. Credo che questa profonda concezione dell'uomo sia il fondamento, la base della sua speranza spirituale e del suo ottimismo umano.

Ci racconta poi delle forti reazioni che nel mondo comunista ha suscitato la sua ultima enciclica *Dominum et vivificantem*, pubblicata poche settimane fa, in cui afferma che il materialismo scientifico è legato al peccato contro lo spirito.[13] I comunisti cechi sono stati i primi a protestare.

II

Un papa deve prendere decisioni

(1986)

Le domande di Wilton Wynn
21 agosto 1986

Accompagno Wilton Wynn,[1] un giornalista americano, a cena dal papa a Castel Gandolfo. Wynn è stato per anni a capo dell'ufficio romano del «Time». Ci siamo incontrati durante i viaggi del papa quando ero un giornalista professionista e abbiamo subito simpatizzato. È un uomo sinceramente religioso, cristiano battista, sposato con Leila, araba e anch'essa battista. Eravamo insieme al Cairo per coprire l'assassinio di Sadat.

Wilton sta scrivendo un libro sui papi che ha conosciuto: Giovanni XXIII, Paolo VI, Giovanni Paolo I e Giovanni Paolo II.[2] Qualche tempo fa mi ha fatto capire che per documentarsi gli sarebbe stato utile parlare con Giovanni Paolo II. Ne ho accennato a Dziwisz, che qualche giorno dopo mi ha comunicato che il papa ci avrebbe ricevuti stasera alle otto a Castel Gandolfo. Poiché di solito cena alle sette e mezza, ho pensato che ci avrebbe visti dopo. Ma la verità è che abbiamo cenato con lui.

Wilton era entusiasta. Dziwisz ci ha accompagnati in giro per la casa per qualche minuto e ci ha detto che in questi giorni di agosto il papa lavora molto: scrive, soprattutto. «Affronta i problemi della Chiesa» ci ha detto «senza ansia. Sa mantenerli su un piano oggettivo, conservando la serenità, il che è un tratto fondamentale del suo carattere, lo aiuta a sopportare l'enorme compito che gli è stato affidato. Lo conosco da molti anni e non l'ho mai visto perdere il senso dell'umorismo o lasciarsi sopraffare dagli eventi.»

Ci conduce in una stanza accanto alla sala da pranzo. Il papa arriva pochi minuti dopo, rilassato e sorridente come sempre. Non indossa la croce pettorale o lo zucchetto bianco, un segno esteriore, penso, del suo essere «in vacanza». Nella sala da pranzo, assai modesta, ha introdotto un solo cambiamento: un piccolo dipinto che raffigura i monti Tatra. Da quel che ho capito gliel'ha regalato il generale Jaruzelski.

Wilton inizia subito a fare domande, con il chiaro desiderio di sfruttare al massimo questo tempo con Giovanni Paolo II. Conversiamo in inglese. Il papa non lo parla correntemente, ma si sforza di rispondergli nella sua lingua. Wilton non prende appunti: si affida alla sua buona memoria professionale.

Trascrivo parte del testo di quella cena, traducendo dall'inglese nel modo più letterale possibile le parole del papa. Delle domande poste da Wynn riprendo solo le idee principali.

Essere papa significa assumersi un'immensa responsabilità.

È vero, ma io ho una convinzione che nasce dalla fede: quando Dio nostro Signore ci affida un peso, ci concede anche la grazia per portarlo. E non è qualcosa di specifico delle responsabilità ecclesiastiche. Penso, per esempio, alla responsabilità di un marito o di una moglie quando dice: «Ti accetto come moglie o ti accetto come marito e voglio esserti fedele finché vivo». La dimensione della responsabilità è la stessa: è un impegno personale per tutta la vita. Questo accade nel matrimonio, nel sacerdozio...

Ora, oltre al compito di custodire la fede deve affrontare la sfida di nuove situazioni: i progressi della scienza stanno sollevando questioni morali molto complesse, soprattutto nel campo della manipolazione della biologia umana.

Sì, alcune questioni rappresentano una grande sfida per la teologia morale. Il punto centrale della nostra responsabilità è evidenziare il carattere trascendente della persona umana, che rischia di essere intesa come un prodotto, come un semplice oggetto. È necessario difendere la specificità della persona umana, il rispetto umano, la responsabilità umana. Questo è il cuore del mio insegnamento. Ma il mio compito non è nuovo: a suo tempo Pio XII e i papi che gli sono succeduti hanno dovuto rispondere alle sfide che lo sviluppo della scienza e della tecnologia poneva loro.[3]

Il teologo Curran[4] *afferma che, poiché l'insegnamento morale della Chiesa non è infallibile, potrebbero esserci evoluzioni e cambiamenti…*

Sostiene che su questi temi non c'è stata alcuna dichiarazione solenne del magistero ecclesiastico, ma solo «prese di posizione» del magistero ordinario. La sua argomentazione, come quella di altri teologi che seguono la medesima linea, è che affinché una determinata dottrina sia accettata da tutti deve prima essere dichiarata dogma di fede. Solo che seguendo questo ragionamento e applicando la stessa regola si potrebbe dire che i dieci comandamenti, in futuro, potrebbero cambiare perché nessuno di essi è mai stato ufficialmente dichiarato dogma di fede.[5]

No. Non possiamo cambiare quello che è stato il magistero ordinario della Chiesa per secoli. Non possiamo cambiare i comandamenti della legge di Dio. Non possiamo cambiare «Non uccidere». Questo fa parte del magistero perenne della Chiesa. Se dovessimo accettare solo le affermazioni dogmatiche del magistero, la fede sarebbe quasi priva di contenuti.

Forse il caso Curran ha suscitato un dibattito tanto intenso nella Chiesa statunitense perché alcuni americani affrontano le questioni morali con parametri politici.

Vivono in un sistema democratico in cui tutto si risolve con il voto, in un ambiente sociale in cui le decisioni prese a maggioranza devono essere accettate, e alcuni cercano di applicare questo sistema alla fede per stabilire ciò che è vero e ciò che non lo è. Vogliono sostituire il *sensus fidei*[6] con il «consenso» sulle verità di fede e sui principi morali.

Alcuni americani si lamentano. Dicono che la dottrina e gli insegnamenti del suo pontificato sono troppo rigidi…

Ho la responsabilità di assicurare che tali insegnamenti siano fedeli alla dottrina di Cristo. Questo è il mio compito di papa e questo è il compito dei vescovi: abbiamo la responsabilità di trasmettere tali insegnamenti come li abbiamo ricevuti, come Cristo li ha dati. Non possiamo cambiarli perché non sono nostri. Seguiamo le orme di Cristo, che ha detto: «Il mio insegnamento non è mio, ma di colui che mi ha mandato». Noi insegniamo nel suo nome e non possiamo trasmettere qualcosa di segno contrario, di diverso rispetto a ciò che Egli ha detto.

Quel giorno del 1978 in cui ha accettato di diventare papa si è preso sulle spalle un peso che, a volte, le risulterà ingrato...

Sì, ma non è una caratteristica esclusiva del mio pontificato. Pensi a quel che è successo a Paolo VI con l'*Humanae Vitae* e all'eco enorme scatenata da quella enciclica. Per lui sarebbe stato comodo, facile, scrivere quello che volevano in tanti! Ma poteva scrivere solo ciò che scrisse.

Durante il suo pontificato c'è stata una serie di casi: Schillebeeckx, Küng, Curran, Boff... Era necessario che esplodessero, dopo un periodo di confusione nella Chiesa?[7]

Era necessario rendere chiara la dottrina. Io stesso sono stato un insegnante e conosco l'importanza della libertà di ricerca. In questo caso, però, non era un problema di libertà di ricerca, ma di liberare i fedeli dalla confusione prodotta da coloro che dovrebbero trasmettere gli insegnamenti della Chiesa ed esprimono ogni sorta di opinione personale sulla fede.

L'opinione pubblica accetta con maggiore facilità ciò che è più facile da vivere, che spesso entra in contraddizione con l'insegnamento tradizionale della Chiesa, specie in campo morale. Ma la Chiesa ha il dovere di insegnare e difendere il proprio magistero senza creare confusione nei fedeli. È un dovere dottrinale e pastorale.

Un papa deve prendere decisioni...

E, a volte, decisioni complicate.

E qual è stata, finora, la decisione più difficile del suo pontificato?

(*Dopo una pausa*) Una questione del genere è sorta in America Latina con la teologia della liberazione. Ne è nata una grande confusione. La Chiesa ha bisogno di una teologia della liberazione che sia libera dall'influenza delle ideologie. È una questione molto importante. Non tanto per la decisione che è stato necessario prendere, che è stata difficile, ma per la situazione di quei paesi.

Durante tutta la cena la conversazione è stata così sciolta che ci siamo dilungati senza accorgercene, e il papa non dava segno di voler terminare. Con discrezione Dziwisz mi ha indicato che si stava facendo tardi e che dovevamo andare. Ho detto al papa che non volevamo affaticarlo oltre, e poco dopo ci siamo salutati.

Wilton era molto grato per aver avuto l'opportunità di conversare con il papa in modo così diretto e sincero. Prima di salutarci, ormai a Roma, abbiamo parlato di questioni personali. «Wilton,» gli ho detto «sono anni che prego per te.» In quel periodo Wilton e sua moglie stavano valutando la possibilità di aderire alla Chiesa cattolica. Mi ha chiesto un consiglio e io gli ho suggerito di chiamare il vescovo Rigali[8] e fissare un appuntamento con lui. Wilton mi ha abbracciato e mi ha assicurato che lo avrebbe fatto.*

La sala stampa
11 settembre 1986

Avevo chiesto a Dziwisz se fosse possibile discutere con il Santo Padre di alcune questioni riguardanti la sala stampa: le esperienze positive degli ultimi due anni, alcuni problemi dovuti all'assenza di coordinamento, l'allargamento del nostro campo di interesse oltre quello della stampa italiana, i risultati concreti derivanti dagli sforzi per incidere in misura maggiore sull'opinione pubblica e la possibilità per la sala stampa di fare un passo avanti e commentare le attività del papa e della Santa Sede, senza limitarsi alla trasmissione di discorsi e documenti.

Questi i temi della cena di oggi a Castel Gandolfo. Il papa è d'accordo: nelle circostanze attuali, dice, un simile passo avanti è necessario. Concorda quando gli spiego che per farlo ho bisogno di più informazioni, le quali dovrebbero provenire dalla Segreteria di Stato e dalla sezione per gli Affari generali.[9] Lui condivide e mi chiede di inviargli una nota con le questioni che abbiamo discusso.

Prima che me ne vada, Stanisław mi accompagna a salutare Emery Kabongo. Il secondo segretario del papa ha avuto un grave incidente in bicicletta nel giardino di Castel Gandolfo e non si è ancora ripreso del tutto.

* Alcuni mesi dopo, Wilton e la moglie abbracciarono la fede cattolica con una cerimonia intima nella cappella della Pontificia Accademia. Eravamo in quattro: lui, sua moglie, monsignor Rigali e io. Settimane dopo, i due hanno partecipato alla messa del papa nella sua cappella privata.

Dalla Francia: Giornata per la pace ad Assisi
ottobre 1986

Dal 4 al 7 ottobre 1986 il papa si è recato in varie località della Francia. Da Lione ha lanciato un appello al mondo annunciando l'incontro di preghiera per la pace di Assisi: ha chiesto di pregare e ha auspicato che «coloro che oggi sono impegnati in azioni di guerra accetteranno di prendere parte attiva all'iniziativa». E nel giorno della festa di San Francesco, apostolo della pace, ha lanciato un appello urgente affinché si raggiunga, «almeno durante tutta la giornata del 27 ottobre, una tregua completa dei combattimenti».

Pochi giorni dopo, l'11 e il 12 ottobre, si è svolto a Reykjavík un insolito incontro tra il presidente degli Stati Uniti Reagan e Gorbačëv, segretario generale del Partito comunista dell'Unione Sovietica. Coincidenza?

Il viaggio più lungo
18 novembre - 1° dicembre 1986

È stato un viaggio estremamente duro, il più lungo finora, in termini sia di tempo sia di chilometri. Abbiamo passato due notti in aereo, cercando di dormire. I continui cambi di fuso orario, con salti di cinque, sei e più ore, sono stati terribili.

19 novembre, Bangladesh. Il papa ha celebrato messa in uno stadio di Dhaka, dove sono stati ordinati alcuni sacerdoti. Ha incontrato persone e gruppi di ogni tipo, come la delegazione della Chiesa di Birmania,[10] e il giorno dopo siamo andati a Singapore. Il 21 eravamo alle Fiji, il 22 in Nuova Zelanda. Arrivati a destinazione ero, dopo soli cinque giorni di viaggio, fisicamente esausto.

E non solo io. Alcuni, come l'aiutante di camera del papa, Angelo Gugel,[11] hanno avuto le vertigini per la stanchezza, una legge inesorabile che vale anche per il Santo Padre.

Il viaggio è proseguito come da programma e dopo celebrazioni liturgiche, incontri e ricevimenti a Auckland, Wellington e Christchurch, tre città situate in diverse località delle isole della Nuova Zelanda, il 24 novembre siamo arrivati all'aeroporto di Fairbairn, in Australia.

Dopo Canberra e Brisbane siamo stati a Sydney, dove ho potuto parlare con il papa per qualche minuto nel giardino davanti alla chiesa di Saint Mary. Era appena entrato in auto per andare a pranzo con i vescovi australiani e vedendomi si è avvicinato sorridendo: «Che cosa hanno da dirsi i giornalisti?».

«Vogliono sapere» ho risposto «se il papa è molto stanco.»

«All'inizio sì,» mi ha detto «a causa dei continui cambiamenti di orario. Ma ora meno.»

29 novembre, Australia. Siamo partiti in aereo da Melbourne la mattina presto. Abbiamo attraversato tutta l'Australia da sud a nord e siamo arrivati a Darwin. Il papa ha celebrato la messa in un caldo soffocante. Poco dopo eravamo di nuovo a bordo dell'aereo per un volo di diverse ore che ci ha portati ad Alice Springs, nel centro geografico dell'Australia. Lì ha avuto luogo un incontro con gli aborigeni nel bel mezzo, questa volta, di un violento temporale, con fulmini e pioggia. Il che ha ritardato il rientro.

Siamo tornati all'aereo nel pomeriggio, diretti a Adelaide, una città all'estremo sud del continente. Siamo atterrati a notte fonda dopo aver viaggiato per quasi otto ore: quattro città e due trasvolate dell'Australia in sole ventiquattro ore!

Durante il viaggio da Alice Springs a Adelaide, il papa mi ha invitato a cenare con lui in aereo. In questa occasione c'era solo Dziwisz. Ha ascoltato con interesse il mio riassunto sull'accoglienza che hanno riservato alle sue parole i media, soprattutto quelli australiani. Gli ho raccontato diversi aneddoti e gli ho offerto una panoramica di quei giorni. La risposta dei mezzi di informazione è stata molto positiva. Ogni volta che gli riportavo un commento di elogio alla sua persona, distoglieva l'attenzione dicendo «*Deo gratias*» e cambiava discorso.

Gli ho anche detto che alcuni media avevano alluso al costo del viaggio. «Il successore di Pietro» mi ha detto il papa «porta il messaggio della redenzione, e la redenzione è costata un prezzo incalcolabile: tutto il sangue di Gesù Cristo.» Nel clima di fiducia favorito dalla conversazione gli ho detto che la mia preghiera durante questi viaggi era sempre la stessa: «Signore, ti chiedo quello che in questo momento ti chiede il papa». «Lo apprezzo molto» ha risposto.

Sul volo da Darwin ad Alice Springs, dopo aver celebrato messa, il papa ha steso una bozza di ciò che avrebbe detto all'udienza generale del mercoledì, a Roma. Nel pomeriggio di quello stesso giorno, durante il volo tra Alice Springs e Adelaide, ha corretto la bozza e preparato il testo definitivo. Ancora una volta, sono rimasto colpito dall'ordine mentale e dalla sua capacità di lavorare.

Qualche giorno dopo, tornando a Roma dalle Seychelles, Dziwisz mi ha detto che il papa voleva cenare con un giornalista. Ho pensato subito a Victor Simpson dell'Associated Press, che ha accompagnato il Santo Padre in quasi tutti i suoi viaggi. È ebreo, sposato con Daniela, cattolica, e qualche mese fa ha perso la figlia dodicenne, Natascia, in un attentato terroristico all'aeroporto romano di Fiumicino.[12]

Victor ha accettato subito, particolarmente grato.

III
Più forte dell'odio
(1987-1988)

Uruguay, Cile, Argentina
31 marzo - 12 aprile 1987

Sulla stampa, intorno al viaggio, domina un clima di riduzionismo politico: la questione è dove, quando e in che modo il papa incontrerà Pinochet. Comprendo l'interesse, ma quando questa sembra essere l'unica cosa a importare del viaggio, penso che si finisca con il rinchiudere la redenzione in uno schema di ordine politico.

Il papa è stato in Uruguay, Cile e Argentina dal 31 marzo al 12 aprile, data della seconda Giornata mondiale della gioventù a Buenos Aires. Finora è stato il terzo viaggio più lungo. L'attenzione dei media si è concentrata sul Cile.

Gravi incidenti a Santiago durante la messa solenne per la beatificazione di suor Teresa de Jesús de Los Andes. Un gruppo di circa trecento oppositori di Pinochet innalza striscioni contro il regime, lancia pietre contro i giornalisti e dà alle fiamme pneumatici e sterpaglia. La polizia interviene con cariche e gas lacrimogeni. Il papa rimane calmo e tranquillo. I gas arrivano fino all'altare facendoci lacrimare tutti, compreso il Santo Padre. Con Buzzonetti,[1] il suo medico, pensiamo di inzuppare d'acqua alcune garze per alleviare i sintomi. Ma non è necessario.

Al termine della messa il papa resta in ginocchio davanti all'altare. Il cardinale cileno Fresno[2] gli si avvicina e gli dice: «Santo Padre, perdonaci». Ma il pontefice risponde: «Perché? Il vostro popolo ha seguito la cerimonia, ha partecipato alla Santa Messa. L'unica cosa da non fare in queste situazioni è cedere agli agitatori». Tornando alla nunziatura, il papa prende il microfono della papamobile e per tre volte ripete: «L'amore è più forte dell'odio». E poi: «Mi congratulo con voi per aver reagito come cristiani alla violenza». Il cardinale Fresno gli dice: «Oggi hanno ferito il mio cuore», e il Santo Padre risponde: «No, è una grande vittoria», perché «le parole sulla riconciliazione della mia omelia erano un commento a ciò che stava accadendo».

Il giorno dopo l'arrivo a Roma, Martínez Somalo mi comunica che pranzeremo con il papa. Ci sono Mario Agnes, Martínez Somalo, Dziwisz e il sottoscritto. Riferendomi al viaggio, dico al papa che ai giornalisti risulta difficile distinguere nei loro commenti i due fini, storico ed escatologico, della Chiesa. Il papa prende la parola e fa delle osservazioni di cui riporto alcuni brani:

> La salvezza dell'uomo è per questo uomo che vive su questa terra, chiuso dalla morte. La salvezza eterna passa attraverso ciò che l'uomo fa su questa terra. Tutto è subordinato alla visione beatifica, alla redenzione.
>
> Il messaggio morale per l'uomo è: ordina le tue azioni secondo giustizia, non secondo questa o quella ideologia. Vige il pregiudizio per cui tutta la temporalità debba essere affidata al marxismo o alle ideologie. La Chiesa, dicono, è per l'aldilà, non per il presente. Nel mio paese i marxisti dicono: andate nelle sacrestie ma non cercate di aggiustare il mondo, quello lasciatelo fare a noi. E non è così, perché Cristo è venuto a salvare il mondo, non solo l'anima separata.
>
> Il pensiero laico e secolarizzato non accetta che l'uomo muoia. È la differenza tra Cristo e i non credenti: Cristo deve morire.
>
> Tutto ciò che riguarda il vero bene temporale – verità, giustizia, bellezza –, essendo temporaneo, costituisce una preparazione al regno futuro.

Commentando alcune notizie di stampa sul viaggio in Cile e Argentina ha dichiarato: «Dovevamo difendere i nostri amici cileni e argentini dal colonialismo [ideologico]». Si è riferito a Pinochet come «questo piccolo dittatore», senza dubbio confrontandolo alle dittature dell'Est.

Germania: sale della terra
30 aprile - 4 maggio 1987

Le parole dell'annotazione precedente mi sono tornate in mente qualche settimana dopo, quando in Germania il papa ha visitato alcune città e beatificato Teresa Benedetta della Croce (Edith Stein)[3] e il gesuita Rupert Mayer.[4]

Durante l'omelia ha rivolto ai tedeschi un appello sulla responsabilità nella vita pubblica, da cui seleziono questo paragrafo:

> Santificare la propria vita significa anche sentire la responsabilità comune nella vita pubblica e contribuire alla sua formazione nello spirito di Cristo. Nessun cristiano deve rimanere indifferente davanti agli avvenimenti del mondo … Siate il sale della terra e portate la luce della verità di Dio in tutti gli ambiti della vita. Questo è il servizio di cui siamo debitori al mondo. Non si può vivere senza Dio! … Vivete in una nazione che appartiene alle più ricche della terra … Non lasciate che per le vostre ricchezze il vostro cuore si inaridisca nei riguardi dei bisognosi e degli emarginati di tutto il mondo.

Stati Uniti: fede o disciplina?
10-21 settembre 1987

21 settembre. È il suo secondo viaggio negli Stati Uniti come Giovanni Paolo II, il quarto per Karol Wojtyła. È stato estenuante, come al solito. Basti pensare ai luoghi in cui è stato in soli dieci giorni: Miami, Columbia, New Orleans, San Antonio, Phoenix, Los Angeles, Monterrey, Carmel, San Francisco, Detroit e Fort Simpson (con gli indigeni del Canada). A San Antonio, dopo una messa molto lunga sotto un sole rovente, gli ho chiesto se fosse stanco. «Non lo so» mi ha detto ridendo.

Alcuni media hanno presentato il viaggio in Canada e negli Stati Uniti in termini conflittuali, contrapponendo il papa ai cattolici americani su questioni di teologia morale (nello specifico, di morale matrimoniale). Durante il viaggio di andata, molte domande dei giornalisti erano di questo tipo. «La stampa dice che sarà un viaggio difficile» osserva uno degli inviati speciali. «Obbedisco alla stampa» risponde il papa con umorismo. «Se il viaggio è difficile, dobbiamo pregare e chiedere preghiere.»

Anche se in apparenza i temi più scottanti del viaggio rientrano nel campo della teologia morale, credo che le radici profonde di molte questioni sollevate siano di natura ecclesiologica, di definizione di cosa sia la Chiesa. Ho l'impressione che negli ultimi decenni si sia verificato un forte riduzionismo orizzontalista, per così dire, che cerca di convertire alcuni aspetti essenziali in questioni meramente disciplinari, aperte, pertanto, alle trasformazioni storiche (come l'ordinazione delle donne).

Si è perso il senso del magistero ecclesiastico e molti non accettano né l'autorità del vescovo né quella del papa: forse tale insistenza sul dialogo e sull'«essere ascoltati» per raggiungere «un consenso finale» è in parte dovuta a questo atteggiamento.

Ho inoltre notato approcci propri della democrazia sociale e politica nel parlare della Chiesa – che è una realtà di carattere diverso –, una forte influenza del pensiero protestante e una malintesa idea di separazione tra Stato e Chiesa. Nella vita quotidiana tanti americani si pongono false alternative tra la loro coscienza di cristiani e la loro coscienza di cittadini.

Il viaggio è stato molto interessante. Durante l'incontro con i giornalisti qualcuno ha detto al papa che negli Stati Uniti c'è una comunità ai margini della Chiesa che aspetta una sua parola: gli omosessuali. Ho preso nota della sua risposta: «Non sono ai margini. Sapete che le persone in difficoltà sono sempre al centro, al cuore della Chiesa. Non sono emarginati».

In volo verso Detroit il papa mi ha chiesto che eco mi fossero giunte dopo il suo discorso ai lavoratori dell'industria hollywoodiana, perché gli avevano riportato alcuni commenti negativi. Gli ho detto che la mia impressione, al contrario, era molto positiva: avevo saputo che «Le Monde» ne aveva parlato alla riunione di redazione e che il «New York Times» aveva pubblicato il discorso per intero.

Il vicepresidente Bush lo aspettava a Detroit per la cerimonia di congedo. Voleva parlare qualche minuto da solo con lui. Alcuni hanno interpretato la sua presenza come un semplice gesto in vista dell'imminente campagna elettorale. Forse è solo questo. Non lo so. Ma vale la pena ricordare, d'altra parte, che nel dibattito sull'aborto è uno dei pochi politici americani ad aver preso una chiara posizione a favore della vita.

Bilancio a Castel Gandolfo
22 settembre 1987

Il papa ha invitato a pranzo me e Mario Agnes a Castel Gandolfo. Quelli di noi che lo hanno accompagnato in questo viaggio sono francamente esausti. Anche il papa sembra stanco, nonostante la sua enorme capacità di recupero. «Non so ancora se sono in America o in Europa» dice a un certo punto.

Parliamo di tutto. È interessato ad analizzare il viaggio dalla prospettiva di un estraneo. Gli do la mia opinione e gli riferisco le reazioni che ho osservato in diversi settori della società americana: vescovi, cattolici «normali», ebrei, protestanti, gruppi omosessuali.

Credo che l'incontro con le suore di Los Angeles lo abbia addolorato: un'atmosfera distante resa inoltre manifesta da una certa freddezza. Ha sofferto anche durante l'incontro con i sacerdoti a Miami. Il presentatore, un sacerdote di nome Frank McNulty, ha inserito nel suo discorso commenti sull'ordinazione femminile e il celibato sacerdotale suscitando grandi applausi; e il papa, che non padroneggia benissimo l'inglese, non ha potuto chiarire le cose come avrebbe voluto.

L'assenza dei vescovi cecoslovacchi
3 ottobre 1987

Questa mattina ho ricevuto un comunicato che spiega i motivi per cui i vescovi cecoslovacchi non parteciperanno al sinodo sui laici.[5] Il tono mi sembra troppo conciliante.

Il papa ne ha parlato apertamente nel discorso al cardinale Tomášek,[6] che ha fatto la sua visita *ad limina*[7] due giorni fa: i vescovi cecoslovacchi non vengono perché impediti dalle autorità comuniste, cosa che in quella nota non è detta con chiarezza.

Apprendo che il comunicato proviene dal cardinale Casaroli. Decido di chiamarlo per spiegargli le ragioni per cui ritengo di non doverlo diffondere: sarà male interpretato dalla stampa e qualcuno potrebbe considerarlo una «marcia indietro» e una rettifica delle parole del papa. Annuisce, ma non sembra molto convinto. Alla fine la nota esce sull'«Osservatore Romano», tuttavia non viene distribuita dalla sala stampa.

L'episodio mi porta a riflettere sulle differenti visioni che del problema hanno il papa e Casaroli, derivanti da due esperienze di vita che cercano il bene della Chiesa e la libertà dei cristiani, ma per vie diverse. Entrambe presentano i loro rischi.

Casaroli cerca di evitare il confronto con le autorità cecoslovacche, forse ritenendo che prendere posizione in difesa dei propri diritti calpestati non produca, in genere, risultati concreti. Sostiene che la cosa migliore per la Chiesa sia cercare di risolvere queste situazioni nel modo più diplomatico possibile.

Il papa, da parte sua, è indignato per le azioni delle autorità comuniste nei confronti della gerarchia cattolica in Cecoslovacchia, e le ritiene ingiustificabili. Per lui, in questo caso, la priorità è far conoscere la verità. Questo è più importante che agire in modo diplomatico in vista di un eventuale beneficio futuro.

La sua esperienza con le autorità comuniste in Polonia spiega questo modo di agire. E ora che, come papa, ha voce per difendere chi non ce l'ha, non è disposto a rimanere in silenzio: «È forse possibile che il successore di Pietro, a cui è affidata la sollecitudine della Chiesa universale, guardi con indifferenza a una tale situazione?» ha detto nell'incontro con Tomášek il 28 settembre.

Il riposo del papa
21 dicembre 1987

Alle nove e mezza vado nell'appartamento del papa per incontrare Stanisław. Voglio aggiornarlo su alcune questioni e progetti dell'ufficio di cui si è parlato in precedenti incontri con il Santo Padre.

Nel corso della conversazione emerge il tema delle competenze amministrative del papa, di cui sulla stampa si comincia a parlare. Ridendo mi dice che «forse è vero che il papa è un cattivo amministratore...». In realtà, e lui la vede allo stesso modo, i compiti amministrativi spettano a noi, suoi collaboratori, a cominciare da quelli che gli sono più vicini. Prima di salutarci mi dice che a preoccuparlo è, piuttosto, il riposo del papa, cosa che impensierisce anche me.

Visita alla Stampa Estera
16-18 gennaio 1988

Cena di lavoro con il papa nell'appartamento papale. Era presente anche Crescenzio Sepe. Bisognava preparare la sua visita all'associazione della Stampa Estera. Vuole sapere chi ci sarà, quali domande potranno essergli fatte. Gli dico che è probabile gli chiedano del suo possibile viaggio in Unione Sovietica e della questione palestinese, molto presente sui mezzi di comunicazione in questi giorni.[8]

Alla fine, due delle tre domande che gli vengono poste sono proprio quelle. Durante la cena il papa parla di alcuni documenti in preparazione, come la lettera sul Millennio cristiano in Russia. A proposito del suo ipotetico viaggio in URSS dice che, al momento, le difficoltà provengono non solo dalle autorità sovietiche ma anche dai leader ortodossi.

Il giorno dopo ceno di nuovo con il papa per commentare la sua visita alla Stampa Estera. «Stanisław mi dice che tra i giornalisti l'atmosfera è molto buona.» Gli racconto, infatti, alcuni dettagli dei preparativi per la visita e del clima successivo.

Sulla «Sollicitudo Rei Socialis»
10 marzo 1988

A cena chiedo al papa la genesi della sua ultima enciclica, *Sollicitudo Rei Socialis*, pubblicata il 30 dicembre scorso. Mi risponde in modo ampio e dettagliato: ama questo genere di domande.

«Quando ho letto la *Mater et Magistra* mi sono detto: "Ecco lo Spirito Santo!".»[9] E mi spiega che, prima di Giovanni XXIII, la dottrina sociale della Chiesa cercava soprattutto di risolvere la questione operaia: considerava il problema come un conflitto di classe.

«Con *Mater et Magistra*» mi fa notare «è cambiato l'approccio: oltre a cercare la giustizia tra i diversi strati della società internamente a ciascun paese, bisognava cercarla tra i due mondi che erano nati: il mondo sviluppato e quello povero. La dottrina della Chiesa si collocava in un ambito molto più ampio. Con questa concezione» prosegue «Giovanni XXIII rispondeva, senza nemmeno nominarlo, al marxismo e alla sua pretesa di porsi come soluzione del problema, e indicava la nuova direzione che la ricerca della giustizia sociale doveva prendere.»

La *Populorum Progressio*,[10] continua a spiegare, lo soddisfa di meno. La stampa comunista l'aveva accolta con favore perché, nel fenomeno della povertà, sottolineava innanzi tutto la responsabilità dei ricchi. «Ma a mio avviso si trattava di una visione parziale. E ho pensato: dobbiamo portare a compimento quella visione del mondo.»

Sottolinea che sono sorte anche nuove questioni che esigevano una risposta e che hanno influito sulla preparazione dell'enciclica, come il debito estero e la teologia della liberazione. Cita quindi i sistemi marxista e capitalista. «È colpa loro se l'umanità ha di fronte un futuro minaccioso. Non parlo solo della guerra, visto che i paesi poveri del Sud non possono opporsi militarmente a quelli ricchi del Nord, ma della schiavitù cui la povertà sottopone tante persone.»

E spiega che al momento questa schiavitù è duplice: ci sono i molti schiavi del capitalismo e ci sono le migliaia di uomini resi schiavi dallo scontro fra i due blocchi. Per questo nell'enciclica desiderava superare l'ottica della dialettica fra le classi sociali o tra i grandi blocchi e mostrare come tutti questi fattori interagiscano tra loro. «La provvidenza ha agito a modo suo. Di certo, con Gorbačëv stiamo arrivando a una quasi autocritica sovietica, almeno nell'applicazione dei suoi principi.» In questo contesto, aggiunge di considerare la teologia della liberazione di matrice marxista «una risposta ingiusta a una situazione ingiusta».

Parla anche di alcune persone che hanno collaborato all'enciclica, come Calvez, Etchegaray, Mejía e Buttiglione.[11] E sottolinea che si trattava di un tema che alcuni episcopati, come quello canadese, desideravano fosse affrontato.

Il cristianesimo in Russia
30 marzo 1988

È mercoledì santo. Migliaia di pellegrini percorrono le strade di Roma. Il papa mi ha invitato a pranzo. È arrivato con il mantello rosso che di solito indossa durante le udienze generali. Erano presenti Mario Agnes e i due segretari, Dziwisz e Kabongo.

Voleva parlare di alcune questioni presenti all'opinione pubblica nelle ultime settimane: la ricezione dell'enciclica *Sollicitudo Rei Socialis* e la lettera apostolica *Euntes in Mundum*, pubblicata alla fine di gennaio sui mille anni del cristianesimo in Russia.

Per buona parte del pranzo il papa parla del cristianesimo in Russia da un punto di vista storico. È evidente che si tratta di un argomento che padroneggia. «Il problema è che se ne ignora l'esistenza anche a livello episcopale. Mi dicono che non ne erano a conoscenza.» E ricorda che la commemorazione del Millennio è un evento straordinario.

In un altro momento del pasto mi ha detto che stava preparando un documento sulle donne.[12] Non ne sapevo nulla e lo trovo splendido.

Ho notato alcuni dettagli. Le forchette, i cucchiai e i coltelli sono in alpacca. E il pane è stato sostituito dai grissini. Di solito versa un po' d'acqua nel bicchiere di vino prima di bere, e quando parla sposta il piatto prima che venga portato via. Il vino è solitamente bianco, non di marca. Dall'etichetta si capisce che si tratta di un vino ricevuto in regalo e prodotto artigianalmente.

Il papa pone le questioni in termini generali e lascia all'interlocutore il tempo di esprimere la propria opinione. E non so a chi o a cosa stia più attento: se a ciò che viene detto o alla persona che lo dice. Ascolta con molta attenzione gli argomenti, ma ho la sensazione che al tempo stesso cerchi di capire la *forma mentis* della persona con cui parla. In ogni caso, mostra un grande interesse per l'interlocutore e per ciò che dice.

A proposito di URSS *e Santa Sede*
14 aprile 1988

L'opinione pubblica si occupa spesso delle relazioni tra URSS e Santa Sede. A creare questo interesse credo abbiano contribuito il fatto che Giovanni Paolo II è uno slavo, la presenza di Gorbačëv in Russia e le ripetute allusioni del papa al suo desiderio di visitare i cattolici dell'Unione Sovietica.

Oggi «la Repubblica» ha pubblicato una notizia di questo tipo: Anatolij Krasikov, vicepresidente dell'agenzia di stampa TASS, sarà a Roma il 20. Terrà una conferenza alla Stampa Estera sulle relazioni tra Unione Sovietica e Santa Sede. Il giornalista afferma che forse realizzerà un'intervista a Giovanni Paolo II che sarà pubblicata in occasione dell'anniversario del Millennio del cristianesimo in Russia. L'idea è bella, ma la verità è che non c'è niente di organizzato.*

Uruguay, Bolivia, Perú e Paraguay
7-19 maggio 1988

7-9 maggio. Uruguay. Paese di tradizione laicista e scarsa pratica religiosa. Il papa era già venuto l'anno scorso per commemorare gli accordi di Montevideo, che nel 1978 hanno scongiurato la guerra tra Cile e Argentina per la disputa sul canale di Beagle. In quell'occasione aveva celebrato la messa in una piazza centrale di Montevideo, la Explanada de Tres Cruces. La grande croce che aveva vegliato sulla cerimonia non era mai stata rimossa. Qualche mese fa si è tenuto un dibattito parlamentare per decidere se lasciarla o meno. Hanno vinto i favorevoli a tenerla dov'è. In questo viaggio il presidente Sanguinetti, nonostante si dichiari agnostico, ha assistito alla messa del papa.

All'aeroporto di Montevideo una ragazza si intrufola sull'aereo papale. Viene scoperta da uno dei nostri addetti alla sicurez-

* In effetti, non si farà.

za. Voleva solo fargli un regalo: una sveglia a corda con su scritto: «Grazie, papa, per aver svegliato l'Uruguay».

Il papa ordina sacerdoti a Florida e celebra la messa nel parco Mattos Neto di Salto. Il 9 si sposta in Bolivia.

10 maggio. A La Paz celebra una messa per le famiglie alla quale partecipano migliaia di boliviani. Li esorta ad alti compiti: «Non lasciatevi sedurre dal facile rimedio del divorzio e non rifiutate la grazia del sacramento, optando per unioni contrarie al volere di Dio ed alla legge naturale, come il concubinato, in cui non può essere presente l'amore completo».

11 maggio, Oruro (Bolivia). Mi è stato riferito telefonicamente che sul giornale governativo «Patria» il ministro degli Esteri paraguaiano ha pubblicato una lettera al nunzio[13] per informarlo, a nome del governo, che l'incontro del papa con i cosiddetti «costruttori della società» è stato annullato per motivi di ordine pubblico.

L'incontro era previsto nel Palacio Nacional de Deportes per il 17 maggio, secondo giorno di permanenza del papa ad Asunción. La decisione è un segno delle tensioni esistenti tra alcuni vescovi e il presidente Stroessner.

Lo comunico subito a Dziwisz e Martínez Somalo. Durante il viaggio di ritorno a Cochabamba, Dziwisz informa il papa.

Alloggiamo in un convento francescano. Mi alzo per assistere alla messa che avrebbe celebrato Piero Marini[14] nella piccola cappella del convento, e quando entro – sono le sei e venti – vedo il papa in ginocchio che prega. Per non interromperlo, la messa non si celebra in quella cappella. Il papa vi rimane fino alle otto meno un quarto, quando viene servita la colazione.

Alle undici del mattino celebra la messa all'aeroporto di Cochabamba davanti a migliaia di persone. Al termine pranza nel Seminario nazionale. Dopo un breve riposo convoca Casaroli e Martínez Somalo per discutere la questione del Paraguay. Ha richiesto la mia presenza per valutare, anche dal punto di vista della comunicazione, come affrontare la cosa. Ci sollecita a risolvere il problema: in caso contrario dovremo considerare l'eventualità di sospendere il viaggio in Paraguay.

Nel pomeriggio, mentre il papa tiene il previsto incontro con i sacerdoti e i seminaristi nel Seminario diocesano di Cochabamba, Martínez Somalo e io torniamo con un'auto della polizia nel convento di San Francisco, dove abbiamo pernottato, per fare diverse telefonate.

Martínez Somalo parla con Roma affinché le istruzioni del papa vengano trasmesse al nunzio di Asunción. Ritiene che la cosa migliore da fare sia inviare padre Tucci ad Asunción perché affronti il problema di persona.

12 maggio, Sucre e Santa Cruz. Abbiamo proseguito il nostro viaggio: prima a Sucre, dove si celebra una messa per il quattrocentocinquantesimo anniversario dell'inizio dell'evangelizzazione in Bolivia, e poi a Santa Cruz, dove ha luogo un incontro con i rappresentanti del mondo intellettuale.

Andiamo avanti con le trattative. Facciamo fatica a collegarci con Roma per via dei continui spostamenti. Passano le ore e non c'è risposta. Decido di fare pressione sulle autorità.

Rilascio una dichiarazione alle agenzie internazionali di stampa nella speranza che le autorità paraguaiane rivedano la loro posizione: «Per il momento devo esprimere lo stupore per una decisione senza precedenti riguardo all'attività pastorale del papa». Penso che queste parole che dico ai giornalisti, sottolineando in special modo «per il momento», ci lascino aperte tutte le opzioni e possano contribuire a cambiare la situazione.

13 maggio, altre formalità. Alle sette e mezza del mattino dal palazzo presidenziale di Asunción telefonano a Piero Marini, che mi passa la chiamata. È l'ambasciatore Pappalardo, capo del protocollo della cancelleria di Alfredo Stroessner, che ha appena letto il testo della mia dichiarazione alla stampa.

La giudica «molto ben ponderata» e inizia a spiegarmi perché l'incontro con i «costruttori della società» ad Asunción sia stato annullato. Mi dice che oltre alle sue divergenze con alcuni membri della gerarchia ecclesiastica ci sono state diverse anomalie nella distribuzione degli inviti: che loro, quelli del Partito colorado, sono molto più numerosi di quelli dell'opposizione, eppure la prima parte dell'evento è occupata da un gruppo di «arrabbiati di sinistra», e così via.

Cerco di fargli capire che in questa vicenda ci sono due priorità: in primo luogo il buon nome del Paraguay nel mondo, in secondo luogo la libertà pastorale del papa. Mi parla di una serie di problemi locali e gli rispondo che tali problemi, che non discuto, dovrebbero essere risolti riunendo il nunzio Georg Zur[15] e alcuni vescovi per raggiungere un accordo. Da quel che mi dice capisco che gli è più facile parlare con Zur che con i vescovi, e che non sanno come sbloccare la situazione.

Insisto sulla necessità del dialogo e gli chiedo che cerchino di raggiungere una soluzione prima delle due, in modo da poterlo comunicare al papa.

Alle quattro del pomeriggio, grazie agli sforzi di entrambe le parti, l'ambasciatore Pappalardo mi chiama da Asunción per dirmi che è tutto risolto. Subito dopo lo fa anche Zur, che al telefono mi legge il testo dell'accordo. Lo comunico a Casaroli, e io sono lì quando dà la notizia al papa, il quale, con il suo solito buon umore, commenta: «Allora mi lasciano andare in Paraguay?».

Il 17 maggio nel Palacio Nacional de Deportes di Asunción si è tenuto l'incontro con i «costruttori della società». Riporto questi due brani del discorso del papa:

> Impegnarsi in questo sforzo di solidarietà significa per voi mettervi a fianco dei più bisognosi del vostro paese, per difendere i loro diritti e ascoltare le loro giuste rimostranze. «Ciascuno è chiamato ad occupare il proprio posto in questa campagna pacifica, da condurre con mezzi pacifici, per conseguire lo sviluppo nella pace, per salvaguardare la stessa natura e il mondo che ci circonda.»
>
> Le situazioni di povertà che caratterizzano vaste zone di alcuni paesi, come accade nel vostro, gridano al cielo e sono terreno propizio per le lotte fratricide. Perciò, oltre all'appello a dedicare tutte le vostre forze e a servirvi della vostra posizione di leaders a favore dello sviluppo integrale del vostro Paese e a beneficio di tutti i cittadini, desidero ricordarvi l'appello dei vostri vescovi a favore di un dialogo costruttivo capace di creare basi di accordo nel rispetto reciproco e nella libertà.

Tra i giornalisti che accompagnano il papa c'è Richard Denton, produttore britannico, e un team di professionisti della BBC di Londra che sta preparando un programma sui primi dieci anni di pontificato. Li porto con noi per un'intera giornata. Mentre lavorano, durante l'incontro del papa con i malati all'interno della cattedrale, li vedo anche piangere. «A prescindere dalle convinzioni di ciascuno,» mi dice la sera il cameraman «quest'uomo è eccezionale.» Nessuno di loro è cattolico.

Durante uno dei tanti incontri con la gente, un bambino saluta il papa e gli chiede: «Tu sei quello che si vede in televisione?».

Giovedì, durante il volo di rientro, il papa rivolge alcune parole di ringraziamento a tutti quelli che lo hanno accompagnato, inclusi i quattro ambasciatori e in special modo i tre presenti sull'aereo, di Bolivia, Paraguay e Perú. Ricorda un modo di dire polacco: «Un cavallo, quando torna a casa, cammina sempre più veloce». Scherza sul fatto che lo stesso vale anche per noi: «Quest'aereo sembra un cavallo che cerca di tornare a casa il prima possibile».

20 maggio. Io, Mario Agnes, Martínez Somalo e i due segretari abbiamo cenato con il papa. Nonostante il viaggio sia stato molto duro, lo trovo vigoroso e allegro come sempre. Non si è concesso nemmeno un giorno di riposo. Di nuovo, come sempre. E come ogni venerdì, oggi ha incontrato Ratzinger. Mi viene da pensare che uno dei temi dell'incontro possa essere stato l'esito del caso Lefebvre, il quale, stando alle voci che mi sono giunte, è praticamente risolto.[16]

IV

Una visita al Cremlino

(1988)

A Mosca per il Millennio

8-13 giugno 1988

Per i mille anni del cristianesimo in Russia, che risale al 988, il patriarcato di Mosca ha chiesto alle autorità sovietiche il permesso di celebrare la data con particolare solennità. Gorbačëv, al potere da tre anni, lo ha concesso.

Il patriarcato ortodosso ha invitato a Mosca le diverse confessioni. Il papa non è stato invitato in modo formale, ma gli è stato chiesto di inviare una delegazione. Come segno dell'importanza che attribuisce all'anniversario, il papa ha deciso che la delegazione della Santa Sede sarà guidata dal segretario di Stato Agostino Casaroli anziché da Johannes Willebrands,[1] come sarebbe stato normale in considerazione della sua posizione di presidente del Pontificio Consiglio per l'unità dei cristiani.

Ha preso anche un'altra decisione importante: scrivere una lettera riservata a Gorbačëv che dovrà essere consegnata nelle sue stesse mani, se se ne presenterà l'occasione. Quanto a me, c'è un'ulteriore sorpresa, che Casaroli mi ha comunicato qualche giorno fa: il papa reputa opportuno che io li accompagni e faccia parte della delegazione.

Oltre a Casaroli e Willebrands, gli altri membri della delegazione della Santa Sede sono il segretario del Consiglio per l'unità dei cristiani Pierre Duprey,[2] Salvatore Escribano, membro di tale Consiglio, Roger Etchegaray (Pontificio Consiglio della giustizia e della pace), il vicerettore del pontificio Istituto orientale John Long, Faustino Sainz del Consiglio per gli affari pubblici della Chiesa,[3] il vicesegretario di tale Consiglio Audrys Bačkis e padre Szlowieniec dello stesso Consiglio.

8 giugno, mercoledì. Arrivo all'aeroporto. Stato d'animo ottimista. Partiamo a metà mattina per Mosca con un aereo Aeroflot. Su quel volo ci siamo io, Casaroli, Etchegaray, Bačkis, Sainz e Szłowieniec. Il resto della delegazione è già lì.

Nikolaj Lunkov, ambasciatore dell'URSS in Italia, è venuto a salutarci all'aeroporto e ha avuto un colloquio privato con Casaroli. Il cardinale gli ha detto che aveva con sé una lettera del papa per Gorbačëv e che era aperto a colloqui e incontri con varie persone. Non sappiamo se la lettera potrà essergli consegnata perché non è previsto alcun incontro con Gorbačëv. Il programma indica solo, in termini generici, che lunedì 13 ci sarà un «ricevimento ufficiale al Cremlino», e si parla di un «intervento del cardinal Casaroli», ma non sappiamo esattamente cosa sarà. Supponiamo si tratti di un ricevimento per tutte le delegazioni. Vedremo.

Dopo il decollo passa a salutarmi Alceste Santini, vaticanista dell'«Unità», organo del Partito comunista italiano. Nella situazione attuale, in cui non esiste un regolare canale di comunicazione tra Santa Sede e governo dell'URSS, Santini fa da tramite fra Casaroli e l'ambasciata sovietica, ed è venuto perché vuole intervistare il cardinale. Gestisco la cosa e prendo nota delle sue domande. L'intervista non gli interessa tanto in vista di una pubblicazione quanto per conoscere il suo pensiero su diverse questioni e poterne discutere con le autorità sovietiche.

Quando finiscono di parlare, fornisco a Casaroli alcune fotocopie di notizie apparse negli ultimi giorni: interviste a Gorbačëv ed estratti di attualità.

Arriviamo a Mosca verso le quattro. Fa caldo. All'aeroporto ci accoglie Iosif Pustoutov, archimandrita del patriarcato di Mosca. È un uomo giovane e amichevole che parla un ottimo francese ed è buon amico di padre Duprey e di Willebrands. Sarà il nostro interprete nei prossimi giorni.

Ci dà il benvenuto Charčev, presidente del Consiglio per gli affari religiosi (ministro del Culto, nella terminologia ufficiale), che ci saluta a nome dello Stato ed esprime l'auspicio che il soggiorno di Casaroli a Mosca contribuisca a migliorare le relazioni tra Unione Sovietica e Santa Sede.

Poco dopo arriva il metropolita Filarete di Minsk[4] per darci «un abbraccio fraterno e il benvenuto a Mosca, dove celebreremo insieme il Millennio del cristianesimo in Russia».

Entriamo nella sala VIP dell'aeroporto per una tazza di tè e dei panini. Il corrispondente della televisione austriaca mi avvicina discretamente e mi dice che è in contatto con alcuni cattolici ucraini di rito orientale, venuti a Mosca per parlare con il segretario di Stato.[5] Gli dico di mandarmi l'elenco dei nomi di queste persone in hotel.

Lasciamo l'aeroporto su auto ufficiali del patriarcato, in realtà di proprietà del governo, diretti all'hotel Sovetskaya, nostra residenza nei prossimi giorni. Le auto puzzano di benzina: non so se sia un difetto di carburazione o se dipenda dalla scarsa qualità del carburante. Caldo e umidità: a quanto pare, il normale clima moscovita di giugno.

Veniamo accompagnati poi all'hotel Ukraine,[6] uno dei «sette grattacieli di Stalin» costruiti in altrettanti siti dell'impero sovietico, dove ci accreditiamo e ritiriamo le nostre credenziali.

Prima di cena Casaroli decide di fare due passi, ma i nostri ospiti lo accompagnano in auto fino alla piazza Rossa. Penso alle televisioni occidentali: avrebbero dato qualsiasi cosa per riprendere il segretario di Stato della Santa Sede passeggiare davanti al Cremlino, simbolo del potere sovietico.

Faccio una doccia e mi metto al lavoro: ho portato con me una lista di numeri di telefono di corrispondenti stranieri a Mosca e inizio a contattarli. Ceno all'hotel Belgrad 2 con un gruppo di giornalisti italiani: Accattoli, Melli, Mandillo, Marinaro, Del Colle e altri. Una cena rumorosissima con un'orchestrina occidentalizzata che non ci lascia parlare. E poiché con il passare del tempo l'atmosfera si fa sempre più frivola, con signore che vanno avanti e indietro, decido di andarmene prima che la cena finisca.

9 giugno, giovedì. Messa a San Luigi dei Francesi, l'unica chiesa cattolica di Mosca. Cinquanta persone, perlopiù di origine polacca o comunque di lingua polacca. Un'atmosfera entusiasta: è la prima volta che vedono il segretario di Stato della Santa Sede. Gli chiedono autografi. Nell'edificio di fronte, a circa ottanta metri di distanza, vedo una telecamera con l'obiettivo che punta l'ingresso della chiesa. Non so se funziona ancora. Forse, in passato, ha trasmesso le immagini dei cattolici che partecipavano alle funzioni a qualche oscura sezione della vicina Lubyanka, la sede del KGB.

Dopo la prima colazione in hotel si parte alla volta del monastero di Zagorsk, intitolato alla Santissima Trinità di San Sergio, a circa 45 chilometri da Mosca. Mattinata soleggiata e piacevole. Le delegazioni che partecipano alle celebrazioni del Millennio si dirigono tutte lì e formano una lunga carovana di auto nere: Volga e Čajka utilizzate dai membri del governo e dai gerarchi del regime, che per l'occasione lo Stato ha messo a disposizione della Chiesa ortodossa.

Il monastero di Zagorsk è una meraviglia. Abbiamo venerato le reliquie di san Sergio baciandole attraverso un velo verde.

Trascorriamo il resto della mattinata insieme ai membri delle altre delegazioni nella sala del monastero dove si sta svolgendo la chiusura del sinodo straordinario. Ci sono numerosi metropoliti, archimandriti e altri membri della gerarchia ortodossa russa. Dalla nostra parte ci sono Casaroli, Willebrands, Etchegaray, Duprey, O'Connor (arcivescovo di New York), Glemp (primate di Polonia) e altri. Martini (arcivescovo di Milano) arriverà tra pochi giorni.

Seduto con la gerarchia della Chiesa ortodossa, il ministro del Culto Charčev presiede la cerimonia. Durante il suo svolgimento si concorda la creazione di un fondo da 1 milione di rubli per le famiglie delle vittime della guerra in Afghanistan;[7] si discute del dovere di educare i bambini e della «restaurazione dei principi leninisti del socialismo per correggere le deformazioni e gli errori dello stalinismo»; si invia a Gorbačëv una lettera di sostegno formale della perestrojka: «Abbiamo esortato tutti i nostri fedeli a sostenere questo processo di rinnovamento».

A metà mattina, l'archimandrita Iosif Pustoutov chiede a Casaroli e a tutti noi di lasciare l'aula per un breve incontro con l'anziano patriarca Pimen,[8] che vive nell'edificio accanto ed è piuttosto malato.

Torniamo a Mosca nel primo pomeriggio, dopo il pranzo in monastero. In albergo mi viene consegnato l'elenco dei nomi che avevo chiesto al corrispondente della televisione austriaca. Lo passo a Willebrands, che confronta i nomi con quelli di un piccolo elenco manoscritto preparato per lui, a Roma, da Ljubačivs'kyj.[9] È un elenco della gerarchia clandestina della Chiesa cattolica in Ucraina. Alcuni nomi corrispondono. Dopo essersi confrontato con altri, Willebrands decide di ricevere in albergo alcune di quelle persone: vengono due vescovi e tre sacerdoti.

Casaroli rimane con loro solo per pochi istanti. Penso che l'incontro sia stato organizzato così perché Casaroli, che desidera stabilire contatti con le autorità sovietiche, non vuole poi metterli a rischio per aver ricevuto persone «sgradite» alla nomenklatura.

10 giugno, venerdì. Santa messa nella chiesa di San Luigi. Ci sono più persone. Saluti, famiglie e qualche grido «Viva il papa!». Guardo la telecamera che ci punta dal palazzo di fronte e non sono più tanto sicuro che sia uno strumento del passato: è solo la mia immaginazione o, rispetto a ieri, ha cambiato posizione? Colazione con Domenico Del Rio.[10]

Partiamo per il teatro Bol'šoj. Alle dieci e cinque del mattino la sala è gremita. Le sedute sono poltroncine, non poltrone come quelle della Scala di Milano. Sul frontale, sopra al palco, c'è un emblema sovietico con due ritratti di Lenin. E una data che rimanda all'età di questo edificio: 1856.

Suona un gong, il sipario si apre e mi trovo di fronte uno spettacolo insolito: al centro del lungo tavolo che va da un capo all'altro del palcoscenico c'è Pimen, patriarca di tutte le Russie. Alla sua destra Charčev, ministro del Culto. Accanto a lui, un alto funzionario del partito. Alla sua sinistra, Raisa Gorbačëva, moglie del segretario generale. Dietro, su quattro file di sedili sfalsati, i rappresentanti delle varie confessioni cristiane e religiose: tra di loro, Casaroli e Willebrands.

Pimen ringrazia il governo per la collaborazione alle celebrazioni del Millennio e riporta alcune parole di Gorbačëv. Saluta i rappresentanti delle diverse Chiese con citazioni dalla Bibbia e ringrazia i membri del corpo diplomatico e della municipalità per la loro presenza.

Passa la parola a Filarete: «Ci rallegriamo per il cammino intrapreso dai responsabili dello Stato e siamo lieti di poter partecipare a questo processo». Esprime il suo forte sostegno alle trasformazioni in corso e la soddisfazione per l'accordo raggiunto tra Reagan e Gorbačëv.

Poi parla il metropolita Juvenalij:[11] «All'interno dello Stato socialista le relazioni tra Stato e Chiesa non sono sempre state le stesse: all'inizio ci sono state difficoltà perché non eravamo consapevoli dell'importanza della grande rivoluzione russa». Aggiunge che tra le vittime si contano «migliaia e migliaia di membri del partito, fedeli della Chiesa ortodossa e membri del clero».

Sottolinea che ci sono stati anche problemi interni e cita lo scisma della Chiesa ortodossa. «Chiediamo perdono a Dio e agli uomini, e preghiamo perché arrivi presto il giorno in cui si possa superare la separazione delle Chiese.» E conclude: «È stata la Chiesa a incoraggiare la resistenza contro gli invasori stranieri, a contribuire alla vittoria e, alla fine della guerra, a fare appello ai cristiani di tutto il mondo per raggiungere la desiderata concordia».

L'incontro si chiude nel primo pomeriggio. Pimen riprende la parola per ricordare che «la nostra cara patria sta attraversando un periodo di trasformazione, di perestrojka, di democratizzazione. Apprezziamo i contatti avuti con le autorità statali. Desideriamo contribuire con i nostri valori morali ed etici».

Canto finale, in piedi. Sul sipario, sotto una grande fotografia di Lenin e accanto alla falce e martello, campeggia una sigla: CCCP.

Usciamo. Sta piovendo. Torniamo all'hotel in auto. Pranzo leggero. Non sappiamo ancora se ci sarà o meno l'incontro con Gorbačëv.

Alle sette di sera è previsto un concerto al Bol'šoj in occasione del Millennio. Decido di recuperare il sonno. Prima di andare a letto mi chiedo dove ci porterà tutto questo. Si avverte una certa coesione, una certa concordanza, una confluenza di popoli e individui nel nome di Dio. Noi occidentali, concludo, dobbiamo allargare il nostro campo visivo: guardiamo troppo (solo, alle volte) all'Occidente, e il modo di vivere e di ragionare di qui ci è estraneo. In questa parte di mondo il pensiero si allarga, anche dal punto di vista cristiano e religioso: è l'Oriente. Allo stesso tempo percepisco che nei discorsi di Pimen, Filarete e Juvenalij c'è un elemento comune: e cioè che qui si tratta non tanto di una Chiesa universale, ma di qualcosa che è prima di tutto nazionale.

11 giugno, sabato. Al mattino mi dicono che il concerto che ieri ho perso al Bol'šoj è stato spettacolare. Il programma ha subito alcune modifiche: questa mattina stessa si terrà un incontro al Soviet Supremo tra le delegazioni e il presidente Gromyko.

Durante l'incontro, Gromyko usa il termine «ecumenismo» e risponde alle domande che gli sono state poste per iscritto. Cede poi la parola ai presenti. Willebrands commenta: «Lei ha parlato di ecumenismo. A questo proposito devo chiederle della situazione dei cattolici in Unione Sovietica, in particolare di quelli che vivono in Bielorussia, Ucraina e altri territori. Lei sa che, perché una Chiesa sia viva, è necessario che abbia una gerarchia, dei seminari, dei sacerdoti. Può rispondermi su questo?» (risuona qualche applauso).

Tra le righe, Casaroli sta chiedendo: «Si sta preparando una nuova legge sul culto. C'è l'intenzione di consultare le comunità religiose su questo tema?».

Gromyko risponde senza compromettersi. Alla prima domanda: «È una questione da prendere in considerazione». Alla seconda: «Naturalmente», ecc.

In totale sono intervenute circa venticinque persone.

Alle quattro del pomeriggio Casaroli, Bačkis, Sainz e io ci incontriamo in una stanza dell'albergo. Non si sa ancora nulla di lunedì. Sembra che dopo il colloquio di questa mattina con Gromyko non debba esserci alcun incontro ufficiale al Cremlino con Gorbačëv. Che si fa con la lettera del papa?

Ne stiamo parlando quando squilla il telefono: il ministero degli Esteri annuncia che lunedì mattina, a mezzogiorno, Gorbačëv riceverà il cardinale Casaroli. Sarà accompagnato da Bačkis. Dicono, e lo ripetono due volte, che dobbiamo occuparci della stampa e che i giornalisti che accreditiamo devono contattare telefonicamente il signor Vonogradov, del ministero degli Esteri. Dovranno trovarsi alle undici e venti presso la torre Spasskaja del Cremlino.

Chiamano di nuovo per confermare. Chiediamo se posso andare in macchina con il cardinale. Affermativo. Loro non daranno notizia dell'incontro e io non devo riferirlo alla stampa.

Poco dopo, mentre sono nella mia stanza, ricevo la telefonata di una persona che non parla alcuna lingua occidentale. In latino mi dice: «*Ego episcopus ucranianus sum*...». È Ivan Markitis, della regione ucraina della Transcarpazia, e vuole vedere Casaroli. Prendo nota del suo indirizzo di Mosca e del numero di telefono. Mi spiega, con voce preoccupata e ansiosa, che mi ha rintracciato tramite un certo Nikolai Murator (che non conosco).

Mi consulto con Willebrands. Nella sua lista manoscritta di membri della gerarchia cattolica ucraina non c'è alcun Ivan Markitis. Valutati i pro e i contro, decidono di non riceverlo. Il problema non è solo che il nome non è in quella lista: è soprattutto che, essendo riusciti a fissare un incontro con Gorbačëv per lunedì, vogliono evitare di dare alle autorità sovietiche il pretesto per interrompere il dialogo. Questa situazione mi causa una pena infinita.

Ceniamo con Juvenalij nel monastero moscovita di Novodevičij, che non è ancora stato restituito del tutto alla Chiesa ortodossa. Partecipano l'intera delegazione pontificia e O'Connor. Un posto splendido. La residenza di Juvenalij è piccola e ben arredata. Ci mostra la cappella: iconostasi, lampade votive, icone. Willebrands intona il *Salve Regina*.

Juvenalij è un uomo cordiale, molto religioso. Ci tratta con grande familiarità e spontaneità e ci offre una cena magnifica, tipicamente russa: caviale, vodke – al plurale –, pesce affumicato...

«Tutto questo» ci dice riferendosi alle attuali relazioni tra la Chiesa ortodossa e quella cattolica e in particolare alla presenza della nostra delegazione alle celebrazioni del Millennio «lo hanno reso possibile papa Giovanni [intende Giovanni XXIII], il cardinale Bea, il cardinale Willebrands e la Ostpolitik[12] del cardinale Casaroli. A Mosca la prima pietra di una chiesa situata in un'area dove vivono più di un milione di persone sarà posata il 13, in memoria del Millennio. È la prima chiesa costruita a Mosca dopo la Rivoluzione d'ottobre.»

Continua a parlare tranquillamente: «Alcuni vorrebbero» scherza «che quella chiesa fosse più grande della basilica di San Pietro». Ricorda che si sta avvicinando il secondo millennio della Chiesa e chiede: «Si sta preparando qualcosa a Roma per l'occasione?». Casaroli dice che manca ancora molto... «Per il momento non si è ancora deciso nulla.»

«Il Millennio» dice Juvenalij «ha comportato una grande mobilitazione del popolo russo. Il nostro leader si è dimostrato molto attento ai problemi della Chiesa. Dobbiamo pregare per Gorbačëv.» Per quanto riguarda le chiese ortodosse, dice che non sono più dei musei e che sono in fase di restauro. Due anni fa le autorità hanno deciso di restaurare anche alcuni monasteri.

Canonizzazioni: «Abbiamo deciso di continuare a farle. La canonizzazione della famiglia imperiale è stata portata avanti più lentamente per non urtare la suscettibilità di nessuno. È per la loro fede che sono morti, e non volevamo che la canonizzazione fosse letta in chiave politica. Ma verrà il momento in cui potremo esprimere il nostro pensiero su quel martirio».

Perestrojka: si fa più lenta a mano a mano che ci si allontana da Mosca. «Ma nel nostro paese è in corso un vero e proprio rinascimento. Non ci sono più proteste contro il governo ma contro le cose che non funzionano. Per noi è una sorta di luna di miele. Ogni giorno, nonostante il rifiuto che questo produce tra gli atei, radio, televisione e giornali raccontano le celebrazioni del Millennio. Abbiamo deciso di svolgere le attività di carità cristiana pubblicamente, nelle chiese e negli ospedali. Nei testi legislativi preparati da Gorbačëv si parla di questo. Sono passati molti anni e non abbiamo esperienza. Ma la Santa Russia è più viva che mai. Ci sono idee, iniziative, entusiasmo. E vogliamo stringere legami più stretti con la Chiesa cattolica.»

Brindisi: «Oggi la Chiesa russa è in festa».

Ci salutiamo. Quando usciamo in giardino è ancora giorno. In macchina, mentre torniamo all'hotel, passiamo davanti al piccolo cimitero dove è sepolto Chruščëv. Più tardi osserviamo le mura di una bellissima chiesa ancora in mano allo Stato. Accanto si trova un'altra chiesa più piccola: la cattedrale. Lì, preghiamo e cantiamo davanti a un'immagine della Vergine.

Quando arriviamo in albergo è già buio, e con Casaroli, Bačkis e Sainz facciamo due passi nei dintorni per prendere un po' d'aria. Non c'è nessuno. All'improvviso si sente un grido unanime: «Goool!». Tutta Mosca sta guardando in televisione la squadra dell'Unione Sovietica che gioca nel Campionato europeo.

Casaroli si chiede se domani debba incontrare Gorbačëv in abito talare o clergyman. Mi pone la domanda e io non so decidermi fra l'uno o l'altro: so solo che quella fotografia apparirà sulla stampa di tutto il mondo. Opta per il talare.

12 giugno, domenica. Cerimonia liturgica all'aperto nel monastero di San Danilov. Forse la prima cerimonia liturgica all'aperto che si tiene a Mosca dal 1917. Sono presenti le varie delegazioni. Per via del suo stato di salute, Pimen partecipa dall'edificio di fronte. Fa freddo e a tratti pioviggina.

Casaroli se ne va prima della fine della funzione perché ha organizzato un incontro privato con Charčev, il ministro del Culto. Dopo la cerimonia andiamo nel quartiere Arbat, dove Pimen ci offre un grande ricevimento nel ristorante Praga. Mi alzo da tavola prima del termine, quando mi dicono che Casaroli è tornato. Dopo aver parlato con lui, rilascio un comunicato in cui do notizia dell'incontro e informo che «si è concordato di continuare il dialogo iniziato».

Il «contenuto implicito» del comunicato è chiaro: è necessario stabilire un canale regolare per discutere le questioni che si presenteranno. Anche Charčev vorrebbe un canale di questo tipo, ma non ha l'autorità per crearlo.

La sera, altra cena fuori programma: il metropolita Filarete di Minsk ci invita nella sua dacia, la casa di campagna. Andiamo in auto. La casa, circondata da boschi, era appartenuta a Nikodim, morto a Roma tra le braccia di Giovanni Paolo I.[13] Ci accompagnano Kuznetsov, collaboratore di Charčev, e due soldati.

Filarete è un uomo espansivo e allegro. A metà cena propone un lungo brindisi: «Illumina il mio cuore, Signore, perché non dica sciocchezze. Che sia il cuore a parlare». E continua: «L'invito che abbiamo rivolto al papa e la sua magnifica risposta hanno reso possibile questo incontro, questo evento storico. È tutto opera del Signore. A Sua Santità invio la simpatia e la riconoscenza del nostro patriarca e ringrazio voi per aver accettato il nostro invito».

La cena è lunga. Si inizia con la vodka, la tipica bevanda russa. Ogni volta che in tavola arriva un nuovo piatto, il cameriere riempie i bicchieri. Decido di fermarmi alla seconda portata e gli chiedo di non servirmi più.

Torniamo in albergo di buon umore, con la mente già rivolta all'incontro di domani. Willebrands e Duprey ne sono stati informati in ritardo: sono più preoccupati delle relazioni con la Chiesa ortodossa che di quelle con il governo. Il contrario di Casaroli. Vado a dormire, ma il telefono inizia a squillare: sono alcuni giornalisti che non sanno ancora nulla dell'incontro di domani e chiamano per sondare il terreno. Dico loro di andare a dormire tranquilli.

13 giugno, lunedì. Di prima mattina, messa a San Luigi dei Francesi. Ho chiesto a una piccola rappresentanza di giornalisti di trovarsi alle undici alla porta della torre Spasskaja del Cremlino, come concordato con le autorità sovietiche. Agli altri ho detto di trovarsi all'una al nostro albergo.

Alle dodici meno un quarto due Gaz Cajka nere arrivano in hotel per portarci al Cremlino. Un ambasciatore che parla spagnolo funge da capo del protocollo. Il nostro interprete è Valeriy M. Kulikov del ministero degli Affari esteri dell'URSS. Io, Bačkis e Casaroli siamo in una delle auto. Entrati al Cremlino, ci accompagnano in un piccolo edificio dove si trova l'ufficio privato di Gorbačëv.

Al primo piano l'ufficio di Lenin si conserva intatto, così come lo lasciò lui alla morte. Prendiamo l'ascensore per salire all'ultimo piano e lungo il corridoio incrociamo Dobrynin, fino a poco tempo fa ambasciatore sovietico a Washington, che ha appena lasciato l'ufficio di Gorbačëv. Sono le dodici. Gorbačëv e il ministro degli Esteri Shevardnadze scambiano qualche parola con il gruppo di giornalisti che abbiamo accreditato.

Dopo le strette di mano, Gorbačëv, Shevardnadze, un funzionario che prende appunti, Casaroli, Bačkis, l'interprete e il sottoscritto ci sediamo attorno a un tavolino. Casaroli consegna a Gorbačëv la lettera del papa e lui la legge subito: «Sono idee interessanti alle quali presterò la dovuta attenzione» dice. E rimanda a più tardi la lettura del dossier che accompagna la lettera.

Dice che sia lui sia Shevardnadze sono battezzati e che qualche giorno prima, in quella stessa stanza, ha incontrato Reagan. Racconta della sua infanzia e dell'icona della Madonna che avevano in casa. Sotto c'era una foto di Lenin. Spiega la sua visione della società e delle relazioni umane: sono le idee centrali della perestrojka. Parla della necessità di stabilire un contatto permanente con la Santa Sede per discutere di varie questioni. Mi sembra un uomo straordinariamente sicuro di sé, ottimista e aperto.

Guardo fuori dalla finestra alcuni cannoni della campagna di Russia di Napoleone. Su tutti i telefoni, bianchi, sono incisi la falce e il martello. Non si parla di un possibile viaggio del papa in URSS ma solo, di sfuggita, di alcuni problemi: la situazione dei cattolici ucraini, i cattolici di rito latino, la libertà di religione e di pensiero, e così via.

Quando usciamo, l'interprete dice a Casaroli: «Eminenza, sono convinto di aver assistito a un evento storico». Il cardinale sembra soddisfatto. Torniamo in hotel con la stessa automobile dell'andata, in silenzio. La sala è gremita di giornalisti. Sono frustrati per non aver saputo prima dell'incontro, ma al Cremlino era possibile portare solo un piccolo gruppo. Casaroli siede al centro del tavolo con Willebrands ed Etchegaray in modo da evitare una percezione in chiave eccessivamente «politica» del viaggio ed evidenziarne l'aspetto che ci interessa di più, ossia i rapporti con la Chiesa ortodossa russa.

Vengono rivolte diverse domande a Casaroli, e lui sottolinea il tono cordiale, amichevole e aperto con cui sia Gorbačëv sia Shevardnadze lo hanno ricevuto. Descrive le novità che il segretario generale intende introdurre in ambito politico e sociale, nonché la sua collaborazione con la Chiesa. Esprime l'auspicio di poter discutere i problemi di entrambe le parti in un prossimo futuro e segnala che non è stato ancora formalizzato un canale di comunicazione per ulteriori contatti.

«Siamo venuti a nome del papa» spiega «per partecipare alla celebrazione di un evento religioso della Chiesa ortodossa russa, alla quale ci sentiamo molto vicini, sia fisicamente sia spiritualmente.»

Gli chiedono della lettera del papa. Spiega che si trattava di una lista di temi di interesse comune, come l'ordinazione dei vescovi. E precisa che è stato solo un primo contatto durante il quale non sono stati affrontati temi specifici. Con la lettera è stato consegnato un memorandum contenente varie questioni di interesse per la Santa Sede. Gorbačëv ha parlato del principio della libertà di coscienza, dando l'impressione di esserne molto convinto. Ricorda poi che il segretario generale ha insistito soprattutto su due aspetti: sul modo di concepire i rapporti tra potere e società (distinguendo tra Stato e patria), e sulla centralità dell'uomo: «Sono gli uomini» ha detto «che costruiscono la società e lo Stato».

Ho invitato alla conferenza stampa Anatolij Krasikov, vicedirettore generale dell'agenzia TASS. Chiede di parlare un momento con Casaroli. Lo accompagno nella stanza del cardinale: vuole esprimere i suoi timori e perplessità sulla recente nomina del cardinale lituano; dice che queste cose è meglio si sappiano prima, per evitare di urtare la suscettibilità di qualcuno.[14]

Subito dopo Antonio Natoli mi fa una breve intervista per il telegiornale del primo canale RAI. Mangiamo un boccone veloce perché il nostro aereo parte a breve. All'aeroporto ci aspetta di nuovo Charčev, il ministro del Culto. Il volo è in ritardo e noi ne approfittiamo per parlare. C'è anche Filarete. «Avete detto a Gorbačëv che vogliamo stabilire relazioni in futuro?» chiede a Casaroli. «Sì» risponde il cardinale.

Charčev parla di nuovo della costruzione del tempio ortodosso in un quartiere di Mosca che conta un milione di abitanti. Lo avevano chiesto a Gorbačëv e nel giro di un mese avevano ricevuto una risposta positiva. Avevano pensato a tre posti diversi e alla fine avevano scelto il migliore, un terreno di cinque ettari. Charčev aggiunge che l'ateismo, di per sé, non significa lotta contro la Chiesa: è un pensiero che ha radici materialiste e deve rispettare le altre opinioni. «Chiunque voglia dimostrare la verità lo faccia, ma senza combattere contro i credenti. La dittatura del proletariato non è stata messa in pratica, anzi, è stata messa in pratica ma nel modo sbagliato. Stalin l'ha applicata nel modo sbagliato. Lo stesso vale per l'ateismo: l'ateismo è un pensiero che ha lo stesso valore di tutti gli altri.» E ricorda che i ministri del Culto dei paesi amici erano lì: Cuba, Iugoslavia, Mongolia, Polonia...

L'aereo decolla. Lungo volo con scalo a Milano. Atterriamo a Roma alle prime ore del mattino.

Alcune impressioni personali: in Russia sta succedendo qualcosa. Qualcosa di decisivo, che contrasta con l'epoca di Stalin, di Chruščëv e di Brežnev. Negli ultimi giorni la televisione russa ha trasmesso immagini che non si erano mai viste prima, come quelle delle delegazioni religiose (anche se nel telegiornale della sera si è visto solo l'oratore musulmano: avranno problemi con i musulmani sovietici?). Sabato a mezzogiorno e mezza la televisione ha trasmesso il film *Xrahm* (Il tempio), che cerca di spiegare in cosa consista l'esperienza religiosa cristiana.

Non tutto è trasparente: nelle traduzioni delle parole pronunciate al Bol'šoj sono state cambiate alcune frasi; la «Pravda», nel riportare gli interventi dell'incontro con Gromyko, ha omesso il riferimento di Willebrands alle regioni in cui vivono cattolici, come la Bielorussia e l'Ucraina.

Ma ci sono situazioni che indicano una certa apertura e il riconoscimento di realtà esterne al partito che fanno parte della società sovietica. La Chiesa ortodossa intende cogliere questa occasione per rendersi visibile: negli ospedali, nelle scuole e nell'assistenza sociale; e alla Chiesa cattolica chiede consigli e la condivisione di esperienze su come far conoscere il proprio lavoro in questi ambiti.

V

Testimone di uno scisma

(1988)

Un pomeriggio frenetico
15 giugno 1988

A cena con il papa. Arrivo con qualche minuto di anticipo e mi apre monsignor Thu.[1] Il papa è nella Sala Clementina con un gruppo di polacchi. Ho avuto un pomeriggio frenetico. In sala stampa ho aspettato a lungo che Marcel Lefebvre annunciasse, nel corso della conferenza stampa che aveva convocato a Ecône, la sua decisione di ordinare quattro vescovi contro la volontà del papa.

Poco dopo, proprio mentre si trovava davanti alle telecamere per intervistarmi sul caso Lefebvre, Dante Alimenti, vaticanista RAI, si è sentito male e s'è accasciato a terra svenuto. La situazione mi è sembrata grave e ho fatto in modo che, privo di sensi, venisse portato in taxi al vicino ospedale Santo Spirito.*

Mentre ci dirigevamo verso la sala da pranzo, ho ringraziato il papa per avermi incluso nella delegazione russa. Nel corso della prima parte della cena mi chiede del viaggio a Mosca, da dove siamo tornati alle prime ore di ieri mattina. Gli racconto dell'incontro di Casaroli al Cremlino, di cui era già al corrente, e delle due cene fuori programma con Juvenalij e Filarete.

Si rallegra di sapere che abbiamo cantato il *Salve Regina* nella cappella della residenza di Juvenalij. Poi gli leggo parte di una mia dichiarazione all'agenzia Reuters, in cui dico che tutto è stato possibile grazie alla personale decisione del papa di in-

* In effetti, Dante Alimenti morirà qualche giorno più tardi, il 23 giugno, a causa dell'ictus che lo aveva colpito.

viare una delegazione e una lettera a Gorbačëv in occasione del Millennio. Nella dichiarazione sottolineo che grazie all'insistenza del papa la realtà dei cattolici in Ucraina ha smesso di essere un argomento per specialisti ed è diventata una notizia da prima pagina su molti giornali.

Gli ho accennato dell'episodio di Ivan Markitis, il vescovo con cui ho parlato al telefono in latino, e lui ha detto di conoscerlo.

Chiuso il capitolo URSS, gli parlo di un'idea a cui sto lavorando da mesi: il progetto di un'agenzia della Santa Sede che informi i vescovi di tutto il mondo sulle attività del papa e della Santa Sede. Ne è al corrente. Domani, mi dice, riceverà Piet Derksen, che finanzierà il progetto.[2]

E così arriviamo all'argomento di oggi. Già prima della conferenza stampa di Ecône il papa sapeva che Lefebvre avrebbe annunciato la sua decisione di ordinare quei quattro vescovi. Gli ho detto che avevo letto la lettera che aveva scritto al papa e che il giorno dopo le avremmo pubblicate entrambe, quella di Lefebvre e la sua risposta.

Ho iniziato a leggergli un dispaccio dell'agenzia di stampa Reuters che riportava alcune parole di Lefebvre su di lui: un papa eretico, che ha perduto la fede e così via. Non sono riuscito a finire di leggere quelle parole, ho sentito un groppo in gola e mi sono venute le lacrime agli occhi. Dziwisz mi ha invitato a continuare, ma io ho riposto il testo dell'agenzia nella cartella e non ho letto oltre.

Il papa era serio. Non so cosa possa aver pensato quando ha visto la mia commozione. Si è creato uno strano silenzio. Parlando lentamente, ha detto qualcosa sulla malattia (di Lefebvre). Ho risposto che, come medico, potevo capire la malattia, ma che mi veniva anche da pensare che dietro quella malattia si nascondesse il diavolo.

Il papa ha raccontato che quando il cardinale Gagnon[3] è tornato dalla missione a Ecône, dov'era andato come suo delegato, gli ha detto: «Ci sono due cose che mi spaventano. Una sono le persone con buone intenzioni che vanno dietro a Lefebvre. L'altra è l'orgoglio di Lefebvre». E il papa, dal quale non ho mai sentito esprimere un giudizio critico o morale su qualcuno, ha aggiunto che intendeva «orgoglio nel senso di carattere ostinato, di testardaggine con cui affronta il problema».

«È una prova,» ha detto «una prova più...» e non ha completato la frase. «Qualche giorno fa,» ha ripreso «quando ero con il cardinale Ratzinger, abbiamo deciso di lasciare nelle mani della Madonna la decisione se fosse meglio che Lefebvre restasse nel seno della Chiesa, o meno.»

In altre parole, non sapevano se fosse meglio accettare una riconciliazione meramente formale con Lefebvre oppure no. Il papa era consapevole del rischio implicito nella permanenza della Fraternità San Pio X all'interno della Chiesa in un quadro giuridico concordato, quando non s'era prodotto alcun reale cambiamento nella disposizione morale di Lefebvre, il quale avrebbe continuato con i suoi libri e con le sue posizioni fortemente critiche nei confronti del Vaticano II e del papa.

Mi ha colpito il senso del soprannaturale del papa e del cardinale Ratzinger, che hanno lasciato la questione, umanamente irrisolvibile, nelle mani della Madonna. E ha continuato dicendo: «La Madonna ha voluto che in questo Anno Mariano accadessero molte cose, come il Millennio… e, tra di esse, questa».[4]

Poco dopo, riflettendo sulle dichiarazioni di Lefebvre che gli avevo letto, ha commentato: «In alcuni dei miei viaggi ho visto striscioni in cui mi chiamavano anticristo. Non c'è da stupirsi. Cristo stesso è stato chiamato Belzebù».

Durante tutta la conversazione il papa è rimasto serio, ma mai teso o inquieto. Questa mattina stessa Ratzinger mi ha detto che il papa era molto sereno. Ed è vero.

Uscendo, abbiamo camminato in silenzio. È entrato nella cappella e la sua preghiera – in ginocchio, come sempre – è stata, in questa occasione, un po' più lunga del solito.

In Austria, con l'ombra di Lefebvre
23-27 giugno 1988

Quando mi hanno detto di questo viaggio, ho pensato che avrebbe inciso sull'opinione pubblica per tre ordini di ragioni: per la questione ebraica (con la polemica dell'anno scorso, quando il presidente austriaco Waldheim è venuto in Vaticano),[5] per i cattolici nei paesi dell'Europa orientale, vicini dell'Austria, e per la situazione della Chiesa in Austria.

La prima questione si pone non appena arriviamo, con la presenza del presidente Waldheim in aeroporto. C'è il solito parapiglia di fotografi che si contendono il miglior scatto della stretta di mano fra Waldheim e il papa. Dopo i discorsi di rito all'aeroporto, sotto la pioggia, il papa visita la cattedrale e subito dopo viene accolto all'Hofburg, il palazzo presidenziale. Lì c'è un breve incontro con Waldheim e con alcuni membri della sua famiglia. Vedo la moglie, una giovane coppia e tre bambini. L'atmosfera è amichevole e familiare.

Il mattino seguente il papa ha un incontro presso la nunziatura con i rappresentanti della comunità ebraica austriaca. Sono un po' tesi perché per un disguido organizzativo sono stati fatti attendere fuori dalla porta e poi fatti entrare in una stanza senza nessuno che si occupi di loro. Lo riferisco a Casaroli che va subito ad accoglierli e resta con loro fino all'arrivo del papa. L'atmosfera cambia all'istante: le differenze fra questo e il primo incontro avuto con il papa sono evidenti. «Il ghiaccio si è sciolto» dichiarerà il rabbino più tardi, in conferenza stampa.

Il discorso del rabbino rimane sul piano delle rivendicazioni. Mi dicono che il testo ha subito almeno quattro revisioni e che all'inizio era molto duro. Il papa risponde con un discorso in cui prende di petto temi come le relazioni con Israele, il diritto dei palestinesi a una patria, il rifiuto della colpevolizzazione della Chiesa in relazione alla Shoah.

Nel pomeriggio visita al campo di concentramento di Mauthausen. Il testo del suo discorso mi sembra splendido. Non esprime un giudizio storico, ma morale. Al tempo stesso non si limita a questo, ma si interroga su quegli eventi proiettandoli nel presente.

È innegabile che la delegazione ebraica sperasse in qualcosa in più: che il papa facesse qui un atto di ammissione di colpa in nome della Chiesa e un'accusa formale all'Austria per le sue responsabilità storiche. Chiedevano una *Vergangenheitsbewältigung*, una resa dei conti con il passato. Il papa risponde a un livello più alto: «Nessun uomo può superare il proprio passato; solo Dio può, con il perdono».

Secondo tema: le popolazioni slave che confinano con l'Austria, con tutti i pellegrini che in questi giorni, insieme ai loro vescovi, sono presenti nel paese. A Trausdorf c'erano diciassettemila austriaci e settantamila stranieri. Vescovi sloveni, comunità croate... Alcuni austriaci non vedono di buon occhio le persone che provengono da questi paesi e che si trasferiscono nel loro, finendo per rappresentare un onere sociale. Il papa ha parlato agli austriaci della responsabilità che hanno proprio nei confronti di quelle persone, di quei popoli.

E, terzo tema: la Chiesa in Austria. In Austria il papa è piaciuto alla gente perché ha una virtù che alcuni definiscono «normalità».

Direi che, in realtà, si tratta di una profonda umiltà e di una grande simpatia. A Salisburgo, una delle città della Controriforma, le persone si sono rese conto che il papa non ha aspirazioni imperiali. Ha addirittura ricordato ai vescovi che non possono fare critiche aggressive. Alla messa si prevedeva un'affluenza di sedicimila persone, ne sono venute venticinquemila.

Il 26, a Salisburgo, mentre stavamo finendo di pranzare, Stanisław mi racconta che il papa gli ha domandato: «Cosa dice Navarro di tutto questo?». È un modo gentile per chiedermi di accompagnarlo.

Il Santo Padre sta ancora pranzando con i vescovi. Quando esce, lo aspetto nella stanza accanto. Gli fornisco la mia visione delle tre dimensioni che il viaggio sta assumendo. Dice che la più importante è la terza, quel che significa per i cattolici austriaci. Conosce molto bene la situazione della Chiesa qui. Mi racconta di aver parlato di recente con il cardinale Ratzinger, di aver studiato con lui il rapporto inviato dai vescovi austriaci dopo la visita *ad limina*: «C'è stato qualche miglioramento. Lieve, ma c'è stato».

Krenn, vescovo ausiliare di Vienna, durante la cena organizzata dalle autorità civili nel castello di Salisburgo mi dice che il superiore della Fraternità San Pio X, Schmidberger, gli ha telefonato dalla Svizzera chiedendogli di mediare per evitare la scomunica che seguirebbe all'ordinazione episcopale di Lefebvre. Krenn ne ha discusso con Ratzinger e ha chiamato Schmidberger: quest'ultimo gli ha fatto capire che forse l'ordinazione dei vescovi poteva essere ritardata, ma poi ha aggiunto le sue note critiche al papa, tra cui la sua opposizione alla Giornata di preghiera ad Assisi.

Krenn mi chiede di informare il papa di tutto questo, nel caso sia possibile fare qualcosa per scongiurare lo scisma. Se è possibile fare qualcosa? È evidente che sia il papa sia i suoi collaboratori stanno facendo tutto il possibile per evitare che ciò accada. La cosa curiosa è che quella stessa notte tutti i giornalisti sapevano dei contatti tra Krenn e Schmidberger. Non ho ancora chiarito da chi dei due sia partita l'indiscrezione.

Un dettaglio del papa: mentre eravamo in volo da Roma, ci ha fatto notare che quel giorno, «*a las cinco de la tarde*», si sarebbero svolti i funerali di Dante Alimenti, il giornalista RAI morto pochi giorni prima. Ha evocato la sua figura davanti a tutti noi che lo accompagnavamo sul volo, e ci ha chiesto di unirci alle sue preghiere.

Lefebvre ordina quattro vescovi
30 giugno 1988

Un gruppo di giornalisti invitati da un'associazione della stampa italiana mi ha chiesto se non fosse possibile essere ricevuti dal papa. Non c'erano problemi e gliel'ho detto, proponendo un'udienza privata, senza discorsi, in piedi. L'incontro ha avuto luogo oggi e il papa ha consegnato loro una medaglia d'argento.

A fine giornata ceno con il papa. Questa mattina Lefebvre ha ordinato i quattro vescovi.[6] Lo scisma è consumato. Il papa è sereno.

Carmen Hernández[7] lo aspettava in una piccola stanza vicino alla sala da pranzo. Con tenerezza, il papa ci ha detto che gli aveva portato una torta come gesto d'affetto in questo momento doloroso per la vita della Chiesa. Aggiunge che ha portato anche due lettere: «Una più lunga per Ratzinger e una più corta» per lui. Dopo cena, va a parlare con lei.

Notizie della perestrojka
12 luglio 1988

Il papa riceve Nikolaj M. Lunkov, ambasciatore dell'URSS in Italia, che il 9 aveva incontrato Casaroli. Scopo dell'udienza era conferire con il papa in merito alla recente conferenza del Partito comunista sovietico nel corso della quale Gorbačëv aveva nuovamente presentato la perestrojka. Il papa mi dice che Lunkov gli ha parlato quasi solo di quello.

Abbiamo preparato e diffuso un resoconto documentato dei contatti e delle iniziative intraprese dalla Santa Sede dal 1979 a oggi in relazione all'Unione Sovietica.

VI

In vacanza con il papa

(1988)

Sulle Dolomiti
13-22 luglio 1988

Il papa si sta prendendo alcuni giorni di riposo, nove, per l'esattezza, a Lorenzago di Cadore, un piccolo paese in provincia di Belluno circondato dalle Dolomiti.

Siamo partiti il 13 alle quattro e mezza per l'aeroporto di Ciampino, a 15 chilometri da Roma. Da lì abbiamo volato su un DC-9 dell'aeronautica militare fino all'aeroporto militare di Treviso. Poi, con due elicotteri della SAR,[1] in circa trentacinque minuti siamo arrivati a Lorenzago. Abbiamo preso alloggio a Mirabello, una casa relativamente vicina al paese che non credo arrivi ai cinquecento abitanti.

Accompagnatori: Stanisław Dziwisz, Tadeusz Styczeń,[2] l'assistente di camera del papa Angelo Gugel, il capo della sicurezza Camillo Cibin,[3] l'ispettore capo dell'Ispettorato di pubblica sicurezza del Vaticano[4] Enrico Marinelli, il dottor Proietti e io.

A Lorenzago ci aspettano poche persone e qualche giornalista: «Siete stanco dopo un anno di duro lavoro? Camminerete in montagna come l'anno scorso?».

«Le mie gambe non sono quelle di una volta» dice il papa con prudenza. Tuttavia, nei giorni successivi, i fatti dimostreranno il contrario.

Prima notte tranquilla. Cena leggera. A letto presto. Tempo incerto con tendenza alla pioggia. Nessun programma concreto per il giorno successivo.

14 luglio, giovedì. Alba piovosa. Usciamo o restiamo a casa? Usciamo. Dobbiamo camminare. Cibin decide l'itinerario. Verso le dieci, io, il dottore e uno della sicurezza vaticana precediamo gli altri in macchina verso un altopiano vicino a Mirabello. Parcheggiamo e aspettiamo. Mezz'ora dopo arrivano le tre auto. Dalla Range Rover scende il papa, con la tonaca bianca. Per l'escursione se la toglie: pantaloni grigi, camicia da prete grigia con collarino, scarponcini da trekking marroni, berretto bianco, giacca a vento bianca.

Cominciamo a camminare in fila indiana, e, come diventerà la norma in questi giorni, in silenzio. Ci precedono a una certa distanza due giovani poliziotti in borghese. Poi c'è il papa, che cammina con la mano destra appoggiata a un bastone di bambù e la sinistra infilata nella tasca della giacca a vento bianca. Una nebbia umida inzuppa ogni cosa. Ogni tanto, gocce di pioggia. Grande pace. Arturo Mari, fotografo dell'«Osservatore Romano», immortala la scena in una magnifica fotografia.

Camminiamo per tre quarti d'ora lungo sentieri aperti. Incontriamo un mandriano che ci saluta: non so se ha riconosciuto il papa. Entriamo in un bosco di abeti. Piove più forte. Facciamo una pausa. Il papa si ripara sotto un albero e si siede accanto al tronco. Tiro fuori dallo zaino un impermeabile che sistemiamo tra i rami sopra la sua testa per proteggerlo dalla pioggia. Recitiamo l'*Angelus* e riprendiamo a camminare.

Un'ora e mezza dopo inizia a piovere a dirotto. Ci riparano gli alberi. Troviamo una capanna di tronchi: una mangiatoia usata per dare il sale ai cervi. Improvvisiamo una seduta per il papa, che rimane al coperto. Noi ci sistemiamo come meglio possiamo. Per riscaldarci accendiamo un piccolo fuoco. Apriamo gli zaini e pranziamo sotto la pioggia battente che cade fuori dal rifugio. Mangiamo, come ogni giorno di camminata, un panino con il salame o con prosciutto cotto e formaggio locale, un bicchiere di vino bianco e una mela. Gli addetti alla sicurezza del Vaticano hanno portato mezza bottiglia di whisky: ne prendiamo quasi tutti, tranne il papa.

Cibin «perlustra», come si dice in gergo militare, il terreno. Passiamo molto tempo a contemplare il meraviglioso spettacolo della pioggia tra gli alberi. La pace e il benessere fisico e spirituale di questi momenti sono indicibili.

Terminato di mangiare, Gugel estrae da uno zaino un sacco a pelo e il papa vi si avvolge. Pochi istanti dopo dorme pacificamente per terra. Noi gli restiamo accanto, in una conversazione silenziosa.

Si sveglia quaranta minuti dopo. Gli viene offerto del tè con un po' di zucchero in un bicchiere di plastica. Chiede il breviario e lo recita. Chiacchieriamo brevemente al calore del fuoco. E ci rimettiamo in cammino lungo un sentiero del bosco, sotto la pioggia sottile e rinfrescante.

Cominciamo a scendere. Dove il sentiero curva, qualcuno scivola. Il papa inciampa e cade di fianco sopra alcuni cespugli. Si rialza e continua a camminare. Un'ora dopo raggiungiamo un punto con due ruscelli. Cibin e un altro membro della squadra di sicurezza hanno posato delle assi per poterli attraversare. Il papa passa, determinato. Arturo Mari cattura il momento. Continuiamo a camminare fino al luogo in cui ci aspettano le auto.

Al ritorno scopriamo che la strada è ostruita da una gru che sta eseguendo lavori di contenimento. Aspettiamo per circa venti minuti. Gli operai continuano a lavorare senza accorgersi di chi occupa le auto. Poiché sembra che debbano andare avanti a lungo, torniamo a Lorenzago per un'altra strada, più lunga di 30 chilometri. Poco dopo l'arrivo informo i giornalisti sul primo giorno del papa.

15 luglio, venerdì. Pioggia intensa. Non possiamo uscire. Vado in paese con Arturo Mari per sviluppare le fotografie scattate ieri. Ce ne sono tre che potrebbero essere distribuite alla stampa. Torniamo, e chiedo a Dziwisz cosa ne pensi. Dice che prima vorrebbe mostrarle al papa, ma siccome è venerdì si trova nella cappella per la Via Crucis e non sappiamo quanto ci vorrà. Poiché non c'è tempo e i giornalisti stanno aspettando, si decide di dar loro le foto. Grande entusiasmo: sono magnifiche.

A ora di pranzo torna il sereno. Si stabilisce l'itinerario: arriviamo al passo di Sant'Antonio in auto, e da lì camminiamo fino alla chiesetta di Sant'Anna e poi al laghetto alpino di Aiarnola. Tra andare e tornare, sono circa tre ore e mezza di cammino.

Esce il sole. Ci avviciniamo al lago. La vista è magnifica: montagne, bosco, acqua. In lontananza, voci e risate di giovani scout. Il papa si siede e chiede il breviario. Un bicchiere di tè, una breve chiacchierata, molta contemplazione. Una pausa di quaranta minuti. Torniamo facendo una deviazione per evitare di incontrare le persone che alla vista delle auto intuiscono che il papa è in zona.

Prossimi ormai alla strada, incontriamo un cercatore di funghi. Uno degli addetti alla sicurezza cerca di distrarlo con alcune domande, ma riesce solo ad allertarlo di più, finché non scorge il papa e lo saluta brevemente con cordialità e grande naturalezza: «Buongiorno papa! Se sapesse gli sforzi che ho fatto l'anno scorso per incontrarla... e oggi me la trovo davanti così, all'improvviso!».

Tornato a casa, visto che si è fatto piuttosto tardi, aggiorno i giornalisti per telefono.

16 luglio, sabato. Due giorni di intensa attività pastorale: Adamello, diocesi di Belluno, Pietralba e Stava. Quattro diocesi in due giorni. Sull'Adamello il papa celebra una messa per gli alpinisti e la popolazione locale. Splendido scenario innevato.

Pranzo al rifugio, poco oltre i 3000 metri. Martino, il gestore, è un «vecchio amico» del papa, che era stato qui nell'aprile 1984 con Sandro Pertini, allora presidente della Repubblica. Breve riposo dopo pranzo. Nel frattempo gli alpinisti se ne vanno. Torniamo in elicottero e atterriamo su un prato isolato di media montagna per camminare altri trentacinque minuti.

Ma la zona non è così isolata come pensavamo: poco dopo, quattro persone stupite e deliziate al tempo stesso salutano il papa, che in talare bianco cammina da solo.

17 luglio, domenica. Il papa si reca a pregare nel santuario mariano di Pietralba, in Alto Adige, e nel pomeriggio va a Stava. Parla di sofferenza umana evocando il disastro naturale che tre anni fa ha causato circa duecento morti: dei muri di contenimento avevano ceduto e i fanghi avevano travolto un hotel e alcune case. Siamo tornati che era quasi notte.

18 luglio, lunedì. Bella giornata. Partiamo relativamente presto in direzione del Col Audoi (1560 m) a piedi, senza bisogno di auto. Il papa indossa la sua tonaca bianca. Dopo un po' se la toglie e prosegue. Alcuni di noi lo precedono e con due tronchi gli preparano un posto dove sedere, con vista su una lunga catena di montagne.

Lungo la strada non incontriamo nessuno. Il papa arriva in cima al colle verso l'una e mezza. Mangiamo i panini con il prosciutto e il formaggio. Un bicchiere di vino, mai di marca, e il tè in un bicchiere di plastica. Il papa riposa nel sacco a pelo, un sonnellino breve. Colpisce vederlo dormire in santa pace, abbandonando a Dio il timone della Chiesa. Dziwisz scherza: «State assistendo a qualcosa di storico. Chi ha mai visto un papa dormire a questo modo, in mezzo ai monti?». Gli dico che è un dono, per la Chiesa, che possa dormire così.

Scendiamo attraverso un bosco e dei pascoli. Il papa si ferma un attimo per riposare. Guardando le montagne ricorda il suo paese: «Il paesaggio è molto simile a quello dei monti Tatra, anche se quelli formano una catena di una ventina di chilometri, mentre questi sono molto più estesi. Ma più che le rocce a me piacciono i boschi e l'acqua». E commenta: «Forse qui la natura è meglio preservata». Ricorda le sue escursioni con i giovani, quando trascorrevano in montagna diversi giorni. Sulla via del ritorno gli chiedo se posso scattargli una foto. Accetta volentieri, ma quando cerco di metterlo a fuoco, per scherzo si gira di lato e schiva l'obiettivo, con il suo solito buon umore.

19 luglio, martedì. Dal Pian dei Buoi a Calalzo di Cadore: sei ore e mezza, o sette, di cammino. Finora, l'escursione più lunga. Fa caldo. Da lontano vediamo un gruppo di alpinisti che ci osserva: ci hanno individuato. Incontriamo un paio di persone che non riconoscono il papa. Verso l'una e mezza cerchiamo un buon posto per pranzare. Lo troviamo su una piccola terrazza quasi priva di vegetazione, ai margini del sentiero che corre su un ripido pendio.

Per il papa cuciniamo un piatto di pasta. Un gruppo di tre ragazzi italiani e poi un secondo gruppo di altri tre ci avvistano. Non vedono il Santo Padre, ma intuiscono che si trova nei pressi e si siedono per osservare quel che succede. La cosa preoccupa le guardie, che dicono loro di andarsene, e poiché quelli insistono nel voler restare finiscono per chiedergli i documenti... Data la situazione, Dziwisz mi dice di andare da loro, che risolva la questione nel modo più amichevole possibile e «faccia bella figura».

Mi avvicino: «Sapete che il papa è qui, vero?». Loro confermano e io chiedo di lasciarlo riposare, come segno di affetto nei suoi confronti. Rispondono che non vogliono disturbarlo, vorrebbero soltanto salutarlo un momentino, anche per pochi secondi... Gli suggerisco di fare quel piccolo sacrificio come fosse un fioretto. Divertiti, perché non sanno più cosa dire e come argomentare, uno di loro se ne esce con una scusa ingegnosa, tipica dell'inventiva italiana: «Ma io mi voglio confessare da lui!».

Stupito dalla loro prontezza di riflessi, sto al gioco e dico che una delle nostre guardie, per la precisione quella che ha appena chiesto loro i documenti, ora più calma, è un sacerdote e che se vogliono possono confessarsi da lui. Ridono, gli do un rosario e se ne vanno felici. Un poco mi dispiace, ma queste cose vanno fatte per difendere il riposo del papa.

Dopo pranzo continuiamo a camminare. C'è un passaggio un po' difficile che superiamo grazie a un cavo di metallo fissato alla roccia. Fa caldo e abbiamo finito l'acqua. Suppongo che il papa abbia sete, ma non lo dice. Continuiamo così per diverse ore. Passiamo vicino al rifugio. Nello zaino è rimasto un piccolo brik di succo di frutta che il papa beve con una cannuccia. Cammina e beve il succo. Poiché il contenitore è piccolo, finisce in fretta. Ci chiede se abbiamo del tè, ma abbiamo lasciato il thermos in un altro zaino. Poco dopo passiamo davanti a una sorgente, l'unica della giornata, e lui beve di gusto un bicchiere d'acqua fresca.

Mentre scendiamo, chiacchiera con Tadeusz. Cammina come fosse una barca sulle onde, bilanciandosi. È rilassato. Tadeusz gli sta dietro, lo segue parlando in polacco e gesticolando; di tanto in tanto il papa, senza voltarsi verso di lui, gli chiede qualcosa e don Tadeusz risponde, riprendendo poi il filo del discorso. Parlano di questioni filosofiche e teologiche: in questo caso, del relativismo nella filosofia morale e nella teologia. Il giorno dopo il papa mi spiega che sta approfittando delle vacanze per aggiornarsi su questi temi, e che padre Tadeusz lo sta aiutando.

Per le nove di sera hanno organizzato un concerto in onore del papa nella chiesa del paese, appena restaurata. Dziwisz mi dice che il papa non andrà. Non so come mai, forse è esausto dopo le sette ore di escursione, ma è anche possibile che Dziwisz lo abbia convinto a riposarsi.

Mi chiede se posso accompagnarlo. Ci vestiamo eleganti e scendiamo in paese. Quando arriviamo, Dziwisz vede che per l'occasione è venuto il vescovo di Treviso, cosa che non si aspettava. Inizia il concerto e Dziwisz chiede al segretario del vescovo di contattare la casa per chiedere al papa se non possa scendere un momento.

Al termine del concerto e con grande gioia del pubblico il papa arriva in chiesa. I concertisti, entusiasti, offrono un breve bis. Alla fine, durante i saluti, il papa scherza e dice che è meglio che sia arrivato alla fine, perché così la gente è stata più attenta alla musica.

L'ispettore e il medico erano in un bar del paese, e quando hanno sentito che il papa era sceso sono accorsi... Qui tutto è improvvisato, informale, familiare.

20 luglio, mercoledì. Il momento clou di questi giorni: l'ascesa al Peralba, 2694 metri. Siamo partiti in auto per raggiungere un rifugio vicino. A metà strada veniamo fermati da alcuni soldati:

«Guardia forestale di Venezia!». Non appena capiscono la situazione, ci salutano con un sorriso.

Inizia la salita. Verso le dodici siamo davanti a un'immagine nera della Vergine e recitiamo l'*Angelus*. Continuiamo a salire. Iniziano le difficoltà: un passaggio molto stretto sul precipizio. Il gruppo si divide. Sorgono dubbi sull'opportunità di proseguire o meno. Il papa continua a camminare.

Dziwisz mi chiede di dire al gruppo rimasto indietro che, se vogliono, possono aspettare lì il ritorno del papa. Lo dico all'ispettore Marinelli e al medico. «Ma... il papa salirà in cima?» «Non lo so,» rispondo «ve lo dirò più tardi al walkie-talkie.»

Continuiamo a salire. Nuova difficoltà. Lascio lo zaino per avere le mani libere. Incontriamo una coppia di austriaci: lei è attaccata a una corda da arrampicata che tiene l'uomo.

Angelo Gugel è irritato con il povero Cibin per aver portato il papa su questo sentiero. Ma la colpa non è di Cibin, che oltre ad aver salvato la vita al papa in Piazza San Pietro è più zelante di chiunque altro della sua sicurezza: la verità è che da molto tempo il papa aveva deciso di scalare quella vetta.

Un po' più su vediamo un passo estremamente ripido e coperto di neve. Ci fermiamo a mangiare un panino, il papa ci ringrazia. Immaginavo che a quel punto saremmo tornati indietro, ma il papa riprende il sentiero e noi lo seguiamo, camminando nella neve.

«È inutile cercare di fermarlo» mi dice Dziwisz. «Ha deciso di andare in cima. Provaci tu, perché a me non dà ascolto.» Io mi avvicino, ma non gli dico nulla per il momento. Ha l'anima di un alpinista e si diverte immensamente, cosa che mi conforta dal momento che l'ho visto, giorno dopo giorno, farsi carico di tutto il peso della Chiesa.

Mi hanno riportato lo zaino e torno a caricarmelo in spalla. Saliamo in mezzo alla neve tenendoci a una ferrata. Il papa inciampa. Una cosa senza importanza, ma io e Dziwisz siamo sempre più in ansia.

Superiamo l'ostacolo e raggiungiamo una piccola terrazza dove speriamo di convincerlo a rinunciare. Sembra felice. Accetta due tazze di tè zuccherato. Da qui guarda la croce che corona la cima. Quella croce per lui è come una calamita.

Due turisti tedeschi si avvicinano. L'uomo, una quarantina d'anni, riconosce il papa, che sta seduto su una roccia. «*Der Papst!*» Parlano in tedesco per qualche minuto. La donna è eccitata. Quando se ne vanno, il papa guarda di nuovo la croce in alto. Gli facciamo notare che ci sono ancora tratti difficoltosi.

«Ma la gente ci arriva.»

«Sì, Santo Padre,» mi azzardo a dire «ma di solito sono giovani, e non hanno passato gli ultimi dieci anni rinchiusi in Vaticano.»

«Questo è vero, ma lassù c'è la croce e... dobbiamo salire!» dice con determinazione.

Qualche secondo dopo aggiunge: «E poi qui siamo tutti giovani! Abbiamo un'età media di 52 anni, più o meno!».

Contempliamo un paesaggio splendido: «Che bellezza!» dice il papa guardando le montagne illuminate dal sole.

Nel frattempo don Tadeusz ci ha superato e ha raggiunto la vetta. Il papa si alza in piedi e decide di continuare a salire. Lascio lì il mio zaino e lo accompagno.

«Ma cosa dirà ai giornalisti oggi pomeriggio» ride, mentre stiamo per raggiungere la vetta, «quando le chiederanno se il papa è arrivato o no in cima?»

Alle tre e un quarto raggiungiamo la vetta. Il papa recita tre volte il *Gloria*, poi il *Regina Coeli* e tre volte il *Requiem*. Guardando il paesaggio dice: «Dovevo farlo...». E rimane in silenzio. Questi sono momenti particolarmente gioiosi per lui. Si siede su una roccia e si copre la testa con il cappuccio della giacca a vento per proteggersi dal sole. Rimaniamo lì per circa venti minuti.

Accanto alla croce di ferro gli faccio qualche foto. Lì vicino ci sono una campana e un'immagine della Vergine delle Vette. Apriamo il contenitore metallico che contiene il libro delle firme. Lo porgiamo al papa, che scrive: *Joannes Paulus II*. E la data: *20-VII-88*.

Firmiamo anche noi e aggiungiamo, su suggerimento di Dziwisz – una delicatezza delle sue –, il nome dell'ispettore, che è rimasto di sotto. Poco dopo iniziamo la discesa. Ogni tanto il papa inciampa o slitta un poco e Coali e Biocca, due della sicurezza, forti ed esperti scalatori, decidono di aiutarlo. La discesa è difficile quanto la salita. Alle cinque e un quarto superiamo l'ultimo ostacolo e raggiungiamo il prato erboso vicino al rifugio.

Faccio un respiro profondo e vado avanti in auto fino a Lorenzago, dove ho appuntamento con i giornalisti. Arrivo al briefing alle sei meno dieci. L'ispettore mi chiama via radio per informarmi che il papa si è seduto a riposare vicino alla Madonna dopo aver pregato a lungo davanti a quell'immagine. E finito il pranzo tardivo è venuto a salutare la famiglia che gestisce il rifugio.

Siamo tornati tutti tardi, felici e stanchi. La paura, perché non dirlo, è alle spalle. Prima di andare a letto penso ad alcune parole che Dziwisz mi ha detto mentre salivamo verso la cima: «È così che il papa guida la Chiesa: lentamente, senza scatti, ma con tenacia e con gli occhi fissi alla meta. Ascolta tutti, chiede consiglio a tutti, ma poi decide in preghiera e non distoglie lo sguardo dalla meta».

21 luglio, giovedì. Ultimo giorno. Passeggiata a Lorenzago. Mentre camminiamo parlo con il papa del programma televisivo che la BBC sta preparando per il decimo anniversario della sua elezione e di altri progetti editoriali.

Mi chiede delle ultime eco del caso Lefebvre, del loro possibile impatto sulla vita della Chiesa. Dice che l'iniziativa del cardinale Lustiger, a Parigi, di non rompere i legami con i seguaci di Lefebvre è stata utile e coraggiosa e che dovremmo insistere sulla stessa linea.

Gli domando se ha letto il discorso di Gorbačëv alla conferenza del Partito comunista. Dice di no, che era troppo lungo e che sta aspettando che gli preparino una sintesi.

Continuiamo a camminare in silenzio. Il papa si ferma di tanto in tanto a contemplare il paesaggio. A volte compie un gesto che gli è proprio: appoggia il mento sulle mani chiuse sul manico del bastone, e rimane pensieroso. Una volta l'ho visto farsi il segno della croce mentre guardava un piccolo villaggio in lontananza. Quando torna resta a lungo a chiacchierare in polacco con Tadeusz e Dziwisz.

Dopo aver chiesto a Dziwisz se al papa piace il gelato, parlo via radio con il capo della polizia e portiamo a termine il piano che avevamo preparato fin da ieri: ordinare un magnifico gelato ai frutti di bosco in un paese vicino, che arriva puntuale per il dessert.

In serata alcuni giovani dell'Azione Cattolica di Treviso vengono a recitare il rosario con il papa. Alla fine parla loro di queste montagne, le Dolomiti, dove «ci si può riposare stancandosi». E aggiunge: «Una fatica benedetta, questa delle escursioni in Cadore! Che possa venire almeno qualche giorno all'anno!».

La mattina dopo, messa con circa diciassette sacerdoti che celebrano il quarantesimo anniversario della loro ordinazione. Vi partecipano le suore di questa residenza, gli agenti di polizia che ci accompagnano e poche altre persone. Tra loro c'è Luigia

Costola, la madre del medico locale, che al papa ha regalato un paio di pantaloni da equitazione, una camicia e dei calzini... (e, devo confessare, anche a me ha regalato un paio di pantaloni da trekking che mi sono stati molto utili).

Dopo pranzo, breve visita a Lorenzago nella chiesa del paese per ringraziare e salutare la gente. Elicottero per Treviso, volo per Roma Ciampino e da lì per Castel Gandolfo. Il giorno dopo, udienza generale. Domenica, grande cerimonia a San Pietro. Le vacanze sono finite per Karol Wojtyła, che in nessun momento ha mai smesso di «essere papa», come ha riconosciuto lui stesso, né di pregare molto, come abbiamo potuto vedere tutti noi che lo abbiamo accompagnato in questi giorni.

VII
«Lo vede che il papa non è poi così cattivo?»
(1988)

Con la BBC
9 settembre 1988

Ho trascorso l'intera mattinata a Castel Gandolfo per accompagnare un'équipe della BBC che sta realizzando una serie di documentari sul papa. Siamo andati alla messa che ha concelebrato con un gruppo di vescovi americani in visita *ad limina*. Dziwisz mi ha chiesto poi se volevo fare colazione con il papa. E ancora una volta ho visto la sobrietà con cui vive. Una tazza di caffè con latte, una piccola porzione di marmellata e un poco di pane tostato. Poi una fetta di mozzarella e un po' di frutta.

Avevo parlato al papa di questa serie e della possibilità che rilasciasse una breve intervista. Gli ho letto le domande e lui ha accettato.

Ho chiesto alla BBC il testo con le risposte del papa su cui lui ha appuntato un'osservazione suggestiva: parlando della propria elezione ha detto che provare una certa ansia denota un profondo senso di responsabilità. Aveva spiegato di aver vissuto l'elezione con serenità e senza ansie ma poi, per puntualizzare, ha aggiunto quell'osservazione.

Ha fatto loro capire che nella Chiesa, di fronte alla varietà di popoli, costumi e tradizioni dei cattolici che vivono sparsi in tutto il mondo, non bisogna cercare un'uniformità omogeneizzante, ma una *pluralistic unity*, un'unità nella pluralità. L'essenza della Chiesa, ha sottolineato, è la «comunione», non l'uniformità.

Un atterraggio nell'apartheid
10-19 settembre 1988

10 settembre, Roma-Zimbabwe. Partiamo alle otto del mattino. Ci aspetta un viaggio di quasi nove ore per coprire i 6916 chilometri che ci separano da Harare, capitale dello Zimbabwe, città con una popolazione di un milione e seicentomila abitanti. Il papa passa a salutare i giornalisti che lo accompagnano sul volo. Le domande ruotano intorno all'apartheid del Sudafrica, alla situazione di questi giorni in Polonia[1] e all'imminente anniversario del suo pontificato (il 16 ottobre saranno dieci anni dall'elezione).

In serata, nel convento domenicano di Harare, si tiene un incontro con l'organismo che riunisce i vescovi dei paesi dell'Africa australe. I vescovi hanno appena redatto un comunicato sui colloqui di questi giorni in cui annunciano un futuro documento di natura pastorale. Il papa riprende le stesse idee dei vescovi, ma vedo che ne cambia l'ordine. Inizia parlando della priorità della vita spirituale quando si affrontano i problemi, e cita le conclusioni del sinodo straordinario del 1985: senza santità personale, non c'è efficacia apostolica.

Il viaggio è ricco di splendidi dettagli. Mi rendo conto che la presenza del papa in un posto fa succedere cose; sono convinto che, altrimenti, non accadrebbero. E questo quasi a prescindere da quel che dice.

Si vede l'ecumenismo in azione. Negli incontri con i leader delle confessioni cristiane il clima umano migliora, le suscettibilità e i sospetti cadono e non c'è ombra di confusione nelle questioni di dottrina.

13 settembre, Botswana. Persone di ogni tipo si riuniscono nella cattedrale di Gaborone, capitale del Botswana, per salutare il papa. Nel pomeriggio celebra l'Eucaristia all'interno del National Stadium.

14 settembre, Lesotho. Partiamo in ritardo da Gaborone per il Lesotho: il pilota di Air Zimbabwe dice che c'è una tempesta su Maseru (Lesotho) e dobbiamo aspettare. Dopo una lunga attesa l'aereo decolla. La radio conferma le cattive condizioni meteorologiche. Iniziamo a sorvolare Maseru: nuvole basse e visibilità ridottissima. Le strutture di terra sono insufficienti e uno dei radar di avvicinamento non funziona. Il pilota cerca di atterrare: impossibile.

Abbiamo due possibilità: atterrare a Johannesburg oppure a Bloemfontein, più vicino a Maseru. Si scarta la seconda opzione e l'aereo fa rotta su Johannesburg.

È curioso, ma poco prima avevo consegnato ai giornalisti il testo del discorso del papa a Maseru, con un'appendice in cui diceva che «desiderava visitare il Sudafrica in un futuro non troppo lontano…».

Pochi minuti dopo comunico loro che a causa delle avverse condizioni meteorologiche atterreremo a Johannesburg. Naturalmente, si scatena un'esplosione di applausi. La parola Sudafrica è stata molto presente durante tutto il viaggio, e ora stiamo per arrivare proprio lì. L'aspetto surreale della faccenda è che qualche giornalista non si convince della storia del maltempo e inizia a speculare e a immaginare oscure strategie.

Il papa rimane sereno. Quando atterriamo a Johannesburg, ho l'impressione che si senta poco bene, forse è un po' stordito dal viaggio e dai tanti sorvoli su Maseru. Tocchiamo terra. L'aereo si avvicina al terminal. All'inizio non c'è nessuno. Poi arriva il direttore dell'aeroporto e si mette a nostra completa disposizione.

Non so quale decisione verrà presa alla fine. Tucci e Cassidy[2] scendono dall'aereo e parlano con Pik Botha, ministro degli Esteri sudafricano, appena giunto e molto collaborativo. Viene adottata una soluzione che, per quanto scomoda, sembra la più sicura: organizzare una carovana di autobus da Johannesburg a Maseru: 380 chilometri per cinque ore e mezza circa di percorrenza.

Il papa scende dall'aereo e aspetta nel terminal dell'aeroporto. Mi occupo dei giornalisti, che sono in agitazione. Alcuni preferiscono rimanere a Johannesburg e due sono malati: Domenico Del Rio ha ancora le vertigini e Federico Mandillo ha subito un apparente spasmo emifacciale con momentanea perdita di coscienza e paresi destra. Viste le sue condizioni, decido che è meglio che resti a Johannesburg: contatto il rappresentante della sua agenzia (ANSA) in Sudafrica e lo lascio nelle mani del rappresentante Alitalia, sperando si rimetta presto.*

Qualche ora dopo partiamo per Maseru. Il papa è davanti, in una BMW con Dziwisz e Cibin, preceduto da due auto della polizia. Dietro, nel primo autobus c'è l'entourage e in un secondo

* Così è stato. Mandillo sarebbe morto di un ictus molti anni più tardi, nel 2003, mentre guidava un gruppo di visitatori nella basilica di San Giovanni in Laterano.

la maggior parte dei giornalisti. Non tutti, perché alcuni sono rimasti indietro per trasmettere le notizie dall'aeroporto e partiranno un po' più tardi.

Il viaggio è lungo e monotono. La BMW del papa si ferma a una stazione di servizio per fare rifornimento. Gli autobus non fanno fermate. Arriviamo a Maseru verso le otto di sera del 14 settembre. Cosa fare? È il papa che decide di andare a Roma, una città a 50 chilometri di distanza, per celebrare la messa. È piuttosto tardi, piove e fa freddo. Mi è stato riferito che ieri a Maseru dei terroristi hanno dirottato un pullman di suore e bambini che stavano andando a vedere il papa.

Quando arriviamo in questa Roma africana, completamente al buio e sotto una pioggia battente, la piccola chiesa è circondata da diverse migliaia di persone che non riescono a credere a quel che vedono: il papa nella loro città! All'interno della chiesa ne possono stare al massimo un paio di centinaia. Dopo la messa si ritorna a Maseru per la stessa strada, nel buio più assoluto.

Nuove notizie sul dirottamento del pullman con le suore e i bambini: le forze speciali sudafricane hanno aperto il fuoco e tre terroristi e uno degli ostaggi sono rimasti uccisi. Dopo la messa del giorno successivo, il papa si reca all'ospedale per visitare i feriti. Alcuni hanno arti amputati e altri sono molto gravi.[3]

In circostanze così dolorose per tutti – per i feriti, le loro famiglie, i pellegrini e per il papa –, qualcuno mi chiede se Giovanni Paolo II non si senta responsabile di tutto questo. Mi sembra una domanda cinica e inaccettabile che non merita risposta.

15 settembre. Nell'ippodromo di Maseru, cerimonia di beatificazione di Joseph Gérard (1831-1914), missionario oblato ed evangelizzatore del Basutoland, oggi Lesotho.

16 settembre, Swaziland (eSwatini). Il papa celebra la messa nel Somhlolo Stadium di Mbabane, capitale amministrativa del paese. Si sposta quindi a Manzini, la città più popolosa. Durante l'incontro nella cattedrale elogia il senso di ospitalità degli abitanti di questo paese nei confronti dei rifugiati provenienti dai paesi vicini.

17 settembre, Mozambico. Un paese diviso e in guerra. Il governo è marxista. Siamo a Nampula, una piccola città. Una suora mi confessa che «avevano bisogno» della visita del papa perché erano disperate e tentate di abbandonare tutto.

Un sacerdote di Maputo, la capitale del Mozambico, mi dice: «Se pure il papa, alla fine, non fosse venuto, mi sarei comunque detto soddisfatto». E mi spiega cosa intende: si sono ottenuti così tanti risultati anche solo per preparare l'accoglienza, che i frutti si sono visti già da prima dell'arrivo di Giovanni Paolo II.

Al papa racconto questi aneddoti il giorno dopo il mio arrivo a Roma, quando mi invita a cenare con lui per discutere del viaggio.

Sindone di Torino
3 ottobre 1988

Oggi l'argomento della cena è molto chiaro: la Sindone. Il cardinale di Torino Anastasio Ballestrero, carmelitano, è stato a Roma. Portava con sé una lettera del professor Tite del British Museum in cui si dice che i risultati dell'analisi al carbonio-14 di alcuni campioni di tessuto provenienti dalla Sindone indicano una datazione al XIII o inizi del XIV secolo. Alla cena sono presenti i due segretari, il cardinale Casaroli e il sostituto Cassidy.

Tite è il coordinatore delle analisi che Ballestrero, custode della Sindone, ha commissionato a tre laboratori, due americani e uno svizzero. La notizia era trapelata alla stampa già da qualche tempo. Il papa spiega che la mia presenza all'incontro è dovuta all'impatto che queste analisi hanno avuto sull'opinione pubblica.

Casaroli ritiene che la vicenda sia stata gestita male, con una certa ingenuità. Dubita dei risultati dell'indagine e valorizza altri dati, anch'essi scientificamente provati, che non cessano di mettere in evidenza gli elementi inspiegabili della tela e della sua immagine.

Penso che abbia ragione. Il papa è addolorato per tutto questo, anche se da scienziato è disposto ad accettare un risultato scientifico.

Poiché non si tratta di una questione dogmatica o dottrinale, si decide che il custode della Sindone renderà pubblico l'esito a Torino. Il papa commenta che i risultati della scienza non sono in alcun modo da temere, ma che la gente semplice, che seguendo una tradizione secolare ha venerato la Sindone come una grande reliquia, rimarrà perplessa.

Mi chiede cosa ne pensi. Suggerisco che, da un lato, si chiarisca che queste analisi non sono l'«ultima parola» sulla questione e, dall'altro, che la Chiesa non ha paura della scienza;

si evidenzi poi che nella Sindone ci sono elementi inspiegabili che restano tali.

Si ritiene opportuno che mi rechi a Torino per collaborare con il cardinale e il suo consulente scientifico, il professor Gonella del politecnico, per presentare i dati alla stampa.

Al Parlamento europeo
8-11 ottobre 1988

Il papa è stato in Francia dall'8 all'11 e, oltre alle istituzioni europee di Strasburgo, ha visitato le diocesi di Strasburgo, Nancy e Metz.

Poco prima del suo ingresso nell'aula del Parlamento europeo, il presidente lo ha informato della possibilità che Ian Paisley, deputato per l'Irlanda del Nord, facesse una delle sue uscite. E così è stato: appena il papa si alza per parlare, Paisley si mette in piedi e inizia a leggere un breve testo in cui dice che il papa è l'anticristo, che il Parlamento non doveva invitarlo, ecc.

Il papa rimane sereno finché i parlamentari stessi non riescono a far uscire Paisley dall'aula. Poi legge un discorso splendido. Mi restano impresse in modo particolare queste due idee:

> Dopo Cristo, non è più possibile idolatrare la società come una grandezza collettiva divoratrice della persona umana e del suo destino irriducibile. La società, lo Stato, il potere politico appartengono al quadro mutevole e sempre perfettibile di questo mondo. Nessun progetto di società potrà mai stabilire il Regno di Dio, cioè la perfezione escatologica, sulla terra.
>
> I messianismi politici sfociano spesso nelle peggiori tirannie. Le strutture che le società si danno non valgono mai in modo definitivo, esse non possono neppure procurare da sole tutti i beni ai quali l'uomo aspira. In particolare, non possono sostituirsi alla coscienza dell'uomo, né alla sua ricerca della verità e dell'assoluto.

Il 9 ottobre, prima di celebrare la messa, ha visitato un istituto che si occupa di bambini e adulti disabili e sordomuti. Alcuni di loro anche ciechi. Li ha salutati personalmente regalando a ciascuno un gesto d'amore, qualche parola, un sorriso, una carezza. Al termine ha improvvisato così: «Questo incontro è la migliore preparazione per la messa che sto per celebrare. Alcuni di voi non mi sentono, altri non mi vedono. Ma a tutti dico: ci vediamo a messa!».

Carbonio-14
12-13 ottobre 1988

Torniamo dalla Francia la sera dell'11, e il 12 a mezzogiorno parto per Torino. All'aeroporto vengo accolto dal professor Gonella che mi accompagna in albergo. Alle cinque del pomeriggio incontriamo l'anziano cardinale Ballestrero, un uomo santo, umile e di indole allegra. È palesemente calmo. Ha preparato un comunicato stampa per il giorno successivo che è già stato visto a Roma. Poiché si aspetta che vengano otto o dieci giornalisti, gli spiego che l'interesse della stampa è molto alto. Con suo grande stupore gli dico che ne arriveranno almeno un centinaio… e così sarà; tra loro anche un nutrito gruppo di lingua inglese.

La conferenza stampa si tiene il giorno dopo in una sede dei Salesiani. Grande interesse. Presento l'incontro come un'opportunità per far conoscere il comunicato e perché emergano interrogativi sugli aspetti tuttora inspiegati della Sindone. Il cardinale di Torino legge il comunicato e iniziano le domande. Gonella parla dei limiti della scienza e del valore delle sue ricerche. Il cardinale risponde abbastanza bene. La conferenza stampa va avanti per un'ora e mezza. Alla fine la chiudo, soddisfatto del buon clima e dell'assenza di qualsivoglia scandalo. Subito dopo rilascio un'intervista all'americana CBS.

Torno a Roma e trovo un messaggio: stasera il papa mi vuole a cena. Vado. La conversazione verte tutta su Torino. Gli dico in breve che, per quel che ci si poteva aspettare, mi sembra che sia andato tutto bene.

I viaggi del papa sono «utili»?
12 dicembre 1988

La cena viene rimandata di un quarto d'ora finché il papa non termina con Casaroli. Ci siamo solo io e, naturalmente, i due segretari.

Mentre lo saluto, mi ricorda che l'ultima volta ho cenato con lui tre mesi fa, a settembre, per via della Sindone e di Torino.

A cena mi racconta che ha visto il primo dei programmi della BBC sul pontificato e gli è piaciuto. Gli do il libro che Wynn ha appena pubblicato. Sfoglia qualche pagina e poi, guardando Dziwisz, dice: «Per le vacanze». Mi sembra di capire che, sebbene legga molto, non sempre riesce a concentrarsi su tutto quello che vorrebbe, e si organizza in modo che la lettura non sottragga tempo al suo lavoro.

Ci racconta che questa mattina ha ricevuto un gruppo di sacerdoti e seminaristi ex lefebvriani. Parla poi della nomina dell'arcivescovo di Colonia e di come è stata accolta da alcuni settori dell'opinione pubblica. Non si lamenta dell'incomprensione, ma è chiaro che la questione lo preoccupa.

Gli dico che in diverse parti d'Europa, a volte, c'è chi mette in dubbio l'«utilità» dei suoi viaggi. Naturalmente conosce bene queste critiche. Gli leggo il brano di una lettera scritta da Michel Di Falco, portavoce dei vescovi francesi, che in sostanza dice che non è possibile «quantificare» i benefici dei viaggi del papa, al di là del bene che fanno le sue parole e la sua stessa presenza tra la gente.

In quel momento ci serviva a tavola una delle suore che si occupano dell'appartamento papale, e a quelle parole il papa ridendo le ha detto: «Lo vede che il papa non è poi così cattivo?».

Questo è un altro esempio non solo del suo buon umore, ma anche dello spirito «olimpico» con cui affronta le critiche.

Parliamo della sala stampa. Gli riporto alcuni aspetti positivi e altri negativi, e lui conclude affermando che dobbiamo pian piano migliorare la nostra strategia comunicativa.

«La Bottega dell'orefice»
19 dicembre 1988

Nell'Aula Paolo VI assisto alla presentazione della *Bottega dell'orefice*, trasposizione cinematografica della «meditazione» di Karol Wojtyła. A mio parere il testo è migliore, ma impossibile da portare sullo schermo. Il papa l'aveva visto qualche giorno fa.

L'Aula è piena. Raggiungo le prime file e saluto alcuni cardinali, tra cui Poupard e Baggio. Trovo un posto libero e mi siedo senza rendermi conto che la prima fila, con la gerarchia curiale, è riservata ai cardinali. Con la coda dell'occhio vedo che Monduzzi[4] storce il naso, ma in quel momento le luci si spengono, inizia la proiezione e io rimango lì.

Presso l'ambasciata degli Stati Uniti
21 dicembre 1988

L'ambasciatore statunitense Frank Shakespeare mi invita a pranzo per assistere al programma *48 Hours: In the Vatican*, che fa parte di una serie prodotta dalla CBS in collaborazione con noi su vari argomenti. All'ambasciata c'erano anche Foley,[5] Schotte,[6] Rigali e Wilton Wynn. Il programma mi sembra simpatico e positivo.

A proposito di Ağca
28 dicembre 1988

Secondo alcuni media, Ağca avrebbe scritto al papa. Oggi ho parlato con Dziwisz e lui mi ha confermato che Ağca non ha inviato alcuna lettera.

False minacce
30 dicembre 1988

Il papa va nelle Marche, a Fermo e a Porto San Giorgio. Io sono venuto in macchina ieri e ho dormito a Fermo, a Villa Nazareth. Il papa è arrivato in elicottero in mattinata. Ha fatto una breve sosta a Fermo, dove aveva un incontro in cattedrale, e poi è andato a Porto San Giorgio, dove ha celebrato la messa per la comunità del Cammino Neocatecumenale. Saluta Kiko Argüello[7] e Carmen Hernández.

La messa viene celebrata sotto una grande tenda. Il papa scarta la traccia che aveva preparato per l'omelia e ne pronuncia un'altra, splendida, senza appoggiarsi ad alcun appunto.

La polizia locale mi chiama: devo mettermi subito in contatto con l'ufficio. Quando lo faccio, mi riferiscono che c'è stata una telefonata minatoria, qualcuno ha chiamato annunciando un attentato al papa. Lo dico a Cibin e all'ispettore Marinelli. Non è la prima volta che succede.

Non accade nulla.

VIII
Roma e il dissenso
(1989)

Il papa pensa all'Africa
6 gennaio 1989

Il papa annuncia la convocazione di un'assemblea speciale del sinodo dei vescovi per l'Africa. Non fornisce date né dice dove si svolgerà. Da anni si parla di questo possibile incontro. Lui stesso, almeno dal 1983, ha risposto a domande sul tema. Restava da dare forma all'evento. Ha scelto la formula del sinodo. Ora dovrà essere definito nei dettagli. In questi giorni si terrà la prima riunione di una commissione creata allo scopo.[1]

Con Pio Laghi
10 gennaio 1989

Pio Laghi, nunzio pro-apostolico a Washington, viene in ufficio. Parliamo dell'incontro dei vescovi statunitensi con il papa che si terrà il prossimo marzo. La notizia è trapelata. In questo caso è stato Philip Pullella, della Reuters, a venirne a conoscenza.

Riunioni, cene e progetti
11-23 gennaio 1989

11 gennaio. Parlo con Giovanni Battista Re, segretario della Congregazione per i vescovi, del futuro incontro del papa con i vescovi degli Stati Uniti. Re mi sembra una persona molto interessante, come tante con cui ho la fortuna di avere a che fare ogni giorno: sincera, con un'autentica inquietudine spirituale, grande capacità di lavoro. Gli accenno al progetto di connessione con i vescovi del mondo via computer. Lo trova fantastico.

Robert (Bob) Lynch, segretario della Conferenza episcopale statunitense, viene a trovarmi. Gli mostro a grandi linee il piano di comunicazione che abbiamo preparato per l'incontro di marzo.

Cena all'ambasciata spagnola per salutare Faustino Sainz Muñoz, recentemente ordinato vescovo e nominato pro-nunzio all'Avana. Sono presenti Cassidy, Martínez Somalo, Silvestrini,[2] l'ambasciatore Jesús Ezquerra (che ci ospita) con la moglie Laura, Angel Gómez Fuentes (corrispondente di TVE, Televisión Española), il nunzio a Panama e altri.

12 gennaio. L'ambasciatore svedese viene in ufficio con padre Lorth. Vogliono organizzare un meeting con i giornalisti scandinavi prima del viaggio del papa in quei paesi. Hanno buone idee, ma cerco di dissociarmi dal progetto: spiego che a differenza di altre istituzioni la Santa Sede non invita i giornalisti come strategia di pubbliche relazioni. Naturalmente saremo felici di ricevere tutti coloro che ce lo chiederanno.

Arriva oggi dalla Libia il corpo di un pilota americano abbattuto durante il raid aereo statunitense del 1986. Per la consegna della salma, la Libia ha chiesto la mediazione della Santa Sede. Ho parlato alla stampa di «ragioni umanitarie» alla base della decisione della Santa Sede di accettare la richiesta. L'ambasciata statunitense è un po' a disagio perché si sente umiliata dal gesto della Libia. Lo vedono come una trovata propagandistica di Gheddafi. Hanno ragione, in effetti.

17 gennaio. Pranzo con l'ambasciatore sudafricano. Vuole avviare contatti per trasmettere informazioni sulla realtà del paese in vista del viaggio del papa il prossimo anno. Ha il difficile compito di dimostrare che il Sudafrica di oggi è qualcosa di diverso da quello che appare sulla stampa.

20 gennaio. Cena all'ambasciata d'Italia presso la Santa Sede. Erano presenti gli ambasciatori latinoamericani e quello spagnolo. Cena piacevole e informale: buffet servito. Ognuno si siede dove vuole. Chiacchiero, tra gli altri, con l'ambasciatore italiano Scammacca, padre di sei o sette figli: un siciliano simpatico e solido. Motivo della cena: salutare l'ambasciatore cubano che torna nel suo paese.

21 gennaio. Con Martínez Somalo parlo delle Costituzioni delle Carmelitane. La priora del monastero di La Encarnación (Ávila), una grande amica, mi ha telefonato perché la questione la preoccupa.

23 gennaio. Da qualche giorno l'ingegnere argentino Pedro Brunori sta lavorando a un progetto per stabilire un contatto permanente, via computer, con tutti i vescovi del mondo. L'idea mi è venuta quasi per caso, quando ho iniziato a usare il computer. Ne ho parlato con il papa un paio di volte e lui ne comprende l'importanza. Dobbiamo risolvere il problema del finanziamento. Cassidy mi ha detto che forse sarà una delle questioni più importanti da affrontare. Vedremo: prego per questo.

Lettera dei teologi tedeschi
26-31 gennaio 1989

26 gennaio. A Francoforte, in Germania, viene pubblicata una lettera critica a firma di centosessantacinque teologi tedeschi, svizzeri e olandesi. È incentrata sulla nomina dei vescovi, sull'approvazione dei professori delle facoltà cattoliche da parte della Santa Sede e sull'*Humanae Vitae*. Cassidy mi ha convocato alla Segreteria di Stato per spiegarmi la situazione. Leggo il rapporto che è stato trasmesso al papa e rilascio una breve dichiarazione alla stampa.

Sembra invece risolta la questione del Carmelo di Auschwitz, anche se la soluzione raggiunta potrebbe non essere convincente.[3]

Tra una cosa e l'altra, è stata una mattinata fantastica: nel pomeriggio scappo a giocare a tennis.

27 gennaio. Grande copertura mediatica per la lettera dei teologi tedeschi. La mia dichiarazione di ieri ha evidentemente colpito i promotori. Cassidy mi chiama di nuovo per discutere della questione. Gli dico che si potrebbero promuovere messaggi di sostegno al papa da parte delle conferenze episcopali europee: l'idea gli piace anche se non so se deciderà di metterla in pratica. Suggerisco che Kasper[4] rilasci un'intervista. Mi passa una copia del testo di Lehmann, presidente della Conferenza episcopale tedesca, in risposta alla lettera. Lo traduciamo e lo distribuiamo alla stampa.

Don Stanisław mi ha telefonato perché gli è piaciuto quello che ieri ho comunicato alla stampa. Cambiando argomento, mi dice che il presidente Bush ha chiamato il papa al telefono e che sono rimasti a parlare per un po'.

28 gennaio. Hans Küng, uno dei promotori della lettera dei teologi, ha parlato di me perché non ha gradito che la Santa Sede abbia dato una risposta di tono minore rispetto alla sua presa di posizione e che la protesta sia stata descritta come un «evento locale». Volevano suscitare una grande polemica nell'opinione pubblica. Non ha funzionato e si sono arrabbiati.

31 gennaio. In ufficio, conversazione con il nunzio in Germania, monsignor Uhač,[5] sulla lettera dei teologi tedeschi. Mi dice che le dichiarazioni che abbiamo rilasciato hanno contribuito a chiarire la questione e ad ampliare la prospettiva. Aggiunge che molte di quelle questioni si riducono a problemi specifici e locali, legati alla situazione in Germania e in alcuni paesi limitrofi. Lui stesso è stato criticato da certa parte dell'opinione pubblica, ma non si è fatto impressionare: si vede che è un uomo di valore. Elogia Meisner,[6] il nuovo vescovo di Colonia.

Milingo
1° febbraio 1989

Oggi non ho rilasciato dichiarazioni alla stampa, anche se forse avrei dovuto dire qualcosa sul vescovo Milingo.[7] È stato trasferito a Roma perché nel suo paese, lo Zambia, organizzava cerimonie liturgiche molto animate, con l'espulsione di demoni e riti non approvati, e operava in altre diocesi senza autorizzazione. Il problema si è complicato perché qui continua a fare lo stesso.

Lo seguono migliaia di romani e ci sono persone che vengono da fuori per «assistere allo spettacolo». Oggi in Piazza San Pietro era stata indetta una manifestazione pro-Milingo, ma non è arrivato nessuno.

Contatti con l'Ungheria
2 febbraio 1989

Pranzo all'ambasciata ungherese con l'ambasciatore e Alceste Santini dell'«Unità», che da sempre fa da tramite tra i paesi dell'Europa orientale e la Santa Sede. Da tempo insisto per incontrare l'ambasciatore. Sono interessati a stabilire contatti in vista della visita del papa in Ungheria. L'ambasciatore è piacevole, amichevole, un uomo dell'era Gorbačëv.

Sacharov
7 febbraio 1989

Oggi sulla rivista «Time» appare una lettera di rettifica che abbiamo inviato per uno stupido articolo (mi spiace doverlo definire in questo modo) sulla nomina dei vescovi. È la prima lettera di rettifica che scrivo in cinque anni.

Questo pomeriggio il papa ha ricevuto Andrej Sacharov e sua moglie Elena. La conversazione è durata un'ora e venti minuti. A fare da interprete era Irina Alberti.[8]

Dissenso: cifre significative
11 febbraio 1989

Sono uscito per un'escursione e, rientrato a casa verso le cinque del pomeriggio, ho trovato diversi messaggi che mi invitavano a cena dal papa per questa sera. Partecipa anche Crescenzio Sepe, consigliere della Segreteria di Stato. Argomento principale: i teologi tedeschi e ciò che Bernhard Häring[9] ha scritto su «Il Regno», attaccando Carlo Caffarra[10] in occasione del convegno per il ventennale dell'*Humanae Vitae*. Il papa è ben informato sulla questione.

Ho l'impressione che si stia cercando di creare un clima di «dissidenza diffusa» che non risponde alla realtà. Il cardinale Ratzinger ha riferito al papa che negli ultimi anni sono state presentate alla Santa Sede novecento richieste di *nihil obstat* (nulla osta) per coprire cattedre di teologia cattolica; di queste, diciassette sono state respinte, e delle diciassette solo tre erano tedesche.

Diffusione della perestrojka
15 febbraio 1989

Viene a farmi visita Vadim Perfiliev, vicecapo del dipartimento dell'Informazione del ministero degli Affari esteri a Mosca, uomo di Gorbačëv. Parla un francese magnifico.

Discutiamo della nuova situazione sovietica. C'è bisogno di comprensione, di dialogo. Vogliono stabilire contatti frequenti con questa «potenza», il Vaticano, che è uno Stato. La mette così per non dover riconoscere la realtà religiosa e spirituale rappresentata dalla Santa Sede.

La sua visita è parte della diffusione della perestrojka in Occidente. Mi invita a partecipare a un forum che si terrà a Londra il mese prossimo su tematiche legate al giornalismo.

Il papa con i vescovi degli Stati Uniti
7-10 marzo 1989

Domani inizia l'incontro del papa e della Curia con i vescovi degli Stati Uniti. Vengono trentacinque vescovi metropoliti. Da quanto leggo, alcuni di loro non sembrano troppo contenti: come se non volessero far sapere all'opinione pubblica che sono stati «convocati» da Roma. Si sta cercando di creare un clima sgradevole.

Il papa ha corretto la bozza del discorso che gli hanno preparato per l'inaugurazione dell'incontro. Propone qualcosa di più aperto per dare spazio a un dialogo sincero fin dall'inizio. Non vuole imporre la sua volontà.

8 marzo, mercoledì. Inizia la riunione, durerà fino a sabato. Incontro desiderato da alcuni, temuto da altri, necessario per tutti.

Sono presente a tutte le sessioni, mattina e pomeriggio, e sono testimone delle vicissitudini e delle aspirazioni della Chiesa americana in questa fase della sua storia. Colgo le difficoltà di vivere il Vangelo in un contesto culturale postindustriale, ricco ma privo a volte di spirito religioso, altre di una sana antropologia, e che conserva però, al contempo, grandi valori umani e spirituali.

Emerge questo interrogativo: cosa significhi, oggi, essere vescovo in America. Il papa legge un discorso di apertura breve e generico. Ho l'impressione che voglia sentire i problemi e le situazioni, di cui già sa, dalla viva voce degli stessi vescovi; vuole che dialoghino tra loro sotto la sua presidenza e che ascoltino i cardinali della Curia.

L'arcivescovo di Saint Louis e presidente della Conferenza episcopale statunitense John May legge il suo discorso: «Veniamo per ascoltare… ma anche per parlare». Ho l'impressione che ciò che dice sia destinato più all'opinione pubblica che ai presenti. Trovo particolarmente rilevanti sia la dichiarazione di apertura di Ratzinger sia quella di O'Connor, di New York.

10 marzo, venerdì. Oggi sono state sollevate le questioni più scottanti. Crisi delle vocazioni sacerdotali, instabilità coniugale… Cosa si può fare? Ascoltando i vescovi parlare, emergono diversi atteggiamenti: c'è chi si rassegna, chi inorridisce, chi propone di affidarsi a Dio e chi, invece, è pronto a lottare e propone soluzioni.

Vengono discussi alcuni sacramenti, come la confessione. Un terzo dei sacerdoti americani si confessa solo una volta all'anno.

Ascoltando le considerazioni di alcuni di loro, si nota il peso di una grande pressione culturale che li porta a perdere la fiducia in se stessi e, in alcuni casi, nel fatto che il cristianesimo offra la chiave per risolvere i loro problemi.

Parlo con i vescovi John May, Edward Pilarczyk (di Cincinnati), John O'Connor, che mi invita a New York, e Roger Mahoney, di Los Angeles. Quest'ultimo mi chiede se «può» parlare con i giornalisti della sua diocesi. Rispondo che, a mio personale parere, «deve» farlo. Al termine concelebrano con il papa sulla tomba di san Pietro. Pranzo. Discorsi. Da quello che vedo e sento, se ne vanno soddisfatti. Molti chiedono una copia del discorso di Ratzinger.

In questi giorni si è parlato di un sentimento antiromano. Ho l'impressione che si tratti piuttosto di uno scontro culturale evidente tra, per esempio, il modo di fare italiano e quello americano. Si tratta del contrasto fra abitudini di paesi molto diversi tra loro. «Il papa non ci capisce» tende a pensare qualcuno, confondendo gli stili delle varie nazioni con temi ben più essenziali.

È così? Non credo. È che il problema non si riduce a una questione di stile: alcuni prendono iniziative di natura pastorale o sacramentale che si discostano dalla fede e dagli insegnamenti di Gesù Cristo, e in tal caso, com'è naturale, si dice loro che non è possibile farlo. È semplice fedeltà agli insegnamenti del Signore, che si rivolgono agli uomini di tutte le culture, di tutte le razze, sensibilità, gusti e tradizioni.

Negli ultimi giorni mi sono reso conto che non si tratta di uno scontro culturale: è una questione di fede. Non siamo davanti a un problema di latitudine geografica, ma di latitudine spirituale.

Nell'ambasciata d'Ungheria
20 marzo 1989

Pranzo all'ambasciata ungherese con il cardinale László Paskai[11] e il ministro ungherese Imre Pozsgay, che si trova a Roma ed è stato ricevuto oggi dal papa. Erano presenti anche i cardinali Etchegaray, Sodano[12] e il nunzio apostolico per i paesi dell'Est, Colasuonno.[13] L'ambasciatore Pozsgay ha annunciato al papa che studieranno il processo al cardinale Mindzensty.[14] Mi rinnova l'invito a visitare l'Ungheria prima del viaggio del papa, che si terrà nell'autunno del 1991.

Il papa alla televisione austriaca
6 aprile 1989

Qualche settimana fa Kurt Krenn, vescovo ausiliare di Vienna, è venuto in ufficio per dirmi che la televisione austriaca sta preparando un programma sulla Chiesa in quel paese e che sarebbe una gran cosa se il papa potesse intervenire e rispondere ad alcune domande. Gli chiedo di dire al giornalista di scrivermi e spiegarmi cosa intenda fare. Quando ricevo la lettera, passo a Stanisław un biglietto per sollecitargli qualche minuto con il papa. Decidiamo per questa mattina, al termine delle udienze. Seleziono le domande. Il papa mi vede in biblioteca e scherza: «Lei la spunta sempre». L'intervista viene fatta in tedesco.

Lech Wałęsa
20 aprile 1989

Lech Wałęsa è in Vaticano. È la seconda volta che viene. Tra le due visite c'è stato il periodo della sua carcerazione e quello in cui il sindacato Solidarność è stato proibito. È accompagnato dalla moglie e dai suoi consiglieri. Il papa è felice. Lo invita a pranzo.

Madagascar, Isola della Riunione, Zambia e Malawi
28 aprile - 6 maggio 1989

28 aprile, venerdì. Partiamo da Roma per Antananarivo la mattina presto. Poco dopo il decollo salgo nello scompartimento del papa. Sta pregando con gli occhi chiusi. Mi siedo accanto a Dziwisz e gli prospetto la possibilità che il papa saluti i giornalisti. Abbiamo preparato un sistema di altoparlanti e microfoni alquanto rudimentale, ma che può esserci utile.

Parliamo per un po' di altre cose e quando sto per andar via, cercando di non disturbare il papa, lui mi chiama. Mi siedo accanto a lui e mi chiede della sala stampa. Lo aggiorno sullo stato di avanzamento del progetto di comunicazione con i vescovi via computer, e su Derksen, l'imprenditore olandese che lo finanzierà. Mi parla con affetto dei Paesi Bassi, che hanno dato tanti missionari alla Chiesa, hanno avuto figure come il beato Tito Brandsma[15] e hanno visto, qualche decennio fa, una fioritura di vocazioni; e che ora, purtroppo, stanno attraversando una profonda crisi. È stato messo in campo ogni genere di strumento per aiutarli a uscirne. «Cosa possiamo fare ora? Pazienza» dice con calma, senza amarezza e, allo stesso tempo, senza rassegnazione.

Dziwisz mi aveva precedentemente raccontato alcuni dettagli della vita del papa. Tra le altre cose, che in genere si alza alle cinque e quaranta del mattino e che già da giovane sacerdote godeva di grande prestigio. Un dettaglio sulla sua vita da povero: in Polonia aveva solo un cappotto, non particolarmente pesante. Quando arrivava il freddo, si metteva semplicemente altri vestiti sotto.

29 aprile, Madagascar. Siamo costretti ad aspettare a lungo all'aeroporto di Antananarivo perché ad Antsiranana c'è nebbia e non possiamo decollare. Ci troviamo tutti, incluso il papa, in una sala d'aspetto dell'aeroporto. Il papa siede in un angolo della stanza e recita il breviario. Quando ha finito, prende un libro dalla sua valigetta e inizia a leggere un'opera dell'etologo Konrad Lorenz, morto di recente. Non mi sorprende, so già che il campo dei suoi interessi è molto variegato: teologia, filosofia, antropologia, persino autori apparentemente lontani dalla teologia come questo premio Nobel per la medicina.

Partiamo. Mentre ci avviciniamo alla destinazione, mi accorgo che il pilota rischia parecchio: ci sono nuvole basse e montagne, e per raggiungere la valle verso cui siamo diretti l'aereo le sorvola molto da vicino.

Il papa celebra la Santa Messa ad Antsiranana. Clima molto umido e caldo. Torniamo subito dopo su un aereo piccolo e scomodo. Ha per tutti un sorriso e un gesto gentile.

Sceso dall'aereo va allo stadio a incontrare i giovani e poi si riunisce in preghiera con i rappresentanti di altre confessioni cristiane nella cattedrale cattolica di Antananarivo.

30 aprile, domenica, Magadascar. Beatifica Victoire Rasoamanarivo,[16] una donna decisiva per l'evangelizzazione del paese.

Alcuni partiti politici di opposizione in Madagascar hanno scritto alla nunziatura e chiesto un incontro con il papa. Si ritiene più opportuno che vengano ricevuti da Casaroli e Cassidy. L'incontro ha luogo di pomeriggio in una sala della Conferenza episcopale. Parlano per quasi due ore. Diramo un breve comunicato sull'incontro, durante il quale il cardinale segretario di Stato ha sottolineato alcuni punti della dottrina sociale della Chiesa, a cominciare dal totale rifiuto della violenza nella vita sociale.

Il Madagascar ha sbandato verso posizioni di estrema sinistra e ora cerca di avvicinarsi all'Occidente. Gente buona, gentile, di origine orientale. Culto dei morti molto particolare. Ecumenismo: un folto gruppo di fedeli anglicani partecipa alla messa del papa con il proprio vescovo, il quale commenta: «È magnifico». Non va dimenticato che in Africa cattolici e protestanti sono giunti a un ecumenismo pratico per affrontare insieme le difficoltà che il cristianesimo incontra in questa terra.

1° maggio, Isola della Riunione. Mentre saliamo a bordo dell'aereo, il papa mi dice scherzando che la stampa, per ora, gli pare si stia «comportando bene» con lui. Non gli avevo anticipato nulla, quindi non so quale possa essere l'origine del commento. Forse, penso, Stanisław ha chiamato Roma e suor Eufrosina, una delle suore che assistono il papa,[17] gli ha fornito il suo punto di vista sul clima dell'opinione pubblica. In ogni caso, se pure l'opinione fosse ostile, il papa non cambierebbe il tono dei suoi discorsi.

Alle cinque del pomeriggio arriviamo all'aeroporto Gillot di questa piccola isola in mezzo dell'oceano Indiano. Caldo soffocante. Il papa viene ricevuto dal primo ministro francese Michel Rocard accompagnato da tre ministri, tra cui quello dell'Interno. Il giorno successivo i quattro partecipano alla messa, che è magnifica, sia per l'organizzazione che per la partecipazione.

2-3 maggio, dall'Isola della Riunione a Lusaka, Zambia. La capitale Saint-Denis è una città moderna: siamo in Francia. La popolazione autoctona è scarsa. Il papa beatifica Fratel Scubilione.[18] Dopo la messa andiamo all'aeroporto e lì, in una piccola sala, il papa parla con Rocard e il suo entourage. Si parte con un Concorde per Lusaka: un volo di tre ore a Mach-2.

Arrivati in Zambia, mi colpisce l'atmosfera profondamente ecumenica. Il vescovo anglicano accoglie il papa nella cattedrale anglicana come «leader dei cattolici, campione dei diritti umani, successore di Pietro». E ringrazia «lo Spirito di Dio perché in Zambia le incomprensioni tra cattolici e anglicani stanno scomparendo». «La Chiesa» risponde il papa «è profondamente impegnata nel cammino verso l'unità, anche se ci rendiamo conto, con dolore, che ci sono cose nella fede e nella morale che ci separano.»

Nessun mimetismo: le differenze sono evidenti così come l'affetto reciproco. Gli anglicani chiedono al papa di benedire la prima pietra della Hall che sarà costruita accanto alla nuova cattedrale. È molto probabile che sia la prima volta, nella storia delle relazioni tra cattolici e anglicani, che succede una cosa del genere.

L'ho già sperimentato in altre occasioni: in questi viaggi c'è, da una parte, quello che il papa dice e fa, e dall'altra quello che la sua presenza produce in tante persone. Come valutare tutto questo? Noi che viaggiamo con lui siamo testimoni diretti della grande devozione suscitata dal papa in tanti paesi, forse soprattutto in quelli meno occidentalizzati.

4-5 maggio, Malawi. Arriviamo alle tre del pomeriggio all'aeroporto Chileka di Blantyre, in Malawi. Caldo. Molto caldo. Il presidente Banda, un vecchietto traballante e gentile, interrompe il suo discorso per abbracciare il papa. L'atmosfera è molto cordiale e piena di rispetto, al punto che nel palazzo presidenziale la signora che assiste il papa gli serve il tè in ginocchio.

Durante l'incontro con i giovani del Malawi, il Kamuzu Stadium trabocca di entusiasmo. Il papa appare emozionato, felice e, allo stesso tempo, divertito. «Voi avete una parola,» dice «*chitukuko*, che significa "aiutarsi da sé". Il Signore vi ha benedetto con le possibilità e i mezzi per raggiungere più elevati livelli di vita e di cultura che non erano alla portata dei vostri genitori e dei vostri nonni. Adoperate questi talenti per sviluppare il vostro carattere e le cose migliori della vita. Il Malawi ora ha bisogno di gente dal carattere forte, che conosca il proprio valore, ma che abbia anche l'umiltà di rivolgersi a Cristo per le grazie di cui ha bisogno.»

9 maggio, Roma. Pranzo di riepilogo. Dopo avermi preso in giro per l'abbronzatura africana, il papa come sempre va dritto al punto: la dimensione ecumenica della sua visita in quei paesi. Gli dico che è un motivo in più per continuare a viaggiare: pur ricordando gli stessi insegnamenti di Cristo, quegli insegnamenti trovano un'eco molto più grande perché li annuncia in parti diverse del mondo. Poiché si tratta di un commento che riguarda in qualche modo la sua persona, si limita ad annuire con un «È vero».

Accenno al futuro sinodo in Africa, «tra uno o due anni...». Il papa mi corregge: «No, più avanti». Credo che abbia una singolare cognizione del tempo: sa che questo sinodo è urgente e, quindi, non ha fretta, o meglio, non è impaziente che inizi. Dico che in occasione del sinodo si potrebbe forse prevedere un importante intervento di carattere internazionale per aiutare a risolvere alcuni degli enormi problemi dell'Africa. Annuisce, ma con realismo mi dice che nemmeno lui trova i mezzi per risolvere per via pacifica la situazione del Libano.

È contento della nuova formula che abbiamo inaugurato per i suoi incontri con i giornalisti in aereo: microfono ed elenco delle domande, così da evitare le ripetizioni. Finora rispondeva alle domande che gli venivano fatte, spesso le stesse, mentre camminava lungo il corridoio dell'aereo. Apprezza inoltre che la maggior parte di esse gli sia posta in un'unica lingua, l'italiano, perché così fa meno fatica ed è più preciso nelle risposte.

IX

Il calore dei paesi nordici

(1989)

Lettere sul Libano
19 maggio 1989

Il papa ha scritto una lettera personale a sedici capi di Stato e al segretario generale delle Nazioni Unite sulla devastazione che sta subendo il Libano. Tra loro ci sono Gorbačëv e l'israeliano Herzog. Le lettere saranno spedite nei prossimi giorni. Si tratta di un'ulteriore iniziativa fra i tanti sforzi e le numerose proposte che sta portando avanti per contribuire a risolvere una situazione che lo preoccupa profondamente.

Visita di George Bush
27 maggio 1989

Grande dispiegamento di forze di sicurezza in tutta Roma e soprattutto intorno al Vaticano. Alle sei di questa sera, sabato, il presidente George Bush ha fatto visita al papa. La parte privata dell'incontro è durata cinquantacinque minuti. Al termine sono entrati la moglie Barbara, il segretario di Stato Baker, il capo di gabinetto della Casa Bianca Sununu e altri venticinque membri circa dell'entourage.

Una volta congedati, mi sono avvicinato al papa per chiedergli alcuni dettagli sull'incontro da passare alla stampa. Quando inizia a parlare, si avvicinano anche Casaroli, Cassidy, Sodano e Touran. Il papa spiega nel dettaglio i temi discussi: la perestrojka e i cambiamenti in atto in Unione Sovietica; la questione del Libano, argomento sollevato da Bush, e la difficoltà di risolvere quel problema; il fatto che l'Iraq stia passando armi a chi combatte contro le forze di occupazione siriane. Il papa ha insistito che la situazione non può risolversi senza l'intervento delle superpotenze, e ha detto a Bush di aver scritto a Gorbačëv[1] in proposito. Il presidente americano si è dimostrato interessato e ha suggerito che questo potrebbe essere un «punto d'incontro» con l'URSS.

Bush ha parlato dell'America centrale: che Ortega mostra un volto quando viene in Europa e un altro in Nicaragua; che tutto dipende dalla possibilità che indica libere elezioni ma che dubita lo saranno. Afferma che la Chiesa può svolgere un ruolo fondamentale nel creare un certo clima nella regione (e il papa aggiunge che ha ragione). Parla di Israele e del discorso di Baker agli ebrei negli Stati Uniti, quando ha detto che non possono annettersi i territori occupati. Si dice che il primo ministro Yitzhak Shamir sia un duro, ma che il ministro degli Esteri Moshe Arens lo sia di più. Gli Stati Uniti hanno deciso di aiutare economicamente l'Unione Sovietica per incoraggiare gli sviluppi interni.

Deduco che è stato un incontro di sostanza. È evidente il valore che queste persone attribuiscono al colloquio con il papa: e non solo per motivi di immagine.

Visita ai paesi nordici
1-10 giugno 1989

Un'immersione nell'Europa luterana. Il numero totale di cattolici nei cinque paesi (Svezia, Norvegia, Finlandia, Danimarca e Islanda) è di 196.500: è possibile farli stare tutti comodamente in Piazza San Pietro. In Islanda ce ne sono 1999: con il papa sarebbero 2000. In tutta la Finlandia, 4200. E attorno a questi paesi, maggioranze assolute di luterani, con le loro Chiese nazionali legate alle strutture statali.

Il papa attende con ansia il viaggio. Conosce i rischi: non sappiamo come reagiranno i vescovi luterani e l'opinione pubblica di quei paesi.

Mentre lasciamo Roma, sul volo per Oslo gli dico che abbiamo con noi quattordici giornalisti dei cinque paesi che sarebbero felici se potesse parlare un poco con loro. Come sempre, il papa è a disposizione. Gli suggerisco che, visto il poco spazio – voliamo su un DC-9 –, sarebbe meglio riceverli in piccoli gruppi per ciascuna tratta del viaggio. Oggi è la volta di due norvegesi e una islandese. Quest'ultima chiede al papa se sa qualcosa dell'Islanda e lui risponde di saperne poco, ma di aver letto l'*Edda*,[2] un famoso libro di mitologia locale, in traduzione polacca.

1° giugno, Norvegia. Messa nella piazza antistante il castello di Akershus, a Oslo: «Per la prima volta in assoluto» dice il papa «il successore di san Pietro celebra l'Eucaristia in questi paesi nordici. Sono profondamente commosso. E non sono il solo. Sono certo che anche voi, miei confratelli della famiglia della fede, siete profondamente grati a Dio che ci ha concesso di offrire questa liturgia di "ringraziamento"». Cordialità. Sono presenti tre vescovi luterani con le mogli, diversi pastori e alcune suore della Chiesa luterana.

Visita al palazzo reale: il re accompagna il papa al balcone per salutare le persone che si sono radunate nella piazza.

Incontro ecumenico nella Sala del re Cristiano IV nel castello di Akershus: tanti i segni di riguardo nei confronti del papa. Il piccolo trono che gli viene assegnato, per esempio, è più grande di quello del vescovo luterano che lo riceve. Dopo aver ricordato ciò che ci unisce, il papa parla della dottrina della comunione, che ci distingue dai luterani.

Incontro con i cattolici norvegesi. Tutti – sacerdoti, religiosi, laici – mostrano gioia nel riconoscere di essere parte di una Chiesa universale. Il papa sta lavorando per un futuro in cui non ci saranno particolarismi o Chiese nazionali.

2 giugno, Trondheim. Incontro ecumenico nella cattedrale luterana di Nidaros. Uno dei migliori momenti del viaggio. Doppia traduzione del discorso del papa, stampato in norvegese e in inglese. La gente segue con attenzione le sue parole. Lui inizia sottolineando la storia, la cultura e i sacramenti che accomunano tutti i cristiani in un mondo che si sta allontanando da Dio. Leggo questo titolo su «La Croix»: *Un papa umile conquista la Norvegia.*

2 giugno, Tromsø. «È un piacere, per me» dice il papa «rendervi visita a Tromsø. È la prima volta che visito una terra a Nord del circolo polare artico. So che avete "la notte per due mesi" dell'anno. Comunque, adesso gioite per il ritorno della luce. Avete le notti luminose senza tramonto. Capisco quanto dovete amare la luce. Gesù Cristo ha detto: "Io sono la luce del mondo". Egli è la luce che illumina sempre...»

3 giugno, Reykjavík, Islanda. L'autista di una delle auto, un islandese, osserva: «Dicono che il mondo va molto male, ma io penso che non deve andare tanto male se il vescovo e il papa sono qui insieme a pregare».

Secondo la gente del posto, per strada c'erano più persone di quando sono venuti Reagan e Gorbačëv. Popolazione cattolica molto ridotta. Il panorama di questo paese, quasi lunare, è impressionante.

Si celebra un incontro ecumenico nel santuario nazionale di Thingvellir. Uscendo per dirigersi a quel santuario, il papa decide di prendere lo stesso minibus dei rappresentanti luterani invece dell'auto che era stata preparata per lui. Freddo e vento durante la celebrazione all'aperto.

4 giugno. Volo per Helsinki. Giornalisti danesi e svedesi salutano il papa. Arrivo a Helsinki. Come previsto, poche persone in strada. Quando entra nella casa del vescovo Verschuren, vicino alla cattedrale di Sant'Enrico, viene accolto con colorate danze regionali. Un caloroso benvenuto.

5 giugno, Turku. Cerimonia ecumenica. Grande lustro. Di fronte ai rappresentanti delle varie confessioni, il papa si chiede: «Chi sono io?» e con voce decisa risponde: «Come tutti voi, sono un cristiano e nel Battesimo ho ricevuto la grazia che mi unisce a Gesù Cristo nostro Signore. Attraverso il Battesimo io sono vostro fratello in Cristo. Inoltre e senza alcun merito da parte mia sono stato chiamato al sacerdozio e ordinato per il ministero della Parola, la celebrazione della santa Eucaristia e il perdono dei peccati. ... Infine il disegno di Dio su di me era quello di affidarmi la missione del ministero speciale di Vescovo di Roma, successore di Pietro, nel quale, secondo gli insegnamenti cattolici, il Signore istituì "il principio e il fondamento perpetuo e visibile dell'unità della fede e della comunione"».

Rinfresco a casa del vescovo, insieme alla moglie.

Torniamo a Helsinki in aereo e accompagno Casaroli a una conferenza stampa. Conversazione interessante durante il tragitto. Riflette sull'importanza della stampa. Dice: «Parlerei di più, ma a volte ho dei dubbi sul fatto che quello che dico possa piacere al papa. A volte a pranzo parliamo e lui si appassiona. Ha un'esperienza esistenziale diversa».

La conferenza stampa procede bene: sono presenti Casaroli e il vescovo luterano di Turku. Una delle domande poste al vescovo è come si intenda la libertà di una Chiesa che è Chiesa di Stato. Il vescovo parla della libertà economica, con il potere di riscuotere le tasse, come base di questa libertà. Poi andiamo a pranzo: Casaroli, il vescovo, sua moglie e due funzionari del ministero degli Esteri. Pasto piacevole ed esperienza singolare. Si rievoca la visita di Casaroli a Helsinki nel 1975 in occasione della Conferenza per la cooperazione e la sicurezza europea.

Da lì andiamo all'Ice Sports Hall per la messa. Pieno di gente. Partecipano vescovi luterani con le loro mogli. Devo assistere una di loro che soffre di un'apparente lipotimia; dopo le prime attenzioni, la affido alle cure di un medico locale di turno.

6 giugno, Danimarca. Per alcuni organi di stampa c'è stato uno «scontro» con i luterani. Le uniche cose che ho notato sono, al massimo, un minore entusiasmo da parte di alcuni vescovi e la vicenda del vescovo di Roskilde, che ha preferito che il papa parlasse al di fuori della cerimonia ecumenica. Ha fatto un discorso pessimista e timoroso, come a dire: attenti a questo papa troppo popolare. Ma la gente comune lo ha accolto con grande simpatia. In televisione gli abitanti delle case vicine alla nunziatura hanno detto che, per rendere piacevole il soggiorno del papa, avevano rasato l'erba intorno alle loro case e di notte cercavano di non far rumore per permettergli di riposare... E non ho visto nessuna manifestazione pubblica, striscioni o cose simili, contro la visita.

Negli ultimi decenni i media locali, soprattutto la televisione, avevano dato pochissime informazioni sui cattolici. Parlavano solo, di tanto in tanto, dello IOR3 o della teologia della liberazione. Non un cenno, per esempio, ai viaggi del papa. Per la televisione danese, e di conseguenza per molti danesi, gli ultimi dieci anni di pontificato non sono esistiti. Ora, in occasione di questo viaggio, sono stati trasmessi programmi speciali e sono stati organizzati dibattiti e sondaggi sulla Chiesa cattolica. Per la prima volta i giornali del paese hanno parlato diffusamente di cattolicesimo.

8 giugno, Stoccolma, Svezia. Atmosfera molto cordiale per l'intera durata del soggiorno. Durante la visita al re e alla regina, il papa saluta i tre bambini con un bacio. Poi il resto della famiglia: lo zio del re e la madre della regina. Regali: libri di preghiera in svedese per i bambini e una sua foto. La famiglia reale gli fa omaggio a sua volta di una foto e del facsimile delle lettere di papa Pio IX alla regina Giuseppina di Svezia e Norvegia (1854-1876). Escono nel cortile del palazzo, lo attraversano a piedi e salutano la gente dalla balaustra.

Pranzo a casa del vescovo. Incontro con il primo ministro e poi con la signora Lisbeth Palme, vedova del primo ministro assassinato.[4] «Ricordo» dice il papa «che suo marito fu il primo a invitarmi in Svezia, e io osservai: "Ma se i vescovi non mi hanno ancora invitato!". Al che suo marito rispose: non si preoccupi, dirò ai vescovi di farlo subito.»

Messa al Globe. Luogo splendido. Un quarto dei partecipanti non è cattolico. Un pastore luterano recita devotamente il *Credo*: «*Credo in unam santam, catholicam et apostolicam ecclesiam*...».

Durante la comunione, tre vescovi luterani – il vescovo di Uppsala, quello di Stoccolma e un terzo – si avvicinano al presbiterio. Mettono le mani incrociate sul petto segnalando la loro condizione di luterani. Il papa li benedice. Chinano il capo, ognuno per proprio conto, e si allontanano. Quattro secoli di storia pesano su quel gesto, che commuove.

Tale clima di cordialità ha regnato per tutto il viaggio. Penso che i luterani di questi paesi non si aspettassero un papa del genere. Il vescovo luterano di Helsinki gli ha detto: «Lei, come vescovo di Roma, è per noi fonte di ispirazione».

Il giornalista svedese Åke Malm, da anni corrispondente da Roma, mi racconta divertito dell'atteggiamento cordiale della stampa in Svezia: «In questi giorni, quando leggi i giornali hai l'impressione che il paese stia diventando cattolico». La sensazione che ho è che molti luterani stiano forse smettendo di vedere la Chiesa cattolica come una realtà minoritaria, composta perlopiù da immigrati. Penso che stiano arrivando a comprendere non solo l'universalità della Chiesa, ma le proprie stesse radici, dato che fino alla Riforma questo paese è stato cattolico per secoli.

9 giugno, Uppsala. Oggi è venerdì. Al mattino partecipo alla messa nel convento che ci ospita. Il papa è nella cappella mentre Marini, Boccardo, Willebrands e Borgomeo celebrano. Percorre le stazioni della Via Crucis sulle pareti del piccolo oratorio.

Gli eventi si susseguono: un incontro ecumenico nella cattedrale luterana di Uppsala, un altro con la comunità universitaria, una messa accanto all'antica chiesa luterana. La fatica di questi giorni si accumula, con il continuo cambio di paese, clima, cultura e lingua, che provoca divertenti confusioni: una signora che distribuisce volantini in diverse lingue chiede al vescovo di Helsinki: «Lei è italiano?». Lui, confuso, risponde: «No, sono cattolico!».

La sera ceniamo nel convento delle suore brigidine di Stoccolma. Madre Tekla[5] canta una canzone napoletana. Il quadro è unico: il papa sta in mezzo a tutti, come uno qualsiasi.

Dopo cena, lunga conversazione con Dziwisz. Mi parla della vita di preghiera del papa. Una «preghiera di adorazione», spesso. E conferma quello che tutti vediamo: che anche durante i suoi viaggi, nonostante l'intensità del programma, prega, fa letture spirituali, recita il rosario e la Via Crucis.

Il vescovo luterano di Uppsala dichiara alla stampa: «Credo che il papa sia un uomo mandato dallo Spirito Santo».

10 giugno, Vadstena. Messa a Vadstena, la città di santa Brigida, patrona della Svezia. Più tardi, poco prima di lasciare il paese, il papa ha benedetto la prima pietra di una nuova chiesa cattolica. Proviene dalla cattedrale medievale di Linköping, un tempo cattolica e ora protestante, donata dal vescovo luterano Lönnebo e dalla diocesi luterana di Linköping.

12 giugno, Roma. A cena con il papa. Gli racconto alcuni aneddoti del viaggio. Qualcuno commenta la storia dello «scontro» con i protestanti riportata da alcuni giornali. Poiché so chi l'ha scritto, e che lo ha fatto senza alcun fondamento, dico che con certe persone le possibilità sono due: o lasci correre o lasci che ti prenda «un colpo». Tutti ridono di questa uscita piuttosto veemente, e il papa mi dice divertito: «Non lo faccia!». Dopo cena, uscendo dall'oratorio, mi ripete: «Non lo faccia!».

In un altro momento qualcuno racconta di Pio XI, che aveva commissionato due affreschi per le pareti della cappella di Castel Gandolfo: uno per rappresentare il «miracolo della Vistola», avvenuto quando era nunzio in Polonia,[6] e l'altro con la sconfitta delle truppe svedesi a Jasna Góra. Durante la cena c'è un episodio divertente con la suora che ci serve da mangiare e che «combatte» con una bistecca... Piccole cose che danno un'idea dell'atmosfera di cordiale informalità, piena di profondo rispetto, che circonda il papa.

Per dessert abbiamo mangiato i manghi regalati dai vescovi del Togo, in visita *ad limina*.

Conversazione con Casaroli
16-19 giugno 1989

16 giugno. Questa mattina lunga conversazione con Casaroli nel suo ufficio. Mi ha chiamato per valutare come dare notizia della ristrutturazione e delle nomine allo IOR. Poi siamo passati ad altri argomenti. Era particolarmente disponibile. Mi ha detto i nomi dei nuovi membri dello IOR, chi erano, da dove venivano: O'Connor, americano; Lehmann, tedesco; López de Asiain, spagnolo, e così via.

Gli chiedo delle sue vacanze. «Sono vicine» dice, riferendosi al suo settantacinquesimo compleanno e alla possibile pensione. Poiché avevamo appena parlato di Willebrands, che a 80 anni è ancora in piena attività, abbiamo scherzato sull'argomento. L'ho trovato molto umano, affabile e aperto.

19 giugno. Ho incontrato i giornalisti per spiegare loro la nuova struttura dello IOR. Mi sono preparato in vista delle possibili domande, anche su Marcinkus.[7] Poiché lo statuto è ancora allo stadio di documento riservato, non vi ho fatto riferimento, ma ho spiegato la nuova struttura che esso prevede.

Nessuna rassegnazione di fronte al Libano
26 giugno 1989

Vado a cena dal papa. Chiedo a Dziwisz se devo preparare un argomento. «Libano» mi dice.

Il papa mette a fuoco la questione fin dall'inizio: cosa si può fare per incidere di più sull'opinione pubblica e per sensibilizzare leader e gente comune sulla necessità di porre fine all'agonia di quel paese. Spiega la situazione nel dettaglio da un punto di vista storico e nelle sue attuali implicazioni. Si concentra sul ruolo di Siria e Israele. E cita la lettera che ha scritto ai capi di Stato. In alcuni casi ha ricevuto una risposta (da Bush, per esempio), in altri la sta aspettando (Gorbačëv).

E ci chiede, non dal punto di vista politico ma da una prospettiva umana, etica: «Cos'altro possiamo fare?».

Gli dico che per l'opinione pubblica la questione libanese non fa più notizia. Purtroppo, la gente si è abituata alle immagini che arrivano ogni giorno da quel paese, accetta una situazione in cui tutti combattono contro tutti e dà per scontata la scomparsa del Libano come Stato indipendente.

L'unica cosa che mi viene in mente, gli dico, è pubblicare la sua lettera ai capi di Stato e sottolineare la dimensione e il valore etico della questione che l'opinione pubblica, riducendo tutto a mera faccenda politica, ha perso di vista. Per completare il quadro, si potrebbe scrivere un articolo con le idee che ha appena esposto, magari a firma di una personalità che rappresenti la Santa Sede come Sodano.

Non si arrende di fronte ai fatti. Ha scritto ai capi di Stato di Stati Uniti, Unione Sovietica, Francia, Germania, Spagna, Italia, Lega Araba, ecc. Ne ha parlato più volte nelle udienze generali e all'*Angelus* che recita dalla finestra dello studio. Ha chiesto di pregare. Ha ricevuto i vescovi cattolici di quei territori in visita *ad limina*. In teoria, ha fatto tutto ciò che era in suo potere. Ma non si rassegna alla catastrofe.

Quando alla fine del pasto ci saluta, con un'espressione sollevata ci dice che discutere con noi di queste preoccupazioni lo ha aiutato. Si sente meglio, come chi si libera di un grande peso condividendolo con altri.

Un titolo «creativo»
30 giugno 1989

Ieri, festa di San Pietro, Sepe mi ha telefonato a casa perché oggi venissi a pranzo dal Santo Padre. Oggetto: la reazione della stampa alla presentazione di un documento della Congregazione per l'educazione cattolica sull'insegnamento della dottrina sociale della Chiesa nei seminari. Alcuni organi di stampa italiani hanno dato un'interpretazione semplicistica del tipo: «la Santa Sede sostiene la socialdemocrazia».

Siamo a pranzo con Mejía, Sepe, il segretario per l'Educazione cattolica Saraiva Martins e il direttore dell'«Osservatore Romano» Agnes. Salutandolo, dico al Santo Padre che ogni volta che mi invita a pranzo, lo considero un regalo. Lui mi interrompe con un sorriso e mi dice: «Ho fatto il conto di tutte le volte che l'ho invitata. Sono molte. Sarebbe ora che lo facesse lei, una volta...».

Per venire a noi, spiego che tutto è iniziato con il desiderio di un'agenzia di stampa locale di rendere «interessante» un argomento che per il grande pubblico non lo era: l'insegnamento della dottrina sociale nei seminari. Alla fine, quindi, la notizia è stata divulgata con un titolo a effetto, *Sì alla socialdemocrazia*, subito ripreso da alcuni giornali italiani. Dalla sala stampa abbiamo commentato che si trattava di una distorsione evidente e priva di fondamento, e tutto si è spento.

In un altro momento dico al papa che tra pochi giorni andrò in Spagna per presentare, con il cardinale Ratzinger, l'edizione spagnola del libro sul decennale del suo pontificato.[8] La conversazione torna quindi al viaggio in Scandinavia. Dichiaro che per me si è trattato di un viaggio storico. «In effetti lo è stato» conferma. Mi dice che potrebbe essere oggetto di un libro. Forse è un progetto che gli piace. Gli parlo di un film, *Il pranzo di Babette*, che riflette il clima religioso nordico. Posso inviargli la cassetta, se vuole. Risponde di sì.

Come ho già notato in altre occasioni, è molto ben informato su tutto e conserva il solito buon umore. Lunghe visite alla cappella prima e dopo il pranzo. Alla fine Stanisław mi dice, da parte, di prepararmi ad andare in montagna con il papa il 12.

Nel cinquantesimo anniversario della fine della seconda guerra mondiale
10 luglio 1989

Il tema del viaggio nei paesi nordici ritorna durante la cena di stasera. Il papa si chiede come far rivivere o prolungare l'atmosfera di quei giorni. Mi viene in mente che una possibilità sarebbe invitare i vescovi scandinavi qui a Roma, magari per un pranzo. L'idea sembra avere un futuro. Mi dice di parlarne a Willebrands.

Sta preparando un documento per il cinquantesimo anniversario della fine della seconda guerra mondiale e dice che tra le persone che lo aiutano nella stesura ci sono monsignor Minnerath e padre Graham.[9]

A questo proposito gli parlo di una richiesta della rivista «Time»: anche loro stanno curando un numero speciale per l'anniversario e vorrebbero pubblicare un ricordo personale del papa. (Penso che potrebbe venirne un buon pezzo: una volta il papa ha raccontato che il giorno in cui la Germania invase la Polonia lui si trovava nella cattedrale di Wawel, a Cracovia, dov'era andato per confessarsi e servire messa. Era il primo venerdì del mese. Lì ricevette la notizia. Aveva 19 anni.)

Si parla anche del documento su san Giuseppe, e dice che è quasi finito.[10]

X

Di nuovo in montagna

(1989)

Con il papa in Valle d'Aosta
12-21 luglio 1989

12 luglio. «Come vai all'aeroporto?» mi chiede Dziwisz al telefono la mattina presto. «In macchina» gli rispondo. Mi dice di farmi trovare alle cinque meno un quarto all'eliporto del Vaticano, per andare con loro in elicottero. E così facciamo: insieme al papa viaggiamo io, Dziwisz, Tadeusz, Gugel e il dottor Sandro Sabato, un altro professionista molto bravo e simpatico. Arriviamo a Ciampino, lasciamo l'elicottero e saliamo su un piccolo aereo executive.

A un certo punto del volo il papa guarda nel nostro scompartimento e, vedendoci, osserva divertito: «Quanti "capi" qui dentro!».

A Torino un altro elicottero ci porta a Les Combes, in Valle d'Aosta. La casa dove alloggerà il papa è in affitto. È un piccolo edificio in pietra di due piani, isolato, a un paio di centinaia di metri da un'altra casa di proprietà dei Salesiani, prefabbricata.

In questa seconda casa ci siamo noi: il medico, il sacerdote della diocesi di Aosta don Alberto Carreggio, che per conto del vescovo ha organizzato questa vacanza, gli uomini della sicurezza Biocca, Coali e altri, e la squadra della polizia, che ha una sua piccola sala operativa. Marinelli e Volpe, i capi della polizia, si sono trovati un albergo a Introd, a un quarto d'ora da qui.

13 luglio. Primo giorno di escursione. Il papa esce di casa alle dieci e un quarto e inizia a camminare in salita. Mezz'ora dopo si toglie la tonaca bianca e continua in pantaloni di velluto a coste grigi e camicia bianca con colletto. Sulla camicia, discrete, a sinistra, ci sono le iniziali *G.P. II.*

Arrivato alla Croix du Bois si fa il segno della croce. Panorama splendido, con il Gran Paradiso. Durante una delle soste gli accenno al documento in preparazione sulla seconda guerra mondiale. Un documento difficile, aggiungo. «Sì,» dice «il popolo tedesco di oggi non ha colpe. Si venne a creare un sistema che permise tutto ciò che è successo. Quando sono andato in Germania nel 1980 ho parlato con Schmidt[1] e gli ho chiesto: "Perché avete fatto quel che avete fatto alla Polonia? Sei milioni di morti, per la maggior parte ebrei...". E Schmidt mi ha risposto che bisognava risalire indietro nella storia, fino alla spartizione della Polonia fatta da Russia e Prussia nel XVIII secolo. "Cercherò di fare del mio meglio" ha detto poi "per superare tutto questo."»

Stavamo chiacchierando in piedi prima di pranzare nel bosco, quando ha chiamato don Tadeusz e gli ha detto: «Vieni che questo interessa te». Più tardi, ha scherzato con me: «Adesso ci deve tenere lei una conferenza stampa sull'argomento».

Dopo pranzo, mentre camminiamo, ho una conversazione «filosofica» con Tadeusz. Mi racconta che l'anno precedente, mentre stavano arrampicando sulle montagne vicino a Lorenzago, il papa gli ha chiesto all'improvviso: «E non pensi che l'immanentismo abbia esaurito la sua validità storica?».

Questo è il concetto di vacanza che ha il papa: camminare senza smettere di pensare, senza distogliere la mente dai temi che lo occupano. A volte si ferma e si concentra: è la nascita di un'idea. La sua mente è attiva, non si limita a contemplare il paesaggio da una prospettiva estetica: cerca il fondamento delle sue idee.

Tadeusz mi dice che fa fatica a addormentarsi, e che considerando le preoccupazioni che il papa si porta sulle spalle lo meraviglia la facilità con cui lui dorme. Lo reputa il frutto di una enorme fede in Cristo, venuto a redimere l'essere umano storico e concreto. Per Tadeusz è un grave errore concepire la libertà come sradicata dalla ragione e dalla verità, come talvolta si propone.

Quando ci avviciniamo a Les Combes, troviamo una famiglia che raccoglie il fieno. Grande sorpresa. Li fotografo. Arriviamo a Les Combes, un villaggio di poche case. Vedo diverse persone. Poco prima il papa aveva indossato la tonaca bianca. Le famiglie lo salutano e lo invitano a prendere il tè. Si scusa dicendo che l'ha già preso. Gli chiedono se vuole vedere la chiesa del paese e lui accetta. È una piccola chiesa senza tabernacolo. Il papa si inginocchia e prega, da solo, per molto tempo.

14 luglio. Il papa è rilassato. Al mattino, prima di uscire, chiede: «Oggi dove andiamo?». Qualcuno spiega che è prevista una lunga escursione per due valli, Arvier e Valgrisenche, e che a Boregne arriveremo fino a quota 2100 metri. «Come,» risponde il papa «non siamo ancora arrivati ai 3000?»

Strada facendo incontriamo alcuni contadini che salutano il papa. Proseguiamo verso Verconey e La Frassy. Un lungo tragitto. Tempo splendido. Ci fermiamo per il pranzo alle due: tardi, dopo quella lunga camminata. In una casa isolata incontriamo una famiglia. Verso le cinque del pomeriggio arriviamo al luogo dove ci aspettano le auto. Il papa decide di fare una sosta. Indossa la tonaca, si siede sulla sedia pieghevole che portiamo con noi e recita il breviario. Gli scatto alcune foto che il giorno successivo consegno alla stampa.

Alla fine gli dico che in questo luogo è molto facile elevare il proprio cuore in ringraziamento a Dio. Risponde recitando un salmo. Mi faccio una foto con lui, che conservo.

La sera, dopo cena, vado da Stanisław per comunicargli che l'indomani incontrerò i giornalisti per raccontare loro qualcosa su questi giorni, e che porterò alcune foto. Il papa esce in quel momento, siamo fuori casa, e mi dice di non interrompere la conversazione, ma io li lascio soli e mi ritiro.

15 luglio. Non accompagno il papa in montagna perché devo vedere i giornalisti. Vado a Introd per lavorare con Luciano Mellace, un fotografo della Reuters. Voglio sviluppare alcune fotografie che ho scattato al papa mentre camminava. Andiamo a trovare il corrispondente dell'Associated Press, che ha un laboratorio portatile. Sviluppiamo due rullini e seleziono tre foto che distribuisco alla stampa. Poi vado al municipio di Introd, dove è stata temporaneamente allestita una sorta di sala stampa in cui si riuniscono i giornalisti. Ci sono corrispondenti dell'ANSA, «Avvenire», «Corriere della Sera», «Il Giorno» e della stampa locale. Li informo sui primi due giorni di vacanza. Poi, su invito di Augusto Rollandin, presidente della Regione, andiamo a pranzo tutti insieme ad Aosta, al Cavallo Bianco.

Il papa torna alle otto meno un quarto. Sono piuttosto stanchi perché l'escursione di oggi prevedeva una discesa di oltre tre ore e le ginocchia fanno male. Tadeusz ha anche un ginocchio infortunato. Ironizzano con me e dicono che non sono andato perché sapevo già che il percorso sarebbe stato difficile. Sullo stesso tono, il papa si scusa dicendo che è stata colpa sua se hanno camminato tanto piano.

16 luglio. Giornata dedicata per intero all'attività pastorale del papa. Innanzitutto, trasferimento in elicottero al santuario della Madonna di Oropa, vicino a Biella. Dopo la messa, un pranzo semplice. Poi a Pollone, sempre in elicottero, per visitare la tomba di Pier Giorgio Frassati.[2]

Successivamente il papa va a Quart per inaugurare un convento carmelitano. Parla di un altro santuario dedicato anch'esso, come questo, a Nostra Signora della Misericordia, che si trova a Vilnius, in Lituania; e fa un riferimento affettuoso a quel popolo «così fedele, così eroico e che ha sofferto tanto». Da lì si sposta in auto per andare a dare un saluto veloce alle persone della parrocchia di Introd, dove si trova la nostra casa.

17 luglio. Verso mezzogiorno ci troviamo sulla Court de Bard (2261 m), un meraviglioso altopiano dove ci fermiamo a contemplare l'ampio cerchio di montagne che va dal Monte Bianco (4810 m) al Gran Paradiso (4061 m).

Il papa fa una sosta. Mi avvicino e gli racconto qualcosa sulla Polonia: oggi a Roma è stato annunciato il ristabilimento delle relazioni diplomatiche con la Santa Sede, e nei prossimi giorni sarà eletto il nuovo presidente della Repubblica. Aggiungo che in Russia è in corso un massiccio sciopero dei minatori.

In piedi, appoggiato al bastone, il papa inizia a parlare dei paesi dell'Est. Passa in rassegna i popoli slavi cristiani e poi fa riferimento alla situazione sotto l'impero sovietico e all'attuale condizione di ingiustizia. Parla della sua posizione di papa e del suo ruolo nel mondo che si è creato dopo Jalta. «Forse i politici pensano che Jalta non sia stata giusta e che questo papa, non accettando la situazione, sia un destabilizzatore.» Osservo che avrebbero potuto dirlo nel 1980 e nel 1981, quando le cose hanno iniziato a cambiare in Polonia e c'è stato il suo attentato. «Ah, sì, l'attentato… e tutto il resto.» Non dice altro, ma mi sembra di capire che inscriva l'attentato nella logica del «papa destabilizzatore».

Parliamo per venticinque minuti, in piedi, davanti a un panorama splendido. Ho la sensazione di vedere, da qui, tutta l'Europa dell'Est e la sua storia, le sue lotte e i suoi sforzi per sopravvivere di fronte al comunismo. Questo papa conosce quella realtà. Non sta facendo un discorso accademico, distante, tecnico: è parte della sua stessa vita e, soprattutto, della sua responsabilità.

Mi chiedo allora: se Dio ha portato uno slavo sulla cattedra di Pietro, non vorrà che la sua influenza sia usata per annullare Jalta e portare giustizia a questi popoli?

A un certo punto della conversazione, mentre parliamo dei cambiamenti che cominciano a vedersi in Russia, gli sfuggono queste parole: «Forse la Madonna di Fátima...». Nel suo ragionamento c'è la forza della storia, l'imperativo morale della giustizia e le enormi prospettive aperte dalla fede. Anche per quella in Fátima.

Se pure non delinea una personale Ostpolitik, ho la sensazione che la Santa Sede realizzerà la sua nuova Ostpolitik sotto la guida di questo papa slavo. Non la vedo come un'operazione tattica e miope. È un esercizio di verità storica. Non parte dall'accettazione passiva di Jalta e del suo successivo accomodamento, ma da uno slancio originale verso la storia e verso il principio del rispetto dei diritti umani.

Dopo pranzo rientriamo camminando per un po'. Si siede sotto un albero su una sedia pieghevole e spontaneamente riprende a parlare delle relazioni con la Polonia e della Ostpolitik. Mi siedo per terra accanto a lui. Osservo che da quanto ha detto prima mi sembra di cogliere gli elementi che dovranno essere presi in considerazione nella nuova Ostpolitik della Santa Sede.

La base di questa Ostpolitik, mi risponde, sarà sempre la stessa, anche se può cambiare il modo di metterla in pratica. Finora l'URSS ha agito da una posizione di forza militare, di scontro e guerra fredda. «Ricordo che Gromyko, riposi in pace, venne a trovarmi all'inizio del mio pontificato, nel 1979, e poi per anni non si fece più vedere. Tornò a svegliarsi quando gli americani avviarono il loro programma stellare SDI.[3] Mi disse che avrei potuto usare la mia influenza per impedirlo. Io risposi che non avevo il potere di farlo. Allora aggiunse: "Ma lei non si rende conto dell'enorme potere che ha?". Gromyko, come ministro degli Esteri di quella superpotenza, sapeva fare il suo lavoro.»

Gli dico che Gromyko non aveva compreso la perestrojka. Nelle sue memorie pubblicate in Italia da Rizzoli spiega le cose dal suo punto di vista e non menziona quella richiesta, fatta al papa, di fermare gli esperimenti americani sull'SDI.

«In effetti,» risponde il papa «non capiva la perestrojka. Ma fu lui a proporre la nomina di Gorbačëv.»

Alcuni membri del nostro entourage si avvicinano e ci parlano d'altro. L'atmosfera si alleggerisce. Dziwisz racconta un episodio divertente: una volta fu chiesto a Reagan se avesse dei rimpianti e lui rispose di sì, che si era pentito di essersi addormentato durante una delle udienze del papa. Abbiamo riso tutti.

18 luglio. Abbiamo scalato una cima di 2600 metri. All'ora di pranzo il papa mi chiede cosa dicano i media sul ristabilimento delle relazioni diplomatiche con la Polonia. Gli leggo un articolo del «Corriere della Sera».

Dziwisz mi spiega poi: «Per anni il papa non ha voluto ristabilire le relazioni con la Polonia perché non intendeva riconoscere uno Stato ufficialmente ateo e senza rispetto per i diritti umani».

19 luglio. Il papa ha raggiunto il ghiacciaio del Rutor, a 3350 metri, con un piccolo elicottero del Soccorso Alpino, un Alouette francese con un unico pilota. Mi sembra che sia la prima volta che vola da solo con il pilota. Il luogo è magnifico.

Quando arrivo lì con il secondo volo, vedo il papa che cammina in silenzio sulla neve. Guarda il paesaggio. Recitiamo l'*Angelus* come abbiamo sempre fatto anche nei giorni precedenti. Saluta una cordata di francesi, attoniti di imbattersi nel papa in pieno ghiacciaio. Chiacchieriamo mentre contempliamo quella meraviglia. Sandro Sabato, il medico, racconta di come molti studenti universitari perdano la fede in quella fase della vita. Il papa segue la conversazione con interesse e fa alcune domande.

Scattiamo qualche fotografia. La giornata è splendida. Lascio i miei occhiali scuri a Dziwisz e do al papa un po' di crema per le labbra. Torna l'elicottero che era andato ad Aosta per fare rifornimento, e ci fermiamo sul Gran Paradiso. Prima di pranzo, mentre il papa si riposa un attimo, gli dico che in questi giorni sto leggendo una biografia di Buddha. Questo lo spinge a fare una serie di riflessioni sul buddismo.

Commenta che il cristianesimo parte da ciò che è scritto all'inizio della Genesi («E Dio vide che era cosa buona»). Il buddismo, invece, guarda al negativo, vede il male nel mondo. È un modo umano di pensare al mondo. È un'ascesi personale. Come in san Giovanni della Croce: ma san Giovanni parte dalla fede, mentre Buddha non sappiamo da cosa parta. Di certo non dalla verità rivelata. San Giovanni della Croce vive l'ascesi per purificarsi, per incontrare Dio in quello stato che lui chiama matrimonio mistico dell'anima con Dio. «Naturalmente Dio, che è buono e ama la bontà ovunque essa si trovi, può condurre questa ascesi del buddismo verso...» conclude il papa, senza finire la frase.

20 luglio. Lunga passeggiata con l'idea di rientrare verso le cinque e mezza, perché dopo è previsto un incontro con i giovani della diocesi nella residenza del papa. L'itinerario è stato calcolato male e arriviamo in ritardo.

Inoltre, il percorso prevede una lunga discesa molto scomoda per il papa, sia per la pendenza sia perché indossa scarpe da ginnastica con una suola liscia che non aderisce bene al terreno. A un certo punto scivola malamente e cade a terra. Non si ferisce, ma temiamo possa essersi lussato una caviglia. Lo facciamo sedere un momento. Il medico lo visita e appura che va tutto bene. Si cambia le scarpe, indossa gli stivali di Coali, che riceve le scarpette del papa.

Arriviamo alle auto. Il papa è molto grato per un bicchiere d'acqua fresca da una fontana. Mentre gli togliamo gli stivali per restituirli a Coali, Dziwisz scherza sul fatto che ora quegli stivali dovranno andare ai Musei Vaticani.

Una volta a casa incontra i giovani e improvvisa alcune parole molto belle.

21 luglio. Giorno di rientro. Le vacanze sono finite. Ultima uscita, al mattino: tre lunghe ore di cammino per tornare a pranzo. Il papa tace. Si siede sulla sedia pieghevole e trascorre molto tempo all'ombra degli alberi, contemplando le montagne.

Sulla via del ritorno in elicottero ci fermiamo a Torino, al Lingotto: un vecchio edificio della Fiat dove è stata allestita una mostra di dipinti russi e sovietici. Giovanni Agnelli ha invitato il papa, e lui ha voluto essere presente in segno di deferenza verso l'Unione Sovietica in questi tempi di cambiamento.

Ripensando a questi giorni ho notato che il papa non si sottraeva alla gente, anche se credo preferisse mantenere un po' di privacy mentre camminava. Quando c'erano persone sulla strada, chiedeva di fermare l'auto per salutarle. In qualche caso è addirittura sceso per parlare con chi voleva vederlo. Si è dato a tutti.

XI
Un'estate difficile
(1989)

Il Carmelo di Auschwitz e la tragedia del Libano
13-15 agosto 1989

13 agosto. Mi assento da Roma per qualche giorno e, al mio ritorno, vengo a sapere che le associazioni ebraiche hanno reagito con molta rabbia a una dichiarazione sul Carmelo di Auschwitz fatta dal cardinale Macharski, arcivescovo di Cracovia. Do una scorsa a quanto pubblicato sulla stampa internazionale e chiamo Stanisław: gli propongo di fare in modo che Macharski si metta d'accordo almeno formalmente con il presidente della Conferenza episcopale francese Decourtray, che aveva espresso osservazioni critiche su di lui. Stanisław risponde che lo riferirà al Santo Padre. Sepe mi dice che il papa ci aspetta domani, a cena.

14 agosto. A Castel Gandolfo, come in altre occasioni, il papa si mostra informale: una semplice tonaca bianca un po' sbottonata sul collo, senza fascia bianca, senza pettorale né zucchetto. La cena inizia mezz'ora più tardi, verso le otto, perché era in giardino con Stanisław. Ho approfittato di quei minuti per parlare con monsignor Thu, che si è detto entusiasta del viaggio del cardinale Etchegaray in Vietnam, il primo di un emissario papale in tempi recenti.

Il papa è di buon umore, come sempre. Accenna brevemente ad alcuni temi italiani e la conversazione si sposta sulla polemica di Auschwitz. A me, com'è naturale, interessa conoscere il suo pensiero sul destino finale del convento: se resterà dov'è o se alla fine si deciderà di spostarlo. Il papa non risponde in modo diretto a questa allusione: preferisce analizzare il quadro, capire la situazione attuale e le sue implicazioni.

Dopo aver esaminato la situazione, ragiona in questo modo:

> Si tratta di un problema religioso. Per i cristiani, pregare in un luogo prossimo a quello in cui sono morte tante persone è un obbligo. Questo fine è condiviso da tutti, in Polonia e nel mondo. Oltretutto, nel caso della Shoah ci sono precedenti: a Dachau c'è un altro monastero carmelitano. Con l'accordo firmato a Ginevra nel 1987, ai carmelitani di Auschwitz si dice: «Questa cosa è sbagliata».[1] Naturalmente, dobbiamo tenere conto del fatto che ci sono persone che pensano che lì debba regnare solo il silenzio. È comprensibile che chi preferisce il silenzio lo mantenga. Ma dal punto di vista della coscienza, dal punto di vista della religione, non si può impedire agli altri di pregare. Soprattutto se si considera che queste persone sono già lì e che ci sono andate in buona fede. Forse bisogna tenere conto di altre ragioni: se all'interno o all'esterno del recinto. Ma la logica del ragionamento è questa.
>
> I promotori della protesta hanno offerto una sola alternativa: le suore devono andarsene, il che è considerato ignobile e offensivo da molte persone. È in questa situazione che il cardinale Macharski ha pubblicato la sua dichiarazione. Forse sono in gioco anche altre motivazioni: si vuole costringere il papa a cedere, e c'è la questione del riconoscimento dello Stato di Israele da parte della Santa Sede.

Il ragionamento del papa è chiaro. Stanisław aggiunge che Macharski ha persino fatto lo sforzo, non da ultimo economico, di acquistare il nuovo terreno; che molti ebrei polacchi sono indignati per le azioni aggressive di gruppi venuti da fuori; che tutto ciò ha provocato una reazione di solidarietà nei confronti delle suore da parte della maggioranza della popolazione; che il problema è soprattutto diocesano.

Sull'accordo di Ginevra il papa dice che Macharski si è lasciato coinvolgere (sottintendendo che potrebbe essere stato non del tutto consapevole delle implicazioni). Ma formula il suo punto di vista conclusivo affermando che l'accordo è stato firmato e sarà quindi rispettato, per quanto possibile e nonostante le opinioni contrarie. È una posizione di apertura che al tempo stesso rende evidenti i difetti essenziali di quell'accordo.

Cerca di comprendere l'atteggiamento di totale rifiuto dell'idea di un convento contemplativo vicino al campo. Dice che è una reazione a ciò che non si può capire, al mistero dello sterminio. E poi c'è un altro atteggiamento, quello di Cristo stesso che di fronte alla propria morte esprime la sua impotenza: «Padre mio, perché mi hai abbandonato?», ma subito arriva la preghiera: «Nelle tue mani affido il mio spirito».

Una volta conosciuto il pensiero del papa, accenno alla spiacevole divergenza tra i cardinali Decourtray e Macharski, che equivale a offrire ragioni per nuove critiche su un piatto d'argento. L'obiettivo sarebbe che tra qualche tempo entrambi venissero a Roma per parlare e trovare un accordo, e che poi l'annunciassero loro stessi, tenendo fuori la Santa Sede.

Il papa osserva che forse potrebbe convocarli il decano del Collegio cardinalizio o il cardinale segretario di Stato. Non lui, naturalmente, perché la questione non è di competenza della Santa Sede. Se si trattasse di un serio disaccordo tra due sacerdoti, il caso sarebbe trattato dal vescovo diocesano. Nel caso di due cardinali, la questione diventa di pertinenza del Collegio cardinalizio. Spinto da troppa foga «operativa» insisto un po' di più e il papa dice: «Be', visto che non dobbiamo decidere tutto stasera...».

Mentre finiamo di cenare vengono portati al papa i decreti di nomina episcopale di due vescovi cecoslovacchi. Firma le pergamene con soddisfazione, pronunciando ad alta voce i loro nomi e le rispettive diocesi. La firma era urgente perché il nunzio Colasuonno si recherà domani in Cecoslovacchia per la consacrazione episcopale.

Un'altra questione sul tavolo era il testo dell'*Angelus* di domani, che voleva dedicare al Libano. Legge quello che gli hanno preparato e dice che è «troppo morbido». Riflette per un momento e aggiunge: «Lì c'è gente che muore e io non posso dire questo», esprimendo, con un gesto, che di fronte alla tragedia del Libano quelle parole non bastano. Si incupisce. Va riscritto.

Dziwisz gli dice che è molto tardi e che non sa come potranno farlo da Castel Gandolfo, dove non hanno nemmeno un fax. Il papa insiste e chiede che gli venga portato il testo della lettera che a maggio aveva inviato ai capi di Stato su questo tema. La lettera è a Roma, presso la Segreteria di Stato. Il papa inizia a parlare a Dziwisz in polacco, serio: non ho capito nulla, ma mi è sembrato che insistesse sull'inadeguatezza del testo preparato e sull'entità della tragedia in Libano.

Lo stesso pomeriggio aveva ricevuto Alain Decaux,[2] inviato del presidente Mitterrand, che desiderava informarlo dell'iniziativa diplomatica francese in Libano. Il papa dice: «Oggi pomeriggio, quando il ministro francese è venuto a trovarmi, gli ho detto» (e pronuncia quanto segue in francese, come se avesse di fronte il diplomatico) «ministro, apprezzo molto l'iniziativa del presidente Mitterrand. Ma lì c'è gente che muore. Ed è uno scandalo che a livello internazionale non ci sia niente e nessuno che intervenga per fermare questo genocidio. È uno scandalo!». Il ministro ha precisato che quella era anche la posizione della Francia, ma il papa gli ha ricordato che «non è sufficiente».

Il tono di questa parte della conversazione è drammatico. La cena sembra rovinata. È evidente l'orrore del papa di fronte alla tragedia libanese. E allo stesso tempo è palese il suo rifiuto di accettare ciò che molti considerano storicamente ineluttabile: la distruzione del Libano.

Silenzio. Poi mi guarda. Cambia il tono di voce e riacquista la sua abituale serenità e cordialità. «Vedete,» dice «da una parte c'è la questione di Auschwitz, e dall'altra il Libano.» Non sono certo di cosa voglia dire ma capisco che si riferisce all'enormità di problemi che un papa deve affrontare giorno dopo giorno. In ogni caso mi sembra chiaro che egli non accetta passivamente i problemi ma definisce una linea di azione: la possibile azione che può intraprendere un papa consapevole della propria debolezza materiale e, allo stesso tempo, della propria forza spirituale.

All'uscita dalla sala da pranzo insiste affinché gli venga mandata una copia della lettera ai capi di Stato. Sepe si informa su chi scriverà il testo. Il papa risponde che lo farà lui stesso. Mentre ce ne andiamo, Dziwisz chiede che domani mattina presto venga qualcuno per correggere lo stile dell'italiano. Il papa si muove in questa assoluta mancanza di mezzi e persone: a Castel Gandolfo non c'è un fax, non c'è un assistente che corregga il suo italiano.

Mentre ce ne andiamo, Thu ci informa che, se tutte queste iniziative a favore del Libano non andranno a buon fine, il papa è deciso a scrivere ai vescovi di tutto il mondo.

La sera stessa la lettera del papa ai capi di Stato viene inviata a Castel Gandolfo.

15 agosto. Questa mattina, prendendo alcune frasi da quella lettera e aggiungendone di nuove, il Santo Padre ha terminato il breve discorso, un'allocuzione, che ha poi letto all'*Angelus*. È un testo toccante, che non posso fare a meno di riprodurre:

> In questa festività dell'Assunzione di Maria desidero recarmi spiritualmente in pellegrinaggio presso i diversi Santuari mariani cattolici ed ortodossi del Libano, nazione da troppi anni costretta a sopportare divisioni e prove, e vittima in questi giorni di inumani bombardamenti. Mi prostro con lo spirito a Balamand, Bikfaya, Bzommar, Kannubin, Ksara, Magdouché, Zahlé e soprattutto ad Harissa, che

sovrasta la città di Jounieh, con l'altissima statua della Madonna che di lassù sembra offrire a tutti la sua materna protezione. Il venerato simulacro è simbolo di tenerezza, segno di speranza per quanti oggi sono fatti oggetto di crudeli e selvaggi attacchi quotidiani.

Dinanzi agli occhi di tutto il mondo si sta consumando un processo che coinvolge la responsabilità dell'intera società internazionale. È il processo che sta portando alla distruzione del Libano. In realtà, ci troviamo di fronte ad una minaccia per l'intero ordine della vita internazionale. È una minaccia di natura morale, tanto più dolorosa perché è uno Stato più debole che subisce la violenza o l'indifferenza dei più forti. Difatti, anche per la vita internazionale vale il principio secondo cui non è lecito recare danno al più debole, non è lecito uccidere il più debole. Chi così opera, è colpevole sia dinanzi a Dio, giudice supremo, sia dinanzi alla giustizia della storia umana. La colpa morale grava pure su tutti coloro che in tali situazioni non difendono i deboli, mentre avrebbero potuto e dovuto farlo.

Da Beyrouth i travagliati abitanti scrivono: «*De nos abris souterrains, sous le sifflement des fusées et l'explosion des obus secouant nos immeubles encore debout, nous crions vers vous notre de profundis*». Nel nome di Dio mi rivolgo alle autorità siriane chiedendo di cessare i bombardamenti che mirano a distruggere la capitale del Libano e l'intero paese. Non si assuma l'atteggiamento di Caino, che si rese colpevole della morte del fratello.

Oggi è la solennità della Tua Assunzione, o Maria, Madre del Redentore, Madre delle Nazioni e dei Popoli, Madre del Libano. In questo giorno ripetiamo a Te il *De profundis* dei nostri fratelli e delle nostre sorelle di Beyrouth. A Te, Nostra Signora di Harissa, gridiamo implorando per la salvezza del Libano!

Più di una volta ho desiderato di recarmi in Libano. Ogni giorno nelle preghiere mi ritrovo in pellegrinaggio laggiù. Per quanto riguarda la mia presenza fisica nella regione e il mio ministero pastorale tra quei fratelli, sono stato consigliato di soprassedere per il momento a motivo della situazione. In questi giorni, essa è ulteriormente peggiorata. Tuttavia, proprio adesso ancor di più, sento l'interiore imperativo di recarmi in Libano. Prego affinché non mi vengano frapposte difficoltà nell'adempimento di questo ministero pastorale.

In sala stampa i giornalisti ascoltavano alla radio queste parole con grande attenzione. Verso la fine Sepe mi chiama dalla Segreteria di Stato: Dziwisz ha appena letto il testo, lo stanno trascrivendo a macchina e me lo mandano subito. Paradossi della vita: stiamo parlando al mondo di un argomento importante e abbiamo a disposizione solo una struttura artigianale.

Dziwisz mi chiama un attimo dopo per sapere com'è andata. Gli do la mia impressione e quella dei giornalisti. Ma gli dico che l'anno prossimo la sala stampa regalerà un fax a Castel Gandolfo.

La GMG *di Santiago de Compostela: una tregua*
22 agosto 1989

Ieri sera siamo tornati da un viaggio in Spagna: dal 19 al 21 agosto a Santiago de Compostela per la Giornata mondiale della gioventù. Questa mattina stessa mi dicono di andare a pranzo a Castel Gandolfo. Oltre a me ci sono Sepe, monsignor Tauran, sottosegretario del Consiglio per gli affari pubblici della Chiesa, e Agnes. Il papa è molto contento. Gli faccio notare che a quanto mi hanno detto era stato fatto un buon lavoro di preparazione e molta catechesi sulla confessione. Come altri viaggi, anche questo sembra aver colpito tutti, compresi i vescovi, che hanno potuto toccare con mano il grande lavoro che li attende, lavoro il cui frutto sono le migliaia di giovani partecipanti: più di cinquecentomila secondo le stime ufficiali.

Il papa parla di Covadonga e delle parole che ha improvvisato dopo la messa: «Le ho dette quando ho capito cosa abbia significato Covadonga per la storia della Spagna e per la formazione culturale dell'anima spagnola».

Ha poi passato la parola a Tauran per discutere del Libano. Il papa vive questo tema con particolare intensità. Noto che sulla tovaglia sono ricamate le bandiere vaticana e libanese. Si parla delle varie opzioni in campo, dell'iniziativa francese e delle dichiarazioni dei rappresentanti della Comunità europea.

Il papa lamenta: «Non vogliono andare oltre l'azione umanitaria» (come a dire che ne occorre una più decisa per fermare il genocidio in atto contro i cristiani). Torna a parlare del suo incontro con il ministro francese Decaux e annuncia che giovedì incontrerà l'inviato speciale del ministero degli Esteri sovietico. Emerge anche che il nunzio, monsignor Angeloni, ha incontrato il generale Aoun, il quale ha scritto una lettera al papa. Il patriarca maronita ha dichiarato a «La Croix» che, qualora il papa visitasse il Libano, lo farebbe per vedere e stare con tutti, non solo con i cristiani.

Il pensiero del papa torna al cuore della questione: l'azione concertata dei paesi arabi per annientare i cristiani libanesi. E cita il 1683, quando i turchi furono fermati alle porte di Vienna. Dice che l'80 per cento delle persone capisce solo il linguaggio della forza fisica e che all'Occidente manca la fermezza per frenare il massacro dei cristiani. Sottolinea quanto sia orribile la distruzione fisica dei maroniti, ma che la loro distruzione morale è ancora peggiore. «E nel frattempo il mondo cristiano dorme!»

Il papa non propone certo una crociata: invoca una presa di posizione forte, determinata e convinta per fermare questa carneficina e abbattere l'arroganza di fronte alla passività dell'Occidente. Rimane determinato ad andare in Libano, anche se i problemi sono enormi. Domani inizieranno i contatti diplomatici con la Siria e, mi permetto di insistere finché non ci riuscirò, con l'Iran. Vedremo.

La risposta di Gorbačëv
25 agosto 1989

Ieri a Castel Gandolfo il papa ha ricevuto Jurij Karlov, inviato speciale del ministero degli Affari esteri dell'URSS. Nell'incontro con i giornalisti riferisco che «ha discusso con il papa di temi di reciproco interesse come la libertà religiosa e la pace nel mondo, con particolare riferimento al Medio Oriente».

Karlov ha portato un messaggio di Gorbačëv in risposta alla lettera del papa che Casaroli gli aveva consegnato a Mosca quattordici mesi fa. La lettera, tradotta in italiano, è lunga quasi sette pagine. È molto cordiale, di larghe vedute e manifesta grande simpatia per il papa. Parla del suo viaggio in Italia il prossimo autunno. Si mostra possibilista. È un buon testo.

Ieri l'agenzia di stampa sovietica TASS ha diffuso un dispaccio in cui si legge che Gorbačëv «propone e invita alla cooperazione per affrontare i grandi problemi del nostro tempo», annuncia di essere pronto a «sviluppare contatti con il Vaticano» e a «discutere modi concreti per promuovere un'ampia cooperazione internazionale nella ricerca di soluzioni a questi problemi». Alcuni di essi, secondo la TASS, sono «questioni fondamentali del tempo presente: l'eliminazione della guerra nucleare, il consolidamento della pace e della giustizia sulla terra e la protezione dei valori fondamentali della civiltà».

Una piccola famiglia
31 agosto 1989

Vado a trovare Cassidy per parlare del convento di Auschwitz. Stanno studiando una soluzione al problema. Ieri mi ha telefonato Tullia Zevi, presidente delle Comunità ebraiche italiane. Le ho detto che, a mio avviso, la cosa migliore sarebbe una moratoria di circa quattro settimane senza commenti pubblici. Mi ha risposto che non è possibile. Intendono continuare a insistere sull'opinione pubblica.

Thu ha avuto un incidente d'auto. Questo aumenta ulteriormente il carico di lavoro di Dziwisz. La sera va a trovarlo in ospedale e poi arrivano le suore: è come una piccola famiglia. Il papa non è ancora riuscito ad andare.

«Nostra Aetate»: non si torna indietro
11 settembre 1989

Cena a Castel Gandolfo. Si parla di nuovo della Giornata mondiale della gioventù a Santiago de Compostela. Il prossimo incontro con i giovani potrebbe forse tenersi, suggerisco, negli Stati Uniti o in un paese dell'Est, come la Lituania.*

Il papa fa ancora una volta riferimento al Libano, un tema che lo tocca profondamente. Diventa teso.

Auschwitz. Commento che alcuni stanno iniziando a perdere la calma per la mancanza di risposta al problema. Il papa aggiunge che, in ogni caso, «non si può tornare indietro rispetto a *Nostra Aetate*». Vale a dire: non si può ignorare l'insegnamento di quel documento conciliare e tornare al tempo precedente, quando ci furono gravi incomprensioni con il popolo ebraico. Ciò mi aiuta a capire il nucleo del suo pensiero e della sua azione in questa e in molte altre questioni: la fedeltà agli insegnamenti del Vaticano II.

Equilibrio
22 settembre 1989

Pranzo a Castel Gandolfo. Sono stato in Spagna per una conferenza e durante la mia assenza è stato diffuso il comunicato sulla soluzione al problema del monastero carmelitano.

È stata un'estate difficile per il papa: la mancanza di pace, Auschwitz, il Libano. I giorni di luglio a Les Combes sembrano già terribilmente lontani.

* Infatti, il successivo si tenne a Częstochowa (Polonia) dal 10 al 15 agosto 1991, cosa ancora impensabile all'epoca.

XII

«*Servi inutiles sumus*»

(1989)

Corea del Sud, Indonesia, Timor Est, Mauritius, Sumatra
6-16 ottobre 1989

6 ottobre. Facciamo uno scalo tecnico a Venezia per il rifornimento di carburante. Il viaggio sarà lungo. In quei primi cinquanta minuti di volo ho l'opportunità di parlare con il papa, prima del suo incontro con i giornalisti.

Riallacciandosi alle conversazioni precedenti, mi parla dell'Ostpolitik: «Le persone [specifiche coinvolte] non sono la cosa importante. Ciò che è importante è la Storia [di questi popoli dell'Europa orientale] e la Provvidenza. Inoltre, non si sa se fossero idee di Casaroli o di Paolo VI. Una volta, quand'ero cardinale, Paolo VI mi disse: "Noi cerchiamo di raggiungere un accordo, ma loro non cedono nemmeno di un centimetro". Certo, lì Casaroli c'è stato, ma io conosco meglio la situazione di quei popoli».

Gli chiedo se, quando era a Cracovia, vedevano con timore, o almeno con diffidenza, l'Ostpolitik del Vaticano.

«Sì, soprattutto Wyszyński. Io meno. E poi avevamo già visto i pessimi risultati di alcuni vescovi nominati in Cecoslovacchia negli anni Sessanta, dopo il Concilio. Sebbene dicessero di aver lasciato la Pacem in Terris, in realtà non l'avevano lasciata.[1] Erano anni di un comunismo molto assertivo e arrogante. In seguito, la situazione è cambiata: chi avrebbe pensato allora, per esempio, che Tomášek, un vescovo umiliato e imprigionato, sarebbe diventato quello che è oggi?»

L'incontro con i giornalisti si è svolto dopo lo scalo a Venezia.

Il piano di volo – da Roma a Seul – preparato da Alitalia prevedeva inizialmente il sorvolo della Cina settentrionale. Tuttavia, le autorità del regime comunista di Pechino non hanno concesso l'autorizzazione e l'aereo ha dovuto sorvolare il Polo Nord.

Naturalmente, una delle domande ha riguardato questo punto: «Santo Padre, cosa direbbe al governo di Pechino, che le ha vietato di sorvolare il territorio cinese?».

In quel momento mi è venuto da sussurrargli con discrezione: «Santità, è all'Alitalia che è stato vietato di sorvolare la Cina, non a lei».

Il papa, con un sorriso ironico, prende il microfono e risponde: «Non conosco bene lo stato dei rapporti di Alitalia con il governo cinese. Credo però che tali rapporti dovrebbero migliorare». A quella risposta i giornalisti scoppiano a ridere. Al termine della conferenza stampa, mentre torniamo ai nostri posti, il papa mi ringrazia per il suggerimento che lo ha aiutato a «sorvolare» su una questione spinosa.

7-9 ottobre, Corea del Sud. Il motivo di questo viaggio è il 44° Congresso eucaristico internazionale. Per tale ragione il papa celebra la messa in latino, la lingua universale della Chiesa, e non in coreano. Il congresso si conclude l'8 ottobre nella piazza Yeouido di Seul.

Dopo l'*Angelus* ha rivolto un pensiero ai cattolici cinesi, che vivono in una situazione molto difficile:

> In questo dialogo filiale con Maria nostra madre, ricordo anche i nostri fratelli e le nostre sorelle in Cristo che vivono nella Cina continentale. La loro vicinanza geografica, come pure i vincoli di fede e cultura, li congiunge profondamente a molti qui presenti. Nel profondo del mio cuore è sempre presente l'ardente desiderio di incontrare questi fratelli e queste sorelle, per poter esprimere loro il mio cordiale affetto e la mia sollecitudine, e per dir loro che le altre Chiese locali li hanno in grande stima.
>
> Sono profondamente commosso quando penso ai segni eroici di fedeltà a Cristo e alla sua Chiesa mostrati da molti di loro negli anni passati. Attraverso l'intercessione di Maria, ausilio dei cristiani, Cristo sia la loro consolazione in ogni tribolazione e in tutte le sfide della loro vita quotidiana.

Il giorno dopo siamo partiti per l'Indonesia dall'aeroporto militare di Seul.

9 ottobre, in aereo. Mentre voliamo verso l'Indonesia, mi dicono che il papa mi sta chiamando. È con Cassidy. Vuole parlare dei gesti più appropriati da compiere al nostro arrivo a Dili: la capitale di Timor Est sta cercando di separarsi dall'Indonesia, il paese che conta il maggior numero di musulmani al mondo.[2] Da parte mia, suggerisco che se decidesse di baciare il suolo – come fa di solito quando arriva in un paese – potrebbe essere opportuno informare preventivamente il presidente Suharto, in modo che il gesto non venga mal interpretato. Un'altra possibilità è che baci il pavimento della cattedrale di Dili, dopo la benedizione. Questa seconda opzione gli sembra migliore. Viene poi deciso che il vescovo Belo, che accoglierà il papa all'aeroporto di Dili, terrà in mano un crocifisso e lo avvicinerà al Santo Padre, in modo che possa baciarlo.

Il papa scende dall'aereo un po' teso e saluta il ministro della Difesa, che è cattolico. Più avanti mi renderò conto che in ogni tappa del viaggio sarà presente un ministro cattolico, dei cinque che fanno parte del governo.

9 ottobre, Indonesia. L'accoglienza all'Istana Negara, il palazzo presidenziale, è simile a quella offerta a qualsiasi altro capo di Stato: il presidente avrebbe ricevuto molte critiche, se avesse trattato il papa in modo diverso. Comunque sia, il protocollo è stato ridotto al minimo: ci saranno solo tre incontri, di durata leggermente superiore. È tuttavia un grande omaggio nei riguardi del papa.

Siamo accompagnati da un ministro in qualità di rappresentante del governo e coorganizzatore del viaggio, un po' come ci era accaduto in Camerun.

La mia impressione è che i governanti abbiano raggiunto molti risultati in questo paese dalla superficie enorme e dispersa, con una popolazione di circa 100 milioni di abitanti. Fino a pochi anni fa l'arcipelago era economicamente arretrato, mentre oggi sono autosufficienti in diversi settori, come quello alimentare, e addirittura esportano il riso. Tra gli aspetti negativi vedo la migrazione interna forzata e le politiche antinataliste.

La Chiesa cattolica è rispettata. Parte del clero è ancora influenzata dagli umori postconciliari, su questioni come il cosiddetto «sentimento antiromano» o il celibato sacerdotale. In questo senso, si avverte una certa influenza dei problemi della Chiesa nei Paesi Bassi. Il numero di vocazioni è alto e ci sono – cosa insolita per un paese islamico – parecchie conversioni di adulti.

Non pare esserci alcuna minaccia, benché in passato ci sia stata, che il comunismo salga al potere. Un possibile pericolo è il fondamentalismo islamico. Ci raccontano che attualmente non c'è repressione. Dominano i giavanesi. Uno dei grandi risultati che hanno conseguito è stata l'introduzione di una lingua comune che, ovviamente, proviene da Giava.

Il primo evento a Giacarta è la messa in uno stadio gremito: forse 120.000 persone. Il clima è terribilmente caldo e umido. In serata, visita al presidente a palazzo: una cerimonia lunga e complessa che si conclude, dopo i discorsi, con un bellissimo spettacolo di danze e musiche tradizionali. Siamo tutti esausti e molto assonnati: ciononostante, al termine il papa incontra i giovani, i sacerdoti, i religiosi, i seminaristi e i rappresentanti del mondo della cultura.

10 ottobre. Messa sul campo sportivo dell'Accademia militare. Durante uno spostamento parlo con Casaroli dell'Ostpolitik e gli prospetto l'eventualità di incontrare alcune persone della rivista «Time», che vogliono parlare con lui.

11 ottobre, Maumere. Prendiamo un jet per Maumere, sulla costa. Il papa celebra la messa a un'ora assurda, considerato il caldo della giornata: le tre e un quarto del pomeriggio. Forse è l'unico orario che permetta ai partecipanti di avere il tempo di lasciare le loro case al mattino e tornare la sera. Dopo la messa, percorriamo qualche chilometro in auto fino al seminario dove dormiremo. È emozionante: lungo la strada, già buia, vediamo famiglie che salutano dall'ingresso delle loro case e capanne, accanto a immagini sacre semplicissime e piccole luci accese. C'è un grande spirito di fede.

Arriviamo al seminario e ceniamo in piedi. Ci spostiamo poi nell'altro seminario per l'incontro con i seminaristi. Il papa è così stanco per il trambusto degli ultimi giorni che quasi si addormenta mentre gli rivolgono la parola. Dziwisz se ne accorge e gli mette in mano il testo del discorso. Quando si alza, si rianima un po' e risponde ad alcune domande dei seminaristi.

12 ottobre, Dili. Era previsto che il vescovo Belo, accogliendo il papa all'aeroporto di Dili, tenesse in mano un crocifisso in modo che lui potesse baciarlo. Scendendo dall'aereo, però, vedo che non l'ha portato: apprendiamo che le autorità hanno vietato quel gesto, perché non era stato concordato. Si decide all'istante che il papa avrebbe baciato il crocifisso prima di celebrare la messa, all'atto di deporlo a terra davanti all'altare.

Quando arriva quel momento, il papa bacia anche il pavimento della cattedrale di Dili: è quasi un bacio furtivo, che in pochi notano.

Avverto meno un'atmosfera di devozione, frutto forse della mancanza di catechesi e delle difficili circostanze vissute da queste persone, che tanto hanno sofferto negli ultimi decenni.

L'omelia del papa è molto misurata: per un verso, afferma che «un cambiamento storico non significa un pericolo per la fede, giacché la Chiesa è universale»; per l'altro, «va assicurato il rispetto dei diritti che rendono la vita più umana». Si tratta di risolvere pacificamente le difficoltà attuali e di raggiungere l'armonia sociale in accordo alle proprie tradizioni.

Alla fine della messa si verifica un piccolo incidente. Una ventina di giovani si dirigono verso l'altare con striscioni che recitano: «Il FRETILIN ti saluta». I nostri uomini della sicurezza li bloccano e volano delle sedie. Noi non ce ne rendiamo quasi conto, perché stiamo lasciando il posto, e i giornalisti, che sono andati via prima di noi, non vedono nulla. La sera mi chiamano in albergo per farsi raccontare l'accaduto, ma in quel momento sono a cena con il papa e non posso rispondere.

Ragguaglio i giornalisti l'indomani, e alcuni di loro riportano i fatti esagerandoli molto. Un giornale titola: *La guerriglia arriva all'altare di Wojtyła*. Sono costretto a smentire. Gli altri giornalisti mi ringraziano, perché le loro redazioni li hanno rimproverati per non aver dato notizia di questi «drammatici» disordini, che in realtà – e per fortuna – sono stati un episodio marginale e senza importanza. Inoltre, spiego loro che il bacio del papa al crocifisso è un gesto pastorale, privo di significato politico.

È paradossale che il Fronte Rivoluzionario di Timor Est Indipendente, che oggi dà il benvenuto al papa con tanto di striscioni, in passato mirasse a sradicare tutto ciò che non è autoctono: usanze occidentali, religioni provenienti da fuori, ecc. Nato come movimento indipendentista, il FRETILIN si è poi trasformato in movimento guerrigliero.

Mi sembra illusorio pensare che l'ONU riesca un giorno a risolvere il problema di Dili, la capitale di Timor Est, regione dove si respira un clima d'indipendenza dall'Indonesia, a cui appartiene con la forza delle armi dal 1975. Il governo ha nominato un ministro indonesiano-portoghese e ha aperto il paese al turismo.

Sebbene le autorità indonesiane stiano facendo ciò che non è stato fatto in diversi secoli, le tensioni interne sono molto forti. Basti pensare che alcuni sacerdoti non vogliono inaugurare una chiesa solo perché è stata costruita dal governo, e gran parte del clero è favorevole a un'indipendenza federata con il Portogallo.

In virtù di questa situazione, il vescovo ha chiesto al papa di non parlare né in indonesiano né in tetun.[3] Consacra la cattedrale alla presenza di tutti i sacerdoti.

Quando i professionisti dei media mi chiedono di spiegare questa vicenda, io rispondo che la missione del papa è autenticamente pastorale: non è venuto per risolvere il problema politico locale. Il papa ha deciso di recarsi a Dili dall'Indonesia perché, se l'avesse fatto all'inizio o alla fine del viaggio, anche il presidente indonesiano sarebbe andato a Dili per dargli il benvenuto o per i saluti finali: in questo modo, l'autorità dell'Indonesia su Timor Est sarebbe stata ribadita con ancora maggior forza.

Prosegue il viaggio pastorale. Arriviamo a Giacarta sul tardi. Sto facendo la doccia nella mia stanza quando squilla il telefono. «Deve recarsi immediatamente alla nunziatura» mi dice l'addetta alla reception. «C'è un'auto fuori dall'hotel che la sta aspettando.» Sarà successo qualcosa? Mi vesto in tutta fretta, prendo la valigetta con i miei discorsi e mi precipito alla nunziatura. Quando arrivo, vedo che tutto è normale. Il papa ha iniziato a cenare: a tenergli compagnia, oltre a me, ci sono Dziwisz, il nunzio e Tucci. Vuole solo sentire le nostre opinioni e le nostre osservazioni sulla sua visita a Dili.

Venerdì 13, prima di partire, rivolge una considerazione ai vescovi venuti a trovarlo a Giacarta, che mette in evidenza il momento storico che questa parte del mondo sta attraversando:

> [La Chiesa in Indonesia] è una Chiesa che cresce, che è visibile, che sta diventando adulta. Era una Chiesa di missionari. Tra di noi ci sono molti vescovi missionari, soprattutto vescovi olandesi che hanno portato la cristianità all'Indonesia. Ma adesso è una Chiesa indonesiana e la maggioranza dei vescovi sono vescovi indonesiani e stanno prendendo nelle loro mani tutta la responsabilità della Chiesa e del suo futuro, ed anche del futuro della società.

13 ottobre, Sumatra. Isola di Sumatra, città di Medan. Su una popolazione di 10 milioni di abitanti, l'arcidiocesi conta 355.000 cattolici: il 3,5 per cento. La popolazione musulmana qui è superiore alla media indonesiana. Oggi è venerdì, giorno sacro per loro, e le strade sono piene di gente desiderosa di veder passare il papa. Fa un caldo soffocante, dopo tre giorni di piogge torrenziali.

Alla messa, che viene celebrata in un vecchio ippodromo circondato da palme, sono presenti circa 100.000 persone e un centinaio di monitor televisivi, ben distribuiti tra la gente. Il coro è composto da tremila voci cattoliche e tremila voci protestanti. All'arrivo, l'arcivescovo Alfred Datubara, cappuccino, impone uno scialle al papa, secondo un'usanza locale.

Il governatore di Medan, musulmano, partecipa alla messa. A metà funzione si allontana per andare a pregare in moschea, poi ritorna.

Parlo con i giornalisti, maldisposti verso il sistema politico indonesiano. «Una cosa è chiara» dico loro. «Il papa ha compiuto il viaggio nel modo che desiderava, senza alcuna limitazione. E ha parlato in totale libertà nel più grande paese musulmano del mondo.»

Al termine della messa, poiché per le strade ci sono molte persone uscite dalle moschee, il papa decide di non fare il viaggio di ritorno chiuso in macchina. E non essendoci la papamobile, in quanto le autorità temevano un possibile attacco da parte di qualche gruppo fondamentalista, si decide che andrà in un piccolo autobus, seduto accanto all'autista: è una soluzione che non garantisce la sicurezza, ma in questo modo la gente può vederlo.

14-16 ottobre, Mauritius. Metà della popolazione è induista, la restante parte sono cattolici e musulmani. Abbastanza democratico, con alcuni dei problemi che affliggono i paesi postindustrializzati, come la droga e l'instabilità familiare. Il presidente ha subito due attentati, più per motivi economici che politici. Il modello di sviluppo è simile a quello della Corea del Sud e di Taiwan.

Durante la visita, il papa ha rievocato la figura di padre Jacques-Désiré Laval, un francese della Normandia che, dopo essersi laureato in medicina alla Sorbona, fu ordinato sacerdote e giunse sull'isola nel 1841 come missionario del Cuore di Maria. Operò qui per oltre vent'anni, soprattutto con gli schiavi affrancati. Il papa lo ha beatificato nell'aprile 1979.

Lingue
18 ottobre 1989

Tornato a Roma, durante il tradizionale pranzo di lavoro che segue il viaggio il papa ha nuovamente commentato in maniera positiva i cambiamenti nell'organizzazione della conferenza stampa in aereo, che facilitano l'ordine. E ha toccato un punto che non mi aspettavo: quello della lingua. In Indonesia ha pronunciato la maggior parte dei suoi discorsi in inglese – con qualche frase di apertura in indonesiano – e il vescovo locale ha tradotto in indonesiano oppure nel dialetto locale, come il tetun a Dili.

Sebbene sia stata la cosa più saggia da fare in questo viaggio, non è d'accordo con l'uso eccessivo dell'inglese: «Nelle udienze, quando per esempio ci sono pellegrini scandinavi, mi rivolgo a loro in inglese, e questo non va bene. A volte mi dispiace molto usare l'inglese, perché le persone che vengono a trovarmi sono costrette a parlare in una lingua che non è la loro. Ogniqualvolta mi rivolgo a un gruppo di persone nella loro lingua, celebro il loro idioma e la loro identità culturale, perché per quanto mi riguarda io vado fiero della mia».

E prosegue: «A Mauritius ho apprezzato molto il fatto che, nonostante la lingua ufficiale sia l'inglese, la gente abbia mantenuto la propria identità culturale francese. Ecco perché credo che nelle udienze si debba dire qualche frase nella lingua delle persone presenti. In Giappone mi hanno aiutato a pronunciare il giapponese per mezzo di segni fonetici e ho potuto parlare nella loro lingua. Per questo penso che, per amore della storia, dovremo fare una versione indonesiana di tutti i discorsi che ho pronunciato in Indonesia».

Con i vescovi tedeschi
13-15 novembre 1989

Il 13 e 14 si è tenuto un incontro con i vescovi tedeschi in Vaticano. Sono venuti tutti i vescovi residenziali – non i vescovi ausiliari – per parlare dei problemi della Chiesa nel loro paese. Due intere giornate nella Sala Bologna durante le quali il papa ha ascoltato tutti gli interventi, uno dopo l'altro: dalle nove del mattino fino all'ora di pranzo e dalle cinque del pomeriggio fin quasi alle otto di sera. Si concludeva sempre in ritardo.

L'agenda era molto vasta e, soprattutto, aperta. Tutti, «senza tattiche né strategie», come ha detto alla fine il presidente della Conferenza episcopale, Lehmann, hanno parlato con grandissima libertà delle questioni più svariate.

Ho assistito a tutte le sessioni. Il 13 e il 14 ho informato i giornalisti in due briefing. Forse sta nascendo una nuova prassi: convocare un intero episcopato per ascoltarlo, in modo che i vescovi parlino tra loro alla presenza del papa. Questa formula li aiuta a vedere le cose in prospettiva e in tal modo molti problemi perdono parte delle loro asperità. Si trovano soluzioni e magari se ne vanno con nuove idee.

Quando nota la mia presenza, prima dell'inizio delle sessioni, il papa fa un cenno divertito. Constato ancora una volta che, a prescindere dalla complessità della situazione in cui si trova, non perde mai il buonumore né la sua prospettiva soprannaturale. Non perde il buonumore, concludo, perché è saldamente ancorato a questa prospettiva.

Visione dell'Ostpolitik
17 novembre 1989

Oltre ai due segretari, oggi a cena c'era un altro ospite: un anziano sacerdote polacco che era stato insegnante di Dziwisz. Il papa me lo presenta come «un confessore straordinario». Ho l'impressione che in questi giorni viva nell'appartamento papale. Dico al papa che mi dispiace di venire a quest'ora della sera, quando deve essere molto stanco. Lui risponde che è meglio così, perché la conversazione lo stimola.

Solleva tre argomenti: il convegno sull'AIDS che si è concluso ieri in Vaticano, la riunione con i vescovi tedeschi e il prossimo incontro con Gorbačëv. Gli dico che il convegno è andato molto bene, che abbiamo tenuto una conferenza stampa, che i relatori sono stati capaci di non trasformarlo nell'ennesima discussione sui mezzi di profilassi. Gli parlo dell'intervento di Pellegrino[4] sui quattro problemi etici che insorgono nella cura di questi pazienti: primo, se sia giusto mettere a repentaglio la propria vita per curare i malati di AIDS; secondo, se sia doveroso curarli, anche se sono malati terminali; poi la questione della riservatezza e di cosa dire alle loro famiglie; e infine, se si possano usare farmaci per alleviare o curare i loro sintomi senza una sufficiente sperimentazione clinica preliminare.

Parliamo dell'atteggiamento di alcuni statunitensi – e non solo loro – che considerano una sorta di «scandalo» questo tipo di malattie, che limitano la «libertà sessuale» per la quale hanno tanto combattuto.

Sul secondo tema, gli racconto in che modo la stampa ha trattato la riunione dei vescovi tedeschi. Fa alcune riflessioni su queste giornate. Gli dico che, a mio avviso, i vescovi ne sono usciti rincuorati e hanno lasciato Roma ringiovaniti di dieci anni.

Affronto poi il tema della visita di Gorbačëv e dell'Ostpolitik. Mi interessava particolarmente, perché avevo redatto una nota informativa per la stampa sul contesto di questa visita. La trascrivo integralmente, con l'avvertenza che ho aggiunto il primo paragrafo in un secondo momento, a seguito di un commento fattomi nell'occorrenza dal papa stesso:

> Un precedente importante per l'Ostpolitik della Santa Sede fu la decisione di Paolo VI di partecipare alla Conferenza sulla sicurezza e la cooperazione europea di Helsinki. Una decisione molto controversa e mal interpretata: si disse che la partecipazione della Santa Sede alla conferenza in qualche modo avallava e legalizzava lo *status quo* in Europa orientale. Nonostante queste critiche, Paolo VI decise di inviare una delegazione della Santa Sede a Helsinki e il risultato fu molto positivo, perché quella presenza fu determinante nel porre l'accento sulla questione dei diritti umani – compresa la libertà religiosa – e ciò si rifletté nelle conclusioni della conferenza.
>
> Quella che oggi chiamiamo Ostpolitik subì un cambiamento decisivo il 16 ottobre 1978, quando il cardinale Wojtyła fu eletto papa. La presenza nella Chiesa del primo papa di origine slava determinò un'incredibile accelerazione storica dell'Ostpolitik vaticana e in effetti il concetto stesso di Ostpolitik cambiò radicalmente.
>
> La condizione dei popoli e delle culture dell'Est assunse all'improvviso un'importanza senza precedenti nella Chiesa e nel mondo. In tal senso, il ruolo di Giovanni Paolo II si sta rivelando impareggiabile. Un anno dopo la sua elezione, il 3 giugno 1979, a Cracovia, disse che era venuto a gridare «davanti all'Europa e al mondo per le nazioni e i popoli spesso dimenticati dell'Europa orientale». Si ebbe come l'impressione che la coscienza storica dell'Europa si estendesse fino agli Urali e anche oltre. I popoli slavi, con la loro ricchezza storica e culturale, con le loro radici cristiane, non erano più in una sorta di oscurità ed entravano a pieno titolo nella coscienza occidentale.
>
> L'insoddisfazione per la divisione artificiale dell'Europa, come stabilita a Jalta, avrebbe potuto essere espressa in termini politici. Però Giovanni Paolo II non ha posto tale questione da una prospettiva politica, bensì da una prospettiva culturale, storica e morale. Il papa ritiene che rinchiudere i popoli in determinati sistemi di pensiero non costituisca principalmente una questione politica, bensì una questione etica e, di conseguenza, umana.
>
> Durante la sua prima visita in Polonia disse: «Non si può escludere Cristo dalla storia dell'uomo in qualsiasi parte del globo … L'esclusione di Cristo dalla storia dell'uomo è un atto contro l'uomo» (Varsavia, 2 giugno 1979).
>
> Questo è il fondamento essenziale dell'Ostpolitik, che supera le categorie strettamente politiche. Il papa è contrario a qualsia-

si schizofrenia etica che dissoci la politica dalla morale, tanto nel passato quanto nel presente.

L'opportunismo tattico è qualcosa di estraneo al pensiero di Giovanni Paolo II: «Vado alle radici della storia e della cultura e da lì guardo avanti» ha detto una volta. L'Ostpolitik è stata così concepita in termini di identità personale dei popoli dell'Est, e non come tattica per giungere a un semplice compromesso. Gli obiettivi erano molto più ambiziosi e pertanto, forse, più rischiosi. Tuttavia, questo approccio si sta rivelando più efficace e, soprattutto, più autentico.

Questo nuovo modo di porre il problema spiega le coraggiose decisioni del papa. Quando la Chiesa ortodossa russa ha invitato la Santa Sede a partecipare alle celebrazioni del Millennio (giugno 1988), il papa ha deciso di inviare una delegazione al più alto livello, con il segretario di Stato, anziché inviare solo Willebrands come esperto di ecumenismo.

Il secondo atto di coraggio è stato quello di inviare una lettera personale al presidente Gorbačëv. Non c'era alcuna garanzia – quando siamo partiti da Roma – che la lettera potesse essere consegnata a mano. Sono state due decisioni personali del papa, che hanno aperto sviluppi di cui siamo testimoni.

Senza dubbio, un elemento che ha aiutato molto in questi anni è il fatto evidente che il rispetto del papa nei confronti della Russia è autentico e sincero, e poggia su solide basi culturali. Il suo bagaglio di cultura slava è vastissimo, soprattutto per quanto concerne la storia, la letteratura, la poesia e la lingua. Quando il papa parla dei «due polmoni della Chiesa» – la tradizione latina e quella orientale –, si ha l'impressione di ascoltare una riflessione di carattere biografico. Fino a oggi non c'era stato alcun papa che conoscesse così bene la realtà di questi popoli dell'Est.

Il papa (nell'Ostpolitik) attribuisce un'importanza straordinaria a due fattori senza i quali gli sviluppi di questi anni sarebbero impensabili: la storia stessa dei popoli europei, senza la quale non si può comprendere la realtà di oggi, e le personalità che hanno conservato l'identità culturale e religiosa di questi popoli. Mi riferisco a personalità del calibro del cardinale Tomášek in Cecoslovacchia o del cardinale Wyszyński in Polonia. C'è poi un terzo fattore, che in realtà è il primo: l'azione della Provvidenza.

Gorbačëv sollecita il contributo morale dei cristiani, compresi i cattolici, per realizzare questi cambiamenti culturali e sociali nell'Unione Sovietica. In precedenza, il papa aveva detto che «l'appartenenza alla Chiesa cattolica non deve essere considerata incompatibile con il perseguimento del bene della propria patria». In altre parole, il papa insegna che essere un buon cristiano e un buon cittadino non sono due realtà diverse né dialetticamente contrapposte. È doveroso ricordare che non ci sono state violenze in Ucraina o in Lituania, dove i cattolici sono più numerosi, perché l'etica cattolica rifiuta la violenza come mezzo per cambiare la società. Da questo punto di vista, il caso della Polonia è molto eloquente.

Il papa lo legge e il suo unico commento è che la mia affermazione iniziale – dire che tutto è cominciato con la sua elezione – è inadeguata. Mi fa notare che Paolo VI prese una decisione «molto coraggiosa» nel permettere alla Santa Sede di partecipare alla Conferenza di Helsinki del 1975. Fu una decisione discutibile e discussa, perché sembrava che la Santa Sede appoggiasse la posizione dell'Unione Sovietica in quegli anni e, indirettamente, le risoluzioni di Jalta. Poi si capì che era stato più che utile esserci andati, perché la questione dei diritti umani venne subito sollevata. Ho aggiunto quel primo paragrafo e il testo è rimasto come l'ho trascritto. È stata quella la nota di contesto distribuita ai giornalisti.

Quando gli parliamo della sua influenza su ciò che sta accadendo nei paesi dell'Est, il papa dice: «*Servi inutiles sumus*. L'ho detto varie volte, e in questi giorni me lo dico ancora più spesso».[5] Ciò che non aggiunge mai – come hanno osservato diversi commentatori – è la seconda parte di quella citazione evangelica: «Abbiamo fatto quanto dovevamo fare».

XIII
Gorbačëv in Vaticano
(1989)

Preparativi
21 novembre 1989

Riunione alle dodici e trenta nella biblioteca dell'appartamento papale con Casaroli, Sodano, Tauran, Sepe e monsignor Coppola. Oggetto: l'imminente incontro con Gorbačëv. Il papa arriva sorridendo, come sempre, e parlando in portoghese: ha appena terminato un'udienza con un gruppo di portoghesi e si prende solamente un paio di minuti di pausa tra una cosa e l'altra. Ci sediamo attorno al tavolo e il papa riassume i dati che abbiamo al momento.

Inizia dicendo che si sono scritti – lui e Gorbačëv – in termini «generici e specifici». In agosto, il ministro Jurij Karlov gli ha portato una lettera di Gorbačëv. «Era una lettera molto esauriente,» racconta «che non entrava nel merito di problemi concreti, ma in cui esponeva le varie questioni che desiderava discutere durante la sua visita.» Dà la parola a Casaroli, per permettergli di spiegare la conversazione da lui avuta con Gorbačëv a Mosca nel giugno dello scorso anno.

Casaroli: Gorbačëv non è entrato nel merito di questioni specifiche. Ha parlato soprattutto dell'atteggiamento dell'Unione Sovietica nei confronti della religione: «Stiamo applicando la perestrojka alla sfera politica, sociale e religiosa. Naturalmente, ciò richiederà del tempo». Ha citato due temi: i confini territoriali e la delegazione diplomatica lituana accreditata presso la Santa Sede, ossia le due questioni tradizionalmente sollevate dall'URSS contro la Santa Sede. Ha poi parlato dei nuovi rapporti con gli Stati in termini di collaborazione. Non è stato molto concreto riguardo ai problemi. Ha detto che leggerà la lettera del papa e rifletterà attentamente sul suo contenuto.

Il papa dà la parola a Sodano, che è stato a Mosca il 20 ottobre per portare una nuova lettera a Gorbačëv, questa volta sulla questione del Libano. È la terza lettera che invia a Gorbačëv e la seconda che riguarda specificamente il Libano.

Sodano si è incontrato con Gorbačëv quello stesso giorno, il 20. Il punto era se l'Unione Sovietica potesse convincere la Siria su questo tema. È sembrato molto interessato al problema libanese e ha apprezzato la preoccupazione del papa: «Abbiamo una comprensione comune del problema» ha detto.

«Mostrerò la lettera ad Assad» ha osservato Gorbačëv «e dopo voi dovrete fare pressione su Israele.» Sodano gli ha chiesto del suo viaggio in Italia e della possibilità di fare visita al papa. La sua risposta è stata immediata: «Certo. Peraltro, non so perché mi abbiano messo la visita in Vaticano dopo quella in Italia».

Hanno poi discusso delle relazioni con la Santa Sede. Nella sua lettera al papa, gli ha detto Sodano, ha già indicato questa possibilità. «E lei cosa ne pensa?» gli ha chiesto Gorbačëv. Sodano ha parlato di tre possibili soluzioni: un inviato speciale, una delegazione permanente o un ambasciatore. «In cosa consiste esattamente l'inviato speciale?» Glielo ha spiegato. «È una formula interessante,» ha detto «ma ce ne sono altre. Parlerò con il papa.»

«Abbiamo troppi problemi» ha aggiunto Gorbačëv. E ha fatto riferimento alla necessità di «dinamizzare il dialogo con la Chiesa ortodossa russa. Sono lieto di vedere qui una delegazione della Santa Sede». Si è poi parlato della possibilità che il papa nomini vescovi in Russia, questione che Sodano ha discusso con il ministro degli Esteri Shevardnadze. Ha incontrato anche il ministro del Culto Christoranov, che gli è sembrato più chiuso e meno flessibile.

Il papa ha poi chiesto di leggere la lettera scrittagli da Gorbačëv, datata 6 agosto 1989. L'ha letta Sepe. Si parlava di «contatti e riflessioni», del fatto che «abbiamo già avuto diversi rapporti con lei e con la Santa Sede. È il momento di un nuovo assetto mondiale. Questo ci conduce a una nuova visione della religione e noi abbiamo cambiato il nostro modo di vedere le cose relativamente al Vaticano».

Riporto altri concetti in modo telegrafico: «Il suo operato [del papa] ha avuto un influsso su di noi. Ho letto i suoi discorsi. Il Vaticano contribuisce alla pace»; «Nell'ambito della formazione delle coscienze: anche questo fa parte della politica»; «L'interconnessione del mondo. Lei mi dirà che questa verità non è nuova ... Sono d'accordo, ma le verità diventano nuove quando vengono messe in pratica»; «Al centro della nostra politica estera c'è l'interesse della comunità. E, nella politica interna, l'interesse dell'individuo. Questo è il nostro credo, la nostra fede: la ragione e la morale umana»; «Stiamo imparando a vivere insieme: atei, buddisti, credenti, musulmani»; «E anche la possibilità di raggiungere un nuovo livello nelle relazioni tra l'URSS e la Santa Sede. Invio di rappresentanti personali e scambio di messaggi scritti, utili per l'Europa e per il mondo intero».

Il papa dà la parola agli altri. A me chiede, specificamente, come dovrebbe essere gestita la comunicazione sull'incontro. Espongo il mio punto di vista: si tratta di suscitare interesse prima dell'udienza, fornendo informazioni di contesto, e di completare tali informazioni con un comunicato stampa successivo all'udienza.

È l'ora di pranzo. Seduti a tavola, continuiamo a parlare. Il papa chiede che gli venga preparato un memorandum sul tema delle frontiere interne all'Unione Sovietica, in modo da essere ben informato. Non percepisco alcuna incertezza. L'intera conversazione si è svolta in tono rilassato. «Penso che siamo pronti per il colloquio» afferma il papa in conclusione.

Questioni di sicurezza
23 novembre 1989

Seconda riunione presso la Prefettura della Casa Pontificia con Monduzzi, da una parte, e il capo del protocollo sovietico e il capo della sicurezza, dall'altra. Una delle cose che dice il capo del protocollo sovietico è che, all'inizio del colloquio, il papa e Gorbačëv dovranno essere completamente soli; poi chiameranno i traduttori. Si definiscono alcuni dettagli sulla sicurezza: per esempio, tre addetti della sicurezza di Gorbačëv saranno presenti fin dal mattino in tre luoghi all'interno del Vaticano; ovunque ci siano dei giornalisti, ci sarà sempre un uomo della sua sicurezza; Gorbačëv sarà accompagnato da due membri del suo servizio di sicurezza personale, che nel protocollo figureranno come assistenti personali. Non è ancora chiara la composizione del seguito ufficiale. Precisiamo che gli agenti non possono entrare armati all'interno del Vaticano: acconsentono.

Con il servizio d'intelligence russo
24 novembre 1989

Vadim Perfiliev, vice di Gerasimov al Servizio d'informazione del ministero degli Esteri sovietico, viene nel mio ufficio. È accompagnato dal capo della televisione sovietica. Parliamo di varie cose: l'emittente vuole intervistare Casaroli. Nessun problema da parte nostra. Gli chiedo a che ora è prevista la conferenza stampa di Gorbačëv a Milano, lo stesso giorno dell'incontro con il papa. Il direttore della televisione, che non ne sapeva nulla, dice a Perfiliev: «Devo venire in Vaticano per sapere che c'è una conferenza stampa di Gorbačëv...». La cosa mi fa sorridere.

Perfiliev vuole sapere del mio briefing. Suggerisce che partecipi anche Gerasimov, per un incontro congiunto. Mi oppongo. Gli dico che mi limiterò a dare informazioni sulla situazione dei cattolici in Unione Sovietica. Non gradisce: dice che ci sono molti altri argomenti.

Tauran mi invia la documentazione preparata dalla Seconda sezione della Segreteria di Stato: per l'uso informativo che voglio farne mi sembra insufficiente, tra l'altro perché non fa alcun riferimento ai cattolici delle Repubbliche baltiche. Chiedo se possono integrarla.

I cattolici di rito orientale
27 novembre 1989

Entrato nell'appartamento pontificio, mentre aspetto nel salottino, vedo su un tavolo due doni per il papa: un corso di lingua cinese su audiocassetta e una piccola e modesta pala d'altare in metallo raffigurante un presepe; accanto c'è una delicata iscrizione su carta pergamenata, scritta in spagnolo: è delle Carmelitane di Ávila, che chiedono al papa le Costituzioni di santa Teresa.

Cena con il papa e Sodano. Dico che, per quanto riguarda l'opinione pubblica, forse è Gorbačëv a guadagnarci di più con l'udienza, perché non so ancora in quali termini si parlerà. Ciò che preoccupa il papa sono soprattutto le informazioni – o le impressioni – che arriveranno a lituani e ucraini. Mi chiede se conosco già il discorso che ha preparato e dà indicazione a Sodano di farmelo avere. Lo informo che l'indomani terrò una conferenza stampa. Sottolinea che, dopo aver registrato l'umore della stampa, si potrà valutare l'opportunità di aggiungere qualcosa al suo discorso.

Fa riferimento all'incontro avuto quella mattina stessa con il metropolita Juvenalij. Quest'ultimo ha espresso al papa il desiderio che venga inviato un messaggio di pacificazione ai cattolici di rito orientale prima della visita di Gorbačëv, perché, a suo dire, a Leopoli c'è ancora gran subbuglio e teme che aumenti con l'udienza. Il papa gli ha detto: «Ma non sappiamo dove stanno. Se non abbiamo contatti con loro...». Anche Casaroli e Sodano hanno parlato con Juvenalij e gli hanno chiesto perché avevano rimandato l'incontro con la delegazione della Santa Sede durante l'ultimo viaggio a Mosca. «Perché c'è stato un *incendio* a Leopoli» ha risposto Juvenalij. «Be', se c'è un *incendio*, più pompieri sono disponibili, meglio è» hanno ribattuto loro.

Con il ministro Karlov
28-29 novembre 1989

Incontro con i giornalisti per informarli prima della visita di Gorbačëv. L'ho annunciato solo ieri perché temevo un sovraffollamento nella nostra sala conferenze. Riferisco sul programma della visita, sui componenti del seguito ufficiale e sulla realtà della Chiesa cattolica in Unione Sovietica. «Cosa si aspetta?» mi chiedono. «Un miglioramento delle relazioni tra lo Stato sovietico e i credenti, nonché un possibile avvio di contatti permanenti» rispondo.

Parlo dei passi positivi che si sono compiuti nell'ambito dell'Ostpolitik durante questo pontificato, in accordo con il promemoria che avevo preparato. Federico Mandillo, dell'ANSA, mi chiede se sto cercando di sminuire i meriti di Casaroli. Mandillo, eccezionale conoscitore del patrimonio culturale e artistico di Roma, è incline a giudicare gli avvenimenti mondiali da una prospettiva «italiana». Gli rispondo che non è così, ma gli ricordo anche che non bisogna dimenticare il lavoro che è stato svolto, insieme al cardinale, da tante altre persone di vari paesi, per non parlare dell'impulso che sta dando questo papa polacco.

È venuto a trovarmi il ministro Karlov, per discutere dell'udienza con Gorbačëv. Dopo il colloquio ho redatto questa nota che invio al papa e in copia a Sodano:

> Il signor Jurij Karlov è venuto a trovarmi questa mattina in sala stampa, su sua richiesta. È la stessa persona che lo scorso mese di agosto, a Castel Gandolfo, ha consegnato la lettera di Gorbačëv al papa. Era accompagnato unicamente da Korotkov, primo segretario dell'ambasciata sovietica a Roma.

Oggetto della visita: una presa di contatti – apparentemente molto sincera – per discutere di alcuni aspetti concreti dell'udienza di venerdì. Il ministro Karlov è un uomo cordiale, assai vicino al presidente Gorbačëv, in sintonia con il nuovo clima dell'URSS.

Sulla visita in sé: ha detto che Gorbačëv si sta occupando personalmente di tutte le questioni relative alla visita al papa. «Il presidente stesso sta preparando i temi che desidera affrontare con il papa e il proprio discorso. Posso dirle, in via confidenziale, che il principale interesse del signor Gorbačëv durante la sua permanenza in Italia è questa visita al papa. Ha delegato ai suoi collaboratori, e a me, la preparazione dei contatti politici e commerciali con l'Italia, mentre sta lavorando personalmente a tutti gli aspetti della visita al papa. Nutre una profonda ammirazione per il Santo Padre.»

Sul discorso di Gorbačëv: «Mi scuso,» mi dice «ma non so effettivamente quando sarò in grado di darle il testo di Gorbačëv per la sala stampa. Non l'ha ancora scritto e temo che, poiché lo sta preparando personalmente, potremo averlo solo quando l'avrà pronunciato dinanzi al papa». Gli ho chiesto di ricordare al presidente Gorbačëv che l'evento sarà trasmesso in diretta e che sarebbe consigliabile che i redattori avessero in anticipo un testo embargato per poter preparare la trasmissione.

Ha chiesto informazioni su quanto debba essere lungo il testo. Gli ho risposto solo che in questo genere di visite – quella di Bush, per esempio – il papa prepara un discorso che può arrivare anche a quattro pagine.

Per quanto riguarda la lingua, mi ha detto che Gorbačëv potrebbe leggere in russo, mentre il suo interprete tradurrà in italiano. Mi ha chiesto cosa intenda fare il papa. Gli ho risposto che, sebbene il papa non abbia ancora deciso, potrebbe leggere alcuni paragrafi all'inizio e alla fine in russo e la parte centrale del testo in italiano. Mi ha detto che questa formula permetterebbe all'interprete di Gorbačëv di fare una traduzione simultanea dall'italiano al russo.

Per quanto riguarda le persone del seguito, informa che Gorbačëv non ha ancora deciso se includere o meno il metropolita Juvenalij tra i membri della delegazione ufficiale. (Nota: oggi, 29 novembre, è arrivato in sala stampa l'elenco ufficiale del seguito, che è stato ampliato a 24 persone e non include il metropolita Juvenalij.)

Sui temi che saranno toccati durante l'incontro: «Evidentemente, la Santa Sede ha alcune questioni da sollevare. Ne abbiamo qualcuna anche noi, per esempio quella delle frontiere. Ma credo che il signor Gorbačëv parlerà al papa della coincidenza dei valori cristiani con la nostra perestrojka. Quello di cui parliamo è un socialismo democratico in cui l'interesse fondamentale è l'uomo, cosa che si ritrova anche nei documenti del papa».

A questo proposito, mi ha detto chiaramente che Gorbačëv si aspetta «un aiuto dalla Santa Sede per questa visione più ampia dei valori umani; un aiuto che non è economico, naturalmente, ma morale».

Ha anche fatto riferimento al «sostegno morale» che Gorbačëv si attende dai cristiani nella costruzione della società sovietica. Ne ha discusso con il patriarca Pimen.

Per quanto riguarda il problema dei cattolici di rito orientale, sostiene che va tenuto conto che è un problema da affrontare principalmente con la Chiesa ortodossa. «Come sapete, le autorità civili non sono intervenute a Leopoli durante l'occupazione della Chiesa.» Gli ho detto che anche lo Stato avrà un ruolo da svolgere per risolvere la questione. Insiste: «Sarà la nuova legge sulla libertà di coscienza, che si discuterà il prossimo marzo, a risolvere la parte legale del problema. Ma il nostro timore è che, dopo la visita del papa, nel prossimo mese di marzo, qualche ucraino impaziente complichi le cose mischiandole con questioni nazionalistiche». Gli ho fatto notare che il problema della Chiesa cattolica di rito orientale non va assimilato a una questione di nazionalismo ucraino. Ha detto che è un'idea molto interessante.

Sulla comunicazione: gli ho detto che oggi abbiamo tenuto una conferenza stampa e che dopo l'incontro del papa con Gorbačëv, come da nostra abitudine, diffonderemo un comunicato senza una conferenza stampa a seguire. Poiché quello stesso giorno Gorbačëv terrà una conferenza stampa a Milano con Andreotti, gli farò avere via fax il testo del nostro comunicato – che sarà breve –, in modo che Gorbačëv possa vederlo prima di incontrare la stampa. Si è detto molto grato per questa offerta.

Il papa con Gorbačëv
1-4 dicembre 1989

1° dicembre. L'udienza si è svolta in un clima franco e cordiale. Sembravano contenti e rilassati, soprattutto dopo il colloquio privato. Gorbačëv era vistosamente espansivo, in particolare quando si trovava con Raisa e il papa o mentre presentava i numerosi membri del suo seguito. Il dono del papa è stato un mosaico che riproduce l'immagine sotto l'altare maggiore della Basilica di San Pietro. Cristo reca nella mano sinistra un'iscrizione in latino: *Ego sum via, veritas et vita. Qui credit in me vivet.*

Gorbačëv ha letto il suo discorso in russo. Alla fine, improvvisando, ha detto che se ne andava con la convinzione di essere stato ascoltato; ha parlato di una possibile visita del papa in Unione Sovietica e ha espresso la sua gratitudine per lo scambio di idee avvenuto nel corso dell'incontro.

La sera il papa ci invita a cena e ci comunica le sue impressioni. È presente anche Mario Agnes. Il suo traduttore è stato padre Szłowieniec, S.J., che è venuto con noi a Mosca per le celebrazioni del Millennio.

«Gorbačëv considera e dichiara che la religione è positiva per la vita umana e per la vita sociale» dice il papa. «Riconosce che si sono sbagliati. È un umanista (nel senso che la sua preoccupazione è incentrata sull'uomo).»

Ha avuto l'impressione di parlare con un uomo dagli schemi mentali marxisti? «È difficile individuare elementi marxisti nella sua personalità. È un uomo di principi. Non è un teorico, ma un uomo che crede in determinati principi ai quali deve essere fedele. Sa individuare i principi e cogliere l'essenziale. Poi, tutto il resto sarà una conseguenza che lui accetta.

«È uno statista, non un opportunista pragmatico. Sono convinto che non si possa interpretare diversamente ciò che dice. La cosa difficile è che un uomo cresciuto nel marxismo si sia trasformato in una persona del genere. Mi ha detto: siamo due slavi, e noi slavi siamo stati disprezzati in quanto slavi; ma penso che anche noi slavi siamo capaci di grandi cose.

«Gli ho ribadito quello che vado dicendo da anni: la Chiesa ha due polmoni, la tradizione orientale e quella latina. E ha bisogno di respirare con entrambi. "Molto bene" ha detto. Poi gli ho fatto notare scherzosamente: "Lei ha fatto molta pubblicità al papa in televisione". E lui ha risposto: "Anch'io la vedo spesso alla televisione sovietica".»

Gli chiedo se hanno parlato della Chiesa ortodossa russa: «Non abbiamo parlato molto degli ortodossi. Per i cattolici di rito orientale prevede una soluzione pacifica, grazie alla legge che sarà discussa nel Soviet Supremo e che si baserà sulla libertà di coscienza.

«Tutto questo non deriva da alcun principio ideologico. Credo che ci troviamo di fronte a una sorta di conversione. Da un punto di vista umano, non si capisce come il suo pensiero possa essere arrivato fin dove è arrivato. A Fátima, la Madonna ha parlato della conversione della Russia. Ho pregato molto per questo incontro e gliel'ho detto.»

È facile vivere la storia in prima persona?, chiedo. «Quando Dio vuole, è facile. Ciò mi rende la vita più semplice. Quando sai che è Dio a volerlo. A volte le cose sono più facili, altre volte più difficili. È il Signore che dispone tutto.»

Parla in modo disteso della sua conversazione con Gorbačëv. Lo trovo sereno e rilassato. Gli ho chiesto se avesse visto qualcosa in televisione. Mi ha detto di no, quindi gli ho consegnato un video inviatomi dalla RAI con l'intero programma speciale che avevano realizzato.

4 dicembre. Tre giorni dopo, lunedì, ho parlato con Dziwisz e mi è venuto in mente di chiedergli se il papa avesse visto il video. Ha detto di no. Ho pensato che, forse, aveva dovuto tenere a freno la sua naturale curiosità a causa degli svariati impegni. In questi giorni, al mattino, sta ricevendo i vescovi della Colombia in visita *ad limina*; alcuni li ha incontrati anche nel pomeriggio.

Un'intervista accanto al presepe
23-24 dicembre 1989

Il 20 Dziwisz mi ha chiamato per cenare con il papa. Qualche giorno prima gli avevo parlato del direttore del «Messaggero» Mario Pendinelli, che sta facendo un buon lavoro di informazione; gli avevo anche accennato alla possibilità che il papa registrasse qualcosa sul Natale per la televisione.

Mario era stato ricevuto in udienza privata dal papa, accompagnato dalla moglie Piera e dal figlio. Quella sera stessa mi aveva chiamato per dirmi che si era preparato per quell'incontro e che era rimasto profondamente colpito.

Quando arrivo all'appartamento pontificio, il papa sta ancora lavorando, nell'occasione con Sodano. «Quante cose sono successe quest'anno!» commenta mentre percorriamo il corridoio verso la sala da pranzo.

Durante la cena, chiede notizie sulla situazione in cui versano «Il Sabato» e «30 Giorni», due pubblicazioni vicine agli ambienti di Comunione e Liberazione. Più avanti parliamo del clima generale tra i vescovi: gli dico che, da quanto ho sentito qua e là, li vedo più sicuri di sé. «E questo è necessario per la loro missione» aggiunge il papa. Commento anche quello che alcuni mi hanno riferito: che qualche anno fa sembrava regnare il «principio dell'incertezza», per cui tutto poteva cambiare; per esempio, quando un seminarista entrava in seminario non era sicuro che la norma del celibato sarebbe stata ancora in vigore al termine dei suoi studi…

Dziwisz solleva il tema della registrazione per la Tv, che sarebbe una breve intervista al TG1, il primo telegiornale della RAI. Gli dico che all'inizio non ero granché convinto, ma poi ho pensato che sarebbe stato molto positivo che la gente vedesse il papa a Natale, nella sua casa, accanto al suo presepe. Lo vediamo in cerimonie pubbliche, durante i viaggi, però mai in una dimensione privata, nel suo salone.

«Lo so che al papa non piace parlare di sé» aggiungo. Scherzandoci sopra, risponde: «È vero». Ma accetta di fare questa piccola intervista. Come sempre, non si informa sui dettagli (come e dove sarà fatta, ecc.): li lascia a noi.

Alla fine si registra la mattina della Vigilia. Dziwisz avrebbe preferito che l'intervista si svolgesse nella Sala dei Foconi, ma non essendoci modo di allestire un presepe lì, per creare un'atmosfera natalizia si è tornati all'idea originaria di girare nell'appartamento pontificio. Credo sia meglio, perché rispecchia l'atmosfera familiare che intendiamo trasmettere. Frajese mi aveva anticipato le domande che desiderava porre.

Il papa stava lavorando nella sua stanza. È uscito proprio mentre avevamo appena finito di sistemare luci, telecamere e microfono. Nonostante la grande esperienza, Frajese è molto emozionato: devo dargli un bicchiere d'acqua, perché ha la bocca secca. L'intervista va bene e rimaniamo un po' lì a raccogliere il materiale; mentre usciamo, vedo che il papa è già nella sua cappella, in ginocchio, a pregare. Poco dopo, verso le undici e mezza, sarebbe iniziata la sua giornata di udienze.

XIV
«Cosa possiamo offrire al papa?»
(1989-1990)

L'«affaire» Noriega
25 dicembre 1989 - 4 gennaio 1990

Ieri, in piena Vigilia di Natale, mi hanno chiamato dalla CNN per chiedermi cosa pensasse la Santa Sede della vicenda del generale Noriega,[1] rifugiatosi nella nunziatura di Panama. L'unica cosa che sapevo era che gli americani avevano invaso Panama e che stavano cercando Noriega, poco altro... Dico loro che stasera è la Vigilia e che parleremo domani.

Nonostante la giornata, vado in ufficio per informarmi sull'accaduto provando a fare una serie di telefonate, visto che nessuno è al proprio posto (d'altronde è Natale!). Alla fine, riesco a mettermi in contatto con Sodano. Mi dice che hanno preparato un breve comunicato e me lo invia a mezzo fax. Mi procuro alcune informazioni aggiuntive – non molte, perché non riesco a sapere come siano andate le cose, quante persone ci siano all'interno della nunziatura, ecc. – e mi preparo ad affrontare i giornalisti. Faccio quello che posso. Sono infastidito dall'impossibilità di svolgere il lavoro in maniera adeguata. In aggiunta non c'è nessuno in ufficio, a parte suor Giovanna Gentili, che mi traduce il comunicato in inglese.

26 dicembre. Inizio la giornata un po' preoccupato. Chiamo Dziwisz e gli spiego che il caso è serio, che il papa prima o poi si troverà coinvolto. Mezz'ora più tardi, Sodano mi chiama e mi fornisce le informazioni di cui ho bisogno: la posizione degli Stati Uniti, chi ha preso la decisione di lasciar entrare Noriega nella nunziatura e altri elementi. Mi dice di andare a pranzo con il papa all'una e mezza per discutere ulteriormente la questione.

Alle dodici ho un briefing con la stampa e la televisione, e rispondo alle domande con più cognizione di causa rispetto a ieri. Alla fine sono esausto, ma contento. Corro per arrivare puntuale al pranzo con il papa, che trovo sereno, sorridente… e anche stanco per l'attività di quest'anno, e di questi giorni in particolare. Ha in programma di rimanere a Castel Gandolfo da mercoledì pomeriggio fino a sabato.

Inizia parlando della Romania, dell'orrore degli eventi degli ultimi giorni: Ceauşescu è stato giustiziato ieri.[2] Vengono fuori altri argomenti. Gli parlo dell'intervista che gli abbiamo fatto per la RAI e sembra che gli piaccia com'è venuta.

Racconta che un professore suo amico, che ieri gli ha fatto gli auguri di Natale, gli ha chiesto se fosse preoccupato per l'*affaire* Noriega, e lui ha risposto di no. Durante il pranzo gli riferiamo alcuni particolari che non conosceva. La posizione che prende forma è quella di accettare di concedergli asilo nella nunziatura.

Inquadro il problema dal punto di vista dell'opinione pubblica americana, particolarmente sensibile al tema della droga, e della situazione della gerarchia ecclesiastica, che può essere chiamata in causa. Il papa dà indicazione di preparare una nota per spiegare ai vescovi americani le motivazioni dietro la concessione dell'asilo. Non accetta che questa persona venga consegnata passivamente agli Stati Uniti.

In serata, i tre telegiornali della RAI danno ampio risalto alla conferenza stampa di questa mattina. Alle immagini della sala stampa seguono quelle del presidente Bush. Cerco di mettere in chiaro che non ci sono pressioni o cattive maniere da parte degli Stati Uniti, e che la questione è più complessa dell'ipersemplificazione di cui è vittima l'opinione pubblica americana: se noi siamo i buoni – pensano – e loro (Noriega e i suoi amici) i cattivi, com'è possibile che il Vaticano protegga i cattivi?

28 dicembre. Siccome non ho dato altre informazioni, perché non le ho, i giornalisti sono inviperiti: telefonate da mezzo mondo, soprattutto da quella metà in cui gli Stati Uniti regnano sovrani.

Al mattino mi chiama Casaroli. Calma, non strafare. Lo interpreto come un invito a smettere di parlare. E la mia impressione è che il problema si aggraverà sempre più, perché non c'è una via d'uscita facile o rapida.

Poco dopo mi chiama Ken Doyle, portavoce dei vescovi statunitensi. Mi ringrazia per quanto abbiamo detto ieri, rendendo note le motivazioni dell'«asilo» a Noriega, e mi chiede di continuare su questa linea. Capisco che è consapevole della tempesta in arrivo. Riassumo quello che mi ha detto Ken in una breve relazione e la invio a Sodano, e in copia all'appartamento papale.

Sodano mi chiama a fine mattinata: è soddisfatto dell'esito della conferenza stampa di ieri. Mi dice che O'Connor lo ha chiamato da New York per documentarsi sulla vicenda e che mi invierà una copia della lettera ricevuta da Marcos G. McGrath, arcivescovo di Panama. Valuto la possibilità di diffonderla alla stampa domani.

29 dicembre. Ricevo una copia dell'informativa sull'*affaire* Noriega che Sodano ha inviato a O'Connor. È ben fatta. Organizzo un nuovo briefing e i giornalisti sono contenti, perché ora hanno qualcosa da scrivere. E, soprattutto, hanno l'opportunità di parlare dello «scontro» fra Santa Sede e Stati Uniti. Molti di loro pensano che l'unica cosa da fare sia consegnare Noriega. Noi consideriamo anche altri aspetti, come la prassi diplomatica e il diritto d'asilo. Inoltre, all'esterno della nunziatura hanno installato degli altoparlanti che diffondono musica rock ad alto volume. Le interpretazioni sono diverse: alcuni dicono che l'hanno fatto per distrarre i loro ragazzi, ma non ci crede nessuno; secondo altri servono a intercettare le comunicazioni. La mia impressione è che l'idea sia nata dai suggerimenti di qualche consulente psicologico, per far saltare i nervi a chi si trova all'interno della nunziatura.

La cosa certa è che nella conferenza stampa con i giornalisti sono un po' aggressivo nel fare riferimento alle convenzioni internazionali in tema di sicurezza e indipendenza delle sedi diplomatiche. Aggiungo che il nunzio Laboa[3] sta cercando di convincere Noriega a consegnarsi. Ribadisco che la risoluzione del caso potrebbe essere una questione di giorni, anche se non ho alcun elemento per affermarlo. Coincidenza o no, sta di fatto che i toni del governo americano si fanno più morbidi.

L'indomani, i quotidiani titolano sullo «scontro Vaticano-USA», con parecchi virgolettati della conferenza stampa. Casaroli è agitato. Mi aveva già chiamato il giorno prima, mezz'ora dopo la mia conferenza stampa, perché al TG2 avevano citato gli sforzi della nunziatura per convincere Noriega a consegnarsi. Come diplomatico, è inorridito dall'immagine di uno «scontro» della Santa Sede con chiunque, tanto più con gli Stati Uniti. L'idea di un'opposizione netta, di un contrasto, di una discussione accesa non è nella sua natura. È un uomo da negoziazioni discrete.

A metà mattina mi arriva un documento di poche righe, questa volta di fonte Segreteria di Stato, in cui si ripetono alcune cose già riferite in precedenza dalla sala stampa, con l'intento di calmare le acque. Lo inserisco nel bollettino quotidiano dell'ufficio e aspetto per vedere cosa succede.

30 dicembre. Parlo con Sodano per dirgli che la prima fase è andata bene, ma che potrebbe essere pericoloso iniziare una seconda fase senza informazioni. Conferma che il cardinale Casaroli gli aveva chiesto di mantenere il silenzio.

La mia opinione è la seguente: non c'è modo di affrontare un tema come questo in mancanza di informazioni adeguate e costanti. Da un lato c'è l'ambito della politica e delle decisioni; dall'altro, quello dell'informazione. E questi due ambiti non sono collegati.

Passano altri due giorni senza informazioni. Me la cavo confermando il viaggio di monsignor Berloco a Panama. Vedo che alcuni giornalisti italiani sono contenti, perché dicono che questo nunzio è una specie di braccio destro di Casaroli e risolverà il caso. Mercoledì parlo con Tauran. Mi dice che Berloco è assai ottimista e pensa che il caso potrebbe chiudersi presto, anche se lui non la vede così. Non essendoci molto altro da fare, decido di andarmene un paio di giorni in montagna.

Fine della crisi
4 gennaio 1990

Il paesino di San Felice d'Ocre è magnificamente silenzioso. I cani hanno appena mangiato. Ho già messo gli scarponi per uscire quando mi passano il messaggio: Sodano mi ha chiamato. Provo tre volte a contattarlo, invano. È con Casaroli. Chiamo Tauran. «Ah, ma non sa niente?» Va bene, dico tra me, Noriega è uscito. Così è.

Chiamo l'ufficio: bisogna convocare una conferenza stampa per l'una e mezza. Salgo in macchina e arrivo a Roma all'una meno un quarto. All'una e dieci sono in ufficio. Leggo i dispacci delle agenzie: non concordano nemmeno su come era vestito Noriega. Dalla Segreteria di Stato mi passano il comunicato del nunzio e quindici righe di informazioni per me. Aggiungo altri elementi e... andiamo!

La sala stampa è piena, con molte più telecamere del solito. Mi sforzo innanzitutto di mostrarmi sicuro e convinto. Sorvolo sull'operato del nunzio a Panama, sottolineo la supremazia del diritto. Dichiarazioni in inglese, italiano, francese e spagnolo. Alla fine, riesco perfino a sedermi a pranzo a un'ora ragionevole: le tre e dieci.

Dan Rather, dagli Stati Uniti, mi chiede un'intervista per la CBS. Sia fatta la volontà di Dio. Leggo la stampa statunitense: il nunzio ha smesso di essere il cattivo e si è trasformato in un eroe. *Sic transit gloria mundi…*

Lettere alla sala stampa
10 gennaio 1990

Si potrebbe scrivere un libro voluminoso con le lettere che ricevo in sala stampa. Riflettono certi tratti della psicologia dei diversi popoli. Giungono soprattutto da Italia, Stati Uniti, America Latina e Spagna. Ravviso alcune caratteristiche generali – che non valgono sempre, ovviamente – a seconda della provenienza geografica: molte di quelle che arrivano dagli Stati Uniti hanno attinenza con tematiche che l'opinione pubblica ha reso d'attualità. Constato che gli americani hanno la penna facile, quando si tratta di esprimere la propria opinione su un determinato argomento: credono nella democrazia.

Dalla Spagna ricevo lettere di persone che hanno letto il mio nome da qualche parte e mi espongono un problema personale, spesso drammatico: la situazione di un detenuto, di una persona disoccupata, ecc. Mentre alcuni italiani – non tutti, ovviamente – mi scrivono per chiedermi… una raccomandazione!

Influenza
15 gennaio 1990

Senza considerare i giorni dell'attentato e le sue conseguenze, oggi è la prima volta in undici anni di pontificato che il papa sospende le udienze per malattia.

È solo un'influenza, ma forte e con febbre. Domenica scorsa aveva già qualche linea di temperatura, ma non ha voluto annullare la visita a una parrocchia romana. Non ha baciato i bambini, ha detto, perché non voleva esporli alla sua influenza. Lunedì ha annullato l'udienza in programma, ma mercoledì ha tenuto lo stesso l'udienza generale, alla quale partecipano persone da tutto il mondo. Anche se stava ancora male, non voleva deluderle.

Di nuovo in Africa
25 gennaio - 2 febbraio 1990

Partiamo questa mattina da Roma per l'Africa. Cinque paesi, questa volta: Capo Verde, Guinea Bissau, Burkina Faso, Mali e Ciad. È un viaggio nel Sahel, nel cuore della povertà africana.

Poco dopo il decollo – voliamo su un Airbus – vado a salutare il papa, per dargli indicazioni sulle possibili domande dei giornalisti. Gli dico che il tema dei paesi dell'Est è ancora prevalente sui quotidiani e che per la prima volta viene con noi un giornalista sovietico, Pavel Negoitsa. E che i nazionalismi in Unione Sovietica potrebbero tornare a riemergere. Ascoltandomi, fa una distinzione: «Una cosa è il nazionalismo, altra è il patriottismo». E spiega che patriottismo significa salvaguardare elementi della propria identità culturale e storica: «Gorbačëv si sta scontrando con problemi e realtà che sono frutto del passato espansionismo russo».

Capo Verde. Un arcipelago con diverse isole e alcuni isolotti. Qui tutto è su scala ridotta, tranne l'immenso affetto che il papa riceve dalla gente.

Guinea Bissau. Nello stadio dove il papa celebra la messa non c'è posto neanche per uno spillo. È stracolmo, e la cosa mi sorprende, perché la percentuale di cattolici nella diocesi di Bissau è del 6,9 per cento. Ciò significa che ci sono molti animisti e musulmani. Perché sono venuti? Penso che uno dei motivi possa essere questo: oltre a parlare di Dio, il papa parla loro di giustizia e dignità umana in un luogo dove la povertà, la miseria e la malattia sono molto presenti, forse più che in ciascuno dei cinque suoi precedenti viaggi in questo continente.

Dormiamo nel seminario minore di Bissau. La mia stanza è vicina a quella del papa: solo un'altra ci divide. Prima che arrivi, sbircio dal corridoio: il suo letto è come il mio, strettissimo, corto, con le tavole al posto della rete. Gli hanno installato un condizionatore d'aria e il bagno è minuscolo.

La notte non è facile dormire, perché accanto al seminario c'è un hotel con barbecue e musica ad alto volume.

L'indomani il papa visita un lebbrosario. Tocca e saluta ciascun malato. Sulla via del ritorno a Bissau, chiede di fermare l'auto e scende per salutare alcune persone che vivono ai bordi della strada. Lo invitano nelle loro capanne e il papa entra per qualche istante.

Nell'assistere a questa realtà, mi viene da pensare che, esattamente come nei paesi dell'Europa dell'Est, anche qui la libertà è in pericolo. Immagino che potrebbe essere una buona idea da trasmettere ai giornalisti e ne parlo al papa durante il volo. Mi dice che è d'accordo. E aggiunge che, quando andò negli Stati Uniti per la prima volta, si rese conto che anche lì le persone non erano veramente libere. Si riferisce, ovviamente, a una libertà più profonda, non determinata da circostanze economiche o da regimi politici.

Burkina Faso. Da Ouagadougou andiamo a Bobo Dioulasso, dove il papa celebra la messa sotto un sole cocente, tra folate di polvere.

Al termine sale sull'aereo, un piccolo Fokker, dove gli viene dato un minuscolo tovagliolo di carta per asciugarsi le mani. Poi gli offrono delle caramelle. Ne mangia una, perché sa che il glucosio dà energia, prende immediatamente un libro e inizia a leggere.

Ieri sera, a cena con i vescovi del Burkina Faso, ha detto che il loro «grido d'allarme» sulla situazione nel Sahel aveva per lui un significato molto profondo: era una questione di coscienza. «Dieci anni fa ho lanciato un appello sulla situazione nel Sahel. Ora la Provvidenza mi ha permesso di rinnovarlo. Se non l'avessi fatto, non potrei morire in pace» (le parole non erano esattamente queste, ma l'idea sì).

Ciad. Andiamo in aereo – un altro piccolo Fokker a elica – da N'Djamena a Muondou, dove si celebra la messa. Poi proseguiamo per Sahr. Era prevista solo una liturgia della Parola, ma gli chiedono di celebrare la messa anche lì, perché è l'unica diocesi del Ciad ad avere un vescovo africano, e lui acconsente di buon grado. Per noi che non siamo abituati, il caldo è ai limiti della sopportabilità umana.

Torniamo a N'Djamena in ritardo. E il papa deve ancora prendere parte a due eventi: un incontro nella cattedrale e la cena con i vescovi del Ciad. È stata davvero una giornata estenuante.

Discorso del presidente del Ciad, musulmano, che elogia il significato spirituale e l'azione che il papa sta svolgendo al servizio dell'umanità.

2 febbraio. Siamo tornati dall'Africa nella notte. E questa mattina, alle nove e un quarto, mi ha chiamato Sepe per convocarmi a pranzo con il papa.

Appare riposato e sorridente, come al solito. Vedendomi, scherza: «Prima di tutto il resto, la stampa...». C'è anche Mario Agnes. Si parla del viaggio. Gli dico che invieremo il discorso del Sahel, con una lettera di Casaroli, agli ambasciatori accreditati presso la Santa Sede e che Etchegaray verrà in sala stampa per parlare del significato di questo discorso ai rappresentanti dei media.[4]

Il papa è commosso dalla gioia che ha visto in questi popoli africani, nonostante la loro povertà. Commenta alcuni dettagli del viaggio dimostrando fino a che punto comprende e approfondisce le realtà che osserva. Sollevo il problema della basilica di Yamoussoukro, che mi preoccupa a livello di opinione pubblica. Il papa affronta la questione da una prospettiva africana, diversa da quella europea, che tende a ritenere che gli africani «non abbiano diritto» a certe cose di cui godiamo in Europa: «Questo tema deve entrare nella logica del sinodo africano. Questo sinodo va celebrato in vari luoghi, anche qui. Da una parte, nessuno dice nulla contro l'enorme moschea costruita da Hasan II a Casablanca. Naturalmente, accanto alla basilica andrebbe costruito un centro di promozione sociale. Dall'altra, la Chiesa in Africa ha un certo bisogno di "essere presente". In Africa si parla molto di venerare Dio nella sua grandiosità. Pertanto, questa iniziativa africana per l'Africa deve essere rispettata».

Torna sul tema della libertà messa a rischio dalla povertà. E ancora una volta fa riferimento agli Stati Uniti: «Lì mi sono reso conto che la vita sociale è subordinata agli affari. E tutti sono un po' schiavi di questo. Chi non va in quella direzione, finisce per essere escluso». Ricorda, per contro, il principio di san Tommaso: per poter essere libero, per poter coltivare liberamente la sua umanità, l'uomo ha bisogno di possedere alcuni beni materiali.

Commenta con ammirazione la generosità degli africani in Mali e, ridendo, aggiunge: «Ho detto ai vescovi di lì che quando vado in America o in Europa mi chiedono: "Quanto costa il viaggio del papa?". Mentre quando vado in Africa mi chiedono: "Cosa possiamo offrire al papa?"».

XV
«Non so cosa sia un miracolo...»
(1990)

Cecoslovacchia
7 marzo 1990

Due giorni fa, nell'appartamento papale, stavo discutendo con Dziwisz di alcune cose che avevo in sospeso dai miei ultimi incontri con il papa. Gli ho parlato anche dell'importanza del viaggio in Cecoslovacchia del mese prossimo, dato che è il primo paese dell'Europa centrorientale a essere visitato dal Santo Padre, dopo la Polonia. E ho condiviso con lui alcune riflessioni personali sul significato di questo viaggio nel contesto dei cambiamenti che stiamo vivendo in Europa. Sono idee che nascono dalla prospettiva del mio lavoro in sala stampa, al fine di fornire un contesto e un *background* alle informazioni.

In conclusione, mi ha chiesto di riepilogare queste idee in un documento, «nel caso possano essere utili alla Segreteria di Stato». Poiché mi ha chiesto di preparare in fretta questo appunto, glielo invio oggi. Ecco il contenuto di quelle note, che riguardano le ragioni dell'interesse suscitato dal prossimo viaggio in Cecoslovacchia alla luce di quanto sta accadendo.

1. Gli avvenimenti del 1989 in Europa centrale e orientale si sono svolti così rapidamente che non c'è stato modo di elaborarne un'interpretazione storica. I fatti sono noti ed evidenti; ciò che manca è l'interpretazione di tali fatti. La visita del papa in Cecoslovacchia potrebbe essere un'opportunità per comprendere meglio cosa è accaduto.

2. Questi avvenimenti sono profondamente legati ai cambiamenti verificatisi dapprima in Polonia nel 1980 e interrotti drammaticamente nel dicembre 1981; poi ripresi negli anni successivi

e culminati in elezioni libere in quel paese e nell'ultimo cambio di regime. L'evoluzione positiva della Polonia è stata un segnale – a livello di popolo e di leader – che ha portato a cambiamenti in tutti gli altri paesi.

3. Per l'opinione pubblica è un vero enigma il fatto che questo ampio processo di cambiamento nell'Europa centrale e orientale sia avvenuto – con l'eccezione della Romania – in un clima di non violenza.

4. Il recente atteggiamento della leadership sovietica, pur essendo un elemento di indubbia importanza, non spiega l'intero fenomeno.

5. La domanda più ricorrente nell'opinione pubblica continua a essere: qual è stato il ruolo della Chiesa, dell'etica cristiana e del pontificato in questo incredibile processo di cambiamento? Possiamo constatare che questo ruolo è stato decisivo, ma non riusciamo a formularlo in modo esplicito, forse per la mancanza di un'interpretazione che vada oltre i fatti stessi, e anche perché la tensione verso il futuro distoglie l'attenzione dagli elementi che hanno favorito il cambiamento.

L'opinione pubblica è consapevole che il prossimo viaggio del Santo Padre in Cecoslovacchia ha caratteristiche del tutto specifiche: a) ci risulta che la nuova leadership di Praga attribuisce un alto valore simbolico a questo viaggio; b) prevediamo anche che il Santo Padre, parlando in Cecoslovacchia, avrà in mente la realtà recente di altri paesi vicini; c) sappiamo che tutti gli altri paesi dell'Europa centrale e orientale ascolteranno con molta attenzione ciò che il Santo Padre dirà a Praga.

Per questi motivi, i giornalisti si aspettano che il Santo Padre, in alcuni dei suoi discorsi, fornisca elementi che aiutino a compiere una valutazione storica più approfondita degli eventi del 1989, così decisivi per gran parte dell'Europa. L'attenzione si concentrerà in particolare sul discorso che pronuncerà al Castello di Praga la sera del 21 aprile.

Alcune delle questioni su cui gli stessi giornalisti si interrogano, forse in termini opinabili, sono:

– a partire dall'Illuminismo, c'è stato il tentativo di presentare la Chiesa come un luogo in cui si ha paura della libertà. Ora, di converso, storicamente, la Chiesa è vista come promotrice della libertà e i cristiani come propulsori della libertà.
– I cristiani, nella difesa della libertà di coscienza e della libertà religiosa, sono stati dapprima i custodi e poi i catalizzatori del-

la conquista di altre libertà. Rapporto tra libertà «sociali» e libertà religiosa.

- Alcuni giornalisti ricordano le parole pronunciate dal papa il 9 novembre 1982 a Santiago de Compostela: «Europa, ritrova te stessa. Sii te stessa. Riscopri le tue origini...». Queste parole possono ora essere lette in una prospettiva geografica e storica più ampia.
- Il fatto che questa «rivoluzione» sia avvenuta essenzialmente senza violenza non avrà forse qualcosa a che vedere con il fatto che in questi paesi sussisteva e sussiste un *humus* etico cristiano?
- La stampa si chiede chi sia stato il vero protagonista del 1989. Si tratta fondamentalmente di una domanda sull'operato della Divina Provvidenza nella storia.
- La storia ha reso giustizia a quelle personalità «incomprese» nella loro epoca: Wyszyński, Mindszenty, Beran, Slipyj, Tomášek. Ma, in questo, quale dimensione particolare di quelle personalità sembra oggi più determinante, oltre alla loro fede e alla loro fedeltà alla Sede di Pietro?
- Václav Havel[1] in Cecoslovacchia, e altri artisti di altri paesi dell'Europa orientale, hanno svolto un ruolo particolare nella difesa della libertà e dell'identità nazionale. Possiamo pensare all'arte come a un particolare spazio di libertà? Il ruolo degli artisti in questo processo.
- La futura unità dei popoli d'Europa può essere concepita prescindendo dalle loro comuni radici cristiane?
- Verso il futuro: la libertà storicamente presente in Occidente è il vero modello per questi popoli? I limiti di questa «libertà occidentale» così come si presenta oggi.

Forse l'opinione pubblica si aspetta che il papa in Cecoslovacchia affronti alcuni di questi temi e aiuti così a comprendere il significato degli avvenimenti che si sono verificati in Europa negli ultimi anni.

«La voce dei grandi»
20 marzo 1990

Qualche giorno fa mi ha chiamato Alberto La Volpe, direttore del TG2, uno dei telegiornali della RAI. Vuole fare un programma in collegamento satellitare per mettere a confronto Gennady Gerasimov, portavoce di Gorbačëv, Marlin Fitzwater, portavoce della Casa Bianca, e il sottoscritto. Gli dico che se il suo intento è presentare il Vaticano come la «terza via» rispetto al comunismo e al capitalismo, la cosa non mi interessa minimamente. Insiste sul fatto che non si tratta di questo, bensì di un programma per consentirci uno scambio di vedute e per parlare del nostro lavoro come portavoce. Questo approccio mi piace e dunque accetto.

Lo registriamo oggi verso l'ora di pranzo, un momento della giornata che va bene per tutti e tre, considerando i fusi orari di Mosca, Washington e Roma. È un'esperienza divertente. Va in onda il giorno successivo e sembra che sia venuto bene. L'hanno intitolato: *La voce dei grandi*.

Creare l'opinione pubblica
22 marzo 1990

Prima ancora che gli dicessi qualcosa, Dziwisz sapeva già del programma: «Bisogna creare l'opinione pubblica» mi dice. Dal mio punto di vista, questa è la posizione corretta: bisogna andare a giocare sul terreno dei media.

Punti di vista
31 marzo 1990

Sepe mi avverte che stasera ceneremo con il papa. Come sempre in queste occasioni, chiedo se c'è bisogno di preparare qualcosa, se il papa ha detto di cosa vuole parlare. Mi risponde che non ha anticipato nulla. Scrivo qualche appunto sugli argomenti sui quali desidero riferire e porto con me il libro del saggista inglese Paul Johnson, *Modern Times*, in traduzione polacca, che l'editore Leonardo Mondadori mi ha inviato qualche giorno fa.

Leonardo è venuto a trovarmi da Milano un paio di volte nell'ultimo anno e mezzo. Vuole pubblicare un libro sul Santo Padre, naturalmente anche per ragioni commerciali e di prestigio editoriale. L'ultima volta mi ha detto che lo immaginava come un lungo colloquio con il Santo Padre, qualcosa di simile a quello di Guitton con Paolo VI.[2] Mi ha chiesto suggerimenti sul possibile autore e io gli ho consigliato Paul Johnson. Leonardo lo ha chiamato a Londra per conoscere la sua disponibilità. Lui, però, gli ha risposto che aveva due libri in fase di scrittura e che fino a Natale non sarebbe stato libero. Qualche giorno dopo, Leonardo mi ha chiesto se potevamo incontrarci con Johnson. Ne ho parlato con Stanisław perché informasse il papa. Vedremo come andrà a finire.

Prima di cena, il papa ha voluto discutere con me del programma televisivo con Fitzwater e Gerasimov. Re l'aveva messo al corrente e lui voleva saperne di più. Durante la prima parte della cena gli ho parlato del programma, che non aveva visto. Sembrava divertito da tutto ciò.

Poi ho accennato alla recente dichiarazione d'indipendenza della Lituania e si è immediatamente concentrato su questo argomento.[3] Evidentemente, era di questo che voleva parlare. Il punto in discussione era l'opportunità di commentare o meno la vicenda il giorno seguente, dopo l'*Angelus*. Sepe propendeva decisamente per non farlo. Io propendevo decisamente per il sì. Ho spiegato che ritenevo opportuno dire qualcosa ma con tatto, senza scontrarsi con l'Unione Sovietica e senza abbandonare i lituani. Mi è venuto di esprimerlo ricorrendo a due parole: il papa pregava perché il problema fosse risolto «con giustizia e dialogo». Sepe ha convenuto con me e ha preso nota di quelle due parole. Il papa è andato oltre, indicando di preparare quella sera stessa un breve testo che avrebbe pronunciato il giorno successivo dopo l'*Angelus*.

Quando ho suggerito la frase «prego affinché la situazione in Lituania...», il papa ha subito detto: «Sì, pregare. Noi cristiani preghiamo sempre quando abbiamo una necessità, che sia una malattia, un bisogno fisico o spirituale. Ricevo migliaia di richieste di persone che mi chiedono di pregare per propositi concreti: un parente malato, per esempio. E porto tutti questi propositi alla preghiera, alla messa».

Un altro argomento è stato l'imminente viaggio in Cecoslovacchia. Il papa mi ha detto di aver letto la mia nota e ha chiesto a Sepe se l'avesse trasmessa a padre Tomáš Halík, un sacerdote e intellettuale ceco che sta contribuendo alla stesura dei discorsi. Sepe ha detto di sì. Il papa mi ha chiesto se avessi parlato con Halík. Per coincidenza, un paio di giorni prima avevo fissato un appuntamento con lui su consiglio di Ludmiła Grygiel, sicché ho detto al papa che ci saremmo incontrati lunedì mattina.

Il papa ha commentato che la bozza preparata per il Castello di Praga gli sembrava «eccessivamente localistica». Quindi mi ha sollecitato a trasmettere a Halík alcuni punti principali, pochi e concreti, per conferire a quel discorso un orizzonte più vasto, in linea con la mia nota: avrebbe dovuto fare riferimento non solo alla Cecoslovacchia, ma anche agli altri paesi dell'Est, e agli eventi dell'anno passato.

Il papa, come sempre, era di magnifico umore. Le sue visite al Santissimo Sacramento, prima e dopo cena, si stanno dilatando. Al momento dei saluti, gli dico di cercare di riposare un po'. «Sì,» risponde «ma intanto...» Non finisce la frase. Sorride e si dirige verso la sua stanza. In mano ha il libro che gli ho dato prima di cena.

Con mio fratello Rafael
7 aprile 1990

Questa mattina, accompagnando mio fratello Rafael, ho assistito alla messa del papa. Nella cappella c'erano un gruppo di sacerdoti cecoslovacchi e qualche laico. Al termine, il papa ci ha salutato e ha chiacchierato un po' con noi due. Mi ha parlato anche di un argomento che gli sta a cuore: la scelta del re belga Baldovino di non firmare la legge sull'aborto.[4] «Bisognerebbe fare qualcosa per sostenere questo atto coraggioso del re.»

Quella mattina stessa ho chiamato l'emittente televisiva e ho parlato con il vicedirettore: il telegiornale della sera ha dato gran risalto a quanto scritto dall'«Osservatore Romano». Ho parlato anche con Domenico Del Rio, che due giorni dopo ha scritto su quel tema. Non che li abbia convinti io: l'argomento era di per sé una notizia.

Viaggio in Cecoslovacchia
21 aprile 1990

Inizialmente la visita non era in programma, ma Václav Havel la desiderava così tanto che il papa ha accettato. I vescovi cecoslovacchi lo avevano invitato diversi anni fa, ma era impensabile che la visita si svolgesse sotto il precedente regime.

Durante il viaggio verso Praga, ne approfitto per parlare con Casaroli dei problemi dell'Est. A suo parere, sono due le persone che hanno inciso in maniera decisiva sui cambiamenti in corso: il papa e Gorbačëv. A questi aggiunge una terza figura: Reagan, per la sua posizione di forza all'inizio dell'era Gorbačëv.

Gli chiedo quale figura della gerarchia cattolica dell'Est consideri più decisiva. «Wyszyński» mi risponde «è al primo posto, poi Beran. A seguire, Tomášek e Slipyj.»

Sulla Lituania, il quadro è diventato fosco a causa delle sanzioni decretate da Gorbačëv (o da chiunque agisca a suo nome). Ritiene che in questa situazione convenga applicare il principio del male minore: è preferibile aspettare e tener duro per evitare il male maggiore, una battuta d'arresto nei cambiamenti in atto nell'Est. Anche se questa cosa del male minore non la direbbe mai al papa, che difende con tutta l'anima la sovranità dei popoli.

Gli chiedo di Zagladin,[5] che di recente ha fatto visita al papa. «Non ha detto nulla di rilevante, hanno parlato in termini molto generali.» Proseguo: la Santa Sede accetterebbe di mediare nel caso lituano? «È quello che vorrebbero, ma più che la Santa Sede dovrebbe mediare la Chiesa locale.» E mi parla di Sladkevičius, arcivescovo di Kaunas, «che è più aperto, più possibilista». «La cosa peggiore» continua «non è l'embargo energetico, ma quello alimentare: perché se continua così, a soffrire saranno i bambini, gli anziani, il popolo in generale. Bisogna tener conto che Gorbačëv si trova sull'orlo di un vulcano. E se il vulcano esplode, non ne beneficeranno né loro, né l'Occidente, né chicchessia.»

Durante il volo vado a trovare il papa e gli dico che RAI 1 vorrebbe registrare alcune sue parole per un programma sulla Cecoslovacchia che andrà in onda questa sera. Indico dei possibili argomenti: il ruolo della Chiesa in tutti questi processi; le grandi figure della gerarchia cattolica nei paesi dell'Est e così via. Mi ascolta con attenzione e dice che questi sono solo dettagli parziali. Si limiterà a esprimere la propria gratitudine a Dio per i suoi progetti su questi popoli. Non vuole fare un'analisi, che richiederebbe più tempo, attenzione e discernimento.

Václav Havel è uno scrittore e drammaturgo, e questo appare evidente fin dal nostro arrivo all'aeroporto di Praga. Inizia un brillantissimo discorso di benvenuto al papa:

> Io non so cosa sia un miracolo ... Nonostante ciò, mi spingo a dire che in questo momento sto assistendo a un miracolo: l'uomo che sei mesi fa è stato arrestato come nemico dello Stato è oggi qui, come presidente di quello Stato, e dà il benvenuto al primo pontefice a mettere piede in questo paese in tutta la storia della Chiesa cattolica.
>
> Non sono sicuro di sapere cosa sia un miracolo. Nonostante ciò, mi spingo a dire che questo pomeriggio ho assistito a un miracolo: oggi, nello stesso luogo in cui cinque mesi fa abbiamo gioito per la canonizzazione di Agnese di Boemia ... il principale rappresentante della Chiesa cattolica officerà la messa, e probabilmente ringrazierà la nostra santa per la sua intercessione presso Colui nelle cui mani è l'imperscrutabile corso di ogni cosa.
>
> Non sono sicuro di sapere cosa sia un miracolo. Nonostante ciò, mi spingo a dire che in questo momento sto partecipando a un miracolo: in un paese devastato dall'idea dello scontro e della

divisione nel mondo, arriva il messaggero della pace, del dialogo, della tolleranza, della stima e della pacata comprensione, il messaggero dell'unità fraterna nella diversità.

Dopo il pranzo con i vescovi nell'arcivescovado di Praga, il papa fa un brindisi. Parlando in italiano, ringrazia Casaroli per gli anni di dialogo che hanno dato i loro frutti. Menziona anche i nunzi Poggi e Colasuonno e padre Bukowski.

Al ritorno a Roma, scopriamo che il presidente della Repubblica Cossiga sta aspettando il papa all'aeroporto. È voluto venire per manifestare di persona la rilevanza che attribuisce a questo viaggio.

23 aprile. Pranzo con il papa e bilancio del viaggio. Per lui è stato particolarmente toccante. «Ricordo che durante il primo viaggio in Polonia, a Gniezno, c'era uno striscione che recitava: "Santo Padre, non dimentichi i suoi figli di Boemia". Sembrava una cosa impossibile, fino a un anno fa…» Parla poi con gratitudine di Havel, con il suo riferimento al miracolo. Dice che è credente, con una formazione di stampo illuminista. Aggiunge che leggendo le sue *Lettere a Olga* si capisce chi sono i suoi maestri, dalla qual cosa deduco che ha realmente letto il libro.

Fa anche un riferimento alla Chiesa slovacca: «È la prima volta che è indipendente dall'Ungheria. Osservando queste persone, si vede che non si sono ancora liberate della paura, che non sono ancora pienamente sicure della loro "libertà ritrovata"».

Colazione con Cossiga
24 aprile 1990

Ieri mi ha chiamato Ludovico Ortona, capufficio stampa del presidente della Repubblica, Francesco Cossiga. Voleva che andassi a fare colazione con il presidente alle nove del mattino. Cossiga è simpatico, quasi familiare. Mi parla del viaggio del papa. Entriamo nella sala da pranzo. Gli dico che è la seconda volta che vengo qui: la prima fu con Pertini a una cena.

Mi dice che coltiva il suo hobby: letture di teologia. Si reca personalmente alla Libreria Leoniana, vicino al Vaticano, e acquista i libri. Racconta dei suoi viaggi in Spagna nell'immediato periodo post-franchista e mi parla di Ruiz-Giménez,[6] ex ambasciatore presso la Santa Sede. È una persona colta e più consapevole di altri dei tempi che stiamo vivendo.

XVI

Il «grande sogno» del papa

(1990)

Città del Messico
6-14 maggio 1990

Il Messico sorprende sempre. Siamo tornati dal secondo viaggio del papa, un viaggio spettacolare, tra le altre cose, anche per i milioni di persone che lo hanno visto con i loro occhi. La stampa ha indicato una cifra – 20 milioni – e potrebbe essere corretta.

Di sicuro, è il viaggio in cui ho visto la maggior quantità di gente per le strade, partecipare alle messe e agli incontri. Era considerevole il numero di persone che affollavano ogni giorno il percorso dall'aeroporto di Città del Messico alla delegazione apostolica. E di quelle che passavano la notte nelle vicinanze della delegazione, iniziando già di buon mattino a salutare il papa. Chiedevano la benedizione, volevano vederlo, cantavano…

Mi è parso di percepire nel popolo messicano tre caratteristiche della sua spiritualità: un'immensa devozione mariana, un grande rispetto per il sacerdozio e un'impressionante unione con il Santo Padre.

Non appena decollati da Roma, come di consueto, sono andato a salutare il papa e a orientarlo sui temi che sarebbero potuti emergere nella conversazione con i giornalisti. Questa volta ne ho azzeccati tre: il viaggio a Cuba, la situazione in Lituania e le relazioni diplomatiche con il Messico. Dopodiché ho approfittato di parte delle tredici ore di volo per discutere di varie questioni con Casaroli, Re e Stanisław.

Con Casaroli abbiamo parlato di un programma che sta preparando la televisione tedesca. Vorrebbero girare una scena con lui insieme al Santo Padre. Casaroli non vuole strumentalizzare la figura del papa per un programma su di sé, ma al tempo stesso dice che non avrebbe obiezioni se venisse fuori in modo naturale.

A un certo punto della conversazione, mi ricorda la frase che un cardinale – non ho memorizzato il nome – gli disse una volta: «Lasciamo da parte la logica e ragioniamo». Mi sembra una felice espressione di una mentalità flessibile, forse molto italiana, che sa cercare una via d'uscita anche laddove sembra non esserci.

A tal proposito, e con fare scherzoso, mi mostra una copia del *Principe* che ha trovato sull'aereo in allegato al settimanale «Epoca». Ritorna sul tema della sua permanenza nella carica di Segretario di Stato, confermandomi di aver scritto la lettera di dimissioni al papa in occasione del raggiungimento dei 75 anni.

Con Re parlo di alcune cose riguardanti l'ufficio. Mi dice che è stata risolta la faccenda del lancio del VIS,* per quanto riguarda il numero di persone che vi lavoreranno. Mi informa che il vicedirettore della sala stampa, Giovanni D'Ercole, assumerà un incarico presso la Segreteria di Stato. Sarà nominato un nuovo vicedirettore, Piero Pennacchini.

Parlo con Stanisław. Mi anticipa che, secondo le informazioni in suo possesso, non ci sarà un concistoro prima dell'estate e, verosimilmente, nemmeno entro la fine dell'anno. Gli chiedo delle dimissioni di Casaroli per motivi di età e mi dice che il papa gli ha risposto con un'altra lettera, accettando la sua «disponibilità» e chiedendogli di continuare per un po'. Mi racconta anche che lui e il papa hanno guardato insieme tutto il programma sui portavoce, *La voce dei grandi*, in tre giorni... a colazione. È così che scopro come il papa utilizza il tempo: sfrutta perfino il momento della colazione per queste cose.

Qualche ricordo, quasi telegrafico, del viaggio.

Carcere di Durango. Entrando nel cortile, all'aperto, vedo che hanno preparato un podio per il papa davanti ai detenuti, che resteranno rinchiusi in un recinto delimitato da filo spinato.

Parlo con un funzionario della prigione e gli dico che sarebbe bene avere a portata di mano la chiave della porticina del recinto dove si troveranno i carcerati. «Ci sarebbero problemi di sicurezza» mi dice. «Capisco,» rispondo «ma è molto probabile che

* Vatican Information Service. (*NdT*)

il papa, non appena li vedrà, vorrà salutarli personalmente... Così, sarete pronti.»

Difatti, pochi minuti dopo fa il suo ingresso nel cortile, manifesta il suo desiderio di entrare, gli aprono la porticina e saluta uno per uno tutti i detenuti presenti.

Il direttore di questo carcere ha dichiarato alla stampa locale che alcuni dei 1200 detenuti sarebbero dovuti uscire giorni fa, ma che – alla notizia della visita del papa – hanno chiesto di rimanere fino a oggi per poterlo salutare. I giornalisti – soprattutto gli americani Clyde Haberman e Bill Montalbano – sono molto commossi: alcuni regalano sigarette ai carcerati attraverso il filo spinato; altri, come Clyde, che è ebreo, distribuiscono foto del papa.

10 maggio. Monterrey. Caldo opprimente. Abbiamo pranzato in aereo. Grande stanchezza. Essendo arrivati all'arcivescovado con circa tre quarti d'ora d'anticipo, prima di uscire per gli eventi del pomeriggio, alcuni membri del seguito del papa non ci pensano due volte e provano a schiacciare un sonnellino, foss'anche per quei pochi minuti.

Dziwisz racconta a me e a Buzzonetti di aver accompagnato il papa nella sua stanza; non appena entrato, invece di mettersi a riposare sul letto, si è inginocchiato e ha iniziato a pregare. «È così che l'ho lasciato» dice.

Quando siamo tornati a Città del Messico, dopo le dieci di sera, eravamo esausti. Tuttavia, prima di andare a letto, il papa si è affacciato tre volte a salutare dalla finestra della delegazione apostolica. E non credo che abbia dormito molto, perché la gente ha continuato a cantare per lui fino a molto tardi... e ha ricominciato a farlo fin dalle prime ore del mattino.

Ogni giorno si è ripetuta la stessa scena e il papa non si è sottratto, salutando la gente la sera, al suo arrivo, e la mattina, prima di uscire.

La notte si riposava poco e la stanchezza si andava accumulando. Chi dormiva nella delegazione non poteva accendere nemmeno una luce durante la notte, perché immediatamente sarebbe scattata un'ovazione e avrebbero iniziato a cantare *Mañanitas*. Così hanno deciso che, in caso di bisogno, sarebbero andati in bagno con una torcia o una candela... Il papa avrebbe potuto esigere che la polizia allontanasse le persone per poter riposare. Ma non l'ha fatto.

Le immagini e i ricordi di questo viaggio indimenticabile mi si affollano nella mente: gli applausi interminabili quando il papa ha parlato a Tabasco della necessità di «tornare alla Chiesa»; il discorso agli industriali, a Durango, sugli errori del socialismo e del capitalismo nel promuovere una vita più umana e giusta; l'incontro con i giovani a San Juan de los Lagos. E naturalmente la visita a Guadalupe.

Siamo rientrati a Roma alle due e trenta del pomeriggio del 14. Ero completamente esausto, benché fossi riuscito a dormire per qualche ora durante il volo.

15-16 maggio. A cena con il papa. Non appena lo vedo, gli chiedo come sta. Dice di sentirsi ancora un po'... e fa un gesto con le mani intorno alla testa. Gli dico di riposare, perché è stato un viaggio molto duro, e lui, sorridendo, mi risponde: «Sì, ma bisogna andare avanti». Durante la cena, insieme a Mario Agnes e Sepe, facciamo il punto sul viaggio. Da parte mia, riferisco dell'incontro con gli intellettuali e gli leggo alcuni commenti molto positivi dello scrittore Octavio Paz e di altri. Parliamo poi di alcuni episodi della storia del Messico. A quel punto la conversazione si addentra nelle radici della leggenda nera sulla Spagna.

Uscendo, chiedo a Stanisław se il papa ha dormito bene. Dice di no, che si è svegliato all'una e non è riuscito a riaddormentarsi... La mattina dopo, lo chiamo per sapere se quella notte ha dormito. Fortunatamente, la risposta è affermativa.

Il compleanno del papa
18 maggio 1990

I 70 anni del papa. Non ci sono programmi. Dziwisz mi dice che stamattina ha telefonato Cossiga; che è arrivato un messaggio di Gorbačëv; un messaggio con un regalo dell'ambasciatore israeliano; un altro messaggio di re Baldovino... È un diluvio di auguri da tutto il mondo. So che dalla Polonia sono arrivati anche i messaggi del presidente Jaruzelski e del primo ministro Mazowiecki.

Teresa di Calcutta
21 maggio 1990

Padre Callaghan viene in ufficio e mi presenta Madre Teresa di Calcutta e una delle sue suore. Parliamo a lungo nel mio studio. A un certo punto le offro un bicchiere d'acqua: «No,» dice Madre Teresa «non beviamo nulla tra un pasto e l'altro, è un sacrificio per i poveri.»

Le mostro un libro sulla visita del papa a Calcutta. Lei appare in una fotografia. «È per me?» Glielo regalo con piacere. Le chiedo come sta: «Bene, nonostante i due pacemaker che porto». Mi racconta che hanno già aperto sei case in Unione Sovietica, altre sei in Polonia e che prossimamente spera di aprirne una a Bucarest. La conversazione si fa sempre più rilassata e le dico che la ricordo all'ultimo sinodo, seduta per ore e ore, a «sprecare tempo» recitando il rosario. «Ma non è uno spreco di tempo» dice come mi aspettavo.

A Calcutta – racconta – hanno già dato a circa quarantamila persone «un biglietto per San Pietro»: in altre parole, le hanno aiutate a morire serenamente. Poi mi parla di alcune persone affette dall'AIDS che hanno strappato alle strade. Sembra felice.

Le presento dei giornalisti che in quel momento si trovano in sala stampa. A me regala una piccola effigie della Madonna per la mia auto e al resto delle persone distribuisce alcune medagliette. Tiziano, che lavora nell'ufficio, chiede una medaglia per sé, una per la moglie e una per «il bambino che verrà». Al momento dei saluti, mi raccomanda di rimanere «sempre giovane, per la fedeltà a Gesù».

Malta
25-27 maggio 1990

25 maggio, Malta. Grandissimo entusiasmo unito a un'affettuosa confusione. La gente si infila dappertutto. Mi sembra un popolo pieno di vitalità ed espansivo, con un leggero *british touch.*

Raggiungiamo via mare l'isola di Gozo. Sulla via del ritorno, l'imbarcazione si ferma vicino all'isolotto di San Paolo. C'è una baraonda assurda: siamo circondati da decine di barche, windsurfisti e velisti. Suonano le sirene. Colori, luce intensa e sole splendente: uno spettacolo per i sensi, soprattutto a quest'ora del pomeriggio. Il papa è seduto nella cabina di pilotaggio e legge il breviario, profondamente concentrato.

Sono ammirato nel vedere che non alza gli occhi anche quando sembra impossibile non farlo, per la bellezza e la vivacità di ciò che ci circonda. Rimane estraneo a tutto finché Dziwisz non gli segnala qualcosa. A quel punto si alza, esce sul ponte e contempla una monumentale scultura di un Cristo degli abissi che viene calata in mare.

Mi sbalordisce – è invidiabile – la sua straordinaria capacità di concentrazione: quando prega, quando studia. Sa guidare e controllare gli stimoli sensoriali che lo circondano a livelli sconcertanti.

Gli hanno chiesto se può ricevere alcune suore domenicane quando faremo ritorno sull'isola. Questa visita non era in programma. Accetta immediatamente.

Sebbene il viaggio sia stato breve e senza problemi di fuso orario, la giornata è stata così intensa che torniamo stanchi.

E alle dieci meno un quarto di sera, quando la nostra comitiva si appresta a cenare, il papa sale in macchina e va a salutare le suore. Sorride ancora, ma sul suo volto traspare lo sfinimento, frutto dei continui spostamenti e della frenesia della giornata.

Rischio di intolleranza
28 maggio 1990

Di ritorno a Roma, pranziamo con il papa per parlare di Malta, della sua storia e del carattere della sua gente. Poi rispunta il tema del Libano: ha inviato un messaggio videoregistrato ai vescovi ed è stata siglata un'intesa tra le fazioni cristiane in lotta, quelle di Michel Aoun e Samir Geagea. Il papa parla di questo paese: conosce bene la situazione e i rapporti di forza.

Accenna poi alla mancanza di libertà religiosa che si osserva in alcuni paesi arabi. Per certi versi la paragona all'intolleranza vissuta dai paesi sotto il regime comunista. Pensa che in futuro questa intolleranza rappresenterà un grande pericolo per i cristiani di tutto il mondo.

Dopodiché torna a parlare del suo «grande sogno»: un viaggio, dice, nelle «terre di Dio: Mesopotamia, Damasco, Terra Santa e Sinai; un viaggio che il mio predecessore Paolo VI aveva già iniziato». Ricorda che Sadat lo aveva invitato a visitare l'Egitto. Dziwisz interviene: «Sì, quel viaggio nel Sinai bisogna farlo al più presto». Si riferisce agli effetti dell'altitudine di quel monte e dell'età che avanza. Il papa dice: «Se il Signore mi dà la vita, spero di poter realizzare questo sogno della mia vita».

Oggi ha ricevuto una lettera dal presidente lituano Landsbergis che lo invita a recarsi nel suo paese, chiedendo al Vaticano di riconoscerne l'indipendenza. Parliamo di Gorbačëv. Il papa dice che le difficoltà attuali – economiche, etniche, ecc. – derivano dalle condizioni preesistenti. Passare dal comunismo a una pluralità di opzioni è un cambiamento «surreale»: è un'osservazione che gli ha fatto in Messico il presidente Salinas, e lui si trova d'accordo.

L'ambasciatore dell'URSS con il papa
7 giugno 1990

Oggi il papa ha ricevuto il primo ambasciatore dell'Unione Sovietica presso la Santa Sede, Jurij Karlov. È la prima udienza da quando, il 14 marzo scorso, è stato istituito questo canale diplomatico. Karlov gli ha consegnato una lettera di presentazione, firmata da Gorbačëv e dal ministro degli Esteri Shevardnadze: non c'è stata una vera e propria cerimonia di «presentazione delle credenziali», ma quasi. In realtà, tale formula non implica relazioni diplomatiche in senso stretto, ma i due rappresentanti – il nunzio Colasuonno e Karlov – sono diplomatici, non semplici inviati personali.

Karlov si è intrattenuto con il papa per oltre mezz'ora. Ho chiamato Dziwisz per saperne di più. Mi ha detto che aveva consegnato al papa informazioni scritte sul recente «vertice» che si è svolto in America tra Gorbačëv e Bush.

Per la prima volta con i vescovi ucraini
25-26 giugno 1990

Incontro in Vaticano con i dieci vescovi in Ucraina e i diciotto vescovi della diaspora. Trascorro con loro questi due giorni nell'Aula Vecchia del Sinodo. Al suo arrivo, il papa viene accolto da Myroslav Liubačivs'kyj, arcivescovo maggiore della Chiesa ucraina, e da Sodano, che ha reso possibile questo incontro. Poi si avvicina per dare il benvenuto ai dieci provenienti dall'Ucraina: è la prima volta in più di cinquant'anni.

Il papa parla in polacco, una lingua che tutti capiscono. Poi passano in una sala adiacente e si siedono intorno a un tavolo. Il papa è accompagnato da Liubačivs'kyj e Sodano. È interessato alle loro storie. Chiede in quali circostanze sono stati ordinati e si informa sulla morte in Siberia di alcuni loro predecessori. Questa riunione di famiglia è iniziata con un canto in ucraino, intonato spontaneamente da uno dei vescovi.

Entrano nell'aula. Il papa saluta gli altri vescovi, uno per uno. Il primo incontro inizia con un canto ucraino allo Spirito Santo. Sono duri ed espliciti nell'esposizione dei loro problemi, ma c'è dialogo. Non so che idea si stiano facendo del Vaticano; appaiono poco informati, dopo tanti decenni di separazione forzata. Il papa, in conclusione, dice che nel pomeriggio parleranno gli uomini della Curia, lasciando intendere che occorre completare la visione dei problemi con questi interventi. I dieci provenienti dall'Ucraina pranzano con il papa.

In questi anni ho visto che nella Santa Sede c'è grande rispetto per le persone dell'Est. Al contempo, però, talvolta vanno aiutate, come in questo caso, a misurare le loro richieste: chiedono insistentemente la nomina di un patriarca a Kiev; tra l'altro, la nomina di un patriarca – mi chiarisce Duprey – è qualcosa che si può fare quando un paese è indipendente, e l'Ucraina non lo è ancora... per il momento.

C'è anche il problema delle nomine residenziali della gerarchia stessa: molti di loro sono stati ordinati vescovi senza l'assegnazione di una diocesi da parte della Santa Sede. È per questo motivo che chiedono la convocazione di un sinodo.

Liubačivs'kyj cerca di rimandare il sinodo a settembre, dopo che avranno potuto riflettere su quanto è stato detto durante questi incontri romani. Ma loro dicono che in questa circostanza sono riusciti a ottenere i visti e che a settembre non è detto che riescano a ottenerli di nuovo; pertanto sarebbe bene rimanere qui per qualche giorno, celebrare il sinodo e tornare a casa avendo risolto alcune questioni.

Insistono su questo punto due o tre volte. Il papa dice loro che una riunione sinodale, se si farà, dovrà occuparsi di questioni riguardanti la Chiesa ucraina in Ucraina, escludendo tutto ciò che concerne la diaspora. Capisce benissimo, aggiunge, che al loro ritorno i fedeli chiederanno: «Che cosa avete ottenuto a Roma?» e che bisogna rispondere con qualcosa di concreto. «Potete restare qui per qualche giorno,» conclude «ma bisogna rifletterci ancora un po'. Decideremo nel pomeriggio.»

Nel pomeriggio si decide che la mattina seguente si terrà la riunione sinodale e che i risultati saranno comunicati al papa, il quale farà ciò che riterrà opportuno.

L'indomani convoco una conferenza stampa con Sterniuk,[1] Hermaniuk,[2] Marusyn[3] e il nunzio Colasuonno. Sterniuk e Hermaniuk vengono nel mio ufficio mezz'ora prima e conversiamo tramite un interprete. L'incontro con i giornalisti è ricco di informazioni ed emozioni. Sterniuk parla delle sofferenze della sua Chiesa. Marusyn offre una testimonianza personale commovente. Racconta di aver lasciato l'Ucraina nel 1949 e che solo ora ha potuto pregare sulla tomba dei suoi genitori. Scatta un applauso quando finisce di parlare, quasi con le lacrime agli occhi.

XVII

Sul Monte Bianco

(1990)

Congetture in Valle d'Aosta
11-20 luglio 1990

11 luglio, mercoledì. Le stesse persone degli anni scorsi: oltre al papa, Dziwisz, Tadeusz Styczeń, Gugel, Cibin e il medico Proietti. E lo stesso posto dell'anno passato, in Valle d'Aosta.

Qualche giorno fa Stanisław mi ha chiesto se stavolta volevo andare. Siccome l'intenzione è quella di non dare informazioni, o darne pochissime, è dell'avviso che non sia necessaria la precauzione di portare il direttore della sala stampa. Gli ho risposto: a) per me, passare queste giornate con il papa è un dono di Dio; b) a parte questa motivazione personale, penso che ovunque il papa vada, per qualsiasi motivo, debba sempre esserci qualcuno che sappia occuparsi della stampa: non si può mai dire a priori che non sarà necessario intervenire. «Allora vieni» mi ha detto. A ogni modo, credo che l'abbia persuaso più il primo motivo che il secondo.

Il viaggio si è svolto in elicottero dal Vaticano all'aeroporto di Ciampino. Poi con un piccolo aereo fino a Torino. Da lì, di nuovo in elicottero fino a Les Combes, passando sopra il Gran Paradiso: una vista magnifica che fa da introduzione a questi giorni.

Un mese fa ho dovuto smentire le voci sulla «stanchezza» del papa. Ma l'immagine del papa affaticato è rimasta impressa nell'opinione pubblica, soprattutto tra i giornalisti che non sono accreditati stabilmente in sala stampa e che non seguono la sua massacrante attività quotidiana: sono proprio loro quelli che di solito coprono queste vacanze.

All'arrivo in Valle d'Aosta, le domande di rito: «Santo Padre, camminerà molto in questi giorni?». «Vedremo,» risponde «gli anni passano, le forze cominciano a mancare... ma potrebbero esserci delle sorprese.» Queste ultime parole hanno dato il via a una ridda di supposizioni. E come risultato di questa immaginazione sfrenata, un quotidiano milanese, «La Notte», dedica titoli cubitali in prima pagina alla propria congettura: il papa non sta bene, si è ritirato in Valle d'Aosta e potrebbe dimettersi. Tre in uno.

12 luglio, giovedì. Mentre queste notizie venivano riprese dalla stampa in vari paesi, suscitando la preoccupazione di tanti cattolici e non cattolici, il papa si stava dirigendo verso due vette di circa 2000 metri. Dopo il pranzo – e il sonnellino che l'accompagna – il papa inizia a salire un po' più in alto, in sola compagnia di don Tadeusz, con cui parla dello stesso argomento dell'anno scorso: l'immanentismo, la dottrina filosofica che nega la trascendenza e considera come criterio di verità il proprio sentire interiore.

In questa occasione mi faccio coraggio e intervengo nel dialogo filosofico. Chiedo se sia possibile un pensiero non immanentista lontano dal pensiero cristiano o, quantomeno, dal pensiero religioso. Don Tadeusz mi parla di Kołakowski,[1] esponendo la sua visione su questo punto. Non essendo un esperto in materia, la mia conclusione, da profano, è che non esiste una risposta definitiva.

Ci aspettavamo di rientrare a casa verso le cinque e un quarto, ma era una stima troppo ottimistica: siamo arrivati alle otto meno un quarto. Siccome quest'anno possiamo contare su un ritrovato della tecnologia – Gugel ha con sé un radiotelefono che hanno regalato al papa –, abbiamo potuto avvisare le suore del ritardo, in modo che preparassero la cena con più calma.

All'arrivo, mi avvisano che mi ha cercato mezzo mondo al telefono, per via del giornale «La Notte».

13 luglio, venerdì. Al ritorno dall'escursione, mi dicono di nuovo che c'è gente che continua a cercarmi. Alle undici di sera parlo al telefono con l'inviato dell'ANSA e gli rilascio una dichiarazione sull'argomento. Gli dico inoltre che, come concordato all'arrivo, l'indomani li avrei incontrati al municipio di Introd, dove abbiamo «la nostra base».

14 luglio, sabato. Oggi i giornali sono più equilibrati e cominciano a fare marcia indietro.

Partiamo alle dieci meno un quarto: una bella scarpinata. Dopo aver recitato l'*Angelus* a Challancin, dicono al papa che oggi è l'onomastico di Enrico Marinelli, ispettore capo della sicurezza italiana. Il papa dice che bisogna brindare. «Ma abbiamo solo l'acqua...» commenta qualcuno. «Be', anche se con l'acqua...» aggiunge il papa. E così facciamo.

Mentre saliamo, Dziwisz mi parla di alcuni documenti che stanno per uscire, come l'enciclica sulla morale.[2] Mi dice che è pronta e che la prima bozza è stata scritta interamente dal papa. Poi hanno preparato altre quattro stesure ma, alla fine, si è deciso che la cosa migliore era tornare alla traccia originale di Giovanni Paolo II.

È in gestazione un altro documento, sul centenario della *Rerum Novarum*. È molto importante in questo momento per via dei cambiamenti sociali e politici in corso nell'Europa orientale. Una delle idee che pone in maggior risalto è che non è stato il capitalismo a sconfiggere il marxismo.[3]

C'è anche l'esortazione apostolica sulle missioni.[4] Non è stata scritta in prima persona dal papa, ma – nel rivederla – ha introdotto numerose annotazioni ed è stato necessario rielaborarla interamente.

Ci sono poi le tre lettere firmate dal segretario di Stato – su sollecitazione del papa – in merito ad aspetti lavorativi della Santa Sede: una era indirizzata ai capi dei dicasteri e un'altra a tutti i dipendenti laici. Ancora una volta, è chiaro che il papa non elude i problemi: agisce e non ha timore di smuovere le acque.

Racconto a Dziwisz cosa hanno scritto i quotidiani in questi giorni sulla salute del papa. Mi dice che non ha riscontrato alcun sintomo di ridotta capacità nel papa. «Magari se un giorno si giudicasse privo delle facoltà necessarie per portare a termine la sua missione... Lo Spirito Santo dirà.» Dalle sue parole deduco che il papa non ha parlato con nessuno della possibilità di dimettersi in futuro per motivi di salute o di vecchiaia. «Dovrei cercarmi un superiore [per presentargli le dimissioni]» fu la battuta che fece un paio di anni fa in occasione della sua visita alla Stampa Estera, quando gli rivolsero una domanda su questo tema.

Dziwisz aggiunge che una dimostrazione della sua capacità di lavorare è che prima di partire da Roma ha sistemato tutto: ha incontrato i cardinali con i quali aveva faccende in sospeso e ha delineato il lavoro da fare nei prossimi mesi.

Poi accenna a un punto che mi riguarda personalmente. Dice che il papa ha parlato a più riprese in Segreteria di Stato delle nuove opportunità che si sono aperte con la sala stampa. E che voleva discuterne con me in questi giorni: ecco perché aveva chiesto a Stanisław se sarei andato anch'io in montagna con loro. Va da sé che con questa premessa non mi faccio pregare due volte.

A metà escursione vedo che il papa si ferma di fronte a un panorama bellissimo. Lo guardo. Lui mi fissa. Mi avvicino e iniziamo a parlare restando in piedi e contemplando il paesaggio. Rimaniamo così per circa mezz'ora. Gli dico – è la notizia del giorno sulla stampa – che Gorbačëv ha trionfato al XXVIII Congresso del Partito comunista dell'Unione Sovietica, riuscendo a far nominare vicesegretario il suo candidato. «Significa che aveva ragione e l'ha ottenuta.» Ammira Gorbačëv.

Accenna al recente incontro dei vescovi ucraini e io gli esprimo le mie impressioni sulla conferenza stampa. Mi parla di alcune peculiarità di quella Chiesa. La lingua utilizzata nelle liturgie di quel rito – tra gli ucraini – non è l'ucraino, ma il paleoslavo. «Per questo ho chiesto a Duprey: se un giorno si potesse concelebrare (intercomunione) con il Patriarca di Costantinopoli, in quale lingua lo farebbe? Duprey mi ha risposto: "Si troverà una soluzione...".»

Gli parlo di alcune questioni dell'ufficio. Vedo che apprezza il lavoro che svolgiamo. Gli dico che il nostro problema, a volte, è la raccolta delle informazioni e gli racconto delle mie peripezie durante l'*affaire* Noriega. «Ma in quei momenti eravamo tutti all'oscuro» mi dice con assoluta ragione.

Mi parla della Germania e della situazione della Chiesa in quel paese. Come sempre, gli dico quello che penso: che parte del problema deriva dai quadri intermedi, ovvero l'altissimo numero di funzionari che lavorano nelle curie e negli organismi collaterali. Inoltre, aggiungo, mi sembra di notare una certa osmosi con i sistemi del protestantesimo.

Il papa racconta un aneddoto: «Don Tadeusz mi ha riferito che in un recente viaggio in Svizzera è entrato in una chiesa e che, durante la preghiera dei fedeli, una suora è salita sull'altare e ha detto: "Signore, togli a questo papa la tentazione di fare tutto da solo nella Chiesa"». Ne parla con una certa pena, ma senza drammatizzare.

Penso che al papa arrivino tante di quelle cose tristi che forse non riesce a vedere, in tutta la sua portata, il bene prodotto dai suoi insegnamenti e dalla sua fedeltà a Cristo. Quando glielo faccio notare, mi domanda: «Lei crede?», e non aggiunge altro.

La conversazione continua. Faccio un confronto tra la situazione in Germania e quella in altri paesi, come la Svezia, dove i luterani hanno un peso ancora maggiore, ma dove c'è un'atmosfera diversa, si potrebbe dire molto meno «antiromana». Il papa, come di consueto quando si affrontano questioni del genere, ascolta e non dice nulla.

Quello stesso giorno scatto delle fotografie, cercandone un paio che possano essere utilizzate dai giornalisti. In entrambe il papa indossa la talare bianca. Nella prima è in piedi, mentre nella seconda è seduto e sullo sfondo si vede il massiccio del Monte Bianco.

Vado a trovare i giornalisti e consegno le fotografie. La sera, a casa, si festeggia l'onomastico di Cibin – san Camillo – e ceniamo nella residenza dei Salesiani. C'è anche Marinelli, che ha festeggiato il suo onomastico ieri, sant'Enrico. Al momento del dessert appare il papa. Gli serviamo una fetta di torta e lui se la mangia tutta. Dice qualche parola e ricorda che in Polonia sant'Enrico e san Camillo si festeggiano insieme. È una sottilissima allusione alla collaborazione tra Cibin (sicurezza vaticana) e Marinelli (sicurezza italiana), un rapporto nel quale, di tanto in tanto, si verificano quei piccoli e insignificanti conflitti che caratterizzano la vita umana.

Poi scherza su «questo papa viaggiatore che gira per il mondo e scala le montagne». In tale clima di amabile umorismo, accenna con tono divertito a quanto scrivono su di lui alcuni media e, rivolgendosi a me, aggiunge garbatamente: «Ma non è colpa sua...».

15 luglio, domenica. Giornata dedicata all'attività pastorale del papa. Al mattino si parte per Barmasc. L'elicottero del papa gira intorno al Cervino e sopra al Monte Rosa; l'elicottero su cui viaggiamo noi seguirà lo stesso percorso quando torneremo nel pomeriggio. Dopo pranzo, andiamo a Introd: il papa celebra un raduno pubblico nella chiesa del villaggio e poi un altro solo per i giovani, nel campo sportivo.

16 luglio, lunedì. Siamo in cammino verso l'Alpe di Metz, a 1800 metri, e in una delle soste mi avvicino per chiacchierare un po' con il papa. Gli dico che, dato che di solito riceve solo cattive notizie, voglio dargliene qualcuna buona che ho visto negli ultimi giorni: l'aumento del 25 per cento, quest'anno, delle vocazioni sacerdotali negli Stati Uniti e le cinquemila persone che sono state accolte nella Chiesa cattolica in Svezia dopo il suo viaggio. Sono due spunti che ho ripreso dalla stampa. A ciascuna notizia risponde con un «ringraziamo Dio».

Riguardo al dare solo «cattive notizie», mi dice sorridendo che è tipico di una Curia, e che succedeva anche a Cracovia. Quando giunse in quella città come vescovo ausiliare, il vicario generale dell'epoca – che era una persona simpatica e ottimista – gli disse che lì arrivavano solo problemi. Tant'è che in breve tempo quell'uomo, che è ancora vivo, diventò molto più spento, quasi triste.

Aggiunge però che gli arrivano anche buone notizie, quelle che gli porta padre Stanisław Dziwisz, e cita come esempio l'apostolato svolto da tanti laici nella Chiesa. Ricorda che intorno al 1968, quando sembrava che i giovani si stessero allontanando in massa da Dio, si rese conto della vitalità dell'apostolato dei laici e capì che era un dono di Dio, dello Spirito Santo, per la Chiesa.

La notizia sulle vocazioni sacerdotali negli Stati Uniti gli permette di focalizzarsi sul tema del sacerdozio.

«Padre Magee,» dice il Santo Padre «che era il segretario di Paolo VI, mi ha raccontato di come il papa viveva il dramma dei sacerdoti che chiedevano di essere dispensati dal celibato. Paolo VI si portava dietro quei lunghi elenchi nella cappella e quasi piangeva. Ricordo la prima volta che Šeper[5] – perché allora il tema era gestito dalla Congregazione per la Dottrina della Fede – mi portò l'elenco dei sacerdoti che chiedevano la dispensa. Quando lo vidi, gli dissi: "Non posso firmarlo. Insomma, non posso firmarlo, semplicemente". Lui mi disse: "D'accordo, la ringrazio".

«Gli feci capire che occorreva definire con calma nuovi criteri e aspettare un po'. Passarono due anni e questo aneddoto circolò nella Chiesa. Nel tempo le richieste diminuirono. Insomma, il fatto è che non si può applicare per la dispensa dei sacerdoti un criterio diverso da quello che si applica, nel caso del matrimonio, alla stabilità del vincolo matrimoniale.»

Prosegue parlando delle cause che hanno indotto alcuni sacerdoti a farsi un'idea errata del sacerdozio. «Venivano ordinati e poi chiedevano la laicizzazione... era una visione fluida del sacerdozio, basata su un'antropologia tutta particolare. Ecco perché alcuni odiano questo papa, che ha demolito quell'idea di ecclesiologia e antropologia. Be', più che demolire...» si interrompe, come se il termine «demolire» suonasse troppo forte.

Continuiamo a parlare serenamente, in piedi, mentre contempliamo il paesaggio. In quel momento ci avvisano via radio che abbiamo ancora un'ora di cammino per raggiungere il luogo del pranzo. Proseguiamo. A un certo punto, il papa passa davanti a un prato e saluta una giovane donna – Oviana Pont – con il suo bambino di cinque mesi. Scatto alcune foto.

Quando arriviamo al luogo stabilito, trovo il coraggio di mostrargli un ritaglio di «Avvenire» che raccoglie alcune mie riflessioni sul suo carattere: la sua capacità di concentrazione, l'unicità del suo modo di essere rispetto alla centralità del suo ministero. Gli chiedo: «Santo Padre, pensa che io abbia ragione? Perché io non lo so». Mi risponde con una risata: «Non lo so nemmeno io».

L'itinerario di oggi è stato duro: Thouraz, Alpe di Metz (1800 m), sotto Punta Chaligne, La Neove (2200 m), un piccolo e bellissimo specchio d'acqua – il Lago del Fallère – accanto al quale il papa si è seduto per finire la lettura del breviario.

Quando finisce, don Alberto Carreggio gli dice che hanno organizzato un'uscita per il giorno successivo: un volo in elicottero... sul Monte Bianco! Lo stupore sul volto del papa riflette il suo entusiasmo. Lo avevano già invitato a salire sul Monte Bianco il 7 e 8 settembre 1986, quando si trovava ad Aosta in visita pastorale. Ma il piano non si era concretizzato a causa del maltempo, per cui si era fermato a Mont Chétif.

Chiede a Dziwisz, ancora sorpreso dalla proposta, cosa ne pensa. Alla fine si decide che si può fare.

Qualche ora dopo, di ritorno a casa dall'escursione, saluta chi lo ha accompagnato e mi dice, sorridendo e riferendosi alla lunga camminata: «Abbiamo fatto quello che si poteva fare. E l'ha fatto anche il dottor Navarro, cercando di porre l'accento sulle cose positive del papa e mettendo da parte il resto».

Rifletto su quelle parole: si fa quel che si può, fine, anche se questo non risolve tutti i problemi del mondo. È una lezione di sano realismo.

Dziwisz vede che scrivo questi appunti dopo pranzo, ne nota il contenuto e scherzosamente avverte tutti: «Attenti a quel che dite e ai commenti che fate! Tra qualche anno vedrete tutto scritto e pubblicato in un libro del dottor Navarro!».

Ne approfitto per chiedergli se il papa tiene un diario. Mi dice di no. Scrive solo note personali quando fa gli esercizi spirituali. Mi parla della santità e della vita interiore del papa: «Io mi sforzo ogni giorno di essere migliore. In lui, invece, è qualcosa che scaturisce naturalmente. È un uomo di grande santità, un contemplativo. Un giorno ti parlerò di queste cose, perché se le racconto adesso mi diranno che sto facendo propaganda».

17 luglio, martedì, Monte Bianco. Al mattino arrivano da Aosta due piccoli elicotteri Lama. Su uno sale il papa, accompagnato dal pilota, dal presidente del Soccorso alpino e speleologico, da Franco Garda, del Corpo nazionale, da Dziwisz e Gugel. Sull'altro andiamo io, Cibin, don Tadeusz, il pilota e una guida. L'elicottero del papa parte per primo e il nostro dietro. Quando mi sposto per scattare qualche foto, sento subito la mancanza d'aria, e quando sorvoliamo il Monte Bianco fa un freddo pungente: fuori ci sono 6 gradi sottozero.

L'elicottero del papa tenta di posarsi sul Colle Major (4700 m), ma non riesce ad atterrare. Ci prova una, due, tre, quattro volte, finché la quinta volta è quella buona. Lo spazio è molto ristretto. La vetta è solo 107 metri più in alto (il Monte Bianco è a 4807 m).

È un'impresa un po' rischiosa, ma ne vale la pena. Il papa si deve gettare a terra, come tutti gli altri, sotto il rotore dell'elica, che non smette di girare. Recita immediatamente un *Te Deum*. Poi benedice l'Europa e prega per un'Europa unita e in pace.

Noi facciamo un giro nei dintorni con l'elicottero e scendiamo al rifugio Monzino, a 2590 metri. Restiamo lì per circa mezz'ora, mentre l'elicottero scende a prendere gli altri e li porta dove ci siamo dati appuntamento. È uno spettacolo incredibile. Nessuno nel rifugio sa che il papa è lassù in cima.

Poi voliamo, seguendo l'elicottero del papa, fino alle cascate del ghiacciaio del Rutor, che i due elicotteri attraversano, volando a bassa quota, in una splendida ascesa.

Dopodiché ci dirigiamo verso i laghi di Bella Comba, che sono mezzi ghiacciati, per atterrare sul Belvedere, vicino alla stazione sciistica di La Thuile. Il papa, esultante, parla con Franco Garda: «I laghetti e soprattutto le cascate sono incredibili. E tutto questo in sole due ore. Mi ci vorrebbero almeno due mesi per farlo a piedi...».

Gli chiedono quale impressione gli suscita quello che ha visto. «Resta una molteplicità di impressioni. Mi è piaciuto soprattutto il Monte Bianco. Ero abbastanza tranquillo [durante l'atterraggio]. Non me lo merito.»

Mentre sta parlando, appare una signora con la figlia: hanno riconosciuto il papa. La signora dice che sua figlia viene sempre qui a sciare e che ha seguito anche dei corsi di alpinismo. Si chiama Elsa Dossetti ed è di Lodi. Il papa le saluta. Se ne vanno molto emozionate. La conversazione con il pilota e Garda riprende. Il pilota racconta che una settimana fa non era possibile atterrare sul Monte Bianco a causa delle condizioni meteorologiche. E chiede al papa: «Lo rifaremo, Santo Padre?». Il papa ride: «Abbiamo dovuto aspettare che il papa compisse 70 anni per venire qui. Vi ringrazio, vi ringrazio di tutto cuore».

Il papa si mostra interessato alle cause più frequenti degli incidenti in montagna e alle nuove tecniche di arrampicata libera. Osserva che «la montagna ispira adorazione, è un'espressione naturale della grandezza di Dio». Garda dice: «Ci si sente più vicini a Dio». E il papa: «Indubbiamente, sarebbe un vero peccato se scomparisse lo spirito del sacro, che ci rimanda a Qualcosa… Sono davvero profondamente grato».

Arriva una famiglia francese. Parlano in francese con il papa, rievocando il suo primo viaggio in Francia, dieci anni fa. E poi appare il vescovo di Vercelli con un carmelitano che sta predicando esercizi spirituali in un posto lì vicino. Sembrava un luogo solitario, invece è più affollato di una strada di Roma!

Ci mettiamo in marcia. Gli elicotteri scompaiono e inizia la vera escursione della giornata: Belvedere, stazione sciistica di La Thuile, discesa a La Thuile. Mentre pranziamo, decido che andrò dai giornalisti. Li avviso al telefono che sarò da loro tra le quattro e mezza e le cinque. Scendo da solo e trovo ad aspettarmi una jeep della guardia forestale.

Andiamo piuttosto veloci, ma la strada da fare è lunga e arrivo alle cinque e un quarto. Mi stanno aspettando e racconto loro dell'escursione al Monte Bianco e del resto. Due giornalisti – del «Giorno» e del «Tempo» – si scusano per lo «scherzo» che mi hanno fatto: nei loro articoli dell'altro ieri hanno riferito la parolaccia che mi era sfuggita durante il nostro ultimo incontro.

18 luglio, mercoledì. Salita alla Pointe de la Pierre (2660 m), a Colle del Drinc (2800 m), alla stazione sciistica di Pila. In cima alla montagna c'è una vista a 360 gradi: ci sono tutti i monti e gli itinerari di questi giorni, dal Monte Bianco al Monte Rosa. Mentre inizia a salire, il papa saluta un giovane marocchino che sta lavorando nei campi; il giovane ricorda al papa il suo viaggio a Casablanca, gli insegna la confessione che riassume la fede musulmana (*La ilaha illa Allah*) e a salutare in arabo.

Raggiungiamo la vetta alle due meno un quarto. Trattandosi di una montagna relativamente impervia, di tanto in tanto il papa si ferma per ritrovare il ritmo della respirazione. «Però non sto sudando» dice. «Ieri invece sul Monte Bianco sì che mi è mancato il fiato, mentre recitavo il *Te Deum*.»

C'è vento e, quando si ferma di nuovo, gli metto sulle spalle il mio impermeabile. Arrivati in cima, recita un'*Ave Maria* e pronuncia tre invocazioni: *Regina Italiae, Regina Poloniae, Regina Mundi*, a cui tutti rispondiamo. E facciamo una foto di gruppo.

Durante la salita, padre Tadeusz mi dice che ieri, sul Monte Bianco, il papa era euforico. Era il giorno di Santa Edvige. Pensava a quello spirito immanentista che ha portato di guerra in guerra. Ha ricordato i documenti di Pio XI sul fascismo e sul nazismo: *Non abbiamo bisogno* e *Mit brennender Sorge*. Al ritorno, ha parlato di questi argomenti durante la cena.

19 luglio, giovedì. Splendida escursione: Arp Vieille, Costone Mont Pelà, lago di San Grato, Grand Alpe, da Bonne a Valgrisenche. Attraversiamo una zona innevata. Realizziamo delle piste molto grandi per evitare che il papa scivoli. Quando passa, rifiuta l'aiuto che gli diamo. Alle dodici meno un quarto riceviamo via radio la notizia che il presidente italiano Francesco Cossiga, che oggi incontra Mitterrand in occasione dell'anniversario della costruzione del traforo del Monte Bianco, ha inviato un messaggio di saluti al papa. La risposta viene scritta a pochi chilometri di distanza:

> Il Santo Padre ringrazia e augura una felice giornata al presidente Cossiga e al suo omologo francese Mitterrand, congratulandosi per il venticinquesimo anniversario della costruzione del traforo del Monte Bianco, che ha unito due popoli in un auspicio di pace, amicizia e gioia. Il Santo Padre celebra questo storico incontro fra Italia e Francia dalle montagne italiane che lo ospitano, molto vicine al confine francese.

L'escursione è stata bellissima. Arrivando al lago di San Grato, Stanisław dice: «Il dottor Navarro mi aveva chiesto di fargli una foto con il papa. Questo è il momento». Prende la mia macchina fotografica e ne scatta un paio.

20 luglio, venerdì. Si riparte per Roma. Prima, al mattino, il papa celebra la Santa Messa accanto alla casa in cui ha alloggiato, invitando solo le persone che si sono occupate di tutto in questi giorni, senza la presenza delle forze dell'ordine o delle autorità.

Agevolo l'ingresso di diversi giornalisti: Pisano dell'ANSA, Mazza di «Avvenire», quello di «Famiglia Cristiana» e quello della RAI di Aosta. Quest'ultimo chiede al papa della sua preghiera sull'Europa e il papa risponde a lungo.

Dopo la colazione, fa una breve passeggiata e coglie l'occasione per sedersi nello stesso posto dell'anno scorso e leggere un po'.

In questa atmosfera di commiato, suggerisco a Dziwisz che il papa potrebbe inviare una piccola immagine della Madonna come dono per la minuscola edicola che ha visitato ieri, vicino al lago di San Grato. Concorda che sarebbe un bel gesto per queste persone.

Passiamo in rassegna i viaggi previsti per il prossimo anno: maggio, Polonia; giugno, Giamaica; agosto, Polonia e Ungheria, con la possibilità di andare a Fátima nel decimo anniversario dell'attentato; e poi Madeira e le Azzorre. A tal proposito, faccio notare che stiamo inserendo nel computer un elenco di tutti gli atti del pontificato.

Parlo un attimo con il papa dei documenti che intende pubblicare nei prossimi mesi. Gli dico che sarebbe opportuno che i documenti degli altri organismi della Curia fossero pubblicati in tempi diversi, non nello stesso momento; e gli dico che a volte si ha l'impressione che «alcuni documenti dei dicasteri siano scritti solo per dimostrare che si lavora».

«No,» dice il papa «ci sono documenti redatti con grande cura, dedicandoci del tempo.»

È stata una bella lezione per l'imprudenza che ho dimostrato formulando un giudizio affrettato: non l'ho mai sentito pronunciare un giudizio critico sulla Curia o sulle persone che ne fanno parte.

XVIII
«Le certezze di Gesù Cristo»
(1990)

Con i filosofi a Castel Gandolfo
13-14 agosto 1990

Si tiene a Castel Gandolfo il «temuto» (da me) incontro filosofico organizzato da don Tadeusz, che mi aveva chiesto di parteciparvi durante i giorni passati insieme in Valle d'Aosta. Come sospettavo, il linguaggio è molto tecnico. Noto che al papa piace questa atmosfera accademica, dove tutti parlano liberamente di ciò che pensano. È un incontro tra grandi saggi, con un professore e saggio d'eccezione.

Dopo la messa, celebrata nel cortile d'ingresso della villa pontificia, è il momento della colazione con il papa. Qualche minuto di libertà e alle dieci iniziano le sessioni, sotto tre araucarie che ombreggiano un angolo del giardino sul retro.

Poltrone di vimini uguali per tutti; solo quella del papa è un po' diversa. Tre microfoni portatili; un tavolo per l'oratore, che normalmente parla in piedi. Una breve preghiera all'inizio della prima sessione. Una pausa di venti minuti intorno alle undici. Si continua fino all'una, ora in cui il papa eventualmente fa un po' di esercizio fisico… magari in piscina.

Pranzo con il Santo Padre, pausa fino alle cinque, seguita da una sessione sulla terrazza con vista sul lago fino alle sette e mezza; poi cena con il papa alle otto e un quarto e fine della giornata. Due giorni così.

Il papa porta la talare bianca, senza croce pettorale e senza zucchetto, e ciabatte di feltro polacche decorate con motivi floreali (per inciso, talmente consumate che chiedono a gran voce di essere sostituite). Di ottimo umore. Rilassato. Molto sorridente. In vena di battute e dimostrazioni d'affetto. Partecipa alle sessioni come uno qualunque, talvolta ponendo domande. La maggior parte del tempo, però, si limita ad ascoltare l'oratore.

Tra i partecipanti c'è suor Emilia Ehrlich, orsolina, che lavora nella Segreteria di Stato ed è nata a Leopoli, in Ucraina, quando la città faceva parte della Polonia. Dopo la guerra si fece suora. Ha aiutato il papa, a Cracovia, per le note del libro *Persona e atto*. Apprezza molto – dice – la mia «fedeltà al papa»... Cerco di dirle che sono io che apprezzo la sua, ma non faccio in tempo perché veniamo interrotti da qualcuno.

Verso l'ora di pranzo arriva un altro invitato: padre Josef Zvěřína, ceco, 77 anni, uno dei firmatari di «Charta 77», il documento in difesa dei diritti umani.[1] Dopo aver trascorso gran parte della sua vita in carcere, prima vittima dei nazisti – dal 1942 al 1943 – e poi per ventidue anni del regime comunista, per «alto tradimento e spionaggio», venne rilasciato nel 1965 e visse un breve periodo di normalità presso la facoltà di Teologia di Litoměřice, nel 1968. Nuovamente perseguitato durante la «normalizzazione» ceca degli anni Settanta, dal 1975 gli fu vietata ogni attività sacerdotale. Dalla scorsa primavera è preside onorario della facoltà di Teologia di Litoměřice.*

Il papa ci presenta e andiamo in sala da pranzo. Durante il pasto fa domande sullo stato della teologia nelle istituzioni educative ceche. Zvěřína dice che la situazione è negativa, ma non per le ragioni che si osservano in Occidente, bensì perché il livello adesso è basso. Qualcuno chiede al papa se Gorbačëv è agnostico. Il Santo Padre racconta che Gorbačëv gli ha parlato della necessità della dimensione spirituale nella vita. Qualcuno dei presenti commenta che c'è bisogno di una teologia slava. Il papa risponde che forse i teologi slavi non hanno prodotto molto, ma almeno hanno avuto il dono del discernimento: hanno saputo conservare il buono e rifiutare ciò che è cattivo.

A pranzo e negli interventi delle varie sessioni si parla in tedesco e in italiano. Entriamo e usciamo nel giardino della casa attraverso una porta vicino alla cucina, dove ci sono cassette di frutta, sacchi, pacchetti, ecc. Anche il papa passa da lì. Mi sembra di stare nella casa di campagna di una grande famiglia numerosa, non in un palazzo pontificio.

* Padre Zvěřína morì improvvisamente il 18 agosto, pochi giorni dopo questo incontro a Castel Gandolfo.

Il giorno seguente, a colazione, si discute delle difficoltà nella vita della Chiesa. Il papa distingue tra difficoltà esterne e interne. Tra le prime, al momento, c'è la proliferazione di sette di vario tipo, specialmente in America Latina. Uno dei presenti dice che vanno contro la dottrina sociale della Chiesa. Si parla di teologi e qualcuno commenta che Küng ha scritto pagine molto belle. Il papa dice che una cosa è il fascino della bellezza formale e un'altra il fascino della verità, che è, «per così dire, il fascino della Verità autentica». Poi si parla delle difficoltà interne alla Chiesa: disobbedienza, contestazione...; «ma questo è normale» (nel senso che ci saranno sempre).

Durante il pranzo dell'ultimo giorno, il papa prende la parola per un momento: «Da stamattina ho in testa qualcosa che vorrei dire. Oggi è la festa di San Massimiliano Kolbe, quel francescano umile e semplice. I suoi stessi confratelli dicevano che era un "pazzo", sì, un "pazzo" pieno di amore per Dio. E ad Auschwitz, con il suo comportamento, fu come un anticorpo alla barbarie. E mi è venuta in mente questa idea: di fronte al male che vediamo oggi nel mondo, di fronte al potere del principe di questo mondo che è entrato anche all'interno della Chiesa, abbiamo bisogno di quegli "anticorpi" che, con il loro agire, resistono e offrono una soluzione. Volevo dirlo da stamattina e lo dico ora a pranzo» conclude con un sorriso «in modo che "si possa digerire meglio"».

Nel pomeriggio, prima dell'inizio della sessione, saluto il papa e torno a Roma, in parte perché ho delle faccende da sbrigare e in parte... perché un dibattito filosofico di due giorni è troppo, per me. Prima di partire, il papa mi dice che dobbiamo occuparci di alcune reazioni negative in Francia alla consacrazione della Basilica di Nostra Signora della Pace, durante il viaggio in Costa d'Avorio. Non gli sfugge nulla.

I problemi del VIS
20-27 agosto 1990

Continua il percorso a ostacoli del Vatican Information Service, l'idea che avevo da anni e che ora è in fase di realizzazione. Il VIS risponde a una grande esigenza di comunicazione tra Roma e i vescovi, e ha ottenuto uno stanziamento di fondi molto generoso, che io stesso avevo richiesto a Derksen.

Il problema sta in queste complicazioni della Curia, che derivano – in larga misura – dalla mancanza di una metodologia di lavoro. Non è chiaro chi abbia l'ultima parola e i problemi passano da un ufficio all'altro senza che nessuno si assuma la responsabilità di decidere.

27 agosto. Stanisław mi chiama al mattino per andare a cena con il papa a Castel Gandolfo. Sono l'unico ospite. Lo trovo molto in forma: riposato, abbronzato, rilassato. È l'effetto dei giorni trascorsi a Castel Gandolfo, dove può camminare e nuotare, oltre che lavorare molto. Guardiamo l'apertura del telegiornale.

Non appena iniziamo la cena mi chiede del VIS. Gli spiego la situazione. Il papa dice: «Allora dobbiamo dire una parolina...». E la cosa finisce lì. Mi conferma che tempo fa Derksen è andato a trovarlo a Castel Gandolfo e che era disposto a coprire i costi.

Tanzania, Burundi, Ruanda e Costa d'Avorio
1-10 settembre 1990

Durante il tragitto da Roma a Malta, dove facciamo scalo, si scatena un temporale con tuoni e fulmini impressionanti. I piloti dicono a Dziwisz che si tratta della peggior tempesta che abbiano mai visto.

Come al solito, all'inizio del viaggio parlo con il papa. Ci confrontiamo su alcuni dei temi di attualità che probabilmente emergeranno nelle domande dei giornalisti: i rapporti con l'Islam, la situazione nel Golfo (Iraq, ecc.), l'incontro con Wałęsa e il futuro della Polonia.

1-5 settembre, Tanzania. Stiamo in questo bellissimo paese dal 1° al 5 settembre. Il papa ordina un gruppo di sacerdoti a Dar es Salaam, incontra rappresentanti di altre confessioni, amministra il sacramento della Cresima a un centinaio di giovani. Una Chiesa saldamente radicata, con vocazioni religiose e sacerdotali, soprattutto a Moshi, dove il papa durante l'omelia fa un breve riassunto della storia dell'evangelizzazione in questo paese. Siamo arrivati un secolo fa e tutto ciò che vediamo – dice – è divenuto realtà con «pazienza, perseveranza e umiltà».

Durante un intervallo parlo con Casaroli dell'Ostpolitik. Mi racconta degli anni Sessanta, quando viaggiava spesso nei paesi dell'Est. Era inviato da Paolo VI, che alcuni cardinali consideravano «un papa antipolacco». Paolo VI rispondeva: «Non lavoriamo per la gloria umana». Un'allusione al problema dei confini tra le diocesi polacche e tedesche nel 1972.

5 settembre, Burundi. Lasciamo la Tanzania per andare in Burundi. Il sacerdote che ci accompagna – segretario della Conferenza episcopale – mi dice che sono molto contenti della visita. La gente sapeva dell'esistenza di un papa e si chiedeva come fosse: ora lo ha visto da vicino. In Europa appare spesso in televisione, ma qui ben pochi avevano potuto osservare una sua fotografia. Insieme alla curiosità c'è il bisogno umano di vedere con i propri occhi, e questo spiega la presenza di tante persone che non sono nemmeno cattoliche.

7-8 settembre, Ruanda. L'8 settembre parla dell'AIDS ai giovani ruandesi che lo ascoltano allo stadio nazionale Amahoro:

> Il Ruanda, come ahimè troppi paesi africani, deve far fronte al flagello dell'AIDS. Vi esorto a testimoniare tutta la vostra simpatia, il vostro aiuto e la vostra solidarietà ai vostri fratelli e sorelle colpiti dall'AIDS, e ai sieropositivi che conoscono l'angoscia. Vi invito con insistenza a pregare con me per coloro che sono colpiti da questa terribile malattia. Incoraggio di tutto cuore, esprimendo loro la mia stima, le persone che curano i malati e li sostengono moralmente. Spero veramente che le ricerche in biologia e in medicina giungano presto alla scoperta di un rimedio efficace contro questo male.

8-9 settembre, Costa d'Avorio. Il funzionario per l'informazione legge un discorso pungente e sarcastico. Mi rendo conto che il papa corre rischi enormi in questi viaggi. Lavora senza rete. Alla fine, il papa improvvisa qualche parola di risposta e aggiunge: «Ci sono cose che si possono capire solo se le si legge in ginocchio».

Basilica di Yamoussoukro. È bellissima. È stata una decisione personale del presidente Houphouët-Boigny. La basilica appartiene alla diocesi di Bouaké, istituita nel 1955.

11 settembre. Siamo tornati a Roma verso mezzanotte e sono andato a letto dopo l'una. Questa mattina, alle nove, quando ancora dormivo, mi chiamano per dirmi che mi aspettano a pranzo a Castel Gandolfo con il papa. Verranno anche Sepe e Agnes. Naturalmente si parla del viaggio.

Nel corso della conversazione, dico che ci sono state due questioni rischiose in termini di opinione pubblica: una prevista (la basilica di Yamoussoukro) e l'altra imprevista (il discorso del funzionario). Per quanto riguarda la prima, eravamo riusciti a preparare qualcosa; la seconda, a dire il vero, non ha avuto grande eco.

Il papa è costretto ad alzarsi da tavola all'inizio della seconda portata, a causa delle quasi inevitabili infezioni intestinali che si contraggono nei viaggi in Africa. Mi rattrista vederlo così. Torna qualche attimo dopo. Non mangia nient'altro e parla soprattutto dei missionari, esprimendo una preoccupazione. Le giovani Chiese africane, dice, «sono nate grazie allo zelo apostolico dei missionari europei: temo che, a volte, queste Chiese autoctone, che non sono più Chiese di missione, non abbiano lo zelo e l'animo necessari per portare alla fede i loro fratelli animisti».

Con Gianni Pasquarelli
25 settembre 1990

Vado a Castel Gandolfo per pranzare con il papa insieme a Gianni Pasquarelli, che da pochi mesi è stato nominato direttore generale della RAI.

Durante i cinquanta minuti di viaggio parliamo della situazione in Italia, della RAI e del papa. È davvero entusiasta di questo pranzo. Arriviamo in tempo utile per fare una passeggiata intorno al lago.

A pranzo ringrazia il papa, in quanto giornalista cattolico, per i cambiamenti nell'Europa orientale, che attribuisce in gran parte al suo intervento. Sorridendo, il papa gli dice che non può accettare che tutto sia dovuto al suo intervento. Poi Pasquarelli lo ringrazia anche per il suo «pontificato di certezze». Il papa risponde: «Sono le certezze di Gesù Cristo».

XIX
Un incontro difficile
(1991)

Guerra del Golfo e Kiev
21 gennaio 1991

Cena con il papa. Oggi il menu dei temi è molto variegato: la guerra del Golfo; il ritorno del cardinale Liubačivs'kyj in Ucraina; le prossime encicliche; l'attività della sala stampa.

Guerra del Golfo. Il papa è rattristato dall'evoluzione del conflitto. Saddam Hussein[1] ha risposto alla sua lettera, ma l'iniziativa non ha dato frutti. La risposta è arrivata sabato da Mosca, dove avevano ricevuto il messaggio di Hussein dalla loro ambasciata in Iraq, via radio. Il testo parla della dignità del popolo arabo.

Gli riferisco le reazioni suscitate dal suo intervento e i prevedibili sviluppi di questa guerra. Milioni di persone in tutto il mondo si aspettano che il papa continui a parlare in favore della pace e della giustizia.

Cardinale Liubačivs'kyj. Liubačivs'kyj, successore di Slipyj, lascia l'esilio romano e torna a Kiev. Suggerisco che forse è opportuno che la Santa Sede sia rappresentata, in modo che questo ritorno non venga interpretato in chiave solo locale. Il papa dice che dovrebbe essere presente Colasuonno, tra gli altri, e ci parla della situazione dell'Ucraina, dando prova di una sorprendente conoscenza della sua storia e della vita della Chiesa in quel paese.

L'agenda di quest'anno. Il programma prevede due encicliche e quattro viaggi: Portogallo, Polonia, Ungheria e Brasile. L'enciclica di carattere sociale sarà pubblicata in aprile; quella sulle questioni morali prima o dopo l'estate, non si sa ancora. Il papa dice che questa seconda enciclica non sarà come le precedenti, che erano documenti di teologia spirituale, ma avrà un carattere dottrinale.

Dovrà preparare bene la loro presentazione, gli suggerisco. Forse bisognerà andare in qualche paese europeo, come la Germania, per smuovere le acque e ottenere un po' di collaborazione. Si dice d'accordo.[2]

Sala stampa. Diversi paesi hanno sottoscritto un abbonamento ai servizi offerti dal VIS. Ne è contento. A mio avviso, occorre passare da un approccio puramente reattivo – aspettare che arrivino notizie negative e smentirle – a un approccio proattivo, in cui ai media vengono fornite molte informazioni utili e interessanti sulla Chiesa. Annuisce e aggiunge: «È come nell'attività pastorale: prima bastava che il sacerdote aspettasse i fedeli e si occupasse di loro, ora bisogna andare a cercarli».

All'uscita dalla cappella, dopo aver pregato per qualche minuto, come di consueto, gli suggerisco di riposare. «Ma se abbiamo sciato per un giorno intero!» dice con una risata, riferendosi alla giornata che ha trascorso fuori dal Vaticano... lo scorso dicembre.

Colazione con Cossiga
4 febbraio 1991

Sabato scorso Ludovico Ortona, consigliere per l'informazione del presidente della Repubblica, mi ha telefonato per invitarmi a colazione con Francesco Cossiga al Quirinale alle nove meno un quarto di oggi. Mi ha chiesto di inviargli una copia di tutto quello che il papa ha detto sulla guerra del Golfo.

Abbiamo fatto colazione in una saletta. Cossiga, simpatico come sempre, mi espone la questione senza indugio: la posizione del papa sulla guerra del Golfo ha messo la Democrazia cristiana in una situazione scomoda, perché il Partito comunista ha adottato la stessa linea del papa, mentre loro...

Il presidente mi ha descritto in maniera elegante la curiosa situazione che vede un Partito comunista favorevole alla posizione del papa mentre alcuni democristiani sono contrari, soprattutto quelli in primo piano: Andreotti, come capo del governo; Forlani, come presidente della Democrazia cristiana; lui stesso, come presidente della Repubblica; e Rognoni, come ministro della Difesa. «Il papa non potrebbe dire almeno che l'Iraq deve abbandonare il Kuwait?» Gli basterebbe questo.

La conversazione è durata un'ora e mezza e Cossiga ha affrontato le questioni con sorprendente chiarezza: mi ha detto che Andreotti lo aveva chiamato chiedendogli di fare in modo che il papa rilasciasse questa dichiarazione. Capisco la sua posizione, ma capisco anche – e condivido pienamente – la posizione del papa sulla guerra.

Con Maria Antonietta Macciocchi
8 febbraio 1991

Questa mattina Stanisław mi ha chiamato per sapere se potevo accompagnare la scrittrice Maria Antonietta Macciocchi, invitata a cena dal papa.[3] Chiamo Macciocchi, che non conoscevo personalmente, e ci mettiamo d'accordo. È emozionatissima. Durante la cena si parla soprattutto di Albania, della lettera apostolica *Mulieris Dignitatem* e dell'ipotesi di un libro intervista al papa.

L'eterna manipolazione
14 febbraio 1991

Ieri c'è stato un nuovo bombardamento in Iraq. Molte vittime civili. Terribili immagini in televisione di persone carbonizzate. Gli Stati Uniti sostengono che l'edificio colpito era un centro per le comunicazioni dell'esercito iracheno. Questa mattina mi ha chiamato Paolo Frajese, che ha condotto molto bene il TG1 di ieri sera. Mi congratulo e lui mi dice che Cossiga si è irritato per il modo in cui è stata data quella notizia, benché, aggiunge Paolo, non abbiano mandato in onda tutte le immagini che avevano, soprattutto quelle più scioccanti.

Capisco bene che in alcune circostanze tali reazioni possano essere motivate dalla volontà di raggiungere un bene superiore, ma al contempo mi rattrista che si giochi in questo modo con l'opinione pubblica. È la solita storia: la presentazione delle informazioni in base a determinati interessi politici.

Con i vescovi dell'area del Golfo
19 febbraio - 6 marzo 1991

19 febbraio. Questa mattina abbiamo reso pubblico l'appello del papa affinché i vescovi dell'area del Golfo, e degli altri paesi coinvolti, si incontrino a Roma per esaminare le conseguenze di questa guerra e adottare le iniziative necessarie per affrontarle.

È una caratteristica distintiva di Giovanni Paolo II: il problema – ossia la guerra – non è ancora superato; eppure, lui si sta già predisponendo per trovare il modo di risolverne le conseguenze. È inedita anche la velocità con cui l'apparato curiale sta passando dal piano delle riflessioni a quello delle decisioni.

4 marzo. Ho trascorso quasi l'intera giornata nella Sala Bologna, nella terza loggia, seguendo gli interventi dei patriarchi e dei vescovi dei paesi più direttamente coinvolti nella guerra del Golfo.

Il papa rimane tutto il tempo in silenzio. Ascolta attentamente gli interventi, prega. A volte sembra preoccupato. A un certo punto, forse perché mi vede con la faccia seria o stanca, mi guarda divertito, strizzando l'occhio.

5 marzo. Dziwisz mi chiama al mattino: «Puoi venire a cena?». «C'è un argomento specifico?» gli chiedo. Non lo sa. Trascorro il resto della giornata con i vescovi. Nel pomeriggio lavorano al testo finale, redigendolo sotto forma di comunicato. Finiscono dopo le sette e mezza.

All'inizio della cena, senza drammatizzare e in tono scherzoso, dico al papa che è assurdo che uno degli oratori mi abbia dato solo un riassunto di dieci righe del suo discorso, che era uno dei più importanti. Il papa sorride e mi spiega che non c'è stato molto tempo per preparare questo incontro. Poi mi chiede come potrebbero concludersi i colloqui. Intuisco che è questo il «tema» della cena. Vuole ascoltare nuove idee e suggerimenti sull'argomento.

Gli dico che, a mio avviso, c'è solo una persona al mondo capace, agli occhi dell'opinione pubblica, di riscuotere l'attenzione di tutti: lui stesso. Per questo motivo gli suggerisco di chiudere l'incontro di persona e nel modo più solenne possibile. Potrebbe farlo domani, per esempio, durante l'udienza generale, dedicando il suo discorso a questo tema.

Gli sembra una buona idea. Dziwisz approva il suggerimento e fa notare che Monduzzi dovrebbe essere avvisato immediatamente, perché l'udienza generale verrà preparata come al solito; inoltre, bisognerà chiedere a Tauran[4] di preparare il discorso. «Tauran» osserva «mi ha detto che lavora di notte. Così mi ha detto.» Il papa reagisce con una battuta, agitando le mani in segno di diniego: «Be', io no. Di notte, mai. Non lavoro mai di notte».

Aggiungo che il papa, nel discorso, potrebbe fare un riferimento a un suo possibile viaggio a Gerusalemme: non annunciando un nuovo viaggio, ma esprimendo il desiderio di recarsi in pellegri-

Giovanni Paolo II aveva un grande senso dell'umorismo e sapeva apprezzare con spontaneità le battute di chi lo circondava. In questa occasione, il Santo Padre ride divertito a una frase di Joaquín Navarro-Valls.

Un compito fondamentale del direttore della sala stampa della Santa Sede era quello di riferire sulle udienze del papa con i leader mondiali. La fotografia cattura un momento dello storico incontro di Giovanni Paolo II con Michail Gorbačëv, ultimo presidente dell'Unione Sovietica. Navarro-Valls prende discretamente nota dello scambio di auguri per informare in seguito i giornalisti.

Gli incontri con i
giornalisti si svol-
gevano in occasione
di conferenze stam-
pa (nella prima foto
quella con Václav
Havel, l'ex presiden-
te cecoslovacco) o in
circostanze più infor-
mali. Durante le va-
canze in montagna
con il papa, veniva-
no spesso utilizzati i
locali di una caffette-
ria o di un ristorante.

Le conferenze stampa durante i viaggi internazionali erano un momento molto atteso dai giornalisti. Con il passare degli anni, si riuscì a organizzarle sempre meglio, facendo in modo che si svolgessero con un certo ordine senza perdere spontaneità.

Al papa piaceva invitare di tanto in tanto a cena alcuni giornalisti per parlare di temi d'attualità e del suo ministero. Qui Navarro-Valls accompagna il leggendario Indro Montanelli.

Con l'editore Leonardo Mondadori e lo scrittore Vittorio Messori durante la presentazione de libro intervista *Varcare la sogli. della speranza.*

Ultimo incontro con la stampa, poche ore prima della morte di Giovanni Paolo II. «Alle dodici e mezza, quando c'è il briefing con i giornalisti, regna un grande silenzio. Dico che immagino avranno molte domande, ma che risponderò solo a un paio. Non ricordo la prima. La seconda me l'ha rivolta Andreas English, un giornalista tedesco. "Dal punto di vista personale, come vive questo momento?" È allora che la tensione si spezza, e perdo il controllo delle emozioni. … Le parole escono a singhiozzo, ho un nodo in gola.»

La presidente del Nicaragua, Violeta Chamorro, è cordialissima e molto affettuosa con l papa durante il ricevimento. Ma poi, quando si rende conto che sono spagnolo, mi ri-volge un'autentica filippica ... non comprende, mi dice, come permettiamo che il papa avori tanto alla sua età. Dovremmo prendercene più cura, farlo riposare.»

u Madre Teresa: «È un privilegio averla conosciuta. Ricordo sempre le sue parole, in isposta alla mia domanda su come riassumeva il suo lavoro con i più diseredati: "Fare n modo che queste persone, che hanno vissuto maltrattate come bestie, possano mori-e come quello che sono, come figli di Dio, e cioè puliti, pettinati, nutriti"».

Accompagnare il papa durante le vacanze estive era un'occasione privilegiata per intrattenere lunghe conversazioni con lui. Questi colloqui aiutavano Navarro-Valls a comprendere meglio il pensiero del Santo Padre e a perfezionare il proprio lavoro.

Per Giovanni Paolo II i giorni in montagna erano il miglior regalo che potesse ricevere, anche quando il suo stato di salute gli impediva di goderseli appieno. A contatto con la natura, con la sua imponenza e bellezza, il papa vedeva la mano creatrice di Dio.

Durante le giornate in montagna il Santo Padre era accompagnato dal personale essenziale, poiché cercava di mantenere un clima familiare, ma non poteva fare a meno degli addetti alla sicurezza. Sapeva comunque trovare un momento per scattare una foto insieme, chiacchierare e talvolta anche cantare con loro tradizionali melodie alpine.

Ogni giorno venivano organizzate escursioni di diverse ore su sentieri poco battuti, ma di tanto in tanto si verificavano incontri inaspettati con abitanti del posto o escursionisti, che a volte si concludevano davanti a un tè o a un cappuccino.

In diverse occasioni, Giovanni Paolo II sorprendeva – e anche faceva trasalire – gli accompagnatori per la sua audacia nell'affrontare i passaggi più difficili delle escursioni. Era comunque evidente l'esperienza che aveva acquisito molti anni prima in montagna.

Le semplici croci di legno che spesso si trovano sui sentieri di montagna erano come una calamita per Giovanni Paolo II. Si avvicinava a loro, le toccava, si raccoglieva un po' in preghiera e, a volte, quando se ne andava, tornava come se si fosse ricordato ancora qualcosa che voleva comunicare. Questi episodi impressionarono Navarro-Valls al punto che, negli ultimi giorni della sua malattia, volle avere sul comodino la foto che compare nella pagina precedente, scattata proprio da lui.

Insieme alle escursioni e alle passeggiate, la lettura era l'attività preferita di Giovanni Paolo II nei periodi di riposo. Durante l'anno, selezionava alcuni libri da leggere nei mesi estivi.

Nonostante lo conoscesse da più di vent'anni, Navarro-Valls ha sempre ammirato – tra le altre qualità – l'umiltà di Benedetto XVI, il «papa intellettuale» che sapeva accogliere con semplicità i suggerimenti dei suoi collaboratori.

Pur avendo lavorato con Benedetto XVI per poco più di un anno, il portavoce del papa ha potuto accompagnarlo in diversi viaggi internazionali e durante il suo periodo di riposo estivo in Valle d'Aosta. Il pontefice gli aveva chiesto di rimanere in carica ancora per alcuni mesi, fino a quando non avesse trovato un successore.

Navarro-Valls con alcuni collaboratori il giorno del suo addio alla sala stampa della Santa Sede.

Con il gesuita padre Federico Lombardi, che gli è succeduto alla guida della sala stampa della Santa Sede, e con Valentina Alazraki, una dei due vaticanisti che hanno accompagnato Giovanni Paolo II in tutti i suoi viaggi internazionali.

naggio nella Città Santa e incontrarsi con i suoi confratelli arabi ed ebrei. Lui osserva che, in realtà, durante questo viaggio vorrebbe seguire il percorso descritto nella Bibbia. Potrebbe iniziare a Ur, in Mesopotamia, poi andare in Terra Santa, pregare a Gerusalemme, salire sul monte Sinai e terminare a Damasco. Ci aveva già parlato di questo suo desiderio durante un pranzo a Castel Gandolfo.

6 marzo. Oggi, al termine dell'incontro tra i vescovi dell'area del Golfo e degli altri paesi coinvolti, nella Sala delle Udienze, il papa ha espresso il desiderio di recarsi in pellegrinaggio in Terra Santa.

Subito dopo abbiamo tenuto una conferenza stampa insieme al patriarca latino di Gerusalemme, Michel Sabbah;[5] Tauran; l'arcivescovo di Glasgow, Winning; il presidente della Conferenza episcopale degli Stati Uniti, Pilarczyk; e un altro vescovo del Libano. Quando gli viene chiesto quali siano le condizioni affinché il viaggio del papa possa realizzarsi, Sabbah chiarisce che la questione chiave è la pace e che solo allora potrà invitare il papa a Gerusalemme. Tauran interviene dicendo che c'è stata un'evoluzione nella posizione della Santa Sede: non si invoca più un *corpus separatum* per Gerusalemme – vale a dire che sia sottoposta a un regime internazionale, come aveva chiesto l'ONU nel 1947 –, ma solo una garanzia internazionale che permetta di definire la peculiarità, in termini di significato religioso, di quella città.

Con Mieli, direttore della «Stampa»
11 marzo 1991

A pranzo con Paolo Mieli, che capisce a cosa mi riferisco quando gli dico che il suo giornale («La Stampa» di Torino) di solito informa in maniera piuttosto scarna sulle questioni riguardanti il Vaticano. Mi chiede di restare in contatto con lui e di metterlo al corrente su alcune di tali questioni, che potrebbero sfuggirgli.

La difesa della vita e la minaccia delle sette
4-8 aprile 1991

Da Roma i problemi si vedono in una prospettiva più ampia, lontani dal loro luogo d'origine, dove l'influsso dell'opinione pubblica locale e il peso dei problemi stessi vengono vissuti più fortemente. Riflettevo su questo durante il concistoro straordinario, incentrato sulla difesa della vita e sulla minaccia delle sette, a cui partecipano tutti i cardinali. Perlomeno tutti quelli che sono riusciti a venire: sono 112, compresi gli ultraottantenni, che non entrerebbero in un eventuale conclave.

La relazione introduttiva di Ratzinger è magnifica. Sono convinto che, al di là delle discussioni, degli interventi e delle conclusioni che si possono trarre, sia l'incontro con il papa a stimolare particolarmente i cardinali. Oltre a manifestare l'unità di vedute, è un'«infusione» di spirito e solidità per la predicazione della fede.

Anche se non dice nulla durante le sessioni, la presenza del papa è d'incoraggiamento per tutti. Ascolta con attenzione gli interventi e, in alcuni momenti, recita discretamente il rosario.

Nella sua allocuzione, Ratzinger suggerisce di chiedere formalmente al papa di scrivere un'enciclica sulla difesa della vita. Suppongo che ne abbia già parlato con lui prima del concistoro. La proposta viene discussa e tutti sono favorevoli. Il gruppo dei francesi è l'unico che preferisce un documento di tipo diverso, non con la forma dell'enciclica. Dopodiché i cardinali si interrogano se sia necessario, prima di proporre un tale documento, consultare le conferenze episcopali. Si ricerca la piena unanimità, di fronte alla gravità dei numeri relativi agli aborti al giorno d'oggi: tra i 30 e i 50 milioni all'anno.

6-8 aprile. I cardinali hanno deciso di diffondere un comunicato su quanto discusso in questi giorni. È stato preparato oggi da me e da Livio Melina,[6] con l'aiuto di Elio Sgreccia.[7] La formulazione ha un tono fermo ed è piuttosto lungo. Il papa fa una sola aggiunta al testo. Suggerisce di inserire questa idea: la Chiesa non ignora il problema demografico. Terminiamo alle nove e mezza di sera. Domenica 7 aprile diramiamo il comunicato e il giorno seguente, durante la conferenza stampa, emerge chiaramente che le conclusioni di questa assemblea toccano un problema umano, non un «problema cattolico».

Domande su domande
10 aprile 1991

«Vediamo cosa ci dice la *fons informationis*.» Come al solito, il papa mi accoglie con una battuta affettuosa. Prima di sederci a cena, facciamo una visita alla cappella. Quella di oggi è particolarmente lunga. Ho l'impressione che, con il passare degli anni, il papa dedichi sempre più tempo al Signore.

«Santo Padre, domani è l'onomastico di don Stanisław» gli dico mentre ci dirigiamo verso la sala da pranzo. Mi parla di questo santo polacco, del suo martirio e dei suoi miracoli a Cracovia. La sua figura gli ricorda quella di Tommaso Becket. Poi la conversazione si sposta su altri argomenti.

Concistoro in difesa della vita. «La cosa importante» sottolinea «è stata l'unanimità e che i cardinali abbiano sollecitato un documento su questo tema. Qualche giornalista ha scritto che sembravo esitante di fronte a questa richiesta.» Lo dice in tono divertito, perché spesso deve affrontare da solo le questioni impopolari. È felice che, in questo caso, il suo intervento sia stato sollecitato dalla «base».

Viaggio in Portogallo. Si incentrerà su Fátima. Gli dico che in questo viaggio sembra esserci una componente personale che mancava in quelli precedenti. Risponde di sì, e che oltre all'aspetto biografico ci sono anche «i grandi cambiamenti avvenuti nell'Europa orientale». Ritiene che l'intercessione della Madonna sia stata decisiva in questo processo; decisiva come lo è stata nell'attentato. Gli dico che sarebbe meraviglioso se, per sottolineare questo aspetto, a Fátima potessero esserci alcuni vescovi dell'Europa dell'Est. L'idea gli piace.

Proseguo le domande. La data della prossima enciclica sociale? Il concistoro? Dopo un po', il papa si rende conto di avermi fornito informazioni su date e questioni di cui non aveva previsto di parlare, e commenta divertito: «Il direttore della sala stampa continua a carpirmi una data dopo l'altra, facendo domande su domande...».

Credo che si sottoponga a questo interrogatorio perché tali conversazioni lo aiutano a conoscere alcuni punti di vista esterni (l'opinione pubblica mondiale), che completano i punti di vista che gli arrivano dall'interno (dalla Curia). Forse desiderava affinare una sua intuizione, confermare un'informazione o conoscere la posizione di determinati media, ambienti o persone.

Tensioni svizzere
29 aprile - 1° maggio 1991

29 aprile. Tensione, nervosismo, disagio. Inizia l'incontro del papa con i vescovi svizzeri. Mi ha dato indicazione di assistere a tutte le sessioni, che si svolgono nella Sala Bologna. Negli ultimi anni, la maggioranza dei vescovi svizzeri ha ricevuto forti pressioni da parte di alcuni sacerdoti e gruppi (decanati, vicariati, ecc.) che chiedono le dimissioni di Wolfgang Haas, vescovo di Coira. Il motivo: lo accusano di promuovere una linea pastorale diversa dalla loro e di avere un atteggiamento conservatore.

A Roma hanno cercato di far capire che il «caso Haas» è solo la punta di un iceberg: la grave situazione in cui versa la Chiesa in Svizzera sotto il profilo morale e dottrinale. È per questo motivo che il papa li ha convocati a Roma, non per parlare di Haas.

Nella sessione del mattino alcuni vescovi hanno manifestato al papa il loro disappunto, perché ritengono che il programma dell'incontro eluda il caso Haas. Perfino il vescovo di Lugano, Corecco, che si è schierato con Haas su diverse questioni, nel suo breve intervento ha sottolineato la necessità che si parli di Haas. L'interessato, seduto nella sala insieme agli altri, rimane in silenzio finché non arriva il suo turno.

Dopo il suo intervento, un vescovo commenta che tutto ciò che ha detto rappresenta un insulto al suo predecessore e agli altri vescovi svizzeri. E ne chiede le dimissioni perché, a suo avviso, ha creato «un problema pastorale» all'interno della Chiesa svizzera. Come dimostra la parabola del buon pastore, aggiunge, il pastore si riconosce dalle sue pecore, e poiché nel suo caso le pecore non lo riconoscono, non può essere considerato un pastore...

Quando finisce di parlare, cala un silenzio di tomba. Ratzinger fa un gesto con le mani, come per indicare che ha un po' esagerato. Per stemperare la tensione, il papa si rivolge a lui, a voce bassissima e con il sorriso sulle labbra, con un'espressione italiana che equivale a dire che questo buon vescovo ha la testa tra le nuvole.

Il resto dei vescovi – la maggioranza – pensa che si debba fare qualcosa, perché la situazione della Chiesa in Svizzera è vicina allo scisma. Haas viene respinto perfino nella sua diocesi: quattrocento parrocchie gli negano l'accesso e l'amministrazione della Cresima. Si ha la sensazione che i vescovi temano di tornare in Svizzera senza aver risolto il problema con l'unica decisione che contemplano: le dimissioni di Haas.

La giornata si conclude in un clima gelido e di grande tensione.

30 aprile. Ma il peggio accade oggi, sul finire della mattinata. Non abbiamo potuto distribuire ai giornalisti il comunicato conciliante che avevamo preparato in sala stampa, perché non si vede alcuna via d'uscita da questo conflitto.

Durante il pranzo con il papa, il cardinale Ratzinger commenta che alcuni prelati sembrano aver «trovato un capro espiatorio per i mali della Chiesa svizzera e vogliono sacrificarlo». Si riferisce a Haas, senza citarne il nome.

Si ventila la possibilità di un comunicato congiunto. Il vescovo Bullet dice che lui non può firmarlo: tornare da Roma con un generico appello alla preghiera, senza nulla di concreto?

C'è un momento in cui il papa sembra voler intervenire, ma non lo fa. A volte segue il dibattito con il rosario nella mano. All'inizio della sessione pomeridiana, dopo la preghiera allo Spirito Santo, invoca due volte la Vergine Maria, una volta san Nicola di Flüe (uno dei tre santi patroni della Svizzera) e una volta tutti i santi e le sante.

A poco a poco, mentre si sta redigendo il testo – che viene modificato più volte –, si raggiunge un accordo. Il vescovo che si era espresso in maniera più dura contro Haas si scusa se può aver detto qualcosa che ha ferito qualcuno. Il cardinale Gantin[8] dice che, poiché la soluzione che si sta per adottare coinvolge Haas, quest'ultimo dovrebbe intervenire.

Haas prende di nuovo la parola. Racconta alcuni eventi della sua vita, dalla nomina a coadiutore (1988) all'ordinazione a vescovo da parte del papa (1990). Confessa di essere stato talvolta tentato di presentare le sue dimissioni al papa, ma di non averlo fatto perché avrebbe significato deludere il Santo Padre.

Alla fine, con sollievo di tutti, si perviene alla formulazione finale della dichiarazione congiunta.

Il papa prende la parola e spiega come ha vissuto questi due giorni. Pur riconoscendo che è stato l'incontro più difficile che si ricordi in questa sala, le sue parole sono piene di serenità. Mi colpisce il suo richiamo all'ordine soprannaturale. Non allude mai, in alcun momento, al linguaggio aspro di questi giorni. Dice ai vescovi che il Signore li aiuterà e che questo è solo un passo verso il futuro. Alla fine, alcuni vescovi abbracciano Haas.[9]

XX
Conversazione su Fátima
(1991)

«Sempre avanti!»
6 maggio 1991

Mentre aspettiamo di andare in sala da pranzo, parlo con Dziwisz del prossimo viaggio del papa in Polonia, durante il quale visiterà anche la sua città natale. In quel momento arriva il Santo Padre e ci spostiamo nella cappella, dove rimane a lungo a pregare.

Nella sala da pranzo la conversazione passa da un argomento all'altro. Pensando al recente incontro con i vescovi svizzeri, osservo che non si sa dove finisca la Provvidenza ordinaria di Dio e dove inizi quella straordinaria. Ero convinto che sarebbe stato molto difficile arrivare a una dichiarazione congiunta, accettata da tutti, perché le questioni in ballo si erano radicalizzate passando sul piano personale. Eppure, la situazione si è risolta grazie alla presenza del Santo Padre: pur non essendo intervenuto durante l'incontro, è stato il punto di riferimento. Cerco di non fare cenni specifici a persone, perché so che a lui non piace.

Appare soddisfatto del risultato, benché, aggiunge, la situazione della Chiesa in Svizzera sia ancora molto complicata, anche a causa della forte influenza di una mentalità protestante e di un *modus operandi* tipico delle strutture politiche di quel paese, con tanti comitati, delegati, ecc. Il papa mi chiede se l'incontro ha suscitato interesse nella stampa. Solo in Svizzera – gli dico – e, in parte, in Germania e Austria. In genere i grandi media non sono interessati a problematiche così locali.

Passiamo all'enciclica *Centesimus Annus*, pubblicata pochi giorni fa. Gli faccio una sintesi dei commenti apparsi sulla stampa. Alcuni americani sono rimasti sorpresi dal fatto che argomenti così diversi come l'ecologia, il debito estero, il capitale e l'interesse siano trattati in maniera organica all'interno del testo, formando un'unità di significato. Molti li consideravano temi indipendenti l'uno dall'altro, come le «virtù che impazziscono» di cui parlava Chesterton.

«È grazie all'approccio antropologico» mi spiega il papa. Credo di capire cosa intende: analizzare queste realtà tanto diverse tra loro dal punto di vista della natura umana aiuta a comprenderle in modo unitario, armonico e globale.

Mi sorprende – e glielo dico – che ci siano tante reazioni favorevoli quando il papa affronta questioni di teologia morale «sociale» e, al contrario, tante reazioni critiche quando parla di teologia morale «individuale». Mi spiega che nella teologia morale «sociale» la responsabilità dell'individuo risulta un po' sfumata, contrariamente a quanto accade nelle questioni morali individuali, come quelle di natura sessuale, per esempio. Tali questioni riguardano ogni persona nella sua individualità. Nel pensiero moderno, che si autodefinisce «umanista», c'è questa «fuga» dall'uomo e dalla sua responsabilità personale. Questo spiega – conclude – perché tante persone siano così riluttanti ad accettare le conseguenze delle proprie azioni, come «individui».

Gli racconto un'esperienza personale: quando studiavo queste materie, gli esperti non sapevano come inquadrare esattamente la cosiddetta «dottrina sociale della Chiesa»; mentre oggi si capisce più chiaramente che la dottrina sociale della Chiesa è parte della teologia morale.

Mi dice di essersene reso conto quando insegnava al seminario di Cracovia e di averlo imparato da Piwowarczyk, un suo docente che era caporedattore di «Tygodnik Powszechny». Ha studiato queste tematiche negli appunti dattiloscritti di quel professore, che rivede di tanto in tanto ancora oggi. Un tempo, la «dottrina sociale» era considerata qualcosa a sé stante. Ha avuto la fortuna di dover studiare, per poterli insegnare durante i suoi corsi, due campi che non conosceva: la fenomenologia di Max Scheler e la dottrina sociale della Chiesa. Questo studio approfondito, mi dice, lo ha arricchito molto.

Parla poi dell'imminente viaggio in Portogallo. Alla fine, gli mostro la bozza del libro sulla sua figura e sul suo pontificato che sta preparando Novosti, una casa editrice sovietica. L'idea gli piace, in particolare che si intitoli *Amore e responsabilità*, proprio come il suo noto libro sull'amore umano.

A proposito di un'osservazione fatta da Dziwisz, gli segnalo un articolo del sociologo Francesco Alberoni apparso sul settimanale «Panorama», intitolato *Dietro Wojtyła, niente*. Mi sarebbe piaciuto mostrarglielo. La tesi è che l'attuale prestigio del papa «copre e nasconde» la mancanza di fiducia verso la Chiesa; e che, non appena questo pontificato finirà, la Chiesa si troverà ridotta ai minimi termini, quasi sulla soglia dell'estinzione. È una visione triste, che tradisce un grande deficit di speranza. Il papa non dice nulla. Dziwisz conclude affermando che la Provvidenza fa sì che emergano le persone giuste al momento giusto.

Uscendo dalla sala da pranzo, il papa si reca come al solito nella cappella. Lo accompagno. Rimane inginocchiato a pregare per lunghi istanti. Prima di finire, mi dice: «Sempre avanti!». È come se mi esortasse a continuare il mio lavoro, nonostante la stanchezza o la scarsità di stimoli che possono provocare a volte queste incombenze. E Dziwisz sembra confermarmelo quando, mentre stiamo uscendo, mi dice: «Molti anni di lavoro con il successore di Pietro e, poi, il cielo». Me ne vado pensando che il papa non smette mai di sorprendermi.

Sul segreto di Fátima
10-14 maggio 1991

Siamo tornati ieri sera dal Portogallo, il secondo viaggio del papa in quel paese, e il secondo anche per ringraziare la Madonna per la sua intercessione durante l'attentato del 13 maggio 1981. Le tappe: Lisbona, Azzorre, Madeira e Fátima.

10 maggio, Lisbona. Il primo giorno, durante la messa a Lisbona, dei bambini di Timor hanno esposto alcuni striscioni in cui si leggeva che Timor sta soffrendo e che i diritti umani in quella terra sono violati.

11 maggio, Azzorre. La stampa radicale ha titolato in prima pagina: *Il papa dimentica ancora Timor*.

Durante il volo per le Azzorre, ho riferito al papa questa notizia e gli ho suggerito una possibile intervista con Aura Miguel, una giornalista di Rádio Renascença che era con noi sull'aereo. Gli è sembrato opportuno farla. Quando Aura gli ha chiesto di Timor, le ha dato una risposta esauriente: durante l'omelia a Lisbona ha menzionato l'Indonesia perché storicamente l'attività apostolica del Portogallo non era circoscritta a Timor Est. Ha aggiunto che la soluzione politica dei problemi di Timor è di competenza delle Nazioni Unite e che, da parte sua, ha lanciato un appello affinché il popolo timorese possa preservare la propria identità culturale, linguistica e religiosa.

Come avviene sempre, la presenza del papa ha fatto sì che la fede della gente si manifestasse in tutta la sua intensità e spontaneità, sotto gli occhi di tutti. Ha celebrato la messa sull'isola di Terceira, nelle Azzorre, e nel pomeriggio si è recato a Ponta Delgada.

12 maggio, Madeira. La stampa ha dato conto delle parole del papa su Timor e il tema non è stato più ripreso. Ha celebrato messa a Funchal, Madeira.

Fátima. Com'è ovvio, il cuore del viaggio è stata la visita a Fátima, dove il papa è arrivato per la veglia mariana. La spianata era gremita, con migliaia di candele che illuminavano la notte: la stampa ha parlato di un milione di persone. Il papa si è recato alla *Capelinha* e lì è rimasto in ginocchio, pregando intensamente, mentre si recitavano i cinque misteri del rosario e le litanie. Dopo la traslazione dell'immagine della Vergine all'altare, è entrato nel santuario e ha pregato davanti alle tombe di Francisco e Jacinta.

Nel saluto ai pellegrini ha ricordato la visita della statua di Nostra Signora di Fátima alla Basilica di San Pietro, il 25 marzo 1984, per l'atto di affidamento del mondo celebrato nella piazza.

13 maggio, Fátima. Anniversario delle apparizioni. Il papa ha celebrato la messa sulla spianata e ha impartito la benedizione ai malati con il Santissimo Sacramento. Prima della messa, alle otto e trenta, è arrivata suor Lúcia,[1] accompagnata da un'altra carmelitana. Il papa l'ha raggiunta e l'ha salutata, poi si sono fatti fotografare davanti alla porta della cappella e sono rimasti a parlare a tu per tu per circa dodici minuti. Dopodiché sono entrati l'altra carmelitana e il vescovo di Leiria e hanno continuato a parlare per altri dieci minuti. Quando sono entrato, suor Lúcia stava porgendo al papa un rosario e un libro di fotografie con riproduzioni della Madonna di Fátima. Nel salutarla, il papa le ha detto due volte: «Preghiamo insieme». Siamo tornati a Roma in serata.

Il presidente Soares ha assistito a tutte le messe celebrate dal papa. Per alcuni, il suo unico intento era farsi vedere accanto a una figura popolare. Preferisco non dare giudizi avventati: la realtà è che «era lì». Altri hanno detto che era la prima volta che

Soares visitava Fátima. Non lo so. Il fatto, ancora una volta, è che era a Fátima.

Ho individuato tra le autorità Gennady Gerasimov, che è stato per anni portavoce di Gorbačëv e con il quale avevo partecipato a un programma televisivo sul ruolo dei portavoce. Ora è ambasciatore di Mosca a Lisbona. Mi sono avvicinato per salutarlo.

14 maggio, Roma. Come mi capita spesso ogni volta che torniamo di notte, stavo ancora dormendo quando mi hanno detto di andare a pranzo dal papa. Oltre ai due segretari, siamo Sepe, Agnes e il sottoscritto. La conversazione ruota intorno al viaggio, con dei riferimenti ad alcuni episodi della storia del Portogallo. A un tratto, Dziwisz suggerisce: «Santo Padre, forse è il momento giusto per dirci di cosa ha parlato con suor Lúcia e qual è il terzo segreto di Fátima».[2]

Restiamo in silenzio, in trepidante attesa. Il papa inizia a parlare: «Suor Lúcia mi ha detto delle pressioni che riceve da parte di molte persone. Le chiedono di raccontare quello che la Madonna le ha detto a Fátima. È gente mossa da semplice curiosità e lei, in tutta coscienza, non può sottrarsi alle regole che le sono state impartite dai suoi superiori.

«È una curiosità simile a quella di Ali Ağca. Quando sono andato a trovarlo mi ha chiesto: "Cos'è questa cosa di Fátima? Perché non sei morto quando ti ho sparato?".

«Per quanto riguarda il terzo segreto» dice sorridendo «non è chiaro di cosa si tratti… All'inizio del mio pontificato, Villot mi ha portato tutta la documentazione, e l'ho letta per la prima volta in quel momento».

Dziwisz aggiunge: «E l'ha letta nuovamente al Gemelli». Il papa annuisce: quasi non se lo ricordava.

«Il problema principale» continua «era chiarire in cosa consiste la "consacrazione della Russia". Ricordo che in alcune udienze pubbliche c'erano gruppi, soprattutto di nordamericani, che mi gridavano: "Consacrate la Russia al cuore immacolato di Maria! Consacratela!".

«I miei predecessori, a partire da Pio XII, avevano fatto una consacrazione, ma non era chiaro se fosse quello che aveva chiesto la Vergine.

«A suor Lúcia rivolgevano la stessa richiesta e lei mi ha scritto. Però non sapevamo cosa significasse esattamente "Russia": l'impero degli zar, la Russia etnica, la Russia sovietica?

«Pochi anni dopo, nel marzo 1984, abbiamo fatto la consacrazione chiedendo a tutti i vescovi del mondo di unirsi a essa. Sono rimasto molto felice di sapere che il Patriarcato di Mosca si era unito alla consacrazione.»

Rimane in silenzio. Dopo qualche secondo, gli chiedo se suor Lúcia pensa che la promessa della Beata Vergine – la conversione della Russia – si sia già realizzata.

«Suor Lúcia» risponde «sa che ora in Russia c'è libertà di vivere la propria religione. Ma non sappiamo come vada intesa la parola "conversione".»

Dopo il pranzo, il papa si reca nella cappella e rimane inginocchiato a lungo. Sepe, Agnes e io gli stiamo accanto in silenzio, così come i suoi due segretari.

Dopo un po', Dziwisz mi sussurra all'orecchio: «Thu dice che il papa probabilmente non si è accorto che sei ancora qui». Continuiamo a pregare. Quando si alza, nel vederci, il papa si scusa dicendoci che si era dimenticato di noi. Il suo cuore e la sua mente – ne sono convinto – sono ancora a Fátima.

Vari progetti della RAI
27 maggio 1991

Vado a pranzare alla RAI con Gianni Pasquarelli, il direttore generale, che è accompagnato da Sergio Zavoli e Gustavo Selva. Clima molto conviviale. Passiamo tutto il tempo a parlare del papa. Selva e Zavoli stanno preparando due programmi: il primo, sulla caduta del comunismo; il secondo, invece, una serie sull'impatto di Giovanni Paolo II nella nostra epoca, con i pareri di personalità del momento. Entrambi mi hanno chiesto di coinvolgere il papa in questi programmi. Abbiamo parlato di come possa realizzarsi la sua partecipazione e ho chiesto loro di inviarmi una relazione sul format dei due programmi, in modo da poterlo valutare.

Polonia
1-9 giugno 1991

Siamo tornati dalla Polonia. Un viaggio intenso. Un'atmosfera diversa da quella dei tre viaggi precedenti: è la prima volta che il papa visita il suo paese dopo la liberazione dal marxismo di Stato. Affiorano problemi latenti, che erano stati messi in sordina dalla situazione politica e sociale precedente. I polacchi devono far fronte alla sfida di ricostruire la loro legislazione dalle fondamenta, compresa la Costituzione.

Certi settori della stampa sembrano interessati a diffondere l'immagine di una Polonia scristianizzata e materialista, nonostante l'alto tasso di vocazioni religiose e sacerdotali e l'evidente religiosità di tanti polacchi.

Nelle sue omelie, il papa ha parlato dei dieci comandamenti. Alcune mi sono parse particolarmente accurate. Improvvisava spesso: nelle omelie, al termine della messa e nei discorsi che pronunciava dopo i pasti nei seminari che ci ospitavano.

2 giugno, Koszalin. Durante la messa, tra la gente viene innalzato uno striscione che recita, in russo e polacco, «Mosca ti aspetta». Al termine, il papa comunica ai fedeli che tra loro era presente anche il vescovo di Mosca, Tadeusz Kondrusiewicz, un modo per far capire che ci andrà una volta ricevuto l'invito del vescovo. Ciò significherebbe che gli ostacoli che al momento impediscono tale visita sono stati superati.

Scorgo nei testi del papa una sorta di sinfonia intima, una coerenza interiore nell'esporre quali debbano essere i fondamenti di natura sociale e politica per la costruzione di una società che rispetti autenticamente l'uomo. Ci sono alcuni concetti basilari, come il binomio libertà-verità; la neutralità dello Stato sulle questioni di carattere ideologico; la difesa della vita; l'ecumenismo e le radici cristiane dell'Europa.

4 giugno, Radom. Durante la messa all'aeroporto militare Radom di Varsavia, il papa pronuncia una grande omelia, chiara e didattica, sul quinto comandamento. Dopo aver rievocato le grandi guerre e i massacri del XX secolo, dice: «A questo cimitero di vittime della crudeltà umana nel nostro secolo si aggiunge ancora un altro grande cimitero: *il cimitero dei non nati*, cimitero degli indifesi, di cui perfino la propria madre non conobbe il volto...».

6 giugno. A Włocławek ha ricordato il suo percorso di studi, in particolare quando, al ritorno da Bruxelles, stava rivedendo la sua tesi su san Giovanni della Croce, già completata, per pubblicarla in Polonia.

9 giugno. Torniamo a Roma. Il papa entra nel cortile di San Damaso, accanto agli appartamenti papali, verso le dieci di sera. «Ti aspettiamo domani all'ora di pranzo» mi dice Dziwisz quando ci salutiamo.

10 giugno. Insieme al papa e ai suoi segretari, siamo presenti io, Mario Agnes e Tadeusz. Thu mi dice che il papa ha celebrato la messa poco fa e che si sono ritrovati con quasi trenta chili di documenti da evadere. Hanno trascorso l'intera mattinata a riordinare quel materiale, prima di passarlo al papa.

Durante il pranzo, il papa dice che è stato un viaggio più riposante rispetto al suo primo in Polonia: ha dormito bene tutti i giorni, tranne l'ultima notte a Varsavia; e ha gestito meglio le sue forze.

Rievoca i suoi colloqui con Wałęsa e, parlando della crisi europea, fa nuovamente cenno alle radici cristiane del continente: «Alcuni europei ragionano così: "Possiamo accettare Dio, ma non Gesù Cristo. Siamo autosufficienti e costruiremo il mondo a nostra immagine e somiglianza"».

Poi parla degli incontri avuti con russi, bielorussi, lituani e ucraini nel corso di questo viaggio.

Alla fine del pranzo, osserva che la Polonia non ha motivo di «elemosinare» l'ingresso in Europa, perché «la Polonia è Europa» e ha preservato le radici cristiane del continente europeo, laddove queste radici sono andate scomparendo in altri paesi.

In più d'una occasione fa riferimento alla «mia terra», alla «mia patria». Non è un utopista o una persona che ha perso le sue radici; sa quali sono le sue origini e le ama.

XXI
«Vacanze di lavoro»
(1991)

Di nuovo in Valle d'Aosta
10-19 luglio 1991

Anche quest'estate ho accompagnato il papa in montagna per qualche giorno di riposo.

10 luglio, mercoledì. Partiamo in elicottero dal Vaticano alle cinque del pomeriggio. Arriviamo a Ciampino e un aereo Gulfstream dell'aeronautica militare ci porta a Torino. Poi, con un altro elicottero, fino a Combes, in Valle d'Aosta. La solita «squadra»: Dziwisz, Gugel, Cibin, Styczen, Sabato e il sottoscritto. All'arrivo, un gruppo di giornalisti cerca di intervistare il papa, che risponde: «Chiedete a Navarro».

Quando arriviamo a casa, sono curioso di sapere cosa vuole che dica alla stampa e lui mi avverte che questi giorni di riposo non saranno un dolce far niente: «Ho portato il testo dell'enciclica sulla morale per lavorarci sopra.[1] Poi devo prepararmi per il viaggio in Ungheria, ho bisogno di fare pratica con quella lingua così difficile. E infine ci aspetta l'incontro con i giovani a Częstochowa».

Trasmetto questi spunti ai giornalisti. L'indomani i titoli dei giornali annunciano: *Vacanze di lavoro, Non sarà un dolce far niente.*

In questo primo giorno partiamo per la montagna un po' più tardi degli altri anni, verso le dieci e un quarto, perché il papa lavora dal mattino presto fino a quell'ora, presumibilmente alla stesura della prossima enciclica. Lavora un po' anche dopo cena.

11 luglio, giovedì. Prima vera uscita. Escursione piacevole, di poche ore. Rientriamo verso le sei e mezza di sera. Dziwisz sta prendendo molto sul serio i consigli del dottor Buzzonetti, che gli ha detto che il papa deve riposare, evitando sforzi eccessivi. Saliamo a quote meno alte e nelle camminate facciamo pause frequenti, in modo che il papa possa sedersi e riposare un po'.

Oggi siamo saliti fino alla Valgrisenche: Leytin, Mocossoney, Borègne (a circa 2000 m), Province e Pileo. Alla partenza sono andato avanti con un'altra macchina per aspettare il gruppo in vetta. Arrivato in cima, Marinelli mi dice che il papa ha chiesto di me, per cui decido di scendere a piedi per andargli incontro. Quando mi vede, mi dice che più avanti vorrebbe parlarmi. Poiché indossa la talare bianca, ne approfitto per scattargli qualche foto, dato che preferisce sempre essere fotografato vestito così.

Lo avvicino all'ora di pranzo, verso le due. Con noi ci sono anche Tadeusz e Dziwisz. Mi chiede quali ripercussioni possano avere le recenti dichiarazioni di Claudio Martelli, il vicepresidente socialista del governo italiano, che qualche giorno fa lo ha accusato sulla stampa di interferire in questioni sociali «che non sono di sua competenza».

Mi ricorda che, durante il viaggio in Polonia, gli ho detto che alcuni aspetti del suo messaggio (come la neutralità dello Stato o la difesa della vita) esercitavano una notevole influenza nel resto d'Europa. L'attacco di Martelli, si chiede, potrebbe essere una risposta? Martelli è forse il portavoce di alcuni intellettuali che si oppongono al messaggio del papa?

Gli espongo il mio punto di vista con una certa veemenza: mi sembra che le parole di Martelli non siano in alcun modo collegabili alle sue parole in Polonia. Inoltre, non prevedo alcun attacco al papa per la sua posizione in difesa della vita: i governi occidentali sono giunti alla conclusione che non sia possibile governare senza punti di riferimento etici; e al momento nessuno di questi è più forte e chiaro di quello contrassegnato da questo pontificato. Aggiungo anche che Martelli, con il suo attacco al papa, si è allontanato dalla linea ufficiale del proprio partito. Quasi tutti lo hanno criticato e la sua è rimasta una «voce isolata».

Si passa al tema della stampa in Polonia: a suo avviso, poiché al momento il giornale più autorevole nel paese è di orientamento radicale, è possibile che in futuro attacchino il papa per motivi ideologici... Gli dico che oggi, in realtà, la stampa polacca è in mani occidentali e che i proprietari di questi media sono probabilmente guidati più da interessi economici che ideologici.

Parliamo degli Stati Uniti, un paese, oggigiorno, meno ideologizzato di quelli europei. Di questi tempi alcuni americani sentono una certa distanza dal papa a causa della sua opposizione alla guerra del Golfo. Per questo motivo, suggerisco che durante il suo prossimo viaggio in Polonia, per l'inaugurazione del Progetto HOPE, un ospedale pediatrico costruito dagli americani, potrebbe esprimere un gesto di cordialità nei loro confronti. Dice che lo farà sinceramente e sottolinea con ironia che trova rassicurante la mia visione ottimistica. E, quasi a voler dimostrare che non c'è nulla che lo preoccupa, alla fine del pranzo mi dice che andrà «a cercar di dormire».

Credo che ci riesca, anche se solo per una ventina di minuti. Ha portato con sé due libri per pregare e leggere in montagna: il breviario e una biografia in polacco di Angela Salawa (1881-1922), una laica che lavorò tutta la vita come domestica e che sarà beatificata in Piazza del Mercato a Cracovia il prossimo mese di agosto.

12 luglio, venerdì. Non sono uscito in escursione con il papa. Ho dedicato la giornata a parlare con i giornalisti di Introd, raccontando loro alcuni aneddoti di questi giorni insieme a dettagli biografici che potessero aiutarli a comprendere più a fondo la sua figura: in effetti, quasi tutti i corrispondenti che ci seguono non si occupano abitualmente del papa e della Santa Sede.

13 luglio, sabato. Le notizie sul papa riportate dalla stampa sono abbastanza buone.

14 luglio, domenica. Il papa ha svolto varie attività pastorali nella diocesi di Susa: la messa con la beatificazione di Edoardo Rosaz (1830-1903), che fu vescovo della città e amico intimo di don Bosco; l'incontro con i giovani e le suore – alle quali ha donato la croce pettorale – e la visita alla straordinaria Sacra di San Michele, un'antica abbazia dedicata all'arcangelo sulla cima del monte Pirchiriano. Era un convento benedettino, oggi gestito dai Rosminiani.

L'elicottero tenta di atterrare sulla vetta; non ci riesce e finiamo su un campo da calcio in un paesino dei dintorni. Sorpresa e gioia tra la gente. Chiamate via radio per farci venire a prendere dalle auto e alla fine ci avviamo verso il convento. Da lì, nel tardo pomeriggio, ripartiamo per Les Combes. L'elicottero balla a tal punto a causa del vento che si pensa seriamente di atterrare ad Aosta. Finalmente arriviamo a casa. Prendo questa interruzione del riposo come uno spiacevole inconveniente, ma al papa, è evidente, non interessa solo di riposarsi.

15-17 luglio. Nuove escursioni. Lunghe conversazioni con Tadeusz, filosofo acuto, uomo molto intelligente e lucido; a volte percepisco in lui un accenno di pessimismo per le difficoltà che incontra nell'ambito della teologia tedesca, che conosce così bene.

Il martedì fa giorno con il maltempo, ma non importa. Si parte per il Vallone di Comboé e saliamo su un ripido pendio seguendo il corso di un torrente con incantevoli cascate. Piove a dirotto. Una volta in cima, ci ritroviamo in una verde vallata circondata dai boschi, tra i quali spicca una croce di legno formata da due semplici tronchi d'albero grezzi. Non appena la vede, il papa si avvicina. Si toglie il cappello e prega a testa bassa. È solo. Don Alberto Careggio si ferma dietro di lui. Mi accosto, prego e scatto qualche foto senza che il papa se ne accorga. Continua a pregare. Sembra volersi allontanare, ma poi torna. Appoggia una mano sulla croce. Il tempo passa. Lo lasciamo lì tranquillo.

18 luglio, giovedì. Camminiamo dalla Val di Rhêmes all'alpeggio Feluma, a circa 2000 metri di quota. Quando arriviamo in cima, c'è una famigliola che si accorge che il papa sta pranzando proprio accanto a loro, però non si avvicinano finché non li invitiamo a salutarlo, se lo desiderano. Vengono tutti: Emidio Martin, la moglie Yvonne, il figlio Aurelio, la suocera di 72 anni Anselmina Sánchez e un commesso marocchino, Mustafa Thiriri, che chiamano Stefano. Il papa li saluta e dona un rosario a ciascuno. Mustafa ne chiede un altro per la moglie, che vive a Marrakech.

La sera, il papa cena insieme a tutti e ci parla della parrocchia di Cracovia – San Stanislao Kostka, retta dai Salesiani – che frequentava nel 1938, «quando iniziai l'università».[2] Lì si confessava e andava a messa. «A quel tempo ero un operaio: siccome facevo il turno pomeridiano, al mattino potevo andare a messa. Ricordo – è come se lo vedessi ancora oggi – che un giorno, andando in chiesa, mi dissero che i nazisti avevano portato tutti i Salesiani della parrocchia in un campo di concentramento. Alcuni non tornarono mai. È in quella parrocchia che ho preso le decisioni definitive della mia vita: la vocazione sacerdotale, l'ordinazione sacerdotale.»

Alla fine abbiamo intonato una canzone allegra, tipica delle escursioni in montagna.

19 luglio, venerdì. Ultimo giorno di riposo. Il papa si sposta a Cervinia per celebrare la Santa Messa. Panorama incredibile ai piedi del Cervino. Durante l'omelia fa riferimento a questi giorni di riposo, «trascorsi in serenità e in preghiera per tutta la Chiesa», «libero dagli impegni quotidiani».

Dopo aver fatto ritorno in elicottero, si dirige a Les Combes per visitare la piccola cappella di Saint Laurent. Sulla soglia della chiesetta, l'intero villaggio lo attende: una quindicina di persone. Entra, prega davanti all'altare e, uscendo, pronuncia parole che ha ripetuto spesso in questi giorni: «*Deo gratias*». All'interno della chiesa ho letto una bella giaculatoria alla Vergine: «*Vous, qui avez souffert pour nous, ayez pitié de nous*».[3]

Quello stesso pomeriggio si rientra a Roma. Un piccolo guasto all'elicottero ritarda la partenza. Sull'aereo mi siedo accanto a Dziwisz, che mi dice a bassa voce: «Ti ringrazio per tutto quello che hai fatto per il papa in questi giorni». Provo a interromperlo, ma lui prosegue: «Soprattutto per il cuore che ci hai messo». «Ah, se è per il cuore, allora sì»: questa volta lo penso soltanto, non lo dico.

XXII

Conoscere gli ostacoli

(1991)

Nella sua città natale
13-20 agosto 1991

13 agosto, martedì. Viaggio in Polonia e Ungheria. Partiamo alle otto del mattino. Il papa è accolto dal presidente Wałęsa a Cracovia, poi si reca al cimitero, a una decina di chilometri di distanza, per pregare sulle tombe dei genitori e del fratello.

Entra da solo, senza il seguito, accompagnato da Macharski e Dziwisz; mi introduco anch'io e vedo che ad aspettarlo c'è un gruppetto di persone: qualche suora, un piccolo coro e alcuni giornalisti. Uno di loro chiede al papa quale influenza abbia avuto sulla sua vita il padre, morto il 18 marzo 1941.

«Ha avuto una grande influenza» risponde «perché dopo la morte di mia madre ha fatto da padre e da madre. Era un uomo profondo, molto religioso, che mi ha insegnato il mistero dell'infinita maestà di Dio.»

«Ricorda qualche immagine di lui?»

«Talvolta, di notte, quando mi sveglio e ci metto un po' a riaddormentarmi, ricordo che a volte si alzava di notte e si metteva a pregare.»

Cracovia. Beatificazione di Angela Salawa: «Quante volte ho pregato dinanzi alle sue reliquie, tanto profondamente si sono impresse nella mia mente e nel cuore queste parole: "Signore, vivo per Tua volontà, morirò quando lo vorrai, salvami perché tu puoi"».

È la prima volta che il papa celebra l'Eucaristia in questa piazza. Finora le autorità glielo avevano impedito. C'è chi dice, scherzando, che è a causa del proverbio popolare polacco: «Chi regna in quella piazza, regna in Polonia».

La sera, nella residenza vescovile che per anni è stata la sua casa, riceve alcuni amici: una trentina di persone. Poi ne incontra altre duecento, perlopiù parenti delle ragazze e dei ragazzi che guidava spiritualmente quando era vicario parrocchiale di San Floriano e con cui organizzava escursioni in montagna e altre attività.

14 agosto, mercoledì, Wadowice. Messa per la dedicazione della chiesa parrocchiale di San Pietro Apostolo. Pranza con i quindici sacerdoti della sua classe e saluta i compagni di scuola ancora vivi: baci, abbracci e gioia incontenibile. Alcuni si inginocchiano per salutarlo: il loro amico Karol è il papa!

Częstochowa. Fin dalle prime ore del pomeriggio, le migliaia di giovani partecipanti alla VI Giornata mondiale della gioventù lo aspettano nei dintorni di Częstochowa. Tra i giornalisti si sparge la voce che siano un milione. In realtà, non c'è modo di conoscere la cifra esatta. Giovani dell'ovest e dell'est dell'Europa si riuniscono per la prima volta in una giornata di questo tipo. Nel saluto di apertura, il papa evidenzia tale aspetto e propone un obiettivo: «L'Europa cerchi l'unità per il suo futuro e per il bene dell'intera famiglia umana, ritornando alle proprie radici cristiane. Tali radici si trovano sia nell'Occidente che nell'Oriente».

I giovani spagnoli si fanno notare per la loro vitalità: grida, incitamenti e canzoni. Il papa scherza con loro. Al termine, Dziwisz mi dice: «È stato bello, perché hanno ravvivato l'incontro». La sera vado a pregare davanti alla Madonna Nera.

15 agosto, giovedì. A Częstochowa ha luogo l'atto di consacrazione di tutti i giovani del mondo alla Vergine Maria. Ho assistito alla messa celebrata da alcuni membri del seguito nella cappella di Nostra Signora e dopo ho incontrato i giornalisti. Nel pomeriggio il papa ha ricevuto i membri del congresso teologico tenutosi all'Università cattolica di Lublino.

16 agosto, venerdì, Ungheria. Questa mattina, prima di partire per l'Ungheria, il papa ha celebrato la messa nella cappella di Jasna Góra.

Durante il viaggio in aereo, rivedendo i testi, mi accorgo che nel discorso che il papa terrà nella cattedrale di Esztergom non c'è alcun riferimento al cardinale Mindszenty. Avviso Dziwisz e lui ne parla con il papa. Alla fine, viene chiesto a Re di aggiungere un paragrafo in cui lo si menzioni.

Poco dopo arriviamo all'aeroporto Ferihegy. Il papa bacia il suolo ungherese e saluta il presidente. «Vengo per confermare nella fede i fratelli e le sorelle che appartengono alla Chiesa, e vengo per offrire a tutti gli ungheresi la visione cristiana del mondo» dice nel suo discorso iniziale.

L'accoglienza può sembrare fredda, ma solo in apparenza. È il frutto della storia recente e la risposta alla situazione venutasi a creare dopo quarant'anni di marxismo e ateismo ufficiale. Ciò fa sì che i cattolici, in questa nazione di grande tradizione cattolica, non siano più così numerosi, anche se il papa è accolto da una gran folla davanti al palazzo del Parlamento.

19 agosto, lunedì. Colpo di Stato a Mosca. Ricevo la notizia che a Mosca è avvenuto un colpo di Stato e che Gorbačëv è sottoposto a misure restrittive. Lo dico al papa e lo comunico ai giornalisti.

Sono di nuovo alle prese con gli incerti del mio mestiere: devo parlare di qualcosa su cui non ho altre informazioni se non il breve comunicato ricevuto da Mosca, nel quale si parla di una non meglio specificata «malattia» di cui «soffre» Gorbačëv. I giornalisti, com'è logico, vogliono saperne di più, ma non ho altre fonti. E il mio commento non può che essere quello di augurare al leader russo un'immediata e completa «guarigione».

Rientriamo nella capitale nel pomeriggio. Il papa incontra i giovani nel cosiddetto «Stadio del Popolo». Nel frattempo, vado in albergo per verificare se a Roma hanno maggiori informazioni. Parlo con Tauran.

La sera, a cena, prepariamo con Re un testo sulla questione russa da sottoporre al papa.

20 agosto, martedì. Al mattino, nella nunziatura, viene mostrata al papa un'ipotesi di bozza del testo: conferma che gli sembra buona e la approva. Legge poi quel testo al termine della messa che celebra in Piazza degli Eroi a Budapest. Con tono grave ma sereno dice:

> Di fronte alle notizie che provengono dall'Unione Sovietica si fa più intensa la preghiera per chiedere a Dio che a quel grande paese siano risparmiate nuove tragedie. Auspico nella preghiera che gli sforzi compiuti nei recenti anni per ridare voce e dignità a una intera società non siano ora messi in pericolo.
>
> Ricordo con gratitudine gli incontri avuti col presidente Gorbačëv nelle due volte che ha voluto visitarmi. Di lui ho apprezzato in particolare la sincera volontà che lo guidava e l'alta ispirazione che

lo animava nella promozione dei diritti dell'uomo e della sua dignità, come pure nell'impegno per il bene del suo paese e della comunità internazionale. Il processo da lui iniziato non conosca adesso un declino.

Voi, cari fratelli ungheresi, siate consapevoli della grande fortuna che rappresenta per il vostro avvenire la libertà che avete conquistato in modo irreversibile. Sappiate apprezzare e vivere la libertà!

La gente applaude quando fa riferimento a Gorbačëv e alla libertà in Ungheria.

Sono parole che, con mia sorpresa, suscitano una straordinaria risonanza sulla stampa italiana e internazionale, perché lasciano intendere che il papa considera questa vicenda qualcosa di effimero e che passerà in pochi giorni.*

Rientriamo a Roma nel pomeriggio.

21 agosto, mercoledì. Pranzo con il papa a Castel Gandolfo, con il viaggio come tema di fondo. Si è trasferito da Roma questa mattina, dopo l'udienza generale, e ha un'aria rilassata: indossa ciabatte di fattura polacca e l'abito talare bianco, senza mantellina e senza croce pettorale. Quando mi vede, dice ironicamente: «Sono ben poco elegante, così».

Gli chiedo dei suoi «familiari»: il gruppo di persone, tutte di cognome Wojtyła, che ha salutato a Wadowice. In realtà, mi dice, non gli è rimasto più alcun parente, tranne una cugina di secondo grado, piuttosto anziana, che non ha potuto partecipare.

Durante la conversazione, qualcuno accenna alla cappella del papa a Castel Gandolfo. Se ne era già parlato in occasione di un'altra cena, qualche tempo fa. Dico che non l'ho mai vista. È vicina alla sala da pranzo e quando finiamo di pranzare il papa ce la mostra, facendoci da cicerone e spiegandoci i dettagli dei due dipinti. Sulla parete sinistra, un quadro raffigura il *Miracolo della Vistola*. A destra, un'altra tela rievoca la difesa di Częstochowa contro le truppe svedesi. Fu Pio XI, che era stato nunzio a Varsavia, a commissionare i due dipinti.

All'uscita, guidati da Dziwisz, attraversiamo alcune stanze di Castel Gandolfo, tra cui la sala da pranzo utilizzata dai papi fino a Paolo VI, il primo pontefice che iniziò a usare l'attuale piccola sala da pranzo.

* Come in effetti fu.

Con i comunicatori
4 ottobre 1991

Prendo parte a un pranzo-convegno a Madrid, su invito del «Club de la Comunicación». Si tratta di un gruppo di dirigenti, di varie aziende, che lavorano nel settore della comunicazione o del marketing. L'incontro inizia alle due e mezza e si conclude alle sei e mezza. È piuttosto lungo, ma vedo che i temi riscuotono interesse tra i partecipanti. Inizio dando alcuni ragguagli di carattere professionale sulla sala stampa, ma subito l'attenzione si sposta sul papa: le ragioni dei suoi viaggi, alcune questioni centrali del suo magistero, ecc. C'è molto interesse ma poca informazione.

Spagna. Dialogare o no
7 ottobre 1991

Io e i due segretari facciamo compagnia al papa per la cena. Torniamo su un tema che avevamo già discusso lo scorso luglio. Attualmente, osserva il papa, molti governi europei sono socialisti, e negli ultimi mesi alcuni esponenti socialisti hanno fatto commenti negativi sulla predicazione del papa.

Essendo stato invitato a esprimere il mio punto di vista, dico che oggi il socialismo europeo non è omogeneo, è un socialismo piuttosto deideologizzato, soprattutto su questioni come la proprietà privata, l'economia, ecc. Certo, la costante difesa della vita umana e molti degli insegnamenti del papa danno fastidio a diversi socialisti, ma non lo attaccano frontalmente perché sanno che non sarebbe popolare.

Prima della cena, sono andato al Quirinale per incontrare il presidente Cossiga. I giornali avevano riportato un suo commento infelice sul papa e stamattina ho chiamato Ludovico Ortona per chiarire la questione. Mi ha subito detto che il presidente voleva vedermi e ci siamo accordati per un tè alle cinque.

In realtà, Cossiga è stato male interpretato. Il suo ufficio stampa avrebbe poi diffuso il seguente comunicato: «Quanto gli viene attribuito, per come è stato riportato dai quotidiani, non riflette il pensiero del capo dello Stato, che nutre un affetto...». Constato che il papa non era minimamente turbato dalla vicenda.

Brasile
12-21 ottobre 1991

12 ottobre. Seconda visita del papa in Brasile. Durante la conferenza stampa sul volo di andata, un giornalista osserva – riferendosi all'opinione di un vescovo – che la teologia della liberazione ormai non ha più senso, dopo la caduta del marxismo in Europa. La risposta di Giovanni Paolo II mi è sembrata molto chiarificatrice: non ha senso «la teologia della liberazione radicata nel marxismo», che è quella che il papa ha criticato, ma ha ancora senso un'altra teologia della liberazione, non marxista.

Quello che sarebbe stato un viaggio lungo e faticoso, in un caldo soffocante, ha avuto un preludio insolito: durante la conferenza stampa un giornalista ha cantato al papa l'*Ave Maria* di Schubert in polacco, sotto gli occhi stupiti di tutti gli altri.

13 ottobre, Natal. Incontro con i vescovi nel centro congressi. Sono successe molte cose dal suo primo viaggio. Un sacerdote salesiano, che lavora nella missione del Mato Grosso, mi dice che alcuni vescovi hanno accantonato la dimensione spirituale e questo ha creato un vuoto tra la gente del posto, persone che hanno un profondo senso religioso e vogliono sentir parlare di Gesù Cristo: le riflessioni politico-sociali, da sole, non soddisfano il loro anelito. E un numero considerevole è passato ad alcune sette, che stanno registrando una crescita assai maggiore di quanto alcuni pensino.

16 ottobre, Cuiabá. Oggi ricorre il tredicesimo anniversario della sua nomina a papa. Non ci sono festeggiamenti, anzi, la data coincide con il giorno più duro di tutto il viaggio: caldo insopportabile, umidità altissima, spostamenti continui. Dopo i rappresentanti delle comunità indigene, il papa incontra migliaia di giovani nel palazzo dello sport. È uno spazio chiuso e la temperatura all'interno è pari al grado di entusiasmo con cui lo accolgono.

17 ottobre, Campo Grande. «Nessuna persona è un verso sciolto. Facciamo parte dello stesso poema divino, che Dio scrive con il concorso della nostra libertà» dice ai lebbrosi dell'ospedale São Julião. Rientriamo a sera inoltrata e la prima cosa che il papa fa all'arrivo è celebrare una seconda messa, accompagnato dal vescovo locale.

18-21 ottobre. Stessi ritmi intensi in diverse città. Messa per la beatificazione di madre Paolina. Incontro ecumenico a

Florianópolis. Incontro con le suore. Messa nell'arcidiocesi di Vitória. Visita alla favela di Lixão a São Pedro. Discorso ai bambini del Brasile a Salvador de Bahia. Incontro con il mondo della cultura…

22 ottobre. Durante il volo di ritorno, il papa tiene la sua abituale conferenza stampa ad alta quota. La stanchezza è evidente anche sui volti dei giornalisti. Arriviamo a Roma a notte fonda. Prima di salutarci, Dziwisz mi convoca per l'indomani.

23 ottobre. Arrivato nell'appartamento papale, scopro che Dziwisz mi aveva chiamato più volte oggi per dirmi che la cena non ci sarebbe stata, perché il papa non si sente bene: disturbi intestinali. Ceno con lui, Thu e il dottor Buzzonetti, che è venuto per visitare il papa. Sembra una cosa passeggera.

24 ottobre. Il papa si è già ripreso. Ritorno per la cena, che verte sul viaggio in Brasile. Ho elaborato una mia ipotesi, assimilando ciò che ho letto, visto e vissuto in questi giorni. Sto cercando di capire cosa sia successo nella Chiesa cattolica di quel grande paese. Credo che per un certo periodo abbia prevalso, negli insegnamenti degli ecclesiastici, quello che potremmo definire uno «scandalo della sensibilità»: il risultato dell'impatto della terribile povertà in cui vivono tanti brasiliani, come conseguenza delle enormi disuguaglianze sociali. In alcuni casi questo ha portato a una perdita di forza, genuinità e preminenza nell'annuncio della fede.

Successivamente, per via dei disaccordi con Roma, si è andata sviluppando un'ecclesiologia del tutto particolare, che viene presentata come «il progetto della Chiesa brasiliana». Ciò ha dato origine a un conflitto che persiste tuttora. Sembra però prendere piede una nuova linea di condotta che, unitamente alla necessaria attenzione ai gravi problemi sociali, cerca di soddisfare la sete di Dio della gente: è la nuova evangelizzazione, tema della futura assemblea generale del Celam, che riunisce tutti i vescovi dell'America Latina.

Bush con il papa
8 novembre 1991

Visita del presidente George H.W. Bush. Questa volta, dato che l'ambasciatore statunitense e un team della Casa Bianca sono venuti in avanscoperta nei nostri uffici, conosco i temi che potrebbero emergere durante l'udienza con il papa.

Preparo una bozza del comunicato stampa e la mostro a Sodano. A lui sembra buono. Alla fine dell'udienza, lo leggo al papa. Cambia un termine e mi dice che uno degli argomenti citati non è stato discusso. Il tenore dei commenti sui quotidiani del mattino seguente mi sembra complessivamente corretto.

Alla Radio Vaticana
13 novembre 1991

Tengo una conferenza alla Radio Vaticana, su invito di padre Lombardi. Si tratta di un seminario di aggiornamento professionale per i giornalisti della radio e il clima è di estrema cordialità. Tucci si avvicina per salutarmi, dato che riusciamo a vederci solo in occasione dei viaggi del papa, pur lavorando a poche centinaia di metri l'uno dall'altro. Paradossi della vita romana.

All'ambasciata di Spagna
23 novembre 1991

Pranzo all'ambasciata di Spagna con la regina Sofia, che parteciperà alla VI Conferenza internazionale sulla droga e l'alcolismo organizzata dal cardinal Angelini.[1]

Ieri sera il cardinale mi ha invitato a una cena all'Hotel Columbus con la regina Sofia. Questa mattina ho preso parte alla tavola rotonda sulla prevenzione, portando il punto di vista dell'opinione pubblica. Erano presenti diverse personalità che già conoscevo, come Juan Antonio Samaranch, presidente del Comitato olimpico internazionale, e Rafael Pich, esperto di educazione familiare.

Testa e croce
25 novembre 1991

Quando vado a cenare con lui e i suoi segretari, prima di iniziare il Santo Padre mi fa sempre una battuta. Oggi mi ha detto: «Ogni volta che ci raggiunge a cena, monsignor Thu è molto contento. Che si dice in sala stampa?».

«Santità, si dice che il papa lavora molto.»

Sorride e propone di parlare dei media e della loro influenza sulla società. Gli dico che ho letto con piacere il libro *Karol*

Wojtyła di Luca Di Schiena: è un buon libro, basato su resoconti giornalistici, e ciò dimostra che molti media offrono un'informazione di qualità.

Non c'è un fronte unico. Riprendiamo una conversazione avuta quest'estate in Valle d'Aosta a proposito delle critiche rivolte da certe correnti socialiste alla predicazione del papa.

Confermo la mia opinione, ossia che non esiste un «fronte unico», e aggiungo che il messaggio del pontificato sta «facendo presa» sull'opinione pubblica. Molte persone – e anche alcuni governi – si rendono conto che è necessario avere dei principi etici, e quelli che si proclamano con maggior forza sono proprio i principi richiamati dalla Chiesa.

Spagna. Riferendosi alla recente visita *ad limina* dei vescovi spagnoli, osserva che nelle loro relazioni hanno parlato di un assalto costante, da parte dei media, contro la vita e la stabilità della famiglia. Provo a completare questa rappresentazione della realtà aggiungendo che ci sono anche altri elementi, come l'alta percentuale di ginecologi spagnoli che si sono dichiarati obiettori di coscienza in tema di aborto.

Sviluppando la conversazione, il papa osserva che anche in Polonia c'è chi cerca di rinchiudere la Chiesa nelle sacrestie.

Ascoltandolo, scopro che le sue domande non nascono da un timore di fronte alle difficoltà: vuole analizzare i possibili ostacoli per rispondere in modo adeguato.

Sinodo d'Europa. Il papa dice che Kondrusiewicz, l'amministratore apostolico di Mosca, sta scoprendo molti più cattolici di quanto si aspettasse: solo a Mosca ce ne sono circa cinquantamila. Per questo la sua sede dovrebbe essere a Mosca, non a San Pietroburgo.

Come si svolgerà il sinodo? «Quando l'ho annunciato, mi sentivo in dovere di convocarlo. Non so se adesso sarei in grado di farlo, con le difficoltà che ci sono in Iugoslavia.»

Da parte mia, aggiungo che mi sembra probabile che i vescovi dell'Est richiameranno le sofferenze del passato e quelli dell'Ovest le difficoltà che la Chiesa affronta di questi tempi. Queste difficoltà sono evidenti, ma il mondo di oggi presenta anche una serie di aspetti stimolanti, che forse il papa potrebbe ricordare. Accanto a certi elementi di confusione, nella cosiddetta «modernità» ci sono molti valori positivi.

Nel salutarlo, gli chiedo se sta dormendo bene. «Di solito sì, anche se dipende…», e fa un gesto verso l'esterno. Non so se si riferisca alle variazioni del tempo, tipiche di questa stagione, o a questioni di maggior rilievo.

Uscendo dall'appartamento papale, chiedo a Thu cosa fa di solito il papa a quest'ora. Mi dice che per prima cosa sfoglia qualche giornale polacco, poi legge un saggio (ha appena finito, per esempio, un libro di Lustiger, l'arcivescovo di Parigi) e infine rivede i testi dei discorsi del giorno dopo. Va a letto verso le undici.

XXIII

«È la Chiesa, non il papa»

(1992)

Tre giorni a Vienna
1° febbraio 1992

Dal 29 al 31 gennaio, su invito di Erich Leitenberger dell'agenzia Kathpress, sono a Vienna per tenere una conferenza stampa in occasione della festa del patrono, san Francesco di Sales. Ne ho approfittato anche per rispondere a un invito rivoltomi anni fa dal governo austriaco. Leitenberger e un'interprete del governo mi hanno accompagnato durante questi tre giorni.

Ho pranzato a Vienna con il cardinale König, l'arcivescovo László della diocesi di Eisenstadt e alcuni funzionari governativi. Ho avuto l'opportunità di conversare con il ministro dell'Istruzione e con il presidente Waldheim. È stato un viaggio intenso: la messa celebrata dal cardinale Groër, la visita a Graz, ecc. Un programma al quale, all'ultimo minuto, si sono aggiunti un incontro con i redattori della Kathpress e, su mia richiesta, una visita a Viktor Frankl,[1] che mi ha accolto con grande cordialità.

È stato un viaggio molto interessante, nel complesso. Naturalmente, ai loro occhi sono solo un tramite con il Vaticano. Spero quindi che servirà a superare alcune delle riserve sulla Santa Sede che si percepiscono in certi ambienti austriaci.

Una possibile intervista televisiva
3 febbraio 1992

«Vediamo cosa ha da raccontarci il "direttore" su come vanno le cose nel mondo, in modo da avere qualche "illuminazione"» dice ad alta voce il Santo Padre mentre entro nella sala da pranzo dell'appartamento pontificio.

Gli parlo del mio recente viaggio in Austria: contatti, atmosfera umana. Volevo anche sondarlo sulla possibilità – a cui sto pensando da tempo – di realizzare un'intervista per la televisione. Il papa non ne vede la necessità, ma io e Dziwisz siamo d'accordo – e glielo diciamo – che viene meglio in televisione quando parla «senza leggere». Dziwisz chiede quanto tempo ci vorrebbe per realizzare un programma del genere. Rispondo che si può fare un po' alla volta: a Roma o a Castel Gandolfo.

Entrando ho incrociato Sodano, che stava finendo di sbrigare le sue pratiche con il papa. Scherzando, mi dice: «Vediamo chi ha il dossier più voluminoso».

Senegal, Gambia e Guinea
16-29 febbraio 1992

Stando vicino al papa sull'aereo che ci porta in Senegal, prima dell'incontro con i giornalisti, mi colpisce ancora una volta la precisione con cui esprime le sue idee e ricorda nomi e date. Il suo modo di ragionare, duttile e rigoroso allo stesso tempo, senza contorcimenti dovuti all'emotività o di altro tipo, è quello di un uomo profondamente sereno.

Vedendo i giornalisti sull'aereo, tutti occidentali, li prende un po' in giro dicendo: «Nessun africano, tutti bianchi! Siamo ancora all'epoca coloniale?».

Nessun viaggio del papa è uguale all'altro. Questo presenta delle peculiarità importanti. Una è l'ammirazione dimostrata da alcuni leader musulmani nei riguardi della religione cattolica. Il presidente del Senegal è sposato con una cristiana. Nel santuario mariano di Popenguine regna un'atmosfera deliziosa. Nell'omelia il papa ha aggiunto spontaneamente queste parole: «Il popolo di Dio del Senegal ha invitato qui in particolare la Madre di Gesù e Maria ha accettato l'invito. Ora è qui con noi».

Il 21 febbraio, a Dakar, capitale del Senegal, incontro con i giovani nello stadio Demba Diop. Il papa era molto contento dell'ottima organizzazione e alla fine ha espresso per tre volte la sua gratitudine. La celebrazione della messa, con elementi tipici della liturgia africana, è stata meravigliosa.

Ci sono due immagini di questo viaggio che mi sono rimaste particolarmente impresse. La prima è del 22 febbraio, quando abbiamo visitato la «Maison des Esclaves» sull'isola di Gorée. Il papa si è commosso pensando alle migliaia e migliaia di schiavi che sono passati da qui nel loro tragico viaggio verso le Americhe. Si è appoggiato allo stipite della porta che si affaccia sull'Atlantico e ha trascorso un po' di tempo in preghiera, contemplando il mare.

Giuliani ha scattato una formidabile fotografia di quei momenti.[2]

La seconda immagine è quando, di buon mattino, prima di cominciare la giornata, l'ho visto mentre pregava nella nunziatura di Dakar, immobile, appoggiato alla balaustra della scala e con gli occhi chiusi. Pregava intensamente, «colmandosi di Dio», prima di una lunga giornata di attività.

Il 23 febbraio siamo arrivati in Gambia. Nell'incontro con i giovani della St. Augustine's High School di Banjul, dice loro di non lasciarsi derubare degli ideali di gioventù e che «la vera felicità riguarda l'"essere", non l'"avere"».

Il 24 febbraio, a Conakry, in Guinea, ha rivolto ai giovani parole simili sul progresso, tanto spirituale quanto materiale, che sono state particolarmente applaudite. Quello stesso giorno ha ordinato tre nuovi sacerdoti e il giorno dopo ha incontrato, tra gli altri, i leader religiosi musulmani nel Palazzo del Popolo.

Annoto una frase del discorso del presidente al termine del viaggio: «Lei è il miglior testimone dei nostri bisogni».

Tensioni con il Patriarcato di Mosca
2-3 marzo 1992

Incontro a Ginevra tra una delegazione del Patriarcato di Mosca e una della Santa Sede. Oggetto: discussione dei problemi ancora aperti dopo i cambiamenti nell'ex Unione Sovietica e l'insediamento della gerarchia cattolica in quelle terre.

La delegazione del Patriarcato è guidata dal metropolita Kirill;[3] Cassidy è a capo di quella vaticana, composta da Pierre Duprey, Salvatore Escribano, monsignor Coppola – della Seconda sezione della Segreteria di Stato – e padre Arranz S.J., che fa da traduttore con il suo eccellente russo. Ne fanno parte anche l'archimandrita Iosif Pustoutov (che abbiamo conosciuto durante il nostro viaggio a Mosca per il Millennio), padre Nestor e il sacerdote ortodosso che rappresenta il Patriarcato di Mosca presso il Consiglio ecumenico delle Chiese a Ginevra.

Quando ho saputo di questo incontro, ho detto al papa che sarebbe stata una buona occasione per migliorare il clima di aperta ostilità tra Mosca e Roma. Il papa mi ha assecondato, dicendomi di parlare con Duprey. E io l'ho fatto. Si è sondato il terreno con Kirill per capire se ci sarebbe stata una conferenza stampa. Risposta ambigua. Dopo alcune discussioni con Cassidy, si è considerato opportuno un mio inserimento nella delegazione in modo che potessi occuparmi dei rapporti con la stampa.

Vado senza un programma e con poche informazioni sullo stato delle relazioni tra ortodossi e cattolici nel nuovo contesto dell'Europa orientale. Già dall'avvio dei colloqui, mi rendo conto dell'entità del problema. È dal settembre 1990 che non si tengono incontri tra il Patriarcato e la Santa Sede.

L'incontro del 2 marzo si svolge presso la sede della rappresentanza ortodossa e quello del giorno successivo presso la nostra rappresentanza alle Nazioni Unite.

Kirill non tace nulla. È esplicito: non aggressivo, ma inequivocabile. In diverse occasioni fa notare che, senza progressi sulla questione delle parrocchie cattoliche in Ucraina[4] e su quello che definisce il «proselitismo» cattolico in Russia, non ha senso riempirsi la bocca di belle parole sull'ecumenismo e, quindi, continuare a incontrarsi. Si trova in una posizione difficile: l'anno scorso ha visitato vari organismi della Santa Sede ed è stato ricevuto dal papa. Pochi giorni dopo, la stampa è stata informata della ricostituzione della gerarchia cattolica di rito latino in Russia, senza che nessuno nella Curia lo avesse preavvertito. Ciò lo ha messo in grande difficoltà all'interno del Patriarcato. A mio parere ha ragione. Vuole ottenere risultati concreti e positivi da questo incontro. La sera, rientrando a casa, siamo consapevoli di quanto sia teso il clima.

Kirill ha parlato della necessità di un «segnale» da parte di Roma. Ma quale? Mi viene in mente che il papa potrebbe dare una chiesa agli ortodossi ucraini, i mezzi per costruirla, concedendo loro massima libertà sul luogo in cui edificarla. L'idea prende piede tra i membri della nostra delegazione. La sera stessa si tengono consultazioni con Roma.

I colloqui riprendono presso la nostra rappresentanza alle nove e mezza. Kirill espone i problemi e le sue rivendicazioni. Padre Nestor è più ruvido e aggressivo. Cassidy parla del possibile gesto del papa. La cosa li lascia un po' sconcertati. Ringraziano. Non sanno quale sarà la reazione degli ortodossi ucraini: potrebbero dire, spiega Kirill, che i cattolici ci hanno tolto tutte le chiese e che il papa ora gliene regala una... Si stabilisce che porterà l'offerta a Mosca e che decideranno nell'incontro con gli ucraini alla fine del mese.

Il clima cambia, ma i toni ridiventano più aspri quando, nel pomeriggio, si cerca di redigere un comunicato stampa. Kirill vuole un testo succinto che sancisca le divergenze e definisca un meccanismo di consultazione tra vescovi cattolici e ortodossi prima di erigere parrocchie e «altre opere cattoliche». Chiaramente, vuole avere in mano un documento che, al suo ritorno in patria, dimostri a tutti che è stato inflessibile e che ha ottenuto qualche garanzia da Roma.

Durante la discussione susseguente, che si fa molto lunga, tento invano di emendare il testo quasi nella sua interezza: non ottengo nulla perché, a parte le resistenze di Kirill, ho posto l'argomento in termini poco possibilisti, invece di affrontare le cose una alla volta. Solo un punto viene modificato. Si conclude alle dodici e quaranta.

Nel pomeriggio, la televisione italiana effettua delle riprese del tavolo negoziale e, in giardino, Cassidy e Kirill rilasciano una dichiarazione. Nella mia breve intervista dico che i contrasti traggono origine dai settant'anni di totalitarismo. Prepariamo il materiale informativo, che viene inviato via fax alla sala stampa e alla Segreteria di Stato, poi torniamo a Roma.

Il papa su un articolo di Gorbačëv
4 marzo 1992

Ieri il quotidiano «La Stampa» di Torino ha pubblicato un articolo di Gorbačëv sull'influenza esercitata da Giovanni Paolo II sui cambiamenti nell'Europa orientale. Paolo Mieli ed Ezio Mauro, rispettivamente direttore e vicedirettore del giornale, avevano mostrato il testo al papa il 15 febbraio. Era scritto in cirillico e recava la firma di Gorbačëv.

Li ho accompagnati durante l'udienza privata che il papa ha concesso loro nella biblioteca. Gli hanno portato un piccolo fascicolo bianco sulla cui copertina, a mano e con inchiostro blu, Gorbačëv aveva scritto «*O Pape Rimskom*» (Sul papa di Roma): un titolo più consono a un memorandum d'ufficio che a un articolo di giornale. All'interno del fascicolo c'erano due pagine scritte in caratteri cirillici e siglate, sempre in inchiostro blu, con la sua firma svolazzante e generosamente orientata verso destra. Gli hanno dato anche dei fogli con la traduzione del testo in italiano.

Il papa ha fatto alcuni commenti; dopodiché, al termine dell'udienza, Mieli e Mauro mi hanno chiesto la cortesia di ricostruire insieme in sala stampa ciò che aveva detto il papa. Ci abbiamo lavorato sopra e ne è uscito un testo con le sue parole. L'ho riletto con calma, dando alcuni piccoli suggerimenti, e loro mi hanno proposto di pubblicarlo il giorno dopo l'articolo di Gorbačëv.

Quel giorno è oggi. È venuto molto bene e sia Mieli sia Mauro mi hanno ringraziato, anche se ho la sensazione che abbiano sopravvalutato il mio intervento. In realtà, il mio contributo si è limitato alla ricostruzione del testo del papa e al via libera alla pubblicazione, concordando alcuni dettagli al telefono. Per il loro giornale è uno scoop notevole: mi dicono che l'articolo di Gorbačëv è stato pubblicato da 115 testate in tutto il mondo. Suppongo che qualcosa di simile sarà accaduto con i commenti del papa.

Questo è il testo di ciò che il papa ha detto in quella conversazione, che abbiamo ricostruito abbastanza fedelmente:

> *Ricordo di Gorbačëv.* «Conservo un ricordo molto forte e preciso del mio incontro con Michail Gorbačëv, quando è venuto in visita qui. Penso che sia un uomo degno, di sani principi, spiritualmente molto ricco, un uomo carismatico che ha avuto un'influenza decisiva sugli avvenimenti nell'Europa orientale. Non si professa credente, tuttavia mi ha parlato della grande importanza che attribuisce alla preghiera, alla dimensione interiore dell'uomo. Credo che il nostro incontro sia stato disposto dalla Provvidenza.»
>
> *Il papa slavo.* «Come egli stesso scrive nel suo articolo, durante il nostro incontro Gorbačëv mi ha parlato con simpatia e calore del "papa slavo". Mi ha detto che era felice di aver trovato, qui in Vaticano, un papa slavo come lui e quindi in grado di comprendere meglio i problemi del suo mondo. Gli ho risposto con un sorriso, ricordandogli che sono uno slavo occidentale. Mi ha detto che questo non conta. ... Non è un caso che il papa abbia voluto nominare i santi Cirillo e Metodio compatroni d'Europa. Rappresentano il punto di intersezione tra identità slava e identità latina.»
>
> *Il papa e l'Est.* «Ho letto il giudizio di Gorbačëv sul ruolo del papa negli eventi che hanno cambiato l'Europa orientale nel corso degli ultimi anni. Sono convinto che la pensi davvero così e lo dica con franchezza. Quando il sinodo dei vescovi europei, nel suo documento finale, ha voluto sottolineare questo ruolo specifico del papa, ho chiesto loro di non farlo. È la Chiesa che ha contato in questo processo, non il papa. Tutto ciò che si può ascrivere al papa è frutto della sua fedeltà: fedeltà a Cristo e all'uomo.»
>
> *Il cambiamento spirituale nell'Est.* «Può darsi che qualcuno non sia convinto del parere di Gorbačëv. Occorre valutare a fondo gli avvenimenti recenti, individuando le vere cause dei fenomeni che

si sono verificati. Per esempio c'è chi, come Popper, ritiene che le difficoltà economiche siano la causa ultima della crisi dei sistemi comunisti dell'Europa orientale. E questa argomentazione ha certamente il suo peso. Ma non dobbiamo dimenticare una cosa molto importante: non è stata solo una crisi del comunismo, c'è stata anche la perestrojka. E perestrojka, tra le altre cose, vuol dire "conversione".

«Ciò significa che nelle crisi e nei fallimenti, negli sconvolgimenti che sono tuttora in corso, c'è un elemento spirituale, un cambiamento interiore. Del resto, è così che deve essere e poteva solo succedere così. L'uomo è costituito da due elementi e sarebbe sbagliata un'interpretazione esclusivamente spirituale delle vicende dell'Est, così come sarebbe sbagliata un'interpretazione esclusivamente materiale, incapace di guardare oltre le dimensioni puramente economiche di questa crisi, perché l'uomo è spirito incarnato.»

Il ruolo politico. «Gorbačëv parla del ruolo politico che il papa ha svolto sulla scena mondiale. Non credo che si possa parlare di un "ruolo politico" in senso stretto, perché il compito di un papa è quello di predicare il Vangelo. Ma nel Vangelo si parla dell'uomo, del rispetto per l'uomo, e di conseguenza dei diritti umani, della libertà di coscienza e di tutto ciò che appartiene all'uomo. Se questo ha una valenza politica, allora sì, quel termine – "ruolo politico" – riguarda anche il papa. Ma sempre parlando dell'uomo, difendendo l'uomo.»

Una trasformazione impensabile. «Nel 1978, quando sono stato eletto papa, non potevo immaginare che sarei stato testimone di una trasformazione così radicale come quella che ha cambiato il volto dell'Europa orientale. Non potevo immaginarlo perché era inimmaginabile. E non solo allora: anche in quel grande, indimenticabile 1989, l'anno della Rivoluzione di velluto, come l'ha definita il presidente cecoslovacco Havel. È stato un segno, una luce, un presagio di ciò che sarebbe successo in seguito. Ricordo in particolare la canonizzazione di sant'Agnese di Boemia, avvenuta qui in Vaticano nel novembre 1989, che ha visto la partecipazione di tanti pellegrini provenienti da quei paesi.»

Il colpo di Stato nell'URSS. «Al momento del colpo di Stato in Unione Sovietica mi trovavo in Ungheria. Abbiamo subito fatto una dichiarazione in cui la Santa Sede, in risposta all'annuncio ufficiale della malattia di Gorbačëv, esprimeva la speranza che si riprendesse al più presto. E il giorno dopo, durante la celebrazione della messa in Piazza degli Eroi, nel centro di Budapest, ho aggiunto qualche parola durante l'omelia su ciò che stava accadendo a Mosca e che preoccupava il mondo intero...»

Il viaggio nell'URSS. «Si è parlato molto di questo viaggio. Michail Gorbačëv mi ha invitato e credo che desideri sinceramente che questo viaggio si compia. E non solo lui, ma anche il suo successore, per quanto non si possa parlare propriamente di un successore, perché Boris Eltsin è il presidente della Russia e non dell'URSS, come Gorbačëv. Tuttavia c'è ancora del lavoro da fare, prima di poter realizzare questo viaggio. Dobbiamo continuare a lavorare.»

Il libro di Macciocchi
6 marzo 1992

Sono appena tornato dall'incontro con gli ortodossi russi a Ginevra. Il papa mi invita a cena per avere informazioni. Non ha ancora parlato con Cassidy. Mi chiede dell'eco suscitata dall'articolo di Gorbačëv apparso su «La Stampa» e del libro di Maria Antonietta Macciocchi sulla *Mulieris Dignitatem*. Il papa le è grato per aver scritto questo libro e incarica Dziwisz di invitarla a cena.*

Il beato Josemaría
22 maggio 1992

A cena con il papa. Sono passati pochi giorni dalla beatificazione di un sacerdote con cui ho avuto la fortuna – o meglio, il dono divino – di convivere per cinque anni: Josemaría Escrivá. Ogni volta che penso a lui, mi sento pieno di gratitudine verso Nostro Signore. Insieme a lui, la Chiesa ha beatificato una suora sudanese, Giuseppina Bakhita.

Andando verso la sala da pranzo, il papa mi parla della beatificazione. «Uno spettacolo grandioso» dice, riferendosi alla cerimonia in piazza. È rimasto particolarmente colpito dalla compostezza della gente. Durante la cena continuiamo a parlarne. Mi chiedono della formazione cristiana offerta dall'Opus Dei, che il papa conosce e apprezza.

In un altro momento della conversazione discutiamo dell'utilità della rassegna stampa, che raccoglie ritagli di notizie e articoli di particolare interesse. Gli dico che già per Paolo VI preparavano una rassegna stampa che non trascurava mai le critiche,

* Qualche tempo dopo, accompagnai Maria Antonietta a quella cena: venne vestita di nero e in abito lungo. Ammira profondamente il papa, che si è interessato in modo particolare a tutto ciò che lei gli ha raccontato sulla Cina.

le notizie faziose, ma che a volte tralasciava le cose positive. Aggiungo che, dal mio punto di vista, tale omissione è dovuta a una mentalità secondo la quale è sufficiente leggere tutto ciò che è negativo per essere informati. Questo mi sembra sbagliato, perché bisogna essere informati anche sulle cose positive. Altrimenti si contribuisce a creare una sorta di sindrome d'assedio di fronte alle critiche. Il papa ascolta con interesse questa mia disquisizione sulle rassegne stampa.

In Angola, São Tomé e Príncipe
4-10 giugno 1992

All'arrivo a Luanda, capitale dell'Angola, scopro che il governo ha affidato la sicurezza del papa a un gruppo di poliziotti spagnoli, che ci accompagneranno in questi giorni.

Huambo. Il papa arriva al presbiterio per celebrare la messa. Sull'altare, un grande crocifisso dai tratti africani. Si inginocchia, appoggia la mano sul crocifisso e prega per otto minuti con gli occhi chiusi. Oggi è venerdì e forse sta facendo la Via Crucis.

5 giugno, Lubango. La presenza del papa in questi luoghi che tanto hanno sofferto in quasi trent'anni di guerra (quindici per raggiungere l'indipendenza e altri quindici di guerra civile) contribuisce a rafforzare la persistenza delle vocazioni religiose. Sono particolarmente impressionato dall'entusiasmo delle suore locali, che si prendono cura delle persone più bisognose di questo paese.

Colpisce il gran numero di bambini che assistono alla celebrazione della Parola di Dio in Piazza della Rivoluzione a Lubango. Il papa si rivolge a loro amorevolmente, con il linguaggio di un catechista esperto.

6 giugno. Mentre voliamo verso São Tomé, riguardo i discorsi che deve pronunciare e noto che non c'è alcun riferimento alla schiavitù, nonostante quest'isola sia stata un luogo di transito nella tratta degli schiavi. Ne parlo a Dziwisz e Re aggiunge un paragrafo, in modo che il papa possa leggerlo. Al momento dei saluti finali, in aeroporto, il presidente modifica il suo discorso per commentare il riferimento alla schiavitù introdotto dal papa alla fine della messa.

Atmosfera familiare e gradevole. Clima pacifico e soave. Su uno striscione leggo: «Giovanni Paolo II, leader mondiale della pace, dell'unità, della giustizia, della libertà, del progresso».

7 giugno, Luanda. Torniamo nella capitale, dove il papa incontra i membri della Conferenza episcopale dell'Angola e di São Tomé e Príncipe. La presenza del marxismo in questi paesi è stata molto forte, come nella sua terra natale. È la festa di Pentecoste e a un certo punto comincia a parlare in italiano, in tono confidenziale. Ricorda la sua prima celebrazione della Pentecoste in Polonia, quando il mondo era ancora diviso in due blocchi: «Era il 1979. Ma poi le cose sono andate come sono andate. Dal 1979 si è passati al 1989 e, finalmente, nel 1992, siamo qui. È lo stesso processo. I luoghi geografici sono diversi, ma è lo stesso sistema che programmava un ateismo ideologico. Dall'altra parte c'è la Chiesa, che non programma, ma che segue la Parola di Dio, segue le promesse di Cristo».

8 giugno, Cabinda. Il papa celebra la messa all'aeroporto, quasi al confine con lo Zaire.[5] Qualche giorno fa, non lontano da qui, diverse persone sono morte in scontri lungo la frontiera. Impressione di povertà assoluta.

La popolazione locale non riesce a capacitarsi che il papa sia in questa terra così isolata dal mondo. Sono ammirato nel vedere il piccolo gruppo di missionari francescani che lavora qui, nel vedere dove vivono, praticamente senza nulla. Il papa pranza con loro, nella missione, in una stanza piccola e modesta. Il vescovo è un francescano. Prima della cerimonia serale, il papa visita una famiglia che vive in una capanna. È una cosa improvvisata. Si siede con loro e chiacchierano per qualche minuto. Con noi c'è un catechista.

Nell'albergo di Luanda, con il cardinale Tomko,[6] parliamo della Cecoslovacchia negli anni del comunismo, che il papa ha rievocato più volte in questi giorni. Mi dice che la Santa Sede, nel 1972, aveva nominato quattro vescovi: due erano della Pacem in Terris e gli altri due erano vicini a quel movimento che simpatizzava per il marxismo. Tutto inutile. Tomko aveva lasciato il suo paese – la Slovacchia – nel 1945 e aveva potuto rivedere la madre solo molti anni dopo, nel 1968: fino a quel momento non gli avevano concesso il visto per tornare. Qualche tempo dopo gli resero difficile anche assistere al suo funerale.

11 giugno. Sull'aereo, di ritorno dall'Africa, vedo che il papa sta scrivendo il testo dell'udienza generale del mercoledì. Una volta finito, lo consegna a Nowacki perché lo traduca. Mi colpisce il testo originale: cinque pagine scritte in polacco con pochissime correzioni. Di solito aggiunge una giaculatoria nell'angolo in alto a destra di ogni pagina, ma questa volta non si tratta di giaculatorie a sé stanti. Le frasi dei cinque fogli compongono una preghiera mariana: «*Totus tuus ego sum/ Et omnia mea tua sunt/ Accipio te in mea omnia/ Praebe mihi cor tuum,/ Maria*» (Sono tutto tuo/ E tutto ciò che è mio è tuo/ Ti accolgo in tutto ciò che è mio/ Dammi il tuo cuore,/ Maria).

Tutto ciò che scrive «fa parte», in qualche modo, della sua preghiera alla Vergine.

Nell'ultima pagina ha scritto questa nota per il traduttore: «Prego umilmente di correggere e completare».

XXIV
«Sarò ricoverato in ospedale»
(1992)

All'Expo di Siviglia
28-29 giugno 1992

28 giugno. Parto per la Spagna con Sodano, che presiederà le cerimonie del padiglione della Santa Sede all'Esposizione universale di Siviglia (Expo). In aereo gli leggo alcune possibili domande che, penso, gli rivolgeranno i giornalisti spagnoli. Ad accoglierci all'aeroporto c'è il nunzio, Mario Tagliaferri.[1]

Pranzo alla nunziatura, discutiamo della situazione religiosa in Spagna. Tagliaferri ritiene che in questo paese non ci siano laici adeguatamente preparati per la vita pubblica e che il modello italiano (cattolici impegnati in politica nelle file di uno stesso partito) sia di gran lunga migliore.

Personalmente, ho dei dubbi. Ciò che mi sembra evidente è che i partiti al potere in Italia, negli ultimi dieci anni, sono stati più rispettosi del pluralismo in confronto alla Spagna, dove c'è stata una sorta di epurazione dei cattolici dalla vita pubblica.

Siviglia, l'Expo. Intervista per Canal Sur, l'emittente televisiva regionale. Visita al padiglione della Santa Sede: il *Discobolo* di Mirone, bacheche con documenti relativi all'evangelizzazione e alla scoperta delle Americhe, come il testamento di Cristoforo Colombo. Dipinti di Murillo, Zurbarán, Goya, Caravaggio, El Greco… Al termine, incontro con i giornalisti.

Madrid. Colloquio con Felipe González[2] a La Moncloa. Sono presenti l'ambasciatore Ezquerra, Sodano, Tagliaferri e monsignor Broglio. Sodano chiede al primo ministro per quale motivo una serie di questioni in sospeso non siano ancora state risolte: la presenza dei cappellani nelle carceri, la convocazione della commissione paritetica Chiesa-Stato, ecc. A seguire, un pranzo nel palazzetto adiacente con il vicepremier Narcís Serra e i ministri degli Esteri, dell'Istruzione e altre personalità, insieme a diversi vescovi, tra cui Suquía e García-Gasco, presidente e segretario della Conferenza episcopale.

Nel pomeriggio, Serra viene in visita alla nunziatura. Poi ci riuniamo con il consiglio permanente della Conferenza episcopale.

Atterrati all'aeroporto di Roma, Sodano mi chiede di accompagnarlo in macchina. All'arrivo, Re ci sta aspettando. Bisogna preparare il comunicato sulla decisione della Sacra Rota in merito al matrimonio di Carolina di Monaco. Pranzo nella sala stampa. Invito i giornalisti per il pomeriggio, perché Di Falco, portavoce dei vescovi francesi, mi ha confermato che diversi giornali hanno già saputo l'esito della sentenza, che ha decretato l'annullamento del matrimonio con Junot.

La sorpresa
10-20 luglio 1992

Mi soffermo a chiacchierare con Dziwisz prima che arrivi il papa. Gli parlo del periodo di riposo in montagna, sempre troppo breve, che inizierà tra cinque giorni. Non conferma nulla, cosa che trovo strana, perché manca poco. Gli chiedo se questa volta devo accompagnarli e lui svicola: dipende da quello che dirà il papa a cena. Cosa succederà? Un attimo dopo entra il Santo Padre: «Vediamo un po' con il direttore a che punto siamo...» osserva divertito. «Siamo sul punto, Santo Padre... di partire per la montagna» rispondo. «Vediamo, vediamo» dice il papa mentre ci dirigiamo verso la cappella, prima di passare in sala da pranzo.

Uscendo, cammina sbattendo i tacchi delle scarpe. Sta scherzando con Dziwisz. «Non vuole che io faccia rumore quando cammino» mi dice ridendo. Dziwisz spiega che il papa a volte indossa queste scarpe, di un numero più grande del suo, perché sono molto comode; però si sentono un po' quando cammina...

«Che si dice?» mi chiede il papa. Gli parlo delle aspettative sul suo prossimo viaggio a Santo Domingo e di altri argomenti. Dal modo in cui sta seduto, ho la sensazione che non si senta molto bene, come se avesse qualche disagio. La sua cena, di solito già leggera, si limita a un purè di patate. Non mangia neanche un po' di formaggio.

Parlo della necessità di qualche giorno di riposo in montagna, evocando il detto napoletano: «Quando il corpo sta bene, l'anima balla». Aggiungo che san Tommaso d'Aquino diceva qualcosa di simile.

«Certo,» commenta il papa di buon umore «perché anche san Tommaso era napoletano, della Campania.»

Dopo una breve pausa, aggiunge: «Quindi pensa che dovremmo andare in montagna?».

«Sì, Santità» gli dico, con l'impressione che ci sia qualche impedimento che ignoro.

Finiamo la cena, ci alziamo da tavola, torniamo verso la cappella e, prima di entrare, si ferma: «Devo dirle una cosa. Questa domenica sarò ricoverato in ospedale».

Rimango pietrificato, anche se mi sforzo di non darlo a vedere. Me l'ha detto in tono serio, ma non drammatico. E aggiunge qualcos'altro sulla possibilità di un intervento.

Entriamo nell'oratorio. Di cosa si tratterà? Un intervento di otorinolaringoiatria, per risolvere il problema della sua ipoacusia, la perdita dell'udito? Ma dal modo in cui lo dice, non credo si tratti di questo. Preghiamo per qualche minuto.

Andandomene, gli dico che è un'altra occasione per pregare per il Santo Padre. Mi ringrazia e mi chiede di continuare a pregare e a far pregare per lui. Dziwisz racconta che qualche giorno fa lo ha chiamato frère Roger Schutz,[3] della Comunità di Taizé, e gli ha detto qualcosa del tipo che il papa avrebbe sofferto.

«Il papa soffre molto,» aggiungo, non sapendo bene cosa dire e non osando chiedere cosa stia succedendo, «ma più che per il dolore fisico, soffre per la Chiesa.»

«È vero» mi dice.

È la prima volta che lo sento ammettere che sta soffrendo.

Prima di salutarci, Dziwisz mi porta due testi che sono stati preparati per domenica (oggi è venerdì): l'annuncio del suo ricovero in ospedale, che il papa stesso leggerà al termine della preghiera dell'*Angelus*, e le informazioni che devo dare ai giornalisti. Li leggo, dico al papa che questi testi mi bastano e lo saluto.

Dziwisz, però, è preoccupato e ha voglia di parlare. Mi accompagna e ci sediamo nella stanza accanto, dove sono deposti i paramenti liturgici per i vescovi svizzeri in visita *ad limina*. Mi racconta degli esami ai quali il papa è stato sottoposto negli ultimi giorni, della preparazione alle analisi, dei disturbi di cui soffre… E pensare che, nel frattempo, ha mantenuto il suo normale programma. L'unico cambiamento c'è stato lunedì, quando, per risparmiargli un po' di lavoro, hanno organizzato una sola udienza.

Mi informa che la neoplasia che gli hanno trovato sembra maligna. Da come me lo dice, capisco che è distrutto. E inizio a pregare, chiedendo un miracolo a Dio.

12 luglio, domenica. Sono stato con Re, che pare ottimista: mi dice che nel giro di dieci giorni tutto si sistemerà e che non devo cambiare i miei piani per le vacanze, perché lui non cambierà i suoi. Io sono meno ottimista, dopo aver parlato con Dziwisz venerdì.

A mezzogiorno, in sala stampa c'è solo un giornalista giapponese, Hiroshi Miyahira. Gli suggerisco di accendere il televisore e di ascoltare il papa. Dopo l'annuncio, c'è grande agitazione: iniziano ad arrivare i giornalisti e teniamo una conferenza stampa. Mi fanno domande su domande su una questione in merito alla quale posso dare solo una risposta elementare, seppur significativa: si tratta di una disfunzione intestinale che può comportare un intervento chirurgico. Sottolineo che non c'è alcun nesso con il suo ultimo viaggio in Angola.

Pranzo in sala stampa, dove continuo a lavorare per tutto il pomeriggio. Verso le sei, Re mi chiama per dirmi che il papa scenderà nel cortile di San Damaso alle sette e un quarto e che da lì andrà al Gemelli, nel caso volessi essere presente per salutarlo.

Ci vado con suor Giovanna, che nonostante l'ora sta ancora lavorando in sala stampa. Mentre siamo lì in attesa del papa, parlo con Buzzonetti. Gli chiedo quali siano le sue previsioni. Secondo lui, c'è l'85 per cento di possibilità che si tratti di un tumore maligno. Vedo che ha con sé una busta con le radiografie.

Sapendo che i media vorranno conoscere immediatamente i risultati, concordiamo di preparare in anticipo due comunicati a seconda di ciò che accadrà: uno in cui si dice che è benigno e l'altro – se le sue previsioni saranno confermate – in cui si spiega che si tratta di un tumore maligno. Ma, viene da chiedersi, chi è legittimato a diffondere il secondo comunicato? Buzzonetti mi dice che nemmeno il segretario di Stato può decidere da solo. È il papa stesso che deve autorizzarlo, e ciò lo rende nervoso perché non sa se gli permetteranno di sollevare la questione prima dell'intervento. Gli lascio i miei numeri di telefono; restiamo d'accordo che ci chiameremo ogni giorno e che ci terremo in contatto.

Arrivato nel cortile di San Damaso, il papa scherza con le suore che lo aspettano prima che salga sull'auto. L'atmosfera è molto calorosa. Non sanno cosa abbia e pensano che sia qualcosa di poco conto.

«Se volete informazioni» dice il papa, ridendo e indicandomi col dito, «chiedetele a lui.»

13 luglio, lunedì. Grande eco sulla stampa; viene valutato in maniera positiva il fatto che il papa abbia annunciato personalmente il suo ricovero in ospedale.

Parlo con Dziwisz al telefono: ha fatto una TAC e «tutto è pulito». Vuol dire che non hanno trovato tracce di metastasi: è la prima buona notizia in tutti questi giorni. Continuo a pregare e a chiedere un miracolo.

14 luglio, martedì. Tra i giornalisti la tensione è palpabile e c'è grandissimo interesse. Li informo che stanno continuando a sottoporlo a esami e che, non appena avranno finito, comunicheremo la diagnosi. Parlo al telefono con Buzzonetti e il dottor Candia, del Policlinico Gemelli, per decidere come comportarci. Concordiamo di dare lettura dei comunicati simultaneamente, al Gemelli e alla sala stampa.

15 luglio, mercoledì. Intervento chirurgico. Re mi chiama per dirmi che Sodano mi aspetta per accompagnarlo in ospedale. È preoccupato, perché il comunicato preparato dai medici è troppo tecnico e pensa che la gente non riuscirà a capirlo bene. Vuole che vada in ospedale e mi metta d'accordo con i medici per elaborare un testo più comprensibile.

Vado con il cardinale nella sua macchina. Entriamo in ospedale da un cancello laterale, per evitare il gruppo di giornalisti che si è radunato davanti all'ingresso principale, e ci dirigiamo direttamente al decimo piano.

Accanto alla stanza del papa c'è una piccola cappella. Preghiamo davanti al Santissimo. Lo zucchetto del papa, che è ancora in sala operatoria, è stato deposto sull'altare.

Durante la lunga attesa – un'ora – parliamo delle difficoltà di Buzzonetti nel far sì che le sue istruzioni, in materia di misure preventive, vengano seguite dall'entourage del papa. Viaggia spesso, ha pochissimo tempo libero e le visite di controllo finiscono per essere continuamente rimandate. Ha proposto da tempo di sottoporlo a una serie di esami, anche se non presenta alcun tipo di sintomatologia, ma è stato inutile.

Verso le undici vedo arrivare i medici. Portano il papa direttamente nella sua stanza. Hanno preparato un comunicato tecnico, descrittivo e realistico, ma – poiché fanno riferimento alla «natura tumorale della lesione» – la buona notizia non sarà sufficientemente chiara al grande pubblico: l'adenoma è benigno.

Dal canto loro, Buzzonetti e il chirurgo, Crucitti, da medici esperti quali sono, vorrebbero che il testo fosse meno categorico, fino a quando non saranno stati vagliati a fondo tutti i possibili scenari. Alla fine si arriva a un accordo: viene aggiunto un breve paragrafo che sottolinea la natura benigna del tumore, specificando che l'intervento chirurgico sarà «curativo e risolutivo». Sodano lo sigla con un «visto».

Buzzonetti, ora leggermente più sereno, mi mostra, respirando a fondo, la bozza dell'altro comunicato (quello che sarebbe stato diffuso se i medici, dopo l'intervento, ci avessero detto che il tumore era maligno).

Sodano entra nella stanza del papa. Dziwisz riferisce le parole dei medici: date le caratteristiche del tumore, è un miracolo che sia benigno. È felice, come lo siamo suor Tobiana e tutti noi che siamo lì.

Buzzonetti, dal canto suo, non si è completamente rasserenato: in parte per la tensione accumulata e anche per le sue responsabilità come medico. È convinto che, per quanto siano state fatte due biopsie, preoperatoria e intraoperatoria, possano comunque esserci elementi di displasia che potrebbero rivelarsi maligni. In ogni caso, le informazioni che arrivano alla stampa sono accurate, complete e chiare. Crucitti mi dice che l'adenoma era di sette centimetri.

Avevo in programma di incontrare i giornalisti a mezzogiorno, ma ho posticipato la conferenza stampa perché il papa è rimasto in sala postoperatoria più a lungo del previsto e abbiamo dovuto rivedere più volte la formulazione del comunicato.

Ho concordato con il dottor Candia di non accettare domande, perché in un momento così delicato, più che chiarire il quadro, potrebbero generare confusione. Abbiamo stilato quattro punti che chiariscono alcuni concetti eccessivamente tecnici del comunicato.

Conferenza stampa: grande interesse e ordine considerevole, benché, a complicare le cose, la sala stampa sia un cantiere aperto, il che di certo non aiuta. Devo leggere il testo in inglese per alcune emittenti televisive. Finiamo molto tardi. Torno a casa stanco morto. E ho ancora sei o sette interviste per la televisione e diverse per la radio. Ma sono felice e ringrazio Dio.

16 luglio, giovedì. Nuovo comunicato sulle prime ore successive all'intervento. Dziwisz mi racconta che ieri, prima dell'operazione, il papa si era alzato alle quattro del mattino per celebrare la messa e compiere i suoi esercizi di pietà, perché prevedeva che dopo l'operazione non sarebbe stato in grado. Dopo l'intervento, ha chiesto a Dziwisz di leggergli una parte del breviario e di recitare il rosario ad alta voce, unendosi a quelle preghiere.

17 luglio, venerdì. Non vado in ospedale. Dziwisz mi informa al telefono sullo stato di salute del papa. Chiamo Sodano e gli chiedo di dire ai medici di smettere di parlare con la stampa: temo che alcuni di loro stiano concedendo troppe interviste.

Come spesso capita in questi casi, scoppia una controversia, perché alcuni medici americani e italiani non hanno alcuna remora ad affermare che una lesione così grande avrebbe dovuto essere necessariamente diagnosticata prima. Naturalmente, tutto questo mette in agitazione il povero Buzzonetti, che non può parlare delle grandi difficoltà che deve superare affinché il papa si sottoponga a esami preventivi (per esempio, una colonscopia ogni anno). C'è sempre un viaggio, un concistoro, qualche incontro programmato che complica le cose. Gli dico di stare tranquillo: me ne occuperò io.

Buzzonetti vorrebbe consegnare alla stampa un testo nel quale si evidenzi la natura asintomatica di questa lesione, mettendo in risalto le analisi che ha effettuato in questo periodo.

Sodano, che in quel momento si sta recando in ospedale in auto, mi chiede al telefono di leggergli il testo di Buzzonetti e di dargli il mio parere. Gli dico che non ritengo opportuno diffonderlo, date le circostanze. Poi parla con Buzzonetti e gli chiede di lasciare a me la decisione.

Due giorni dopo, quando le acque si calmano, rilascio un'intervista su questi temi ad Alceste Santini dell'«Unità». E faccio chiarezza sul buon operato di Buzzonetti.

«L'Indipendente» ha pubblicato un articolo negativo su Stanisław (*Tutti i poteri di Don Dziwisz*), presentandolo come «l'uomo onnipotente» della Curia e come se comandasse più degli stessi cardinali. Lo do a Stanisław, dicendogli di non preoccuparsi, che non ha importanza. Nel pomeriggio mi chiama a casa: «Sai che non c'è niente di vero in quell'articolo. Ma se mai vedessi qualcosa nel mio modo di agire che vada in quella direzione, me lo devi dire, fraternamente». È un atto di umiltà che mi colpisce.

18 luglio, sabato. Stanisław mi invita a entrare nella stanza del papa. È a letto, con la testa sollevata e un sondino nel naso. Quando mi vede, dice: «Si avvicini, si avvicini». Gli bacio la mano e gli dico che questa sua infermità è stata un dono per tutta la Chiesa: abbiamo pregato molto. In situazioni del genere – e questa non fa eccezione – mi intenerisco e mi escono le lacrime... Il papa dice: «È necessario scontare sulla nostra carne ciò che manca alla passione di Cristo». E soggiunge: «Anche se tutto è compiuto da Cristo, possiamo sempre aggiungere qualcosa».

Vederlo così, ben pettinato, sereno, con il sondino tenuto in posizione da un cerotto, mi fa un'enorme tenerezza.

Sul comodino, il suo rosario. Sopra una piccola cassettiera, accanto al suo letto, un'immagine di Maria Bambina. E una poltrona, dove riposa per qualche ora.

Sia ieri che oggi ha concelebrato la messa con don Stanisław. Questo significa che non ha smesso di officiare l'Eucaristia nemmeno per un giorno, anche se nella messa del pomeriggio poco dopo l'operazione, mi ha detto Dziwisz, ha potuto pronunciare solo le parole della consacrazione eucaristica.

Ieri ho riferito tutto questo alla stampa, perché penso che possa fare del bene a molte persone.

Parlo con Dziwisz dell'*Angelus* domenicale del papa: argomenti possibili e come registrarlo con il tecnico di Radio Vaticana.

Sodano mi chiama nel pomeriggio: i medici hanno già il risultato dell'esame istologico definitivo e vorrebbero renderlo noto domenica. Chiede la mia opinione. Gli comunico che domenica il papa reciterà l'*Angelus*, e l'unica informazione del giorno dovrebbe essere quella. Si potrebbe creare confusione e non c'è alcuna fretta di annunciare l'esito dell'esame. Lui è d'accordo e mi dice che ne parlerà con i medici. Mi chiede di essere reperibile la domenica mattina.

19 luglio, domenica. Sgomento nazionale: il giudice Borsellino è stato assassinato in Sicilia. Ho suggerito telefonicamente a Sodano che, data la portata dell'evento, si poteva inviare un messaggio al vescovo di Palermo e un altro al presidente della Repubblica, Oscar Luigi Scalfaro. Gli sembra giusto. Lavoro con Dziwisz su alcune idee per il telegramma a nome del papa.

20 luglio, lunedì. Vado in ospedale alle nove e mezza e partecipo alla riunione con i medici per rifinire il comunicato sull'analisi istologica. Concordiamo con il dottor Candia di spiegare alcuni concetti supplementari, in particolare relativamente alla «displasia». Parlo con Buzzonetti e gli mostro la mia intervista all'«Unità», che non aveva visto. Parlo anche con Sodano, che mi aveva invitato ad accompagnarlo in macchina al Gemelli.

Conferenza stampa. Devo entrare in dettagli medici e usare una terminologia precisa. Vedo che, se non altro, sto mettendo in qualche modo a profitto il mio passato professionale.

I medici sono dell'avviso che il papa debba rimanere in ospedale ancora per diversi giorni: è debole e si addormenta spesso. Non mangia da quando è stato ricoverato domenica scorsa ed è alimentato con una flebo.

Fino al 26 luglio, domenica, quando il papa lascia l'ospedale. Vado al Gemelli un giorno sì e uno no. Sempre al mattino e per parlare con Dziwisz, che apprezza. Ogni tanto ci accompagna Buzzonetti.

XXV

Recuperare le forze

(1992)

A Lorenzago di Cadore
17 agosto 1992

Qualche giorno fa Dziwisz mi ha chiamato per dirmi che il 17 saremmo andati a Lorenzago di Cadore, per stare insieme al papa in questa fase di recupero. Siamo partiti dall'aeroporto di Ciampino alle nove e mezza, su un DC-9 dell'aeronautica militare diretto a Treviso. Da lì, in elicottero fino a Lorenzago. Siamo il solito gruppo: Cibin, Gugel, il medico (questa volta è Giampiero Gasparro) e Tadeusz Styczeń.

Arriviamo a Lorenzago verso le undici e mezza. Buzzonetti ci accompagna fino a lì. Quello stesso giorno, dopo cena, il papa fa una passeggiata nel piccolo giardino della casa, e la mattina dopo, verso le sei e mezza, prima della messa, lo vedo camminare di nuovo.

18 agosto. Prima uscita. Parlo con Dziwisz dell'*Angelus* di domenica e riesco a convincerlo che si faccia a casa, anziché al Castello Mirabello. Propongo inoltre che non venga trasmesso in diretta televisiva: sarebbe un controsenso, vista l'atmosfera di riservatezza che si vuole dare a questi giorni. Mi dice che il papa si sta lentamente riprendendo. Nei giorni scorsi, a Castel Gandolfo, ha avuto un ascesso – curato con antibiotici – e un'infezione alle vie urinarie. Non mangia molto: secondo Buzzonetti, anche per non ingrassare.

Nel pomeriggio facciamo la nostra prima uscita sul sentiero vicino casa: un'ora in totale, con diverse soste. Chiedo al papa se ha letto le ultime dichiarazioni di Gorbačëv sulla sua influenza sugli avvenimenti nell'Est. Gorbačëv sostiene di essere stato ispirato dalle encicliche del papa. «Vede? Delle volte vale la pena scrivere un'enciclica» mi dice con un sorriso.

Sentire queste parole mi conforta: sta ritrovando il suo solito buon umore. Alla sosta successiva mi chiede, genericamente, cosa sta succedendo nel mondo. Vuole tenersi informato. Parliamo – è presente anche Tadeusz – del problema della Bosnia e delle perplessità suscitate dall'intervento internazionale. Parla dei principi etici che possono giustificare l'intervento e dei suoi requisiti: deve mirare a «disarmare l'aggressore». Si vede che ha riflettuto sulla giustificazione morale di un tale intervento.

Aggiunge che è stata un'ottima cosa che il cardinale Etchegaray sia andato a Sarajevo proprio il 15 agosto, festa di Nostra Signora. È stato il papa stesso a mandarlo lì, come gesto di solidarietà di fronte a tutto quello che stanno passando.

Gli scatto delle foto mentre recita il breviario sotto gli alberi.

19 agosto. Facciamo una passeggiata lungo l'itinerario che hanno denominato «Sentiero Giovanni Paolo II». Gli dico che domani andrò a trovare i giornalisti e lo informo, tramite Dziwisz, che avrei bisogno di alcune immagini. Acconsente a farsi fotografare. Continua a chiedermi della Bosnia e mi dice che qualcosa di simile potrebbe accadere in Kosovo. Durante le soste recita il breviario; quando cammina porta il rosario nella mano destra e l'alpenstock – un solido bastone – nella sinistra. Nel pomeriggio rimane a casa.

Lunga conversazione con Tadeusz: parla della conferenza di Ratzinger a Salisburgo. Ha un'alta stima del cardinale ed è preoccupato per la sua salute. Gli dico che in effetti avrebbe bisogno di una persona nel suo dicastero che lo aiutasse, in modo da essere più libero di pensare e scrivere. Cambiando discorso, mi confida un dettaglio domestico: dato che in questi giorni il papa passa più tempo a letto, suor Eufrosina gli legge mentre riposa.

20 agosto. Vado a trovare i giornalisti. Sono un buon numero. Stilando l'elenco di quelli che verranno all'*Angelus* di domenica, risultano essere quarantotto. Faccio un resoconto di questi giorni e spiego nei dettagli l'itinerario che il papa seguirà nella prima escursione di un'intera giornata.

21 agosto. Letture in polacco. Il papa ha lasciato la casa di buon umore: «Buongiorno turisti; turisti ed escursionisti!». Andiamo a Valbona, nel comune di Cortina d'Ampezzo. Arriviamo dopo un'ora di viaggio in auto. L'escursione inizia al passo Tre Croci. Discesa lunga e dolce. Sosta per il pranzo al limitare di un bosco. Splendida vista sulle montagne: le Marmarole, il Cristallo e altre.

Appena terminato il pranzo, leggero e breve, il papa si mette a leggere, come se considerasse il pasto quasi una seccatura di cui liberarsi al più presto, per dedicarsi alla vera attività: la lettura. Si corica un po' nella tenda che abbiamo portato quest'anno. Il suo breviario rilegato in bianco – quello che ha sempre con sé nei viaggi – è scritto in polacco. Oggi ha portato con sé diversi periodici: la rivista «Znak», la rivista dell'Università di Lublino «Ethos» e un libro sul teatro religioso contemporaneo. Tutto in polacco: quest'uomo universale mantiene e nutre uno straordinario interesse per i temi del suo paese e per le questioni universali scritte nella sua lingua.

Si vede che migliora, giorno dopo giorno: ha voglia di parlare, scherza e comunica con gli altri. In una sosta rievoca spontaneamente quel giorno del 1982 o 1983 in cui, per la prima volta, «evase» dal Vaticano, senza scorta, in un'auto guidata da Józef Kowalczyk,[1] per andare in montagna.

Stasera a cena ha mangiato il pesce portato ieri da uno dei nostri e sta preparando l'*Angelus* di domani. Arriveranno un gruppo di Azione Cattolica da Treviso e un gruppo di profughi dalla Bosnia.

22 agosto. In una malga di pastori. Partiamo da casa verso le dieci e un quarto e imbocchiamo con le auto il sentiero 336-A. Itinerario: Forcella Mezzarazzo, Forcella Ghirlo, Fienili Ghirlo a 1440 metri. Il percorso è un po' lungo e temiamo che sia difficile. Siamo incerti se proseguire, ma il papa va avanti. Arriviamo verso l'una. Sole. A Forcella Mezzarazzo incontriamo una giovane famiglia: padre, madre e due figli, una femmina e un maschio. Chiacchiero con loro mentre il papa si avvicina. Non si accorgono di nulla. La signora è la prima a riconoscere il papa.

Continuiamo a camminare e pochi minuti dopo inizia a piovere. Tiriamo fuori gli ombrelli. Arriviamo al Fienile sotto un diluvio di pioggia e tuoni. Il rifugio è chiuso: alcuni addetti alla sicurezza iniziano a manovrare per forzare la serratura: il papa li dissuade. Ci ripariamo sotto la grondaia del tetto.

Il papa ride e commenta: «"La Croix" dice che questo papa va in montagna contro il parere dei medici». «Un atto di ribellione?» chiedo. «Sì, un papa ribelle. E poi ecco che arriva il dottor Navarro-Valls e dice che il papa è molto obbediente con i suoi medici.» È una simpatica allusione a un commento che ho fatto alla stampa mentre il papa era in ospedale. Ride di cuore. Riprendiamo il cammino e Dziwisz, dopo aver parlato in polacco con il papa, si rivolge a me: «Mi ha detto che avrebbe riso anche di più, ma la cicatrice tira ancora un po' e gli fa male».

Percorriamo un sentiero in mezzo ad alti arbusti: è un'immersione nella natura, tra l'acqua, i tuoni e la vegetazione. Verso l'una e mezza troviamo una capanna di legno, un rifugio per pastori, con la porta aperta. Decidiamo di pranzare lì. All'inizio il papa si accomoda sulla soglia della capanna e noi ci rifugiamo sotto gli alberi. Poi, quando l'acquazzone si fa più intenso, lui entra e noi ci ripariamo sotto una tettoia di eternit. Di fronte a questa scena così bizzarra, mi viene in mente di dire a Gasparro: «Questa è una pagina inedita nella storia della Chiesa». Non mi rendo conto che, all'interno della capanna, si sente tutto quello che diciamo fuori.

Dopo pranzo, il papa si riposa un po' dentro il rifugio. Smette di piovere e accendiamo un fuoco per asciugarci. Di lì a breve il papa si avvicina al fuoco, si siede sulla sedia che gli abbiamo portato e legge dal suo breviario. Sono momenti deliziosi.

Sulla via del ritorno incontriamo la famiglia di Gigi Vecellio, il «miscredente», come lui stesso si è definito, che il papa conobbe il primo anno che venne in escursione da queste parti. Sua moglie, Dea, mi racconta che il marito ha fatto costruire a Milano una specie di reliquiario per conservare il bicchiere in cui il papa bevve un succo d'arancia... Il papa li saluta. Si avvicinano un'altra famiglia e un ragazzo, figlio del gestore del ristorante del passo della Mauria, dove ho pranzato qualche giorno fa su invito di Mario Tremonti, sindaco di Lorenzago.

Dea Vecellio offre al papa alcune frittelle. Approfitto di quella scena per scattare una fotografia, che ho dato alla stampa qualche giorno dopo. Torniamo verso le sei e mezza.

Oggi mi è parso di vedere che il papa ha qualche difficoltà d'udito e non riesce a seguire bene quello che diciamo. Ho notato anche un tremore alla mano sinistra, a cui pone rimedio appoggiandola a un tavolo o a una sedia.

23 agosto. All'*Angelus*, nella casa, partecipano i gruppi previsti. Il papa è particolarmente simpatico e spiritoso con loro. Si confonde nel ricominciare l'*Angelus* la seconda volta e si corregge con disinvoltura. Saluto Buzzonetti, che è venuto a trovarci con suo figlio Luca.

24 agosto. Raggiungiamo in auto Ciampo de Ra Fontane, a 1900 metri di altezza. In cima, uno splendido lago con vista sulle montagne: Croda de r'Ancona, Zuoghe, le tre cime di Lavaredo, il monte Piana, il Cristallo... Lungo la strada incontriamo un guardaboschi, Herbert Comploj, che non si aspettava di vedere il papa in questi luoghi. Si ferma, stupefatto: «Ma è possibile? Guarda che roba!».

Ci accompagna per tutto il giorno. Gli parlo durante il pranzo. «Non ho mai provato una sensazione simile in vita mia. Non sapevo cosa fare.» Mi racconta che ogni giorno sale sulla montagna con il figlio di 10 anni, ma che oggi il piccolo è rimasto a casa a dormire. Quando gli racconterà che ha visto il papa, aggiunge, gli dirà che lo sapeva già da prima e che per questo oggi non lo ha portato con sé. Si vede che è un brav'uomo, onesto e religioso, di lingua e cultura ladina. Parla della sorpresa che proverà la moglie: «Quando glielo dirò, non ci crederà: farò fatica a convincerla che è vero».

Nel pomeriggio riprendiamo a camminare. Ci fermiamo a pregare in un cimitero della prima guerra mondiale. Durante la passeggiata converso a lungo con Tadeusz. Filosofia, pensiero. «Sono un sacerdote, ho 60 anni e solo cinque anni fa ho cominciato a capire cosa significa "la verità vi farà liberi".» Gli chiedo della sua storia personale: è nato nel 1931 a Wolowice, Cracovia, in una famiglia profondamente cristiana, e ha studiato presso la Società del Divin Salvatore, fondata in Polonia nel 1900, nella quale entrò qualche anno più tardi. Dopo l'ordinazione sacerdotale, il suo provinciale gli disse che avrebbe dovuto continuare gli studi; lui pensava che intendesse una carriera nella musica, di cui è appassionato; invece no, si riferiva alla filosofia.

Ha studiato Teologia all'Università Jagellonica (Cracovia) e ha frequentato i corsi tenuti da Karol Wojtyła. Lo ha poi seguito alla facoltà di Filosofia dell'Università cattolica di Lublino ed è stato suo assistente nel dipartimento di Etica. Wojtyła è stato il suo relatore per la tesi di laurea. Quando conseguì il dottorato e l'abilitazione all'insegnamento, gli succedette ufficialmente nella cattedra con il titolo di professore di filosofia. Wojtyła andava spesso a trovarlo.

25 agosto. In forma. Vado a trovare i giornalisti e racconto degli aneddoti di questi giorni. Prima di uscire, scatto alcune fotografie del papa insieme a un gruppo di suore che sono venute a salutarlo. Indicandomi, come per distogliere l'attenzione da sé, il papa dice loro in tono scherzoso: «Sapete chi è questo signore?». Come ho già detto, lo vedo in forma.

26 agosto. Atmosfera da *Sanfermines*.* Salita a Misurina, fino al rifugio sulla vetta. È una bella passeggiata. Sole e straordinari paesaggi di montagna. Quando ci fermiamo, il papa inizia a rievocare: «Oggi è il giorno della Madonna di Jasna Góra. Nel 1978, proprio in questo giorno, Giovanni Paolo I fu eletto papa. Un anno dopo andai a visitare il suo paese natale, Canale d'Agordo, e poi la Marmolada. Era presente anche Cossiga, che all'epoca era presidente del Consiglio. Fummo sorpresi da una tormenta di neve…».

Gli chiedo come venne a sapere della scomparsa di Giovanni Paolo I. «Ero in visita pastorale in una parrocchia fuori Cracovia. Una parrocchia senza chiesa. E l'autista mi disse che alla radio avevano annunciato la morte del papa. Era un venerdì. Tornai a Cracovia, lunedì officiai il funerale e martedì partii per Varsavia e da lì a Roma.»

All'una e mezza facciamo una sosta per pranzare. In quel mentre si avvicinano delle mucche al pascolo. Le allontano agitando un giornale, in perfetto stile *sanferminero*. Dziwisz commenta: «Era destino che fosse spagnolo, e per giunta torero». Il papa gradisce la battuta e ride di gusto.

Parlo con Tadeusz del papa: è più un filosofo che un poeta, o viceversa? «Il papa vuole raggiungere un'immagine adeguata della realtà attraverso la filosofia; e ricorre alla poesia per esprimere ciò che la filosofia non riesce a dire, come san Giovanni della Croce, che gli piace tanto.» Mi racconta che lui stesso non sapeva – nonostante lavorino a stretto contatto – che Wojtyła fosse un drammaturgo, perché firmava le sue opere con uno pseudonimo. Lo scoprì qualche tempo dopo.

27 agosto. Al rifugio di Antonio e Antinesca. La parte più divertente della giornata, sulla via del ritorno, è l'arrivo al rifugio Forcella Zovo. Il papa saluta i gestori, i coniugi Antonio De Bettin e Antinesca Casanova, con i quali conversa piacevolmente. Era interessato alla famiglia e alla storia del rifugio. «L'ho costruito

* I *Sanfermines* sono le celebrazioni che si tengono ogni anno a Pamplona per la festa di San Firmino e includono la famosa corsa dei tori. (*NdT*)

con le mie mani» ha detto Antonio. «Bravo, so bene che la gente di montagna è molto operosa» ha commentato il papa. Ho colto l'occasione per scattare alcune foto.

28 agosto. Il rumore dell'acqua. Val Padeon, torrente Felizon. Il papa mi interpella su alcuni temi di attualità: le elezioni in Libano, le notizie dagli Stati Uniti, la questione dell'aborto in Germania... Poi parlo un po' con Tadeusz delle varie legislazioni in materia di diritto alla vita. Ci fermiamo a pranzare accanto a una costruzione dell'Ufficio caccia. Alla nostra sinistra si erge il monte Cristallo, a destra il Pomagagnon.

Dopo pranzo si scatena un forte acquazzone con tuoni e fulmini. Il papa trascorre circa un'ora nella tenda. La sera, arrivando a casa, osserva: «Erano almeno quattordici o quindici anni che non sentivo il rumore dell'acqua sul tetto di una tenda».

29 agosto. Incontro i giornalisti e sviluppo anche alcune foto per la stampa. Ieri sera ho cenato con Victor Simpson, dell'Associated Press, e sua moglie Daniela, che erano venuti a salutarmi.

30 agosto. «Prove» da superare. *Angelus* a Domegge. Atmosfera amichevole e familiare. Il papa parla dei «suoi superiori al Gemelli» e delle due prove che ha dovuto superare: la prima, l'*Angelus* in casa, e la seconda è questa, l'*Angelus* nella piazza di Domegge di Cadore. Nel pomeriggio rimane a casa. Faccio un giro al piano di sopra e incontro Stanisław. Ci sediamo a chiacchierare. A un certo punto della conversazione mi fa questo commento: «Mi rendo sempre più conto che la cosa fondamentale è il rapporto personale con Dio».

31 agosto. Questioni di opinione pubblica. Saliamo alla Malga Campobon e da lì alla Malga Manzon. Andiamo con la macchina e poi a piedi fino ai 2041 metri della vetta. Pranzo. Il papa prende tortellini in brodo, carne tritata con bietole, frutta, un bicchiere di vino e due tazze di cioccolata che gli diamo io e Tadeusz.

Prima di pranzo, il papa mi ha parlato di un articolo pubblicato dal settimanale «Der Spiegel» sul calo dei cattolici in Germania. Mi chiede se conosco qualche giornalista tedesco. Gli faccio il nome del corrispondente della «Frankfurter Allgemeine Zeitung», Heinz-Joachim Fischer. Durante il pranzo continuiamo a parlare di questioni relative all'opinione pubblica. Si fa un accenno anche alla prossima Giornata mondiale della gioventù di Denver: si augura che vi partecipino anche molti giovani latinoamericani.

1° settembre. Sulla neve. Ieri sera ha nevicato e stamattina fa freddo. Scendo in paese con Gasparro. Nel pomeriggio il tempo migliora e facciamo una camminata: andiamo di nuovo sul monte Zovo.

2 settembre. Ultima passeggiata e partenza. Messa al mattino nella cappella del Castello, con il vescovo di Treviso e il suo predecessore. Più tardi, una breve passeggiata. Il papa elenca alcuni temi specifici su cui devo lavorare: la Russia, il Terzo Mondo e l'Estremo Oriente. Scende nei dettagli, indicando gli obiettivi. Lo vedo completamente ristabilito.

XXVI
Prendere l'iniziativa
(1992)

Santo Domingo nel quinto centenario dell'evangelizzazione
9-14 ottobre 1992

Negli ultimi mesi abbiamo assistito a una grande controversia sul significato di questo quinto centenario dell'evangelizzazione dell'America Latina. Si tratta di una vicenda storica sulla quale, a mio avviso, c'è ancora molto da indagare. A occuparsi di queste tematiche, nel corso del tempo, sono stati perlopiù protestanti inglesi e olandesi. Parte della letteratura esistente in materia è inaffidabile per mancanza di rigore storico, obiettività e imparzialità. Spesso, per ragioni ideologiche o politiche, i fatti sono stati affrontati a partire da pregiudizi e approcci unilaterali.

Di recente, il papa ha indetto un convegno di studi sull'evangelizzazione in America. Gli atti sono stati pubblicati da poco: sono interessanti e aprono nuovi scenari, ma c'è un settore dell'opinione pubblica che preferisce abbandonarsi a visioni prive di solide fondamenta storiche, che fanno parte di quella che considero una contestazione superficiale e rumorosa.

9 ottobre. Sull'aereo, in rotta verso Santo Domingo, vado a trovare il papa e parliamo di questi argomenti. Il tema della «richiesta di perdono» è nell'aria. Questa richiesta, apparentemente giustificata da taluni abusi avvenuti durante l'evangelizzazione, rischia di essere manipolata ideologicamente, come se si trattasse di chiedere perdono per l'evangelizzazione stessa. Nell'incontro con i giornalisti, il papa osserva che Bartolomé de Las Casas, secoli addietro, aveva già fatto una confessione dei peccati, un'ammissione che è strettamente legata a un altro fatto: lo sviluppo della dottrina dei diritti umani da parte dei teologi di Salamanca. «È un qualcosa che non va dimenticato» sottolinea il papa.

Si tratta di un viaggio significativo, perché inaugurerà anche la V Conferenza generale dell'episcopato latinoamericano. Sodano sarà il primo presidente e parteciperanno anche alcuni membri della Curia: dodici in tutto. Mi è stato chiesto di essere presente. Ho persino una nomina pontificia: sono un «esperto».

Dopo l'incontro con i giornalisti e il pranzo, Dziwisz mi dice che il papa desidera conferire di nuovo con me. In questa seconda conversazione mi parla della visita *ad limina* dei vescovi tedeschi, un tema che aveva già toccato durante il soggiorno a Lorenzago. Vuole che si studi l'impatto di questa visita sull'opinione pubblica. Sapendo che mi tratterrò a Santo Domingo ancora per qualche giorno, per via della conferenza, convoca una riunione su questo tema al mio ritorno a Roma.

È al corrente di tutto: la stampa tedesca ha pubblicato una serie di notizie e articoli molto critici nei confronti di Roma, che sono in contrasto con importanti questioni dottrinali. Lehmann ritiene che la situazione reale non sia così grave come la dipingono i media. Il papa commenta più o meno che sono molto ripiegati su se stessi.

Parla poi del suo discorso alla Pontificia Accademia delle Scienze, in occasione della conclusione degli studi su Galileo Galilei, e della presentazione del nuovo *Catechismo della Chiesa Cattolica* che avrà luogo tra due mesi, il 6, 7 e 8 dicembre.

Lo constato ancora una volta: vive intensamente nel presente e, al tempo stesso, tiene d'occhio gli eventi in arrivo, per prepararli al meglio. Si ritaglia del tempo in ogni circostanza: approfitta delle ore di volo per delineare meglio i temi, per sostanziarli e per sciogliere i nodi irrisolti.

Percependo, per esempio, una grande tensione sulla questione del perdono, apporta alcune modifiche al suo discorso inserendo quell'idea nel contesto delle parole del *Padre Nostro*: «Rimetti a noi i nostri debiti come noi li rimettiamo ai nostri debitori...». Prima della cena con i vescovi latinoamericani, mi suggerisce un incontro con Lozano[1] della Segreteria di Stato per discutere di questo tema.

14-29 ottobre. Al termine del viaggio, rimango a Santo Domingo per la Conferenza generale dell'episcopato americano. Sono stati giorni intensi. Alcuni vescovi brasiliani avevano preparato un documento eccessivamente «orizzontalista»: proponevano che il tema centrale fosse la promozione dell'uomo, senza ulteriori considerazioni spirituali.

Sono stati istituiti niente meno che trentatré comitati di lavoro per l'elaborazione dei testi. Prevedibilmente, al momento della presentazione nell'aula la mole di documenti prodotti era tale da risultare quasi impossibile ricavare una sintesi di lunghezza ragionevole.

La commissione editoriale – guidata da dom Luciano Almeida, coadiuvato da diversi esperti nominati dalla Santa Sede – si è presa cura di redigere tale sintesi. Il voto ha avuto esito positivo. Sodano, che presiedeva, ha agito con autorevolezza. Ci sono state votazioni anche la mattina dell'ultimo giorno, il 28.

È stata respinta l'idea, propugnata con insistenza da alcuni, di compiere un atto di penitenza per i presunti misfatti della Chiesa nella sua opera di evangelizzazione. La mia impressione è che si cercasse di addossarne la responsabilità, più che a specifici evangelizzatori, all'istituzione ecclesiastica nel suo complesso; in tal modo la colpa e la responsabilità di quegli errori, commessi da singoli individui, con tanto di nomi e cognomi, si diluiva «nella sfera istituzionale».

In questi giorni Sodano mi ha chiesto di essere presente ai suoi colloqui, in nunziatura o nell'albergo dove alloggiavano gli altri cardinali della Curia, e con le persone con le quali discuteva di difficoltà e problemi. Anche quando ha parlato con Medina – uno dei due segretari – o con gli altri presidenti: López Rodríguez, cardinale di Santo Domingo, e dom Serafim Fernandes de Araújo, arcivescovo di Belo Horizonte.

In due occasioni, sempre di domenica, ho organizzato una passeggiata sulla spiaggia per schiarirci un po' le idee. Due brasiliani, il cardinale Arns e il segretario per il Culto Divino, hanno avuto un piccolo incidente stradale, fortunatamente di nessuna importanza.

Li ho anche aiutati nella copertura giornalistica della conferenza. Grazie a questo, ho conosciuto molte persone.*

* Un giorno, Sodano mi chiese di accompagnarlo a una cena con padre Maciel in albergo. Discutemmo di quanto accaduto in quei giorni. Naturalmente, quando parlai con padre Maciel ero ben lontano dall'immaginare ciò che si è saputo in seguito.

Un regalo del papa
31 ottobre 1992

Dziwisz mi chiama per andare a cena con il papa, che arriva con il collare bianco in mano. Scherzando, mi chiede: «Devo mettermelo?». Poi si pettina e dice bonariamente, indicandosi i capelli: «Don Stanisław, che mi tiene sempre d'occhio, insiste su questi, soprattutto».

Vuole che gli parli della conferenza di Santo Domingo. Prossimamente si incontrerà con i cardinali che vi hanno preso parte per studiare il documento. Ripensando alle trentatré commissioni e alle posizioni degli uni e degli altri, gli dico tra il serio e il faceto: «Santo Padre, dopo essere stato lì sono arrivato alla conclusione che se non esistesse il primato petrino per decisione divina… bisognerebbe inventarlo». Risponde rapidamente, con lo stesso tono: «No. Se non esistesse per volontà divina, non potrebbe essere inventato».

Torna a parlare della visita *ad limina* dei vescovi tedeschi. Mi informa che non potremo tenere la riunione prevista e inizia a elencare tutte le riunioni del martedì che gli hanno messo in programma fino a dicembre. Gli parlo della possibilità di una sua apparizione alla Tv tedesca a Natale. Non mi risponde e lascia la decisione sospesa a mezz'aria, come a dire: «Vedremo».

Alla fine della cena Dziwisz mi dà un libro, una traduzione italiana del *Diario di suor Faustina Kowalska*. Chiedo al papa se può scrivermi una dedica. Va nella stanza dei suoi segretari e scrive: «Al carissimo J. Navarro-Valls, *Joannes Paulus PP*, 31.10.92».

Poi mi parla del celibato sacerdotale, che è stato criticato dalla stampa nelle ultime settimane. Vuole che la posizione della Chiesa su questo tema sia illustrata in modo adeguato. Sembra particolarmente interessato: «Un nuovo compito per lei» mi dice.

Riunione sul celibato sacerdotale
3 novembre 1992

Il papa ha dato indicazioni a Re, Schotte, Sepe e a me di incontrarci presso la Segreteria di Stato per affrontare una questione: la risposta alle critiche sul celibato sacerdotale.

Sepe ci informa sulla situazione: alcuni sacerdoti appartenenti ai consigli presbiterali di varie città europee hanno espresso, in modi diversi, la loro contrarietà al mantenimento dell'attuale disciplina del celibato. Parlano di «celibato facoltativo», di ordinazioni di *viri probati*, ecc. Sembra che abbiano raccolto le firme raggiungendo quota 80.000. Hanno aderito almeno un paio di vescovi europei.

Ognuno espone il proprio punto di vista e propone iniziative. Da parte mia, suggerisco la possibilità di organizzare conferenze pubbliche su questo tema in diverse città europee. Potrebbero essere tenute da personalità, come vescovi e teologi di chiara fama, indicate dalla Santa Sede. Saltano fuori vari nomi: Ratzinger, Lustiger, Kasper, Suquía e altri. Re prende nota dell'idea, cui darà seguito attraverso i nunzi dei vari paesi.

Questa riunione, insieme a molte altre iniziative, è la prova che il papa non ha mai un atteggiamento passivo. Non si rassegna e spinge i suoi collaboratori.

«Non per il papa, ma per la Chiesa»
12 novembre 1992

Entra il papa e Dziwisz dice scherzando: «Il dottor Navarro viene alla sua udienza di tabella». Il papa risponde: «Forse sarebbe meglio chiamarla udienza da tavola». Ci spostiamo alla cappella e poi in sala da pranzo.

Non c'è un argomento specifico, ma ho preparato mentalmente un elenco di possibili temi. Cominciamo con la decisione della Chiesa anglicana di aprire all'ordinazione delle donne. Gli espongo le reazioni della stampa: in Europa non tutti sono favorevoli a questa misura. Accenno anche alla reazione della Santa Sede di fronte a questa decisione e, a tal proposito, dico che in sala stampa stiamo cercando il modo di comunicare meglio quello che viene fatto nella Santa Sede e ciò che il papa dice o suggerisce. Al riguardo, ci sembra meglio non lesinare informazioni sui vari temi, prendere l'iniziativa, non limitarsi a reagire. Annuisce. È così che si deve fare, dice: «Non per il papa, ma per la Chiesa».

Un altro tema è il celibato sacerdotale: gli parlo delle proposte emerse dalla riunione dell'altro giorno, come quella di promuovere una serie di conferenze sull'argomento in varie capitali europee, affidate ad alcune personalità: per esempio i cardinali Danneels a Bruxelles, Lustiger a Parigi, Ratzinger a Vienna, Suquía a Madrid, e così via. L'idea gli piace.

Lo informo più dettagliatamente sul programma che la televisione pubblica tedesca ZDF vorrebbe realizzare a Natale: raccoglierebbero le sue parole al termine delle udienze *ad limina* dei vescovi tedeschi e lo riprenderebbero accanto al presepe. Si dice d'accordo.

Alla FAO
5 dicembre 1992

Questa mattina il papa era alla FAO. Nel suo discorso ha inserito il concetto di «ingerenza umanitaria», che giustifica l'intervento nei confini di un paese per motivi etici: la sovranità nazionale può essere violata in presenza di serie ragioni di carattere umanitario. È un concetto di cui parlava quest'estate, durante le escursioni in montagna, in relazione al caso bosniaco: «È lecito disarmare l'aggressore, anche avvalendosi di un certo grado di violenza». Si tratta ora di sviluppare la dottrina giuridica appropriata a partire da questi concetti.

In questi giorni il papa sta soffrendo molto per la tragedia della Somalia: sembra che non rimanga altra scelta che intervenire dall'esterno, per evitare che la gente continui a morire in un paese che vive in uno stato permanente di caos politico e sociale.

Il futuro del VIS
18 dicembre 1992

«Molto bene. Non me lo merito» mi risponde quando gli chiedo come sta. In effetti, lo trovo davvero bene. Ha ripreso i chili che aveva perso e forse ora ne pesa qualcuno in più. Ma sono felice di vedere che cena con appetito, contrariamente al suo solito.

È interessato a sapere «cosa succede» e a tenere aperta la finestra sul mondo. Gli parlo del programma della Tv tedesca e gli consegno le domande proposte da Werner Kaltefleiter. Le legge e non cambia nulla.

Bosnia: ho la sensazione – e glielo dico – che in questo momento la sua voce sia l'unica che viene ascoltata e, soprattutto, l'unica ascoltata dall'opinione pubblica.

VIS: è informato dell'avvio dell'iniziativa. Gli dico che si faranno traduzioni in altre lingue: tedesco, francese… «Anche polacco?» indaga divertito, con un certo sarcasmo. Mi chiede se potrà trasformarsi in una sorta di agenzia di stampa della Santa Sede: rispondo che un giorno potrebbe diventarlo.

Di nuovo davanti al presepe
23 dicembre 1992

Alle nove Werner Kaltefleiter e lo staff del Centro Televisivo Vaticano si stanno già preparando per la registrazione dell'intervista, fissata per le nove e mezza. Il papa si siede accanto al presepe collocato in fondo al corridoio, vicino all'ingresso della sala da pranzo. Come al solito, accetta docilmente le indicazioni dei professionisti: come deve mettersi o verso dove guardare.

XXVII

Assisi, di nuovo

(1993)

Preparando l'incontro di Assisi
4 gennaio 1993

Abbiamo incontrato il Santo Padre per preparare l'incontro di preghiera e digiuno in programma per il 9 e il 10 di questo mese. C'eravamo io, Etchegaray, Arinze,[1] Duprey, Marini e Re. Cristiani, ebrei e musulmani si riuniranno per la seconda volta, invitati di nuovo dal papa, per digiunare e pregare insieme per la pace in Europa e, soprattutto, in Bosnia-Erzegovina.

Il papa ha sulla scrivania i testi approvati. Vedo la sigla GP tracciata a matita rossa sul dossier.

«Mi chiedo quando faremo il digiuno» esordisce.

Gli viene riferito che occuperà tutto il pomeriggio di sabato.

«E la domenica, niente?» chiede.

Questa è la sua prima preoccupazione: il sacrificio offerto a Dio.

Passiamo subito all'assenza degli ortodossi. Si vede che gli dispiace. E anche tanto. «È una situazione paradossale, ma è un paradosso che non va sottolineato» dice. «È meglio lasciar perdere. Coloro che hanno scelto di venire, sono i benvenuti. Non giudichiamo, anche se non comprendiamo.»

Riguardo a questa mancata partecipazione, suggerisco che potrei rilasciare qualche dichiarazione alla stampa per evidenziare quanto sia inspiegabile la loro assenza. Ma dice subito di no, di non fare nulla. «È senza dubbio un affronto al papa,» osserva «ma siamo fratelli in Gesù Cristo. Quindi, se un fratello si comporta male, non deve comportarsi male anche l'altro.» Sottolinea così la supremazia della carità, proibendo qualsiasi parola negativa nei confronti degli ortodossi durante la presentazione all'opinione pubblica.

Vuole che si preghi in tutte le lingue europee, dell'Est e dell'Ovest. Ciò comporta che Marini, che segue gli aspetti liturgici, debba modificare il programma per includere richieste di pace in tutte le lingue europee, sia durante la cerimonia della veglia sia durante la messa.

Mentre esco dalla stanza, il Santo Padre mi dice in disparte che forse sarebbe giusto parlare di questa idea ad alcuni giornalisti, in modo che si comprenda meglio lo spirito della giornata.

Assisi
9-10 gennaio 1993

9 gennaio. Il papa arriva in elicottero alle cinque del pomeriggio. Si reca subito all'incontro con un gruppo di bambini disabili, dà il benvenuto ai rappresentanti delle altre confessioni cristiane, delle comunità ebree e musulmane, e va con loro nella Sala di frate Elia, dove insieme mangiano pane e sale, secondo un antico rito simbolo di pace. Un unico pane diviso tra tutti, e il sale, che dona sapore e vita. Nel suo discorso fa riferimento al motivo di questo incontro:

> Ciascuno di noi sa che la propria concezione religiosa è per la vita e non per la morte; è per il rispetto di ogni essere umano in tutti i suoi diritti e non per l'oppressione dell'uomo sull'uomo; per la convivenza pacifica di etnie, popoli e religioni, non per la contrapposizione violenta né per la guerra. ... Lo spettacolo degli orrori delle guerre in atto nel Continente, specialmente nei Balcani, non può non muoverci a far ricorso al mezzo che è proprio di chi crede; tal mezzo è la preghiera. È questa la nostra forza; questa è la nostra arma. Di fronte agli strumenti di distruzione e di morte, di fronte alla violenza e alla crudeltà, noi non abbiamo altro che il ricorso a Dio, con le parole e con il cuore. Non siamo né forti né potenti, ma sappiamo che Dio non lascia senza risposta l'implorazione di chi si rivolge a lui con fede sincera, soprattutto quando è in gioco la sorte presente e futura di milioni di persone. È questo il senso della nostra Veglia.

Successivamente, ogni comunità religiosa si ritira per pregare in privato. La veglia di preghiera, presieduta dal papa, si tiene nella basilica alla presenza dei membri delle diverse confessioni cristiane e di alcuni musulmani. Pierre Duprey legge i messaggi del patriarca di Costantinopoli, Bartolomeo I, e del patriarca serbo Pavle.

Il Santo Padre non mangia nulla. In vista della prima cerimonia del pomeriggio gli offrono qualcosa di liquido e beve un po' di te. Verso sera, diverse persone vittime delle sofferenze della guerra raccontano le loro terribili esperienze.

La basilica inferiore è gremita di giovani che trascorrono la notte in preghiera.

10 gennaio. Al mattino, prima di iniziare a ricevere le delegazioni, lo trovo a pregare nella sua cappella. La mia stanza è vicino e passo davanti alla porta. Incontra i musulmani e ricorda le testimonianze raccontate la sera prima dalle voci delle persone fuggite dai Balcani.

> L'aspetto più tragico di quella guerra, così come di qualunque guerra, è il fatto che coloro che stanno soffrendo di più sono civili – genitori, anziani, donne e bambini –, persone che vogliono semplicemente occuparsi delle proprie famiglie, svolgere il proprio lavoro, vivere e assolvere ai doveri religiosi in pace. È a queste persone, la cui voce viene ascoltata troppo raramente sulla scena internazionale, che dobbiamo innanzitutto rivolgere la nostra attenzione.
>
> Siamo solidali con queste vittime dell'oppressione, dell'odio e delle atrocità ... Sia il Cristianesimo che l'Islam ci infondono l'impegno a perseverare per il raggiungimento della giustizia e della pace per queste e per tutte le vittime del conflitto. Dal momento che tutti gli esseri umani sono stati creati da Dio e sono tutti membri dell'unica famiglia umana, noi abbiamo il dovere di prestare aiuto a tutti loro.

I musulmani assistono alla messa: credo sia la prima volta che vedo una cosa del genere. Risulta particolarmente significativa la visita di Oscar Luigi Scalfaro, presidente della Repubblica, Giovanni Spadolini, presidente del Senato, e Giorgio Napolitano, presidente della Camera dei deputati: le tre principali cariche istituzionali italiane appartenenti, per di più, a diversi gruppi politici.

Pranzo collettivo nel grande refettorio del convento di Assisi. Durante il brindisi il papa parla dei Francescani e li invita, con gentilezza, a continuare a vivere secondo lo spirito di povertà. Nel pomeriggio fa visita alla tomba di san Francesco, e incontra 170 religiose, per la maggior parte clarisse. Alle sei e un quarto torna in Vaticano.

Con i produttori di Venevisión
15 gennaio 1993

Abbiamo dedicato due giornate a una riunione con i produttori del canale televisivo venezuelano Venevisión. Sono uscite alcune idee: realizzare una telenovela con valori umani, collegarsi con Telepace per portare in America l'immagine delle attività del Santo Padre.

Intervista con la ZDF
16 gennaio 1993

Porto al papa una giacca a vento molto leggera che mi hanno dato per lui a Madrid. La consegno a Dziwisz. Temi della cena: Assisi, *Catechismo della Chiesa Cattolica*, intervista con l'emittente tedesca ZDF, mia intervista con la televisione polacca riguardo alla salute del papa e riunione con i produttori di Venevisión. Il Santo Padre mi comunica che gli ha scritto Lehmann, presidente della Conferenza episcopale tedesca, per dirgli che gli è piaciuta l'intervista con la ZDF.

Finita la cena, gli chiedo dei due documenti di cui siamo in attesa: l'enciclica sulla teologia morale e quella sulla vita. Per quanto riguarda la prima, mi dice che verrà pubblicata una volta stampato il *Catechismo*, testo in cui si chiariscono molte questioni morali; l'enciclica quindi ne amplierà alcuni aspetti. Il secondo documento, invece, verrà pubblicato l'anno prossimo: anno che l'ONU dedicherà alla demografia e alla famiglia.[2]

Arrivato all'appartamento pontificio, mi sono fermato a parlare un momento con suor Tobiana, una delle monache che assistono il Santo Padre. È un po' infastidita perché alcune foto, scattate da lei e mostrate nel servizio fotografico dell'«Osservatore Romano», sono state rubate e vendute a un settimanale. Erano immagini di vita quotidiana del papa.

Un'intervista al telegiornale
22-23 gennaio 1993

22 gennaio. A metà pomeriggio mi chiama il telegiornale di Canale 5: stanno per dare una notizia «bomba» sulla salute del Santo Padre. Il giornalista e scrittore inglese Peter Hebblethwaite scrive che il papa è gravemente malato; che le sue aspettative di vita oscillano tra uno e quattro anni; che l'ospedale San Raffaele di Milano, dove è stato visitato, ha confermato la notizia, ecc. Insistono perché partecipi, e decido di presenziare in diretta al TG5. «A volte» dico «si pubblicano notizie che rispecchiano più i desideri di chi le scrive che una vera informazione, basata su fatti reali.» Naturalmente, Enrico Mentana, giornalista del TG5, mi chiede chi covi quel desiderio, se ci sia qualcuno che spera in una rapida scomparsa del papa. Mi dà quindi modo di essere chiaro.

23 gennaio. Dalle voci che mi sono arrivate, sembra che l'intervista di ieri sia stata molto convincente. Dziwisz mi chiama per confermare: «Tutti dicono che è andata molto bene: grazie, grazie, grazie».

Non nego che considero abbastanza rischiose queste «fughe in solitaria», parlare in diretta a nome della Santa Sede. Eppure, ci sono giornalisti, come il veterano Benny Lai, che ha iniziato a seguire il Vaticano nel 1951, che non credono che io abbia preso decisioni di quel tipo senza prima averla interpellata. E io non provo neanche a convincerlo.

Viaggio in Benin, Uganda e Khartum (Sudan)
3-10 febbraio 1993

3 febbraio. Durante il viaggio verso Cotonou, capitale del Benin, prima che il papa incontri i giornalisti sull'aereo, discutiamo insieme le possibili domande che potrebbero porgli. Suggerisco che l'incontro si tenga dopo la colazione e prima che servano il pranzo.

Inizia scherzando, come sempre: «Eccomi di nuovo a disturbare i giornalisti. Non è colpa mia; è colpa del dottor Navarro-Valls, come sempre, e indirettamente anche vostra. Oggi non abbiamo molto tempo, perché questo viaggio è relativamente breve».

Arriviamo a Cotonou e verso sera il Santo Padre celebra una messa con ordinazioni sacerdotali, lunga quasi quattro ore, nello Stadio dell'Amicizia.

4 febbraio. Voliamo a Parakou con un aereo militare francese, destinato al trasporto dei paracadutisti, senza alcuna comodità, nemmeno per il papa. Sedili di tela. Mi arrabbio tra me e me. Il Santo Padre non ha rimostranze. Gli chiedo come ha dormito. «Non tanto bene» mi dice.

A Parakou si celebra un incontro con i musulmani. Si mette ancora più in luce la parte tollerante dell'Islam africano, perché vengono citati testi del papa ad Assisi e si parla dei musulmani in Bosnia. Dice il Santo Padre:

> In Benin, cristiani e musulmani vivono da lungo tempo fianco a fianco. Non posso fare altro che incoraggiare gli sforzi che gli uni e gli altri fanno per progredire nella conoscenza e nel rispetto reciproco. Il vostro paese ha conosciuto dei periodi di gloria e dei momenti di gravi difficoltà. È giunto il momento in cui tutti gli abitanti del Benin, senza distinzione di tribù o di religione, sono chiamati a unire i loro sforzi per ricostruirlo. Lo sviluppo del Benin, al quale devono partecipare musulmani, cristiani e i membri della religione tradizionale, dovrebbe andare a beneficio di tutti gli strati della popolazione, al riparo da tutte le forme di violenza morale, fisica o psicologica.

Durante la celebrazione della messa nello stadio municipale si tiene la processione con le offerte, tra cui addirittura un cavallo di razza araba. Il papa saluta con la mano l'oriundo che conduce l'animale. E dato che si accorge di non essere visto, continua a salutarlo. È un particolare della sua gratitudine verso ogni persona che incontra.

Lo stesso giorno dialoga con un gruppo di seguaci del vudù.

Di ritorno da Cotonou, Sodano si sente male e gli presto soccorso. Lo porto nella cabina di pilotaggio, dove rimane per il resto del volo.

5 febbraio, Uganda. Palazzo presidenziale. Quando mi arriva a fianco, il papa si ferma e mi presenta: «*Monsieur Président: le docteur Navarro-Valls, Chef de Presse. C´est très important*» («Signor Presidente, il dottor Navarro-Valls, Direttore della sala stampa. È molto importante»). Queste attenzioni del papa mi lasciano confuso. Mostrano che apprezza e considera molto tutto ciò che riguarda la comunicazione... e, allo stesso tempo, che si diverte a prendermi in giro con eleganza, senza che gli altri se ne accorgano.

Prima di uscire dall'arcivescovado e dopo aver pregato nella cappella, incontra un gruppo di religiose, che lo accolgono con grande entusiasmo. Come sembrano lontani, in questo momento, le critiche e i sofismi pseudointellettuali di alcuni ambienti europei! Si vede che queste donne sono profondamente felici e fedeli alla loro vocazione missionaria.

6 febbraio. Non appena sale sull'aereo inizia a recitare il rosario. Poi, come al solito, si mette a leggere. In questo momento, ha tra le mani la traduzione polacca di un libro di John Meyendorff intitolato *La teologia bizantina*. Teologia bizantina... in Africa! Per il papa, uomo dalla mentalità universale, non è una novità.

Arriviamo a Gulu: grande povertà. Il Santo Padre celebra la messa del Buon Pastore sulla spianata di Kaunda Grounds. Ci sono alcuni gruppi di rifugiati provenienti dal Sudan. Due vescovi distribuiscono una lettera indirizzata al papa nella quale sollevano obiezioni sulla sua visita a Khartum, capitale del Sudan, a causa delle repressioni lì perpetuate. Dico a Sodano che sarebbe meglio condividere quell'informazione con i giornalisti: «Sì, devono sapere».

Rientriamo a Kampala con un piccolo aereo e arriviamo a casa alle quattro, quindi pranziamo tardi. Nel pomeriggio, incontro con i giovani nello stadio della città, stracolmo. Per due volte se ne va la luce e rimaniamo completamente al buio. Ma ciò non sminuisce il forte impatto del racconto di Veronica, una ragazzina di tredici anni, ammalatasi di Aids in seguito allo stupro di cui è stata vittima una sera, all'uscita da scuola.

7 febbraio. Il papa prega nel santuario anglicano di Namugongo, in cui si venerano alcuni martiri cristiani ugandesi, mandati al rogo dopo essere stati torturati. Preghiamo insieme, cattolici e anglicani. Dicono al papa: «È vero, il fuoco li ha uniti; ma era il fuoco dello Spirito Santo». Si inginocchia davanti alle immagini dei martiri e prega a lungo.

Celebra poi la messa nel santuario cattolico dei martiri ugandesi. Inizia l'omelia utilizzando la lingua locale: «*Baana bange abaagalwa, Mbalamusizza mwenna. Mwebale okujja. Katonda Kitaffe tumugulmize*» («Miei amati figli e figlie, saluto tutti voi. Grazie per essere venuti, lodiamo Dio nostro Padre»). Nel pomeriggio annuncia ai vescovi l'elevazione di quel santuario a basilica minore.

8 febbraio. Voliamo di nuovo a Kasese. Quanto poco serve per vivere e quante cose superflue abbiamo alle nostre latitudini!, penso vedendo le condizioni materiali di tante persone.

Il Santo Padre celebra la messa sulla spianata dell'arcivescovado. Durante l'omelia lancia un invito all'unione e alla pace, «che tutti svolgano un ruolo nel compito comune di riscostruire il tessuto sociale dell'Uganda. I tragici eventi del passato recente hanno lasciato una dolorosa eredità».

Poche ore dopo, tiene un magnifico discorso ai membri del corpo diplomatico, durante il quale mostra le grandi sfide dei paesi africani:

Ma *chi* deve risolvere i problemi dell'Africa? Non c'è dubbio che i popoli stessi dell'Africa debbano assumersi la responsabilità di costruire il proprio futuro. ... No, l'Africa non potrebbe mai accettare un nuovo colonialismo. Le sue nazioni sono indipendenti e devono rimanere tali. Ciò non significa che l'aiuto degli altri membri della famiglia delle nazioni non è necessario e auspicabile. Al contrario, l'aiuto è necessario ora più che mai. Ma per essere davvero efficace, *non deve riflettere un rapporto di soggezione, ma di interdipendenza.*

9-10 febbraio, Sudan. Dopo la messa in uno stadio e una riunione sul sinodo dei vescovi per l'Africa nella cattedrale di Rubaga, nei pressi di Kampala, il 10 febbraio ci dirigiamo verso Khartum, la capitale del Sudan.

Il presidente riceve il papa in aeroporto. Il discorso di saluto del Santo Padre è una lezione di etica sociale. Durante il tragitto verso la città, migliaia e migliaia di persone, perlopiù cattolici, lo salutano. Sono migranti del sud che si sono stabiliti qui, cercando di sopravvivere. Alcuni hanno croci di legno in mano, come simbolo di identità.

Durante la visita al presidente nella sua residenza, mi accorgo che quando si ritirano per conversare in privato, c'è una persona che prende appunti sul colloquio. Decido quindi di rimanere anch'io per annotare tutto ciò che viene detto. Il presidente parla in arabo, l'interprete traduce in inglese e il papa risponde in inglese. C'è anche Sodano.

Celebra la messa nella Green Square, in onore della beata Giuseppina Bakhita.

Il papa non ha smesso di lavorare in nessun momento del viaggio. Tra Kampala e Khartum, scrive il testo dell'udienza generale, che si terrà il prossimo mercoledì a Roma, il cui argomento sarà la prima parte del viaggio. Venti minuti dopo essere decollati da Khartum consegna a Henrik il testo completo di commenti sulla sua permanenza in Sudan.

11 febbraio. Di ritorno a Roma, ceniamo con il Santo Padre, con l'esperienza del viaggio come tema di fondo.

Alle donne di Sarajevo
8 marzo 1993

Alcuni gruppi di femministe hanno sollevato una polemica in seguito alla lettera che il papa ha inviato all'arcivescovo di Sarajevo, chiedendo che si adoperi per creare un clima favorevole intorno alle povere donne bosniache violentate, perché non considerino nemico il figlio che portano in grembo. Durante la cena parliamo della protesta e mi accorgo che il Santo Padre è preoccupato per il dramma di quelle donne, non per le critiche che potrebbe ricevere.

Lo informo del libro che stanno preparando in Spagna in vista del suo viaggio e del quindicesimo anniversario del pontificato. Sorridendo risponde: «Pubblicatelo dopo la mia morte». Non che creda di morire presto: più che altro è per farci sapere quanto poco sia interessato alle parole positive dette su di lui. Gli dico che senza dubbio sarà un libro che servirà molto.

Non interferire con il clima politico
25 marzo 1993

La vita politica italiana, in questi primi mesi del 1993, è particolarmente frenetica: casi di corruzione e finanziamento illegale ai partiti, crisi dei gruppi politici tradizionali, forti divisioni all'interno della Democrazia cristiana, ecc. In questo clima, mi giunge la notizia che Mino Martinazzoli, segretario generale della Dc, oggi pranzerà con il papa. Diverse persone mi chiedono che la stampa venga avvisata.

Per come è ora la situazione, mi sembra che la notizia potrebbe essere interpretata come una scommessa del papa su un determinato partito politico, e che possa generare una polemica con altri gruppi di cui fanno parte anche cattolici. Parlo con Stanisław e con Sodano, e decido di non rivelare nulla.

Con Madre Teresa
1° aprile 1993

Abbiamo presentato in sala stampa il libro *Solo per amore*, edito da Edizioni Paoline, riguardo al celibato. Sono venuti a parlarne il vescovo Lehmann, i cardinali Moreira Neves, Sánchez e Sepe, e Madre Teresa di Calcutta. Ricevo tutti nel mio ufficio e ci sediamo per conversare un po'. Servo a ciascuno un bicchiere di acqua tonica: so che Madre Teresa non berrà, e me lo conferma. Prepariamo la dinamica degli interventi.

Alcuni giornalisti si concentrano soprattutto su Madre Teresa. Una, nello specifico, le chiede: «Cosa direbbe a una delle sue suore se volesse abbandonare la congregazione a causa del nubilato?».

Risponde subito: «Le direi: "Prega, prega, prega. Sei sposa di Cristo e devi condividere con Lui la sua passione. Ora sei con Lui nel Getsemani"». E aggiunge: «Chiaramente non posso obbligarla…».

Durante il pranzo con Sodano ne approfitto per risolvere alcuni punti: le interviste con «Catholic News Service» e l'agenzia EFE; la richiesta della «Stampa» di intervistare un vescovo italiano riguardo ai cattolici nella vita politica (Sodano propone il nome di Saldarini, arcivescovo di Torino, città nella quale si stampa il quotidiano).

La devozione del papa
4 aprile 1993

Discuto con Dziwisz di certe questioni rimaste in sospeso dopo le ultime conversazioni con il papa. Alla fine, vengono fuori alcuni gesti di devozione che il Santo Padre compie con grande naturalezza. La sera, passando dalla cappella prima di ritirarsi nella sua stanza, si china verso il pavimento e lo bacia. Al mattino, forse nel fare l'offerta del giorno, si sdraia per terra e prega in quella posizione per qualche minuto. I segretari e le religiose che si prendono cura dell'appartamento papale non lo interrompono, ma sanno che a volte, quando nessuno lo vede, si sdraia sul pavimento per pregare nella cappella o nella sua stanza.

A quest'ora, le cinque e mezza, è nel suo ufficio a scrivere da solo. Non si lamenta mai della quantità di fogli e documenti che gli arrivano. Scrive molto. In questo periodo, si tratta di un documento sull'ecumenismo. Verso sera recita il breviario sulla terrazza.

Dziwisz mi dice che il Santo Padre continua a guidare la Chiesa seguendo iniziative e indicazioni proprie. Non ha notato un calo di energia o perdita di forze. Un fatto che appuro anch'io ogni giorno.

Rientro da Siviglia, Huelva e Madrid
18 giugno 1993

Ieri siamo tornati dalla Spagna, dove il papa è rimasto dal 12 al 17. La risposta entusiasta della gente si è manifestata in modo particolarmente eclatante a Madrid, anche grazie a spettacoli scenografici, come le migliaia di coriandoli multicolori lanciati dai balconi mentre il papa passava per strada, così come nel 1982. Quest'anno, per me il viaggio ha avuto anche una dimensione personale: nella nunziatura, il Santo Padre ha ricevuto per un momento i miei fratelli con le rispettive famiglie.

Oggi abbiamo pranzato con lui a Castel Gandolfo: io, Sandri[3] e Agnes. Chiedo al papa se sia rimasto sorpreso dalla risposta della gente, e un poco lo è stato. Gli dico che il settarismo di alcuni mezzi di comunicazione tende a presentare un'immagine distorta della realtà del cattolicesimo spagnolo che, dal mio punto di vista, non riflette il lavoro di evangelizzazione e di catechesi che hanno svolto tanti cattolici negli ultimi dieci anni.

La conversazione segue questi binari e parliamo di alcuni periodi della storia spagnola: Asturie, Covadonga, i vandali. Il papa cita i visigoti e il loro re Recaredo… Ancora una volta, mi sorprendono la sua conoscenza della storia europea e la sua memoria.

XXVIII

«Un po' invalido, ma non del tutto»

(1993)

Di nuovo a Lorenzago di Cadore
7-16 luglio 1993

Ritorniamo, come la scorsa estate, a Lorenzago di Cadore. Seguiamo lo stesso itinerario degli altri anni: in aereo da Treviso e poi in elicottero fino a Lorenzago. Già il giorno dell'arrivo, dopo cena, il papa passeggia un po' nel giardino della casa.

La mattina seguente partiamo per la prima camminata: Passo della Digola (1650 m). Incontriamo una coppia che saluta il Santo Padre con una naturalezza stupita. Le diverse gradazioni di verde del paesaggio si mescolano con le cime brusche delle montagne. Al rientro, vengono a casa Gigi Vecellio con la moglie Dea: portano un cesto di funghi per il papa.

Le annotazioni di seguito si riferiscono a quei giorni, ma alcune sono senza data.

9 luglio. Monte Rusiana, 1600-1700 metri. Affrontiamo una salita di circa 4 chilometri. Sulla strada, salutiamo un taglialegna, Francesco Vecellio. Arrivati alla meta, dopo una camminata di due ore e mezza, il papa dice che vuole continuare.

Ogni giorno sempre gli stessi orari: usciamo verso le dieci e rientriamo verse le sette e mezza di sera. A volte scendo in paese per rispondere ai giornalisti e quindi non partecipo alle escursioni.

Durante le camminate, come suo solito, il Santo Padre scherza; uno di quei giorni, mentre gli stavo scattando delle fotografie canticchiava: «Che meraviglia, il papa è a Siviglia!», ricordando il motivo intonato dalla gente durante il viaggio del mese scorso. Si vede che gli è rimasta in testa la melodia.

In un'altra occasione, durante la camminata, gli parlo di nuovo della possibilità di realizzare un programma televisivo sotto forma di intervista. E l'intervistatore?, chiede. Lui stesso suggerisce lo scrittore francese André Frossard, che ha dedicato vari libri al pontificato. Quindi aggiunge: «Frossard conosce già il papa».

12 luglio. Escursione al monte Rite, dove scorgiamo alcune costruzioni difensive risalenti alla prima guerra mondiale. La cima si trova a 2183 metri. A pranzo, prendiamo l'enorme pagnotta che gli hanno donato ieri durante la processione delle offerte in occasione della messa a Santo Stefano di Cadore. Scherza: «Questo è il pane che mi sono guadagnato ieri!».

Durante la salita, cadono alcuni fiocchi di neve. Poi, dopo pranzo, una tormenta di vento e grandine imbianca completamente il paesaggio. Ci proteggiamo come possiamo. Inizia a fare fresco. Nel pomeriggio, mentre scendiamo, incontriamo un gruppo di persone che hanno partecipato alla messa celebrata da un prete che ogni anno viene da queste parti. Il papa entra in casa e parla qualche minuto con il religioso che porta ancora i paramenti liturgici.

Un giorno andiamo alla malga Pian Formaggio (1800 m). In questa zona chiamano «malga» le case rustiche che i pastori usano in estate per loro stessi e il bestiame. Parliamo di nuovo dell'ipotetico programma televisivo. L'ultimo giorno, al mattino, facciamo un giro sul sentiero Giovanni Paolo II.

Qui tutto si fa semplice e naturale: una sera, verso le dieci e mezza, vedo il Santo Padre affacciarsi al balcone della sua stanza per chiudere la tapparella che però è bloccata e non scende. Con mio stupore, lo vedo prendere una sedia e salirvi per aggiustarla.

Direi che la cappella, la montagna e i libri sono stati per lui i tre punti focali di questi giorni, i grandi poli di attrazione. I libri li portiamo nello zaino e li legge, come sempre, persino durante le soste del cammino. Dopo una di queste pause, nel rialzarsi, insiste per portare personalmente la sedia pieghevole su cui era seduto, e cammina con questa in mano.

Una mattina appare sui giornali una critica al cardinale Ruini:[1] il papa gli telefona per fargli sentire la sua solidarietà. Mi dice di andare in Lituania per aiutare nella preparazione del suo prossimo viaggio a settembre. Ora si sta esercitando un po' con le lingue di quei paesi; infatti, ha portato con sé alcune registrazioni in lituano, lettone ed estone per ascoltarle.

Preparazione della GMG *di Denver*
2 agosto 1993

Parliamo della preparazione del viaggio a Denver per l'incontro mondiale dei giovani. Io, Sandri e Boccardo (del Pontificio Consiglio per i laici, che segue l'organizzazione delle Giornate della gioventù) pranziamo con il Santo Padre a Castel Gandolfo. Dziwisz è in Polonia.

In relazione al contenuto del suo discorso per Denver, il papa dice che vorrebbe parlare chiaramente sin da subito della difesa della vita. Affronterà la questione quando sarà ricevuto dal presidente Clinton, che sostiene un punto di vista molto diverso.

Ma discutiamo anche di altri temi. «Qui, nella cappella, non c'è la Via Crucis,» dice il papa «per questo la faccio fuori, nel corridoio.» Si tratta di un corridoio vicino alla mensa, che ha una serie di lamine su cui sono impresse le scene della Via Crucis. Thu, uno dei segretari, in seguito ci dirà che a volte, quando si sveglia, alle sei del mattino, vede il papa nel corridoio, inginocchiato, con la testa appoggiata al muro, mentre fa la Via Crucis.

Con Flynn, ambasciatore degli USA
5 agosto 1993

Viene in ufficio Raymond Flynn, ambasciatore degli Stati Uniti presso la Santa Sede. Desidera parlare di come presentare all'opinione pubblica l'incontro tra il papa e il presidente Clinton. Anche se non lo dice apertamente, alla fine della conversazione introduce il vero motivo della visita: «E se un giornalista chiedesse al Santo Padre o a Clinton se hanno parlato di aborto?». Dico che solitamente il papa non risponde alle domande riguardanti il contenuto delle sue udienze, perché è un sacerdote. Per quanto riguarda Clinton, che risponda ciò che vuole. L'ambasciatore è consapevole che la questione dell'aborto occuperà parte dell'udienza e l'opinione pubblica conosce bene le posizioni di entrambi.

Preparando il viaggio in Lituania
27 agosto 1993

Sono rimasto in Lituania dal 21 al 26 agosto, come suggeritomi dal papa mentre eravamo a Lorenzago. Bisognava preparare *in situ* le informazioni sul viaggio: il Santo Padre desidera fortemente andare in Lituania, ma è cosciente delle difficoltà.

Mi hanno presentato a Sigitas Jereys, un giovane francescano lituano che aiuta nella nunziatura in cui soggiorno. Il paese sta uscendo da anni terribili. Ho parlato soprattutto con giornalisti locali e organizzatori del viaggio incaricati dal governo. Abbiamo convocato una conferenza stampa nella nunziatura alla presenza di una trentina di giornalisti. Mi ha intervistato in televisione un signore «riciclato» dal comunismo, un sistema che, nel paese, ha ancora in mano le chiavi del potere e della comunicazione.

Durante il nostro incontro, il primo ministro mi ha parlato delle sue riserve nei confronti dei polacchi ricordando la storia delle relazioni tra i due paesi. Sia il primo ministro sia il presidente sono ex comunisti.

Oggi, cena a Castel Gandolfo durante la quale racconto le mie impressioni dopo la visita. Il Santo Padre ricorda alcuni fatti della storia lituana. Poi, passa in rassegna gli atti previsti durante il viaggio. Decide di non parlare della ritirata delle truppe russe che permangono nel paese. Grazie all'esperienza dei giorni trascorsi in Lituania, suggerisco un tema per l'incontro con i sacerdoti: servitori del popolo che non devono servirsi del popolo. Mi chiede che, una volta letti i discorsi, segnali i punti che ritengo opportuno aggiungere.

Un'intervista mancata

19 settembre 1993

Negli ultimi giorni, a causa delle troppe attività, non sono riuscito a spiegare al papa le cose come avrei voluto. Così ha saltato l'intervista in televisione a cui stavamo lavorando, per le cui domande avevamo deciso di incaricare il giornalista Vittorio Messori, che le aveva già pronte.

Questo è uno dei temi che emergono oggi durante la cena con il Santo Padre. Mi dispiace che il progetto non prosegua. A un certo punto della conversazione, fa un commento che mi incuriosisce: «Bisogna tenere in considerazione ciò che vuole chiedere l'intervistatore. Si potrebbe rispondere tenendo queste domande come traccia e poi rielaborare le risposte. Non scarto l'idea...». La cosa rimane sospesa, ma comunque il papa guarda i fogli delle domande.

Zucchetto da cardinale
4-10 ottobre 1993

In Lituania, vengo a sapere di un piccolo aneddoto che riguarda il papa e questo paese: poco dopo la sua elezione inviò, tramite un amico sacerdote, il suo zucchetto da cardinale al santuario della Vergine di Aušros Vartai (Porta dell'Aurora).

«Non si parla del Concilio»
4 novembre 1993

Ieri sera ho chiamato Stanisław per dirgli che sono rientrato dalla Spagna. Mi ha riferito che durante la mia assenza il papa aveva espresso un paio di volte il desiderio di parlarmi. Sono andato a trovarlo stamattina presto e mi ha raccontato dell'intervista con Jas Gawronski, che aveva insistito per discutere con lui riguardo a un libro. Hanno parlato durante la cena, poi il testo, rivisto da Ryłko,[2] è stato inviato e il 2 è stato pubblicato sulla «Stampa».

Quando incontro il Santo Padre, quasi si scusa per l'intervista, come a dimostrare che non era del tutto soddisfatto. Ma la cosa che mi sorprende di più, inaspettatamente, è il motivo del malcontento: «C'è stato un Concilio Vaticano II e non se ne è parlato».

Inoltre, mi dice che bisognerà pensare all'intervista per la televisione, che alla fine non si è fatta e le cui domande ha conservato. Non aggiunge altro.

Una domanda enigmatica
6 novembre 1993

Stamattina, mentre lavoravo in sala stampa, mi chiama Dziwisz: «Cosa fai martedì sera?». Gli dico che sono a disposizione. Mi suggerisce di tenermi libero nel caso il papa voglia vedermi. Mi sembra un po' enigmatico.

Una giornata in montagna
9-10 novembre 1993

Questa mattina Dziwisz mi chiama di nuovo e mi propone: «Ci vediamo stasera?». Quando, come sempre, gli chiedo se devo preparare qualcosa, taglia corto: «Alle sei e un quarto». Penso che voglia discutere di qualche argomento. «Che vestiti porti?» chiede. Allora sì che rimango sorpreso. È chiaro che stiamo parlando di due cose diverse. Deduco mi stia prendendo in giro. Ride e chiede se posso andare un attimo da lui.

Dieci minuti dopo sono nell'appartamento pontificio. «Andiamo con il papa a San Felice d'Ocre.» Gli dico che sono molto lieto per il Santo Padre, che lì potrà riposare. A San Felice, in Abruzzo, c'è una casa di campagna, Tor d'Aveia, che viene utilizzata in estate dai giovani dell'Opus Dei che studiano a Roma.

Alle sei sono di ritorno nel cortile di Sisto V, dove c'è solo una guardia. In macchina, una Croma blindata di colore chiaro metallizzato, c'è Valentino Pinci, l'autista. Ho in mano una piccola valigia contenente le cose per la montagna. Chiamo Dziwisz, che mi chiede di salire nell'appartamento pontificio dove aspettiamo insieme il Santo Padre.

Arriva poco dopo, con la cappa nera. Io, il papa, Dziwisz e Angelo Gugel scendiamo in ascensore. Nel cortile non c'è nessuno, a parte la guardia. Il Santo Padre si accomoda nei sedili posteriori tra Dziwisz e Angelo. Dziwisz gli offre un basco nero e io mi metto di fianco all'autista. Così, tutto coperto, è difficile che qualcuno lo riconosca. Usciamo dal Vaticano dalla porta laterale, quella del Perugino. Una macchina ci sta davanti e un'altra, della polizia, dietro.

Attraversiamo Roma. È fantastico: ci fermiamo ai semafori, attendiamo qualche minuto a causa del traffico... nessuno si rende conto che a bordo c'è il papa.

Quando arriviamo all'entrata dell'autostrada in direzione L'Aquila, la macchina davanti si ferma. Angelo, una volta nascosto il papa, esce dalla nostra vettura e sale sull'altra. Continuiamo il viaggio. Ci fermiamo per ritirare il biglietto dell'autostrada e poi per pagare il pedaggio. Durante il tragitto, volendo distrarre il Santo Padre, Dziwisz inizia a parlare di massoneria, forse a seguito di una notizia letta sul giornale. Il papa mi chiede cosa ne pensi.

«Santo Padre, non sono troppo amico delle "grandi cospirazioni" e dei "complotti mondiali", anche se comprendo che le persone siano attratte dalle trame occulte e da questo tipo di cose. Penso che la maggior parte degli atti contro la Chiesa siano opera di singoli individui, radicalizzati, che condividono lo stesso modo di pensare.»

Dziwisz parla con tono disteso, molto diverso da quello che

usa durante le riunioni di lavoro (è solo una conversazione per alleggerire il viaggio), delle famose «liste di massoni», pubblicate a volte dalla stampa, nelle quali non mancava mai qualche ecclesiastico. Dico che non ci credo. Interviene il papa: «Neanch'io. All'inizio del mio pontificato vennero da me con quelle liste in cui figuravano vari cardinali della Curia...».*

La conversazione devia verso Denver e l'incontro con i giovani. Gli dico che, secondo me, Denver sta contribuendo a cambiare l'orizzonte della Chiesa in Nord America. Ricordiamo allora le varie Giornate della gioventù: Buenos Aires, Santiago, Częstochowa... «Per la situazione e il clima,» dice il papa «la migliore è stata quella di Częstochowa, ma quella di Denver ha dato grandi risultati.» Adesso, «quando vengono a trovarmi i vescovi statunitensi, iniziano parlando di Denver».

Il Santo Padre ha voglia di chiacchierare e così passano i primi tre quarti d'ora di viaggio. Poi accende la luce posteriore della macchina e si mette a leggere. Io prego un po'. In seguito, il papa recita il rosario.

Arriviamo a San Felice in un'ora e quarantacinque minuti. Scendo dalla macchina e gli apro la portiera. Lo accolgono un sacerdote, Francisco Vives, e un medico, José María Araquistain. Parla brevemente con il prefetto Marinelli e con altri poliziotti che ci hanno accompagnato durante il viaggio; poi, si dirige verso la cappella per salutare il Signore.

Durante la cena, scambia qualche battuta di spirito con la ragazza che serve al tavolo. Poi dice che in questi giorni ripensa sempre più spesso, «forse perché sto diventando vecchio», alla sua ordinazione a sacerdote.

Parla del suo viaggio nei paesi baltici ed elogia il lavoro del nunzio, Justo Mullor. Ricorda anche la sua ultima visita in Spagna: Madrid, Siviglia, l'incontro con i sovrani... E continua parlando di Denver.

La cena è semplice ma ben presentata. Spesso, prima che lo servano, il papa dice: «Non me lo merito».

* Il giorno dopo, ricordando questa conversazione, Dziwisz mi raccontò che tempo prima era andato a trovarlo una persona per dirgli che c'erano due collaboratori del papa appartenenti alla massoneria: io e Ruini! Dziwisz rispose che il papa aveva piena fiducia in me e nel cardinale Ruini, e che la persona che diffondeva questi sospetti desiderava solo seminare diffidenza.

Dopo cena, entrano nella sala le ragazze che si occupano della gestione della casa; le saluta a una a una, e loro gli cantano varie canzoni, dandogli un libro con i testi. Il Santo Padre scherza e, prima di dare loro la sua benedizione, dice che sono «ragazze molto brave».

Saluta di nuovo il Signore nella cappella ed esce in giardino. Porta una giacca a vento bianca sotto la grande cappa nera. Fa una piacevole passeggiata verso un eremo, distante circa quattrocento metri, parlando con Stanisław e Francisco Vives. Io li seguo con Cibin. È tutto buio. La notte è stupenda, con il cielo stellato. Entra per pregare la Vergine e rimane lì per lunghi minuti. Poi, ritorniamo alla luce di una torcia. Si ritira, probabilmente per leggere qualche pagina. Sembra contento e rilassato.

Noi rimaniamo a parlare in soggiorno, mentre peliamo le castagne portate da Marinelli e tostate alla perfezione dalle ragazze.

10 novembre. Il papa celebra la messa, a cui assistiamo tutti, alle sette e mezza del mattino. Dopo la colazione, facciamo un'escursione a Campo Felice. Ci siamo portati la famosa sedia pieghevole, in modo che il papa possa riposarsi meglio.

Mentre pranziamo sul monte, ci intratteniamo in una lunga conversazione. Il papa crea collegamenti tra temi e ricordi, e bisogna solo infilare qua e là qualche domanda perché continui a parlare.

Vocazione sacerdotale: «Sì, da piccolo, quando ero chierichetto, avevo pensato di diventare sacerdote. Ma poi è arrivato un periodo in cui mi sono appassionato alla letteratura e alla filologia polacca. Mi interessava soprattutto la filosofia del linguaggio. Più tardi arrivò il teatro e mi dimenticai del sacerdozio. Pensavo di dover fare famiglia, anche se una voce dentro di me diceva: "Non la troverai mai".

«Decisi di fare il sacerdote. Andai a parlare con il vescovo Sapieha, che mi accettò nel seminario clandestino, e iniziai a studiare in segreto. Mi disse che non potevo rivelare a nessuno che stavo studiando per essere sacerdote, nemmeno a mio padre, che morì nel 1941.[3]

«Iniziai a studiare su un libro di metafisica. I concetti di Aristotele, materia e forma, potenza e atto, essenza ed esistenza..., cambiarono la mia visione del mondo.

«Iniziò poi il periodo del lavoro manuale che mi preparava e che considero provvidenza divina. Lavorai per quattro anni: due in una cava di marmo e gli altri in fabbrica. Durante i primi due avevo poco tempo per studiare. Nei seguenti, la mia mansione consisteva nel controllare orologi a pressione; sbrigavo il lavoro in circa due ore e poi studiavo. E i compagni mi dicevano: "Tu, studia teologia...".

«Il 1° novembre ricevetti l'ordinazione sacerdotale. Sì, da solo. Mi ordinò Sapieha e il giorno dopo celebrai la mia prima messa, le mie prime tre messe per defunti, nella cripta della cattedrale di Wawel.

«Conobbi e sopportai la crudeltà di entrambi i sistemi, uno era più raffinato nei modi, ma ugualmente crudele e selvaggio».

Wanda Półtawska:[4] «I nazisti la imprigionarono in un campo di concentramento. Quando fu liberata, non riusciva più a dormire. Scrisse un libro [menziona il titolo]* e da quel momento riuscì a recuperare il sonno. Sì, fu una catarsi».

Gli chiediamo dei suoi discepoli, Szostek e Styczeń. Scherza: «Szostek è discepolo del mio discepolo Styczeń e, quindi, in questo senso, è "mio nipote"».

Anni del Concilio: «Sono l'unico vescovo polacco ad aver assistito a tutte le sessioni del Vaticano II. Anche questo è stato intervento della provvidenza. I comunisti mi concedevano il passaporto perché pensavano: "Forse con questo possiamo ottenere qualcosa"».

Ali Ağca: «Quando andai a trovarlo era perplesso. Si chiedeva come mai non mi avesse ucciso. In quei giorni i giornalisti scrissero che voleva convertirsi, che mi aveva chiesto il perdono... L'unica cosa che mi disse è che non capiva per quale ragione non fosse riuscito a uccidermi; e, dato che aveva sentito parlare di Fátima, mi chiese: "Spiegami quella cosa di Fátima"».

Segreti di Fátima: «Dopo la mia elezione, Villot, che all'epoca era segretario di Stato, mi portò il dossier di Fátima e la busta che conteneva il testo del terzo segreto, non ancora reso pubblico. Lo lessi e non capii esattamente cosa volesse dire... Tempo dopo, mentre ero in ospedale in seguito all'attentato, mi ricordai del terzo segreto, chiesi che me lo portassero e lo lessi di nuovo.

«Poi ci fu la consacrazione della Russia al Cuore di Maria. Lo feci con la formula: ti consacro quei paesi che porti nel tuo Cuore. E quello stesso giorno mi chiamarono per dirmi che anche i ve-

* Non ho preso nota del libro di Półtawska, ma probabilmente ha citato la sua autobiografia *I boję się snów* (*E ho paura dei miei sogni*), pubblicata nel 1962.

scovi ortodossi russi avevano fatto la consacrazione, unendosi a ciò che facevo io. Se avessi usato un'altra formula, non avrebbero accettato. Giorni dopo, mi scrisse suor Lúcia per dirmi che adesso era stato fatto tutto come desiderava la Vergine».

Inizia a fare un po' freddo. Suggerisco quindi di coprirsi e riposare un po'. Gli addetti alla sicurezza che ci accompagnano hanno sistemato una tenda vicino a noi e il Santo Padre vi entra per riposare. Ne esce subito, per il freddo, e quindi avviciniamo la sedia pieghevole al fuoco che abbiamo acceso per scaldarlo. Lì legge il breviario.

Poi rientriamo a piedi fino al luogo in cui ci aspettano le macchine. Il pomeriggio è splendido. Scendiamo tra faggi color ocra, oro e rosso, con le tonalità autunnali. Il papa si siede qualche minuto davanti gli alberi e dice: «Alla fine, lo spettacolo più bello». Sono le cinque e mezza.

Il Santo Padre torna a Roma ringraziando. Nel salutarlo, come avrei fatto con mio padre, gli do un bacio.

Una chiamata urgente
11-21 novembre 1993

Oggi esco prima dall'ufficio perché a pranzo devo incontrare un gruppo di sacerdoti che studiano presso le università pontificie di Roma. Torno a casa verso le quattro. Al mio rientro, ricevo un messaggio che mi comunica di chiamare urgentemente Dziwisz. A quanto pare mi ha cercato diverse volte: mi accorgo che, questa mattina prima di uscire dall'ufficio, mi sono dimenticato di attivare il cercapersone.

Chiamo e mi risponde Angelo Gugel: «Lo sa già, dottore?». «Dio mio,» penso «è successo qualcosa e non me ne sono accorto.» Mi passa Buzzonetti: «Questa mattina il papa è caduto e si è lussato la spalla destra. Oggi pomeriggio andiamo all'ospedale per la riduzione». Faccio solo due domande: «Anestesia generale? Chi lo opera?». Buzzonetti conferma l'anestesia e mi comunica il nome del medico: il professor Fineschi, direttore del dipartimento di ortopedia e traumatologia del Gemelli.

Convoco il personale e apro la sala stampa, che solitamente a quell'ora è chiusa. I giornalisti non sanno ancora nulla. O meglio, sanno che è caduto, ma non le conseguenze. È successo stamattina nell'aula delle benedizioni. Il papa stava ricevendo i rappresentanti della FAO. Alla fine del discorso ha iniziato a scendere i gradini per salutare, verso destra, gli assistenti. Da sinistra si è avvicinato il signor Wagner, della FAO. Il Santo Padre ha fatto un movimento per cambiare direzione ed è caduto...

Dato che non mi sembra corretto che circolino le immagini della caduta del papa, dall'ufficio chiamo Re per chiedergli che il Centro Televisivo Vaticano non le distribuisca. Re mi dice che, a quanto pare, non esistono immagini, ma che se ne assicurerà. Mi chiama più tardi: effettivamente, non ci sono immagini. Foto? Solo quelle di un fotografo della FAO, al quale hanno chiesto il rullino, che è stato consegnato senza problemi.

Chiamo alcuni giornalisti per allertarli, visto che l'agenzia ANSA ha appena pubblicato la notizia del ricovero del papa in ospedale.

Al termine dell'intervento, mi chiama Buzzonetti dal Gemelli: è andato tutto bene. Tempo dell'anestesia: quindici minuti per procedere con la fasciatura. Tempo della manovra di riduzione: dai tre ai quattro minuti. Mi legge il bollettino medico. Incontro con giornalisti e telecamere. Interviste personalizzate a varie emittenti.

Telefono a Sodano. Gli chiedo se vuole che lo accompagni al Gemelli. Mi risponde di sì. Usciamo poco dopo le otto. Arriviamo nella stessa zona dell'ospedale in cui fu ricoverato due anni fa in seguito all'operazione. Ci dicono che il Santo Padre sta dormendo. Parliamo con Dziwisz nella sala di fronte. Poco dopo ci comunicano che si è svegliato. Entriamo nella stanza. È nel letto. Si vede solo la testa e un po' della mano sinistra. Dico: «Santo Padre, il Signore le invia sempre una croce, piccola o grande che sia; non la dimentica mai». Il papa risponde di buon umore: «Vede come è buono?». Dal momento che non ha dolore, non gli somministrano analgesici.

Alle dieci del mattino dopo esce dall'ospedale. In quel giorno e nei seguenti continuano le speculazioni da parte della stampa, basate su dati medici, visto che abbiamo fornito tutti i particolari. Un lungo articolo di «Repubblica» raccoglie presunte «voci vaticane», senza fare nomi, che parlano di una caduta del papa a causa di uno svenimento; aggiunge che già in passato il papa ha sofferto di piccoli svenimenti e perdite di memoria. Tutto falso. Diffondo una chiara smentita, che la stampa accoglie il giorno seguente.

La domenica, il Santo Padre decide di affacciarsi alla finestra per recitare l'*Angelus*: benedice con la mano sinistra. Salta l'udienza generale del mercoledì e presenzia il sabato alla Conferenza sull'infanzia, organizzata dal cardinale Angelini. Porta il mantello rosso a coprire il braccio immobilizzato. Per iniziare il suo saluto nell'Aula Paolo VI dice:

> Il papa desidera salutare tutti. Come vedete, è un papa con una «disabilità». Disabile, sì, ma non completamente distrutto. (*Risate e applausi.*) Ho il mantello rosso delle occasioni solenni che ora porto tutti i giorni per coprire la mia «disabilità» e non dare l'occasione ai fotografi, a cui piacerebbe che tutto il mondo vedesse che il papa non riesce a muovere il braccio destro... (*Risate.*) Questo è il loro lavoro... ma ve lo spiegherà il carissimo dottor Navarro-Valls... Sì, sono un po' invalido, ma non del tutto.

Giorni dopo pubblichiamo i criteri di apparizione del Santo Padre durante le cerimonie e gli eventi: si manterrà l'agenda prevista, salvo i casi in cui l'immobilizzazione del braccio destro possa essere compromessa. Quindi si sospendono tutte le cerimonie liturgiche pubbliche. Parteciperà ad altri eventi, come la tradizionale visita al monumento dell'Immacolata in Piazza di Spagna, l'8 dicembre.

«Ora detto le cose»
12 dicembre 1993

Ho passato alcuni giorni fuori Roma e al mio rientro trovo una chiamata da parte di Dziwisz. Thu, che mi riceve alla porta dell'appartamento pontificio, mi informa che il papa, dopo la caduta, ha cominciato a dettare i testi che deve scrivere e ora continua con quest'abitudine. È una gran fortuna, dice, perché si stanca meno e rende di più. Porto al Santo Padre tre libri: uno dello scrittore spagnolo José Luis Olaizola, uno di Vittorio Messori e un altro di Luigi Accattoli. Glieli consegno dopo averlo salutato, mentre ci dirigiamo verso la cappella.

All'inizio della cena si parla della sua caduta. Commenta con un sorriso l'interesse smisurato che ha risvegliato nella stampa. Gli dico che è inevitabile. «È stato provvidenziale. Ora detto le cose e lavoriamo molto di più. No, non mi ha mai fatto male il braccio. Mi hanno detto che nel momento della riduzione ho fatto come una smorfia di dolore, ma non me lo ricordo. L'anestesia è stata fatta a regola d'arte, perché vedevo i medici, ma non mi ricordo del dolore. Adesso sto facendo gli esercizi che mi hanno prescritto.» (Thu mi ha detto che in alcuni giorni della settimana viene un fisioterapista per aiutarlo con gli esercizi di recupero.)

Parliamo di quest'anno, così intenso, che volge al termine. «Sì, è stato un anno di grande attività: Albania, i paesi baltici, Denver.» Mi dice anche che stava rispondendo alle domande che aveva preparato Messori per quell'intervista televisiva mai fatta. «Sto scrivendo le risposte. Per ora ci sono 37 pagine. Se arriviamo a 70, si potrebbero pubblicare. Non è l'intervista televisiva, ma è un testo...»

Accordo con Israele
30 dicembre 1993

Oggi, a Gerusalemme, è stato firmato l'«accordo fondamentale» tra la Santa Sede e lo Stato di Israele. Il papa ne è stato il motore. Davanti all'inerzia della burocrazia, la sua audacia innovatrice.

Il papa qualche tempo fa mi ha detto: «Quando venne a trovarmi Reagan, mi chiese perché non riconoscessimo Israele. Gli risposi: "La mia apertura è totale: potremmo scambiarci ambasciatori domani stesso. Ma loro dovrebbero fare un passo avanti"».

Cosa è successo? Che Israele ha riconosciuto l'Organizzazione per la Liberazione della Palestina (OLP) come interlocutore per iniziare un processo di pace. Ora, a partire dalla Conferenza di Madrid e, soprattutto, dopo le negoziazioni segrete che hanno portato a Washington Rabin e Arafat, Israele e i palestinesi dialogano sul futuro, rinunciando entrambi alla violenza come metodo per appianare le loro divergenze. A questo punto, la Santa Sede non ha più problemi a stabilire relazioni diplomatiche con Israele.

Per me sono stati giorni di lavoro intenso. Ho chiesto alla Seconda sezione della Segreteria di Stato – Tauran – di elaborare un memorandum sulla questione, per consegnarlo alla stampa, e poter spiegare la posizione della Santa Sede. È stato redatto e già approvato da Sodano. Ieri pomeriggio mi ha chiamato Tauran per parlare. Alla conversazione si sono uniti Celli e Gatti, che lavorano nella sezione per i rapporti con gli Stati. Dopo aver letto il memorandum, ho fatto alcune domande e sollevato il tema della Giordania e delle prevedibili reazioni dei paesi arabi.

Questa mattina è venuto a trovarmi l'ambasciatore della Giordania. Ieri mi ha chiamato il ministro degli Affari esteri del suo paese, che sta negoziando con la Santa Sede un accordo simile. Vuole che durante l'incontro con i giornalisti si alluda a questa negoziazione, perché gli sembra giusto. L'ho tranquillizzato confermando che quella menzione era prevista, e mi ringrazia.

Ho avuto un lungo incontro con i giornalisti su tutta la questione. E dopo aver convinto Tauran, ho fornito loro anche il testo dell'accordo. Penso che lo sforzo sia valso la pena.

XXIX
La famiglia all'orizzonte
(1994)

Sull'ex Iugoslavia
4-5 gennaio 1994

Ieri e oggi, riunione con il papa in Sala Bologna, sulla situazione nell'ex Iugoslavia. Partecipano membri della Curia romana e alcuni esperti. Il 3, nel pomeriggio, Re mi ha chiamato a casa per vedere come poter organizzare la copertura informativa. Mezz'ora più tardi mi ha chiamato di nuovo: il papa era d'accordo con lo schema comunicativo. «Se non è occupato, potrebbe presenziare alla riunione» mi dice Re. Ammiro quella forma elegante di presentare le cose.

Si inizia alle nove e mezza del mattino. Il papa entra e saluta tutti. Legge il suo intervento, scritto interamente da lui, come mi ha poi confermato il cardinale Etchegaray. Si succedono gli altri partecipanti. Il papa presenzia per tutta la mattina e per parte del pomeriggio, con grande attenzione. Alla fine della sessione mattutina mi fa un gesto perché l'accompagni, insieme a Sodano, fino al suo appartamento. Mi chiede un'opinione e rispondo che bisognerà definire bene il messaggio, tenendo conto che l'eco a Belgrado sarà diversa rispetto a quella che si avrà nell'opinione pubblica occidentale, dato che sono due orizzonti diversi.

Nel pomeriggio Etchegaray legge il suo testo, lo considero buono, con uno stile un po' omiletico. Tauran aveva preso spunto da alcune di quelle idee per elaborare un altro testo, di carattere più informativo. Discutiamo di quale dei due sarà più conveniente diffondere al grande pubblico. Alla fine, decidiamo di stilare un testo puramente informativo e me lo affidano. Lo preparo la sera a casa. Il mattino dopo vado alla Seconda sezione in modo che lo correggano e lo traducano in francese, e rientro alla sala stampa. Il testo viene approvato con alcune aggiunte.

Prima di concludere, suggerisco a Sodano che si potrebbe preparare un breve paragrafo per il papa, dato che sarebbe opportuno che menzionasse l'argomento durante l'udienza generale. Sodano approva l'idea e dà l'incarico a Tauran.

Oggi, mentre stavamo aspettando l'inizio della riunione all'esterno dell'aula, Ryłko ha letto a Sodano la traduzione di tre pagine che lo stesso papa ha scritto in polacco ieri sera. Un testo bellissimo: «Non risolveremo il problema della Bosnia senza Gesù Cristo». Il primato della preghiera. Decidiamo di consegnarlo a Etchegaray, che sta lavorando sul messaggio che dovrà essere inviato a tutte le diocesi.

Disponibile
29-30 gennaio 1994

Sono fuori Roma. Parlo con il mio ufficio e mi dicono che Dziwisz mi sta cercando. Lo chiamo: mi chiede se domani posso andare da lui. Rientro a Roma e mi domanda se lunedì alle sei di sera possa rendermi «disponibile». Questa volta mi basta solo quella parola per capire. Si tratta di accompagnare il papa per un giorno di riposo fuori Roma.

Sedici discese e tre cadute
31 gennaio - 1° febbraio 1994

Arrivo nel cortile di Sisto V alle sei. Salgo nell'appartamento pontificio e un attimo dopo arriva il papa, con indosso il mantello nero. La macchina ci aspetta di sotto. Il papa, Dziwisz e Gugel si siedono dietro; io di fianco all'autista. Attraversiamo Roma e sull'autostrada per L'Aquila la macchina davanti a noi si ferma, Gugel ci lascia per salire sull'altra vettura; continuiamo in direzione San Felice d'Ocre. Ripetiamo il piano di qualche mese fa.

Durante il tragitto, il papa inizia a parlare di una cerimonia nella quale ha concesso il dottorato *honoris causa* a Tadeusz Styczeń presso l'università di Navarra. Dice che Tadeusz, che è passato per Roma di rientro da Pamplona, è tornato entusiasta. E, tenendo conto che l'università è promossa dall'Opus Dei, mi dice scherzando: «Adesso vuole entrare a far parte dell'Opus Dei...».

Accenna poi alla sua recente udienza con il primo ministro russo. Gli chiedo se lo abbia invitato di nuovo ad andare in Russia, mi dice di no, ma che Sodano ritiene che questo viaggio non si possa rimandare per sempre. Parliamo della situazione in Bosnia.

Arriviamo a Tor d'Aveia verso le otto. Lo ricevono Francisco Vives e alcuni studenti di Cavabianca.[1] Il papa mostra grande confidenza con le persone che incontra. Questa «particolarità» di un pontefice che esce dal Vaticano per passeggiare in montagna non lo preoccupa per nulla. Durante la cena, parliamo di tante cose belle del nostro tempo e della «primavera della Chiesa», un'espressione che il papa utilizza spesso.

Indirizzandosi alle persone che servono a tavola, dice in tono scherzoso: «Con queste brave ragazze, belle ragazze, come non è primavera?». Si interessa alla presenza di persone dell'Opus Dei in diversi paesi dell'Est Europa: Polonia, Lituania, Lettonia, Bielorussia, Ucraina e Russia. Vives gli fornisce i dati: certi paesi sono all'inizio, in altri stanno arrivando le prime vocazioni.

Commentiamo la situazione della famiglia in alcune di queste nazioni. Il papa chiede riguardo al lavoro dell'Opera in Slovacchia, Slovenia, Ungheria e Romania. Vives gli spiega la situazione in ogni paese. «E nella Russia asiatica?» Poi vuole sapere della Cina. Ha fatto un ripasso su quella parte di mondo.

Quando la ragazza che serve a tavola lo incoraggia a mangiare un po' di più, lui risponde con un sorriso: «È tutto buonissimo. Ma non posso mangiare così tante cose buone. Non devo ingrassare, al contrario di don Francisco che è molto magro: potrebbe prendere dieci chili e nessuno se ne accorgerebbe». In un secondo momento dice: «Sarebbe una bella sorpresa per le monache [che lo accudiscono] se sapessero che ho mangiato così tanto».

Vives gli spiega che in questi giorni alcune donne dell'Opus Dei stanno facendo un ritiro a Tor d'Aveia. Il papa chiede chi sia il sacerdote che lo guida e come sia organizzato. Gli dico che di solito si fa in silenzio, con diversi atti di pietà (Santa Messa, Via Crucis) e varie preghiere dirette dal sacerdote. Si interessa anche riguardo all'organizzazione delle donne dell'Opera. Vives gli risponde che dipendono dal prelato, così come gli uomini, e che si autogestiscono in tutto e per tutto.

Più tardi parliamo della crisi che si avverte nell'Europa dell'Est e precisa: «Questa crisi si manifesta ora, ma esisteva già prima; comunque hanno i mezzi per uscirne».

La ragazza che serve al tavolo dice che domani è la festa della Vergine e che il prossimo 14 febbraio è uno degli anniversari dell'Opera: l'inizio del lavoro apostolico con le donne. Il papa quindi alza il calice ed esprime il suo auspicio per quella ricorrenza: «Vi auguro che cresciate e vi moltiplichiate».

Tornando al commento della ragazza, chiede di questo inizio con le donne. Vives spiega che nel 1928 Josemaría Escrivá decise di lavorare solo con gli uomini, ma Dio aveva predisposto le cose in altro modo. «Anch'io,» dice il papa «quando ho iniziato a fare apostolato con i giovani, pensavo lo stesso: mi dirigevo ai ragazzi. Mai alle ragazze.»

Intanto, le signore che si occupano della gestione della casa entrano in sala per salutarlo. Gli cantano varie canzoni. Alla fine, il papa dice loro: «Una volta creato il mondo, Dio ha detto che era cosa buona; e poi, che era cosa molto buona. È successa la stessa cosa con l'Opus Dei: l'Opera non era terminata fino all'arrivo delle donne. Solo allora si è potuto dire: "Tutto è compiuto, tutto è completo, tutto è buono". Quanto è importante la donna!».

Alla fine, scambia con loro parole di affetto, lodando le loro canzoni e la cura della casa. Francisco Vives dice che, con il loro operato professionale, aiutano molte persone a vivere con spirito cristiano. Il papa, indicando quelle che si occupano della cucina, rimarca: «A vivere... e sopravvivere».

Nel giardino, mentre passeggia, continua a parlare delle donne della Chiesa. Ricorda la sua catechesi sulla donna raccolta nel libro *Uomo e donna lo creò*. E aggiunge: «Le donne hanno una grande capacità di sacrificio. E anche di forza fisica. Per questo riescono a sopportare le gravidanze e i terribili dolori del parto. Quando si corrompono, però, sono capaci di arrivare al peggio. Ma spesso, quando questo succede, il colpevole è l'uomo».

La mattina seguente, dopo la messa a cui assistiamo tutti e la colazione, andiamo in montagna con il papa. Ci dirigiamo verso il Gran Sasso. Durante il cammino, sostituiamo la macchina con un cingolato che ci porta fino a una pista di neve. Il papa si mette gli sci e inizia a scendere. Al primo tentativo cade, per l'insicurezza della prima volta dopo l'incidente al braccio. Poi, tra la mattina e il pomeriggio, con una pausa per pranzo, fa varie discese. La giornata è splendida, con un sole meraviglioso, senza nubi. Finiamo verso le cinque e mezza.

Rientra a Roma felice: è stata una giornata di riposo perfetta. Gli dico che ha fatto un buon numero di discese: «Sì,» risponde sorridendo «sedici discese e tre cadute... come Nostro Signore».

Due ore con Tad Szulc
9 febbraio 1994

Questo pomeriggio viene a trovarmi il giornalista Tad Szulc e trascorro con lui un paio d'ore. Sta scrivendo un libro biografico sul papa. Lo seguo da tempo, da quando mi ha parlato per la prima volta del progetto. L'ho presentato al Santo Padre durante un viaggio, e ora Dziwisz l'ha invitato a pranzare nell'appartamento pontificio. Naturalmente, sarebbe ingenuo pensare che il libro avrà solo aspetti positivi. Infatti, quando metto alle strette Tad chiedendogli di poter leggere il manoscritto, emerge che i suoi piani, seppur bene intenzionati, includono aspetti del pontificato che considera controversi e mi cita il teologo Curran, il tema della sovrappopolazione, la morale sessuale.

La nostra conversazione è dedicata alla situazione dell'Est Europa negli anni passati e a Gorbacëv. Gli chiarisco alcuni punti su cui è confuso; parlando con Jaruzelski, aveva avuto l'impressione che fosse stato lui ad aver influito sulla decisione di Gorbacëv di fare visita al papa... Gli parlo del nostro viaggio del 1988 a Mosca, della visita di Gorbacëv nel dicembre 1989, di Ali Ağca.

Con il presidente tedesco
3 marzo 1994

Oggi arriva il presidente della Repubblica Federale di Germania, Richard von Weizsäcker, per un'udienza con il papa. Parlano a lungo. Una volta finito, mi avvicino al pontefice per sapere i temi del colloquio. «Soprattutto questioni internazionali» mi dice. «E una cosa da non rendere pubblica: ha insistito molto sul viaggio in Russia. Io gli ho detto: "Presidente, per questo dovrà insistere [con i russi]". Le autorità vogliono questo viaggio, ma oggi come oggi la situazione con gli ortodossi è più problematica.» Mi ripete che la cosa non va resa pubblica, è solo per mia conoscenza.

Sulla rinuncia del papa
5 marzo 1994

Il papa avrà mai pensato di rinunciare al pontificato per vecchiaia o malattia? Non lo so. Ma senza dubbio alcune persone intorno a lui lo hanno fatto, probabilmente senza arrivare a una conclusione di convenienza. So che il cardinale Castillo Lara in privato ha affermato che crede che Giovanni Paolo II possa rinunciare, a tempo debito, per vecchiaia.

La malattia, il tumore al colon che l'ha colpito due anni fa, potrebbe averlo fatto pensare. Ma, forse, anche il leggero tremore alla mano sinistra: un segno di vecchiaia. Non lo so: non ha mai affrontato l'argomento, perlomeno in mia presenza.

Stanisław una volta mi ha chiesto cosa pensassi di quella possibilità. Ho risposto che mi sembrava una follia: due papi, uno dimesso e l'altro eletto, sarebbero la base per una bella divisione della Chiesa. I «progressisti» e i «conservatori» avrebbero una scusa «istituzionale» per schierarsi dalla parte di uno dei due.*

Naturalmente, questi dati non provano per nulla che l'argomento sia stato oggetto di considerazione da parte del papa. Ma potrebbero anche indicare il contrario.

Václav Havel
7 marzo 1994

Questa mattina udienza con Václav Havel. Il papa mi ha riferito che hanno parlato della Bosnia-Erzegovina, della Germania, della Russia e della separazione delle Repubbliche Ceca e Slovacca. Mi dice che è un uomo religioso. Gli sembra che queste udienze con il presidente della Germania e con Havel siano state positive. Aspetta la visita di Eltsin e Clinton in giugno. Sembra contento.

Periplo internazionale e... poesia
12 marzo 1994

Cena con il Santo Padre. C'è solo Dziwisz. La conversazione è amena e copre temi molto ampi, dalla preparazione della Conferenza delle Nazioni Unite sulla popolazione («Monsignor Tauran mi ha parlato della conferenza e si sta preparando all'intervento») fino al prossimo viaggio in Croazia. Note telegrafiche su alcuni dei temi di cui mi ha parlato.

La *Lettera alla famiglia* pubblicata un mese fa in occasione dell'Anno Internazionale della Famiglia sta avendo grande dif-

* Questo è ciò che pensavo allora. Naturalmente, quasi vent'anni dopo, la storia avrebbe mostrato uno scenario molto diverso.

fusione in Francia. Il Santo Padre conferma che l'ha scritta tutta di suo pugno.

Sull'incontro con Havel di qualche giorno fa mi dice che forse «L'Osservatore» ha dedicato troppo poco spazio alla notizia. «Havel è una persona simpatica e colta. Mi ha chiesto di essere benedetto. Credo lo abbia fatto per convinzione. Mi ha fatto proprio una bella impressione.»

Il Libano è sempre nei suoi pensieri. Nell'ipotesi di un suo viaggio nel paese, dice che le autorità locali «hanno due preoccupazioni: la sicurezza durante gli spostamenti e il timore che la visita del papa diventi la conferma della presenza della Siria in Libano. Ma quella visita sarebbe un'occasione per dire la verità sull'indipendenza e la sovranità del Libano. Il solo fatto di incontrare il presidente, il popolo, il governo è già un segnale di sovranità. È come in Polonia: le autorità, Gierek e gli altri, desideravano quelle visite perché erano un segnale di sovranità» nei confronti dell'URSS.

È molto contento che il testo della Via Crucis di quest'anno sia stato scritto da Bartolomeo, patriarca di Costantinopoli. «È un evento senza precedenti» dice. «Questo mese continua il dialogo con Mosca. C'è una riunione a Ginevra: ci sarà Kirill.»

Il papa dice che sarebbe necessario andare presto a Sarajevo, perché ora la città è protetta dalle Nazioni Unite. «La gente ci spera. Ovviamente, sarebbe meglio andare a Belgrado e a Sarajevo. Abbiamo fatto tutto il possibile con le autorità serbe, ma non ci dicono nulla. Vedo che il patriarca Alessio[2] viaggia molto, ma l'opinione pubblica non gli dà sufficiente rilievo. Il nunzio mi ha comunicato che Alessio è stato in Bulgaria, ma il fatto non ha ricevuto alcuna diffusione. Poi ci è andato Bartolomeo; ha avuto maggior attenzione perché si tratta di una zona di influenza di Costantinopoli. Vedremo. Il viaggio dovrebbe farsi a giugno, prima non è possibile.»

Altri progetti. Aggiunge che prima dovrà tenersi la riunione dei cardinali per la preparazione dell'anno 2000. «Ho già scritto il primo progetto» dice. E poi, il sinodo africano. «Abbiamo abbastanza lavoro da fare.»

Inchiesta sul clero statunitense. Gli parlo di un'inchiesta sul clero statunitense pubblicata dal «Los Angeles Times». Secondo questo sondaggio, i giovani sacerdoti ordinati in questi ultimi anni sono più «conservatori» (li classifica così il giornale, per indicare che sono più aderenti alla fede ricevuta) di quelli più anziani.

«È la stessa cosa che sostiene il cardinale O'Connor» commenta il papa. «Soprattutto dopo Denver. In ottobre avremo un incontro con i giovani a New York.»

Croazia e altri paesi. Gli dico che, con tutto il lavoro in sospeso, quest'estate dovrà riposare per bene. «A luglio e agosto,» commenta «perché a settembre andremo in Croazia. Se si risolvesse il problema iugoslavo quest'anno, sarebbe provvidenziale, perché è lì, in un certo senso, la chiave di tutto l'Oriente ortodosso.»

Ci alziamo e dice che, dopo questo lungo viaggio, si dedicherà alla lettura di poesie. «Nello specifico, le poesie che ho scritto cinquant'anni fa. Le sto leggendo con interesse: come ho potuto scrivere cose del genere? Ora non sembrano affatto male... Le confronto con quelle di Miłosz[3] quando era in Francia e a Berkeley e mi sembra che le mie siano alquanto migliori!» conclude ridendo.

Lascio l'appartamento papale dopo più di un'ora di conversazione su un'ampia gamma di questioni, che rivelano l'interesse universale del papa. Non segue gli avvenimenti, è lui che li stimola. Non si lascia trasportare dall'opinione pubblica, la incoraggia e, in gran parte, la crea. Non aspetta passivamente che si presentino le giuste circostanze storiche: usa i mezzi a sua disposizione per indirizzare la storia verso Gesù Cristo.

Álvaro del Portillo
23 marzo 1994

Andrés Vázquez de Prada mi ha svegliato alle sei del mattino per dirmi che, durante la notte, poche ore dopo essere rientrato da un pellegrinaggio a Gerusalemme, è morto don Álvaro,[4] prelato dell'Opus Dei.

Prima di andare al lavoro, mi reco a Villa Tevere, la sede centrale dell'Opus Dei, dove è già stata allestita la camera ardente. Bacio la fronte e le mani di don Álvaro. Quanti ricordi! Inizio a chiedere la sua intercessione per molte cose.

Accorrono in preghiera numerosi vescovi e cardinali; tra gli altri, il cardinal Ratzinger. Vado in ufficio e la prima chiamata che ricevo, non appena arrivo, è quella di Dziwisz, che, molto affettuoso, mi fa le condoglianze.

Nel pomeriggio, alle sei e un quarto, il Santo Padre arriva a Villa Tevere. «Sia lodato Gesù Cristo!» dice quando entra. Si piega sull'inginocchiatoio, di fronte al corpo giacente di don Álvaro, e prega per dieci minuti. Gli propongo di recitare un responso, ma preferisce intonare un *Salve Regina*. Poi recita tre *Gloria* e due invocazioni per la sua anima. Al momento del commiato, il vicario generale dell'Opus Dei, Javier Echevarría, lo ringrazia della visita: «Si doveva, si doveva» risponde il papa. Salutandolo, lo ringrazio anch'io.

Cominciano ad arrivarmi diversi messaggi di cordoglio. Schotte mi dice per telefono: «Avete già due santi». Padre Tucci mi assicura che ha offerto messa di suffragio per la sua anima. Tauran, Re... Mi giungono lettere e messaggi da Macciocchi, Aura Miguel, Gasbarri e molti altri, che ringrazio di cuore.

Con gli ebrei
4 aprile 1994

Tad Szulc mi porta il numero di «Parade» su cui è stato pubblicato l'articolo-intervista del papa sugli ebrei. È fatto bene. Ed è nato grazie all'amicizia con Dziwisz. Vedo che il «New York Times» ne parla, con un articolo a cura dell'ex direttore, A.M. Rosenthal.

Dalla visita del papa alla sinagoga di Roma e alla serie ininterrotta di incontri con le comunità ebraiche di tutti i paesi, si è fatta molta strada. Credo che all'inizio ci fosse, da parte degli ebrei, una certa diffidenza, come se non fossero del tutto sicuri della sincerità del papa.

Ci siamo lasciati alle spalle il polverone alzato dalla visita di Waldheim a Roma. O la polemica sul convento di Auschwitz. Ora, con il consolidamento delle relazioni diplomatiche con Israele, l'orizzonte sembra essersi schiarito.

Lettera alle famiglie
6 aprile 1994

Continua a essere molto presente l'Anno Internazionale della Famiglia. Un paio di mesi fa il papa ha pubblicato la sua splendida *Lettera alle famiglie*. Inoltre, sono state programmate alcune iniziative su questa stessa linea, come la riunione con le famiglie in ottobre e la visita presso la sede ONU.

In questo clima, l'ONU ha convocato la riunione sulla popolazione al Cairo, con chiaro orientamento antinatalista. Il papa ha dimostrato che non è disposto a tacere. La sua natura non è quella di accettare l'inevitabile o di rassegnarsi al lamento. Si ribella. Sa che se urla lo sentiranno. E quindi urla.

Tre giorni fa è morto Jérôme Lejeune, il noto genetista francese scopritore dell'alterazione che provoca la sindrome di Down. Il papa ha inviato una lettera al cardinale Lustiger, arcivescovo di Parigi, in cui fa riferimento anche agli attacchi alla famiglia. Tutto lascia pensare che questo sarà un importante filone di lavoro per i mesi a venire.

XXX
Parkinson
(1994)

Un libro di domande e risposte
28 aprile 1994

Vado a Verona. Ho con me qualcosa di abbastanza inaspettato: le risposte del papa alle domande che aveva preparato Vittorio Messori per la mancata intervista televisiva. È un testo molto buono: 177 pagine.

Trasmetto a Messori alcune norme da seguire per questo libro del papa, su cui dovrà lavorare. Mi chiede di inviargli tutto per iscritto in modo da tenerle presenti. Parliamo poi della sua vita, del suo incontro con Cristo tramite la lettura dei Vangeli, del suo primo best seller (*Ipotesi su Gesù*), degli altri suoi libri.

Un'altra caduta
29 aprile - 15 maggio 1994

La mattina, mentre sono in preghiera prima di colazione, mi chiama Re: il Santo Padre è caduto ieri sera e «si è fatto male al ginocchio». «Devo venire urgentemente?» «No, non occorre, ma sarebbe bene che, non appena arrivi in Vaticano, tu venga da me.»

Pochi minuti dopo, mi chiama Sodano. Mi spiega qualcosa in più, ma neanche lui mi fornisce tutte le informazioni. Date le circostanze, non sono riuscito a farmi un'idea della gravità di ciò che è successo, quindi decido di recarmi immediatamente in Vaticano. Prendo un taxi e vado in visita al cardinale, che trovo a dettare al suo segretario un comunicato con i dati medici: frattura del collo del femore con deviazione dei frammenti.

Ci chiediamo se sia opportuno o meno dire che la caduta del papa è avvenuta in bagno. All'inizio, sono convinto di non menzionare questo dettaglio nel comunicato e limitarmi a riferirlo a voce ai giornalisti. A ogni modo, lasciamo tutto com'è, e in seguito mi rendo conto di essermi sbagliato: sarebbe stato meglio dirlo.

Faccio una prima comunicazione alla stampa verso le nove e cinquanta, dieci minuti prima che portino il papa in ambulanza verso l'ospedale. Parlo con Buzzonetti per coordinare l'informazione.

Alle undici e dieci vado in clinica con Re. Ci dirigiamo verso le sale operatorie di traumatologia. Nella stanza di fianco c'è Dziwisz, impegnato a leggere il breviario, con il braccio destro ingessato a causa di una lussazione che si è procurato in montagna. Ci dice che il Santo Padre è caduto in serata, poco prima delle undici, mentre usciva dal bagno. Il papa ha avvisato lui, che ha chiamato subito Buzzonetti. Gli hanno fatto le radiografie e la diagnosi è stata molto chiara. «Ci mancava solo questo nell'Anno della Famiglia» ha detto il papa. Gli hanno dato un analgesico leggero, grazie al quale è riuscito a dormire qualche ora. Prima di recarsi in ospedale ha concelebrato la messa dal letto.

Aspettiamo nell'anticamera di chirurgia. Va tutto bene, ma i minuti scorrono lentamente. L'intervento vero e proprio dura due ore: una buona parte è riservata ai preparativi. Passano le ore, sembrano interminabili. Recito il rosario camminando su e giù per il corridoio, vicino alla porta di comunicazione. Mi portano un panino che mangio all'istante, mentre sento alcuni rumori confusi provenire dalla sala operatoria.

I chirurghi terminano l'operazione verso le tre e quarantacinque. Ci confermano che è andato tutto come previsto. Fineschi mi spiega nei dettagli l'intervento mentre mi mostra le radiografie. Gli hanno messo una protesi. Mi tengo una radiografia della frattura e del risultato dopo l'operazione. «Una nuova piccola croce per il papa» dico a Dziwisz. «Non così piccola» mi risponde giustamente.

Portano una bozza del bollettino medico. Suggerisco di cambiare una parola in modo che si comprenda meglio il testo. I medici lo firmano ed esco di corsa verso la sala stampa dove mi aspettano i giornalisti per il briefing. Iniziamo verso le cinque del pomeriggio.

C'è un collega a cui sembra molto sospetto che il papa non sia stato portato subito in ospedale dopo la frattura. Gli rispondo che non è stato necessario procedere con un ricovero d'urgenza per il semplice motivo che la diagnosi era già stata fatta ed era molto chiara.

Rilascio una serie di interviste a varie televisioni europee e diverse radio latinoamericane. Infine, mi rimane ancora un appuntamento per un programma su RAI 1, alle undici di sera: ma sono talmente esausto per la tensione della giornata che non sono più in condizioni di parlare di nulla. Domani è un altro giorno.

30 aprile. La mattina vado in ospedale. Arrivo quando i medici sono ancora in stanza, e il professor Fineschi mi dice che il Santo Padre sta bene. Lo muovono un po'. Fa la sua prima colazione dopo la caduta. Faccio un nuovo briefing nella sala stampa verso mezzogiorno.

Alle cinque il papa concelebra con Dziwisz. È stata una giornata più tranquilla di ieri.

1° maggio. Quando sono arrivato stamattina, mi hanno comunicato che nel tardo pomeriggio di ieri ha avuto un po' di febbre. Ma non vuole mancare al suo appuntamento settimanale in Piazza San Pietro, e in mattinata registra il breve discorso che accompagna la recita del *Regina Coeli*, che verrà emesso a mezzogiorno. Alla fine, aggiunge spontaneamente: «Auguro a tutti una buona domenica, un buon mese di maggio, una primavera autentica».

Oggi non vado in ufficio, quindi ho un po' più tempo per pensare ai fatti degli ultimi mesi. Arrivo a una conclusione forte: queste cadute, il braccio e ora la frattura del femore, hanno a che vedere con il fatto che esiste una creatura che agisce di fianco al papa per impedirgli di lavorare, il diavolo.

5 maggio. Alle nove e quarantacinque vado a fare visita al papa nella sua stanza. Lo trovo bene, con il viso disteso e riposato. La sua enorme forza spirituale contrasta con la grande vulnerabilità fisica. Sorride.

Mentre parliamo, gli espongo le considerazioni che ho fatto durante la preghiera: al demonio non deve piacere troppo l'Anno della Famiglia... «Ovviamente!» risponde. «Il diavolo non vuole che porti a termine questo Anno della Famiglia. Ma lo farò.» E aggiunge ridendo: «A volte mi dicono che sono una colonna; be', ora sono una colonna capovolta». Poiché vedo che sta meglio e ha voglia di parlare, gli dico che qualche giorno fa ero con Messori per il libro che sta scrivendo e gli racconto la nostra conversazione.

15 maggio. Stamattina, quando verso le nove e un quarto sono entrato nella zona delle stanze riservate al papa, l'ho trovato che camminava con l'aiuto del deambulatore. Calcola attentamente ogni passo che fa, come stesse degustando l'inizio della sua riconquistata autonomia. Una religiosa e un medico lo controllano, attenti, perché non perda l'equilibrio. Continua a brevi passi, come a chiedere l'approvazione dopo quegli esercizi. Mi ricorda mia madre in una situazione simile. Anche lei, dopo un'operazione identica, nel fare i suoi primi passi mi chiedeva: «Lo sto facendo bene?».

Rientra nella sua stanza. Poco dopo passo a trovarlo. È sdraiato su uno dei piccoli letti dell'ospedale. Qualcuno ha messo sul comodino un'immagine della Vergine di Fátima. «Santo Padre: è incredibile vederla camminare di nuovo» dico.

Si interessa del libro di Messori: gli rispondo che credo farà molto bene, soprattutto agli intellettuali. E aggiungo che sto pregando perché possiamo andare in montagna a luglio. «Forse su sentieri meno ripidi» dice. Si vede che si entusiasma al pensiero. I medici non sono molto propensi, a causa del rischio di una nuova caduta, ma a lui piacerebbe molto.

Gli chiedo a cosa pensi in questi giorni. Mi parla delle cerimonie in occasione del cinquantesimo anniversario della battaglia di Montecassino, perché quelle rovine, insieme alla distruzione di Varsavia, sono state simbolo della nascita della nuova Europa.

Poi parla di questioni più personali. «Ho passato il 13 maggio in ospedale. Il giorno in cui avrei dovuto morire. Ma Dio non ha voluto la mia morte, perché voleva che il papa facesse... E stavo pensando anche che sono nato il 18 maggio, alle cinque del pomeriggio, più o meno alla stessa ora in cui hanno cercato di uccidermi. La chiesa era molto vicino alla casa dei miei genitori, e a quell'ora, dopo avere recitato il rosario, di solito cantavano le litanie. Probabilmente, la prima musica che ho sentito in questo mondo sono state le litanie della Vergine.»

Gli dico che sembra migliorare rapidamente. «Sì,» conferma con un sorriso «ho detto al professor Fineschi che, sia a lui sia a me, rimane una sola opzione: lui deve curarmi e io devo rimettermi, perché non c'è posto nella Chiesa per un papa emerito.»

E aggiunge, come un bambino che rivela un piccolo segreto: «Domenica, alla finestra...». Questo significa che la prossima domenica desidera essere in Vaticano e affacciarsi per recitare il *Regina Coeli* con i pellegrini venuti da tutto il mondo. Per ora, sembra che i medici non siano convinti quanto lui.

Passo per la cappella che gli hanno allestito nella stanza attigua. Saluto il Santissimo e vedo, sull'altare, un piccolo recipiente di vetro. Dziwisz mi spiega che si tratta di un reliquiario che contiene le lacrime dell'immagine della Vergine di Siracusa, donato dal vescovo della città siciliana.

Come in tante occasioni precedenti, il papa mi facilita il lavoro. L'aneddoto con il professor Fineschi è significativo del suo atteggiamento, e mi serve per negare la possibilità di un'eventuale dimissione, tema preferito e un po' ossessivo di alcuni colleghi giornalisti in questi giorni. Non mi dice di informare la stampa, ma la libertà e la confidenza con cui mi parla mi permettono di conoscere il suo pensiero e renderlo pubblico.

«Caso Parkinson»
17 maggio 1994

Sul quotidiano madrileno «Diario 16» viene pubblicato un articolo in cui si afferma che il papa da tre anni soffre di Parkinson. Si aggiunge anche che sta assumendo due farmaci per combattere la malattia, e vengono citati i nomi. Come fonti, sono menzionati «un cardinale della Curia» e «la Radio Vaticana». Due giorni dopo, «Il Messaggero» di Roma ripropone il contenuto dell'articolo in una cronaca firmata dal suo corrispondente a Madrid. Mi vedo costretto a intervenire.

Tempo fa, Buzzonetti mi disse che non era Parkinson ciò di cui soffriva il papa. Ora ha cambiato opinione e crede che, da due anni, il Santo Padre ne sia affetto, e che una delle prime manifestazioni sia il leggero tremore che si può osservare alla mano sinistra. Non ha assunto alcun tipo di medicinale, per i possibili effetti collaterali. Alla Segreteria di Stato non sanno nulla.

Buzzonetti mi spiega che un neurologo dell'Università cattolica di Milano ha visitato il papa. Non so quale sia stato l'esito. Mi suggerisce di non essere troppo specifico nella smentita. Parlo, quindi, di un'«informazione irresponsabile», perché non vengono citate fonti che avallino ciò che viene scritto, e nego che il papa stia assumendo i farmaci menzionati nell'articolo.

La notizia esplode con tutta la sua virulenza. Ma prevale la smentita. Devo concedere varie interviste a diversi canali televisivi, radio e qualche giornale.

Il giorno dopo Dziwisz mi dice che ha telefonato a un suo amico medico di Varsavia che sembra conoscere il papa. La versione di quest'uomo è che il tremore alla mano sinistra sarebbe da attribuire all'incidente avuto dal Santo Padre quando era giovane. Sinceramente, con tutto il rispetto, mi sembra un'ipotesi senza fondamento. Il chirurgo Fineschi dichiara in televisione che il papa non ha il Parkinson e l'anestesista Manni fa lo stesso. Ma nessuno dei due è uno specialista in questo campo.

Vedo che alcuni in Vaticano si lasciano influenzare così tanto dall'opinione pubblica che si pongono questo problema solo perché appare sui giornali, e non perché sia effettivamente reale.

Arrivato il fine settimana, i medici decidono che il papa rimarrà in ospedale. Questo sabato non sono andato al Gemelli, ma prima Dziwisz e poi Buzzonetti mi comunicano per telefono che, per ora, rimarrà ricoverato. Hanno deciso, credo giustamente, che per facilitargli il recupero ed evitare il rientro a causa dei controlli periodici, la cosa migliore sia fare ora quegli esami. Dovrà rimanere sette o otto giorni in più, a riposo e inattivo: per lui, che sente il peso e l'urgenza della Chiesa, questa è una nuova croce.

Dziwisz è preoccupato. Cerco di tranquillizzarlo, dicendogli che una volta rasserenata l'opinione pubblica, sarà meglio che lo visiti un bravo specialista.

Rientro in Vaticano
27 maggio 1994

Il Santo Padre torna in Vaticano nel pomeriggio. In mattinata riceve la visita del cardinale Ratzinger, che gli ha portato una copia dell'edizione inglese del *Catechismo della Chiesa Cattolica*, appena pubblicato.

Con Clinton
2 giugno 1994

L'udienza con Clinton si sviluppa nel contesto della costante preoccupazione del papa su diversi aspetti relativi alla famiglia, all'amore umano e alla difesa della vita. Temi che vengono trattati anche nel documento che è stato preparato per la Conferenza dell'ONU sulla popolazione e lo sviluppo, che si terrà al Cairo nel mese di settembre.

Al termine dell'udienza, il papa abbandona la biblioteca appoggiato a un bastone. Chiedo degli argomenti trattati. «Gli ho fatto vedere le responsabilità dell'America e le sue. Dice sempre che è una questione importante, tanto per loro quanto per noi... per il mondo. Almeno, questo è quello che afferma quando si parla con lui. Gli ho detto che negli Stati Uniti c'è una grande maggioranza che non accetta l'aborto. Ci sono gruppi che vogliono imporlo a tutto il paese e avere influenza sulla conferenza del Cairo. Vedremo. Credo che, da parte nostra, dobbiamo continuare a lavorare ancora tanto.»

Mentre il papa era in udienza, ho parlato con Dziwisz, che mi ha detto di averlo visto camminare bene e senza bastone dentro l'appartamento.

Riunione plenaria dei cardinali
13-14 giugno 1994

Il 13 e il 14 giugno ha luogo una riunione plenaria dei cardinali. Partecipano a questo concistoro 114 dei 139 cardinali. Venticinque non sono riusciti a esserci per malattia, vecchiaia o altre ragioni. Re mi chiede di essere presente alle sessioni che si tengono nell'Aula del Sinodo.

Prendo appunti dei diversi interventi e organizzo due briefing informativi. Come al solito, queste riunioni iniziano con la mentalità del «catenaccio»: «Dato che sono questioni private, non è necessario dire nulla alla stampa». Ma visto che in realtà i giornalisti fanno domande, do loro le informazioni che posso, prima che la fantasia prenda il sopravvento sulla realtà. Nel mentre, cerco di convincere i cardinali della necessità di organizzare una conferenza stampa.

Sollevo formalmente la questione in occasione della chiusura del concistoro. Lo dico a Sodano, e a nessun altro, perché non riescono a comprendere l'importanza dell'opinione pubblica. Invito vari cardinali e il segretario del collegio cardinalizio, Mejía. Va bene, perché, grazie agli incontri precedenti fatti con loro, i giornalisti hanno abbondanti informazioni sul tema dibattuto: la preparazione del Giubileo del Terzo Millennio.

Prima cena dopo la caduta
17 giugno 1994

Ho visto spesso il papa durante il suo periodo di recupero, ma oggi è la prima volta che ceno di nuovo con lui. Quando arrivo, lo trovo che cammina sulla terrazza appoggiandosi a un bastone. Il viso non ha recuperato ancora la solita vivacità, e sembra stanco. Deve essergli difficile, abituato com'è a muoversi da solo, dover usare un bastone a causa della protesi. Tutto questo è successo proprio a lui, che deve aprire la strada a tanti, che deve essere sempre in prima fila.

Durante la cena Dziwisz gli suggerisce che, nella sua situazione, sarebbe meglio non celebrasse la messa del 29 giugno a San Pietro: «Essere presente sì, ma non celebrare». Cerco di appoggiare Dziwisz argomentando che non è necessario, che nessuno si aspetta che celebri... Risponde: «Bene, vedremo».

Come sempre, il papa vuole ripassare alcuni temi, nel mio caso tenendo presente anche la dimensione dell'opinione pubblica. Propongo, per cominciare, il concistoro. Il Santo Padre aveva proposto ai cardinali, tra le questioni che si sono trattate durante la riunione, una revisione degli errori commessi dalla Chiesa nel corso della storia. I cardinali hanno suggerito che, in ogni caso, venisse esaminata l'epoca attuale e, più avanti, si trattassero con cautela gli errori dei secoli passati. Questo punto, l'unico che sarebbe potuto sembrare polemico, è stato accolto positivamente dai media, che hanno mostrato un papa più audace dei cardinali stessi.

È contento per il concistoro. Chiede chi fosse il cardinale più anziano tra i presenti e ricorda che lui aveva 47 anni quando fu ordinato cardinale: «Ce n'era uno più giovane di me: Alfred Bengsch, di Berlino, che ne aveva 45».

Dice che il cardinale König, che durante il pranzo gli era seduto di fianco, era stato simpatico e positivo. «Ma poi, soprattutto quando lo intervistano su alcune tematiche, è un po' critico» aggiunge facendo l'occhiolino.

Chiede quali siano le voci che circolano sulla stampa riguardo alla sua malattia e le presunte dimissioni. Gli dico che le speculazioni sulla sua salute, fino a un certo punto, sono inevitabili per una persona che sta in primo piano nell'attualità mondiale da quindici anni. Dziwisz precisa: «Sedici».

Per quanto riguarda le dimissioni, gli dico che poco tempo prima avevo raccontato ai giornalisti due episodi di cui lui stesso era protagonista. Durante l'incontro di qualche anno fa con la stampa estera, aveva risposto a una domanda sulle sue dimissioni con queste parole: «Dovrei trovare un superiore...». E poi il suo recente commento a Fineschi, al Gemelli, sul fatto che «non c'è posto nella Chiesa per un papa emerito». Mi conferma subito: «Sì, mi ricordo di averlo detto».

Parliamo del libro con Messori e di un altro che sta dettando a Ryłko con ricordi di carattere biografico. A tal proposito dice che, essendo nato nel 1920, in piena guerra russo-polacca, se i polacchi non avessero vinto la battaglia chiamata «miracolo della Vistola», tutta la storia successiva sarebbe stata diversa.

Gli dico che, leggendo il memorandum che ha inviato ai cardinali durante il concistoro, mi sono reso conto che è un documento con più progetti che ricordi, in cui «si guarda verso il futuro», una cosa tipica dei giovani. Questa affermazione lo diverte e risponde con umorismo: «Ah, sì? Si è reso conto di questo?», e inizia a scherzare affettuosamente con Thu, il suo segretario di origine vietnamita: «E monsignor Thu verso dove guarda?».

«Io guardo verso il futuro» risponde Thu «e sogno il giorno in cui il Vietnam sarà libero dal comunismo.»

Dico al papa che adesso, dopo un anno così intenso, è tempo di riposare un po'. Annuisce con serenità. Dziwisz approfitta dell'occasione per insistere sul fatto che, proprio per questo, non è necessario che il papa celebri la messa in San Pietro il 29. Lui non aggiunge nulla. È chiaro che non ha ancora deciso.

Dziwisz spiega che il fisioterapista viene tutti i giorni per «insegnargli» a scendere e salire le scale, a inginocchiarsi, ecc. Chiedo al papa se sente dolore. «No, sento solo un po' di fastidio quando cambio posizione.» Infatti, vedo che quando entriamo nella cappella, si china sull'inginocchiatoio, su cui può appoggiarsi, e non sul pavimento, come in altre occasioni.

Per fugare ogni dubbio
11-12 luglio 1994

Questa mattina accompagno il professore Manuel Martínez-Lage a Castel Gandolfo, per verificare se il Santo Padre abbia o meno il Parkinson.

Qualche settimana fa ho parlato con Dziwisz suggerendo che, per togliersi ogni dubbio, sarebbe potuto venire a Roma uno specialista, come lo spagnolo Martínez-Lage, che conoscevo tramite la clinica dell'Università di Navarra, dove a volte facevo controlli medici. Ovviamente si dovrebbe fare con il benestare di Buzzonetti, che conosce il dottor Obeso, un medico che lavora nel dipartimento di Martínez-Lage. Il discorso si è chiuso lì.

La possibilità che venisse uno specialista spagnolo per visitare il papa ha risvegliato gelosie in alcuni, che hanno riferito a Buzzonetti, dato che non conosceva personalmente Martínez-Lage, una serie di falsità su di lui. Buzzonetti, naturalmente, lo ha raccontato a Dziwisz, che mi ha telefonato, dicendomi: «Non lo vogliamo».

Ho pensato che fosse meglio lasciare testimonianza scritta di tutti questi fatti, e nel pomeriggio del 5 luglio ho inviato a Dziwisz un fax in cui, in sintesi, dicevo che le accuse verso quella persona erano semplici calunnie e che, naturalmente, non l'avrei proposto se non fossi stato del tutto sicuro della sua integrità personale e del suo valore professionale. Con parole simili ho informato Buzzonetti.

Dziwisz mi ha risposto dicendo che la data migliore per la visita del medico sarebbe stata la settimana dal 9 al 17 luglio, a eccezione del 13. L'ho comunicato a Martínez-Lage e siamo rimasti d'accordo che sarebbe arrivato il 10 e avrebbe visitato il papa il giorno dopo; cioè oggi.

Lo vado a prendere in hotel e durante il tragitto lo metto al corrente dei sintomi che presenta il papa. Stando alle mie parole, crede sia Parkinson.

Ci riceve Dziwisz: simpatico e cordiale, come sempre. Buzzonetti ci aspetta in una saletta. Ci sediamo tutti e quattro, e Buzzonetti inizia a spiegare la storia clinica: precedenti, pressione alta e farmaci assunti; gli interventi (dopo l'attentato asportazione di 70 centimetri di intestino, e poi l'adenoma, asportazione di 40 centimetri dell'intestino crasso). Una prova con L-DOPA a basso dosaggio: risultati mediopositivi, ecc.

A seguire, visita il papa. È nella sua camera, una stanza molto piccola. Colpiscono le dimensioni ridotte del letto: semplice, con un capezzale modesto, di bronzo dorato. Non c'è nulla di personale, eccetto un dettaglio: un quadro della Vergine di Częstochowa su un mobile e, davanti, una piccola cornice di 6 centimetri per 3, con la fotografia dei suoi genitori. Una sedia. E libri.

Il papa ci riceve in piedi appoggiato al bastone. Martínez-Lage inizia a fargli domande e gli chiede di spiegargli cosa succede. Il papa risponde: «Credo che Dio mi invii questi segnali [le sue malattie] e io cerco di comprenderli». È il suo modo di affrontare tutto questo. Fa riferimento all'attentato. Poi al tremore alla mano. Quando gli chiede del sonno, dice che questa notte ha dormito solo tre ore.

Inizia a visitarlo. Lo aiuto a svestirsi: mi dà il pettorale, l'anello e poi la veste talare. Si toglie le scarpe e si sdraia sul letto. Martínez-Lage procede con il controllo neurologico. Il papa lascia fare. È un controllo completo, di circa mezz'ora. Dziwisz, che era uscito, rientra e mi chiede discretamente se manca ancora tanto. Il papa non dà segni di impazienza, mi pare una cosa sorprendente durante una visita così lunga.

Si rialza e fa qualche passo, come gli viene chiesto. Si siede per l'esame dei movimenti delle mani. Terminato il controllo, Martínez-Lage e Buzzonetti escono dalla stanza accompagnati da Dziwisz.

Rimango per aiutarlo a vestirsi. Mi dice che dopo l'intervento della protesi non riesce più a infilarsi le calze. Quando inizio a mettergliele, mi ferma: «No, ora mi darà una mano suor Tobiana...». Ma dico: «Santo Padre, mi lasci metterle le calze almeno una volta nella vita...». Sorride e mi lascia fare. Una volta finito, rientra Dziwisz.

Ritorniamo nella sala. Martínez-Lage conferma la diagnosi di Parkinson. Si parla di varie possibilità terapeutiche: trattamento farmacologico e chirurgia stereotassica. Dziwisz ascolta con attenzione. Arriva il Santo Padre. Martínez-Lage comunica al papa, in spagnolo, con grande delicatezza, che soffre di Parkinson, in forma lieve. Traduco le parole in italiano. Il papa alza le mani in aria per mostrare il tremore. È sereno e serio.

Martínez-Lage gli spiega le due possibilità: una terapeutica e un'altra chirurgica. Il papa ascolta con attenzione, senza dire una parola. Ringrazia i medici per la loro presenza e se ne va. Riceve in questo modo la dolorosa conferma del suo stato di salute.

Dziwisz e io continuiamo a parlare. Anche se non sembra, è abbastanza preoccupato dalla diagnosi. Chiede tutti i particolari: probabile evoluzione, trattamenti, soprattutto quello chirurgico, se vi siano dubbi sull'anamnesi... La cura del papa dipende da lui, e si prepara per farsi completamente carico della situazione. Alla fine, prima di fare un'altra domanda, dice: «Datemi una qualche consolazione», come se chiedesse che tra tante brutte notizie, almeno, ce ne fosse una buona.

Martínez-Lage gli spiega, di nuovo, che è una forma lieve, e che, se in due anni di avanzamento non compariranno tremori né nella gamba né nell'altro braccio, sarà un segnale molto positivo. L'intervento chirurgico si potrebbe fare tra cinque anni per evitare gli effetti collaterali dei farmaci con L-DOPA. Queste parole sembrano sollevare un po' Dziwisz. Anche se per lui la notizia è stata molto dura, non perde mai la calma.

Per quella mattina non vediamo più il papa. È in giardino. Stiliamo il programma per il giorno seguente: una visita diagnostica che consiste nella somministrazione di 500 mg di L-DOPA, controllando la reazione del paziente ogni ora, a partire dalle nove e un quarto. Dziwisz ci accompagna verso l'uscita. Buzzonetti mi chiede se posso passare a prenderlo l'indomani per andare insieme, perché non ha la macchina.

Pranzo con Martínez-Lage e parliamo di quanto siano eccezionali i momenti che abbiamo vissuto.

12 luglio. La mattina presto prelevo Martínez-Lage all'hotel e passiamo a prendere Buzzonetti. Arriviamo in anticipo a Castel Gandolfo e beviamo un caffè nell'unico ristorante aperto vicino al lago. Dziwisz ci riceve all'ora convenuta. Dice che il papa durante la colazione ha assunto la dose prescritta e non ha manifestato intolleranze gastriche. Alle nove e un quarto Martínez-Lage e Buzzonetti si recano nella stanza del papa. Quando escono, Martínez-Lage dice che la reazione è stata eccellente: il tremore è sparito. Il papa era sdraiato sul letto, vestito. Non ha avuto nausea né vertigini: riferisce solo una lieve sensazione di malessere alla testa.

Quando Martínez-Lage gli mostra che il tremore è sparito, il papa dice: «Grazie a Dio». Non c'è neanche traccia della rigidezza al braccio. Chiede a Manolo della sua famiglia, si interessa dei suoi figli.

Una volta finito, Dziwisz ci offre un caffè servito da suor Tobiana. Si parla di un po' di tutto, con più leggerezza di ieri. Alle dieci e un quarto si ripete la visita al papa: il test segue il suo corso e a quel punto riappare un po' di tremore, come era previsto, così come anche un'ora più tardi. Poi, il Santo Padre fa una breve passeggiata nel giardino.

Dziwisz mostra a Martínez-Lage alcune dipendenze di Castel Gandolfo e parte del parco. Recitiamo l'*Angelus* vicino all'immagine della Vergine. Dziwisz dice che il papa la saluta ogni giorno. Ci avviciniamo alla zona in cui il Santo Padre sta leggendo: Martínez-Lage chiede e lui risponde che sta bene, anche se ha ancora un po' di vertigini. Vuole sapere se oggi può nuotare: Martínez-Lage dice che nel pomeriggio può farlo senza problemi.

Poi parlo con il papa riguardo al libro di Messori e chiedo che scriva la prima pagina in polacco. Quel testo verrà riprodotto nella sovraccoperta. L'idea gli piace.* Dice che Tadeusz gli ha suggerito di introdurre una piccola variante in una domanda. Rispondo che c'è tutto il tempo per cambiare ciò che vuole.

* Effettivamente, ricevetti quella pagina due giorni dopo.

Iniziamo a mangiare. Il Santo Padre è di buon umore come sempre: appoggia ancora la mano sinistra sotto il mento, un gesto che ha adottato in questi anni per nascondere il tremore. Speriamo che non debba farlo più!

In onore dell'ospite, ricorda i suoi viaggi in Spagna: Asturie, Madrid, Siviglia. Il Santo Padre oggi mangia con appetito e ci dice anche che questa notte ha riposato bene, a fine pasto saluta con affetto Martínez-Lage, regalandogli alcuni rosari per la moglie e i figli.

Per la prima volta al telefono
29 luglio 1994

Mi telefona Dziwisz da Castel Gandolfo. Dice che mi stanno cercando e che il mio cercapersone non funziona. Vuole farmi gli auguri per il mio onomastico. Mentre parliamo, mi chiede di aspettare un momento. Passa qualche minuto e… sento la voce del papa: «Buona sera, come sta?».

Mi emoziono. Gli rispondo che sto bene e gli chiedo come si sente. «Così così» mi risponde. Gli dico che l'ho visto durante l'udienza generale e dava l'impressione di stare bene. «Sì, sono le apparenze.» Chiaramente, non si è rimesso del tutto.

Vuol sapere del libro di Messori: dico che ci sono buone notizie, vorrebbero una traduzione in arabo. Si rallegra: «Ah, vedi. Allora deve venire a raccontarci».

Chiede quando sono rientrato a Roma. Gli rispondo e aggiungo che molte persone mi hanno detto che pregano per lui. Ringrazia con voce tranquilla. Dopo pochi secondi, ci salutiamo: «Sia lodato Gesù Cristo». È la prima volta che parlo al telefono con il papa. Sembra stanco. Ma per sapere come sta ho bisogno di vederlo di persona.

XXI

«Uomo dell'anno»

(1994)

In Valle d'Aosta
agosto 1994

Quando arriviamo a Les Combes sta piovendo; c'è quindi un certo disordine al momento di salutare le persone che si sono riunite per accogliere il Santo Padre. Con lui ci siamo io, Dziwisz e Tadeusz, insieme ad Angelo e Cibin. Incontriamo anche le stesse persone degli anni scorsi: Alberto Cerise, «guida ambientale», e don Alberto.

Quest'anno le passeggiate sono molto più brevi perché il papa cammina con difficoltà. Non sente male, ma accusa una curiosa disabilità funzionale, che cambia di giorno in giorno, e perfino in momenti diversi della stessa giornata. Questo fatto gli produce una sorta di blocco psicologico, come un'insicurezza, che conferma quando, in risposta a una domanda, mi dice: «Sento come se fosse tutto fuori posto...». Fa grandi sforzi per camminare, con il desiderio di superare questa difficoltà.

18 agosto. Stamattina, durante l'escursione, ho avuto una lunga conversazione con il papa, durante la quale siamo passati da un tema all'altro. In questi momenti vorrei poter fermare il tempo.

«Al giorno d'oggi,» mi dice «molti popoli hanno recuperato la propria libertà, soprattutto le nazioni centroeuropee nate dopo la prima guerra mondiale, come la Polonia, la Cecoslovacchia, l'Ungheria, quella attuale non quella dell'impero austro-ungarico, e i paesi baltici. Durante la seconda guerra mondiale questi popoli hanno recuperato la loro identità liberandosi del giogo dello Stato, ma sono caduti sotto un altro ancora più terribile, brutale e forte. Da un lato, Hitler; dall'altro, Stalin. E per la prima volta nella storia si sono costituiti come nazioni i popoli dell'Ucraina, della Bielorussia, del Caucaso e dell'Asia.»

Sentendolo parlare della Russia, dico che sarebbe una grande cosa che potesse incontrare il patriarca di Mosca, Alessio, durante il suo viaggio a Sarajevo.

«Sarebbe bello» risponde «che ci vedessimo in quel contesto, ma non è l'unico luogo in cui farlo, perché credo che per lui sia complicato incontrare il papa dei cattolici in assenza di Pavle, il patriarca dei serbi.[1] Sembra che i musulmani non vogliano che Pavle sia presente, perché dicono che non ha condannato gli errori dei suoi compatrioti, cosa non del tutto vera, visto che qualcosa ha fatto. Ha ricordato, per esempio, l'esistenza di un ordine morale, dinnanzi alle conquiste belliche.»

Mi chiede se il congresso celebrato a Castel Gandolfo abbia suscitato un qualche interesse all'estero. Si vede che a lui è piaciuto. Si riferisce alle giornate estive che organizza, con l'aiuto di Tadeusz, per rimanere aggiornato su questioni filosofiche e di altre discipline.

«Il tema è stato molto interessante per gli spunti inziali di Ricœur,[2] che ha parlato della memoria come elemento costituente dell'identità personale e nazionale di un popolo. Questo ha influenzato tutto ciò che è stato detto dopo, soprattutto le analisi storiche fatte sull'America, la Germania, la Polonia e la Russia...»

«Santo Padre,» dico «una domanda un po' personale: queste riunioni le servono per apprendere nuove cose o per confermare intuizioni che ha già?»

«Non mi servono tanto per imparare, quanto per confermare alcune idee» mi risponde senza esitare. «Quando mi riunisco con i fisici, non apprendo molto da loro, perché hanno un sapere molto specializzato: ma inizio a familiarizzare con una determinata terminologia, una categoria, un linguaggio.»

«E per quanto riguarda l'ambito del pensiero filosofico e umanistico?»

«In quelle riunioni non sono un mero ascoltatore, perché ho lavorato in quel campo, soprattutto nell'area della filosofia. Mi sono occupato, nello specifico, della questione della persona, che porta con sé molti altri aspetti, principalmente di carattere etico.»

Parliamo del libro intervista *Varcare la soglia della speranza*, scritto con Vittorio Messori, che uscirà a ottobre. «Non sarei molto ottimista al riguardo, ma chi lo ha letto dice che potrebbe essere utile.» Gli confermo che può essere molto interessante anche per il grande pubblico, perché ha un linguaggio più accessibile.

Sul prossimo sinodo, dedicato alla vita religiosa, mi dice che «sarà importante: forse il più importante di tutti. Il mondo religioso si trova in una situazione difficile. Ma la crisi ha anche un risvolto positivo, perché stanno sorgendo nuove forme di vita consacrata».

Continuiamo a camminare in silenzio. Gli chiedo se si è portato altro lavoro per questi giorni in montagna.

«Devo preparare il discorso di apertura per Sarajevo. È molto importante. E dopo, quello delle Nazioni Unite, anche se c'è ancora tempo.»

Parliamo per un po'. Mentre chiacchieriamo, cammina bene. Gli dico: «Quando il papa si dimentica di aver avuto un intervento all'anca, cammina molto bene; quando invece se ne ricorda, un po' meno». La battuta gli piace e ride di gusto.

«Guardi… non mi ricordo sempre di come cammino. Ma non posso dimenticarmene, perché vedo come camminano gli altri. E mi ricordo anche come camminavo io fino all'anno scorso!» e ride.

Dal punto di vista meccanico, è già guarito, gli dico. Ora deve accettarlo nella propria vita.

«Questo è più difficile. L'anno scorso, dopo l'operazione all'addome, si è risolto tutto: un po' di digiuno, e ho iniziato subito a recuperare le forze. Non c'è stato nessun problema. Un mese dopo l'operazione siamo venuti a Lorenzago e camminavo come sempre. Ora, dopo tre mesi, ancora non riesco.»

Riesamina il tempo trascorso dall'ultima estate e il futuro che lo attende: «Senza dubbio abbiamo vissuto momenti decisivi. E adesso Sarajevo. Dobbiamo anche pubblicare la lettera per la preparazione dell'anno 2000, della quale ho già parlato con i cardinali. I lavori per il documento sul valore della vita umana sono a buon punto. Ma dovranno aspettare ancora un po', perché stiamo lavorando anche su uno scritto ecumenico. Forse sarà un'enciclica: vedremo».[3]

In seguito, si parla dell'incontro dei giovani a Denver. Ripeto ciò che ho già detto in altre occasioni, che alcune cose si spiegano solo perché «c'è il papa». Senza la sua presenza sarebbe impensabile l'incontro di quasi un milione di persone.

«Sì, certo. Si può dire che il carisma petrino sia in qualche modo inscritto nella Chiesa e, attraverso la Chiesa, anche al di fuori di essa. Come ricorda il Vaticano II nella *Lumen Gentium*, la Chiesa siamo tutti. Ci sono tre cerchi: coloro che vi appartengono formalmente, in maniera sacra; gli altri cristiani, e poi tutti gli uomini di buona volontà.»

20 agosto. Tempo magnifico: sole tutti i giorni e caldo. Oggi, durante l'escursione, abbiamo parlato a lungo, come al solito. Questa volta, ragionando sulla grazia di Dio.

«I protestanti dicono che la volontà dell'uomo sia così tanto corrotta che è incapace di agire da sola. C'è solo grazia. Ma, in realtà, la volontà non è così corrotta, può fare ancora molto. È una forma di pessimismo, che si può osservare nel rapporto del Consiglio mondiale delle Chiese sul tema della Conferenza del Cairo. Dicono che la posizione della Santa Sede, della Chiesa cattolica, sia troppo aggressiva.»

Aggiungo che la Riforma, che voleva proteggere l'autonomia e la libertà dell'uomo davanti alla Chiesa, ha finito per sviluppare un'antropologia pessimista, con un uomo che non è capace di eroismo con l'aiuto della grazia. Paradossalmente, al giorno d'oggi, ci sono luterani svedesi che ascoltano il papa con attenzione.

«Sì, uno dei viaggi migliori fu quello fatto nei paesi scandinavi; quel clima si sviluppò in gran parte in Svezia, e anche in Danimarca, soprattutto grazie alla popolazione. La regina fu molto gentile. Successe qualcosa di simile anche in Norvegia. Ricordo che, a Trondheim, i vescovi che attendevano alla porta della cattedrale mi dissero: "Sono secoli che aspettiamo!".

«Di recente, un vescovo luterano svedese ha detto: "Roma è nostra madre!". Questa frase è più difficile sentirla da un luterano tedesco. È la patria di Lutero. Così come la Svezia è la patria di Zwingli e Calvino. E ciò influisce sulla mentalità dei cattolici di quei paesi. Si può osservare, per esempio, nelle proteste avute dopo la pubblicazione del testo sull'ordinazione sacerdotale delle donne.»[4]

Gli dico che senza la chiarezza fatta da alcune delle sue encicliche e altri documenti si continuerebbe su un sentiero che ci porterebbe al soggettivismo totale.

«Si arriverebbe a un'incertezza piena,» commenta «a una situazione nella quale i sacerdoti potrebbero dire: non sappiamo nemmeno quale sarà il nostro futuro. Forse ci succederebbe la stessa cosa della Comunione anglicana in Inghilterra. Questo per quanto riguarda la parte europea del mondo, dove ci sono determinate polemiche. In altri luoghi è diverso.»

A questo punto del cammino, il papa, un po' per scherzo e un po' seriamente, inizia a fare alcuni esercizi con la gamba operata. Sono quelli che io stesso gli avevo insegnato il giorno prima.

Rientro dal Cairo
16 settembre 1994

Il Cairo, Conferenza internazionale sulla popolazione e lo sviluppo (ICPD), dal 3 al 14. Io non facevo parte della delegazione iniziale, e non mi era neanche passata per la testa la possibilità di presenziare. Ma la pressione dell'opinione pubblica si è fatta sempre più forte perché il papa aveva mobilitato tutta la Chiesa: vescovi, nunziature....

Prima di partire per la Valle d'Aosta, si è tenuta una riunione preparatoria alla Conferenza, nella Segreteria di Stato. In quell'occasione, davanti allo scenario che si stava profilando, ho avvisato che ci sarebbe stato bisogno di qualcuno che si facesse carico dell'opinione pubblica, perché la Santa Sede si presentava al Cairo come la «stella» della Conferenza. Mi hanno guardato chiedendo: «E non potresti andare tu?». Ho risposto che avevo in programma un viaggio con il papa in Croazia e poi un altro a Sarajevo, molto delicato.

Ho organizzato un briefing per condividere il punto di vista della Santa Sede in vista della Conferenza, e il «New York Times» ha pubblicato un articolo in prima pagina. Ero spacciato: monsignor Renato Raffaele Martino,[5] capo della delegazione, da New York ha chiesto a Sodano che si prendesse cura del papa. Dziwisz mi ha comunicato quindi di prepararmi per andare al Cairo. Ma prima c'era la pausa in montagna. Allora per scherzo ho detto al Santo Padre che, se mi avesse mandato al Cairo, sarebbe stato perché non voleva che lo accompagnassi a Sarajevo.[6]

Di rientro a Roma, dopo la pausa in Valle d'Aosta, organizzo un secondo briefing sul tema, durante il quale faccio un riferimento al vicepresidente degli Stati Uniti, Al Gore, che provoca non poche polemiche. Mi limito a dire che le sue dichiarazioni sul fatto che «gli Stati Uniti non hanno cercato, non cercano e non cercheranno di stabilire un diritto internazionale all'aborto» contraddicono il progetto del documento sulla popolazione, che vede gli Stati Uniti come principale patrocinatore.

In quei giorni pubblico un articolo per spiegare la posizione critica della Santa Sede nei confronti della bozza del documento della Conferenza (sul quale c'era un'ampia mancanza di consenso). Sottolineo gli aspetti positivi del testo, nonostante siano affermazioni generiche, poco pratiche. Evidenzio che la Chiesa cattolica, «con le sue 21.575 istituzioni sanitarie in tutto il mondo, di cui 1800 in Africa, ha realizzato, in quantità e qualità, ciò che nessun paese o istituzione sovranazionale sono stati capaci di fare per la salute della donna, dei bambini e per la diffusione della paternità responsabile in luoghi e paesi dove le effettive circostanze sociali e familiari lo richiedono».

La critica si concentra sui capitoli 7 e 8 del documento, in cui si trovano le espressioni «salute riproduttiva» e «salute sessuale», due concetti ambigui, non approvati da nessun organismo internazionale, che costituiscono il nucleo delle idee che si cercherà di far approvare al Cairo.

Tra i metodi per promuovere la «salute riproduttiva» si cita la «regolazione della fertilità», che include l'aborto. Si propone quindi l'aborto come una componente essenziale della «salute riproduttiva». Di conseguenza, ogni volta che nel testo appare l'espressione «salute riproduttiva», assume il significato di «diritto all'aborto sicuro, efficace, accessibile e accettabile». Per «accessibile» si intende che i governi dovrebbero sovvenzionare l'aborto, senza più limitazioni se non la decisione individuale. In definitiva, l'aborto discrezionale senza i limiti imposti dalla legislazione attuale.

Nello stesso capitolo si propone che l'aborto, accessibile «a tutti gli individui di qualsiasi età», quindi anche alle adolescenti, garantisca «il diritto alla riservatezza e alla confidenzialità». Verrebbe così meno il diritto dei genitori e della famiglia di essere informati prima che si pratichi un aborto su minorenni.

Ma, nel documento, ciò che è ancora più ripugnante è la considerazione dell'aborto come dimensione essenziale delle politiche della salute, tanto a livello nazionale come internazionale. Ciò che un gran numero di delegazioni nazionali rifiutano è l'idea che l'aborto sia proposto come una parte importante delle politiche internazionali dello sviluppo. Alla base di un'idea di questo tipo sembra ci sia una concezione neocoloniale della relazione tra i paesi ricchi e quelli poveri.

Ricordo che nella precedente Conferenza sulla popolazione organizzata dall'ONU (Messico, 1984), la comunità internazionale firmò solennemente la clausola per la quale «in nessun caso l'aborto dovrà essere promosso come un metodo di pianificazione familiare». Ora, per l'insistenza di alcuni paesi occidentali, quella stessa affermazione non è stata approvata. Il presidente Clinton ha detto che negli Stati Uniti l'aborto sovvenzionato con fondi federali non sarà un metodo di controllo familiare. Nonostante ciò, questa stessa affermazione appare tra parentesi nel documento che sarà presentato al Cairo.

Va anche sottolineato che in un documento sullo sviluppo che consta di 113 pagine solo sette sono dedicate allo sviluppo, mentre sono ripetuti più di cento volte i concetti di «salute riproduttiva» e «salute sessuale».

Il 1° settembre parto per Il Cairo con Martino. Fino a ora, è stato uno dei periodi più stancanti e faticosi del mio lavoro presso la Santa Sede.

La grandezza di Ratzinger
19 ottobre 1994

Presentazione a Milano del libro intervista del papa, *Varcare la soglia della speranza*, frutto di quell'intervista televisiva mai fatta. Giornata intensa. Conferenza stampa con Vittorio Messori e l'editore, Leonardo Mondadori, alle tre del pomeriggio, davanti a circa duecento giornalisti e fotografi. Alle sei, la presentazione ufficiale, con la presidente della Camera Irene Pivetti e il cardinale Ratzinger, insieme a circa quattrocento invitati.

Verso le dieci e mezza di sera rientriamo a Roma con il piccolo aereo istituzionale della presidente Pivetti. Confermo, ancora una volta, la qualità spirituale di Ratzinger. Per lui, è stata una vera e propria sfacchinata; malgrado non avesse tempo, quando dieci giorni fa mi sono permesso di dirgli ciò che avrebbe dovuto fare, dato che era il libro del papa, ha accettato nonostante le difficoltà. Oggi ci ha dedicato il pomeriggio. In aereo, si è quasi addormentato.

Il bastone
22 ottobre 1994

Ceno con il Santo Padre. Con lui c'è solo Dziwisz. Credo che Thu sia fuori. Scherza, come sempre, prima di iniziare a mangiare. In questa occasione il motivo è il bastone «per cui ringraziamo il dottor Navarro». E poi ci dimostra che riesce a camminare anche senza.

Il bastone ha una piccola storia. Il papa ne aveva uno di legno marroncino, che non mi piaceva per niente. Quest'estate, in montagna, mentre il Santo Padre riposava, l'ho misurato; di rientro a Roma, gli ho comprato un bastone nero, di legno di ebano, con un'impugnatura semplice, e l'ho inviato a Castel Gandolfo. Gli è piaciuto molto, ed è quello che usa ora.

Durante la cena si parla della presentazione e delle reazioni al libro intervista *Varcare la soglia della speranza*. «Ratzinger mi ha mostrato il testo che aveva preparato: è splendido» dice il papa. Si passa poi ad altri temi. Per esempio, lo informo di una sua biografia apparsa in Francia, di cui non sapevo nulla. Ma è un'altra questione a preoccuparmi: un paio di giorni fa ho letto il programma del viaggio che farà a gennaio nelle Filippine, in Australia e in altri paesi, e mi è sembrato tremendo. Gli dico che sarebbe meglio accorciarlo, che dieci giorni sono molto lunghi; lui risponde che ci sono tre beatificazioni e che la difficoltà sarà solamente con i fusi orari...

Uscendo dalla cappella, dopo cena, ricorda che siamo «all'inizio del diciassettesimo anno del pontificato. Con l'aiuto di Dio e della Vergine. Prima, l'attentato: dicono che venisse dall'Est. Ma ora ci sono difficoltà che vengono dall'Ovest, Il Cairo per esempio. Bisogna già iniziare a lavorare sulla Conferenza internazionale della donna. Mi dicono che non ci sono interessi economici (come per Il Cairo). Ma c'erano interessi economici anche in occasione dell'*Humanae Vitae*».

Gli faccio presente che a dicembre termina il mio secondo quinquennio nella sala stampa e che dovrebbe iniziare a pensare a una sostituzione. «Non si preoccupi» mi risponde con un sorriso.

Prima di andarmene, mi dedica una copia italiana di *Varcare la soglia della speranza*: «Per il Dott. Joaquín Navarro-Valls, con gratitudine». Durante la cena sembrava stanco. Dziwisz mi dice: «Oggi è stata una giornata molto intensa, e con te non deve sforzarsi di nasconderlo». Mi sento onorato e, allo stesso tempo, preoccupato.

Uno scoop
6 novembre 1994

Sono stato a casa di Wilton Wynn. Mi ha detto che doveva darmi uno scoop. Ed effettivamente così è stato: il «Time» ha deciso di designare Giovanni Paolo II «Man of the Year», per la sua lotta nel porre le fondamenta di un ordine morale al nostro tempo.

Wilton mi chiede un'intervista con il papa e che il corrispondente a Parigi, incaricato dell'iniziativa, possa assistere alla messa con il Santo Padre. Alla riunione c'è anche Greg Burke, corrispondente per il «Time» a Roma. Vedremo.

Domande su «The Man of the Year»
19 novembre 1994

Il papa entra scherzando: «Questo papa zoppicante...». Scherzo anch'io dicendo che i vescovi e i papi hanno sempre avuto il bastone; che in origine serviva per appoggiarsi e che poi è rimasto come elemento cerimoniale... Lo trova divertente.

A cena gli racconto l'iniziativa del «Time» per designarlo «Man of the Year». Gli spiego il significato e che solo un papa ha ricevuto questo onore: Giovanni XXIII nel 1962. Guardiamo la lista dei premiati dal «Time» durante la storia. Si stupisce che ci sia anche Hitler. Gli spiego che il criterio del «Time» per l'assegnazione tiene in conto tutti i fattori, buoni e cattivi. Gli spiego l'importanza di questo riconoscimento in tutto il mondo[7] e anche il fatto che non mancheranno le polemiche e le critiche. Dico che mi hanno inviato alcune domande, anche se ho dubbi su quanto convenga darvi risposta. Alla fine, è lui che me le chiede: «Guardando le domande si comprendono le motivazioni».

Poi si interessa su come sia andata la presentazione della lettera apostolica sull'anno 2000 (*Tertio Millennio Adveniente*). Gli dico che i giornalisti hanno concentrato la loro attenzione sull'idea dell'esame di coscienza della Chiesa, del chiedere perdono. Afferma che non può essere il leitmotiv della preparazione, ma aggiunge anche che senza questo senso del peccato «non si può pregare, non si può andare a messa». Non so quando gli sia venuta l'idea del chiedere perdono, ma è chiaro che è un tema che sta maturando da tempo.

Un po' prima di cena, Dziwisz mi prende da parte e mi dice che sono giunte al papa alcune lamentele per la scelta degli editori per la pubblicazione del libro intervista. Gli spiego che se il libro ha raggiunto una tale diffusione è perché è entrato in altri circuiti, dato che è stato affidato a editori commerciali e non specificamente cattolici. Lui comprende ma, per evitare che qualcuno si senta offeso, crede non sia il momento che il papa riceva in udienza un gruppo di editori stranieri, cosa che avevo suggerito io.

La salute del papa
2 dicembre 1994

Stamattina ho parlato con Dziwisz dello stato di salute del Santo Padre. Gli dico che sono preoccupato. Mi sembra che il Parkinson stia progredendo e mi chiedo se stiamo facendo tutto il possibile per prestargli cure mediche. Suggerisco che forse è il momento di un consulto internazionale per chiarire definitivamente la diagnosi, per orientarci poi verso la terapia adeguata e, se la malattia progredisse nonostante tutto, accettare pienamente la volontà di Dio.

Dziwisz mi chiede quale sia il sintomo per me più evidente. A mio giudizio, la *facies* inespressiva del papa in alcuni momenti è un segnale molto chiaro. Lui mi dice che non è sicuro sia Parkinson, che un medico (ha detto il nome, ma non lo conoscevo) sostiene che, se si tratta di Parkinson, è in forma molto lieve. Stanisław è preoccupato dalla situazione, dice che è la croce che portiamo noi che siamo vicini al papa, ma che il trattamento con L-DOPA assunto quest'estate ha prodotto molti effetti collaterali: il papa stava male. Non che dubiti della capacità di Martínez-Lage, ma non è convinto che sia Parkinson.

Rispondo che tutto ciò è una ragione in più per chiedere, sotto il controllo di Buzzonetti, un consulto internazionale e chiarire la diagnosi e l'orientamento terapeutico. Lo vedo molto turbato. Gli chiedo di perdonarmi, ma è un argomento di cui non posso parlare con nessuno. «Quindi lo scarichi tutto su di me...» mi dice, e me ne dispiaccio perché, in effetti, chi soffre di più è lui.

Questa conversazione ha luogo mentre il papa è in biblioteca e riceve il presidente della Lituania, Algirdas Brazauskas. Alla fine dell'udienza saluto il Santo Padre. Mi dice che il dialogo ha coperto la storia lituana: hanno compreso la differenza tra la dominazione russa e il periodo in cui erano federati con la Polonia. Poi mi dice di nuovo: «Vede, il papa sempre zoppicando...».

Il suo claudicare è evidente. Inoltre ha il mignolo della mano destra fasciato in seguito a un piccolo incidente: il 27, prima della messa con i nuovi cardinali, Thu ha chiuso la portiera della macchina senza rendersene conto. Conseguenza: una ferita, perdita dell'unghia e frattura della falange.

Senza intervista
3 dicembre 1994

Ho parlato varie volte con Tom Sancton, corrispondente del «Time» a Parigi e incaricato dell'iniziativa «Man of the Year». L'ultima, durante un pranzo di varie ore a casa di Wilton. È un progetto che merita, ma con qualche rischio: credo che il lavoro del «Time» sarà positivo anche se non mancheranno alcune ombre.

Il papa preferisce non fare nulla che dia l'impressione di appoggiare l'iniziativa. Per questa ragione, sebbene si sia tenuto le domande, decide che non risponderà. Comunico a quelli del «Time» la nostra intenzione. Ovviamente, a loro sarebbe piaciuto intervistare il papa, come qualsiasi altro personaggio pubblico a cui viene concesso questo riconoscimento. Ne invito cinque all'udienza generale di mercoledì, sono arrivati dalla sede centrale di New York anche il managing editor e una redattrice.

7 dicembre. Informo Dziwisz che quelli del «Time» saranno presenti all'udienza. Mi chiama per dirmi che il papa li saluterà alla fine e mi chiede che sia io ad accompagnarli. Effettivamente, il Santo Padre li riceve in una saletta e si mostra molto affabile: ringrazia per la scelta e scherza sul fatto che il «Time» in passato abbia eletto «Man of the Year» Stalin e Hitler. Sancton approfitta per cercare di ottenere qualche dichiarazione. Io mi sento solidale e chiedo quale sia la base comune quando nei suoi testi parla di etica sociale ed etica individuale: «la persona» risponde subito il papa. Si scattano alcune fotografie. Quella sera ceniamo insieme, e si uniscono a noi anche Wilton Wynn e Greg Burke.

La copertina a faccia in giù
19 dicembre 1994

Trascorro qualche giorno in Spagna. Tengo un convegno riguardo al Cairo nella sala conferenze di Cajamurcia. C'è molta gente. Poi, ripetizione sintetica nel casinò di Cartagena, la mia città natale.

In questi giorni muore mia zia Amelia, un vero personaggio. La mattina ero con lei a chiacchierare e ridere. La sera è entrata in coma ed è morta due giorni dopo. Sono sicuro sia in cielo. Ha chiesto di essere ammessa all'Opus Dei quando aveva già 79 o 80 anni. E non ha mai perso l'allegria né lo spirito apostolico.

In questi giorni Dziwisz mi ha chiamato per andare a cena con il Santo Padre. Al mio rientro gli telefono e mi dice di andare la sera stessa. Ci siamo io, il papa e i due segretari. Sembra che non ci sia un tema: vuole fare un ripasso generale di una serie di argomenti che a volte suggerisce lui e altre volte scaturiscono dalla conversazione. Zoppica. Si appoggia al bastone. Ma il viso oggi è normale. Arriva più tardi, alle otto meno dieci, perché stava sbrigando alcune cose con Sodano.

Una volta seduti a tavola, consegno una copia del «Time» al papa. Dà un'occhiata, senza soffermarsi troppo. Probabilmente lo leggerà più tardi, con calma. Sulla copertina c'è una sua magnifica fotopittura, un primo piano dall'espressione un po' ironica. La lascia sul tavolo, ma con la copertina a faccia in giù. Allora gli chiedo: «Santo Padre, non le piace la fotografia?». Risponde con un sorriso: «No, anzi, forse mi piace troppo». Nella conversazione che segue ricorda le persone che sono venute a trovarlo durante la preparazione dell'articolo.

Parliamo del viaggio a Manila: «Alcuni dicono che questo viaggio non si dovrebbe fare per tre motivi: cambio di fuso orario, clima caldo e distanza». Dice queste parole, e credo che lanci il discorso per vedere come reagiamo. Penso che il viaggio si debba fare, ma bisogna prepararsi. Prepararsi riposando a Castel Gandolfo. Facendo esercizio fisico, dormendo un po' di più... «Forse bisognerà tornare in piscina» dice lui. Io insisto sul fatto che è importante stancare il corpo. Gli spiego che quell'esercizio fisico moderato va bene.

Si parla di *Varcare la soglia della speranza*. Sa che siamo già a un milione di copie vendute in Italia. Gli dicono che iniziano ad arrivare lettere da persone che ringraziano per le sue parole. Gliene leggo una arrivata in ufficio da un uomo di Torino che dice di avere «ringiovanito» la sua fede grazie a quella lettura.

Entriamo nella cappella. Prega per un tempo abbastanza lungo. E, una volta fuori, dice: «Se queste cose aiutano...», riferendosi al «Time» e a chi lo leggerà. Gli spiego che serve come una specie di *praeambula fidei*, che può agevolare il cammino verso la fede. Prima di andarmene, scherziamo ancora e, una volta uscito, penso che almeno stasera sono stato in grado di farlo ridere un po'.

XXXII
Mio padre e il papa
(1995)

Novità mediche
11 gennaio 1995

Tre giorni fa, Dziwisz mi ha chiamato a casa per chiedermi: «Ti ricordi dove hai comprato il bastone?». E mi ha svelato la storia dietro quella domanda. Qualcuno aveva osservato che il bastone del papa era un po' lungo, quindi l'avevano accorciato. Ma, quando il Santo Padre lo aveva provato, si erano accorti che era troppo corto. Così ho passato due giorni cercandone un altro identico per tutta Roma. Grazie a Dio, l'ho trovato e ieri pomeriggio l'ho portato all'appartamento pontificio.

Mi sono informato riguardo allo stato di salute del papa. Dziwisz ha detto che in questi giorni lo ha visitato un medico svizzero, per vedere come stesse assimilando la protesi. Per fortuna, va tutto bene: bisogna solo aver pazienza. Un altro specialista ha confermato che è tutto a posto anche dal punto di vista meccanico. L'unica cosa è che ora ha imparato a camminare a piccoli passi e deve riprendere un'andatura normale. Non ci sono problemi di biocompatibilità, perché non è stato inserito cemento nella protesi. Ha consigliato di smettere la fisioterapia. Queste parole di Dziwisz mi hanno tranquillizzato un po', perché credevo potesse trattarsi di una reazione di rigetto della protesi.

È arrivato da Londra un neurologo ebreo esperto di Parkinson. Ha confermato la diagnosi: ne soffre in forma lieve. Si raccomanda, per ora, di sospendere la terapia farmacologica e di riprenderla più avanti in dosi minori. Dziwisz mi ha detto che le dosi che assumeva l'estate scorsa davano importanti effetti collaterali come stanchezza e deperimento. Ho chiesto se quel deperimento si manifestasse con una riduzione di interesse, insonnia, mancanza di appetito, minor socievolezza, ecc. Nulla di tutto ciò. Anche se ho visto meglio il papa, continuo a essere preoccupato per il tremore della mano sinistra, soprattutto durante la celebrazione della messa e le preghiere.

Filippine, Papua Nuova Guinea, Sri Lanka e Australia
22 gennaio 1995

Ieri notte, dopo tredici ore di volo, siamo rientrati dal viaggio, abbastanza impegnativo, a Manila, Port Moresby, Colombo e Sydney. Il papa è contento, nonostante la fatica.

Siamo partiti da Roma lo scorso 11 gennaio. All'inizio del volo, in serata, sono andato da lui per chiedergli se volesse salutare i giornalisti. Non ho dovuto insistere molto: è arrivato subito. Ha scherzato con loro («Come vedete, ho il bastone e il bastone si usa per dare bastonate a chi non si comporta bene, forse anche a qualche giornalista...»). Ha fatto riferimento al suo deficit motorio parlando di difficoltà «psicofisiche», una visione più ampia del problema.

A Manila, dove si è celebrata la X Giornata mondiale della gioventù, la presenza è stata straordinaria. Alla messa del 15 gennaio vi erano talmente tante persone, per la maggior parte giovani, che siamo rimasti isolati nella nunziatura perché non c'era modo di arrivare nella zona in cui il papa avrebbe dovuto celebrare: la folla aveva bloccato la spianata e tutte le vie di accesso. Abbiamo deciso di usare un elicottero dalla nunziatura fino a Malacañan, la residenza del presidente, e da lì un piccolo elicottero fino alla parte posteriore dell'altare. Siamo stati costretti a effettuare diversi voli. Faceva impressione contemplare dall'alto quell'immensa marea di gente: circa quattro milioni di persone.

Il papa ha ricordato, in una maniera per me molto bella, che tutti noi cristiani siamo chiamati a essere santi.

> Ciascun cristiano partecipa alla missione di Cristo in modo unico e personale. Vescovi, sacerdoti e diaconi partecipano alla missione di Cristo attraverso il ministero ordinato.

E da lì un elenco dettagliato:

> I religiosi e le religiose vi partecipano attraverso l'amore sponsale manifestato nello spirito dei consigli evangelici di castità, povertà e obbedienza. I laici cristiani partecipano alla missio-

ne di Cristo: i padri e le madri di famiglia, gli anziani, i giovani e i bambini; le persone semplici e quelle colte; gente che lavora la terra, operai, ingegneri, tecnici, dottori, infermieri e personale sanitario.

La missione di Cristo è condivisa dagli insegnanti, da uomini e donne nella professione legale e da quanti servono nella vita pubblica. Gli scrittori, quanti lavorano nel teatro, nel cinema e nei mezzi di comunicazione sociale, artisti, musicisti, scultori e pittori – tutti hanno una parte in questa missione. In questa missione c'è un ruolo per i professori universitari, gli scienziati, gli specialisti in ogni campo e per quanti operano nel mondo della cultura. Nella missione di Cristo una parte appartiene a voi, cittadini delle Filippine e popoli dell'Estremo Oriente: cinesi, giapponesi, coreani, vietnamiti, indiani; cristiani dell'Australia, Nuova Zelanda e del Pacifico; cristiani del Medio Oriente, dell'Europa, dell'Africa e dell'America.

Ogni battezzato ha una parte nella missione messianica di Gesù Cristo, nella Chiesa e attraverso la Chiesa. E questa partecipazione alla missione della Chiesa costituisce la Chiesa stessa. Questa è la Chiesa: una partecipazione vivente all'unione di Cristo. Capite tutti questo?

Partecipava alla messa una delegazione della Cina continentale. Tra loro c'erano alcuni sacerdoti dell'Associazione patriottica[1] che avrebbero voluto concelebrare. Circa trenta in tutto. Sodano ha chiesto per iscritto al nunzio che, prima di concelebrare, facessero la professione di fede. Ma era tutto confuso. Il cardinale Sin ha detto che l'avevano già fatta, a quanto pare con il gesuita Zuloaga, con il quale erano venuti. Ma dato che non siamo riusciti a trovare conferma e non sapevamo nemmeno se alla fine avessero concelebrato o meno, ho evitato di menzionare la cosa ai giornalisti.

Il papa avrebbe voluto ricevere questi sacerdoti. Abbiamo cercato di metterci in contatto con loro, ma il movimento di persone nella città era tale che non ci siamo riusciti.

Papua Nuova Guinea. Il 16 gennaio siamo volati dalle Filippine in Papua Nuova Guinea, dove vi è una Chiesa che potremmo definire come missionaria «di frontiera». Si respirava un clima di allegria ed entusiasmo tra la gente. Per fortuna, una leggera pioggia ha placato il calore intenso.

Il giorno dopo ci siamo spostati a Port Moresby, dove il papa ha beatificato Peter To Rot, il primo beato della Nuova Guinea. Lo ha voluto fare nella stessa terra, Rakunai, dove nacque To Rot nel 1912 e dove subì il martirio durante l'occupazione giapponese. Il 7 luglio 1945 fu avvelenato e asfissiato dal medico del carcere in cui era rinchiuso perché catechista.

Sydney. Tutto molto ben organizzato, con manifestazioni di affetto e folle che hanno partecipato ai due atti fondamentali: l'arrivo nel Domain e la messa il giorno dopo, durante la quale ha beatificato Mary MacKillop (1842-1909), una religiosa australiana che fondò scuole, conventi, orfanotrofi, rifugi per poveri, anziani, ex prigionieri e prostitute, sia in Australia sia in Nuova Zelanda. L'incomprensione con il vescovo del luogo fece sì che fosse scomunicata per cinque mesi.

Grazie a Dio, il papa ha affrontato bene tutti questi sforzi. Avevano anche installato una specie di montacarichi dietro l'altare, per evitare che dovesse salirvi a piedi.

Sri Lanka. Siamo arrivati all'aeroporto internazionale di Katunayake verso le tre del pomeriggio. Caldo torrido. Il papa ha percorso i 35 chilometri dall'aeroporto al palazzo presidenziale in una papamobile senza aria condizionata. Non sono riuscito ad accertarmi se il problema fosse l'aria che non funzionava o il fatto che non riuscissero a mettersi in contatto con l'autista perché l'accendesse. Sta di fatto che il papa ha viaggiato sotto un sole che spaccava le pietre, fino a quando, a un certo punto del tragitto, si sono visti costretti a fermarsi.

Il Santo Padre è sceso dal veicolo e si è diretto verso una chiesa vicina. Io e Buzzonetti lo abbiamo seguito; camminava con difficoltà e sembrava avere una congestione. Siamo entrati in una minuscola sacrestia. Mentre si sedeva ci ha detto che gli sembrava gli stesse per venire una delle sue crisi di emicrania. L'ultima era stata nel 1979. Ho cercato qualcosa per farlo bere e rinfrescarsi. Al piano di sotto, dentro un piccolo frigorifero, ho trovato due bottiglie di Sprite e una di acqua. Il papa ha bevuto la bibita mentre Buzzonetti gli prestava cure mediche. Ho bagnato un fazzoletto con acqua fredda e gliel'ho messo sulla fronte. A poco a poco si è ripreso.

Abbiamo deciso di rimetterci in viaggio a bordo di una macchina con l'aria condizionata, ma quando il papa ha visto le persone che lo aspettavano lungo le strade, è salito di nuovo sulla papamobile. Arrivato al palazzo, era palesemente stanco. Nonostante tutto, si è tenuta la cerimonia con i discorsi e l'udienza privata.

Alcuni giornalisti, che si erano accorti della fatica del papa, quando si sono resi conto del ritardo sulla tabella di marcia e vedendo in televisione l'entrata imprevista in una chiesa, hanno dato l'allarme. L'immaginazione si è scatenata e non è servito a niente che abbia spiegato loro i veri motivi della sosta.

La sera il papa ha cenato da solo ed è andato a dormire. La mattina dopo l'ho visto di nuovo in forze.

Problemi. I dirigenti del buddismo locale, la religione ufficiale dello Stato, hanno comunicato di non avere intenzione di partecipare all'incontro interreligioso. La preoccupazione era tale che l'architetto buddista che aveva progettato l'altare dove il papa ha celebrato si è trovato costretto a fuggire dal paese.

Ho rilasciato una dichiarazione: «Apprezziamo il fatto che un architetto buddista abbia costruito l'altare per la messa della beatificazione. Ci fa anche piacere sapere che alcuni buddisti saranno presenti all'evento. Comprendiamo che, per questioni legate alla situazione dello Sri Lanka, i leader buddisti abbiano deciso di non presenziare alla riunione con i rappresentanti delle altre religioni attive sul territorio».

Oggi parlo a lungo con Buzzonetti riguardo alla salute del Santo Padre. Mi racconta del medico inglese e mi dice che adesso non è sottoposto ad alcun tipo di terapia, ma presto inizierà con una piccola dose di L-DOPA, sperando in un effetto cumulativo. Lo specialista ha detto che il problema del suo Parkinson non è grave ma, nel caso di un papa, costituisce un inconveniente notevole a causa dell'attività pubblica che deve portare a termine. Ha escluso la possibilità di un intervento stereotassico.

Fogli di intenzioni
16 febbraio 1995

Il papa mi riceve, come al solito, di buon umore: «Ascoltiamo un po' cosa ci dice il dottor Navarro-Valls!».

«No, Santo Padre,» gli dico, perché è la verità, «sono io che sono venuto ad ascoltare!»

«No, no, quello che ascolta sono io!» risponde con spirito. «Se non faccio altro tutto il giorno! Sono, fondamentalmente, un ascoltatore!»

Durante la cena comunico che si stanno preparando le edizioni di *Varcare la soglia della speranza* in lituano, ucraino e svedese. Gli dico che è stato già tradotto in cinese, a Taiwan, e che la persona che se ne è occupata, monsignor Janusz, era stato ordinato sacerdote da lui.

Alla fine della cena, tornando sul tema del libro, mi dice: «Vede che alla fine è stato meglio non fare l'intervista in televisione? Forse dovremmo già pensare a un altro libro con questo stile. L'importante sono le domande, e quelle di Messori sono molto valide».

Lo informo che qualche settimana fa è morto il giornalista e scrittore Peter Hebblethwaite, il quale non aveva mai risparmiato invettive contro il papa, che considerava un reazionario. Il Santo Padre lo conosceva personalmente: era un sacerdote secolarizzato e molto critico verso il papato. Appresa la notizia, si concentra e prega a voce alta per la sua anima: «*Requiem eternam dona eis Domine*...».

Il papa passa in rassegna i viaggi dell'anno, le due encicliche che verranno pubblicate a breve e la preparazione della Conferenza internazionale sulla donna che avrà luogo a Pechino in settembre, nelle stesse date del suo viaggio in Africa. Sottolinea di nuovo l'importanza di questa conferenza dell'ONU. Dato che c'è una certa confusione tra i diversi dicasteri coinvolti nell'organizzazione e nello stabilire le priorità, è stata convocata una riunione congiunta per la preparazione. E, con mia sorpresa, mi chiede di partecipare alla conferenza.

«Vedo che Sua Santità non vuole che l'accompagni nel viaggio in Africa» gli dico, ricordando che qualcosa di simile era accaduto quando mi aveva chiesto di partecipare alla conferenza del Cairo. Mi risponde, con lo stesso tono, che quel viaggio non presenta difficoltà e che ora la cosa importante è preparare bene l'incontro di Pechino.

Alla fine, chiedo se riesca a trovare un po' di tempo per camminare. Mi dice che ci si dedica mezz'ora ogni giorno. Inoltre, esegue gli esercizi prescritti, che gli occupano due o tre ore.

Entriamo nella cappella. Vedo che, mentre prega, si china per leggere un foglio posizionato sull'inginocchiatoio. Thu mi spiega poi che molte persone da tutto il mondo scrivono lettere al papa chiedendogli di pregare per le loro intenzioni. Le classificano, le traducono, fanno una sintesi del contenuto e le passano al papa, che le legge durante la preghiera nella cappella e quando celebra la messa. Ne scorro alcune. Figura il nome della persona, il paese da cui scrive e l'intenzione per la quale chiede al papa di pregare.

Due demoni
4 marzo 1995

Trovo il Santo Padre cordiale e scherzoso, come sempre, anche se con l'espressione seria, a causa della malattia. Gioca con il bastone che tiene nella mano destra.

Il 25 di questo mese verrà pubblicata la nuova enciclica, dal titolo *Evangelium Vitae*. Riflette sulla difesa della vita nella situazione attuale. «Quando ero in Polonia, parlavo di due demoni: quello dell'Oriente e quello dell'Occidente. O, meglio, di un solo demonio con due facce. Quello dell'Oriente, brutale e sanguinario, che cerca di estirpare l'idea di Dio dall'anima degli uomini. E quello dell'Occidente, forse più sottile e meno brutale, ma con un grande potere seduttivo.»

A Copenaghen
6 marzo 1995

Vado a Copenaghen con la delegazione della Santa Sede per il World Summit for Social Development. Tauran mi ha telefonato qualche giorno fa chiedendomi se potevo partecipare. Il clima è molto diverso da quello del Cairo: si vede che, questa volta, la delegazione nordamericana non vuole contrasti con la Santa Sede.

Sulla pace in Terra Santa
7 aprile 1995

Samuel Hadas, ambasciatore d'Israele, mi invita a colazione con Yossi Gal, vicedirettore generale del ministero israeliano degli Affari esteri. Uomo intelligente, mi parla della situazione attuale in Medio Oriente e delle difficoltà che esistono in questa terza fase del processo di pace con i palestinesi.

«E se venisse a mancare Arafat?» chiedo. Mi dice che la situazione diventerebbe molto difficile, anche se ci sono leader palestinesi moderati che potrebbero prendere il suo posto. Il pericolo attuale è l'estremismo di Hamas e la Jihad.

Mi informa di alcune iniziative multilaterali e progetti insieme a Giordania ed Egitto, e mi parla molto bene del fratello del re di Giordania.

Apprezzerebbero grandemente un futuro viaggio del papa in Israele perché sono convinti che servirebbe a creare un clima positivo verso il processo di pace. Propone anche una data: 1996. L'anno prossimo, aggiunge, si celebrerà il terzo millennio di Israele, con la proclamazione del re David. Suggerisco che il capo di Stato scriva una lettera personale e privata al papa. Quella stessa mattina mi sono accordato per parlare con Tauran.

Hadas mi ricorda l'iniziativa, di cui ha già discusso con il suo governo, di creare un bosco vicino Nazareth dedicato a Giovanni Paolo II, nel quale pianterebbero alberi portati dai pellegrini arrivati in Terra Santa. Prima di salutarci, mi invita di nuovo a visitare il loro paese.

L'origine di una biografia
primavera 1995

Non ricordo se ho lasciato testimonianza di come nacque l'idea di incaricare Weigel di una biografia del papa.[2] Un giorno, tempo dopo il volume scritto da Tad Szulc, stavamo cenando. Il Santo Padre mi chiese cosa ne pensassi di quel libro: sembrava che suor Emilia gli avesse detto che era molto brutto. Gli risposi che no, non era brutto, ma non esaustivo. E ciò che mancava era una biografia completa, con una buona documentazione.

Il papa rispose: «Pubblicatela dopo la mia morte». «Santo Padre,» dissi «in quell'occasione si pubblicheranno molti libri; ora abbiamo bisogno di una biografia documentata.» E così come per il resto delle questioni che si riferiscono alla sua persona, non dimostrò troppo interesse. Ma dato che non ci fu un «no» secco, mi sentii autorizzato a procedere.

Parlai del tema con Leonardo Mondadori, e iniziai a cercare un possibile biografo. Vennero fuori diversi nomi e, grazie a Leonardo, un editore statunitense mi inviò vari volumi di autori contemporanei. Tra loro Robert K. Massie, che aveva scritto una stupenda biografia di Pietro il Grande, e il noto *Nicola e Alessandra*. Ma Massie, che domina la tecnica della biografia storica, non aveva, a mio giudizio, il background richiesto da questo progetto. L'autore doveva conoscere bene la fede cattolica, muoversi con scioltezza in materie dottrinali e teologiche, o che avessero a che fare con l'ecclesiologia.

Ero in piena ricerca quando scrissi a Michael Novak,[3] che mi rispose per posta dagli Stati Uniti dicendomi che la persona giusta era George Weigel. Poco dopo mi mise in contatto con lui.

Preparazione della Conferenza di Pechino
11 aprile 1995

Martedì della Settimana Santa. Alle undici e mezza il papa riceve nell'Aula Paolo VI gli studenti del congresso universitario UNIV. È un incontro spensierato, allegro ed entusiasta.

All'una meno dieci, con un po' di ritardo perché l'udienza si è prolungata, ci riuniamo per preparare la Conferenza di Pechino. Il papa sembra visibilmente soddisfatto dopo l'incontro con i giovani.

Alla riunione e al pranzo che segue insieme al Santo Padre e ai suoi segretari, partecipiamo io, Sodano, Re, Tauran, Sgreccia, Cordes e María Isabel Tellería, della Segreteria di Stato. Ognuno espone il proprio punto di vista. Tauran informa sulla preparazione (il PrepCom si è concluso pochi giorni fa) in modo oggettivo e con imparzialità: ci sono molti aspetti negativi. Verranno affrontate tante questioni con lo stesso linguaggio utilizzato al Cairo.

Durante il pranzo continuiamo a elaborare iniziative e idee. Si prendono alcune decisioni: incontro con gli ambasciatori, un gesto significativo per l'Africa, ecc.

Il papa, dopo averci ascoltato con grande attenzione, ci dà forza, dicendo: «E poi c'è la Madonna...». Nel senso che «conteremo sempre sull'aiuto della Vergine». In verità, abbiamo bisogno di un aiuto specialissimo della Vergine, perché la conferenza di Pechino offre un panorama molto oscuro e si prospetta difficile.

Una Via Crucis indimenticabile
14 aprile 1995

Quest'anno le meditazioni della Via Crucis sono state preparate da sorella Minke de Vries, una religiosa della comunità protestante di Grandchamp, Svizzera; e vi ha partecipato un ortodosso russo. L'anno scorso era stato il turno del patriarca di Costantinopoli, Bartolomeo I.

«Tutto ciò indica» dice il papa «che ci avviciniamo al Terzo Millennio con il desiderio di essere più vicini, sempre più uniti, perché Cristo ci unisce nella sua Croce, nella sua Resurrezione, nel suo Ministero, *Mysterium passionis, Mysterium paschale.*»

Via Crucis indimenticabile: il papa porta la croce, zoppicando e con tanta fatica fisica. Da solo percorre tre stazioni. In alcune portano la croce delle donne, un giovane e un sacerdote ortodosso del Patriarcato di Mosca.

Mio padre
8 maggio 1995

Sono in Spagna. Questa mattina presto è morto mio padre. Vederlo soffrire in questi ultimi giorni ha significato grande dolore per tutta la famiglia e, allo stesso tempo, un dono di Dio. La sua ultima lezione: la serenità profonda e silenziosa che ha mantenuto in ospedale; non un gesto di impazienza, la sua forza, la sua sofferenza senza sofferenza, senza neanche cercare di farci sapere che soffriva. Non vorrei mai dimenticare i suoi occhi che mi guardavano...

È rimasto cosciente fino all'ultimo ed è riuscito a comunicare tutti i giorni. La sera gli chiedevo se avesse recitato le sue preghiere, e dicevo con lui un'*Ave Maria*. Recitava la prima parte: «Ave Maria, piena di grazia...»; ma quando arrivava al «Santa Maria» si interrompeva, perché faticava a respirare. A volte mi chiedeva qualcosa, e quanta tristezza provavo non riuscendo a comprenderlo sempre. Questa notte, i respiri affannosi sono stati più frequenti. Ieri ho parlato con il suo medico e con quello dell'ospedale: l'unica cosa da fare era somministrargli cortisone in vena. Sembrava aiutarlo.

Dopo un momento di inquietudine e difficoltà respiratoria, anche se sempre cosciente, ha riposato per qualche ora ed è morto verso le sei del mattino. In quel momento era con lui mia nipote Conchita. Dio lo terrà nel suo seno. So che intercederà per me presso il Cielo.

È stata una fortuna o, meglio, un dono di Dio, che io abbia potuto essere al suo capezzale negli ultimi giorni di vita. In altre circostanze, a causa del mio lavoro, forse non avrei potuto, perché magari avrei dovuto accompagnare il papa in un viaggio dall'altra parte del mondo.

È arrivato da Roma un telegramma firmato dal Santo Padre, in spagnolo. A metà mattina, mentre ero con mia madre in obitorio, ha chiamato Dziwisz a casa dei miei genitori. Mi hanno trasmesso il messaggio e, a mezzogiorno, quando sono rientrato con mia madre per pranzare, l'ho richiamato. È stato molto affettuoso con noi e alla fine mi ha detto: «Aspetta un attimo, perché...» e ho sentito la voce del papa: «Navarro-Valls? Come sta? E la sua mamma? Preghiamo insieme...». Ci siamo emozionati molto, sia io che mia madre, e abbiamo pianto.

Mio padre ci ha lasciato alcuni fogli con tre richieste, scritte a mano, per quando sarebbe morto: «Non siate troppo tristi. Pregate per me. Non vi dimenticate dei poveri». A lui devo aspetti decisivi della mia educazione familiare: il senso religioso, l'amore per la Vergine e gran parte della mia vocazione, che ha sempre rispettato.

9 maggio. Al funerale è venuto un rappresentante del nunzio di Madrid e il vescovo di Orihuela, a nome di monsignor Re. Sono state lette le parole di condoglianze del Santo Padre. C'era un gran numero di persone: alla fine, molte di loro mi hanno ringraziato per i favori che i miei genitori avevano fatto loro durante la vita.

Metà maggio. Ho cenato con il Santo Padre, che con me è stato particolarmente amorevole e affabile. L'ho ringraziato per il tanto affetto. Sono molto grato anche a Dziwisz: è stato senza dubbio lui a far sì che si inviasse il telegramma, su indicazione del papa, che fosse presente un vescovo, e molte altre cose.

«Mese di maggio» con il papa
24 maggio 1995

Mario Agnes, monsignor Sandri e io ceniamo con il papa. Due giorni fa siamo rientrati da un breve viaggio a Praga e nel sud della Polonia. Gli chiedo se, durante la visita in Polonia, avesse pianto come riportato dalla RAI.

«Esternamente, no; ma quando l'elicottero ha iniziato a scendere e ho visto la gente della montagna con i loro abiti [tradizionali]...» Senza dubbio, la vista della «sua gente» l'ha emozionato.

Dopo cena, mentre il papa si incammina verso la sua cappella, Dziwisz gli ricorda che non hanno fatto il «mese di maggio», e fa un gesto come per invitarci ad accompagnarli, precisando: «Noi però lo facciamo in polacco».

Gli dico subito che avrei partecipato e saliamo su un piccolo ascensore fino alla terrazza dell'appartamento papale, che ha una Via Crucis su una delle pareti. «Guarda la quinta stazione» mi dice Dziwisz. Vedo, in effetti, che il viso del Cireneo, per mano dello scultore Enrico Manfrini, ha i tratti inconfondibili di Giovanni Paolo II.

Ci sono alcuni vasi pieni di fiori. Dziwisz mi dice che sono stati piantati un po' da lui e un po' dal papa. «Guarda questi piccoli abeti: sono quelli che ci inviano a Natale. Ne abbiamo trapiantati alcuni e hanno germogliato.»

In un angolo della terrazza c'è un piccolo altare con un'immagine semplice, di circa 60 centimetri, della Vergine di Fátima. «L'abbiamo messa qui un anno dopo l'attentato» mi dice Dziwisz.

Ci mettiamo davanti a quell'immagine e il papa intona una canzone. Lo accompagnano, in polacco, Dziwisz e le religiose che si prendono cura dell'appartamento pontificio. È una canzone dolce e bella, con strofe che finiscono con un verso, sempre lo stesso, di lode alla Vergine.

È abbastanza lunga: circa sette o otto minuti. Cantano altre canzoni e finiamo con l'*Ave, Ave Maria di Fátima* in polacco: io accompagno in spagnolo. Intonano molto bene e il papa fa la seconda voce.

Mi commuove la devozione e la naturalezza del Santo Padre, così come la spontaneità, familiare e semplice, di questi momenti.

Il papa ci mostra il resto della terrazza. Saliamo nella parte superiore, da cui si ha una magnifica vista panoramica su Roma. «Ma di sera,» dice il papa «con tutte le luci, è ancora più bella.»

Conferenza di Pechino: «Rivolgetevi alla gente»
27 maggio 1995

Riunione di lavoro sulla Conferenza di Pechino nella Segreteria di Stato, dalle nove all'una. Alla fine, pranziamo con il papa. Ci siamo Tauran, Martino e io. Davanti a tutte le difficoltà, il Santo Padre rinnova l'impegno di affrontare questo tema senza scoraggiarsi.

Gli viene in mente di scrivere una lettera a tutte le donne del mondo. Propone qualche nome per la delegazione che andrà a Pechino. E quando Martino gli dice che, durante la sessione preparatoria di New York, ad alcune delle proposte della Santa Sede ci rispondevano sistematicamente mettendole tra parentesi, il papa consiglia: «Allora, quando parlano loro, dite anche voi "tra parentesi, tra parentesi!"». Anticonformista, in nome di Dio. A un certo punto dice che, se abbiamo difficoltà, dobbiamo rispondere: «Rivolgetevi alla gente», cioè, dite all'opinione pubblica ciò che sta succedendo. È una strategia perfetta.

XXXIII
Una conferenza problematica
(1995)

Una finestra sul Monte Bianco
10-22 luglio 1995

Dieci giorni di riposo per il papa. In realtà, solo otto, perché siamo arrivati il 10 all'ora di cena, e l'ultimo giorno è stato occupato dal viaggio di rientro. Sono stati giorni di lunghe passeggiate e di preghiera. Il papa ha camminato abbastanza e a volte senza zoppicare. Quando percorre un buon tratto, quasi si dimentica dei fastidi alla gamba operata.

Siamo usciti ogni giorno verso le dieci e, a mano a mano che passano le giornate, rientriamo ogni volta più tardi, fino circa alle otto, ora di cena.

Il 21 luglio andiamo sul grande ghiacciaio di Tsa de Tsan, a circa 3500 metri di altitudine. Una meraviglia. Si trova al confine con la Svizzera. Di fronte a noi si innalza il versante occidentale del Cervino. Ammirandolo, mentre cammina sulla neve, il papa mi chiede il breviario: si vede che ha bisogno di parlare con Dio con parole della Scrittura e della Liturgia della Chiesa. L'ho visto diverse volte. Condivide tutto con il Signore: le preoccupazioni, i dolori e, in questo caso, l'allegria.

Continua la guerra in Bosnia e parliamo spesso degli attacchi, i morti e le minacce all'enclave bosniaca di Žepa. Questa situazione impone di considerare nuovamente l'«intervento umanitario» e il concetto di guerra giusta. Gli dico che alcuni media cercano di fargli «benedire» l'intervento armato deciso a Londra. Parliamo anche della prossima Conferenza di Pechino, che lo preoccupa molto. È stata appena pubblicata la *Lettera alle donne*, scritta proprio in occasione della conferenza.[1]

Si alza tutti i giorni alle cinque del mattino. Alle cinque e mezza esce sul balcone della piccola stanza, da cui contempla il Monte Bianco. Cibin mi dice che ha visto la luce della cappella accesa alle tre e mezza di notte.

Visitiamo la valle di La Chabanne, il Plan Bry, Lenteney, dove pascolano vari cavalli e mucche. Lì incontriamo la signora Perrouchon, la padrona del bestiame, che è felice di vedere il papa camminare nelle sue terre.

Un giorno, mentre parla dei viaggi futuri, il papa dice che esiste la possibilità di un incontro in Ungheria tra lui e il patriarca Alessio di Mosca. Esprimo la mia gioia e aggiungo che in quel modo sarebbe più attuabile una visita del Santo Padre a Mosca. Risponde: «Non credo… Ma non lo escludo, perché è la Vergine che muove tutto». Il tono di quell'affermazione è di tale sincerità che comprendo fino a che punto confidi nella Vergine, sapendo che, anche dove il futuro è oscuro, c'è la mano di Maria che rende reale l'impossibile.

Menziona anche l'eventualità del viaggio in Israele e dice di nuovo che gli farebbe molto piacere seguire le orme di Abramo. È il suo grande sogno.

«Cos'altro si può fare?»
13 agosto 1995

Arrivo alle otto di sera a Castel Gandolfo e mi dicono di andare nella zona della piscina. Il papa sta nuotando. Mentre finisce di fare gli esercizi, parlo un momento con Dziwisz, che mi racconta di uno specialista in traumatologia venuto dalla Germania (il dottor Pool, mi pare di ricordare) per visitare in questi giorni il Santo Padre. Ha consigliato una fisioterapia più intensa e specifica, e ha lasciato a Roma un paio di persone della sua équipe per poterlo aiutare con gli esercizi.

Poi parliamo del tremore alla mano sinistra. Ha iniziato a prendere una determinata medicina (mi dice il nome), nella dose di tre mezze compresse, e mi chiede di parlare con Martínez-Lage per avere qualche indicazione in più a riguardo.*

Accompagno il papa quando esce dalla piscina: sorridente e rilassato. Quando saliamo in auto verso il «palazzo», l'autista si

* Parlai con Martínez-Lage il giorno dopo e riportai a Dziwisz le sue indicazioni.

ferma in un luogo del giardino dal quale si può vedere, in fondo a un viale, una scultura della Vergine. «Canti insieme a noi» mi invita il papa, mentre scende dalla vettura. Da lì, a circa 200 metri dalla figura, intona, accompagnato da Dziwisz, il *Maria, regina di Polonia*, che i polacchi cantano tradizionalmente alle nove di sera. Mi aggiungo canticchiando la melodia. Torniamo alla macchina e ci dirigiamo verso la sala da pranzo.

«Cos'altro si può fare in vista della conferenza di Pechino?» chiede il papa. Ci sono molte persone che ci lavorano ma, come sempre, raccoglie idee da tutti i suoi collaboratori, in cerca di nuovi suggerimenti e spunti. Parliamo di una possibile collaborazione con il primo ministro italiano, di promuovere interventi pubblici di alcuni cardinali europei, africani, americani e asiatici. Domani verrà il cardinale Sodano e ne discuteranno.

Quarta Conferenza mondiale sulla donna a Pechino
25 agosto - 18 settembre 1995

25 agosto, Roma. Tengo una conferenza stampa su Pechino. Grande interesse da parte dei media e grande difficoltà da parte mia per farmi intendere e trasmettere il messaggio. Parlo loro di valori, di uguaglianza e dignità, ma alcuni comprendono solo che potrebbe trattarsi di «una limitazione», secondo una certa mentalità, delle libertà sessuali. Ieri ho inviato a Celli il testo del mio intervento. Fanno alcune correzioni e tagliano ciò che può sembrare polemico. Senza dubbio hanno ragione.

27-31 agosto, New York. Da quando mi è arrivata la lettera del cardinale segretario di Stato che mi chiedeva se potevo prendere parte alla delegazione della Santa Sede per la quarta Conferenza mondiale sulla donna, abbiamo fatto diverse riunioni di preparazione. Questa è stata l'ultima.

Io, Renato Martino, Diarmuid Martin,[2] Sheri Rickert,[3] John Klink,[4] Frank Dewane,[5] Gail Quinn[6] e Mary Ann Glendon,[7] che sarà a capo della delegazione, abbiamo trascorso questi giorni riuniti in una stanza, discutendo diversi aspetti e preparando i nostri interventi. Compito difficile, poiché il documento che hanno elaborato gli organizzatori è infarcito di concezioni proprie del femminismo radicale, che considera il matrimonio una forma di schiavitù per la donna e per il quale i figli costituiscono una specie di vergogna. Nonostante i difensori di questa corrente non siano la maggioranza, sono molto attivi. E la delegazione statunitense, è triste dirlo, si muove in questa stessa direzione di pensiero.

30 agosto, Pechino. Siamo arrivati a Pechino pensando che avremmo contato sull'appoggio di alcuni alleati incondizionati, ma la realtà è che non ci aiuta nessuno. Ci registriamo e ci sistemiamo. Proviamo i collegamenti e riscontriamo alcuni problemi. Prime scaramucce nelle riunioni preparatorie. Siamo solo alcune delegazioni. Il resto arriverà più tardi.

3 settembre, Pechino. Messa nell'ambasciata argentina: partecipano alcune persone delle ambasciate latinoamericane. Sono arrivati tutti i membri della delegazione della Santa Sede, tranne una religiosa vietnamita che non ha ancora ottenuto il visto. Fa parte della nostra delegazione una signora di Hong Kong. Si chiama Teresa, parla cinese mandarino e ci è di grande aiuto per tutto, grazie al suo lavoro silenzioso ed efficace.

Inaugurazione ufficiale della conferenza nel palazzo dell'Assemblea nazionale del Popolo, in Piazza Tienanmen. Spettacolo curato, di impronta «socialista», con numeri di grande qualità, magnifico il gruppo di saltimbanchi, in cui non mancano alcune incredibili influenze spagnoleggianti in versione cinese: il numero dei «bambini toreri»! Annunciano il duetto della *Traviata* come *The fallen lady*.

Nel pomeriggio, al Beijing International Conference Center, si tiene l'inaugurazione della conferenza, con uno splendido discorso sulla famiglia e la donna da parte di Benazir Bhutto.[8] È curioso: le donne più importanti di questa conferenza, Bhutto e la segretaria generale, Gertrude Mongella,[9] hanno ricevuto la loro prima formazione in istituzioni educative cattoliche.

4-18 settembre, Pechino. Ci riuniamo con tutti i membri della delegazione due volte al giorno in una suite dell'Hotel Holiday Inn Lido, in cui soggiorniamo. Lì si celebra la messa alle sette del mattino.

Teresa è riuscita, dopo aver sbrigato diverse formalità con il ministero degli Esteri cinese (dove ha sfoderato tutte le armi della strategia orientale), a ottenere il visto per la religiosa vietnamita, che riesce a unirsi a noi quasi alla fine della conferenza.[10]

Sono state giornate di lavoro molto intenso. Rientro, come tutti, sfinito.

New York e dintorni
4-9 ottobre 1995

Il motivo fondamentale di questo viaggio a New York, Newark, New Jersey, Brooklyn e Baltimora è la visita del papa all'Organizzazione delle Nazioni Unite, in occasione del cinquantesimo anniversario della fondazione. Mesi fa il Santo Padre ha preparato la bozza del discorso in polacco, che è passata poi alla Seconda sezione della Segreteria di Stato perché ci lavorassero. Monsignor Harvey[11] ha detto che era un testo molto buono.

Il 5, alle sei e mezza del mattino, il papa celebra la messa nella sede della missione diplomatica vaticana presso l'ONU per pregare per questo intervento. Con lui ci sono padre Tucci, le monache che si prendono cura dell'appartamento pontificio e alcune altre persone. Nel pomeriggio celebra una seconda messa, prevista nel programma.

In un discorso davanti all'Assemblea generale ricorda la necessità di assumere il «rischio della libertà»:

> Il totalitarismo moderno è stato, prima di ogni altra cosa, un assalto alla dignità della persona, un assalto che è giunto perfino alla negazione del valore inviolabile della sua vita. Le rivoluzioni del 1989 sono state rese possibili dall'impegno di uomini e donne coraggiosi, che si ispiravano a una visione diversa e, in ultima analisi, più profonda e vigorosa: la visione dell'uomo come persona intelligente e libera, depositaria di un mistero che la trascende, dotata della capacità di riflettere e di scegliere e, dunque, capace di sapienza e di virtù.
>
> Decisiva, per la riuscita di quelle rivoluzioni non violente, fu l'esperienza della solidarietà sociale: di fronte a regimi sostenuti dalla forza della propaganda e del terrore, quella solidarietà costituì il nucleo morale del «potere dei non potenti», fu una primizia di speranza e resta un monito circa la possibilità che l'uomo ha di seguire, nel suo cammino lungo la storia, la via delle più nobili aspirazioni dello spirito umano.

Il discorso viene applaudito da tutti. In seguito, si reca nell'ufficio del segretario generale per salutare diversi alti funzionari dell'ONU. Il segretario generale, Boutros Ghali, accompagna il papa nella «Meditation Room», uno spazio di meditazione, interconfessionale, presente nella sede delle Nazione Unite. Penso che si trattenga pochi secondi, ma il papa rimane solo, pregando in quel luogo, per dieci minuti.

A San Marino
15-16 ottobre 1995

15 ottobre. Arrivo a San Marino come «portavoce del papa» seguendo ogni passo del cerimoniale di questa piccola repubblica. In macchina siamo io, il vescovo della diocesi e un funzionario della Repubblica. Una volta arrivati, facciamo visita al ministro degli Esteri e discutiamo delle relazioni tra la Santa Sede e San Marino.

Incontro con il ministro della Cultura. Visita della città e pranzo. Alla fine, ci dirigiamo di nuovo in auto verso Montefeltro e San Leo, due chiese romaniche. Ci aspetta la gente di questo piccolo e meraviglioso paese, il sindaco in testa. Visito il castello dove fu incarcerato e morì Cagliostro, e osservo le monete e le banconote che molti visitatori gettano sul pavimento della cella.

Mi intervistano due televisioni locali e incontro la gente del luogo, che mi fa svariate domande sul papa. Faccio una pausa in hotel e mi raccolgo in un momento di preghiera. Poi ceno con altre autorità e tengo una conferenza in un teatro, trasmessa in diretta dalla televisione locale. È la parte più viva della serata.

16 ottobre. Atto formale dell'udienza con i due capitani reggenti; cioè, i capi di Stato della Repubblica. Pronuncio qualche parola e firmo il Libro d'onore, poi torno a Roma grato della gentilezza di quella gente e, allo stesso tempo, abbastanza stanco.

Questa è una parte inevitabile del mio lavoro: mi ricevono come «portavoce del papa», e nonostante questo «protagonismo» mi permetta di chiarire alcune questioni e parlare dei diversi aspetti della fede come il sacerdozio, la donna nella Chiesa, la famiglia, non mi piace e non mi sento a mio agio. Ogni volta che porto a termine una di queste attività, dico a me stesso: «Navarro, questa era l'ultima volta». Ma poi mi arrivano nuovi inviti e continuo ad accettare, perché penso che siano una buona occasione per parlare di Dio, della Chiesa e del papa, anche se personalmente detesto fare questo «siparietto».

Quando vado in questi posti, mi diverte paragonare l'immagine che la gente si fa di me con quella che io ho di me stesso: un povero contadino nel mezzo di una cosa troppo grande. Tendo a prenderla sul ridere, ma cosa posso fare? Non ho altra scelta che abituarmi, almeno all'apparenza, a questa dimensione di «uomo pubblico» che esige il mio lavoro.

Echi della guerra iugoslava
18 novembre 1995

Viene a trovarmi in ufficio Dušan Miklja, ministro consigliere dell'ambasciata iugoslava. È un intellettuale: ha pubblicato dieci libri. Mi lascia un memorandum sulla pulizia etnica condotta dai croati (soprattutto contro i serbi) durante l'ultima guerra.

Si lamenta dell'attitudine dell'«Osservatore Romano»: dice che la sua opinione non è stata sufficientemente equilibrata nel trattare la questione. È possibile che abbia ragione. Siamo rimasti d'accordo di incontrarci in un'altra occasione.

Vatican.va
Natale 1995

Durante il periodo natalizio abbiamo aperto il sito web vatican.va con un messaggio del papa *urbi et orbi*. In pochissimi giorni ci sono stati più di un milione di accessi alla pagina. Abbiamo pubblicato un indirizzo di posta elettronica in modo che si potesse inviare una e-mail e abbiamo ricevuto migliaia e migliaia di messaggi, alcuni commoventi, specialmente le richieste di preghiera per diverse necessità.

XXXIV

Comunicazione nebulosa

(1996)

Amnistia per Ağca
19 gennaio 1996

Il Santo Padre è di buon umore, come al solito, ma si nota il passare del tempo e il progredire della malattia nella minore espressività facciale e nel ricorso più frequente a Dziwisz quando cerca di ricordare qualcosa.

Gli comunico che abbiamo ricevuto in ufficio una lettera di Ali Ağca e suggerisco che forse si potrebbe chiedere l'amnistia per questa persona, che dice: «Io, in fin dei conti, non ho ucciso nessuno». Il papa è disposto a farlo, ma commenta: «Non ha ucciso il papa... perché la Vergine non ha voluto».

Durante la cena si parla della visita del presidente francese Jacques Chirac, che arriverà domani. Per il Santo Padre è importante. Inoltre, lo metto al corrente della buona accoglienza avuta dal sito web che abbiamo lanciato.

Con Mondadori a Cortina
28 gennaio 1996

Ho passato il fine settimana a Cortina d'Ampezzo con l'editore Leonardo Mondadori. Tempo addietro gli avevo suggerito l'ipotesi di organizzare un ritiro spirituale con alcuni suoi amici di Milano e l'idea gli era piaciuta. Qualche giorno fa mi ha chiamato per dirmi che gli avrebbe fatto piacere organizzarlo questo fine settimana, anche se ci sarebbe stato solo lui. Abbiamo partecipato io, Pippo Corigliano, direttore dell'ufficio informazioni dell'Opus Dei a Roma, che è suo amico, e un sacerdote, Umberto

De Martino. Ci siamo incontrati a Milano e Leonardo ci ha portato in macchina fino alla sua casa a Cortina. Era tutto innevato.

Il ritiro è stato composto da due meditazioni guidate dal sacerdote, due discorsi dal contenuto ascetico e spirituale, tenuti da me e Pippo, e un rosario prima di colazione.

Il clima era di grande confidenza e Leonardo è stato estremamente sincero nel parlare degli errori della sua vita, due matrimoni falliti, e dell'ambiente della Milano in cui si muove, che non brilla per moralità, secondo le sue parole. È rimasto molto contento e alla fine mi ha detto che dovremo organizzare un altro ritiro con i suoi amici il prossimo ottobre.

Internet
29 gennaio 1996

Internet: l'avventura infinita. Nella Santa Sede, qualcuno doveva prendere l'iniziativa e ho pensato di lanciarmi, incoscientemente. Ho parlato al Santo Padre delle possibilità di internet: ha capito subito l'idea. Gli ho spiegato anche le difficoltà nel realizzarla, date le complessità della Santa Sede. «Ma chi dovrà decidere? Non io?» ha chiesto con un po' di ironia. Mi ha detto di scrivere una lettera alla Segreteria di Stato e mandargliene una copia.

Con Re avevo già parlato mesi fa. La sua prima reazione, e lo comprendo, è stata: «Organizziamo una riunione». Ma io temo molto queste riunioni: si parla, si parla, si cerca di conciliare estremi... Gli ho suggerito di rimandare. La riunione si è fatta comunque e, sfortunatamente, non è servita a nulla: non è stato proposto niente, alcuni si sono mostrati contrari e altri gelosi delle proprie competenze. Questo è accaduto l'11 novembre 1995.

La cosa sembrava essersi impantanata. Ho parlato di nuovo con Re. Alla fine è uscita una lettera, relativamente ambigua, firmata dal cardinale segretario di Stato, che è stata inviata a tutti i dicasteri: si approvava l'idea e la sua realizzazione, ma non si spiegava né chi l'avrebbe realizzata né come, per non scatenare gelosie. Nonostante questi presupposti, siamo partiti... Nel memorandum che avevo inviato alla Segreteria di Stato, oltre a un'approssimazione dei costi, sottolineavo che in questo progetto «la Santa Sede deve godere di una vera indipendenza e non deve avere alcun vincolo con organismi pubblici governativi di nessun livello».

A Natale, grazie al lavoro di sorella Judith Zoebelein,[1] è stata inaugurata la home page con il messaggio *urbi et orbi* del papa. Nonostante il successo, molti in Vaticano guardano al progetto con disinteresse: non è malizia, è mancanza di sensibilità nel dare valore alla dimensione delle cose che non rientrano nella propria esperienza diretta. Per dirla con Machado,[2] «disprezzano ciò che ignorano».

Guatemala, Nicaragua, El Salvador e Venezuela
5-12 febbraio 1996

Nella mia vita ho incontrato grandi professionisti della comunicazione che soprannominavamo «giornalisti di razza». Ma, come è successo in situazioni analoghe, non ne mancano altri che si inventano problemi inesistenti, conflitti immaginari e che, così facendo, ottengono solo l'aumento del numero, già di per sé abbondante, di difficoltà che presenta ogni viaggio.

In questa occasione, vengo a sapere che alcuni cercano di paragonare Fernando Sáenz, nuovo arcivescovo di San Salvador, membro dell'Opus Dei, all'arcivescovo Óscar Romero e lo considerano più o meno colpevole del fatto che Romero non sia stato ancora beatificato. Non sanno che Romero lo scelse come suo confessore e guida spirituale, in nome della loro grande amicizia, dopo essersi affidato per anni a Juan Aznar, altro sacerdote dell'Opus Dei. Per non considerare poi il grande affetto che nutriva Romero nei confronti del fondatore, il beato Josemaría: di fatto, fu uno dei primi a chiedere alla Santa Sede l'apertura della sua causa di beatificazione.

Non sanno tutto questo, e non sanno neanche che nel giorno in cui fu assassinato, il 24 marzo 1980, Romero si trovava in compagnia di Sáenz e di altri sacerdoti dell'Opus Dei. Rimase con loro tutta la mattina, per partecipare a un incontro sacerdotale. Lo stesso Sáenz lo accompagnò in macchina fino all'ospedale della Divina Provvidenza, andandosene alle tre del pomeriggio. Alle sei e un quarto Romero fu colpito da una pallottola che gli spararono dall'esterno della cappella, mentre celebrava la messa.

Quando decolliamo da Roma, mi dirigo verso il Santo Padre per preparare l'incontro con i giornalisti. Mi dice di attendere mezz'ora perché è impegnato in una preghiera personale. Quando torno da lui, parliamo della situazione di questi paesi.

Parlando del Salvador, gli dico che è possibile che alcuni giornalisti mettano a confronto la figura di Romero con quella del nuovo vescovo. Il papa non sapeva che Fernando Sáenz fosse stato guida spirituale di Romero e che avessero mantenuto quel rapporto di amicizia fino alla fine della sua vita.

Come previsto, durante il giro di domande, un giornalista gli parla della contrapposizione Sáenz-Romero. Il papa chiarisce le cose e il presunto contrasto si sgonfia, permettendo di dedicare la nostra attenzione ai veri temi del viaggio.

5 febbraio, Guatemala. Arriviamo a Città del Guatemala verso le quattro del pomeriggio, ora locale, dopo un lunghissimo viaggio. Per il nostro corpo è notte, notte fonda. Nonostante tutto, il papa porta a termine la serie di attività previste. Durante il discorso in aeroporto allude alle vicissitudini di questo paese durante gli ultimi decenni, tra cui il terremoto che vent'anni fa causò più di 20.000 vittime.

Seguono gli atti con il saluto ai fedeli nella piazza centrale e il ricevimento ufficiale nel palazzo presidenziale. Il papa è distrutto e sfinito dopo tante ore senza riposo. Secondo il nostro «orologio biologico», che segue l'orario di Roma, è quasi l'alba.

6 febbraio, Zacapa. L'elicottero che porta il papa a Esquipulas si vede obbligato a rientrare a causa del maltempo. Ad alcuni viene in mente di dire che il Santo Padre si è ammalato. Devo lottare contro un altro «mulino a vento», questa volta la sua malattia immaginaria.

Quando lasciamo il Guatemala, una giornalista mi chiede come è andata l'udienza con Rigoberta Menchú, premio Nobel per la Pace. Invece di replicare che non ho notizie, rispondo per abitudine «bene» (non mi era arrivata voce che ci fossero stati problemi con nessuna udienza). Poi mi rendo conto che quell'incontro non c'è stato perché la Menchú non si è presentata... Bella gaffe da parte mia! Mi è servito da lezione per non dimenticare che in questa professione non si deve mai fare nulla «per abitudine».

7 febbraio, Nicaragua. L'accoglienza a Managua è calorosa e spettacolare, tenendo conto di com'erano andate le cose l'ultima volta, sotto il governo sandinista. Uscendo dall'aeroporto, vedo un grande cartellone: «Benvenuto in Nicaragua, Santo Padre». Firmato da... Daniel Ortega, proprio il presidente in carica durante lo scorso viaggio, caratterizzato, per dirlo in maniera gentile, da una totale mancanza di cortesia.

In seguito, Santa Messa per le famiglie nel parco Malecón. Durante l'omelia il papa menziona il viaggio del 1983:

> Questa visita si sviluppa in circostanze molto diverse rispetto alla precedente. Coloro che ricordano la visita di tredici anni fa, sanno che il papa venne in Nicaragua e celebrò la Santa Messa, anche se non riuscì a incontrare realmente la gente. Da allora molte cose sono cambiate in Nicaragua. Per questo, tanto la vostra nazione quanto il papa desideravano vivamente avere l'occasione di una nuova visita pastorale che costituisse un autentico incontro.

La presidente del Nicaragua, Violeta Chamorro, è cordialissima e molto affettuosa con il papa durante il ricevimento. Ma poi, quando si rende conto che sono spagnolo, mi rivolge un'autentica filippica, diretta a me e a tutti quelli che lavorano con il Santo Padre: non comprende, mi dice, come permettiamo che il papa lavori tanto alla sua età. Dovremmo prendercene più cura, farlo riposare. La ringrazio, perché sono parole figlie dell'affetto: se solo sapesse quanto sono preoccupato in cuor mio! (Per non parlare di Stanisław!)

8 febbraio, El Salvador. Appena arrivati all'aeroporto Ilopango, il papa menziona la visita precedente, nella quale «fui testimone della sofferenza di un popolo straziato dal dolore di una guerra fratricida che seminava morte, violenza, divisione, rancori e lasciava dietro di sé vedove e orfani. Per questo, rivolsi un invito a percorrere il cammino del dialogo sincero e costruttivo». Aggiunge che in quegli anni aveva seguito «con interesse il corso dei negoziati, che sono culminati negli storici Accordi di Chapultepec, in Messico, il 16 gennaio 1992, concludendo in tal modo un processo avviato proprio nella Nunziatura Apostolica di San Salvador e condotto prima dalla Conferenza episcopale e poi dalle Nazioni Unite».

Parlo con l'arcivescovo della possibile beatificazione di Romero: per ora, mi dice, i vescovi sono ancora divisi.[3] Dopo la colazione, dico a Dziwisz che, secondo me, durante la visita alla cattedrale il papa dovrebbe scendere nella cripta nella quale è sepolto Romero, dato che nel programma è previsto solo l'incontro con i catechisti. Dziwisz ne discute con il Santo Padre, che effettivamente pregherà per lunghi minuti davanti alla tomba dell'arcivescovo.

9 febbraio, Venezuela. Dal Salvador rientriamo all'aeroporto del Guatemala, dove si tiene il saluto ufficiale e voliamo verso il Venezuela. Il Santo Padre va in visita al carcere Los Flores de Catia per salutare i prigionieri.

10 febbraio. Il papa si sposta a Guanare. Lì celebra la messa di inaugurazione del nuovo santuario di Nostra Signora di Coromoto.

Si succedono le attività. E, insieme a loro, le notizie immaginarie da parte di alcuni che affermano che il papa abbia avuto bisogno dell'ossigeno perché alla fine della messa stava asfissiando. Un'altra bolla da far scoppiare.

11 febbraio. Saluto all'aeroporto Simón Bolívar. Il papa conclude il suo viaggio con un forte raffreddore a causa dei cambi di temperatura e dell'aria condizionata.

15 febbraio. Di rientro a Roma, cena con il papa. Si ricordano aneddoti del viaggio. E la domanda finale: «Crede che servano queste visite?».

La lettera di Fidel Castro
20 febbraio 1996

Parlo con Tauran: lunedì viene a trovarlo il ministro degli Affari esteri di Cuba ed è possibile che critichi le dichiarazioni che ho fatto durante il recente viaggio, quando mi hanno chiesto perché il papa non andasse a Cuba e ho risposto che non era stato invitato.

Tauran mi chiarisce che il 14 maggio 1989 Fidel Castro aveva scritto al papa una lettera nella quale diceva: «Nel corso dell'intervista che rilasciai lo scorso 30 dicembre con Sua Eminenza il cardinal Etchegaray, manifestai la disponibilità del nostro governo a riceverla a Cuba nell'occasione a lei più favorevole. Desidero ribadire personalmente la nostra disponibilità ed esprimere con questa motivazione la testimonianza della mia più alta considerazione».

Il papa aveva risposto a Castro il 30 giugno dello stesso anno, ringraziandolo per il suo invito. Da allora, più nulla. Naturalmente, io non sapevo di quell'interessante scambio di lettere.

Il papa ha la febbre
13-16 marzo 1996

Re mi chiama a casa questa mattina alle otto e mezza per dirmi che il papa non sta bene e non presenzierà all'udienza settimanale del mercoledì: «Ha un po' di febbre».

Arrivato in ufficio, chiamo Dziwisz: il papa è a letto con la febbre a 38,7 e ha avuto una colica. Parlo con Renato Buzzonetti:

una sindrome febbrile. Buzzonetti preferisce che non dica che è una comune influenza, perché la febbre può essere conseguenza di una complicanza digestiva e non ne è ancora sicuro. Più tardi parlo di nuovo con Re e preparo il comunicato da diffondere.

In questi casi, il grande vantaggio è la possibilità di comunicare direttamente con Dziwisz, che, dandomi il vero quadro della situazione, mi permette di calibrare la notizia. Buzzonetti non vorrebbe dire nulla. Siamo in buoni rapporti, perché possiamo parlare da medico a medico, e vedo che fatica a comprendere le esigenze dell'opinione pubblica quando si tratta di una personalità come quella del papa.

Inoltre, la fame di notizie dei giornalisti è inesauribile. Quando trasmetto loro le poche informazioni di cui dispongo, cercano di ottenerne di più… alcuni anche inventandosele. È influenza oppure no? Dico: «Potete fare tutte le congetture che volete. Io preferisco attenermi ai dati oggettivi ovvero esattamente ciò che vi fornisco».

Oggi inizia a Sharm el Sheikh il vertice contro il terrorismo a cui, tra gli altri, presenziano Mubarak, Peres e Clinton. Il papa pensava di menzionare la questione durante l'udienza generale. Dato che non si è tenuta, lo ricordo a Re nel caso consideri opportuno inviare un messaggio a nome del Santo Padre.

Non posso sottrarmi al carosello delle interviste televisive: questa mattina discuto della malattia del papa su sei canali, uno dopo l'altro. Come ultima cosa, nel pomeriggio parlo di nuovo con Dziwisz: mi dice che il Santo Padre ha dormito molto, ha potuto riposare e la febbre si è abbassata.

14 marzo. La febbre è scesa, ma vengo a sapere che ieri, ancora febbricitante, il papa si è alzato per pregare nella cappella e che questa mattina sta concelebrando la messa con Dziwisz. Buzzonetti se n'è reso conto e, come prevedibile, si è arrabbiato. Credo che il papa non possa vivere senza Eucaristia e lo comprendo. Ma comprendo anche Buzzonetti.

Parlo di nuovo con i giornalisti. Non sono soddisfatti dalle poche informazioni date, e a ragione. Ho detto loro che la febbre si è abbassata, ma non ho potuto dire altro sulla diagnosi, semplicemente perché non l'abbiamo.

Buzzonetti mi dice che ieri mattina, quando è andato a fargli visita, ha trovato il Santo Padre che cantava a voce bassa. Nonostante la febbre non perde l'allegria e l'ottimismo.

15 marzo. Lunga conversazione con Buzzonetti. Non c'è una diagnosi chiara. La febbre diminuisce la mattina e risale, anche se meno rispetto ai primi giorni, la sera. Si apprezza una lieve itterizia, non riscontrabile negli occhi ma sulla pelle. Le analisi mostrano tracce di bilirubinemia.

La sua ipotesi è che come conseguenza della colecistectomia durante il secondo intervento addominale, o come risultato dell'operazione dopo l'attentato, si possano essere formate alcune aderenze che ostruiscono il flusso della bile al duodeno e configurano un quadro di ritenzione biliare. Non possono esserci calcoli e scarta anche l'ipotesi di un'epatite virale, perché in quel caso non dovrebbe avere febbre. Non esclude che con questo quadro clinico il papa finisca in sala operatoria. Per ora, gli sta somministrando una copertura antibiotica.

Il papa chiede: «Cos'ho?», e lui gli illustra le due ipotesi. Dziwisz crede che Buzzonetti pensi sempre al peggio. E Re segue l'onda dello scetticismo.

Dato che la stampa continua a fare speculazioni, dico a Buzzonetti che oggi dobbiamo comunicare qualcosa in più, anche se non possiamo dare la diagnosi, perché non esiste. Il poverino è in una situazione delicata. Suggerisco di dire, perlomeno, che «ha disturbi all'apparato digerente». Acconsente. Elaboriamo il testo del comunicato che condividerò con i giornalisti.

È un cane che si morde la coda. Se dicessi che sono disposto a comunicare solo ciò che dicono i bollettini medici, per poter «andare sul sicuro», i giornalisti si arrabbierebbero con Buzzonetti e non con me. E quando do questi comunicati «nebulosi», si arrabbiano con me e non con Buzzonetti. Ma se dicessi che ancora non è stata confermata la diagnosi, i giornalisti si lancerebbero in speculazioni.

A ciò si unisce la diversa percezione che il papa ha del proprio stato di salute e trasmette ai suoi collaboratori. Quando la febbre si abbassa, dato che ha una grande capacità di recupero, pensa di stare già bene e si prepara a portare a termine i compiti previsti.

Re lo trova in buona forma e gli parla di un possibile viaggio, martedì!, a Siena; e Dziwisz non scarta l'ipotesi che possa celebrare una messa di beatificazione, di tre ore!, questa domenica in San Pietro. Buzzonetti, come prevedibile, propone che il papa annulli tutti i suoi impegni per diversi giorni. Non lo capiscono, perché il Santo Padre dà l'impressione di essersi rimesso, e credono che sia troppo prudente.

Alla fine Buzzonetti riesce a far posporre la data del viaggio a Siena al 30 marzo e a far sì che il papa scenda alla basilica di San Pietro domenica prossima solo durante la prima parte della cerimonia. So che al Santo Padre costa prendere questa decisione di presenziare solo per quel momento, perché pensa anche alle persone arrivate per salutarlo; ma alla fine accetta.

16 marzo. Elaboro un comunicato per informare dei cambiamenti nell'agenda del papa. Ieri pomeriggio gli hanno fatto un'ecografia e una radiografia. Il risultato finale è negativo e Dziwisz era entusiasta, come tutti. Questo ha rafforzato la loro idea: «Buzzonetti è un bravo medico, ma tende a pensare sempre al peggio, come tutti i medici». Buzzonetti, con una prudenza che condivido, spiega che il fatto che «non si sia visto» nulla non esclude la possibilità che esista «qualcosa che non abbiamo visto»...

L'ultima trovata
25 marzo 1996

Lo stesso autore che un paio di anni fa aveva scritto sulla salute del papa, ha pubblicato ieri un articolo in cui affermava che il Santo Padre ha un tumore, «forse al colon», e probabilmente il Parkinson. Naturalmente la notizia rimbalza sulla stampa italiana e Dziwisz mi chiama subito per decidere il da farsi. Lo tranquillizzo.

Dico ai giornalisti che l'ultima trovata sulla salute del papa viene da un giornale spagnolo, e che sono autorizzato dal medico del Santo Padre a confermare che il papa si sottopone a regolari esami medici «e non presenta alcun sintomo di malattie neoplastiche».

Aggiungo che basta controllare le attività del pontefice per scartare quella ipotesi: oggi abbiamo dato loro i programmi dei viaggi a Siena e in Tunisia, domani condivideremo quello del viaggio in Slovenia. E confermo tutte le attività del papa durante la Settimana Santa.

Istanbul, Conferenza Habitat II dell'ONU
17 giugno 1996

Ieri sono rientrato da Istanbul, dove, dal 3 al 14 giugno, si è tenuta Habitat II, la Conferenza delle Nazioni Unite sugli insediamenti umani. Una cosa un po' più tranquilla rispetto a quella del Cairo e quella di Pechino. Ma solo «un po'»: l'ultimo giorno sono andato a dormire alle quattro del mattino.

La delegazione della Santa Sede era composta da me, monsignor Martino, Diarmuid Martin, Frank Dewane, Patricia Donahue, John Klink, Jim Reinert e una coppia honduregna: Leonardo Casco e sua moglie Marta Lorena.

Il tema della conferenza non dava adito, per sua essenza, al chiarimento della nostra posizione su molte questioni davanti ad altre delegazioni. Ma si è subito capito che alcuni desideravano insistere su questioni di natura morale già dibattute al Cairo e a Pechino: «salute riproduttiva», «salute sessuale», ecc., alcuni termini che nel loro vocabolario sono sinonimo di «aborto».

La delegazione degli Stati Uniti mi ha lasciato di nuovo sconcertato perché, senza preavviso, ha proposto di inserire sei riferimenti a questi temi invece dei due previsti, cercando di ideologizzare il documento, nonostante non ce ne fosse ragione. L'ho comunicato alla stampa. La notizia è apparsa su tutti i giornali. Alla fine, la delegazione americana ha deciso di fare marcia indietro.

I canadesi desideravano togliere qualsiasi riferimento alla famiglia sostituendo questa parola con *Afamilies@* o *Agender@*, in modo che si considerassero «famiglia» non solo le unioni omosessuali, ma anche qualsiasi altro tipo di «relazione di genere». Il Brasile ha adottato una posizione simile. Quella dell'Unione europea, libera, in questo caso, dalla pressione ideologica che esercitarono a Pechino alcuni socialisti spagnoli, è stata più equilibrata.

D'altra parte, le ONG proabortiste si sono sorprese vedendo che le nostre proposte a favore della vita erano state approvate e riscontravano consensi non solo nei paesi latinoamericani, ma anche in quelli musulmani.

Durante la conferenza si è prestata poca attenzione ai media, e ciò mi ha permesso di parlare in modo approfondito con alcuni corrispondenti di agenzie internazionali, che hanno mostrato con chiarezza la posizione della Santa Sede rispetto alle questioni che ci interessavano maggiormente: appoggiamo con decisione, contro l'opposizione iniziale della delegazione USA, il diritto umano ad avere una vita degna. La nostra proposta è stata approvata.

Stamattina il papa ha ricevuto i membri della delegazione nella sua biblioteca. In seguito, io, monsignor Martino e Diarmuid

Martin abbiamo pranzato con lui. Martino ha detto che Leonardo Casco e sua moglie Marta Lorena hanno fatto un gran lavoro. Il papa ha sottolineato di nuovo quanto sia necessaria la presenza della Santa Sede in questi incontri internazionali.

L'8 giugno avevo inviato a Dziwisz una lettera per informare il Santo Padre dell'inizio della conferenza, nella quale, insieme ad alcune considerazioni che ho menzionato nelle righe precedenti, esprimevo il mio stupore per l'assoluta mancanza di iniziativa dei paesi dell'Europa centrale e orientale. Come mai? Azzardo una risposta: a mio modo di vedere, questi popoli che aspirano a essere accettati nel «club» dell'Unione europea non vogliono «interferire» con le sue opinioni per non rischiare di vedersi chiudere la porta in faccia.

XXXV
Un papa dimissionario?
(1996)

Di nuovo in Cadore
23 luglio 1996

Da mercoledì 10 fino a oggi, martedì 23, siamo stati in Cadore. Sono stati giorni di pace e di lunghe conversazioni mentre camminavamo in montagna. Eravamo quelli di sempre, più Buzzonetti, che ci accompagnava per la prima volta. Logicamente Dziwisz gli ha chiesto di venire nel caso il papa avesse bisogno, siamo più tranquilli con lui che con uno dei medici più giovani.

Il primo giorno il papa è rimasto in casa a leggere. Nel pomeriggio abbiamo fatto una breve passeggiata sui sentieri vicini, mentre nelle altre giornate siamo saliti in vetta, come sempre. Durante la prima escursione ho discusso con il Santo Padre riguardo al recente viaggio in Germania (21-23 giugno) e di quanto bene avesse fatto la sua presenza, rispetto a ciò che qualcuno aveva preventivato. Gli ho fornito alcuni dati oggettivi che mi erano arrivati: l'impatto sulla gente, il fatto che i tedeschi avessero potuto ascoltarlo e vederlo in televisione, senza altri filtri né mediazioni.

Gliel'ho detto perché sapevo che aveva letto le critiche di Küng e Drewermann precedenti al viaggio, e forse gli risuonavano ancora nelle orecchie i fischi che alcuni gruppi, nettamente in minoranza, avevano scatenato a Berlino.

13 luglio. Mentre camminavamo sul sentiero, ci ha sorpassati un turista tedesco di circa 40 anni, con suo figlio di 12. Alla vista del papa, lo ha riconosciuto subito e l'ha salutato. Gli ha spiegato che era di Jena, una città dell'ex Germania dell'Est, e che quello era il suo ultimo giorno di vacanza: non avrebbe mai immaginato di poter incontrare il papa proprio lì, passeggiando con il suo piccolo Mathias in quei paesaggi meravigliosi!

«Noi che abbiamo vissuto nella Germania dell'Est» gli ha detto «siamo molto grati per tutto ciò che ha fatto.»

Hanno continuato a parlare in tedesco e Tadeusz mi traduceva. Non sembrava cattolico, ma di certo era pienamente cosciente dei debiti che i tedeschi dell'Est avevano con Giovanni Paolo II.

14 luglio. Nel pomeriggio, abbiamo fatto un piccolo giro intorno a casa. Ho detto al Santo Padre che l'incontro del giorno precedente con il tedesco era stato una specie di conferma dei nostri commenti di due giorni prima sul viaggio in Germania. Mi ha ascoltato in silenzio, senza dire nulla.

«Tutti conoscono» ho aggiunto «il grande sforzo psicofisico che presuppongono questi viaggi, ma ne valgono la pena, perché capitano delle cose che non potrebbero succedere se il Santo Padre non fosse stato presente.»

«Bene, ma devo dire che... a me piace viaggiare!» ha risposto con un sorriso.

«Forse il Signore si serve anche di questo» ho detto.

«Quindi,» ha aggiunto con un sorrisetto «lei crede che il papa dovrebbe continuare a fare questi viaggi...»

«Senza dubbio!» ho esclamato. E mi sono ricordato di un suo commento, durante un incontro con i giornalisti in un viaggio negli Stati Uniti nel 1987. Uno di loro gli aveva detto che era stato calcolato che passasse il 7 per cento del suo tempo lontano da Roma... Il papa aveva risposto fingendosi serio: «Davvero? Che scandalo!».

Poi abbiamo parlato della partecipazione della Santa Sede alle grandi conferenze internazionali delle Nazioni Unite. Si è detto convinto sia valsa la pena dello sforzo fatto in difesa della dignità umana.

«Quando ci siamo incontrati a Newark,» ha aggiunto «Clinton mi ha parlato della "gran collaborazione" che la delegazione nordamericana stava fornendo a quella della Santa Sede durante la Conferenza di Pechino.»

«Santo Padre, sfortunatamente, questo non è...» e gli ho raccontato nel dettaglio la discussione che avevo avuto a Newark con una persona della Casa Bianca che voleva si menzionasse questa supposta collaborazione nel comunicato congiunto della Casa Bianca e della Santa Sede. Avevo rifiutato fermamente, perché non ci avevano aiutato né offerto collaborazione di alcun tipo. Anzi, tutto il contrario. Quell'impegno nell'apparire, durante il soggiorno del Santo Padre negli Stati Uniti, come un «collaboratore della Santa Sede» non si era concretizzato.

Gli ho parlato di Janne Haaland Matláry, la competente professoressa universitaria norvegese che aveva fatto parte della delegazione della Santa Sede durante la Conferenza di Pechino, e della storia della sua conversione al cattolicesimo. È emerso poi il tema del prossimo viaggio in Francia e delle critiche di alcune persone, che si dichiarano agnostiche, riguardo agli «sprechi del viaggio».

15 luglio. Siamo arrivati in macchina fino alla riva di un piccolo lago. Il papa, contento, come al solito, si è seduto per pregare il breviario. Ma in quell'occasione lo ha fatto cantando, a voce bassa ma udibile, con la salmodia classica.

Abbiamo visitato ogni giorno un luogo diverso. Ci ha accompagnato un tempo straordinariamente bello. Sono sceso nel paese, Lorenzago di Cadore, per sviluppare le fotografie che gli avevo fatto e distribuirle ai giornalisti. Ne ho scelte quattro in cui il papa era venuto particolarmente bene. Il giorno dopo gliele ho mostrate: ha iniziato a guardarle con attenzione, ma me le ha rese subito per dedicarsi a qualcos'altro.

Ci siamo diretti verso Collesei. Durante queste camminate, in maniera discontinua ma evidente, mi sono accorto di alcuni cambiamenti. A volte aveva un volto impassibile, che ho attribuito al Parkinson, con una gamma di espressioni più ridotta. Le passeggiate si sono fatte più corte, di circa un chilometro, con un evidente sforzo da parte sua. Il sorriso, che in lui era un gesto abituale, appariva sempre più tardi nel pomeriggio, anche se sono riuscito a farlo ridere mettendomi un naso rosso da pagliaccio per fargli una fotografia.

«Ricorda tutti i viaggi che abbiamo fatto in questi anni?» mi ha chiesto durante una di queste passeggiate.

«No, Santo Padre. Sono tantissimi. Non riesco a ricordarli tutti.»

E mi ha raccontato che gli avevano dato un album con fotografie della sua giovinezza, grazie alle quali aveva ricordato le escursioni nei boschi della Polonia e i suoi giri sui laghi in kayak.

Un giorno, dopo pranzo, mentre stavo leggendo sotto un albero, mi si è avvicinato Dziwisz. Mi ha chiesto cosa penserebbero il mondo della comunicazione e gli ambienti della Curia riguardo a una possibile dimissione del papa. Gli ho detto che di questo punto si era parlato in occasione del settantacinquesimo compleanno del Santo Padre, ma che in quel momento la notizia non era in primo piano.

Nonostante ciò, era chiaro che il Santo Padre ci avesse riflettuto. Ed è probabile che avesse chiesto a Dziwisz di indagare sulla questione con diverse persone.

«E tu, come la vedi?»

«Io credo che ci siano ragioni a favore e ragioni contro» gli ho detto. «Ragioni contro: un papa a Roma e un papa dimissionario in Polonia potrebbero portare a nuove divisioni all'interno della Chiesa. Ma ci sono anche ragioni a favore, con i relativi vantaggi: Giovanni Paolo II, che ha cambiato tante tradizioni del pontificato, potrebbe cambiarne una in più e costituire un precedente moderno che permetta ai futuri papi, malati o molto anziani, di presentare le proprie dimissioni con facilità.»

Quando Dziwisz se n'è andato, ho continuato a riflettere sull'argomento. La domanda su una possibile dimissione risulta logica, ma per ora mi sembra senza fondamento. Il Santo Padre ha avuto vari problemi di salute ma, credo, nessuno che a oggi giustifichi le sue dimissioni, perché non l'hanno reso completamente invalido.

Inoltre, vi è la pressione psicologica che quei problemi di salute causano al pontefice, sempre al centro dell'attenzione pubblica. Forse, conoscendo il suo modo di essere e di pensare, vede la possibilità di dimettersi come una tentazione, come un'abdicazione ai suoi doveri verso Dio.

Dziwisz considera tutte le complicazioni di cui ha sofferto: davvero, quante malattie ha avuto dopo l'attentato! Ma non dà l'idea di un papa dimissionario, che viva nascosto, mentre un altro papa è in Vaticano. Lo aveva chiesto a Martínez Somalo, che gli aveva detto che non contemplava questa possibilità. Non so con quante altre persone ne abbia discusso.

Il giorno dopo, mi sono confrontato con Styczeń. Ha detto di averne parlato con il Santo Padre dopo l'intervento al femore.

«Gli dissi che è Dio che dà la chiamata» mi ha spiegato «e che solo Lui può revocarla con la morte. Ma il papa mi rispose: "Sì, ma Dio non la revoca solo con la morte: anche con la disabilità". Davanti a ciò non ho saputo cosa dire. In un'altra occasione, vedendo a Lorenzago i visi delle persone che lo aspettavano ogni giorno quando rientrava, gli dissi che non poteva privare tutta quella gente che lo amava così tanto della sua presenza. Ci pensò su per un po' e non disse nulla. E aggiunsi: "Santo Padre, quando Bach stava morendo, si trovava in circostanze familiari disastrose. Era quasi in rovina e i suoi figli vendevano i suoi spartiti per guadagnare denaro e ubriacarsi. Proprio in quel momento scrisse una delle sue opere più belle, con un passaggio che evoca la chiamata di Dio allo stesso Bach…".»

In questi giorni sono iniziate le Olimpiadi di Atlanta. Il papa vi ha alluso dopo la preghiera dell'*Angelus* a Pieve. La sera mi ha chiamato Samaranch dagli Stati Uniti chiedendomi un numero di telefono o di fax per mettersi in contatto con il Santo Padre. Gli ho dato il nostro numero di fax e dopo poche ore ha inviato un messaggio, come presidente del Comitato olimpico internazionale, ringraziando il Santo Padre per le sue parole dopo l'*Angelus*. Quando ne ho parlato con il papa mi ha detto: «Questo vuol dire che il papa conta qualcosa…».

A volte mi chiedo se sia consapevole di quanto la sua figura e le sue parole contino, pesino e influiscano sul mondo di oggi.

Di rientro a Roma ho chiesto che in ufficio elaborassero una lista dei viaggi del Santo Padre, e che venissero segnate in dettaglio le date, i paesi, le città che aveva visitato. L'ho consegnata al papa, e il giorno dopo Dziwisz mi ha detto che l'aveva studiata attentamente la sera, dopo cena. Nostalgia degli anni in cui godeva di una sorprendente forza fisica?

Pannonhalma, Ungheria. Troppo e male
9 settembre 1996

Sabato scorso, 7 settembre, ho incontrato la stampa a Győr, in occasione del viaggio del papa in Ungheria (6-7 settembre). Il giorno prima avevo smentito una comunicazione dell'agenzia France Press sulla salute del Santo Padre. I giornalisti, come è logico, mi hanno chiesto qualcosa in più, e ho finito per parlare troppo. E male, per giunta. Ho menzionato per la prima volta il Parkinson, e anche il problema allo stomaco.

Com'era da aspettarsi, il giorno dopo i quotidiani italiani hanno riportato le mie dichiarazioni. Ho pensato alla prevedibile, e giustificata, rabbia della Segreteria di Stato nei miei confronti e, soprattutto, a quella di Buzzonetti.

Senza dubbio, è da me che dipende l'ambiguità con la quale è stata informata la stampa in queste settimane sullo stato di salute del papa. Ma, allo stesso tempo, sentivo che, in mezzo a queste difficoltà, bisognava rischiare qualcosa.

Spero che questo sia utile e proficuo per il futuro. E non mi riferisco solo agli aspetti «tecnici», ma anche alla ricerca della santità, perché è una cosa che mi fa male e mi mortifica.

«È arrivato già il tempo che supera tutte le debolezze»
27 settembre 1996

La cena a Castel Gandolfo ha come tema il viaggio in Francia (19-22 settembre). In compagnia del Santo Padre ci siamo io, Sandri e Mario Agnes. Ricordiamo tre momenti indimenticabili: la riunione con le famiglie, l'incontro con i malati a Tours e la messa a Reims.

Dico al papa che il viaggio è stato un miracolo. La televisione ha aiutato molto, fornendo una copertura quasi completa delle cerimonie. Credo che ciò abbia contribuito al fatto che alcuni giornali, con «Le Monde» a capo, abbiano modificato il proprio atteggiamento davanti alla forza delle immagini.

Parliamo un po' di Giovanni Paolo I, dato che domani si celebrerà la messa in memoria dei pontefici defunti.

Quando finiamo di cenare, il papa si lascia scappare una frase di non facile interpretazione: «È arrivato già il tempo che supera tutte le debolezze». Nessuno dei presenti riesce a comprenderne fino in fondo il significato. Penso che quelle parole siano riferite alla sua situazione attuale: sa che tra pochi giorni tornerà in sala operatoria per un intervento di appendicectomia, che si aggiunge alle numerose pene fisiche e spirituali che stanno trasformando la sua esistenza in una croce.

Operazione di appendicite
8 ottobre 1996

Il 14 settembre abbiamo fatto uscire un comunicato sulla diagnosi medica: il papa soffre di un'appendicite recidiva, o ricorrente, che ha richiesto un intervento chirurgico, portato a termine questa mattina.

Nel bollettino medico e nei dati informativi per la stampa condivisi dal dottor Crucitti, si parla delle tre questioni alle quali ho fatto riferimento in Ungheria: intervento in laparotomia e presenza di alcune aderenze. La terza riguarda il Parkinson ed è contenuta nella frase: «Per quanto concerne il problema della sindrome extrapiramidale, non ci sono nuovi dati: non si sono fatti ulteriori esami e gli specialisti seguono attentamente lo sviluppo della malattia, come da routine».

Vado al Gemelli di prima mattina. Salgo al decimo piano e da lì chiamo Re, che è con Dziwisz al nono, vicino alla sala operatoria. Arriva e mi dice che l'intervento è cominciato poco dopo le otto. Buzzonetti è uscito un attimo dalla sala operatoria per confermare che si trattava di appendicite. Più tardi mi incontro con Francesco Crucitti, Manni e il resto dell'équipe medica. Manni dice: «Leggendo i giornali degli ultimi giorni, vedo che alcuni vogliono informare e altri non intendono farlo affatto».

Dziwisz mi spiega che il Santo Padre si è alzato alle tre di notte, ha pregato nella cappella, letto il breviario e recitato il rosario, perché non era sicuro che dopo l'operazione sarebbe stato in grado di farlo. Ha celebrato messa alle cinque di questa mattina.

Questa volta, risvegliandosi dall'anestesia il suo volto aveva un'espressione di serenità e non di sofferenza. Arrivato in stanza dopo l'operazione, era cosciente e gli hanno letto, sotto sua richiesta, il referto medico. In questi giorni non ha assunto il farmaco prescritto contro il Parkinson e sta meglio.

Per quanto riguarda l'*Angelus* di domenica, suggerisco che forse potrebbe venire il tecnico di Radio Vaticana e registrare nella stanza. Poi, potrebbe affacciarsi alla finestra alcuni secondi per dare la benedizione. Quella breve apparizione in pubblico conforterà e tranquillizzerà le migliaia di persone di tutto il mondo che pregano per lui e sono preoccupate per la sua salute.

Il Vaticano numero tre
15 ottobre 1996

Le parole del papa registrate per l'*Angelus* di domenica 13 mostrano come ha vissuto questi giorni: con un abbandono totale in Dio, mettendo la sua vita nelle mani della Vergine – ha ripetuto il *Totus tuus* – fino all'anno 2000.

Poi, impartita la benedizione dalla finestra, ha improvvisato alcune battute divertenti, sostenendo che, per lui, in quel periodo, il Vaticano «numero uno» era Piazza San Pietro; il Vaticano «numero due» Castel Gandolfo, e il Vaticano «numero tre» il Policlinico Gemelli.

I mezzi di comunicazione continuano a parlare del Parkinson. Dziwisz mi ha consigliato di non rilasciare alcuna dichiarazione sul tema, perché non abbiamo ancora una diagnosi chiara: «Potrebbe essere una conseguenza dell'incidente avuto quando era giovane».

Oggi hanno dimesso il papa. In questo momento, la priorità non è l'opinione pubblica, ma riuscire ad avere una diagnosi definitiva. Più avanti, studieremo il modo migliore e il momento più conveniente per renderla pubblica. Questo è il piano che propongo a Dziwisz e a Sodano.

Un articolo a mezzanotte
30 ottobre 1996

Domenica 27, il «Corriere della Sera» ha pubblicato un'intera pagina di Hans Küng con i suoi soliti attacchi al Santo Padre. La sera ho chiamato Messori per chiedergli, in qualità di esperto della figura di Giovanni Paolo II, di redigere un articolo in risposta a quelle parole. Lo ha fatto la sera stessa, finendo di scrivere alle tre di notte, e quando ho avuto l'articolo in mano, ho chiamato «La Stampa» di Torino per chiedere che fosse pubblicato. La Spina, il vicedirettore, mi ha detto che, dato che «La Stampa» e il «Corriere della Sera» sono «cugini» (entrambi di proprietà, in misura maggiore o minore, della Fiat o della famiglia Agnelli), sarebbe stato meglio che lo pubblicasse il «Corriere».

Continua a sorprendermi quel misto di concorrenza e amicizia tra due dei principali quotidiani. Il giorno dopo, ho parlato con il direttore del «Corriere» e hanno deciso di pubblicare integralmente il pezzo di Messori, che occupava una pagina intera. Dato che era un buon articolo, è uscito anche in Austria e in altri paesi.

Sul libro di Weigel
6 novembre 1996

Il papa ha ripreso il suo ritmo di lavoro abituale dopo l'operazione dello scorso ottobre. Ne ho la prova stasera, quando arrivo alle sette e mezza e, mentre entro nell'appartamento pontificio, saluto Tauran che ha appena sbrigato delle questioni con il Santo Padre. Iniziamo subito a cenare: il papa non si concede momenti di pausa tra un'attività e l'altra.

Sono giornate intense per lui. Stamattina ha avuto l'udienza generale, e durante questi giorni si succedono le celebrazioni per il cinquantesimo anniversario della sua ordinazione sacerdotale.

Vi hanno partecipato cinque cardinali e più di un migliaio di sacerdoti e vescovi che furono ordinati nel suo stesso anno, 1946.

Lo vedo rilassato e gioviale, come sempre, ma stanco. Con meno tremore nelle mani, ma l'espressione rigida e alcuni movimenti propri dell'avanzamento della malattia che, ne sono sempre più convinto, sia del sistema extrapiramidale.

Mi accoglie nel salottino e mi chiede sorridendo da quanto tempo non ci vediamo. «Dall'ospedale, dopo la sua operazione all'appendicite, Santo Padre.»

Parliamo di diversi argomenti. Per prima cosa, dell'articolo di Küng. E, ancora una volta, ho la riprova che non gli sfugge la minima parola critica verso nessuno.

Dziwisz chiede del libro che sta preparando Weigel. So che al Santo Padre non piace che si parli di questioni che si riferiscono alla sua persona, perciò dico: «Santo Padre, Giovanni Paolo II non appartiene più a Karol Wojtyła; appartiene alla Chiesa; è una pagina della Chiesa. Con quel libro si vuole illuminare storicamente questa pagina».

Sorride al mio ragionamento. E questo mi incoraggia a continuare: «Il libro avrà più valore nella misura in cui tutte le sue affermazioni siano storicamente ben datate e documentate. Per questo bisogna trovare un modo per fornirgli tutto il materiale storico di cui ha bisogno su questi anni. Per esempio: può darsi che in futuro ci sia uno storiografo a cui venga in mente di dire che Giovanni Paolo II non si è mai occupato della Cina durante il suo pontificato. Per questa ragione, bisogna dare adesso a Weigel la lettera che il papa scrisse a Deng Xiaoping, a cui lui non rispose...».

Dato che il papa sembra assentire, io e Dziwisz proponiamo un modo per facilitare il lavoro a Weigel. Alla fine, come sempre, andiamo nella cappella, dove preghiamo a lungo in ginocchio davanti al Sacrario. In questa occasione, tra altre intenzioni, chiedo a Dio il miracolo della guarigione del Santo Padre.

Quando Dziwisz mi accompagna all'ascensore, mi dice che Weigel ha inviato una serie di domande al papa. Chiede la mia opinione. Suggerisco che per ora lascino tranquillo il Santo Padre, perché a molte di questi quesiti può tranquillamente rispondere Stanisław Ryłko.

XXXVI
Tremori a Sarajevo
(1997)

Una cena particolare
23 gennaio 1997

Sono tornato da Milano dopo una cena particolare. Anfitrione: Leonardo Mondadori. Invitati: io, Henry Kissinger, Giovanni Agnelli, il commissario dell'Unione europea Mario Monti, l'ambasciatore degli Stati Uniti e altre due persone che, sfortunatamente, non ho capito bene chi fossero.

Leonardo mi ha inviato il biglietto aereo e ho deciso di partecipare. Ero seduto di fianco ad Agnelli, un uomo dai modi normali, per nulla scostante, così come Kissinger, e ho approfittato dell'occasione per parlare del papa.

Kissinger ci ha raccontato un aneddoto dell'epoca in cui era segretario di Stato, quando gli Stati Uniti facevano grandi sforzi per migliorare le loro relazioni con la Cina. Era andato a Pechino e aveva parlato con Deng Xiaoping, che allora era il «numero due». Durante la conversazione aveva detto: «C'è qualcosa che ci unisce: né gli Stati Uniti né la Cina hanno nulla da chiedere l'uno all'altro». Il giorno dopo si era interfacciato con Mao, che sapeva già della sua conversazione del giorno prima e che gli aveva detto: «Lei sostiene che gli Stati Uniti e la Cina non hanno bisogno l'uno dell'altro. Se questo fosse vero, io non l'avrei invitata». Quindi Kissinger aveva risposto: «Nemmeno io avrei accettato il suo invito».

Kissinger mi ha spiegato che gli sarebbe piaciuto parlare con il papa e mi ha lasciato il suo numero di fax a New York, dicendomi che prima del suo prossimo viaggio in Europa si sarebbe messo in contatto con me, nel caso ci fosse stata quest'opportunità.

Pranzo con Sodano
6 febbraio 1997

Oggi pranzo con il cardinale segretario di Stato Sodano, che a volte mi invita. Siamo soli, come al solito. Gli dico ciò che è successo qualche giorno fa alla cena con Agnelli e Kissinger.

Sodano mi chiede del libro che sta scrivendo Weigel: gli spiego la genesi dell'idea.

Mi dice che trova il papa stanco quando va a colloquio con lui nei pomeriggi dei giorni concordati. Il Santo Padre riceve in udienza alcuni dei suoi collaboratori un giorno o due alla settimana. Lunedì è il turno di Sodano; martedì, Re; mercoledì, Tauran; giovedì, di nuovo Sodano; venerdì, Ratzinger; sabato, Gantin o qualcun altro. Di solito gli incontri durano dalle sette meno un quarto alle sette e mezza. Dico che il papa alcune volte mi ha confermato che la sera fa fatica a scrivere e preferisce farlo la mattina, anche se molto presto.

Il cardinale mi aggiorna su suo fratello, che ha avuto un incidente ad Asti: lo ha investito una macchina e gli ha causato un'occlusione intestinale. Alla fine, gli dico che mi sarebbe molto utile poter assistere alla riunione che si terrà nella Segreteria di Stato con vari nunzi riguardo alla presenza della Santa Sede nelle organizzazioni internazionali. Mi assicura che mi farà avere l'orario in modo che possa partecipare.

Negli organismi internazionali
3 marzo 1997

Due giorni di riunione, dalle nove del mattino alle sette di sera, con una pausa per il pranzo. Sodano, Tauran e vari cardinali si riuniscono nella Sala Bologna con i nunzi di diversi organismi internazionali delle Nazioni Unite. Si tratta di analizzare la presenza della Santa Sede, vedere cosa si sta facendo e cosa si possa fare. I diversi nunzi raccontano la propria esperienza personale e discutono delle difficoltà incontrate.

Quelle difficoltà si acuiscono a New York perché lì si pongono questioni di maggior incidenza etica e morale, soprattutto la pianificazione delle nascite e il nuovo linguaggio antinatalista e antifamiliare. Ratzinger presenta un'analisi approfondita dei problemi della nostra epoca, con la quale offre, per così dire, un panorama del contesto in cui ci muoviamo.

Che altro si può fare?
8 marzo 1997

Mentre il papa riceve in udienza la signora Robinson, presidente dell'Irlanda, dico a Dziwisz che sono cosciente che abbiamo usato tutti i mezzi in nostro possesso, ricorrendo ai migliori specialisti del mondo, per curare la salute del Santo Padre. Ma mi chiedo: non potremmo fare di più, sebbene non sia facile? E mi dice una cosa, perfettamente comprensibile: che il papa, dopo tante visite, operazioni, diagnosi, trattamenti ed esercizi, «è stanco di medici e medicine».

«Che altro si può fare?» aggiunge. E concludiamo che, nonostante il papa si sia arreso a ciò che Dio gli manda, bisogna continuare a consultare importanti specialisti fino a quando non saremo completamente sicuri, per quanto sia possibile, della diagnosi. Apporteremo poi i cambiamenti necessari in termini di abitudini lavorative, cure, ecc.

Finalmente a Sarajevo
16 aprile 1997

Il 12 e 13 andiamo a Sarajevo. Mentre stiamo arrivando con l'aereo, ci comunicano via radio che hanno scoperto una grande quantità di esplosivo, più di 100 chili, sotto un ponte situato lungo il tragitto dall'aeroporto alla città.

Ci dicono che l'esplosivo era collegato a un detonatore e a un comando via radio. Invece della papamobile, le forze della SFOR (Stabilization Forces, dell'ONU) hanno predisposto vari elicotteri per farci spostare dall'aeroporto alla città. Informiamo il Santo Padre perché decida sul da farsi. Prima di rispondere, chiede: «Lungo la strada c'è gente che aspetta per vedere passare il papa?». Gli dicono di sì. Allora decide di andare con la papamobile.

Il papa, perfettamente informato su tutto, non parla di questo attentato. Ma io mi chiedo se, da una prospettiva umana, abbiamo giudicato adeguatamente il pericolo reale che presuppone questa visita.

Un paio di giorni dopo ceno con il Santo Padre a Roma e ricordiamo alcuni momenti del viaggio. L'impatto delle immagini televisive è stato molto forte.

Durante la messa nello stadio di Sarajevo si è alzata una tormenta di neve e vento che ha fatto scendere tantissimo la temperatura. L'altare non aveva alcuna protezione. Nella sacrestia, prima della messa, il papa si era ben vestito con un maglione e un impermeabile sotto l'alba e la casula. Ma quando si è scatenata la tormenta ha iniziato a tremare intensamente: in parte per il freddo e in parte per la malattia. Piero Marini, il maestro di cerimonie, gli ha sostenuto con grande delicatezza il braccio sinistro per contenere il tremore, ma ho avuto la sensazione che il papa si sia spaventato un po' e gli abbia chiesto di chiamare Dziwisz. La sua presenza lo ha tranquillizzato. In quei momenti, si vede fino a che punto si fida e si appoggia a Stanisław.

Inaspettatamente, alla fine della cerimonia, ha scherzato con noi: «Di sicuro più di uno si prenderà un raffreddore, ma io non sono disposto».

Praga
27 aprile 1997

Dal 25 al 27 aprile viaggio a Praga, per la ricorrenza di San Adalberto. Il papa è di buon umore e più espressivo che in altre occasioni. L'evoluzione della malattia è irregolare o almeno non costante, dato il modo in cui si manifestano i sintomi. Quando l'aereo decolla da Roma e saluta i giornalisti, ride come sempre e inizia a scherzare con loro. Mi dà l'impressione che l'uscita dal Vaticano, con il peso dei suoi tanti problemi, influisca positivamente su di lui e la sua espressione facciale si distenda.

Durante questo viaggio, Václav Havel ha molti gesti di affetto verso di lui. Si vede che lo apprezza davvero. Nella cattedrale di Praga si celebra un atto ecumenico al quale assistono tutti i leader protestanti. Durante lo scorso viaggio, alcuni di loro non avevano voluto partecipare.

Una lettera dall'Inghilterra
26 giugno 1997

Pomeriggio agitato. Mi ero impegnato a partecipare alla presentazione di un libro di un parlamentare, quando Dziwisz mi chiama per chiedermi di andare a cena alle otto meno un quarto. Chiaramente, è un «contrattempo» che accetto con molto piacere. Partecipo alla presentazione del libro e chiedo che, dato che dovrò andarmene prima, ci sia un taxi che mi aspetti alla porta alle sette e un quarto.

Arrivo pochi minuti prima dell'orario previsto all'appartamento pontificio e monsignor Mietek[1] mi dice che il Santo Padre è ancora nella cappella. Entro e vedo che sta leggendo alla luce di una lampada da terra. Mi inginocchio e aspetto pregando. Non passano i soliti cinque o dieci minuti, ma mezz'ora. Mietek mi fa segno per accompagnarmi in un salottino d'attesa, ma gli restituisco il gesto dicendo che preferisco rimanere. Il papa sta leggendo il breviario. Osserva spesso il Sacrario, senza fretta, senza guardarsi attorno, immerso nella sua preghiera, dimentico del tempo. Vederlo pregare così, coinvolto in Dio, senza preoccuparsi dell'orologio, mi commuove e mi edifica.

Agli occhi di una persona senza fede o senza cultura religiosa, questa cappella dei tempi di Paolo VI potrebbe sembrare «drammatica»: come pala d'altare, un Cristo crocifisso a grandezza naturale e circondato da rappresentazioni di crimini, due assassini, quelli di san Pietro e di san Paolo. Per vedere Cristo glorioso, bisogna alzare lo sguardo verso il cielo e contemplare la vetrata a colori con l'immagine del Risorto. Giovanni Paolo II ha aggiunto solo una piccola icona senza cornice, con l'immagine della Vergine di Częstochowa, a sinistra della croce.

Quando finisce, si alza senza fretta, si inginocchia qualche minuto, prende il suo bastone ed esce. Mi saluta e ci dirigiamo verso la sala da pranzo. Ci sono anche i due segretari. Prima di sederci, Dziwisz ricorda che è il trentesimo anniversario del suo cardinalato.

Dopo aver benedetto la tavola, gli chiedo se posso leggergli una lettera. È un breve messaggio, arrivato dall'Inghilterra. È firmato da un uomo sconosciuto che racconta la sua vita. Era stato per un po' direttore di un'impresa commerciale ed era felicemente sposato fino a quando aveva avuto problemi con alcol e droga, ed era diventato un senzatetto che dormiva per le strade di Londra. Aveva letto per caso la biografia del papa scritta da Tad Szulc e vi aveva trovato la speranza e la forza di cambiare. Ora aveva ripreso in mano la sua vita e voleva ringraziare il Santo Padre.

Dziwisz mi prega di lasciare la lettera sul tavolo. Il papa non aggiunge altro.

Più tardi, mi chiede cosa si dica della risposta negativa del patriarca di Mosca all'incontro a Graz con il papa. Gli spiego che tutta la stampa l'ha riportata, in generale, in un contesto adeguato. Si evidenzia che la responsabilità è di Alessio II, dato che il Santo Padre ha fatto tutto il possibile. Gli dico che ora si discuterà del fatto che il patriarca ecumenico di Costantinopoli quest'anno non invierà una delegazione a Roma per la celebrazione di San Pietro. Stanisław aggiunge di non comunicare niente alla stampa. Rispondo che è meglio spiegare la situazione ad alcuni giornalisti. Assicuro al papa che sarò caritatevole, ma che è bene dire le cose come stanno.

Poco dopo, Dziwisz si alza e va nella stanza a fianco per sbrigare una faccenda per il papa. Mentre è assente, chiedo al Santo Padre se mi permette di esporgli un'idea su don Stanisław. Gli dico che, ora che Monduzzi va in pensione, potrebbe essere nominato prefetto della Casa Pontificia o ordinato vescovo. Dziwisz continuerà a essere il segretario del papa, vivendo nell'appartamento pontificio, e dato che il compito principale del prefetto è preparare le udienze del Santo Padre, nessuno è meglio di lui in questo: sarebbe la continuazione di ciò che sta già facendo ora. Il papa dice: «È una buona idea». E aggiunge: «Io di questo tipo di nomina non me ne occupo, ma mi interesso della promozione di don Stanisław». L'idea non è mia, è un suggerimento che mi ha dato un sacerdote che conosce le preoccupazioni del papa. Monsignor Mietek, che è al tavolo, conferma che questa nomina sarebbe una gran cosa.

Ricordo al Santo Padre che un anno fa, dopo aver cenato a Castel Gandolfo, disse una frase che mi rimase impressa nella memoria e che mi piacerebbe mi spiegasse. La frase era: «È arrivato già il tempo che supera tutte le debolezze». Il papa ricorda l'occasione: «Sì, fu dopo il viaggio in Francia». E aggiunge: «È una di quelle frasi che si dicono...», come se non volesse parlarne, per pudore. Aggiungo che io la interpreto come se non gli importassero più le debolezze fisiche, le malattie. Mi risponde subito: «Sì, è quello che volevo dire».

Parla della sua situazione fisica: «Un papa a cui trema un braccio; che si frattura una gamba... La voce però funziona ancora, ma...». È come un autoritratto esterno. Lo dice senza lamentarsi: semplicemente, constata il fatto.

Commento: «Santo Padre, in questo modo si vede come Dio si occupi di tutto, quasi senza aver bisogno dell'uomo».

Il papa risponde senza esitare: «Ah, sì; così si capisce la Polonia, la Francia e tutto il resto». È chiaro che attribuisce alla grazia di Dio la buona accoglienza che ha avuto il suo messaggio in quei paesi durante gli ultimi viaggi. Sono miracoli che Dio compie proprio quando i limiti fisici sono più evidenti.

Dziwisz, riunitosi a noi, vuole che approfondisca quelle idee. Aggiungo che, all'inizio del pontificato, quella figura di un papa giovane e slavo, che sciava e nuotava, quasi «intralciava», in un certo senso, la ricezione del messaggio evangelico. Era un'immagine che attraeva per se stessa. Adesso che la gente conosce la figura del papa, è possibile che ascolti di più il messaggio di Cristo che lui trasmette. Almeno, è ciò che penso io.

Approfitto dell'occasione per suggerire, nel modo più delicato possibile, che nelle circostanze attuali sarebbe bene che si dedicasse un po' di più alla salute facendo tutti i giorni esercizio fisico guidato.

Il papa mi risponde: «Faccio esercizio due volte al giorno, tutti i giorni: la mattina e il pomeriggio». «Ma, Santo Padre, c'è qualcuno che la guida?» chiedo. «No, li faccio da solo; sono esercizi che ho imparato quando erano qui Emma e...», riferendosi ai fisioterapisti dell'ortopedico tedesco che è venuto a Castel Gandolfo qualche estate fa.

E passa a un altro argomento. Alla fine, firma la lettera del signore inglese che ho lasciato sul tavolo, chiedendomi di rimandarla al mittente. Gli dico che sarà fatto. Ci comunica che dobbiamo finire perché «bisogna cantare il Sacro Cuore». Quando me ne vado, dopo avergli baciato la mano, gli do un bacio sulla guancia.

Domande a Napoli
5 giugno 1997

Vado a Napoli in occasione del Summit della Comunicazione organizzato dall'azienda Telecom. Mi hanno assegnato il premio di Comunicatore dell'Anno 1997, nella sua terza edizione. I vincitori degli anni passati sono stati Nicholas Negroponte, del Massachusetts Institute of Technology di Boston, e Jim Clark, fondatore di «Netscape». Ho dovuto rilasciare varie interviste in questi giorni alla «Repubblica», «La Stampa», «Il Mattino», a emittenti radio e a vari canali televisivi.

Hanno assegnato il premio anche all'architetto Renzo Piano, autore, tra altri edifici, del Museo Beaubourg (Centro Nazionale di Arte e Cultura Georges Pompidou) di Parigi.

La consegna dei premi ha avuto luogo ieri mattina a Castel dell'Ovo. Dopo le parole del presidente di Telecom, Guido Rossi, si apre un giro di domande inizialmente fatte da quelli della tavola rotonda, composta da intellettuali italiani, scrittori e accademici.

Per mia sorpresa, le domande, invece di riguardare il mondo della comunicazione, vertono tutte su questioni sostanziali di questo pontificato, problemi di stampo dottrinale. Ciò mi dà l'occasione per spiegare alcuni insegnamenti della Chiesa nelle quasi tre ore di durata del dibattito.

Si tratta di un ambiente «laico» formato da deputati del Pds, ex comunisti, che si mostrano molto interessati agli insegnamenti del papa. Il tono generale è rispettoso, a parte le domande di Paolo Flores d'Arcais, conosciuto per la sua militanza laica. Alla fine, durante il pranzo, mi trattano con cordialità, e ho la sensazione che non sia semplice cortesia. Per persone lontane o che non conoscono la fede, il messaggio cristiano apre sempre grandi prospettive.

Renzo Piano mi sembra molto interessante. E credo che tra noi ci sia sintonia. Spero di poterlo incontrare più spesso. Mi racconta che sta progettando una chiesa nella terra di Padre Pio e che è rimasto impressionato dal contatto con i pellegrini che si recano in quel luogo. Dice che mi invierà la documentazione del progetto.

XXXVII

L'aria di Parigi

(1997)

Di nuovo ad Aosta
20 luglio 1997

Sono rientrato ieri dalla Valle d'Aosta, dove siamo stati dal 9 al 19. Dieci giorni di riposo e tranquillità: molti meno di quelli che il papa meriterebbe... e di cui avrebbe bisogno. Insieme a splendidi paesaggi, abbiamo avuto, in generale, un bel tempo da montagna: sole, pioggia e anche grandine. Ma siamo comunque riusciti a salire in cima tutti i giorni.

Eravamo il piccolo gruppo di sempre: Dziwisz, Tadeusz Styczeń, Renato Buzzonetti, Camillo Cibin, Gugel, quelli della sicurezza ed Enrico Marinelli. Ogni volta vedo sempre più chiaramente quanto siamo insignificanti, di fianco a questo Santo Padre che nonostante i suoi limiti fisici è sempre, palesemente, un gigante della storia della Chiesa.

12 luglio. Intrattengo lunghe conversazioni con il papa mentre camminiamo. Oggi il direttore della «Repubblica», Ezio Mauro, mi ha inviato un fax con il messaggio di Joseph O'Dell, un condannato a morte nello Stato della Virginia che sarà giustiziato mercoledì 23. Il messaggio nomina il papa due volte e gli chiede di stargli vicino spiritualmente nel momento dell'esecuzione.

Camminando, parlo al Santo Padre di questo messaggio. Chiede se sia già stato fatto qualcosa per quest'uomo. Rispondo che è stato inviato un messaggio al governatore della Virginia chiedendo un atto di clemenza. Si informa sulla data prevista per l'esecuzione: coincide con quella dell'udienza pubblica del mercoledì. Mi chiede se quel giorno sia Santa Brigida... E aggiunge: «Solo Dio è padrone e signore della vita e della morte».

Queste parole mi suggeriscono come trattare l'argomento con i giornalisti. Il papa prosegue: «Naturalmente, la società ha diritto alla legittima difesa». Gli ricordo le sue parole nell'*Evangelium Vitae* e il concetto pratico che offrono: partendo dal fatto che le istituzioni penitenziarie sono sicure e impediscono che chi ha fatto danno alla società possa di nuovo essere una minaccia per la vita, non esisterebbe una situazione nella quale si possa giustificare la pena di morte.

Continuiamo a discutere dell'enciclica *Evangelium Vitae*. Il papa dice che è l'evoluzione dell'*Humanae Vitae*, nel senso che parte dagli insegnamenti di Paolo VI e li sviluppa. A proposito di questo, gli chiedo se abbia avuto la possibilità di vedere la redazione definitiva dell'*Humanae Vitae*: «Ho visto il testo, ma niente di più».

Mi parla della tiepida accoglienza dell'*Humanae Vitae* presso l'opinione pubblica. Gli espongo il mio punto di vista per quanto riguarda la comunicazione. Quando Paolo VI riunì la commissione degli esperti, l'opinione pubblica venne a sapere delle diverse posizioni che vi erano in seno alla commissione, ma non furono spiegate bene le ragioni del papa; e si analizzò solo la parte del documento nella quale diceva «no», come se quel «no» fosse un rifiuto personale di Paolo VI e non un insegnamento della Chiesa.

Facciamo una pausa durante la camminata e, contemplando il paesaggio, il Santo Padre ricorda i monti di Zakopane: «Quante volte siamo andati a sciare lì!» dice rivolgendosi a Tadeusz Styczeń. Quest'ultimo conferma che effettivamente ne approfittavano quando non c'era gente: «Mi diceva: "Oggi non c'è nessuno, andiamo a sciare!"».

Il papa aggiunge che alcune cose non riesce più a farle. E sussurra: «La cosa peggiore è stata questa gamba». Per me è una frase rivelatrice. Credo che sia quello il modo in cui vede e comprende i suoi dolori. Attribuisce le sue limitazioni attuali alla frattura del femore e non alla malattia neurologica di cui soffre.

Più tardi, quando ne parlo con Buzzonetti, mi conferma che ha la stessa impressione: il papa non ha interiorizzato, non ha ancora accettato le limitazioni derivate dal Parkinson. Mi dice che ha dato a Dziwisz delle fotocopie di un libro di medicina perché il Santo Padre conosca meglio le conseguenze della sua malattia di cui ancora non si è reso conto.

Dopo pranzo discuto con Dziwisz della risposta del direttore della «Repubblica» per quanto riguarda la lettera di O'Dell, il condannato a morte in Virginia. Gli ho scritto dopo la conversazione con il Santo Padre. Scendo con una jeep della guardia forestale fino a una zona in cui c'è segnale telefonico. Leggo a Ezio Mauro quelle frasi che, il giorno dopo, diventano titoli sulla prima pagina del suo quotidiano.

13 luglio. Conversiamo durante la camminata. Il papa mi parla di un'alpinista polacca, Wanda Rutkiewicz, che il 16 ottobre 1978, vale a dire lo stesso giorno della sua elezione a pontefice, conquistò l'Everest. «Venne a trovarmi, durante una messa, e ci fermammo a parlare un po'. Morì un anno dopo scalando l'Himalaya e non so se hanno ancora ritrovato il corpo.» È stata la terza donna a salire in vetta all'Everest e la prima a scalare il K2.

Parliamo di tutto mentre camminiamo nel Vallone di Youlaz, di fianco a un ruscello che scorre alla nostra destra, a 2150 metri di altezza. Poi il cielo si copre e dopo pranzo inizia a piovere intensamente. Il papa si rifugia sotto una grande tenda che gli hanno preparato; noi nelle macchine o sotto gli impermeabili. Una guardia forestale tira fuori una fisarmonica e cantiamo in coro canzoni montanare di fianco alla tenda che ospita il Santo Padre, che ascolta da dentro.

Il tempo peggiora e dobbiamo rifugiarci tutti nella prima parte della tenda, dove continuiamo a cantare per un bel po'. Una cosa così semplice e, allo stesso tempo, così insolita che risulta naturale: un papa montanaro, con vari acciacchi e malattie, che riposa e legge sotto una tenda da spiaggia (pratica, ma un po' ridicola in montagna), mentre un gruppo di guardie forestali e collaboratori canta canzoni alpine.

Si sta bene qui. Durante il ritorno, Buzzonetti scivola e si fa male alla caviglia. Torniamo a casa tardi.

17 luglio. Tutti i giorni, al mattino, parlo con il mio ufficio. Ciro Benedettini, il vicedirettore, mi dice che i giornalisti vogliono informazioni su una lettera del papa a Eltsin in cui gli chiede di non firmare la nuova legge sui culti nella Federazione Russa. Questa proposta è stata approvata alla Duma e alla Camera alta, ed è necessaria solo la firma di Eltsin perché diventi legge.

Risulta che quella lettera sia stata inviata dalla Segreteria di Stato, in questo caso la Seconda sezione, senza informare il nostro ufficio. So che non vale la pena arrabbiarsi. Ma penso che quel documento del pontefice debba essere condiviso con l'opinione pubblica e così lo dico al Santo Padre. Poi, faccio tutto il necessario fino a che riusciamo a inviarla alle agenzie il pomeriggio stesso.

Ed è opportuna perché, il giorno seguente, scopro grazie alla stampa che il patriarca di Mosca ha scritto a Eltsin chiedendogli di firmare la legge! Almeno, le pagine di oggi mostrano la posizione del patriarca e danno grande spazio anche a quella del papa. Così l'opinione pubblica, quantomeno quella occidentale, può conoscere le ragioni che muovono il Santo Padre.

È proprio la prima domanda che mi fa non appena ci mettiamo in cammino questa mattina. Gli dico che è stato provvidenziale che ieri si sia deciso di diffondere il testo. «Provvidenziale... non molto per il patriarca.» Effettivamente, penso, sarà un piccolo ostacolo in più sul cammino per un possibile incontro con Alessio II. Al proposito, esprimo quanto mi sorprenda quel modo di pensare di alcuni ortodossi, che considerano Roma solo come «territorio canonico». «A noi non interessano i territori, ma le anime!» dice il papa.

Continuiamo a camminare. Il papa aggiunge che sta leggendo un libro di Riccardi[1] che tratta del pensiero dei gruppi islamici fondamentalisti. Gli dico che la Spagna, per la precisione Toledo, ha avuto un'esperienza storica molto interessante quando convivevano ebrei, musulmani e cristiani in una comunità ricca anche dal punto di vista intellettuale. Il Santo Padre conosce quei fatti, e parla di Averroè e Avicenna. Insieme a Tadeusz ricorda un verso di un poeta polacco che menziona Toledo.

Poi dice che l'ultima città dalla quale furono espulsi i musulmani in Spagna fu Granada. Passiamo a parlare di Isabella la Cattolica. «Il suo processo di beatificazione si fermò a causa delle proteste degli ebrei; forse bisogna aspettare, come con santa Edvige, sei secoli...» spiega il papa. Si parla dell'espulsione degli ebrei: «Sì, fu così che arrivarono in Polonia». Il silenzio è rotto da un'esclamazione del papa, come se pensasse a voce alta: «Come Dio scrive dritto nella storia contorta!».

17 luglio. Tadeusz mi propone di leggere un saggio che sta preparando sull'etica di Wojtyła analizzata dai suoi discepoli. In quel testo ci sono alcune frasi che non so se vengano dal papa o da altri autori. Lo chiedo direttamente al Santo Padre. «Sì,» mi dice «la frase "la persona è l'autotrascendenza della libertà nella verità" è del libro *Persona e atto*.» Ciò mi spinge a ricordare che c'è chi sottolinea che la traduzione inglese di quel libro di Wojtyła è stata molto importante. Il papa dice che la tesi della traduttrice, con la quale è ancora in contatto epistolare, «è che Wojtyła cristallizzò il suo pensiero durante la traduzione del libro...». Non aggiunge altro.

Sono stati giorni stupendi. Il Santo Padre ha riposato ed è più rilassato. Buzzonetti mi chiede se lo veda meglio, perché gli ha aumentato un po' la dose di L-DOPA. Gli dico che credo abbia un'espressività facciale migliore.

Parigi, XII Giornata mondiale della gioventù
25 agosto 1997

Dal 21 al 24 agosto siamo a Parigi per la XII Giornata mondiale della gioventù. Fa caldissimo e i luoghi delle cerimonie con i giovani non sono riparati dal sole. Il papa soffre molto. Nel pomeriggio, nel Campo di Marte, il podio non ha alcuna protezione e bisogna cambiare la sedia metallica che era stata preparata per il Santo Padre perché ha accumulato il calore della giornata e, a toccarla, scotta. Il papa si ripara sotto un semplice parasole, evidentemente insufficiente.

Un giorno, di ritorno alla nunziatura prima del pranzo, il papa entra nella cappella che gli hanno allestito di fianco alla stanza, si inginocchia e rimane due ore a pregare. Così mi racconta Buzzonetti. Chiaramente, è la sua intensa vita di preghiera che gli dà le energie per sopportare questi sforzi.

Buzzonetti aggiunge anche che quest'estate, a Castel Gandolfo, ha avuto qualche linea di febbre e l'hanno chiamato perché lo visitasse. Il papa ha detto che, il giorno dopo, mercoledì, avrebbe avuto l'udienza generale in Vaticano e, quindi, si sarebbe dovuto alzare... alle quattro del mattino! Senza dubbio, era per attenersi al suo personale piano di preghiera.

Durante la veglia nell'ippodromo di Longchamp il Santo Padre soffre, sia per il calore sia per gli effetti di una forte stanchezza, dato che è dovuto rimanere nella nunziatura, un edificio senza aria condizionata, per salutare diversi gruppi di persone. Arriva alla veglia talmente indebolito che gli risulta difficile mantenere l'equilibrio durante la cerimonia. Marini lo sostiene più di una volta.

Alla messa del 24, una lunga cerimonia che presuppone di nuovo un notevole sforzo per il Santo Padre, la partecipazione dei giovani è straordinaria. La prefettura di Parigi fornisce una cifra: 1.200.000. Si sono superate, con ampio margine, tutte le previsioni che parlavano di mezzo milione al massimo. È un evento che invita alla riflessione. A Parigi ho parlato con Henri Tincq, di «Le Monde». Anche lui era sorpreso, come tutti, dalla miriade di giovani in questi giorni.

Uscendo dalla nunziatura, il papa chiede di fermare la macchina, alle quattro del pomeriggio, sotto un sole che spacca le pietre, per salutare un gruppo di giovani che lo aspettavano, cantando, in strada. Come al solito, non si «risparmia». Si dona a tutti e senza riserve.

XXXVIII
Cuba
(1997-1998)

Preparando il terreno
20 ottobre 1997

Sono a Cuba fino al 26 per aiutare nella preparazione della visita del papa del prossimo gennaio. Prima di partire, ho chiesto a Dziwisz che il Santo Padre firmi una copia di *Varcare la soglia della speranza* per regalarla a Castro, nel caso se ne presenti l'occasione. Ho con me il programma di lavoro che mi ha preparato il nunzio, Beniamino Stella. Nessun viaggio in altre città: voglio rimanere all'Avana per vedere cosa portano di buono le conversazioni con le autorità. Arrivando in aeroporto mi incontro con Caridad Diego, capa dell'ufficio degli Affari religiosi, e con altri membri del ministero dell'Interno e della squadra di sicurezza. Ci salutiamo cordialmente e poi parlo nel terminal dell'aeroporto con i corrispondenti all'Avana.

Questo stesso pomeriggio intrattengo una lunga conversazione con il nunzio e alcuni vescovi cubani, che mi aggiornano sulla situazione; il cardinale dell'Avana non è presente perché a letto con l'influenza. La mia prima impressione è quella di un regime totalitario, comunista nella sua essenza, che non ammette nulla che non sia organizzato e controllato dal partito. Come si può conciliare questo con una Chiesa a cui appartiene la maggioranza del popolo cubano?

In questo periodo la Chiesa non può celebrare cerimonie fuori dalle chiese, il clero scarseggia e non ammettono altri sacerdoti, è impossibile fondare scuole con un ideale cattolico. Nonostante ci sia, la stampa cattolica non è ufficialmente permessa. Nella stessa nunziatura, la nostra conversazione è accompagnata da un sottofondo musicale continuo, per neutralizzare i microfoni spia che senza dubbio sono distribuiti per tutta la casa.

La mattina dopo, il 21 ottobre, parlo per la prima volta con Caridad Diego nel Comitato centrale. Mi accompagna il nunzio e durante la conversazione sono presenti il rappresentante del ministero degli Interni e Isidro Gómez del Comitato centrale: concludo quindi che anche la signora Diego sia «supervisionata» così come il resto dei membri del partito. Porto un programma iniziale preparato insieme al nunzio.

Concordiamo che a entrambi interessa che il viaggio del papa sia un successo. E se non lo sarà per colpa loro, l'opinione pubblica potrebbe esprimersi in maniera molto critica contro le libertà a Cuba. Naturalmente, il concetto di «successo» viene compreso in modo molto differente dalle due parti. In ogni caso, le nostre posizioni non sono contrapposte.

Loro hanno pensato a piccoli stratagemmi: per esempio, riempire la piazza con gente devota al regime e trasmettere in televisione le cerimonie liturgiche, ma solo in un circuito chiuso destinato agli uffici stampa e non alla popolazione. Approfondiamo tutti i temi. Dato che parliamo con franchezza, credo che si smontino i loro pregiudizi: iniziano a vedere che non abbiamo un'«agenda segreta». Dopo quasi due ore ci rimangono ancora molte cose da analizzare e chiedo a Caridad Diego di ritrovarci in un secondo momento. Fissiamo un appuntamento per il 24.

Le lettere a faccia in su
24 ottobre 1997

Dopo il primo incontro, ho chiesto a Caridad Diego che il secondo si svolgesse in privato, senza le altre due persone del ministero degli Interni e del Comitato centrale. «Anch'io avevo pensato a questa modalità» ha risposto.

Inizio dicendo che è sempre meglio essere completamente sinceri e scoprire tutte le carte sin dall'inizio, se vogliamo procedere con la conversazione. Durante la nostra prima riunione, eravamo arrivati all'accordo che i loro interessi e i nostri coincidessero nel creare le condizioni affinché la visita del papa fosse un successo.

Le spiego che è capitata una cosa non solo molto spiacevole ma anche, potenzialmente, di enorme gravità dal punto di vista dell'opinione pubblica: qualche giorno prima, mentre stavo parlando con loro, era stato scoperto un microfono spia nella casa del vescovo di Camagüey. Il microfono era stato posizionato da alcuni lavoratori che controllavano il tetto dell'abitazione. Per essere completamente sicuro, io stesso avevo controllato il microfono mentre lo tenevo in mano.

Naturalmente, questo fatto ha umiliato profondamente i vescovi cubani. Ha coinvolto anche in qualche modo la Santa Sede, perché è accaduto nel contesto delle conversazioni di preparazione alla visita del Santo Padre. Con grande delicatezza, i vescovi hanno deciso di non sollevare la questione davanti alle autorità prima della mia partenza da Cuba.

La reazione di Caridad Diego è di sorpresa, non so se sincera o meno: «Più che altro, è strano» dice «che debba venire a saperlo da te». Aggiungo che non volevo discuterne, ma che non potevo fare finta di nulla.

Le dico che il viaggio del papa ha risvegliato un interesse straordinario nell'opinione pubblica mondiale. Cuba sarà sotto l'occhio attento di migliaia di giornalisti e alcuni di loro, per ragioni politiche o semplicemente sensazionalistiche, cercheranno scuse per trasformare il viaggio in una specie di scandalo. «Credo che abbiate una grande opportunità per far sì che, in questi giorni, Cuba sorprenda il mondo in maniera positiva. Inoltre, so che varie cancellerie europee e non solo hanno deciso di ridefinire la loro politica verso Cuba dopo la visita del Santo Padre. Sei d'accordo con me su questo approccio fondamentale?»

Mi risponde che, effettivamente, è d'accordo e che è il modo appropriato di iniziare a discutere i diversi temi. In quel momento aggiungo che il Santo Padre vorrebbe, già subito dopo il primo saluto al suo arrivo all'Avana, poter ringraziare il presidente per alcuni dettagli che faciliterebbero la preparazione del viaggio. E inizio a elencarli.

Ingressi per il personale religioso. Ci sono circa un centinaio di richieste di ingresso nel paese. E vi è un gran bisogno di sacerdoti. Quindi mi sembra possibile chiedere che almeno la metà dei richiedenti, 50 sacerdoti, possano ottenere il visto prima del 21 gennaio. Per la Chiesa sono tutti necessari, ma dipende dalle autorità decidere chi possa avere la priorità nella concessione del visto. Caridad risponde che il tema è stato analizzato e che si intende applicare un criterio simile a quello delle altre richieste di immigrazione nel paese, ecc. Osservo che i problemi non sono paragonabili, non stiamo chiedendo di decidere chi debba o meno entrare nel paese, ma che è un punto improrogabile e forse è opportuno che se ne parli con il presidente. Si mostra possibilista, anche se è chiaro che la decisione non dipende da lei.

Trasmissioni televisive. Dico che mi sono reso conto, durante le conversazioni del giorno prima con il direttore generale della televisione statale, che il loro piano è di trasmettere le cerimonie liturgiche con un gran dispiego di telecamere, ma solo per gli uffici stampa dei giornalisti. Questa cosa addolorerebbe senza dubbio il Santo Padre, ma potrebbe anche comportare un disastro per l'immagine di Cuba: infatti, le migliaia di giornalisti si renderebbero subito conto del fatto che le immagini del papa non arrivano al popolo, che è un papa virtuale a solo consumo della stampa e non dei cubani. Potrebbe anche succedere che i giornalisti boicottino gli uffici stampa per andare a vedere «il papa reale e non la televisione virtuale che solo pochi cubani possono guardare».

José Ramón Balaguer, uno dei ventiquattro membri dell'Ufficio politico, superiore gerarchico di Caridad Diego, entra in sala a quel punto della nostra conversazione per salutarmi un momento, per pura cortesia. Ascoltando le mie argomentazioni, rimane fino alla fine di quella parte della riunione e poi mi dice: «Grazie, perché non avevamo pensato a ciò che sta dicendo lei. Dovremo rivalutare la cosa».

Modalità di trasmissione televisiva. Spiego che la Santa Messa è una cerimonia che richiede personale specializzato dal punto di vista sia della produzione delle immagini sia del commento. Dopo una lunga discussione, accettano che ci sia un altro produttore RAI con esperienza in eventi religiosi e due commentatori: uno della televisione statale e l'altro un sacerdote proposto dai vescovi cubani che abbia dimestichezza nelle trasmissioni di questo tipo.

Giorno festivo nei luoghi visitati dal papa. Dico che non sarebbe cortese nei confronti del Santo Padre se le giornate in cui visiterà le diverse città non fossero dichiarate festive. Ho suggerito di considerare la cosa come parte del cerimoniale civile nei confronti di un capo di Stato.

Trasporti per i fedeli. Caridad mi dice immediatamente: «Non si preoccupi, le piazze saranno piene di gente». E io di rimando: «Ma Caridad, che gente? È chiaro che potete trasportare molti cubani nei luoghi designati, ma a noi interessano i cattolici che vogliono venire». Aggiungo che «anche se non è il caso di Cuba, perché conosco il tuo desiderio di collaborare con la Chiesa», non posso non ricordare ciò che successe anni fa in Nicaragua, quando Daniel Ortega riempì la piazza con la sua gente. Questo fatto distrusse la sua immagine pubblica all'estero.

Allora ammette che hanno molte difficoltà oggettive per la mancanza di mezzi di trasporto. A quel punto dico che comprendo bene i loro limiti materiali, «una conseguenza anch'essa delle ingiustizie di cui siete vittime», ma se la ragione delle difficoltà è di tipo economico, magari qualche associazione di cattolici, forse tedeschi o altri, potrebbe fornire alcuni autobus per gli spostamenti. La prego, in questo clima di sincerità, che mi dica se dovrò occuparmi di questo aspetto; in tal caso si farebbe tutto in forma discreta, senza che nessuno lo venga a sapere, per non creare imbarazzo.

Vacanze di Natale. Le comunico che tratterò questo tema direttamente con il presidente, ma che voglio ne sia al corrente anche lei. Dico che questa, probabilmente, era l'unica richiesta che il papa aveva fatto al presidente durante la loro riunione a Roma.

Che il presidente riceva il cardinale. In risposta a questa richiesta, la signora mi ricorda una lettera pastorale scritta anni prima, in un momento molto difficile per Cuba dovuto alle nuove sanzioni internazionali. Sia la lettera sia il momento scelto avevano danneggiato tanto il presidente. Osservo che ormai è passato divenrso tempo, che l'opinione pubblica aspetta quei segnali, e che la preparazione della visita del Santo Padre può essere un'opportunità per ricevere il comitato della Chiesa. Alla fine, mi dice: «Sarà fatto, senza dubbio».

Permesso di stampa. Pubblicazione di un piccolo opuscolo perché i fedeli possano seguire la messa. È una richiesta dei vescovi cubani. Il foglietto sarebbe accompagnato da un breve devozionario con alcune preghiere comuni (*Padre Nostro*, *Ave Maria*, *Credo*, ecc.). Si arriva subito a un accordo: si stamperanno mezzo milione di copie presso una casa editrice statale.

L'incontro è durato circa tre ore. Caridad Diego ha preso appunti su tutto, per fare un report completo ai suoi superiori. Il clima è stato sempre cordiale, mai teso; spesso ci siamo raccontati aneddoti, anche personali. La decisione iniziale di parlare con franchezza ha favorito un'atmosfera di trasparenza. E, senza dubbio, la riunione ha facilitato la loro presa di coscienza riguardo ad alcuni problemi su cui avevano già preso una decisione, che ora dovrà essere rivista perché va contro anche ai loro interessi.

Naturalmente, pensano a questo viaggio in termini di opinione pubblica internazionale. Ma è proprio questa considerazione che forse può incoraggiare un cambiamento della loro posizione su certe questioni, quando capiranno i rischi che potrebbero correre se non si rettificheranno alcune decisioni già prese.

Una conversazione con Castro
25 ottobre 1997

A cena con Castro siamo io, il nunzio, il segretario della nunziatura, Piero Marini e Giovanni Viviani. Dall'altra parte ci sono Carlos Lage, numero due del regime, José Ramón Balaguer, dell'Ufficio politico, Caridad Diego e il segretario personale di Castro.

Fidel Castro è molto magro. Mani bianche. È possibile che sia malato, ma non di prostata (a meno che non sia stato operato) perché rimane con noi sei ore, dalle nove meno un quarto alle due e mezza di notte, senza necessità di allontanarsi.

Prendiamo un aperitivo nel palazzo del Comitato centrale, dove riceverà il papa, con piccole ostriche ben servite e champagne fresco. Durante la cena parliamo di tutto: dall'universo e le galassie fino alle relazioni internazionali. Castro mostra grande interesse per il papa: il suo orario di lavoro, i suoi viaggi. Ricordiamo episodi della storia coloniale e il gesto suicida dell'ammiraglio Cervera, uscito da Santiago di Cuba davanti alla flotta americana. Nemmeno una parola sulla Cuba attuale, né sulla rivoluzione.

Gli dico che ho qualcosa da parte del Santo Padre e mi risponde che dopo la cena avremo tempo. Durante il pasto offrono vino, che io non bevo. Castro, di buon umore, osserva che è Vega Sicilia, il vino che si offre nelle grandi occasioni. «In questo caso, presidente, lo accetto» rispondo con lo stesso tono cordiale.

A partire da ciò, scherziamo e chiede come si può scongiurare l'eventualità che avvelenino il papa; gli dico che non è un punto che ci preoccupa molto. Con lo stesso tono, dichiara che quando offre vino ai suoi ospiti, lo prova sempre prima lui. Continuando lo scherzo rispondo: «Forse dovrebbe fare il contrario: offrirlo all'ospite e se sopravvive... berlo».

Alla fine della lunga cena mi chiede di parlare in privato. Il colloquio, che si svolge in un clima informale, cordiale e spontaneo, mi permette di constatare che conosce bene ogni tema di cui ho parlato nei giorni scorsi con Caridad Diego e con il ministro degli Affari esteri. È perfettamente al corrente delle nostre richieste.

Inizio porgendogli come regalo la copia di *Varcare la soglia della speranza*, consegnatami dal papa con la sua firma e la data di qualche giorno prima. Ringrazia molto. «Ha delle foto? Questa in copertina ce l'ho già» dice.

Sottolineo che non è usuale che il Santo Padre invii un dettaglio del genere ad altri capi di Stato, almeno che io sappia, ma serba un buon ricordo del loro precedente incontro in Vaticano. «È un grande uomo» dice. E aggiunge: «Mi ha impressionato il nostro incontro, così familiare».

Gli spiego che nei giorni scorsi mi sono interfacciato con alcuni dei suoi collaboratori in relazione alla prossima visita del Santo Padre, e chiedo se abbia qualcosa in contrario nel parlare di questi argomenti. «Vogliamo che la visita sia un successo, mi parli di tutto» risponde.

Gli dico che il viaggio del Santo Padre a Cuba ha risvegliato un interesse che non avevo mai visto prima. Sono sicuro che accorreranno all'Avana diverse migliaia di giornalisti. È una grande occasione per Cuba per sorprendere il mondo, comprese quelle persone a cui piacerebbe trovare ragioni per criticare il paese. Per questo, dovrà essere un grande successo. Castro mi dice che è dello stesso parere.

Festa di Natale. «Lei sa» gli dico «che è un desiderio che il Santo Padre ha nell'anima; mi sembra che il papa gliene abbia parlato. Il Santo Padre spera che...» Castro mi interrompe: «Sì, è una questione importante. Ma sarebbe solo per quest'anno?». Non rispondo direttamente. Dico solo che la questione si pone ora, in relazione alla sua visita.

«Signor presidente,» continuo «il papa desidera ringraziare pubblicamente lei e i suoi collaboratori, già dal suo arrivo all'Avana. Perciò bisogna creare le condizioni per cui si possa concretizzare tale ringraziamento davanti alla stampa. Quindi, da questo punto di vista, sarebbe necessario fare qualcosa in occasione del Natale.» Non mi dà una risposta definitiva, ma è ovvio che sta considerando la questione.

Entrata dei sacerdoti e dei religiosi. Gli dico che è una questione legata alla preparazione pastorale della visita. Ripeto il numero cinquanta, la metà di coloro che hanno richiesto il visto.

«Quando sono tornato da Roma dopo essermi incontrato con il papa,» mi risponde «sono entrati alcuni sacerdoti.» Insisto sul fatto che abbiamo bisogno ora con urgenza di contare su queste persone per la preparazione pastorale dei cattolici cubani.

«Lei sa» aggiunge «che la rivoluzione cubana non è anticattolica e non è stata versata neanche una goccia di sangue del clero cubano. Se pensa, per esempio, alla guerra in Spagna...» Gli rispondo: «Ne sono pienamente cosciente. Anche in Messico ci fu una persecuzione sistematica contro il clero, che qui non è avvenuta. Questo è un merito della Rivoluzione cubana».*

Aggiunge che, nel 1992, grazie alle sue insistenze personali, «e non senza difficoltà e opposizione», si è accettato che i cattolici possano essere membri del partito e si è modificata la Costituzione della Repubblica. Ora Cuba non è uno Stato laico.

Per concludere, dice: «Devo discutere di tutto ciò che ci siamo detti con i miei collaboratori. Lei sa che qui le cose devono essere approvate con il consenso di tutti. Ma stia tranquillo, ne parlerò».

Il modo in cui lo dice mi conferma che, senza ombra di dubbio, è lui che decide, ma a causa delle diverse posizioni all'interno dell'apparato statale, le sue decisioni non devono apparire come il risultato di pressioni esterne o come frutto di «debolezza» interna. Quindi, perché l'apparato interno non diventi ingovernabile, deve ottenere il consenso unanime.

Continua: «Ho già deciso di intervenire personalmente per spiegare la visita del Santo Padre. Non l'ho fatto prima perché ultimamente siamo stati molto occupati con il Primo Congresso del partito e poi con le cerimonie funebri di Che Guevara. Ma ora ho intenzione di dedicare più tempo e attenzione al viaggio pontificio. Le posso dire che sulla mia scrivania ho una lista di dodici punti riguardo all'argomento e alcuni sono gli stessi di cui mi ha parlato lei».

Menziono altre questioni negli stessi termini che ho utilizzato nell'esporli ai suoi collaboratori: trasporto per le cerimonie liturgiche, trasmissione televisiva in diretta, istituire mezza giornata di festa nelle città visitate dal papa...

Gli dico anche che, se lo considera opportuno, al papa farebbe molto piacere ricevere «i fratelli del presidente», riferendomi a Raúl e Ramón, e alle sue due sorelle che, credo, siano cattoliche praticanti. Mi risponde dicendomi che la rivoluzione distingue sempre tra dimensione familiare e politica, e che non sarebbe appropriato che il Santo Padre ricevesse i suoi fratelli nella resi-

* Non era andata esattamente così, ma non mi sembrò il caso di iniziare un dibattito.

denza ufficiale. Gli chiedo se preferirebbe che li incontrasse nella nunziatura o in un altro luogo più adeguato, e ringrazia per quell'apertura.

La conversazione dura circa tre quarti d'ora in totale. Il tono è informale e gentile: siamo entrambi sullo stesso divano a due posti, non c'è alcun momento di tensione o sensazione di fastidio riguardo ai temi trattati. Penso che, dopo aver letto le relazioni che sono state inviate, Castro volesse avere un contatto personale per farsi un'idea in prima persona delle nostre proposte e richieste. Di certo, non sembra pronto a dare risposte definitive, ma non ne ha rifiutata neanche una come «poco realistica».

Messa all'aperto
26 ottobre 1997

Seguendo il programma previsto, assistiamo a una delle celebrazioni permesse dal governo in uno spazio aperto come preparazione per il viaggio del papa. La riproduzione della Vergine della Carità del Cobre, che costituisce il punto di unione del popolo cubano, veglia sulla cerimonia.

Prima di iniziare, sono venuti a trovarmi alcuni giornalisti in aeroporto e ho letto loro un comunicato preparato in accordo con il nunzio.

Alcuni chiarimenti
15 novembre 1997

Da alcuni commenti che mi fa Re per telefono, credo che ci sia stato un equivoco sulla natura della mia missione a Cuba lo scorso mese. Alcune persone della Segreteria di Stato sembrano essere un po' risentite, come se io avessi invaso il loro territorio «diplomatico».

Il punto è che i temi affrontati a Cuba, trasmissioni televisive, dichiarazione delle giornate festive nelle città visitate dal papa, ecc., non erano stati assolutamente toccati in precedenza dalla Santa Sede e, quindi, il governo cubano aveva deciso in solitaria.

Capisco che, in questo caso, alcuni non comprendano né che alle autorità cubane ciò che importa del viaggio del Santo Padre è l'impatto sull'opinione pubblica, né che il mio comunicato in aeroporto all'Avana aveva come finalità quella di esercitare un po' di pressione proprio da parte dell'opinione pubblica.

Per lasciare testimonianza scritta, ho inviato a Re una lettera, nella quale, tra le altre cose, dicevo che il comunicato era stato redatto con il nunzio e scrupolosamente corretto varie volte. L'idea era di rendere pubblici i problemi ancora aperti e il fatto che il governo si fosse impegnato a risolverli, di modo che fosse la stampa stessa a esercitare un certo controllo sulle autorità, senza coinvolgere direttamente la Santa Sede.

Alcuni giorni dopo Re mi ha chiamato per dirmi che avrebbe voluto rispondermi per iscritto, ma dato che ero ripartito, lo faceva telefonicamente per ringraziarmi della lettera e confermarmi che era stato un malinteso. Dato che tutti vogliamo la stessa cosa, la questione è finita lì.

Una lettera a Caridad Diego
dicembre 1997

Ho appena inviato una lettera a Caridad Diego perché prenda una decisione rispetto alle trasmissioni televisive del viaggio. Questo è uno dei paragrafi:

> Come ti ho detto, in vent'anni di pontificato e di viaggi apostolici del Santo Padre, Cuba sarebbe assolutamente il primo paese in cui si impedirebbe al popolo di seguire in diretta televisiva la celebrazione della Santa Messa mentre le immagini, già prodotte, vengono trasmesse in un circuito chiuso negli uffici stampa e negli hotel. Posso facilmente prevedere, e non sarà difficile neanche per te, i risultati disastrosi di questa operazione per Cuba in termini di opinione pubblica internazionale. Qualsiasi tipo di spiegazione che si cercasse di dare sarebbe, per i giornalisti stranieri, «benzina sul fuoco»: credo che ogni tentativo di giustificazione servirebbe solo a sottolineare ancor di più l'ingiustificabile.

Suggerimenti per i discorsi
19 dicembre 1997

Mi incontro in ufficio con Vicente Juan Segura, capo della sezione di lingua spagnola presso la Segreteria di Stato. Mi parla della preparazione dei discorsi del papa. Porta con sé le bozze già pronte e mi chiede dei suggerimenti sul contenuto, tenendo in conto anche l'esperienza del mio recente viaggio, per poterli includere prima di consegnare i discorsi al Santo Padre.

Vedo che ancora non si menziona il tema dell'embargo. Gli racconto ciò che ho visto in questi giorni e gli spiego che, quanto più il papa parlerà chiaro del tema dell'embargo, caro a Castro, tanto più potrà essere severo sui temi relativi ai diritti umani. Gli dico che il «carattere pastorale» del viaggio implica principi di natura etica e l'embargo è un tema che non può essere evitato in alcun modo. Gli sembra un buon ragionamento e aggiunge nella bozza l'idea che gli suggerisco: l'embargo «è eticamente inaccettabile».

Gli chiedo anche di includere alcune frasi che siano efficaci per il loro contenuto e abbiano forza presso l'opinione pubblica. Concretamente, dico che sarebbe bene inserire una frase come: «Che Cuba si apra al mondo e che il mondo si apra a Cuba», che mi era spesso venuta in mente durante il viaggio. Naturalmente, sono idee e suggerimenti sui quali poi il papa ha l'ultima parola.

Un'altra biografia del papa
21 dicembre 1997

È finito il sinodo in America che lo ha tenuto molto occupato, non solo per le riunioni plenarie, ma anche perché aveva come ospiti, durante tutti i pranzi, diversi vescovi.

Ieri sera ho avuto l'opportunità di cenare con il Santo Padre, che ha inquadrato subito i due temi di cui voleva parlare: il sinodo e il viaggio a Cuba. Riguardo al primo gli ho detto che la stampa ne ha parlato poco e che, probabilmente, affronterà la questione quando sarà pubblicata l'esortazione postsinodale.

Per quanto riguarda Cuba, tra altri argomenti, si è toccato il problema dell'aereo che il presidente Castro ha offerto per il viaggio di rientro, che sembra non convincere i nostri organizzatori. Oggi Re mi ha chiamato per parlarne: il problema è quale strategia seguire per dissuadere delicatamente le autorità cubane. Alcuni suggeriscono di approcciare la questione dal lato della sicurezza. Io dico che la cosa migliore sarebbe affrontarla da una prospettiva che coinvolga direttamente la sala stampa: il numero di posti disponibili per i giornalisti.*

Porto al Santo Padre una copia del libro *Man of the Century*, con la dedica dell'autore, Jonathan Kwitny. Al contrario di ciò che pensavo, il papa non lo conosceva né l'aveva mai sentito nominare. Consta di 600 pagine riguardanti la «biografia del pon-

* Si fece così, e il governo cubano accettò.

tificato». Nella dedica, l'autore dice al papa che lo ammira «più di qualsiasi altro uomo al mondo, con eccezione di mio padre» e gli augura di realizzare «il secondo miracolo», possibile riferimento al prossimo viaggio a Cuba.

Tornare per aiutare
6 gennaio 1998

Che storia, questa della preparazione del viaggio a Cuba! Il nunzio, Beniamino Stella, ha scritto già due volte a Sodano chiedendo che io torni la settimana prima della visita del Santo Padre, per aiutarli con le inevitabili sorprese dell'ultimo minuto. Dalla Segreteria di Stato non arriva una risposta definitiva. E l'ambasciatore di Cuba li tranquillizza.

Nel mentre il nunzio mi scrive varie volte chiedendomi di andare, aggiungendo che anche il cardinale dell'Avana è favorevole.

Ricevo una lettera di Alina Fernández, figlia illegittima di Fidel Castro. Mi invia una copia del suo libro per il papa. Vorrebbe che qualcuno intercedesse perché Castro la riconoscesse.

A Cuba, i giorni precedenti
17-19 gennaio 1998

Mi hanno dato il via libera e sono di nuovo a Cuba. Arrivo all'Avana, dove mi incontro con il nunzio e altre persone. La sera ceniamo con il cardinale. La situazione è cambiata, nel senso che sono state soddisfatte le richieste fatte a Castro. Rimangono alcuni dubbi sulla ritrasmissione della visita in tutto il paese.

18 gennaio. Lunga intervista con Isabel Allende, viceministra degli Affari esteri. Chiarisco con lei la notizia pubblicata su «El País»: la scoperta del microfono a casa del vescovo di Camagüey. Senza dirmelo esplicitamente, si vede che pensava che la Santa Sede avesse passato quell'informazione alla stampa. Le assicuro, perché è così, che non c'è stato assolutamente né interesse né alcun controllo da parte della Santa Sede sul tema. Mi crede.

Le parlo di un possibile intervento umanitario per alcuni detenuti nelle carceri cubane. «Si tratta di una questione molto delicata» mi dice. Non c'è risposta, come mi aspettavo, perché quelle decisioni vengono prese a un altro livello. Però so che questa richiesta finirà sulla scrivania di Castro.

19 gennaio. Ceno con Caridad Diego e rivediamo alcuni temi rimasti in sospeso sui quali non mi può dare risposta. È incuriosita dalla mia presenza qui e si lamenta perché il cardinale Ortega ha deciso di organizzare, la domenica mattina, una processione per portare l'immagine della Vergine della Carità del Cobre dalla cattedrale fino in Piazza della Rivoluzione.

Risolviamo alcuni problemi a proposito della disposizione delle telecamere davanti all'altare in Piazza della Rivoluzione, di modo che non ostruiscano la vista agli assistenti. Si profilano anche alcune questioni organizzative dell'ufficio stampa dell'Avana e della trasmissione dei discorsi. Rilascio un'intervista a Televisión Española nella quale emerge la questione dei prigionieri politici.

Arriva alla nunziatura Eusebio Leal, che si sta occupando del restauro del centro storico dell'Avana e ha accesso diretto a Castro. Parliamo di molte cose, entrambi coscienti che il presidente finirà per essere informato di tutto.

Quando vado a letto, alle undici e mezza, mi chiama Caridad Diego: «Joaquín, volevo darti una notizia che ti farà dormire bene: la messa a Santiago di Cuba si trasmetterà in diretta in tutto il paese». La ringrazio, senza dubbio quella notte dormo meglio.

Il papa a Cuba
21-26 gennaio 1998

Il 21 è il giorno dell'arrivo del Santo Padre. Prima di uscire dall'aeroporto mi telefonano dall'aereo per dirmi che il papa ha parlato con i giornalisti e ha risposto a varie domande su Cuba. Chiedo che mi inviino il testo. Un giornalista italiano gli ha domandato: «Santo Padre, Fidel Castro continua a parlare di rivoluzione. Come si coniuga la rivoluzione di Cristo con quella di Castro?».

«Bisognerebbe precisare cosa significhi la parola rivoluzione,» ha risposto il papa «perché ha diversi significati: si può parlare della "rivoluzione di Cristo" e della "rivoluzione di Castro". E anche della "rivoluzione di Lenin". Ma significano cose diverse. Rivoluzione di Cristo vuole dire rivoluzione d'amore, mentre in altri casi significa rivoluzione d'odio, di vendetta, di vittime.»

I giornalisti hanno trasmesso dall'aereo le loro comunicazioni alle agenzie e, mentre stiamo aspettando che il papa arrivi, Isabel Allende mi informa che ci sono comunicati dell'ANSA in cui si afferma che la rivoluzione cubana è una rivoluzione di «odio, vendetta, vittime».

Gli dico che mi sembra strano perché conosco il testo della risposta del papa e non coincide. Quando il Santo Padre arriva, vado fino all'Avana in macchina con il cardinale segretario di Stato e prepariamo una mia dichiarazione in cui dico più o meno questo: «La menzione del papa ad altre rivoluzioni diverse da quella di Cristo non si riferisce a Cuba, ma a circostanze storiche e geografiche differenti».

All'arrivo all'Avana telefono alle agenzie, i cubani si tranquillizzano e iniziamo il viaggio in pace.

Il giorno dopo andiamo a Santa Clara. Nel pomeriggio si tiene l'incontro con Castro. Dopo la messa parlo con Isabel Allende per informarla che quel pomeriggio il cardinale Sodano presenterà una lunga lista (più di cento nomi) di prigionieri, chiedendo un atto di grazia in occasione della visita del Santo Padre.

Si sorprende per l'argomento. Le dico che preparerò una comunicazione per la stampa e che, se lo desidera, possiamo visionarla insieme. Rimaniamo d'accordo che verrà in hotel dopo pranzo. Le leggo quello che ho preparato e mi suggerisce di sostituire qualche parola: dato che non cambia il senso generale, acconsento. Se ne va contenta. Quando ci rechiamo al Palazzo della Rivoluzione, Felipe, il segretario di Castro, mi chiede di cambiare una parola della dichiarazione: invece di «le autorità hanno accettato» la petizione, dovrei dire «le autorità hanno ricevuto». La modifico.

Suggerisco che, quando Castro e il papa usciranno dalla porta del palazzo per posare davanti ai fotografi e alle televisioni, il cardinale Ortega si posizioni a lato del Santo Padre. Vengono seguite le mie istruzioni. Con questo gesto, si fa capire che il cardinale è la persona con cui dovranno trattare le autorità quando il papa rientrerà a Roma.

Un paio di giorni fa, al telefono, ho chiesto a Dziwisz di portare un piccolo crocifisso perché il papa lo consegnasse a Castro durante il loro incontro privato. Quando rientriamo da Santa Clara questa mattina, Dziwisz mi dice di averlo con sé: si tratta di un piccolo crocifisso suo, d'oro, di circa 4 centimetri. Il papa lo dà a Castro mentre conversano in privato.

Poi, quando il Santo Padre mi presenta a Castro, gli dice, ridendo: «Lo conosce?». E lui risponde: «Certo, abbiamo cenato insieme». Vedo anche che ha deciso di portare i suoi fratelli Raúl e Ramón e le sorelle. Aspettano in una saletta separata e il papa si avvicina per salutarli. Una delle sorelle dice che le piacerebbe abbracciarlo. Il Santo Padre le fa un cenno e lei lo abbraccia piangendo.

Dopo l'incontro ho un briefing con i giornalisti, che rimangono sorpresi, perché non sapevano nulla della nostra richiesta di grazia per i prigionieri.

La messa a Camagüey, il giorno 23, è molto partecipata. Isabel Allende mi ringrazia per il modo in cui abbiamo comunicato alla stampa la questione dei prigionieri.*

* Il viaggio fu davvero speciale e durò altri due giorni, ma le mie annotazioni si fermano qui.

XXXIX
Tragedia nella notte
(1998)

Cena di Quaresima
26 febbraio 1998

È il secondo giorno di Quaresima, ieri era il Mercoledì delle Ceneri, e il papa ha cenato solo con un po' di verdura e una macedonia di frutta. Questo è il regime che mantiene durante tutta la Quaresima. Sotto sua richiesta, non gli hanno dato il bicchiere di vino che beve normalmente.

Ad accompagnare il Santo Padre ci siamo io e Mietek. Dziwisz è assente. Durante la conversazione escono temi molto diversi: Boris Eltsin, Cuba, il sinodo in Asia che si sta preparando, il viaggio in Nigeria... e il risalto che ha avuto la recente nomina di Dziwisz come prefetto della Casa Pontificia.

Estermann
4-5 maggio 1998

4 maggio. Intorno alle dieci di sera mi telefona il cardinale Sodano. Mi sembra strano che lo faccia a quest'ora. «Dottor Navarro, l'hanno già chiamata?» «No, di cosa si tratta?» La notizia è spaventosa: una guardia svizzera è andata a casa di Alois Estermann, capo del Corpo, e ha sparato a sua moglie.

Aggiunge che la situazione è terribile e che la gente dirà che «queste persone incaricate della sicurezza del papa si uccidono tra loro...». Mi rendo conto che mi sta raccontando un fatto tremendo, ma non riesco a capire esattamente cosa sia successo. Gli chiedo di Estermann: «Anche lui morto. Così come la guardia svizzera». Non ho ancora un'idea chiara dell'accaduto, gli dico che andrò subito in Vaticano e che lo chiamerò da lì.

Entro dalla Porta di Sant'Anna e vedo i volti addolorati delle guardie svizzere. Parcheggio la macchina e chiedo della casa di Estermann. Mi indicano il luogo e salgo all'appartamento. La porta è aperta: ci sono alcune guardie sulle scale. Vedo Danzi, Cibin e Buzzonetti. Parlo con lui e mi spiega: sono morti assassinati Alois Estermann e sua moglie Gladys, e si è suicidato Cédric Tornay, la giovane guardia svizzera che ha sparato. Tre morti.

Proprio questa mattina, in sala stampa abbiamo dato notizia della nomina di Estermann a nuovo comandante della Guardia svizzera. Poco dopo mi sono complimentato al telefono e mi ha chiesto di pregare per lui. Era un uomo di straordinarie qualità umane, professionali e spirituali che ho avuto occasione di comprovare, soprattutto durante i numerosi viaggi con il Santo Padre.

Prego per l'anima di tutti e tre; penso al dolore del papa nell'apprendere la notizia e mi chiedo come potrò raccontare l'accaduto.

Decido che la mia fonte di informazione sarà Buzzonetti. Mi spiega che ha visto tutto: i tre corpi distesi, i fori delle pallottole della pistola. E dal punto di vista medico non c'è nulla da fare.

Chi è il responsabile dell'indagine e dei primi provvedimenti? Buzzonetti ha avvisato due medici legali. Uno di loro è il professor Arcudi: «Sono nostri consulenti da più di vent'anni e persone molto competenti».

Continuiamo a parlare mentre scendiamo le scale. Pochi minuti dopo arrivano i medici legali. Il responsabile dell'indagine è l'avvocato Marrone, giudice unico dei tribunali del Vaticano, il quale, come prevedibile, non ha esperienza in questo tipo di accadimenti.

I medici legali chiedono che portino loro guanti e camici. Salgono al luogo del delitto e iniziano a lavorare.

Nel mentre parlo con alcuni presenti: la moglie di una guardia svizzera, che vive al piano sotto gli Estermann, mi dice che si è allarmata sentendo strani rumori, non ricorda gli spari, solo due tonfi (probabilmente causati della caduta dei corpi sul pavimento), e che è salita per vedere cosa stesse succedendo. È entrata in casa, dato che c'era la porta aperta, e, vedendo la scena, ha dato l'allarme.

Parlo poi con il maggiore Hasler, che mi fornisce alcuni particolari su Cédric Tornay: da quanto era nel corpo, il suo carattere instabile.

Una guardia svizzera aggiunge alcune impressioni personali: Tornay non avrebbe dovuto essere promosso a vicecaporale perché era troppo indisciplinato. Aggiunge che aveva una fidanzata italiana e si erano lasciati.

Parlo di nuovo con il maggiore Hasler, che mi informa di un dato rilevante: l'omicida pensava che lo avrebbero decorato il 6 maggio, durante la festa della Guardia svizzera, ma tre giorni fa era venuto a sapere di non essere stato incluso nella lista dei premiati.

Inizio a intravedere un possibile movente: un uomo dalla personalità instabile, forse psicopatica, che ha accumulato nella sua mente dei torti, presunti o reali, fino ad arrivare a una violenta esplosione.*

Mentre i medici continuano a lavorare in casa di Estermann, chiamo Sodano e gli dico che questa stessa sera comunicherò qualcosa alla stampa e che sto aspettando che gli addetti termino il loro lavoro per poter avere dati certi.

Chiamo poi il nostro vicedirettore, Ciro Benedettini, gli anticipo che è successa una cosa molto grave e lo prego di andare in ufficio e aspettarmi lì. Rintraccio al telefono Pisano, un giornalista dell'ANSA, e gli chiedo di rimanere in attesa perché quella sera stessa gli darò una notizia. «No, non si tratta del papa. È un'altra cosa, però grave.» Gli do il mio numero di telefono.

Guardo l'orologio. Sono già passate due ore da quando Sodano mi ha chiamato a casa e i medici legali stanno per finire. Entro nella stanza. Una scena terribile. Tre cadaveri in due metri quadrati. Non vedo il viso di Estermann; vedo invece quelli di Tornay e di Gladys: lui è in posizione prona e lei è seduta sul pavimento, appoggiata contro l'angolo della parete, con la gamba destra in una posizione anomala. Ha delle scarpe sportive grigie. Sangue. Prego per loro.

Inizio a redigere una nota per la stampa. Mi siedo vicino a Marrone e Buzzonetti, e insieme diamo forma definitiva al testo. Lo leggo a Sodano per telefono e corro in ufficio mentre cominciano a spostare i corpi: quello di Estermann è il primo. Mentre lo trasportano, qualche macchia di sangue cade sui gradini delle scale e dell'entrata della casa.

Racconto la tragedia a Ciro e ci mettiamo al telefono per trasmettere alle agenzie il testo che abbiamo preparato. Aggiungo

* Non mi hanno mai sfiorato alcune ipotesi su cui vari giorni dopo specularono, senza alcun motivo, diversi giornalisti: un crimine passionale in un contesto di omosessualità o in relazione alla moglie di Estermann.

una breve ipotesi sullo svolgimento dei fatti per evitare che alcuni inizino a pensare a un crimine passionale. Nonostante ciò, quando leggo la notizia a Pisano, la prima domanda che mi fa è: «Erano vestiti?».

5 maggio. Stamattina ho convocato una conferenza stampa e ho fatto una serie di telefonate. Una è a Marrone, che è venuto in ufficio per portarmi qualche dato, e un'altra a Buzzonetti, che mi informa che hanno già terminato la prima autopsia (quella di Estermann) e hanno concluso che ha ricevuto due pallottole. Mi comunicherà i risultati delle altre due non appena termineranno.

Parlo di nuovo con il maggiore Hasler. Mi informa che esiste una lettera di Estermann a Tornay, in cui lo ammonisce per una grave mancanza: aver trascorso una notte fuori dalla caserma della Guardia svizzera.

Mi sembrano dati eloquenti sul possibile movente del fatto. Verso l'una e un quarto, grazie a questo insieme di informazioni, ho un quadro relativamente completo delle cause che aiutano a spiegare l'accaduto.

Mi trovo in sala con quasi trecento giornalisti e una ventina di emittenti televisive. La conferenza stampa dura poco più di un'ora, durante la quale ripercorro i seguenti punti.

I fatti

– Pochi minuti dopo le nove di sera si sono sentiti rumori. Una vicina è entrata nella casa, la porta era aperta, e ha visto i corpi nella sala di fianco all'ingresso.

– Sotto il corpo prono del vicecaporale Tornay viene trovata la sua arma. L'unica arma che è stata rinvenuta sul luogo è il revolver regolamentare assegnato al vicecaporale Tornay: una Sig Sauer 75, svizzera, calibro 9 mm.

– Quell'arma solitamente ha sei pallottole, di cui cinque sono state esplose. L'autopsia e l'analisi periziale del luogo riveleranno la loro traiettoria.

Ipotesi

– In queste ore si stanno portando a termine le autopsie, perciò dobbiamo aspettare i risultati e le analisi per avere nuovi elementi di giudizio.

– Secondo i dati di cui disponiamo in questo momento, l'ipotesi più ragionevole – e per quanto mi riguarda è più che un'ipotesi ragionevole – è che sia stato tutto frutto di un atto di follia maturato nella mente di un uomo che nutriva l'umiliante sensazione di non essere sufficientemente considerato e apprezzato.

Ci sono vari dati che giustificano questa ipotesi:

– la pistola trovata sotto il corpo del vicecaporale era la sua arma regolamentare;

– proprio il giorno prima il vicecaporale si era amaramente lamentato con alcuni colleghi perché pensava di non essere sufficientemente apprezzato. Alle sette di sera aveva dato a uno di loro una lettera in modo che fosse consegnata alla sua famiglia;

– il comandante Estermann aveva inviato al vicecaporale Tornay una lettera, datata 12 febbraio dell'anno scorso, nella quale lo ammoniva per la grave infrazione che aveva commesso contro il regolamento del Corpo: precisamente, assenza ingiustificata di una notte durante la quale non era rientrato in caserma;

– negli ultimi giorni il vicecaporale si era lamentato con i colleghi della Guardia svizzera di non essere stato incluso nell'elenco dei nomi che saranno decorati domani, 6 maggio, giorno in cui si celebra la festa del Corpo, durante il giuramento delle nuove reclute.

Indagini

– Sin dall'inizio l'indagine è stata in mano al giudice unico dello Stato della Città del Vaticano, l'avvocato Marrone.

– Una volta conclusa l'indagine, i risultati verranno consegnati al promotore di giustizia (un incarico simile a quello del procuratore della Repubblica), professore Nicola Picardi, che sarà incaricato di istruire il caso.

Estermann

– Era una persona di straordinario valore umano, professionale e spirituale;

– la sua nomina era stata ricevuta con grande soddisfazione da parte di tutta la Guardia svizzera;

– il Santo Padre lo apprezzava particolarmente perché era rimasto al suo fianco durante l'attentato e aveva vegliato sulla sua sicurezza durante i numerosi viaggi all'estero;

– sua moglie, la signora Gladys Meza, nata in Venezuela il 24 gennaio 1949, era laureata in diritto canonico e in diritto civile presso l'università del Laterano.

Funerali: avranno luogo domani sull'altare della Cattedra, in San Pietro, officiati dal cardinale segretario di Stato. Vi assisteranno i quasi trecento familiari delle nuove reclute, che sono venuti per la festa. (Alla fine, si decide di separare i funerali: quelli di Estermann e sua moglie in San Pietro; quelli di Tornay nella parrocchia di Sant'Anna, all'entrata del Vaticano.)

Sepoltura: sarà la famiglia a decidere dove e come.

Per la direzione temporanea della Guardia svizzera è rientrato il comandante Buchs, che era appena andato in pensione.

Il vicecaporale era nato a Monthey, nel cantone Vallese, il 24 giugno 1974.

Relazioni
10 maggio 1998

Facendo un bilancio di questi giorni, vedo che la stampa straniera, specialmente quella anglosassone, ha dato informazioni conformi ai fatti. In Italia, c'è stato chi ha seguito una linea equanime, fornendo i dati oggettivi, e chi ha reagito affrontando la notizia dalla prospettiva della «dietrologia»: «Cosa ci sarà dietro?».

Un settore della stampa locale, in effetti, ha pensato di avere tra le mani una «notizia grossa»: un omicidio con suicidio in «casa del papa». E i giornalisti hanno iniziato a lanciare due supposizioni sulle quali hanno scritto senza sosta nonostante non avessero nessun indizio: che ci fosse uno sfondo di omosessualità o un «triangolo» fra le vittime.

Il fatto che le supposizioni siano state smontate durante la prima conferenza stampa ha provocato alcune reazioni di delusione: era troppo semplice e la situazione si stava chiarendo troppo presto! Su altri giornali si sono avute reazioni simili. In seguito, è stata pubblicata la lettera di Tornay a sua madre, nella quale si confermavano le informazioni che avevamo dato.

Alcuni non mi perdonano il fatto che nella prima conferenza stampa ho detto che, per me, con i dati che avevamo a disposizione, il caso era chiuso. Può darsi abbiano ragione: anche se era del tutto ovvio che non mi riferivo all'indagine giudiziaria, credo sarebbe stato meglio non utilizzare il termine «chiuso», per non urtare la suscettibilità di qualcuno.

XL

Lettere che toccano il cuore

(1998)

Passeggiate serene
8-21 luglio 1998

Giorni di riposo a Lorenzago di Cadore. Luoghi già visitati, e qualche altro ancora da scoprire. Sullo sfondo, il contrasto fra i viaggi rischiosi su lunghe distanze e passi un po' arditi di altri tempi, e quelli attuali, con brevi percorsi a piedi, sempre in località senza dislivelli, e con grande sforzo da parte del papa.

Una conversazione con Dziwisz rispecchia la situazione. Un giorno eravamo davanti a un forte distrutto della prima guerra mondiale. Il papa, seduto a una certa distanza, leggeva. Dziwisz mi ha domandato: «Come vedi tu la questione del papa?». Era un modo per sondare il mio pensiero riguardo all'eventualità che il papa rinunciasse per motivi di salute. Gli ho risposto, come altre volte, che la questione si poteva affrontare a livello teorico, e allora si sarebbe discusso per ore. Si poteva anche affrontare a livello pratico, e allora la cosa era diversa: a questo livello, gli ho detto, non vedevo problemi, dal momento che il papa poteva benissimo andare avanti, sia pure prendendo alcune precauzioni.

E ho fatto qualche esempio: delegare qualcuno per piccole cose; non sottoporsi ai grandi sforzi di certi viaggi; seguire un programma di fisioterapia che prevedesse quarantacinque minuti di ginnastica assistita ogni giorno, o almeno tre volte la settimana. Mi ha detto che, per gran parte dell'anno, si era seguito questo piano, ed erano stati consultati medici, specialisti di vari paesi, per controllare la malattia.

Gli ho confidato che da anni chiedo il miracolo della guarigione dal morbo di Parkinson, e che lo faccio ogni giorno dopo la comunione. «Il papa prega molto per questo...» ha aggiunto lui. Quello che voleva dirmi – così lo interpreto – è che il papa prega molto per la propria malattia e, soprattutto, per sapere se deve rinunciare al suo ministero per questo motivo. E così ho la conferma, ancora una volta, che ha sempre in mente l'argomento della rinuncia. Dev'essere una prova durissima.

Sabato 11 ci troviamo sull'Alpe di Nemes, a 1995 metri d'altezza. Ho una lunga conversazione con Tadeusz. Gli domando come vede il papa. La sua risposta: peggio dell'anno scorso. Mi dice che sua sorella, deceduta a 60 anni, soffriva del morbo di Parkinson. Che il problema sta nel collegamento fra l'anima (psiche) e il corpo; lui spiega così la malattia. L'anima può essere luminosa – ed è ciò che lui vede nel papa –, ma il collegamento con il corpo viene meno.

In seguito, cambiando un po' l'argomento della conversazione, parla di una mancanza di sintonia fra il Santo Padre e la Curia: dell'eccesso di mentalità «diplomatica» della Curia. Dice che l'intenzione è buona, ma a volte sembra che non siano sulla stessa lunghezza d'onda.

Mentre parliamo – succede dopo il pranzo –, il papa sta riposando nella sua tenda. Sento che si muove e chiamo Dziwisz. Lui entra, si ferma per un momento con il pontefice e poi ci invita a entrare. Il papa è seduto sulla sedia pieghevole che portiamo in montagna e con i piedi su un'altra sedia. Si è appena svegliato e ha il viso molto rilassato, appare felice. E glielo dico: «Santo Padre, ha un'espressione di grande felicità». E lui risponde: «Che gioia!». Mi siedo per terra al suo fianco. Si torna a parlare della possibilità di fare quel viaggio a Ur, che per lui è un sogno. Di questo argomento abbiamo già parlato ieri, mentre passeggiavamo. Gli dico che sarebbe un grande segnale per tutto il mondo e gli domando se coltivasse già quel «sogno» prima di essere eletto papa. «No, prima del pontificato pensavo con i criteri dei mille anni della Polonia, e il protagonista era il cardinale Wyszyński. Poi ho cominciato a pensare con criteri nuovi, i criteri del Giubileo del 2000.»

Dziwisz tiene banco e scherza con tutti. Anche con me: mi chiede da quanti anni ricopro il mio incarico. Quindici, rispondo. Allora, rivolgendosi al papa, dice: «Santo Padre, bisognerà cominciare a pensare a una sostituzione...». Lui ride.

In un altro momento, Tadeusz mi fa notare che il papa si porta il messale in macchina, e legge le letture della messa di quel giorno e anche quelle del giorno dopo. È un modo per prepararsi alla prossima messa. In effetti, ho assistito diverse volte a questa scena.

Un'altra volta, mentre passeggio insieme al Santo Padre, parliamo di letteratura spagnola. Si sofferma a lungo su Calderón de la Barca e mi dice: «L'ho letto, è magnifico. È stato tradotto in polacco da un poeta eccelso». Mi chiede i nomi di intellettuali spagnoli contemporanei. Gliene cito alcuni di vari generi: poesia, letteratura, filosofia. In questi giorni, in montagna, lui sta leggendo un libro di Julián Marías[1] sul cristianesimo. Poi si passa alla storia: Granada, la colonizzazione dell'America... Mi chiede informazioni sulla famiglia reale: ha visto alla televisione – mi racconta – la notizia della nascita del primo figlio della principessa Elena. La testa gli funziona che è una meraviglia.

Uno di questi giorni ci siamo spostati a Borno, il paese di monsignor Re. Viaggio di andata e ritorno in elicottero. È una giornata molto speciale per Re: è la sua terra ed è la sua festa. Pranziamo in casa del parroco. Nel pomeriggio visitiamo una rustica «baita», come chiamano qui le abitazioni di montagna, del padre di Re. Il papa saluta tutta la famiglia mentre si beve un tè. Da lì torniamo in elicottero a Lorenzago. I giornali poi parleranno dell'«investitura» di Re, e c'è stato anche chi si è arrischiato a dire che è uno dei cardinali *in pectore* il cui nome il papa si è riservato nell'ultimo concistoro.[2]

Controcorrente
18 settembre 1998

Per tre giorni, dal 18 al 20, abbiamo accompagnato il Santo Padre nella sua visita apostolica a Brescia e Chiavari. Di nuovo l'immagine del papa che va controcorrente: in questo caso, però, non contro la corrente delle idee dominanti, ma contro quella degli anni e della sua malattia. Non perde il buonumore, ma le limitazioni fisiche sono sempre più evidenti.

Giornalista di Londra
24 settembre 1998

Questa settimana si trova a Roma Charles Moore, direttore del «The Daily Telegraph» di Londra, che ho conosciuto quest'estate in Inghilterra. Dice che intende preparare un bell'articolo sul papa in occasione del ventesimo anniversario della sua elezione. Un paio d'anni fa Moore scrisse un articolo sul «Sunday Telegraph» dal titolo *Why I shall become a Catholic* nel quale spiegava la sua adesione alla Chiesa cattolica, che suscitò una vasta eco. In varie occasioni, in questi giorni, abbiamo parlato per ore. Gli ho fissato appuntamenti con Ratzinger, Szoka ed Etchegaray. L'ho presentato al papa al termine dell'udienza del mercoledì.

Stepinac: demolire un mito
9 ottobre 1998

Pranzo con il papa. È l'incontro abituale che segue un viaggio, questa volta in Croazia, dove siamo stati nello scorso fine settimana, dal 2 al 4 ottobre. Su uno degli argomenti discussi, le critiche per la beatificazione del cardinale Stepinac,[3] espongo il mio punto di vista: c'era un mito negativo creato e sfruttato dalle autorità comuniste iugoslave per quarantacinque anni. Secondo questo mito, Stepinac era stato un collaborazionista del regime degli ustascia di Pavelić che in quel periodo avevano assassinato serbi ed ebrei, e Stepinac non avrebbe fatto niente... Per demolire questo mito, era necessario che il papa facesse quello che aveva fatto, dopo un'approfondita indagine. Inevitabilmente, si è avuta qualche reazione critica, ma il mito è stato demolito.

Consegno al papa il nuovo libro di Accattoli, vaticanista del «Corriere della Sera»: *Karol Wojtyła. L'uomo di fine millennio*. La domanda del Santo Padre: «Ma questo farà bene alla Chiesa?». Gli rispondo che farà sicuramente bene: il papa è inseparabile dalla Chiesa.

Durante il pranzo, siccome si avvicina l'anniversario, gli chiedo qualche dettaglio della sua elezione. Ricorda che avvenne un lunedì; discretamente mi informo sull'ora: risponde che erano all'incirca le cinque di pomeriggio.

Alla fine, Mietek lo aiuta ad alzarsi. Il papa sorride e dice: «Mi aiuta sempre...» e aggiunge in francese: «*Après moi le déluge!*» (dopo di me, il diluvio). Classe e humour in ogni circostanza.

Altre fughe
12 ottobre 1998

Domani il papa non sarà in Vaticano. E questo mi rende felice, perché neanche la domenica può riposare un po'. Ieri, per esempio, c'è stata la lunga cerimonia per la canonizzazione di Edith

Stein: indubbiamente una grande gioia, ma anche una grande fatica. Mi sembra che ora si stiano imponendo con maggiore frequenza queste fughe del martedì in montagna, all'aria aperta.

Il papa in diretta
13 ottobre 1998

Questa sera un programma di Bruno Vespa su RAI 1 in occasione del ventesimo anniversario dell'elezione del papa. Numerosi invitati e molti collegamenti in tutto il mondo: Gorbacëv, Jaruzelski, Wałęsa, Ali Ağca, ecc. E la sorpresa della telefonata del papa, verso la metà del programma, che viene trasmessa in diretta. L'idea è stata di Dziwisz: «Sono il segretario del Santo Padre...» e poi la voce del papa: «Signor Vespa, la ringrazio per le sue parole». Più tardi vengo a sapere che ha chiamato anche per ringraziare del concerto in suo onore diretto da Riccardo Muti durante uno dei collegamenti.

Un'occasione persa
26 ottobre 1998

Oggi Tauran si trova a Gerusalemme. Pronuncia un discorso importante sulla posizione della Santa Sede rispetto ai Luoghi sacri, e soprattutto a Gerusalemme. Il testo è chiaro e forte. Ma non ne sapevamo niente e ci arriva in ufficio alle due meno un quarto. Viene dato alla stampa, ma senza che abbiamo il tempo di segnalarlo ai giornalisti come «qualcosa d'importante».

L'indomani, infatti, compaiono alcuni riferimenti qua e là, però niente di significativo. Conclusione: un'occasione persa per non aver pensato che esiste una dinamica dell'opinione pubblica, anche per le questioni di politica internazionale.

La reputazione della Guardia svizzera
29 ottobre 1998

Viene a trovarmi in ufficio, ed è già la seconda volta in poco tempo, Pius Segmüller, il nuovo comandante della Guardia svizzera. Ha un problema serio: con la tragedia dell'assassinio di Estermann, la reputazione del corpo ha subìto una ferita. Soprattutto in Svizzera, dove è stato pubblicato un romanzo sull'omicidio. Dice che sarebbe necessario recuperare il buon nome, anche per favorire il reclutamento di nuovi soldati, che in questo momento è problematico.

Durante il nostro primo incontro gli ho detto che bisognerebbe anzitutto fare in modo che sia reso pubblico l'esito dell'istruttoria. Con il lungo silenzio calato da quando è avvenuta questa tragedia, le riserve, i dubbi e i sospetti sono cresciuti. Si pensa che si voglia nascondere qualcosa. E quelli che qui possono decidere non sentono l'urgenza di pubblicare, quanto prima, i risultati dell'indagine del giudice.

Kabila
23 novembre 1998

Vedo il Santo Padre mentre riceve Laurent-Désiré Kabila,[4] presidente della Repubblica Democratica del Congo. Un personaggio molto discusso, con un palmarès di guerra e violenza per niente disprezzabile. Viene a vedere il papa perché vuole il sostegno della Santa Sede affinché lascino il Congo le truppe straniere che, in parte, lui stesso ha introdotto nel paese come alleati nella sua lotta contro Mobutu.

In questi giorni il papa assiste al sinodo dell'Australia e del Pacifico. Riceve Kabila durante un intervallo in una saletta attigua all'aula del sinodo. Quando esce, mi dice: «Sembrava un agnellino». Lo informo che i vescovi del Ruanda hanno protestato per questa visita. «Sì, lo sapevo.» Poi il suo commento sul sinodo: «Il sinodo sta andando molto bene».

Nuove idee
2 dicembre 1998

Che il papa cerchi nuove idee mi sembra un buon segnale: forse gli acciacchi non lo limitano per l'essenziale. Durante la cena si parla un po' di tutto, ma credo che il Santo Padre voglia sentire suggerimenti, proposte di nuove cose che si possono fare.

A un certo punto della conversazione, gli dico che proprio lui, che si è visto fin dall'inizio nel vortice dei mass media, forse potrebbe affrontare questo argomento in un accurato documento... Il papa ascolta. Raramente dà una risposta immediata, positiva o negativa, a queste questioni. Ci pensa. Ci rimugina sopra. Poi mi dice che ci sono due documenti pronti in attesa di trovare la data opportuna: uno sugli anziani e l'altro sugli artisti. Come per dire:

ora non è il caso di aggiungere un altro documento alla lista. Parliamo anche della recente bolla con cui si proclama l'Anno santo per il 2000. Un documento specifico e pratico.[5]

Alcune domande di Weigel
16 dicembre 1998

Mi unisco a George Weigel per cenare con il papa. Sta ultimando la biografia e ha alcune domande da rivolgere al Santo Padre.

«Aveva pensato di farsi carmelitano quando, prima di entrare nel seminario clandestino, ha fatto degli esercizi spirituali con loro?» «No. Forse ce l'avevo in testa, ma la cosa si è risolta quando il vescovo Sapieha mi ha detto di frequentare il seminario, e poi si sarebbe visto. Io conoscevo già san Giovanni della Croce perché Jan Tyranowski[6] me lo aveva fatto conoscere.»

«Nel marzo 1981, secondo alcuni libri, lei ha ricevuto l'ambasciatore sovietico e durante quella conversazione si è parlato degli argomenti del momento: Russia, Polonia, ecc.» Il papa non ricordava l'incontro. Dziwisz è andato a controllare sui propri quaderni, dove annota tutte le attività del Santo Padre, e conferma che quell'udienza non c'è stata. George pone altre questioni e il papa risponde a tutte le domande.

Influenzare la coscienza internazionale
17 dicembre 1998

Questa notte gli Stati Uniti hanno bombardato ancora Baghdad e altri obiettivi in Iraq. L'alleanza stavolta è fra Stati Uniti e Gran Bretagna. Penso che si debba dire qualcosa. Ho preparato una bozza e parlo con Tauran.

Il papa riceve le credenziali di quattro ambasciatori e, nel discorso comune che rivolgerà loro, la Segreteria di Stato ha deciso di dire qualcosa su questo argomento. Leggo il testo preparato e non vi si parla nemmeno dell'Iraq. C'è un vago riferimento alla pace in pericolo nel Medio Oriente.

Forse l'approccio è adeguato, ma continuo a pensare che c'è un problema morale sul quale la Santa Sede potrebbe gettare un po' più di luce. Questa linea «moderatissima» non mi sembra quella del papa. Ma ormai è tardi: sta per ricevere gli ambasciatori. Considero che si è persa un'occasione per influenzare la coscienza internazionale attraverso l'opinione pubblica.

Lettere
25 dicembre 1998

Una famiglia: lui ha 44 anni, la moglie 41. Otto figli. Lei soffre di un tumore dal 1994. Mi inviano una lettera annunciandone un'altra per Dziwisz, perché vorrebbero assistere a una messa del papa.

Un uomo di 81 anni di Alicante mi manda una confezione di «cereali con cacao». Dice che a lui fanno molto bene, e «se va bene per bambini di dodici mesi, perché non dovrebbe andare bene anche per un anziano?». Mi consiglia di darli al papa. Ha sentito alla televisione che il Santo Padre non gode di buona salute. «Che gioia se questo potesse ringiovanire il papa!»

Sono due esempi del genere di lettere che arrivano nel mio ufficio. Alcune mi lasciano prostrato. Cerco di rispondere a tutte. Immagino cosa proverà il papa nel leggere migliaia di lettere come queste. Sono questi i fogli che tiene nell'inginocchiatoio della sua cappella e sui quali medita di fronte al sacrario.

Un telegramma a Castro
28 dicembre 1998

Giorni fa, mentre stavo cenando con il papa, l'ho informato che Castro aveva approvato in via definitiva il ripristino della festività del Natale a Cuba. La notizia gli ha suscitato una grande gioia. È nata l'idea di approfittare dell'occasione per inviare a Castro un messaggio personale del Santo Padre.

Oggi consegniamo alla stampa copia del telegramma che il papa ha inviato a Castro con data 23 dicembre e in cui lo ringrazia: «Desidero esprimerle il mio profondo apprezzamento per la decisione di restituire al giorno di Natale il suo carattere festivo per tutti i cubani, in conformità con la tradizione, e insieme sono lieto di trasmettere a Vostra Eccellenza i miei sinceri auguri, in occasione delle imminenti festività natalizie».

XLI
Grazia per un condannato
(1999)

Messico e Saint Louis (Missouri)
22-28 gennaio 1999

Il Messico è quello di sempre: un entusiasmo colossale e una notevole esternazione di affetto per il papa, che non smette di crescere nelle ricorrenti visite in questo paese. «È un popolo che non lascia dormire nessuno!» dice il pontefice durante la conferenza stampa del viaggio di andata, ricordando senz'altro le serenate e le canzoncine d'auguri in suo onore. È l'ottantacinquesimo viaggio fuori dall'Italia.

A Saint Louis (Missouri, Stati Uniti) propongo che il papa interceda in favore di un condannato a morte, Darrell J. Mease, un veterano del Vietnam. L'esecuzione è prevista per il prossimo 27 gennaio, il penultimo giorno del soggiorno del Santo Padre in città. L'uomo ha ucciso tre persone.

L'idea mi è venuta al nostro arrivo e, anche se si tratta di qualcosa assolutamente fuori dal programma previsto, mi arrischio a proporla nel vedere l'impatto che sta provocando la figura del papa in questa città. Ne parlo con Sodano, gli sembra una buona idea e telefoniamo personalmente a Mel Carnahan, governatore dello Stato del Missouri.

In seguito, mi chiama la segretaria del governatore, che desidera conoscere altri dettagli: nomi, date, lo *status* del segretario di Stato. Glielo specifico e mi dice che il governatore verrà all'ora di pranzo nella residenza dell'arcivescovo Regali.

A quella stessa ora – l'una e mezza – il papa sta pranzando con i cardinali e i vescovi.

Non appena arriva il governatore, gli si propone la questione. Lui pensava che gli avremmo chiesto la grazia sulla base di argomentazioni circa la validità della sentenza, o l'utilità giuridica della pena di morte. Lo deduco dal fatto che è insieme a un avvocato che ha con sé parecchi documenti, probabilmente carte processuali. Con sua grande sorpresa, gli diciamo che gli si chiede una grazia per liberare quest'uomo dalla condanna a morte in occasione dell'evento eccezionale rappresentato dalla visita del Santo Padre in città.

Certo, il papa ha parlato diverse volte in modo chiaro e categorico della necessità di abolire la pena di morte, ma questo non era il momento né il luogo per affrontare la questione. Inoltre, sappiamo che Carnahan si è dichiarato a favore dell'aborto e della pena di morte. Dopo aver superato la sorpresa iniziale, dice che rifletterà sulla questione da questa prospettiva e che ci darà una risposta.

Poco dopo l'arrivo in albergo chiamano al telefono dallo studio del governatore per comunicarci che è disposto a concedere la grazia, ma stanno studiando la maniera per renderla possibile, oltre alle spiegazioni da dare all'opinione pubblica. «C'è la possibilità che il papa la chieda personalmente al governatore?» Conoscendo il pensiero del Santo Padre, rispondo affermativamente: quel gesto potrebbe avvenire proprio nella cattedrale, dal momento che il governatore sarà in prima fila con le altre autorità. Il papa potrebbe fermarsi un momento per salutarlo e chiedergli la grazia. È d'accordo.

Più tardi mi chiama il segretario dell'ufficio stampa del governatore per parlare di come si può comunicare la notizia. Gli suggerisco di farlo il giorno dopo, presentandola come la risposta alla petizione del Santo Padre, senza entrare nell'aspetto giuridico del caso. E gli chiedo di inviarmi via fax quello che comunicheranno ai media.

In prima fila, nella cattedrale di Saint Louis, ci sono fra gli altri il presidente Clinton e il governatore Carnahan. Il papa si avvicina e gli dice, con grande semplicità e concisione, il cognome del condannato a morte: «*Have mercy on Mr. Mease*» (Abbia misericordia del signor Mease).

Il governatore gli risponde altrettanto brevemente: «*I will do it*» (Lo farò).

All'aeroporto, prima di congedarci, saluto il governatore ringraziandolo, dando per scontato che abbia preso la decisione di sospendere l'esecuzione. In realtà, non ha ancora annunciato nulla al riguardo.

Torniamo a Roma il 28 all'una. Sono a casa nel pomeriggio quando ricevo una telefonata. «A quanto pare, il governatore ha commutato la pena.» Prima di fare qualsiasi commento chiamo il mio ufficio e chiedo a suor Giovanna se è arrivato qualche messaggio dal governatore. È così. Me lo invia. Ecco il testo:

> Ieri pomeriggio il papa Giovanni Paolo II mi ha chiesto di commutare la sentenza di morte di Darrell Mease. Il papa mi ha detto queste parole: «Abbia misericordia del signor Mease». Per arrivare a questa decisione, ho riflettuto sulle circostanze straordinarie della petizione del papa e sull'importanza storica della sua visita nella città di Saint Louis e nello Stato del Missouri. Dopo un'accurata considerazione di questa petizione diretta e personale, ho deciso questa notte di accettare la sua petizione. Ho commutato la pena di morte di Darrell Mease nell'ergastolo senza possibilità di libertà condizionale.

Nobili parole, dopo una generosa decisione alla fine di uno splendido viaggio.

Di nuovo a Cuba
3 marzo 1999

Ritorno a Cuba dal 22 febbraio al 2 marzo per partecipare alla II Assemblea dell'Unión Católica Latino Americana de Periodistas (UCLAP). Mi attende all'aeroporto il nunzio apostolico Stella, ma non c'è nessuno dell'ufficio governativo per gli affari religiosi: è un modo per segnalare che le attività dell'UCLAP, e della trentina di modeste riviste cattoliche dell'isola, sono fuori legge, anche se tutti le conoscono. Il nunzio ha organizzato diversi incontri con alcune persone che ho conosciuto mesi fa.

Oltre che alle attività dell'assemblea dell'UCLAP, dedico il mio tempo ad accompagnare alcuni vescovi nelle parrocchie delle loro diocesi, a incontrare medici e altre persone, e a tenere qualche conferenza. Le riunioni con le autorità cubane sono molto cordiali. Del comitato centrale del partito vedo Caridad Diego e Isidro Gómez. Caridad si scusa per non aver assistito alla mia conferenza del giorno precedente: ovviamente, per loro era troppo assistere a un evento su una realtà – le pubblicazioni cattoliche – che non esiste ufficialmente. Affrontiamo gli argomenti concordati con il nunzio, che hanno il proposito di migliorare la vita e la libertà dei cattolici. Incontriamo anche Isabel Allende, viceministro degli Esteri, in un clima di grande cordialità.

Quando alcuni diplomatici non cubani mi chiedono suggerimenti sull'atteggiamento che dovrebbe tenere l'amministrazione degli Stati Uniti nei confronti di Cuba, arrivo alla conclusione – confermata da questo viaggio – che quello che possono fare è decretare la soppressione dell'embargo contro Cuba per quanto riguarda gli alimenti, le medicine e il materiale sanitario. Questo provvedimento presenta soltanto vantaggi: toglie a Castro la scusa dell'embargo come arma davanti al suo popolo; crea in Cuba un sentimento favorevole verso gli Stati Uniti; aiuta il popolo cubano e manda un segnale positivo alla comunità internazionale.

Il piatto forte degli incontri è il pranzo con il presidente. Castro mi riceve nel suo studio. Ci sediamo, lo ringrazio per la considerazione e gli consegno in dono il libro *Don y Misterio*, in spagnolo, con la firma del papa. Da parte mia gli do due video dei Musei Vaticani, sempre in spagnolo, su ciò che gli interessa: si informa sulle opere d'arte che ospita e su altri dettagli del Vaticano. È incuriosito da tutto, ma credo che sappia distinguere gli aspetti essenziali da quelli secondari. Sa perfettamente quello che ho fatto in quei giorni, persino che ho rinunciato ad andare alla spiaggia di Varadero (non ho accettato l'invito a causa della sua atmosfera turistica). Parliamo del viaggio del papa. Pranziamo in una sala attigua al suo studio: io, il nunzio, Caridad Diego e un medico, José Ramón Balaguer, della commissione ideologica del partito ed ex ambasciatore a Mosca.

Durante il pranzo, Castro parla ininterrottamente del piano di formazione di medici latinoamericani, cita statistiche della sanità pubblica a Cuba e in altri paesi, e dedica moltissimo tempo a questi argomenti. Quando vedo che non si affrontano i temi che ci interessano, gli faccio presente che volevo parlargli di alcune questioni e menziono le relazioni fra la Chiesa e lo Sato cubano.

Gli dico che c'era una cosa di particolare interesse per il papa, ovvero il Giubileo del 2000. È curioso, chiede da dove viene la parola giubileo, il suo significato, ecc. Gli spiego che in quel periodo la Chiesa farà un grande sforzo di evangelizzazione, e che a Cuba ci sarà bisogno di una notevole quantità di materiale scritto. E arrivo al dunque: il papa vorrebbe mandare a Cuba una tipografia per stampare tutto quel materiale catechistico. Caridad mi sussurra: «E per stampare "Vitral"» («Vitral» è la rivista della Chiesa che gli ha creato più grattacapi...).

Per rafforzare la petizione, gli dico che la Santa Sede ora si ritrova «senza munizioni» quando deve spiegare ad altri paesi che devono cambiare il loro atteggiamento verso Cuba, e che abbiamo bisogno di nuovi argomenti per convincerli che nel paese sono in corso cambiamenti sostanziali. Castro dice: «Be', questo materiale stampato viene portato da fuori, magari potrebbe essere stampato qui». Insisto che sarebbe opportuno farlo prima dell'inizio del Giubileo, e lui aggiunge: «Be', però mi consenta di non decidere adesso...».

Continuiamo a parlare del Giubileo e gli accenno alla possibilità di trasmettere in diretta l'apertura. Si fa spiegare di che cosa si tratta e dice: «Questa è una cosa molto importante». Accenno anche alla possibilità per i vescovi di parlare regolarmente per radio per un quarto d'ora la domenica, perché è una pena che coloro che desiderano ascoltare argomenti religiosi debbano sintonizzarsi su Radio Martí (che trasmette da Miami).

Dato che si è parlato delle nuove pene per i reati di prostituzione, prossenetismo, traffico di minori, ecc., gli dico che in questo campo il problema è la mancanza di valori, e non tanto una questione di legge penale. Lui accetta questo punto di vista. E io ritorno ancora sulla tipografia e la diffusione di valori. «Sì, è necessaria una grande diffusione di valori» dice lui.

Castro ha un aspetto che è, insieme, quello di un anziano, di un uomo energico, di un sognatore utopista e di un dittatore. Ha una memoria vivace. E una capacità intatta per il calcolo aritmetico: quando mi domanda la grandezza del Vaticano, per sbaglio gli dico che equivale a due campi di calcio, ma poi preciso che si tratta di 44 ettari. Lui allora fa qualche rapido calcolo mentale e dice che quindi sono circa sessanta campi di calcio...

È sensibile al buonumore e alla cordialità, però occorre un certo tempo – a volte lungo – perché abbandoni la «posa» dell'autocrate illuminato. Dopo, si può scherzare con lui senza problemi. Mangia poco e segue quasi esclusivamente una dieta vegetariana: nella nostra cena, due pompelmi, insalata di pomodori e lattuga, e due piccole porzioni di formaggio. Credo che abbia preso un caffè. Non fuma. Naturalmente, a volte si abbandona ai suoi sogni utopistici: in questa occasione, la ricorrente narrazione del piano medico-sociale che cerca di esportare in tutta l'America Latina. Mi regala una confezione di Habanos Trinidad, che non conoscevo. Sono eccellenti.

Difficoltà nel lavoro
14 marzo 1999

Con il passare del tempo non diminuiscono, ma anzi aumentano quelle che mi sembrano difficoltà nel mio lavoro. Da una parte, si tratta di ottenere informazioni per far crescere l'interesse dell'opinione pubblica. Questa semplice questione diventa sempre più difficoltosa. Dall'altra parte, c'è la sensibilità della Segreteria di Stato, e di altri organismi, per «giocare il gioco» dell'opinione pubblica a nostro favore, ma rispettando le «leggi» del giornalismo. In terzo luogo, c'è la disponibilità del Santo Padre. Naturalmente, i tre aspetti si spiegano con la sua minore vitalità nel corso degli anni e con la malattia.

Ottenere informazioni è sempre più complicato. I responsabili della Segreteria di Stato hanno la tendenza a chiudersi, a moltiplicare la «prudenza», a diventare più cauti. Sono sempre sulla difensiva e non sono mai propositivi. Il loro leitmotiv è: «Non dica niente, ma se domandano...». In questo modo l'iniziativa è sempre di altri, di chi mette in circolazione delle voci, mai nostra. Non si prefiggono di proporre la nostra agenda ai media, ma si limitano a rettificarli quando questi accentuano troppo i loro errori.

Quando il Santo Padre aveva una maggiore vitalità, lui stesso imponeva in qualche modo queste cose ai collaboratori. Adesso non me la sento di argomentare ancora con un papa le cui energie si sono ridotte sensibilmente, così come si sono ridotte le occasioni per commentare i fatti, ricevere le sue indicazioni, o perlomeno conoscere meglio le sue idee sulle questioni.

Vado regolarmente alle sue udienze quando le personalità che incontra hanno un significato particolare per l'opinione pubblica. Per esempio, tre giorni fa, alla fine dell'udienza con il presidente della Repubblica islamica dell'Iran, Mohammad Khatami, gli ho fatto qualche domanda sul contenuto della loro conversazione. Mi ha riferito i temi che avevano affrontato, il tono della conversazione e anche il suo punto di vista sull'uomo («Mi sembra una persona provvidenziale in questo momento»). Tutto questo mi ha aiutato a elaborare il comunicato che ho emesso subito dopo. Se mi fossi limitato alla nota ufficiale che mi hanno passato, non avrei trasmesso il vero carattere di quella visita.

Tutti i fatti che ho esposto li constato e li considero come un'evoluzione naturale, almeno in parte, delle caratteristiche del mio lavoro. Ma non nascondo che mi pesano.

Kosovo
1° aprile 1999

È Giovedì Santo. E siamo nel bel mezzo della guerra della NATO con la Repubblica iugoslava per la questione del Kosovo. Si tratta di fare tutto il possibile da parte della Santa Sede: riunione con gli ambasciatori dei paesi della NATO e del Consiglio di sicurezza dell'ONU e dell'OCSE (Organizzazione per la sicurezza e la cooperazione in Europa), ecc. Oggi Tauran si reca a Belgrado per incontrare il Patriarca ortodosso Pavle e il presidente iugoslavo Milošević. Naturalmente, diffondiamo la notizia.

Ascolto la BBC: è tutto un bollettino di guerra, azioni militari, il «dramma» di tre soldati americani catturati dai serbi... Ma del viaggio di Tauran, che reca un messaggio personale del papa a Milošević, non dicono una parola nel loro telegiornale delle dodici: non fa notizia. Questo significa che la logica è molto stringente: bombardare finché Milošević non cederà in Kosovo. Non c'è all'orizzonte un negoziato, un'azione diplomatica. C'è una logica semplicistica di azione militare, e questa, a sua volta, si limita ai bombardamenti aerei senza l'intervento delle truppe di fanteria.

Rugova
10 maggio 1999

Visita di Ibrahim Rugova, leader del Kosovo. È accompagnato da monsignor Vincenzo Paglia.[1] Incontra il papa e, terminata l'udienza, viene in ufficio e lo presento ai giornalisti. Dopo la mia introduzione rilascia una dichiarazione. Mi sembra un uomo di grande valore: moderato, consapevole delle sue responsabilità, religioso, cordiale ma non emotivo.

Maratona in Polonia
5-17 giugno 1999

Torniamo stanotte da un lungo viaggio in Polonia: un programma tremendo di spostamenti, incontri e cerimonie che il papa, in realtà, ha potuto affrontare soltanto con uno sforzo sovrumano.

Oltre al programma ufficiale ci sono state molte attività non annunciate, ma previste già prima della partenza: visite a chiese e incontri con persone. Nei dodici giorni è stato in più di venti città. I trasferimenti in elicottero sono stati lunghi – a volte sono durati quasi due ore – e siamo arrivati a destinazione dopo le nove di sera. Al ritorno, siamo tutti piuttosto stanchi. E anche il papa.

L'8 giugno ci siamo recati a Wigry, un antico monastero che lo Stato polacco ha trasformato in un albergo per turisti. Si trova nella zona dei laghi. È previsto che il papa riposi in questo posto per il pomeriggio e la giornata seguente. Non appena arriviamo, navighiamo sul lago per un'ora e mezza.

Per il giorno dopo è stata organizzata una gita in barca sui laghi. Il Santo Padre è silenzioso. Prega e ricorda i suoi soggiorni in gioventù in questi luoghi. Prima di salire a bordo ad Augustów, visita la casa di alcuni contadini: Stanisław Milewski, la moglie e i cinque figli. Il motivo di questa sosta è dare un segnale che stimoli il settore contadino polacco, che attraversa molte difficoltà in questa epoca di transizione.

Saliamo sulla nave, ma ho l'impressione che ci siano troppe persone e che si perda intimità. Dato che il cielo è coperto e ogni tanto pioviggina un po', il papa si siede nella coperta bassa, interna, della nave. La gente lo saluta dalla riva a mano a mano che avanziamo sul lago. Arriviamo a un piccolo santuario della Madonna, a Studzieniczna. Il papa vi si reca in visita. Saluta parecchie persone, perché si è diffusa la notizia. Pranzo, riposo e ci si imbarca di nuovo.

Chiamo i giornalisti per offrire qualche informazione e – con l'aiuto di un traduttore – tengo una conferenza stampa al telefono per più di mezz'ora. Ci scattiamo qualche fotografia con il papa. Adesso sta nella coperta superiore aperta della nave.

Passiamo sul lago Orle attraverso il canale di Augustów e si dà per conclusa la gita. Dubito che il papa abbia riposato molto. Però, ha almeno potuto pregare per qualche momento in pace e ricordare gli anni di gioventù. Torniamo a casa in macchina.

Il giorno dopo, di nuovo la vertigine del viaggio. Tre città: Siedlce, Drohiczyn e poi il ritorno a Varsavia di notte. Il Santo Padre presiede due cerimonie che hanno un sapore ecumenico per la presenza di ortodossi, cattolici di rito orientale e cattolici della Bielorussia e dell'Ucraina.

A Varsavia, il giorno dopo, pronuncia un importante discorso al Parlamento polacco (Sejm). È la prima volta che si rivolge a un Parlamento nazionale in presenza dei tre poteri – esecutivo, legislativo e giudiziario –, oltre al corpo diplomatico.

Mentre riceve il saluto di alcuni leader religiosi, il Gran

Rabbino gli chiede di togliere la croce che è stata messa accanto ad Auschwitz, in ricordo del suo primo viaggio del 1979. Le sue parole vengono trasmesse alla televisione e diventano la notizia del giorno.

Versa sera, vedo che le comunità ebraiche polacche emettono un comunicato molto duro contro il rabbino. Dicono che non sarà più il Gran Rabbino entro una settimana, che le sue parole rappresentano soltanto la sua posizione personale, che il linguaggio e l'occasione sono stati inopportuni, che si tratta di una questione aperta, ma che non doveva essere affrontata in quel modo e in quel momento.

L'indomani mattina, quando andiamo a prendere il papa alla nunziatura, vengo a sapere che mentre era solo in bagno, verso le cinque e quaranta del mattino, è caduto, ha battuto la testa nella doccia e si è procurato una ferita alla tempia destra: è stato necessario mettere tre punti di sutura. Salgo subito nella sua stanza. I medici che erano di guardia nell'ambulanza, presso la nunziatura, hanno appena finito di applicargli i punti.

Buzzonetti e Patrizio Polisca, l'altro giovane medico che è con noi, chiedono una visita del chirurgo per decidere se bisogna fargli una TAC cerebrale dopo il trauma. Buzzonetti ha dei dubbi, Polisca invece propende per farla. In quel mentre arriva il chirurgo: il suo parere, con grande sollievo per tutti, è che la TAC non è necessaria. Il papa comincia la giornata con una vistosa benda bianca sulla fronte.

Per me, questo significa che comincia a perdere autonomia: le due cadute sono avvenute entrambe quando era solo, in bagno.

Partiamo per Sandomierz senza ritardi. Dico al medico polacco che viaggia con noi se può chiedere telefonicamente al collega che ha praticato la sutura a Varsavia di tenermi le garze utilizzate. Al mio ritorno a Varsavia, in serata, mi consegnano una busta di plastica con tutto quello che è servito per la cura: la siringa per l'anestesia, le garze, ecc.

Tengo con me quelle tre garze con il sangue del papa, pensando al futuro.

Preparo il mio briefing mattutino per i giornalisti: «Questa mattina, prima di lasciare la sua residenza, nella nunziatura di Varsavia, il Santo Padre ha fatto una brutta caduta che gli ha provocato una ferita lacero-contusa alla tempia destra. I parametri clinici, e in particolare quelli cardiovascolari, sono nella norma, ecc.».

Sorgono in questi giorni due novità sul viaggio del papa in Armenia, previsto fra un mese. Karekin I, catholicos della Chiesa ortodossa armena, malato di cancro, è molto grave. Ci avvisano che un suo inviato – l'arcivescovo degli armeni a New York – desidera parlare con il papa. Si presume che chiederà di annullare il viaggio, sia pure con la formula educata di posporre la data. Secondo le informazioni in mio possesso, Karekin I desidera vedere il Santo Padre, ma il sinodo e altri sono contrari. Anche qui ci sono diffidenze da sanare.

L'incontro con l'inviato avviene il giorno stesso dell'arrivo del papa a Varsavia. Come ci aspettavamo, la proposta è quella di posporre il viaggio. Si decide in alternativa un rapido viaggio del papa per visitare il catholicos, e per avere anche un breve incontro con la minoranza di cattolici all'aeroporto.

Preparo un sintetico comunicato per informare la stampa. Dalle mie parole viene eliminato il riferimento ai cattolici, per non creare frizioni, e il giorno dopo la caduta del papa do la notizia: «Dopo il viaggio in Polonia, il Santo Padre andrà in Armenia per una visita privata al catholicos». L'annuncio provoca una certa sensazione. L'espressione «visita privata» mi è venuta in mente, dopo averci pensato a lungo, perché altre – viaggio ecumenico o viaggio pastorale – in questo caso non quadravano.[2]

Il viaggio continua. E la stanchezza si accumula.

Il 14 andiamo a Łowicz, dove fa caldo. La sera andiamo a Sosnowiec, dove invece fa freddo. Il papa comincia a sentirsi male. Sull'elicottero che ci porta a Cracovia, Buzzonetti gli dà una compressa di Novalgina perché ha la febbre. Quando arriviamo a Cracovia è già tardi, e la temperatura è salita a 38 gradi.

Numerose persone sono in attesa nel cortile interno dell'arcivescovado. Per evitare che il pontefice debba fermarsi per salutarle, Dziwisz dà indicazioni affinché la papamobile vada direttamente fino all'ingresso della residenza. Però in questo edificio non c'è l'ascensore, perciò il papa deve fare a piedi i due piani per arrivare alla sua abitazione.

Il giorno dopo, di buon'ora, dall'albergo in cui alloggio mi reco all'arcivescovado. Parlo con Dziwisz e Buzzonetti. Il papa ha 38 di febbre. Redigiamo un breve comunicato per la stampa: «Dal pomeriggio di ieri il Santo Padre presenta un moderato aumento della temperatura di probabile origine virale. Gli è stato consigliato di annullare tutti gli impegni previsti per oggi». Avrebbe dovuto celebrare la Santa Messa a Cracovia, nei mille anni della diocesi. Prima della messa c'è il briefing con la stampa. Il rito viene celebrato da Sodano, e il cardinale Macharski legge l'omelia.

Nel pomeriggio rimango a Cracovia. Mi reco all'arcivescovado, parlo con Buzzonetti, facciamo un giro in città per comprare qualcosa e rilascio alcune dichiarazioni per la televisione polacca, che apriranno il telegiornale delle sette e mezza. Il papa sta meglio, ma ha ancora un po' di febbre. E siccome hanno organizzato un concerto per lui davanti alla sua residenza, si alza e compare alla finestra qualche momento per salutare.

L'indomani la febbre è sparita. Il papa celebra la messa a Stary Sącz, durante la quale canonizza la beata suor Cunegonda.[3] Il cardinale Macharski legge l'omelia. Nel pomeriggio andiamo a Wadowice: nella liturgia della parola il papa si riferisce continuamente alla propria infanzia e adolescenza in questa città, dove è nato. E quando rientra di sera, invece di tornare direttamente alla residenza, com'era previsto, va a visitare altre tre chiese.

Il 17, l'ultimo giorno in Polonia, il pontefice celebra «privatamente» la messa nella cattedrale di Wavel: sono presenti circa 950 persone. Il programma non prevede altro, ma in realtà il papa va a Częstochowa e prima fa una breve visita a Gliwice, la città in cui non si era potuto recare il giorno in cui era rimasto a letto. Alle persone che lo aspettano dice: «Dovevo venire, e non sono venuto. Oggi non dovevo venire, e sono venuto: io, un papa così, non lo sopporterei!».

Visita la Madonna di Częstochowa, alla quale affida il suo pontificato. Dopo il pranzo e un breve riposo, il ritorno a Cracovia in elicottero. Lunga cerimonia di congedo. Rientriamo a Roma esausti.

Qualche giorno dopo, ripassiamo tutto il viaggio con il papa durante un pranzo nel suo appartamento.

Un linguaggio criptico
1° luglio 1999

Si svolge a New York il dibattito sulla sovrappopolazione nel quadro della Conferenza internazionale sulla popolazione e lo sviluppo ICPD+5, che è iniziata il 30 giugno e si conclude domani, 2 luglio. Si tratta di applicare il programma d'azione della Conferenza del Cairo.

Fra gli altri temi si discute dell'uso del profilattico, dei diritti di decidere sull'aborto di minorenni, dell'utilizzazione dell'aborto come strumento di controllo delle nascite. In tutto questo dibattito, si potrebbero dire molte cose sulla posizione della Chiesa con un linguaggio convincente. Si potrebbe riproporre quello che è già stato detto durante la Conferenza del Cairo.

Ieri ci chiamano dall'ufficio preposto per confermare che ci passeranno un documento in merito. In verità mi aspettavo un documento elaborato, qualche presa di posizione che tenesse conto della disinformazione a livello internazionale su queste tematiche, e anche della persecuzione e degli attacchi che sta subendo a New York – e sulla stampa internazionale – la nostra rappresentanza alle Nazioni Unite.

In tarda mattinata ricevo soltanto poche righe nelle quali si dice che «la Santa Sede si adopererà affinché questa importante riunione dia nuovo impulso a uno sviluppo autentico, basato sul rispetto della dignità della persona e della famiglia». Naturalmente, di fronte al clamore di queste giornate, queste poche righe risultano criptiche e vengono completamente ignorate. Non intendo scaricare su altri le mie responsabilità: l'errore è stato mio, perché non sono stato capace di portarmi avanti e di gestire un po' meglio questa questione.

XLII

Verso il Grande Giubileo

(1999)

Vacanze di lettura
7-20 luglio 1999

I giorni di riposo sono pochi, ma il papa non desidera restare troppo tempo fuori Roma. Vuole tornare per l'udienza generale di mercoledì 21. Questa volta Buzzonetti rimane a casa, perché devono reimpiantargli un pacemaker, e al suo posto viene un altro medico, Giampiero Gasparro. L'unico cambio nell'orario è che la mattina usciamo un po' più tardi, alle dieci e mezza. Il papa dedica quel margine di tempo alla lettura. Torniamo verso le sette e mezza.

Le passeggiate del pontefice in queste terre della Valle d'Aosta sono sempre più corte: una breve camminata a mezzogiorno e un'altra nel pomeriggio. Gran parte del tempo se ne va con la lettura. Ha cominciato a leggere un libro pubblicato in Polonia con le biografie dei 108 che ha beatificato a Varsavia nel suo recente viaggio. Un giorno, mentre passeggiavamo, mi ha parlato di loro con ammirazione.

Poi ha letto un libro di filosofia di un autore tedesco contemporaneo, alcuni numeri della rivista «ETHOS», pubblicata da Tadeusz Styczeń, e altri volumi.

Dziwisz mi ha detto che quando arrivano dei libri, il papa li aggiunge a una pila con l'intenzione di leggerli quando avrà tempo. Di lì, le monache e lo stesso Dziwisz ne tolgono qualcuno, ma il papa li trova e ce li rimette... Una volta gli ho detto che leggeva molto e camminava poco. Mi ha risposto che gli regalavano parecchi libri e voleva dargli un'occhiata (in realtà, li legge attentamente).

«Che si dice del viaggio a Ur?» mi ha chiesto un giorno. Gli ho riferito dell'interesse della stampa per questo evento, annunciato per il prossimo mese di febbraio. Parliamo del fatto che Abramo non è abbastanza presente, come dovrebbe essere, nella tradizione cristiana. «Sì,» ha detto il papa «bisognerebbe ampliare la prospettiva della nostra fede.» Ha aggiunto che di recente aveva avuto una riunione con Cassidy, Etchegaray e Fitzgerald[1] – Arinze era fuori – per parlare di diverse questioni legate al viaggio.

Mentre camminiamo per Brusson, torniamo a conversare sul Medio Oriente. Gli ho detto che converrebbe spiegare bene il significato del viaggio, soprattutto negli Stati Uniti, affinché non pongano limiti all'incontro con Saddam Hussein. Un'opportunità, in questo senso, potrebbero essere le udienze pubbliche del mese precedente il viaggio, per esporre il suo pensiero. Mi ha ringraziato e ha ricordato il viaggio in Israele nel 1965; abbiamo finito per parlare delle relazioni fra cristiani e musulmani.

Poco dopo, nella conversazione si fa il nome del filosofo Roman Ingarden, che fu un collaboratore di Edith Stein. Al papa piacerebbe che Edith Stein, da lui canonizzata nell'ottobre scorso, venisse dichiarata patrona d'Europa. «Magari si potrebbe parlarne nel prossimo sinodo europeo» aggiunge. Il problema, però, è che ci sono molte candidate. Gli dico che anch'io ho la «mia candidata»: Teresa d'Ávila. Ribatte che la candidata degli italiani è Caterina da Siena.[2]

Il 15 mi chiama da Israele Shimon Peres. Penso gli abbia fatto il mio nome Samuel Hadas, che è stato il primo ambasciatore israeliano presso la Santa Sede. Mi parla di un calendario realizzato dalla sua fondazione e che sarà distribuito a israeliani e palestinesi, rivolto ai bambini dei due gruppi. E vorrebbe che in quella pubblicazione figurasse qualche parola del papa; una benedizione. Gli dico che potrebbe essere una buona idea, ma che bisognerà inviare il materiale al nunzio apostolico in Israele. Più tardi riferisco al Santo Padre questa telefonata. È positivamente impressionato dal fatto che un ebreo chieda una benedizione al papa.

Parliamo ancora del viaggio in Medio Oriente, del monte Oreb – oggi Sinai – e della manifestazione di Dio a Mosè: «Io sono colui che sono». Il papa aggiunge che questa frase ha suscitato numerose interpretazioni, anche di carattere filosofico. Ricorda che nelle letture della messa odierna si parla proprio di questa scena.

Durante una passeggiata, Dziwisz mi dice che il papa sta meglio dell'anno scorso. Lo penso anch'io.

Autogol
30 luglio 1999

Qualche mese fa, in febbraio, è stato pubblicato in Italia un libro anonimo sulla Curia romana, pieno di pettegolezzi e di commenti crudeli e sarcastici, insieme ad altre cose vere. Il libro ha avuto scarsa eco nell'opinione pubblica.

All'improvviso, dal Vaticano stesso, si promuove una causa contro il suo autore. Si scopre che è un monsignore che lavora in uno dei dicasteri. Si sollecita presso il tribunale della Sacra Rota l'interdizione del libro e la proibizione di fare nuove edizioni. E, com'era prevedibile, la stampa italiana e quella internazionale pubblicano articoli sulla persecuzione nei confronti del suo autore, sugli scandali del Vaticano… Una pubblicità fenomenale quando ormai nessuno parlava più di quel libro. Adesso, dopo la decisione del tribunale, le copie del volume sono esaurite, e tutti i giornali del paese riportano la scandalosa vicenda: «Un duro regolamento di conti fra monsignori» si dice.

Oggi, una notizia dell'ANSA informa che il libro è già primo nell'elenco dei più venduti in Italia di genere saggistico, con 100.000 copie in circolazione. Secondo un'altra agenzia, si tratta del libro più venduto in assoluto negli ultimi sette giorni. Penso che sia stato un magnifico esempio di autogol.

Pensando all'unità dei cristiani
6 settembre 1999

L'unità dei cristiani occupa i pensieri del papa. E come tappa in questa direzione, la relazione con gli ortodossi. Il viaggio in Romania, dal 7 al 9 maggio, è stato un passo importante in tal senso. Ma quante difficoltà lungo il percorso! Adesso, guardando al Giubileo, il papa ha pubblicato una lettera sui viaggi che gli piacerebbe fare. È quel «sogno» di cui mi ha parlato molto tempo fa.[3]

Prima dell'estate si è riunito con Cassidy, Etchegaray, Sodano e Re per vedere cosa si poteva fare affinché questo progetto diventasse realtà. Cassidy ha scritto una lettera esplorativa ai patriarchi ortodossi – di Atene, Mosca e Costantinopoli –, non tanto per annunciare un viaggio, quanto piuttosto per sapere dove si sarebbe potuto riunire con loro per un «incontro pancristiano». E anche per sondare il terreno sulla possibilità di fare quelle visite nei luoghi biblici: Atene, dove predicò Paolo, Damasco, ecc.

India e Georgia
5-9 novembre 1999

Prima di intraprendere questo nuovo viaggio per accompagnare il papa, ho rilasciato un paio di interviste ai media indiani: una al settimanale «Outlook» e un'altra alla televisione pubblica.

Sono previsti due eventi principali: in India, la presentazione a Delhi dell'esortazione apostolica *Ecclesia in Asia*; e in Georgia – oltre ad accettare l'invito del presidente Shevardnadze – la visita al patriarca catholicos Elia II.[4]

Il viaggio in India si svolge in un'atmosfera inquieta. Negli ultimi anni si sono verificate tante aggressioni nei confronti di sacerdoti e monache in diverse regioni del paese, soprattutto nello Stato di Orissa. Un missionario protestante australiano è stato assassinato con i suoi figli. E prima del viaggio si sono svolte molte manifestazioni anticattoliche. Era stata indetta una marcia – poi vietata dal governo – da Goa a Delhi per protestare contro il Santo Padre. Volevano che il papa chiedesse perdono per le presunte «atrocità» commesse dai missionari portoghesi a Goa, e rivendicavano la cessazione delle conversioni al cattolicesimo in India.

Durante il volo mi avvicino alla sezione dell'aereo occupata dal papa – voliamo con un Boeing 747 – per parlare con lui, ma lo trovo seduto sulla sua poltrona raccolto in preghiera, con gli occhi chiusi e le mani giunte. Non voglio disturbarlo e dico a Dziwisz che, in questa circostanza, non è necessario che il Santo Padre abbia adesso l'incontro con i giornalisti.

Più tardi, prima che servano il pranzo, salgo di nuovo e mi siedo al suo fianco. Interrompe la lettura di un libro di letteratura polacca. Parliamo del viaggio e poi gli domando se ha letto la biografia scritta da Wengel. Dice che ha cominciato e che in questo momento sta leggendo i capitoli relativi alla Polonia. Ci sono molti avvenimenti – commenta – di cui si era dimenticato.

Parlo con Buzzonetti durante il volo: mi riferisce che lo scorso 24 ottobre un gruppo di specialisti neurologi ha confermato la diagnosi del morbo di Parkinson e la terapia prescritta. Si tratta di un'evoluzione normale. Ogni tanto gli trema anche la mano destra. E mi assicura che si sta procedendo con le cure adeguate. Allora penso: non è che stiano facendo le cose male, però a noi piacerebbe che fossero fatte in un altro modo.

Arriviamo a Delhi, una città di 7.206.000 abitanti, con un'arcidiocesi che raccoglie 81.000 cattolici.

Il giorno dopo si svolge la cerimonia ufficiale di ricevimento nel palazzo presidenziale. Saluto Sonia Gandhi, che è presente fra le personalità che assistono all'evento.

Il papa ha tre incontri importanti: il primo con il presidente della Repubblica nel palazzo presidenziale, il secondo con il primo ministro, Shri Atal Bihari Vajpayee, in una residenza poco distante – la Hyderabad House –, e il terzo con il vicepresidente, Shri Krishan Kant. Sono presente a tutti gli incontri. I tre insistono sul carattere non confessionale della Costituzione del paese.

Il presidente della Repubblica – Kocheril Raman Narayanan – racconta al papa che è originario dello Stato del Kerala e che ha studiato in una scuola cattolica. Gli ricorda il precedente viaggio nel 1986 e gli dice che in India, anche se c'è «*religious freedom*» (libertà religiosa), non mancano alcuni «*intolerant fringes*» (settori intolleranti). Cita i paesi vicini, come la Cina, dove «c'è diffidenza politica verso la religione».

Il papa parla dell'eredità che bisogna lasciare all'umanità nel Terzo Millennio: pace e dialogo interreligioso. Non si menziona mai esplicitamente la scarsa tolleranza religiosa che patiscono i cattolici in India, anche se i tre dirigenti politici alludono indirettamente alla questione.

È Sodano a proporre gli argomenti durante le tre conversazioni. Con il primo ministro parlano della festa del Diwali (la festa induista della luce): «Può darsi che la presenza del papa fra noi porti una nuova luce».

Penso che il più brillante e spontaneo dei tre sia il vicepresidente. Dice al papa che siccome la base della nazione è la famiglia, la sua predicazione sulla famiglia è positiva per il nuovo millennio che inizia. Se si distrugge la famiglia, si distrugge la società. «L'India dovrebbe essere un rifugio per tutte le religioni, perché noi crediamo che religione e cultura siano sinonimi. Tuttavia, cultura non è sinonimo di nazione.» E aggiunge che gli spetta ancora un lungo compito: la spiritualizzazione della politica.

Dopo questi incontri, il papa si reca al Raj Ghat, il parco con il memoriale del Mahatma Gandhi. Si toglie le scarpe dinanzi al monumento. Alla fine, lo invitano a firmare il libro dei visitatori illustri. Ne approfitto per dirgli che mi sono annotato una frase di Gandhi che potrebbe aggiungere accanto alla firma, e gli sottopongo il testo. La trova adatta: «*No culture can survive if it attempts to be exclusive*» (Nessuna cultura può sopravvivere se ambisce a essere esclusiva).

Georgia. All'aeroporto di Tbilisi fa freddo e ci arrivano forti raffiche di vento. Il papa comincia a tremare mentre le telecamere della televisione lo stanno filmando. Quando saluta il catholicos Elia II durante la cerimonia, alla fine della giornata, nella cattedrale patriarcale Svetitskhoveli, a Mtskheta, il tremore aumenta notevolmente. Dziwisz mi dice che il papa ha la febbre da quando è partito da Delhi, probabilmente di carattere intestinale.

L'indomani mattina parlo con i media per spiegare che il Santo Padre ha sofferto molto il freddo. Erano allarmati per lo stato generale di salute, e l'accenno al freddo ha ridotto un po' le preoccupazioni.

Shevardnadze ha un atteggiamento affettuoso e cordiale durante l'incontro con il mondo della cultura. Alla fine della messa del papa, che si celebra in uno spazio sportivo, si avvicina al microfono e lo ringrazia ancora per la sua presenza in Georgia. Anche il patriarca, che all'inizio mi era sembrato un po' imbarazzato e distante, adesso è più cordiale.

Durante il viaggio di ritorno a Roma, padre Tucci ci fa prendere uno spavento terribile quando perde i sensi d'improvviso e cade bocconi. Gli fanno un elettrocardiogramma: fortunatamente non si tratta del sistema circolatorio. Sembra che sia stato un problema acuto legato alla digestione.

«Dobbiamo vederci»
21 dicembre 1999

Riunione della Curia con il Santo Padre per gli auguri di Natale. Alla fine mi avvicino al papa, che scherza con me toccandomi la faccia, come se fosse cieco e non mi vedesse: «Dobbiamo vederci» mi dice simpaticamente.

Commosso per il suo affetto, rispondo che sono disposto a vederlo quando desidera. Sorride divertito. Malgrado la ieraticità imposta al suo volto dalla malattia, la vivacità dei suoi occhi continua a essere quella di sempre, e questo fatto mi è di conforto.

Trasmissione a Cuba
23 dicembre 1999

Leggo sui giornali che a Cuba sarà possibile assistere in televisione all'apertura della Porta Santa con cui si darà inizio al Grande Giubileo. Castro ha accettato quello che gli abbiamo sollecitato nella conversazione dello scorso mese di febbraio. Uno degli argomenti trattati era stato il permesso di trasmettere in diretta questa cerimonia. Allora non aveva risposto con un sì immediato, ma non aveva nemmeno detto di no. Adesso ha dato il permesso.

Apertura del Giubileo
24 dicembre 1999

Apertura della Porta Santa e del Giubileo. Dio ha concesso al papa di poter vedere questo giorno. La basilica di San Pietro è affollata. Angela Buttiglione, che commenta la diretta della RAI, afferma che in chiesa ci sono circa 7000 persone, e altre 15.000 in Piazza San Pietro. Mi dicono in seguito che le sue stime sono basse: in effetti, ci sono 8200 persone nella basilica – tutte sedute – e 56.000 in piazza.

L'atmosfera è quella di una nuova fase: si prega, si supplica, si spera. Nella sala stampa una cinquantina di giornalisti seguono le immagini con enorme attenzione e quando il papa apre la Porta Santa applaudono persino.

Sono state giornate di grandissimo lavoro per tutti in ufficio, in mezzo a una serie di difficoltà e imprevisti: cadono i collegamenti con il sistema che abbiamo preparato, non c'è modo di inviare i testi tramite Internet, ecc. Fortunatamente, posso contare su alcuni collaboratori eccezionali che si fermano a lavorare fino all'una di notte.

In questi giorni il papa non va a Castel Gandolfo, contrariamente a quella che è la sua abitudine. Dziwisz mi riferisce che ha preso la decisione di rimanere a Roma quando ha visto il numero elevatissimo di pellegrini che sono venuti per guadagnarsi il Giubileo.

XLIII
Terrasanta
(2000)

La preghiera del papa
4 gennaio 2000

Quando arrivo, il papa è nel suo oratorio. Come al solito in questi casi, invece di attenderlo in una saletta, entro nella cappella e mi unisco a lui nella preghiera. Non si accorge che mi trovo lì. Seduto al suo posto, con una lampada da terra che hanno messo per facilitargli la lettura, vedo che ha in mano il breviario. Senza fretta. Sembra che il tempo non esista. Anche i suoi movimenti sono lenti. Trasmette l'impressione di star facendo la cosa più importante. Trascorrono quindici minuti. Chiude attentamente la cerniera della copertina del libro. Si alza, si inginocchia, si tiene la testa fra le mani. Alla fine si rialza, lo saluto e mi avvio insieme a lui verso la sala da pranzo.

Il tema in discussione durante la cena è l'inizio del Giubileo. Parlo un po' dei problemi del traffico a Roma, ma aggiungo che in realtà sono dovuti ai ritmi natalizi e di fine anno, piuttosto che all'inaugurazione del Giubileo nella notte di Natale. «Il papa complica la vita dei romani» commenta con humour.

Poi parliamo dell'imminente apertura della Porta Santa alla basilica di San Paolo fuori le Mura, e menziono i leader delle confessioni cristiane che, secondo le notizie che mi sono arrivate, hanno annunciato la loro partecipazione alla cerimonia.

Al termine della cena, dopo che sono stati ritirati i piatti, Dziwisz consegna al papa i dossier e le carte della Segreteria di Stato che deve firmare. Gli porta lì i documenti per risparmiargli lo sforzo di spostarsi in un'altra stanza. Poi mi accompagna all'uscita. Prima di congedarci, parliamo un po' e, fra l'altro, mi dice che il papa ogni giorno dedica diverse ore alla preghiera.

Preparazione del viaggio a Gerusalemme
25 gennaio 2000

Mi trovo in Israele per collaborare all'organizzazione di alcuni aspetti del prossimo viaggio del papa in Terra Santa, previsto per la fine di marzo. Risiedo presso la delegazione apostolica a Gerusalemme. Il nunzio è monsignor Sambi, e il segretario monsignor Eugene Nugent. Il giorno dopo il mio arrivo, sabato, ci rechiamo a Betlemme. Incontriamo le autorità locali – palestinesi – e passiamo in rassegna quello che dobbiamo preparare.

Il mio piano consiste nell'organizzare le cose per ottenere che, durante il viaggio, tutto venga trasmesso al centro stampa, a Gerusalemme, dal momento che non ci sono spazi per i giornalisti in molti dei luoghi che visiterà. Dopo la riunione di lavoro, seguiamo il percorso che farà il papa quando si dirigerà alla Grotta della Natività. È un posto piccolissimo. Dico che si potrebbe coprire con due telecamere fisse (senza operatore). Ci sono degli scalini molto alti che il papa probabilmente non potrebbe scendere: suggerisco che converrebbe mettere un corrimano o qualcosa in modo che si possa appoggiare.

Torniamo a Gerusalemme. Nel pomeriggio abbiamo una riunione con il comitato per i media nominato dalla Chiesa locale. Si tratta di persone capaci e sveglie, ma logicamente prive di esperienza. Suggerisco loro qualche idea per cominciare a lavorare e porto con me Wadie Abunassar a tutte le riunioni di questi giorni, per fargli acquisire una certa autorevolezza di fronte agli israeliani.

Sabato, riunione con la parte israeliana. Moshe Fogel è il responsabile dell'ufficio stampa governativo. Discutiamo alcuni punti, ma mi rendo conto che lui non può decidere, perché è subordinato ai responsabili della sicurezza. Ci rechiamo nella Città vecchia. Arrivati al Santo Sepolcro, scopriamo che dovremo tornare in un altro momento: gli armeni sono nel bel mezzo di una cerimonia.

L'indomani mattina parto con Wadie per Betlemme e compro qualche ricordo per il personale del mio ufficio. Mi chiamano da Roma: il «Sunday Times» di Londra ha pubblicato un articolo sulla salute del papa. Secondo un anonimo medico londinese che lo starebbe curando, entro due anni il Santo Padre sarà su una sedia a rotelle... Suggeriscono di non rispondere, ma penso che se non diciamo niente questa tesi sarà considerata vera. Decido di intervenire. Parlo con Buzzonetti e Re. E così, da una località fra Betlemme e Gerusalemme, rilascio una dichiarazione sulla salute del papa. Cito altre previsioni nello stesso senso, avanzate in precedenza, che si sono rivelate fallaci. Faccio notare che non si può prendere in considerazione un articolo privo di fonti riconoscibili e di informazioni precise.

Il pomeriggio trascorre con una riunione presso la delegazione apostolica con i diversi enti televisivi coinvolti nel viaggio: le televisioni palestinesi e israeliane, la RAI, l'Unione europea di radiodiffusione e l'ufficio stampa del governo. Dopo un lungo negoziato, arriviamo a un accordo: tutti gli eventi verranno ritrasmessi al centro stampa e resteranno a disposizione dei canali locali. Ogni televisione si occuperà di coprire una parte.

Arafat
15 febbraio 2000

La mattina il Santo Padre riceve Yasser Arafat, che ha ottenuto che il viaggio in Terra Santa si prolunghi con una visita a Gerico. Dopo l'udienza, il papa mi dice che i palestinesi, «naturalmente, pensano ai loro interessi». Vale a dire che è consapevole del calcolo personale di Arafat che sottende questo invito, ma non gli importa aderire.

La sera vado a cenare con lui e si parla un po' di questo e della visita in programma al monumento dell'Olocausto a Gerusalemme. Gli parlo anche di un argomento che mi preoccupa: la sfilata del World Gay Pride, che è stata fissata a Roma nel mese di luglio, nel bel mezzo del Giubileo. Gli dico che, riguardo a questa marcia inevitabile, la cosa migliore sarebbe convincere le autorità italiane affinché si svolga nelle date in cui il Santo Padre non si trova a Roma. Il papa si dice d'accordo. E gli chiedo il permesso per fare la proposta al sindaco di Roma, Francesco Rutelli.

Si parla di nuovo dei viaggi in Terra Santa e sul monte Sinai. Al momento del congedo, dice: «La prossima settimana, sul Sinai». Prima, parlando del viaggio, Dziwisz osserva che sul Sinai il tema centrale è quello dei dieci comandamenti. E il papa aggiunge: «E anche il nome di Dio... Yahweh. È la circostanza in cui Dio definisce se stesso».

Con il sindaco di Roma
18 febbraio 2000

Questa mattina vado all'appuntamento a Roma per parlare con Rutelli. Lo abbiamo concordato due giorni fa al telefono, mentre io mi trovavo a Strasburgo. Una settimana prima avevo chiamato la senatrice Ombretta Fumagalli Carulli – sottosegretaria del ministro degli Interni – per illustrarle il piano di sollecitare il cambio di date della marcia «gay» a Roma per i giorni in cui non vi fossero eventi del Giubileo. Lei ha capito bene le motivazioni, le ho consegnato il calendario aggiornato e il giorno dopo mi ha fatto avere una copia della nota che aveva inviato a Rutelli in proposito.

E così, quando mi sono presentato all'appuntamento in municipio, Rutelli mi ha dato una fotocopia della lettera, che aveva già redatto, da inviare agli organizzatori italiani della marcia. Rutelli stesso si trova in una situazione sgradevole. Mi ha fatto capire che non è giusto dire che alla Santa Sede non si sapeva niente di questa marcia, perché se ne era parlato due anni fa. E mi fa il nome del monsignore che aveva funto da interlocutore.

Cambio di date
23 febbraio 2000

Mi chiama Rutelli. Mi dice che ha inviato la lettera ai responsabili italiani della manifestazione. La reazione è stata negativa e addirittura violenta. Si sono divisi in due gruppi. Hanno preso contatto con le organizzazioni americane. Rutelli, comunque, dice che adesso agirà lui. Sembra convinto che sia meglio cambiare le date.

Il papa in Egitto e sul Sinai
24-26 febbraio 2000

Si realizza uno dei sogni del papa: il viaggio in Egitto e sul Sinai, la visita al luogo dove Dio ha fatto conoscere il proprio nome e ha consegnato a Mosè le tavole della Legge.

Mubarak[1] lo riceve all'aeroporto del Cairo. Pronuncia un gran bel discorso. Ci rechiamo nella sede della nunziatura apostolica; il seguito si dirige all'hotel Sheraton. Nello stesso pomeriggio ci sono due visite significative per il papa: Shenuda III,[2] leader dei copti ortodossi, e il grande sheik dell'Università di Al-Azhar, Muḥammad Sayyid Ṭanṭāwī.[3]

Entrambi gli incontri sono molto cordiali, il che – considerando le previsioni di alcuni – è sorprendente, soprattutto nel caso di Shenuda. Non ci sono discorsi scritti, vengono improvvisati. Shenuda parla dell'Egitto come di una «Terrasanta», riferendosi alla Sacra Famiglia che, dice, rimase qui per «tre anni e mezzo».

Dal canto suo, Ṭanṭāwī è un uomo colto, probabilmente un intellettuale. Le sue parole sono estremamente amabili. Come quelle di Mubarak all'aeroporto. Elogia l'atteggiamento del papa verso i problemi del Medio Oriente e il popolo palestinese. C'è uno scambio di regali e vedo, con una certa preoccupazione, che il papa dona a Ṭanṭāwī un quadro enorme della Sacra Famiglia… contro la tradizione musulmana di evitare immagini e rappresentazioni umane. L'aiutante da camera del Santo Padre, Angelo Gugel, sembra molto soddisfatto quando consegna il regalo.

Il giorno seguente il papa celebra una messa in un palazzo dello sport coperto, affollato di fedeli. Prima del rito, mi giungono notizie in merito a uno scontro violentissimo fra cattolici e musulmani in Nigeria, con più di duecento morti. Lo comunico a Re e propongo che il papa faccia qualche riferimento. Insisto, perché mi sembra importante, e si redige un paragrafo che il pontefice ritiene opportuno leggere dopo la messa.

Nel pomeriggio, l'incontro ecumenico nella cattedrale cattolica del Cairo, Nostra Signora d'Egitto, si svolge nello stesso clima di cordialità. Partecipano rappresentanti delle confessioni cristiane non cattoliche. Parlano Shenuda e il Santo Padre. Shenuda è ancora più gentile di ieri e nel suo discorso improvvisato dice al papa: «*I love you*». E il papa più tardi ripete la stessa frase.

Il giorno dopo voliamo verso il Sinai su un aereo militare Hercules C-130. Non si può contemplare il paesaggio perché non ci sono finestrini. Verso metà del volo mi affaccio alla cabina di pilotaggio e vedo il deserto sabbioso del Sinai, interrotto a tratti da massicci di pietra, e a destra il Mar Rosso. Atterriamo in un piccolo aeroporto e da lì, dopo aver percorso in macchina 20 chilometri, arriviamo al monastero di Santa Caterina.

L'abate, l'arcivescovo Damianos, è accogliente. Mi dicono che ha superato le sue precedenti perplessità e, soprattutto, quelle dei suoi superiori del Patriarcato ortodosso di Gerusalemme, dai quali dipende. Accompagnano il papa all'interno della piccola chiesa di Santa Caterina. Gli illustrano un po' il sito, ma lui vorrebbe inginocchiarsi a pregare. Appena può, lo fa a lungo. Poi gli mostrano alcuni tesori che custodiscono lì: il *Codex Syriacus* del V secolo, un calice, antichi codici, icone, paramenti…

E arriva il momento di scendere nel piccolo luogo dove si trovano le radici del roveto in cui Dio si manifestò a Mosè. Ci togliamo tutti le scarpe, e il papa, non appena arriviamo, si inginocchia per terra e lo sento mormorare, in italiano: «Io sono colui che sono»,[4] le parole con cui Dio definisce se stesso a Mosè. Prega in silenzio per un bel po'. Dopo va a vedere il roveto, ancora fiorente; il pozzo di Ietro. E poi si dirige all'esterno, dove leggerà il suo prezioso discorso. Damianos si ritira e lascia solo il papa: non può pregare insieme a lui! Tornerà alla fine. Più tardi, mentre pranzano, hanno una piacevole conversazione, in contrasto con il fatto di non poter pregare insieme, che personalmente mi sorprende molto, trattandosi di cristiani.

Per accompagnare il papa
2 marzo 2000

Questa mattina mi ha chiamato Dziwisz per chiedermi di cenare con il papa. Mi ha detto che lui è a cena fuori, con dei compagni di classe, nella Casa polacca della via Cassia. Se fossi andato, avrei potuto fare compagnia al Santo Padre, che altrimenti avrebbe dovuto cenare con il solo monsignor Mietek. Con la sua estrema delicatezza, dava l'impressione che fossi io a fargli un favore. L'ho ringraziato molto e gli ho detto di non esitare un secondo a chiedermi questo tipo di «favori».

Quando arrivo, il papa sta sbrigando degli affari con Sodano, come è solito fare il giovedì. Aspetto nella cappella fino alle sette e quaranta. Lo saluto e poi andiamo in sala da pranzo. Cammina in modo difficoltoso e lento. Ha perso l'espressività del volto. Ha perso il sorriso.

Parliamo di alcuni momenti del viaggio: gli incontri con Shenuda, Mubarak, lo sheik di Al-Azhar e, soprattutto, la visita al Sinai. Mi conferma che, in effetti, in quel luogo il suo pensiero era andato alle parole con cui Dio fa conoscere il proprio nome.

Parla del prossimo viaggio in Terra Santa e osserva che sarà più difficile, per il maggior numero di sfumature che bisogna considerare. Gli riferisco qualcosa riguardo alla preparazione della copertura televisiva per l'intera visita.

A proposito di Terra Santa, gli dico che qualcuno mi ha raccontato che avevano trovato a Cracovia alcuni fogli suoi, rivolti ai suoi sacerdoti, scritti al ritorno dal viaggio a Gerusalemme nel 1963. Sì, ricorda quel testo. Domanda dove sono stati trovati; negli archivi della Curia di Cracovia, rispondo.

Al termine della cena, allo stesso tavolo, comincia a firmare e sbrigare le carte che gli hanno portato dalla Segreteria di Stato. Mi accorgo che la prima cosa che legge in questa occasione è il riassunto delle notizie di stampa.

Giornata del perdono
12 marzo 2000

Prima domenica di Quaresima. Giornata del perdono. Si tratta di una liturgia inedita in San Pietro: una supplica di perdono a Dio per il male fatto dai cristiani di tutte le epoche – hanno peccato –, con i loro comportamenti scandalosi, a volte addirittura in nome della Chiesa, e contro altre persone. La cerimonia di questa mattina nella basilica vaticana è stata commovente.

Il papa propose questa idea nel concistoro dei cardinali qualche anno fa. Vi assistetti e vidi la reazione – negativa e di sorpresa – fra i cardinali. Il papa ha insistito con questa proposta. Oggi, finalmente, la giornata in cui sperava tanto.

Penso che la richiesta di perdono sia nata direttamente dalla preghiera del Santo Padre. La tenacia con cui l'ha promossa, malgrado l'«opposizione» di parecchi ecclesiastici, è tipicamente sua. Il papa ha recepito le miserie degli altri, le ha fatte proprie, le ha «istituzionalizzate» dentro la Chiesa e chiede perdono pubblicamente. Di certo occorrerà arricchire l'ecclesiologia a partire da questo atto.

L'opinione pubblica – o perlomeno l'opinione «pubblicata» – si divide. Ciascuno interpreta l'evento alla propria maniera. Per me, è evidente che la richiesta di perdono del papa è rivolta a Dio. Il perdono di Dio per gli abusi commessi nel corso della storia da alcuni cristiani contro ebrei, musulmani, agnostici, ecc.

In Terra Santa
20-26 marzo 2000

Viaggio in Terra Santa: Giordania, territori dell'autorità nazionale palestinese – Betlemme – e Israele. L'attenzione è stata eccezionale. C'erano le televisioni di mezzo mondo. Gli americani hanno moltiplicato le trasmissioni e i programmi. Il dispiegamento mediatico nella sua massima espressione.

Il papa si è preparato a fondo per questo viaggio. Prima di partire ha voluto che i suoi discorsi fossero letti in vari dicasteri: la Seconda sezione della Segreteria di Stato, le Chiese orientali, l'Unione dei cristiani… Erano testi molto equilibrati.

Il re giordano Abd Allah II, all'inizio dell'udienza privata con il Santo Padre, gli ha chiesto dei consigli per il processo di pace. È stato un tema latente durante tutto il viaggio. Mi sono trattenuto a quell'udienza per non lasciare solo il papa.

A Betlemme, la giornata è stata per i palestinesi. E non sono rimasti delusi. Il papa ha impiegato la parola «tormento» per descrivere la loro odissea; un tormento che dura da troppo tempo. Ho cercato di dare informazioni di carattere statistico circa il numero di palestinesi che vivono nei campi per rifugiati: era giusto farlo. L'emozione del Santo Padre nella grotta di Betlemme era palpabile. Due telecamere – una delle quali fissa – mostravano questi momenti. Il papa scende poi accanto al presepe. Chiede una sedia, si siede e recita lentamente il suo breviario.

Il discorso del presidente Ezer Weizman all'aeroporto di Tel Aviv ha dato il tono dell'atteggiamento israeliano: nessuna menzione di Gesù; Gerusalemme come capitale unita ed eterna di Israele; «qui c'è pace…».

Le voci in Israele sono molte e contrastanti. È un fatto che gli ebrei della Terra Santa conoscono pochissimo la Chiesa cattolica e il papa. Ignorano persino – almeno il 22 per cento di loro – che la Santa Sede mantiene relazioni diplomatiche con Israele. I gruppi ortodossi si spingono quasi all'insulto.

La giornata del 23 inizia con la celebrazione della messa nel Cenacolo. A quanto pare, dal momento in cui i turchi hanno espulso i francescani da questo luogo non vi è più stata celebrata una messa; perlomeno, non risulta ufficialmente. Celebrano insieme al papa i cardinali e i dodici vescovi cattolici dell'area. Al termine della messa, il pontefice desidera restare solo nell'atto di ringraziamento. Si inginocchia per terra con i gomiti appoggiati sull'altare mentre tutti gli altri escono. Poi si siede e si trattiene ancora per venticinque minuti. Con discrezione, rimango con lui.

Quella stessa mattina si tiene l'incontro con i due rabbini capo di Israele. Atti di cortesia nella sede del Grande Rabbinato di Israele. Durante l'incontro privato, il rabbino ashkenazita Lau mostra la sua comprensione: «Santità, noi sappiamo che a volte le chiediamo cose che lei non ci può dare…». Questa consapevolezza, però, non basta: due giorni dopo, infatti, dichiarerà che la richiesta di perdono del papa allo Yad Vashem – il monumento all'Olocausto – è stata insufficiente.

Visita al gran muftì, e poi al Muro occidentale, reliquia del Tempio di Gerusalemme. Il testo della supplica scritta che Giovanni Paolo II ha lasciato lì, tra le fessure delle pietre millenarie, recita così:

> Dio dei nostri padri,
> tu hai scelto Abramo e la sua discendenza
> perché il tuo Nome fosse portato alle genti:
> noi siamo profondamente addolorati
> per il comportamento di quanti
> nel corso della storia hanno fatto soffrire questi tuoi figli,
> e chiedendoti perdono vogliamo impegnarci
> in un'autentica fraternità
> con il popolo dell'alleanza.
>
> Gerusalemme, 26 marzo 2000
> (e la firma del Santo Padre).[5]

Il papa chiede di andare a Gerico. Ci sono problemi logistici: la zona – sostengono le autorità israeliane – è piena di bombe, non è sicura. Il papa insiste e ci riesce. Portano lui da solo con un elicottero.

XLIV

Una luce alla finestra

(2000-2001)

Compleanno del papa
17-19 maggio 2000

Ieri ho trascorso l'ottantesimo compleanno del papa a Lublino, nella Polonia orientale: l'Istituto Giovanni Paolo II dell'Università cattolica mi aveva invitato a tenere una conferenza sul Santo Padre proprio in questa data. L'iniziativa è nata quest'estate durante i giorni di riposo in Valle d'Aosta. Come sempre, c'era anche Tadeusz Styczeń, suo discepolo. Mi aveva fatto una lunga «intervista» – in realtà, una conversazione – sulla mia storia personale e il mio lavoro nella sala stampa. Poi mi aveva invitato a recarmi a Dublino nella data dell'ottantesimo anniversario della nascita del papa. Avevo risposto vagamente di sì, e così eravamo rimasti.

Più tardi ho ricevuto la sua lettera con l'invito ufficiale. In quei giorni avevo parecchio lavoro da sbrigare, ma soprattutto ero «stanco». In questo stato d'animo strano – il mio vecchio amico! – in cui ogni cosa diventa una montagna, si perde l'iniziativa e si pensa soltanto a limitare il campo dei rapporti personali e professionali… Ho risposto gentilmente che non potevo andare.

Qualche giorno dopo passava per Roma ed è venuto a trovarmi. Ho notato che era triste… Gli ho detto che al 65 per cento avrei potuto partecipare. Naturalmente, è andato a fare visita al papa e a Dziwisz. Il papa – l'ho saputo più tardi dallo stesso Tadeusz – ha fatto un cenno a Dziwisz perché mi telefonasse. Cosa che ha fatto il giorno seguente. Ho finito per assicurare a Tadeusz che sarei andato senz'altro.

Ho cominciato a redigere il testo della conferenza. Poi me l'hanno tradotto in polacco.

All'aeroporto di Fiumicino, in partenza per la Polonia, telefono a Luigi Accattoli, il quale, malato in casa, mi ha «perseguitato» per farmi un'intervista per il «Corriere della Sera» in occasione del compleanno del papa. Parliamo per un bel po', rispondo alle sue domande e gli chiedo – per farmi un'idea dell'insieme – di leggermi il testo finale quando sarò arrivato in Polonia. Una volta a Varsavia, un'altra lunga telefonata per completare alcuni dettagli.

Tadeusz mi aspetta all'aeroporto e andiamo a pranzo in compagnia di un suo assistente. Nuova intervista, questa volta per l'agenzia cattolica polacca. Raggiungo Lublino e ceno in albergo.

Il giorno seguente – 18 maggio – conferenza stampa alle 10. Subito dopo, intervista per la televisione. Pranzo in albergo. Alle quattro e mezza, nell'aula magna dell'università: discorso del rettore, discorso di Styczeń, la mia conferenza seguita da domande, lettura di poesie del papa con accompagnamento di un organo. In seguito, Santa Messa celebrata dall'arcivescovo, Józef Życiński, e cena. A metà cena, mi accompagnano negli studi televisivi perché vogliono aprire il telegiornale con un'intervista. Poi, a dormire.

L'indomani mattina mi reco a messa in casa di Tadeusz. Poi andiamo all'istituto e da lì rilascio interviste a un paio di giornali. Parlo con la «Gazeta Wyborcza», e Adam Michnik, il suo motore e redattore capo, mi invita a fargli visita: «una visita simbolica». E parto in fretta per Varsavia, facendo una sosta al giornale prima di raggiungere l'aeroporto. Il margine di tempo è così stretto che Adam mi aspetta sulla porta con qualcuno dei redattori.

Vladimir Putin
6 giugno 2000

Ieri pomeriggio il Santo Padre ha ricevuto Vladimir Putin, il nuovo presidente della Federazione Russa. Nel suo primo viaggio in qualità di presidente, Putin è venuto a incontrare il papa e a visitare l'Italia. La mattina parlo con Sodano e stendiamo una bozza del comunicato. Non è in programma che Putin incontri Sodano; in realtà, gli interessa Giovanni Paolo II. Sodano ha previsto che, mentre Putin parla con il papa, Tauran vedrà Ivanov, ministro degli Esteri.

Nel pomeriggio, però, poco prima dell'inizio dell'udienza, mi chiama Sodano: si è deciso che il papa parli con Putin e che, dopo qualche minuto, entrino Sodano, Tauran e Ivanov per seguire il colloquio.

L'incontro fra Putin e il Santo Padre dura quasi trentacinque minuti. Il papa è interessato alla conversazione e le dedica più tempo del previsto. Quando avverte, suonando un campanello, che il colloquio è terminato, entrano Sodano con Tauran e Ivanov, passano qualche minuto chiacchierando, si procede alla consegna dei regali ed entra il seguito di Putin: ventidue persone, fra le quali il sindaco di Mosca.

Mentre il papa lo congeda sulla porta, Putin insiste ancora sull'interesse che assegna alla collaborazione esistente fra la Santa Sede e la Russia «nelle istituzioni internazionali, soprattutto, per il mantenimento della pace nel mondo».

Quando Putin se ne va, io, Sodano e Tauran ci avviciniamo. Mi rivolgo direttamente al papa per chiedergli gli argomenti affrontati, per poter informare i giornalisti. «Ha insistito sull'unione fra Est e Ovest, e sull'importanza che assegna alla Santa Sede in questo senso» dice il papa. E aggiunge la sua impressione sulla persona: «Un uomo nuovo per una situazione nuova». Il succo della conversazione e le impressioni del Santo Padre su Putin. Mi basta. Gli domando se hanno parlato della possibilità di una visita a Mosca. «No, di questo non si è parlato.»

Due liste di cardinali
29 gennaio 2001

Ieri, durante l'*Angelus*, il papa ha annunciato che il 21 febbraio nominerà altri sette nuovi cardinali, di cui ha letto i nomi. Una settimana fa ne aveva comunicato una lista di trentasette. Come mai oggi questi nuovi sette? Chiedo chiarimenti, ma le spiegazioni che mi danno sono poco convincenti. E perché compare adesso fra i cardinali Karl Lehmann, della Germania?

In questa situazione, non posso parlare con i giornalisti perché non saprei che dire. Oggi, come temevo, la stampa parla di pressioni e del cambiamento d'idea da parte del papa. Penso allora a quelli che vorrebbero un'opinione pubblica «benevola» nei confronti della Santa Sede, ma senza fornire informazioni, senza cercare di alimentare il flusso di notizie.

Poi ricostruisco quello che è successo. Il papa voleva nominare cardinale Lehmann. Ma all'interno della Curia aveva trovato degli oppositori, che argomentavano contro questa decisione. Allora quello che ha fatto è stato includere nella lista un altro candidato tedesco, in modo che fra i due si stabilisse un certo equilibrio di sensibilità. Ciò spiega la confusione, con un annuncio iniziale senza Lehmann e la seconda lista che includeva Lehmann e l'altro cardinale.

Evidentemente, non era facile informare riguardo a questa situazione in modo che si capisse bene. E, naturalmente, la soluzione non consisteva nel «mascherare» questo pasticcio.

Lefebvriani
22 marzo 2001

Oggi si riunisce la commissione, presieduta dal papa, sul caso della Fraternità San Pio X (lefebvriani).

È stato un lungo procedimento, condotto in gran parte dal cardinale Castrillón Hoyos. Inizialmente, erano pronti ad arrivare a un accordo con la Santa Sede. Castrillón ha ricevuto oggi stesso una mail dal superiore della Fraternità, Fellay, secondo cui ciò che desiderano è celebrare la messa con il rito di san Pio V. E non sembra che su questo punto ci siano grandi problemi.

A ogni modo, non tutti seguono questa stessa linea. C'è un vescovo, Williamson, che si rifiuta di trovare qualsiasi accordo e continua a insultare. È l'unico dei quattro vescovi lefebvriani che fa opposizione.

Oggi emettiamo un breve comunicato per confermare l'esistenza di questi contatti. So soltanto che il papa, insieme a Castrillón, ha ricevuto il superiore della Fraternità e che, per il momento, non hanno firmato niente.

Fra colleghi
4 aprile 2001

Si presenta Jorge Arandes, presidente dell'Associazione professionale spagnola degli informatori della stampa, della radio e della televisione. Vengo a scoprire che mi hanno assegnato un premio, il Microfono d'Argento, che mi è stato consegnato oggi. Arandes era accompagnato da altri tre membri del consiglio direttivo dell'associazione. Li ringrazio caldamente per il riconoscimento e ci tratteniamo per un po' a parlare di questioni professionali.

Ucraina
23-27 giugno 2001

Durante questo viaggio ho un'ulteriore conferma che ciò che è realmente decisivo è la figura del papa, e la sua interazione con la gente. Più dei discorsi, è importante la sua presenza fisica e morale in una regione dove ci sono un 4 per cento di persone ostili alla religione, un 44 per cento di non credenti, mentre le restanti si dividono fra diverse confessioni. È noto, inoltre, che esistono dissensi fra cattolici latini e di rito greco.

Il 26 giugno il papa presiede la prima cerimonia di beatificazione nella storia dell'Ucraina.

Con Bush
23 luglio 2001

Oggi viene a Castel Gandolfo il presidente George W. Bush. Parlo con Laura, sua moglie, e con la figlia Barbara. Dziwisz mi conferma che il papa ha la febbre e del pus nell'orecchio. Il disturbo che ha cominciato a infastidirlo in Valle d'Aosta si è aggravato. Ha un discreto apparecchio acustico per sentire meglio.

Il «caso Milingo»
agosto 2001

Il mese di agosto è stato segnato dall'*affaire* Emmanuel Milingo, ex arcivescovo di Lusaka, nello Zambia, trasferito anni fa presso la Curia vaticana a causa delle anomalie pastorali di cui si era reso protagonista nel suo paese. Alla Curia non sanno come arginarlo. Anche a Roma e nei dintorni Milingo può contare su una platea di seguaci piuttosto numerosa.

Sta di fatto che Milingo sparisce per un certo tempo e poi ricompare a New York per annunciare che sposerà una signora coreana – Maria Sung – seguendo una cerimonia della setta Moon. In Vaticano si viene a sapere della notizia in un modo assai insolito. Un giorno Re riceve una telefonata di don Gino Belleri, il sacerdote fondatore della Libreria Leoniana: gli dice che vorrebbe comunicargli «qualcosa di molto importante». Racconta che sono appena state nella sua libreria le monache che assistono Milingo nella sua casa. Gli hanno raccontato, piangendo, che Milingo aveva telefonato da New York: dovevano raccogliere le loro cose e tornarsene nello Zambia, perché lui si sarebbe sposato a New York.

Re mi chiama e mi racconta tutto questo. Non ci sono altre notizie. Bisogna contattare Milingo. Ci prova monsignor Martino, nunzio apostolico presso le Nazioni Unite, ci prova l'arcivescovo di New York, ci provano dalla nunziatura a Washington. Nessuno riesce a parlargli. Tutti si scontrano con i seguaci di Moon nella persona di un certo «reverendo» Shanker, portavoce della setta.

Re, che è prefetto dei vescovi, passa la questione alla Congregazione per la dottrina della fede, il cui segretario, Bertone,[1] apre un processo canonico. Però non c'è modo di mettersi in comunicazione con Milingo. Mi intervista la RAI: dico che questa situazione non ripropone il tema del celibato dei sacerdoti, bensì quello del sincretismo religioso.

La cerimonia annunciata si svolge in maggio, ed è un argomento mediatico di prim'ordine. Milingo parla ripetutamente del desiderio di avere un figlio, dichiara che non vuole abbandonare la Chiesa, ecc. La Congregazione per la dottrina della fede fissa un ultimatum: se prima del 20 agosto non ritratta e non torna alla disciplina della Chiesa, verrà espulso dal sacerdozio e scomunicato.

Al ritorno dalle vacanze, il 20 agosto, mi ritrovo un conflitto mediatico di grande ampiezza, motivo per cui è necessario prendere le redini. Penso che la prima cosa sia evitare che la Santa Sede appaia implicata nella gestione della vicenda: si diceva che Milingo era tornato in Italia; che qualcuno lo aveva accompagnato a Castel Gandolfo – il che era vero – e che il papa gli aveva detto «di tornare a Gesù Cristo». Lo avevano condotto in una casa di Focolarini non lontana da Castel Gandolfo. Si comincia a dire che la Santa Sede ha sequestrato Milingo.

Mi pongo tre obiettivi. Primo: che la Santa Sede non compaia in primo piano. Meglio che tutto si indirizzi nel senso di un caso umano, quello che è, fra Milingo e la signora Sung, che si conclude con il ritorno alla normalità, senza considerare l'esistenza del «matrimonio Moon» di New York. Secondo: esercitare una certa pressione sui seguaci della setta Moon che in questi giorni a Roma parlavano sempre a nome della signora Maria. Terzo: cercare di concludere il prima possibile.

Milingo era fuori Roma con don Enrico Pepe, un sacerdote focolarino. Occorreva far sapere alla gente che era tornato alla Chiesa per una decisione personale, rinunciando al proprio «matrimonio»; che avrebbe parlato con la signora Sung e – naturalmente – che non era sequestrato da nessuno. Di fatto, questa è stata la mia unica dichiarazione ufficiale sul caso.

Ho convinto Bertone che questo era il momento che Milingo parlasse alla televisione per dimostrare che era lui a gestire la cosa e a decidere, che non era costretto dal Vaticano, e per dichiarare pubblicamente che non voleva tornare con Maria. Ho contattato Fabio Zavattaro della RAI, Luigi Accattoli del «Corriere della Sera» e Orazio La Rocca della «Repubblica».

Facciamo tutto venerdì 24. Insieme a Bertone mi reco a casa del cardinale Cheli per incontrare Milingo. È con don Beppe. Conversazione rilassata. Cheli ci prega di restare anche a pranzo. Trovo in Milingo una persona con una *forma mentis* molto particolare, molto singolare. Gli presento quattro domande con le sue risposte per l'intervista televisiva che gli faranno questa sera. Le legge e accetta: dice che si servirà di qualche punto. Gli comunico che i seguaci di Moon minacciano di chiedere un risarcimento danni per la separazione da Maria. Gli domando se a New York ha firmato qualcosa che possa essere interpretato come matrimonio civile. Nega. E si arrabbia per questa minaccia di Shanker.

Nel tardo pomeriggio arrivano Zavattaro, Accattoli e La Rocca. Si filma l'intervista in San Callisto. Si vede che Milingo ha preso qualche idea dalla nota che gli ho fornito, ma per il resto procede in autonomia. Al termine dell'intervista, cerchiamo di sistemare il contenuto. La sera compare nel telegiornale di RAI 1, e il giorno dopo le sue dichiarazioni vengono pubblicate sul «Corriere della Sera» e «la Repubblica».

Il gruppo Moon cambia il linguaggio. Si mettono sulla difensiva. E si comincia ad accettare che la conclusione della vicenda è soltanto una: il ritorno di Milingo in seno alla Chiesa.

Il 29 agosto mi chiama al telefono Shanker. Sono nervosi. Vogliono concludere il più presto possibile. Mi dice che Maria adesso gli è sfuggita di mano, che non gli ubbidisce più. Naturalmente, registro la conversazione. Gli metto fretta, aggiungo che se oggi non accettano che Milingo e Maria si vedano, passeranno ancora diversi giorni, e questo non li favorisce.

Dopo diversi tira e molla, ci si accorda sul luogo dell'incontro: l'hotel Arcangelo. Io avevo pensato di non assistere, ma Bertone mi consiglia di farlo. Accompagno Milingo nella sala stabilita e aspettiamo. Presto arriva Maria: silenziosa, seria, composta. Si incontrano e li lasciamo soli, ma rimangono in vista, dal momento che ci sono tre ambienti non separati da porte.

Dopo un'ora e un quarto mi stanco e decido di andarmene. Naturalmente, all'ingresso c'è già un nugolo di giornalisti. Non dico una parola. Vado in ufficio per inviare alle agenzie di stampa la lettera che Milingo ha consegnato a Maria durante il loro incontro.

Verso le nove di sera arrivo a casa e chiamo Dziwisz per informarlo; e anche Bertone, che non sa niente di come è andato l'incontro. È il punto finale di una vicenda che ha riempito i giornali nel mese di agosto. Le informazioni pubblicate il giorno dopo sono equilibrate.

Il 30 agosto mi chiama Shanker: vogliono portarmi gli effetti personali di Milingo, la croce pettorale, la tonaca, la valigetta. Gli do appuntamento nel mio ufficio per la tarda mattinata del giorno dopo. Quando si presentano, alle due del pomeriggio, dicono che Maria ha portato gli indumenti di Milingo in lavanderia, e che non saranno pronti prima delle sei di pomeriggio. Non li mando al diavolo, però lo penso.

Tornano alle sei del pomeriggio. Shanker mi dà la sua parola che le foto scattate durante l'incontro fra Maria e Milingo non verranno mai pubblicate. Portano tutto quello che appartiene a Milingo. Vedo nella sua valigetta le ostie da consacrare, il libro di Moon con vari opuscoli, un testo della conferenza tenuta in Corea – piena di elogi per «Father» Moon e «Mother» Moon – e un diario di Milingo dei giorni intercorsi fra il suo «matrimonio» e l'arrivo a Roma. Nel diario non c'è quasi niente che si riferisca direttamente a Maria Sung, mentre molto riguarda lo sforzo di comprensione – e di accettazione – delle teorie di Moon. Questo mi aiuta a capire la disgraziata decisione di Milingo:[2] tutto ha avuto inizio nella sua testa, a causa di un indottrinamento sincretistico delle idee di Moon. Il «matrimonio», in seguito, è stato incluso in un confuso teorema sulla creazione e la perpetuazione della «Chiesa» *moonie.*

L'indomani Shanker e compagni tornano a New York; Maria lo fa, credo, un giorno dopo.

11 settembre
11-13 settembre 2001

Costernazione in diretta. In un telegramma al presidente americano, George W. Bush, il papa esprime la «profonda impressione per l'indicibile orrore dei disumani attacchi terroristici di oggi contro persone innocenti in diverse zone degli Stati Uniti».

Il giorno dopo, il Santo Padre dedica l'udienza generale agli attacchi dei terroristi negli Stati Uniti, e parla di «un giorno buio nella storia dell'umanità». E giovedì 13 riceve il nuovo ambasciatore degli Stati Uniti presso la Santa Sede, James Nicholson, e gli assicura che pregherà per l'America.

Kazakistan e Armenia
22-27 settembre

Dopo l'attacco terroristico dell'11 settembre negli Stati Uniti, i media guardano con maggior attenzione a tutto ciò che ha relazione con l'Islam. Il Kazakistan offre l'immagine di un mondo musulmano tollerante e scarsamente religioso. Il paese delle cento etnie.

Secondo molti, il papa è un pacifista a oltranza. O almeno vogliono presentarlo così, per poter dire, quando gli americani effettuano qualche azione bellica, che sta con i pacifisti antiamericani.

Nel suo primo discorso all'aeroporto di Astana, il pontefice parla di pace, nel contesto di un paese come il Kazakistan, che ha scelto l'opzione antinucleare dopo che l'Unione Sovietica ha sperimentato le armi nucleari sul suo territorio.

Nonostante tutto, molti giornalisti leggono questo testo come una scelta per la pace, nel senso di negare agli Stati Uniti qualsiasi diritto a una reazione armata per l'aggressione subita. Sodano, che è rimasto a Roma, scopre questa interpretazione e ne parla a Sandri, e questi me la comunica.

All'ora di pranzo invito Philip Pullella, della Reuters, e gli rilascio alcune dichiarazioni, dicendo che si sbagliano sia coloro che tentano di presentare il papa come un «pacifista» a oltranza sia quelli che lo qualificano come «bellicista» a oltranza. Per l'etica cristiana, il valore della pace è subordinato al bene comune.

Tuttavia, commetto un errore facendo queste dichiarazioni a un solo giornalista, e valuto male la reazione del resto della stampa. Quando la Reuters lancia la notizia, gli altri giornalisti si irritano – con ragione – e vengono a trovarmi in albergo.

Al ritorno, il papa mi chiama e mi domanda che me ne è sembrato del viaggio. Gli comunico la mia impressione. Ma gli riferisco anche il rischio di quella presentazione sbagliata di alcuni giornali. Mi dice che anche gli americani hanno il diritto di difendersi.

Quando rientriamo a Roma, devo partire subito per la Spagna, per partecipare al congresso di psichiatria che si tiene a Madrid.

Il papa quella domenica parla all'*Angelus* e per due volte impiega il termine «giustizia» nel contesto della «terribile tragedia» dell'11 settembre.

Guerra in Afghanistan
7 ottobre 2001

Cominciano le operazioni militari in Afghanistan. Persiste la confusione riguardo all'atteggiamento del papa su questa realtà complessa, che alcuni semplificano senza rendersi conto dei rischi, mentre altri cercano di semplificarla in funzione dei propri interessi.

Però non sono la stessa cosa il pacifismo a oltranza e la ricerca della pace. E non si può dimenticare la legittimità della propria difesa. Accentuare un estremo o l'altro, senza sfumature, può portare a considerare gli insegnamenti del papa a favore o contro un determinato «schieramento».

La calunnia brucia
11 novembre 2001

Un settimanale polacco ha pubblicato un articolo infarcito di calunnie e falsità contro di me, Sodano e altri. Mi accusano di boicottare gli incontri fra i giornalisti e il papa, e di ricevere regali per favorire contatti fra persone dei media e i cardinali della Curia. Brucia leggere cose del genere.

Consulto un avvocato polacco – Bednarkiewicz – e un altro italiano – Vittorio Caporale – per sondare la possibilità di un'azione legale. Ma entrambi mi consigliano la stessa cosa: è preferibile non rivolgersi ai tribunali quando si tratta soltanto, come in questo caso, di provocare a ogni costo uno scandalo. È lo stesso consiglio che avrei dato a un altro che me lo avesse chiesto nelle stesse circostanze; tuttavia, poiché è in gioco la mia persona, ho preferito rivolgermi a dei professionisti.

Preparando la Giornata di Assisi
10 dicembre 2001

Ci rechiamo ad Assisi in tre auto per una visita di ricognizione in vista della preparazione della Giornata di preghiera per la pace nel mondo del prossimo 24 gennaio. Fra gli altri, ci sono Harvey,

Marini e padre Lombardi. Abbiamo valutato le diverse possibilità e sembra che tutto possa funzionare. Dovremo tornare prima del 24 gennaio.

Giustizia, pace e perdono
11 dicembre 2001

Oggi presentiamo in ufficio il messaggio del Santo Padre per la Giornata di digiuno per la pace, nel quale il papa parla di giustizia e perdono. «Senza giustizia non c'è pace, senza perdono non c'è giustizia.»

Secondo il mio punto di vista, non si tratta di una presentazione brillante, ma perlomeno si chiarisce la posizione sulla condanna al terrorismo, sulla legittima difesa, insieme al significato del perdono, senza il quale non può esserci un'autentica giustizia.

Penso che con questo testo si metta il punto finale a un periodo di ambiguità e di una certa confusione, perché c'erano diverse voci all'interno della Chiesa che affrontavano la questione su un altro piano, in termini pratici e immediati, mentre il papa parlava, soprattutto, di chiedere la pace e di lavorare per la pace. Spero che a partire da questo momento si potrà parlare di tale tema in modo più univoco.

La finestra illuminata
13 dicembre 2001

Quando arrivo alle sette e mezza, il papa sta pregando nella sua cappella. Entro senza farmi notare e mi unisco a lui in preghiera. Rimane sull'inginocchiatoio e canta sottovoce una melodia mentre legge un libro. Non è il suo breviario. Non so cosa stia cantando, ma non si tratta di un canto gregoriano. Continua a pregare e a cantare per un po', incurante di tutto il resto, in ginocchio, in unione con il Signore.

Quando si alza, esco dalla cappella e lo accompagno in sala da pranzo. Ci sono Dziwisz e Mietek. La cena è molto leggera: riso bianco al forno, insalata di lattuga e frutta. Vedendo che mangia così poco, gli domando che cosa farà domani, nella Giornata del digiuno per la pace.

«L'ho domandato a suor Tobiana, che mi ha detto: "Santo Padre, ma lei digiuna tutti i venerdì dell'anno!".»

Così vengo a sapere che ha l'abitudine di digiunare ogni venerdì. Gli chiedo quali saranno i propositi della sua messa: «Per la fine del terrorismo, per la pace». Gli riferisco che la sua proposta di digiunare per la pace ha destato molta attenzione in settori lontani dal cristianesimo, come la sinistra comunista italiana. Continuiamo a parlare di questioni d'attualità, e ho la conferma, che mi rende felice, che è sempre al corrente di tutto.

Commentiamo alcuni articoli comparsi sui giornali in questi giorni che parlano di un papa isolato nella Curia. Lui ascolta. Sostengo che quegli articoli non sono credibili, oppure intendono sottolineare un altro aspetto. E ne menziono uno, firmato da Accattoli; secondo la mia interpretazione, l'autore voleva evidenziare che le iniziative nuove e audaci appartengono sempre al Santo Padre, e che a volte nella Curia non le comprendono o non le accettano di buon grado.

Il papa domanda se vi sono novità a proposito della Giornata di preghiera per la pace del 24 gennaio. Gli dico che siamo stati ad Assisi. Poi, non ricordo per quale motivo, comincia a scherzare sulla propria età, con il suo solito buonumore, liberamente, rilassato.

Alla fine, gli dico che dovrebbe uscire qualche giorno fra Natale e il nuovo anno, per prendere una boccata d'aria. Quando ci congediamo, Dziwisz mi comunica che hanno deciso di non andare a Castel Gandolfo questo Natale, perché quella casa è piuttosto fredda in questi giorni. Inoltre, il papa desidera fermarsi a Roma perché sa che i pellegrini trovano conforto nel vedere dalla finestra che la luce è accesa nella sua stanza.

XLV
Abusi
(2002)

Un coro ortodosso
1° gennaio 2002

Durante la messa celebrata oggi nella basilica di San Pietro, ha cantato un coro di voci femminili venuto da Mosca «con il beneplacito del patriarca Alessio II». Erano trentasei giovani donne che cantano nelle liturgie del Patriarcato di Mosca. «Apprezzo molto i canti liturgici russi, e mi sento sempre molto vicino alla vostra cultura, soprattutto alla vostra cultura religiosa» ha detto loro il papa nel salutarle. È un piccolo segno del disgelo fra il Patriarcato di Mosca e Roma. Ma in questo lungo cammino ogni piccolo passo ha la sua importanza.

Giornata di preghiera per la pace
24 gennaio 2002

Assisi. Una nuova iniziativa del papa nel solco di Assisi I (1986) e Assisi II (1996). Per organizzarla, abbiamo tenuto una serie di riunioni presso la Segreteria di Stato, con Harvey, Marini, Sandri e i tre consigli pontifici coinvolti. Si trattava di definire alcune questioni: chi invitare, oltre ai rappresentanti delle varie confessioni e Chiese; che forma dare alla cerimonia; l'elaborazione di testi. In quel periodo ci siamo recati due volte ad Assisi. La seconda, con lo stesso treno che prenderà il papa. L'idea del treno è stata di padre Sapienza, della Prefettura della Casa Pontificia, e credo sia azzeccata.

Nel vedere tanti leader religiosi arrivati da ogni parte, non si può evitare la domanda: perché vengono? Per l'invito del papa, indubbiamente, che oggi come oggi è l'unico che si può permettere di invitarli con ragionevoli probabilità di ricevere risposte affermative. E questo è un fatto che viene riconosciuto pubblicamente ad Assisi: lo ha fatto, per esempio, il rabbino Israel Singer, del World Jewish Congress. C'è anche il desiderio di contribuire in modo concreto al grande tema della pace nel mondo; e pure il non voler «restare fuori» da un evento importante. Però: perché il papa ha preso questa iniziativa? Si aspetta dei risultati?

Credo che la risposta alla prima domanda sia che ci sono cose che si debbono fare perché si possono fare. In questo c'è un imperativo che sta al di sopra del timore di non ottenere risultati (la pace). E allora si lancia un'idea. È un precedente per la storia futura. Non si sa mai in anticipo quali sviluppi avrà un'idea.

«Non v'è finalità religiosa che possa giustificare la pratica della violenza dell'uomo sull'uomo.» Alla luce dell'esperienza storica, questa affermazione di Giovanni Paolo II è nuova... È un'idea che ha delle possibilità nel futuro. Può diffondersi, imporsi nelle coscienze e nel modo di pensare, fino ad acquisire la forza di un principio etico di valore universale.

Durante la cerimonia, vado nella sala di registrazione della RAI. Lì saluto Galli della Loggia, storico e famoso editorialista del «Corriere della Sera». Si fa molte domande. La storia – dice – insegna che le religioni hanno dato origine a guerre. Ribatto che sono avvenute delle strumentalizzazioni che, alla luce delle parole del papa, sono un tragico errore.

Diocesi in Russia
11 febbraio 2002

Oggi comunichiamo la decisione del Santo Padre di elevare alla categoria di diocesi le quattro amministrazioni apostoliche che esistono nella Federazione Russa. In questi giorni ho parlato con il cardinale Kasper per raccogliere la documentazione su questo tema. Con quelle informazioni ho preparato la dichiarazione odierna.

Si dice, fra l'altro, che ai cattolici in Russia vengono riconosciute la stessa organizzazione e la stessa assistenza pastorale degli ortodossi russi che vivono in Occidente (ci sono diocesi ortodosse russe a Vienna, Berlino, Bruxelles, ecc.). E che non si tratta realmente di introdurre nuove strutture ecclesiastiche, bensì di restaurare quelle già esistenti all'inizio della rivoluzione russa, attualizzandole rispetto alla situazione presente.

Allo stesso tempo, si ammette che, così come stanno le cose, risulta difficile definire con precisione il numero di cattolici nel territorio della Federazione Russa. Possiamo affermare, senza allontanarci dalla realtà, che la cifra è intorno a 1.300.000 fedeli.

La reazione di Mosca era prevedibile, ma perlomeno l'opinione pubblica ha conosciuto il nostro punto di vista. E questo ha aiutato.

Scandali
10 marzo 2002

Sabato 16 febbraio mi chiama Stanisław a casa. Due argomenti: il primo è lo scandalo scoppiato in Polonia in seguito a certe accuse al vescovo di Poznań; il secondo riguarda il fatto che il papa soffre per un dolore al ginocchio destro e domani non si recherà alla prevista visita in una parrocchia romana. Per la seconda questione è facile: preparo un testo per la stampa e annuncio che il papa rispetterà l'abituale appuntamento per l'*Angelus*.

Il primo argomento è più delicato. Non possiamo dare l'impressione – come qualcuno vorrebbe – che la Santa Sede voglia «insabbiare» questa faccenda. D'altra parte, bisogna rispettare i diritti di ciascuno, compresi quelli del presunto colpevole e delle presunte vittime di molestie sessuali. Emetto un breve comunicato che ha una grande eco in Polonia e minore qui, dato che in Italia la questione non fa notizia.

La settimana successiva mi richiama Dziwisz: il papa è ancora sofferente. Gli dico che daremo la notizia senza problemi. È un po' preoccupato per il possibile effetto negativo. Lo rassicuro: queste informazioni non provocano danni, casomai è il contrario. Sia nella settimana precedente sia in questa, parlo prima con Buzzonetti, per accordarci sui termini precisi di carattere medico.

Infine, martedì 5 marzo Sandri mi dice che il papa non scenderà per l'udienza generale del giorno dopo, mercoledì, per il solito disturbo al ginocchio. Preparo il comunicato e lo do alla stampa. E non succede niente.

Nel frattempo, in questi giorni l'opinione pubblica americana è nel marasma in seguito allo scandalo di alcuni sacerdoti accusati di pedofilia in varie diocesi. Melinda Henneberger, del «New York Times», mi telefona per parlare di questo argomento e, fra molte altre cose, le dico che a mio avviso un aspirante al sacerdozio che sia omosessuale non dovrebbe essere ordinato. L'affermazione scatena una polemica negli Stati Uniti. C'è chi scrive che ci sono magnifici sacerdoti omosessuali. Altri affermano che, se gli omosessuali non venissero ordinati, sorgerebbe un problema enorme per la Chiesa lì, dato che molti lo sono, compresi alcuni vescovi. Il «Boston Globe», il giornale che ha scoperto lo scandalo a Boston, pubblica un lungo articolo con valutazioni di questo genere.

Il fatto è che non c'è nessun documento nella Santa Sede che dica esplicitamente che un omosessuale non dovrebbe essere ordinato. Ne ho parlato con Giuseppe Pittau, segretario della Congregazione per università e seminari, il quale mi ha confermato che questo documento non esiste, anche se – a quanto pare – ne stanno elaborando uno che affronta la questione.[1]

L'assistenza medica al papa
12 marzo 2002

Il papa continua ad accusare dolore al ginocchio, però ha mantenuto l'udienza generale del mercoledì.

Renato Buzzonetti è stato operato dopo le feste natalizie di un sarcoma ai flessori della gamba destra. Ho parlato con lui al telefono. Gli ho detto che sarei passato a casa sua a prenderlo e che avremmo fatto una lunga passeggiata in qualche parco e che dopo saremmo potuti andare a mangiare insieme. Abbiamo seguito questo piano.

Nella lunga conversazione con Renato, mentre passeggiavamo all'interno di Villa Doria Pamphilj, naturalmente abbiamo parlato della salute del papa. È un tema che lo preoccupa per le sue responsabilità come medico, e per le difficoltà oggettive con cui si scontra per occuparsi di lui come gli piacerebbe. È complicato portarlo all'ospedale per fare gli esami opportuni. Ora almeno, fortunatamente, sta facendo degli esercizi con un fisioterapista.

In previsione del fatto che il papa possa avere problemi di ostruzione laringea mentre mangia, è stato installato un aspiratore nella stanza attigua alla sala da pranzo. Per il problema dell'infezione all'orecchio, di cui ha sofferto l'anno scorso in Valle d'Aosta, Renato ha raccomandato di evitare le gite in cui si salga molto in alto.

Per completare il quadro, il mio dentista Ezio Benagiano, che è lo stesso del papa, mi dice che dovrebbe fare una visita al pontefice, ma che riceve sempre la risposta che lui non ha tempo. Sembra che non ci sia mai il tempo per cure adeguate. Le priorità sono altre.

In un diverso momento della giornata parlo anche con Piero Marini: è in casa perché è stato operato al ginocchio per un problema al menisco. Perciò, Giovanni Paolo II, il suo medico e il suo maestro di cerimonie camminano tutti e tre aiutandosi con un bastone, anche se i problemi di Buzzonetti e di Marini non sono andati oltre.

Contatti con ortodossi
13 marzo 2002

Questa mattina si presenta nel mio ufficio una delegazione composta da sei persone della Chiesa ortodossa greca, che sono in visita nella Santa Sede. Due giorni fa sono stato con loro a una cena nell'ambasciata greca. L'atmosfera è ottima: linguaggio aperto, simpatico e cordiale. Non so che cosa abbiano in mente, ma il trattamento è stato stupendo. Credo che prima del viaggio del papa in Grecia, nel maggio dell'anno scorso, relazioni di questo tipo sarebbero state inconcepibili.

È sempre fonte di meraviglia, per me, il fatto che gli ortodossi greci si rifiutino ancora di pregare insieme ai cattolici, nemmeno un *Padre Nostro*.

Il dramma degli abusi sessuali
22 marzo 2002

Da più di un mese è in primo piano nelle notizie d'attualità lo scandalo degli abusi sessuali su minori commessi da sacerdoti negli Stati Uniti. Ma è ancora presto per farsi un'idea completa. A mio parere, si tratta di una tragedia molto dolorosa che deve servire per purificare quanto c'è di marcio. E ritengo che parte di questa purificazione – almeno, per quello che mi riguarda – consista anche nel sopportare l'arroganza di certa stampa. Insieme a molte verità, l'argomento è stato trattato con un atteggiamento da «crociata» che ha omesso elementi di difesa.

È difficile esprimere un giudizio su alcuni aspetti di questo dramma. Si accusano i vescovi di aver coperto condotte che, oltre a violare gravemente la legge morale, costituiscono un reato. Avrebbero dovuto comunicare al giudice qualsiasi accusa mossa dalle vittime – o presunte vittime – di questi fatti? È l'atteggiamento che hanno adottato. Ma adesso da loro si pretende qualcosa di più: che comunichino immediatamente alla polizia o all'autorità giudiziaria qualsiasi accusa, comprese quelle anonime, e prima che loro stessi possano indagare sulla probabilità di una colpa.

La situazione ha parecchie implicazioni. Ma una certa stampa cerca di trovare le cause dove non sono. Editoriali presuntamente «autorevoli» sostengono che una norma sul sacerdozio – l'insistenza sul fatto che debbano essere solo uomini, e celibi – è la radice di questo problema. Altri analizzano la situazione di una Chiesa che, nel distinguere il reato – penale o civile – dal peccato, favorisce questa realtà. Molte riflessioni seguono un versante che io considero superficiale.

D'altro canto, sembra impossibile far sentire una voce da parte della Chiesa. Ogni giorno subisco un'enorme pressione, con domande e telefonate, da parte dei giornalisti americani accreditati a Roma. E non c'è materiale con cui rispondere se, come credo di dover fare, bisogna parlare di fatti e non di tematiche generali di teologia morale. Non c'è una voce che si arrischi a entrare in questo vespaio dell'opinione pubblica.

Ho in agenda la presentazione della lettera del papa ai sacerdoti. Contiene un paragrafo in cui si riferisce a questa questione. Ma così come stanno le cose, il cardinale Castrillón – prefetto della Congregazione per il clero, che presenterà la lettera – sarà assillato dalle domande aggressive. Parlo con lui e vedo che è consapevole del problema e che preferirebbe non venire a presentare la lettera... il che sarebbe ancora peggio.

Mi viene in mente un provvedimento temporaneo: alla prima domanda su questo argomento, rispondere con una dichiarazione scritta che affronti alcuni aspetti del problema, e non accettare altre domande sul tema. Questa soluzione lo conforta. Inoltre, cerco di fare in modo che il testo di Castrillón venga considerato come la risposta, per il momento, della Santa Sede sulla questione. E voglio evitare che lascino solo – vale a dire, come unico responsabile – Castrillón.

La conferenza stampa procede come previsto: un estintore, una partita di calcio sulla difensiva, il male minore. Arrivano domande su tutti gli argomenti possibili e immaginabili. Perlomeno, la stampa del giorno seguente mette in risalto le parole della lettera del papa, anche se ci sono frecciate contro Castrillón. Curiosamente, la stampa americana non riferisce la sostanza della sua argomentazione. Il «New York Times» focalizza il proprio interesse sugli aspetti formali della stessa conferenza stampa, piuttosto che sul suo contenuto.

Arrivano i cardinali americani
23-24 aprile 2002

Una settimana fa vengo a sapere – dalla stampa! – che è stata convocata presso la Santa Sede una riunione di cardinali degli Stati Uniti e di persone della Curia, per discutere la situazione che si è venuta a creare nel paese in seguito ai casi di pedofilia nel clero.

A poco a poco, si sta profilando questa riunione straordinaria alla quale parteciperanno anche la presidenza della Conferenza episcopale degli Stati Uniti e i responsabili di diversi uffici della Santa Sede. Inizialmente, sembra che a organizzarla sarà la Congregazione per il clero; poi, anche in seguito alle reazioni e all'interesse suscitato, ci si rende conto che l'incontro deve essere preparato meglio. Cambia lo schema: a presiederlo sarà il cardinale segretario di Stato.

Da parte mia, cerco di capire quale linea informativa adottare. Arrivo alla conclusione che non c'è, perché questa dimensione è assente nella mentalità di chi organizza l'incontro.

Provo, perlomeno, a elaborare una nota che dia un'idea dell'agenda e dell'oggetto della riunione di questi giorni. Quando mi preparo a dare qualche notizia, il giorno prima, non c'è modo di decidere. Mi dicono che non bisogna comunicare niente. Perciò, si comincia con un'inaudita aspettativa dell'opinione pubblica e neanche un'idea che circoscriva e spieghi la finalità dell'incontro.

Tuttavia, in coscienza, non potevo lasciare le cose così. Prevedendo questa situazione, e considerando che in questi giorni si sono accreditate tutte le catene televisive americane e sono arrivati molti inviati speciali, mi coordino con il portavoce dei vescovi degli Stati Uniti, monsignor Francis Maniscalco. In questo modo, sarà lui a metterci la faccia, dal momento che la Santa Sede sembra non voler dire niente. Si stabilisce un programma giornaliero di briefing con gruppi di vescovi e la stampa. Gli dico di fare quello che vuole nel North American College, ma non nella sala stampa. Se da parte mia non c'è niente da dire, perlomeno tutta questa giostra dell'opinione pubblica avrà di che nutrirsi in qualche modo con quello che loro diranno.

Quando la riunione è in corso, mi chiamano finalmente per dirmi che Sodano desidera che io sia presente – si tiene nella Sala Bologna – in vista della preparazione del comunicato finale. Seguo la discussione, che si svolge sotto forma di interventi letti dai rappresentanti della Curia.

Si preparano due bozze di comunicato: una redatta dagli americani (McCarrick) e un'altra dalla Curia (Castrillón e Bertone). Sono due linee distinte, difficilmente conciliabili. Castrillón, per esempio, vuole che compaia qualcosa circa la sconvenienza di ordinare sacerdoti omosessuali; McCarrick si oppone, sostenendo che non bisogna istigare ulteriormente l'opinione pubblica.

La riunione si conclude verso le otto di sera e alla fine esce un comunicato tiepido, ma non bruttissimo. Maniscalco mi invita a tenere una conferenza stampa. Sono d'accordo, ma bisogna ancora digitare e tradurre il testo in inglese. Inoltre – pazienza! – il server della Santa Sede è fuori servizio. Il risultato è che alle undici siamo ancora alla conferenza stampa con Gregory, McCarrick e Stafford.

Toronto, Città del Guatemala, Messico
5 agosto 2002

Siamo tornati il 2 dal viaggio con il Santo Padre a Toronto – per la XVII Giornata mondiale della gioventù –, in Guatemala e in Messico, quasi 22.000 chilometri (23 luglio - 2 agosto). Ancora una volta il papa ci ha sconcertati. Dopo il precedente viaggio in Azerbaigian, il suo stato di salute non era buono, e tutti si aspettavano che non si muovesse, che non sarebbe stato capito nel parlare. Invece, il papa ha deciso di scendere la scaletta dell'aereo a Toronto, anche se era pronto un montacarichi. Ha pronunciato in modo chiaro il discorso all'arrivo e la gente è rimasta impressionata.

Ha trascorso un paio di giorni sull'isola di Strawberry, e anche questo gli ha fatto bene. L'ho incontrato il 26 luglio quando mi sono recato lì con quattordici ragazzi che hanno pranzato con lui. Al ritorno, ho spiegato in diretta alla televisione com'era andata.

Poi il programma si è svolto come previsto: il papa, facendo uno sforzo, ha parlato con voce chiara e forte. Alla vigilia, abbiamo calcolato che abbiano assistito circa 400.000 giovani; è la cifra comparsa sui giornali. Alla messa, pensiamo che abbiano sfiorato gli 800.000. La stampa canadese è rimasta molto colpita.

Ho detto ai giornalisti che il Santo Padre vorrebbe partecipare all'incontro delle famiglie a Manila nel gennaio 2003. Non sapevo che Sodano aveva scritto alle Filippine dicendo che non sarebbe andato. Ma il papa durante questo viaggio ha detto a Dziwisz che gli piacerebbe presenziare...

Guatemala, stupendo. Le strade erano gremite di gente. Chilometri di tappeti di fiori lungo tutto il tragitto che ha percorso la papamobile. Mi hanno detto che sono stati 20.000 volontari distribuiti lungo il percorso a realizzare queste opere d'arte. Alla messa, secondo la polizia locale, entusiasta, hanno assistito 800.000 persone. Io preferisco essere più prudente e dico che hanno superato le 500.000.

Il Messico è… il Messico. Diversi milioni di persone per le strade. La stanchezza e lo sforzo del papa erano evidenti: ha continuato a fare tutto quello che poteva, ma la sua voce era meno chiara che a Toronto. La cerimonia di canonizzazione del beato Juan Diego, nella basilica di Guadalupe, è stata splendida. Il traffico era talmente caotico che il corteo è rimasto bloccato per un ingorgo.

Oggi andiamo a pranzo con il papa a Castel Gandolfo. Quello che gli interessa, così si esprime, è «sapere» com'è andato il viaggio. Perché lui lo ha vissuto intensamente nell'intimo.

XLVI
Guerra giusta?
(2002-2003)

Cracovia: tanti ricordi
22 agosto 2002

Dal 16 al 19 in Polonia per l'ottava volta. In questa occasione si trattava di un viaggio della memoria, durante il quale pensare e valorizzare le esperienze che hanno forgiato il carattere e la vita di Giovanni Paolo II. E al tempo stesso è stata una visita per proporre nuove priorità. Concretamente, durante questo viaggio il papa ha avanzato la proposta di una «nuova pastorale della misericordia per la Chiesa».

Ho avuto modo di parlare con lui nel pomeriggio del 17, mentre riceveva nella sede dell'arcivescovado le autorità civili e una lunga fila di gruppi privati. Molti ricordi? «Sì, tanti, venivo in questa stessa sala per parlare con il cardinale Sapieha quando ero operaio alla Solvay.» Però mi sembra, Santo Padre, che lei non sia quel che si dice un uomo sentimentale. «Per quanto...» risponde lasciando la frase a metà.

Sì, i sentimenti esistono e giocano il loro ruolo, non c'è dubbio. Ma li controlla. Però anche adesso li lascia affiorare, forse perché si meraviglia lui stesso per i cambiamenti subiti dalla sua vita. Alla fine della cerimonia di consacrazione del santuario della Divina misericordia, ricordava che in quei luoghi «passavo da ragazzo, con i miei zoccoli, quando andavo a lavorare nel cantiere. Chi avrebbe mai detto che quel ragazzo oggi sarebbe stato qui a consacrare questo tempio!». Di nuovo il ricordo di quel periodo in cui aveva lavorato come operaio manovale mentre maturava la sua vocazione.

Improvvisazioni anche il giorno seguente, dopo la messa nel grande parco di Blonie: «Vorrei aggiungere: arrivederci... Ma questo sta completamente nelle mani di Dio». E quando la gente ha gridato in coro: «Rimani qui!», ha risposto ironicamente: «Qualcuno vorrebbe che non tornassi a Roma...!». Forse un'allusione a qualche speculazione giornalistica pubblicata prima del viaggio. Ma un giorno dopo, quando ha chiesto di pregare per lui, lo ha fatto con una frase che – in questi anni – è diventata un consapevole e sentito ritornello: «Chiedete che io possa condurre fino alla fine il mio ministero».

Durante uno spostamento, ho parlato con Sodano a proposito dell'eventuale viaggio a Manila. Lui aveva già scritto una lettera al nunzio apostolico per annunciare che il Santo Padre non sarebbe andato. Ma siccome il papa – durante il viaggio a Toronto – aveva fatto un'osservazione manifestando il desiderio di andare, Sodano mi ha detto che hanno comunicato al nunzio di custodire, per il momento, la lettera. «Immagini che figura facciamo se dico che non va e poi invece va...» D'altra parte, in settembre la presidente delle Filippine verrà a Roma e insisterà senz'altro con il papa perché intraprenda il viaggio.[1]

Mi stavo preparando per una conferenza stampa che avrei tenuto con Macharski, e così gli ho domandato se aveva ricevuto una risposta da Putin. Mi ha spiegato che era arrivata una lettera in cui venivano riaffermate le buone relazioni con la Santa Sede, ma non si diceva nulla sul caso del vescovo Mazur.[2] Perciò, la risposta che abbiamo concordato, nel caso che l'argomento fosse emerso nell'incontro con i giornalisti, era: «Abbiamo ricevuto una lettera che inizia ricordando le buone relazioni con la Santa Sede... Riteniamo che sia una lettera interlocutoria e aperta a sviluppi futuri».

Nel pomeriggio del 18 il papa ha visitato privatamente alcuni luoghi della sua gioventù a Cracovia. È entrato nella cattedrale di Wawel e ha passato mezz'ora in preghiera di fronte all'altare maggiore. Le condizioni fisiche non gli hanno consentito di scendere le scale per raggiungere la cripta dove aveva celebrato la sua prima messa, cinquantasei anni fa.

Canonizzazione di san Josemaría Escrivá
6 ottobre 2002

Canonizzazione di Josemaría Escrivá, fondatore dell'Opus Dei. Non vedo altra preghiera che *Gratias tibi, Deus, gratias tibi*. Le parole sono rivolte a Dio e vogliono raggiungere anche il nuovo santo per la sua fedeltà, per quello che ha fatto nella sua vita, della quale – in qualche modo – tutti i presenti oggi nella basilica di San Pietro sono il frutto, ma anche quelli che non ci sono e quelli che verranno. Per me è un momento particolarmente commovente: è un santo che ho conosciuto e frequentato.

La cerimonia è meravigliosa per molti motivi. Anche per il numero delle persone presenti, e per quello che queste persone lasciano intravedere delle proprie vite.

Dalle otto e mezza di mattina partecipo a una diretta televisiva della RAI con Vittorio Messori e Giuseppe De Carli. Quando comincia la messa, li lascio e la seguo dal sagrato. Il Santo Padre pronuncia un'omelia stupenda, non molto lunga. Poi improvvisa nel finale della messa.

Al termine della cerimonia, Dziwisz chiama il prelato dell'Opus Dei, Echevarría, perché saluti il papa, e quando questi sale in una vettura (una campagnola) con la quale percorrerà fino alla fine via della Conciliazione per salutare la folla, Stanisław compie uno dei gesti che lo caratterizzano: invita anche il prelato a salire nella vettura dietro al papa. E così Giovanni Paolo II percorre tutto l'itinerario insieme a Dziwisz e a Echevarría.

Nel pomeriggio chiamo Stanisław per commentare la giornata. Gli dico che per me si tratta di un giorno di ringraziamento. Lui dice che la giornata è stata stupenda anche «per il suo significato teologico». Si riferisce allo spettacolo di fede della piazza: sembrava una spiegazione vivente della chiamata universale alla santità, che è il nucleo del messaggio di san Josemaría.

Continua lo scandalo
18 ottobre 2002

Il 14 arrivano a Roma il presidente della Conferenza episcopale dei vescovi degli Stati Uniti, Gregory, insieme al vicepresidente e al segretario. Vengono per avere una risposta alle loro proposte del giugno scorso sul modo di affrontare il grave problema dei sacerdoti pedofili e le sue dolorose conseguenze.

È la Congregazione dei vescovi che deve preparare la risposta. L'orientamento era oscillante. Re, prefetto di quella Congregazione, era piuttosto propenso a fornire una risposta del tipo: «Dal momento che avete approvato queste norme *ad experimentum*, seguitele e fra un anno ci rivediamo». Ed era stata preparata una bozza in questi termini. Ma è prevalsa la tesi della Congregazione per la dottrina della fede: non concedere alcuna approvazione e non considerare valido l'*experimentum*. Così, la risposta finale di Re è segnalare che vi sono ambiguità nel linguaggio e non c'è armonia con la legge universale della Chiesa, e ciò impedisce l'approvazione. Proposta: formare una commissione mista – quattro membri della Santa Sede e quattro degli Stati Uniti – per modificare il testo originale.

Gregory accetta e intende cominciare subito i lavori della nuova commissione mista, ma gli americani devono indicare i loro nomi, mentre la Santa Sede ha già fatto i suoi (Castrillón, Bertone, Herranz e Monterisi).

Il tema compare sulla stampa con diverse sfumature: si parla di un rifiuto parziale di alcuni aspetti delle norme. È l'idea fatta passare da Gregory. Le reazioni in America sono diverse, a seconda del settore interpellato. Mi sembra che fra i sacerdoti americani prevalga una sensazione di sollievo. Alcuni lo dicono in modo esplicito: finalmente c'è qualcuno che ci difende, nel senso che considera che l'accusato non è automaticamente colpevole. Fra i vescovi, predominano i commenti secondo cui non è cambiato niente, che si tratta soltanto di perfezionare il testo originale, e che nel frattempo rimangono in vigore le norme così come le hanno approvate.

Al Parlamento italiano

14 novembre 2002

Oggi il Santo Padre si è presentato alla Camera dei deputati, dove ha pronunciato un discorso che ha ricevuto molti applausi. È una primizia storica. In precedenza, un papa non si era mai recato al Parlamento italiano. La visita non era facilissima, ma è stata un successo.

Ho parlato con Pier Ferdinando Casini, presidente della Camera, alcune settimane fa. Abbiamo pranzato insieme per preparare la visita. Poi abbiamo avuto un'altra lunga conversazione. Mi ha accompagnato nell'aula e abbiamo visto come sarebbe stata disposta. In merito al regalo per il papa, mi ha detto di aver pensato a un'edizione della Costituzione italiana. Siccome mi ha chiesto suggerimenti, gli ho raccomandato di seguire piuttosto la linea biografico-personale. Alla fine, il regalo è stato una copia in scala della campana della cattedrale di Wawel, a Cracovia, che suona per le grandi occasioni della Chiesa e dello Stato.

In seguito, abbiamo parlato varie volte al telefono. Casini aveva inviato il proprio discorso a Dziwisz. Poi ha voluto che fosse letto a monsignor Fisichella, che è anche il cappellano della Camera. Mi ha spiegato: «Ho scherzato con lui, perché mi ha corretto in certi punti, e io gli ho detto che era peggio del Sant'Uffizio». Casini aveva qualche timore per il discorso del papa, che non conosceva: che entrasse con decisione in modo troppo concreto su certi temi.

Il giorno prima della visita, verso le nove di sera, l'ho chiamato al telefono. Con l'esperienza degli ultimi mesi, gli ho suggerito che sarebbe stato bello se qualche deputato avesse applaudito il papa in diversi momenti del suo discorso. Non per creare una reazione positiva, su cui non avevo dubbi, ma perché gli applausi avrebbero consentito al papa di fare una breve pausa, di tirare il fiato e pronunciare meglio il suo discorso. Mi rassicurò che non dovevo preoccuparmi, che avrebbero sicuramente applaudito più di quanto immaginassi. In effetti, andò così bene che i deputati lo interruppero più di venti volte.

È interessante notare che i deputati di una certa tendenza applaudivano di più quando il papa menzionava un tema «tipico» della loro area: la sinistra, quando parlava di pace e di lotta alla disoccupazione; la destra, quando accennava alla famiglia e alla scuola privata. Sono stati pochissimi i parlamentari che non hanno assistito: La Malfa, repubblicano; Cossutta, dell'area veterocomunista, e pochi altri. Il papa era contento e di buonumore. Dopo il discorso, mentre aspettava seduto nella sala dei ministri per il colloquio con il presidente della Repubblica, Ciampi, mi ha fatto un cenno simpatico, una specie di saluto militare. Uno scherzo come per dire che si metteva agli ordini.

Il giorno dopo ho parlato ancora con Casini. Era contento e sollevato. Mi ha detto che la mattina, nel leggere il discorso – glielo avevamo inviato prima dell'atto ufficiale –, era un po' preoccupato per i riferimenti diretti ad argomenti precisi della situazione italiana. Ma, dopo, lui stesso è rimasto sorpreso per la buona accoglienza avuta dal discorso.

Muore Giovanni Agnelli
30 gennaio 2003

Pochi giorni fa è morto Giovanni Agnelli, il presidente della Fiat, un'istituzione in Italia. Si sapeva che era malato – cancro alla prostata –, ma non erano mai stati emessi una nota o un comunicato, né sulla malattia e sulla sua evoluzione, né qualche previsione.

Per deformazione professionale, non posso evitare di pensare al contrasto con il metodo informativo che abbiamo seguito qui, ogni volta che il papa è stato malato. Malgrado le difficoltà, abbiamo sempre dato tutte le informazioni opportune. Ne prendo nota come una semplice constatazione, senza esprimere giudizi di valore e senza fare paragoni.

Rumori di guerra in Iraq
4 febbraio 2003

Si avvicina, a quanto pare, l'inizio della guerra con l'Iraq. La posizione della Santa Sede è stata presentata in modo frammentario e incompleto. L'opinione pubblica sa che la Santa Sede è contraria, che il papa è contrario, ma penso che non ci sia stata una chiara formulazione morale su questo tema.

Si parla in generale di guerra giusta o ingiusta, ma la gente sembra aspettare di sapere se «questa» guerra è giusta oppure no. Finora, l'esposizione forse più chiara è stata presentata dal papa nel suo discorso al corpo diplomatico lo scorso 13 gennaio. In quella occasione ha ribadito l'idea che soltanto in circostanze molto concrete una guerra può essere considerata giusta:

> E che dire delle minacce di una guerra che potrebbe abbattersi sulle popolazioni dell'Iraq, terra dei profeti, popolazioni già estenuate da più di dodici anni di embargo? Mai la guerra può essere considerata un mezzo come un altro, da utilizzare per regolare i contenziosi fra le nazioni. Come ricordano la Carta dell'Organizzazione delle Nazioni Unite e il diritto internazionale, non si può far ricorso alla guerra, anche se si tratta di assicurare il bene comune, se non come estrema possibilità e nel rispetto di ben rigorose condizioni, né vanno trascurate le conseguenze che essa comporta per le popolazioni civili durante e dopo le operazioni militari.

Quando si è conclusa l'udienza con il Santo Padre, sia l'ambasciatore degli Stati Uniti sia quello dell'Iraq sono stati entusiasti di tale formulazione, e questo indica che è suscettibile di diverse interpretazioni.

Il problema è: con i dati a disposizione in questo momento, questa guerra è permessa oppure no, secondo il punto di vista delle due fonti citate o dal punto di vista della morale?

Ancora sull'Iraq
4 marzo 2003

Continua il clima di incertezza internazionale riguardo alla crisi dell'Iraq. Diverse conferenze episcopali e confessioni cristiane non cattoliche hanno ripreso le affermazioni del Santo Padre e della Santa Sede (Martino, Taura, Sodano).

In seguito, si è irrigidita la posizione della Francia e della Germania: evitare una guerra e favorire il ruolo degli ispettori dell'ONU per ottenere il disarmo di armi di distruzione di massa, senza ricorrere all'azione bellica. L'Europa appare divisa e anche i paesi membri della NATO si sono divisi quando la Turchia ha sollecitato un aiuto preventivo.

Tutto questo ha contribuito a isolare – relativamente – il presidente nordamericano George W. Bush. Gli Stati Uniti hanno cercato, soprattutto all'inizio, una «copertura» etica a questa guerra. Condoleezza Rice, consigliere per la Sicurezza nazionale di Bush, ha elaborato il concetto di «guerra preventiva».

Ma presto ha dovuto abbandonarlo: troppo facile criticarlo sul piano dei principi e dal punto di vista pratico. Gli obiettivi di questa guerra sono cambiati: prima, disarmare Saddam; poi, la sostituzione del regime in Iraq; infine, l'instaurazione della democrazia in Medio Oriente.

La posizione del papa e il suo prestigio hanno reso la Santa Sede – meglio, lui stesso – un punto di riferimento internazionale. In date ravvicinate e successive, sono passati di qui grandi personalità. Prima il ministro degli Affari esteri della Germania, Fischer, al suo ritorno da New York, dove aveva partecipato alla riunione del Consiglio di sicurezza.

Poi è stata la volta di Kofi Annan, segretario generale dell'ONU. Più tardi, Tareq Aziz, inviato da Saddam Hussein. Dopo è venuto Tony Blair. E per ultimo José María Aznar, che sostiene la posizione americana in modo incondizionato.

In tutte queste occasioni ho parlato con il Santo Padre subito dopo ogni udienza. Buona impressione di Annan: ha detto al papa di essere pessimista – come prima Fischer – e che non restava altro che pregare.

Aziz ha comunicato al papa idee già conosciute: siamo un paese islamico moderato, non fondamentalista, ecc. E ha esplicitato i timori per una nuova guerra.

Il problema morale della guerra
29 marzo 2003

Prosegue la guerra in Iraq e si comincia a vedere il suo volto ripugnante: morti di civili, prigionieri, angoscia, terrore, violazioni del diritto internazionale. L'opinione pubblica rimane divisa. La battaglia si combatte sia nelle città irachene sia alla televisione. Tutti cercano di guadagnare consenso con mezze verità, con menzogne.

Mi sembra però che si eviti il tema di fondo, che è morale: si tratta di una guerra giusta oppure no? È morale la situazione che vediamo ogni giorno alla televisione, con la sua processione di morti e sofferenze?

La linea della Santa Sede è stata sviluppata da Tauran. La sua argomentazione è intelligente: questa guerra viola il diritto internazionale. Perciò le mie dichiarazioni dopo il discorso di Bush, proprio nel momento in cui si decideva di cominciare la guerra, sono state su questa stessa linea: «Chi decide che si sono esaurite le vie pacifiche messe a disposizione dal diritto internazionale si assume una grande responsabilità di fronte a Dio, alla propria coscienza e alla storia».

Il papa, dal canto suo, ricorda il principio generale della morale cristiana sulla «guerra giusta»: la guerra è l'ultima opzione e deve conformarsi a criteri molto specifici (proporzionalità, ecc.). Dal momento in cui è iniziato il conflitto, le sue parole sono orientate a chiedere la pace, a pregare per la pace e a sentirsi vicino a chi soffre.

Simultaneamente alla guerra in Iraq, si apre la crisi della Corea del Nord, che sta sviluppando la tecnologia nucleare e non concede l'ingresso agli ispettori dell'agenzia specializzata dell'ONU. Ma i nordamericani – con Colin Powell – in questo caso sostengono che bisogna affrontare il problema attraverso consultazioni multilaterali. Sembra una strada diversa da quella seguita in Iraq.

Udienza a Colin Powell
2 giugno 2003

Il Santo Padre riceve Colin Powell, segretario di Stato degli Stati Uniti. È il primo contatto a questo livello dopo la guerra in Iraq. Mentre il papa parla con Powell, discuto con Dziwisz di un altro argomento: la proposta della Costituzione europea che, nel preambolo, parla delle radici europee nei termini dell'eredità greca e romana e poi passa direttamente al Secolo dei lumi, saltando tutta la tradizione cristiana, che non viene neanche menzionata.

Dziwisz mi chiede che cosa si può fare, per informarne il papa. Enumero varie proposte: mobilitare le conferenze episcopali europee, le università cattoliche e alcuni rettori di altre università; accordarsi per una dichiarazione congiunta con gli ortodossi greci, che hanno manifestato una sensibilità su questo tema. Gli dico che io potrei recarmi a Madrid e parlare di persona con Aznar. In definitiva, si potrebbero fare molte cose, dato che c'è ancora tempo.

Quando termina l'udienza con Powell, parlo con il Santo Padre. Mi dice che è stato un colloquio lungo, che hanno parlato, fra l'altro, delle nuove prospettive di pace in Terra Santa e in Medio Oriente. Il papa è soddisfatto della conversazione. Una curiosità finale: mi racconta che, quando già si stavano congedando, gli ha domandato se era parente di Baden-Powell, fondatore, fra le altre cose, del movimento scout. Colin ha risposto che non lo sapeva con sicurezza, che doveva investigare di più.

Parlo brevemente al Santo Padre del preambolo della Costituzione. Menziono alcuni politici europei, come Chirac, e il papa fa un gesto che interpreto come espressione di una certa delusione.

La Costituzione europea
8 giugno 2003

Dziwisz mi conferma che «quello di cui abbiamo parlato l'altro giorno», a proposito della nuova Costituzione europea, «l'ho riferito al papa. E so che lui ha già detto qualcosa».

In effetti, il papa ha parlato con Sandri e gli ha detto che bisognava mettere in campo qualche idea, suscitare iniziative delle conferenze episcopali, intellettuali, ecc. Sandri lo ha riferito poi al cardinal Sodano. Questo spiega la facilità con cui Sodano ha acconsentito che io vada in Spagna e incontri il primo ministro Aznar.

Arrivo a Madrid a mezzanotte. Mi aspetta il nunzio apostolico. Alle undici del mattino dopo Aznar mi riceve alla Moncloa. Non lo conoscevo, ma mi sembrava uno dei capi di governo dei paesi europei che avrebbero potuto agire in senso positivo, se gli fossero state spiegate le ragioni.

Sviluppo una riflessione sull'assurdità dell'omissione, nel preambolo della Costituzione europea, di un riferimento al cristianesimo. Aznar sarebbe partito pochi giorni dopo per partecipare, a Salonicco, alla chiusura del semestre della presidenza greca, dove sarebbe stata consegnata la bozza della Costituzione. L'incontro dura circa mezz'ora.*

Auguri
26 luglio 2003

Oggi è il mio onomastico e sto trascorrendo qualche giorno fuori Roma. Suona il cercapersone e vedo che si tratta di Dziwisz. Lo chiamo subito al telefono. Si trovano a Castel Gandolfo. Lo ringrazio per gli auguri, che mi sono arrivati per iscritto pochi giorni fa. Me li fa di nuovo e mi dice: «Il Santo Padre ti manda i suoi auguri. Già ieri ha pregato per te e anche stamattina. E te li manda con riconoscenza. Ci ricordiamo di te». Rispondo che lo ringraziavo molto per quello che mi sta dicendo, e che in questi giorni di riposo prego per il papa, per il suo lavoro e la sua salute.

Gli domando se il papa sta continuando a scrivere il libro di ricordi dei suoi anni come vescovo. Mi informa che lo ha già finito e che sta rivedendo alcuni dettagli. E aggiunge che ha scritto un altro libro, con ricordi e valutazioni sul secolo appena trascorso. Osserva che il papa ha chiesto a Tauran di leggerlo per vedere se si può pubblicare o se deve «andare direttamente in archivio», perché contiene molti giudizi su situazioni e persone. È una notizia fantastica, che dimostra al di là di tutto la sua vitalità. E spero, naturalmente, che il libro non finisca in archivio![3]

* Qualche tempo dopo, la stampa diffuse la notizia che Aznar aveva chiesto l'inclusione nel preambolo di una frase che facesse riferimento al cristianesimo nel contesto delle radici dell'Europa. Aveva affrontato questo argomento anche nella riunione avuta con i leader del Partito popolare europeo.

XLVII

«Non ce la fa più»

(2003-2004)

Le limitazioni del papa
15 agosto 2003

Ieri mattina, giovedì 14 agosto, mi sono recato a Castel Gandolfo. Ho avuto una lunga conversazione con Dziwisz. Abbiamo parlato dei due libri che il papa ha scritto recentemente: quello con i ricordi personali dei suoi anni come vescovo, e quello delle riflessioni sull'Europa. Il primo è già terminato, lo ha visto Ratzinger. Il secondo lo ha letto Tauran, e ha apportato pochi cambiamenti di scarso rilievo. Poi è passato nelle mani di Sandri per qualche ritocco di stile e adesso lo sta leggendo Sodano.

Gli ho parlato del mio piano per la pubblicazione di questi due libri. Ho proposto anche di fare una nuova edizione del libro di poesie – *Trittico romano* – che potrebbe essere allegato al settimanale «Panorama» il 16 ottobre, anniversario dell'elezione papale. Mi ha detto che era una buona idea; bisognerà parlare con la Tipografia vaticana per la gestione dei diritti d'autore.

Poi Stanisław si è confidato. Mi ha detto che in questi giorni il papa non sta bene: ha dei problemi con l'ipotensione – anche a causa del caldo – e quando celebra la messa alla mattina, alla fine è molto sudato. Poi è emersa la sua preoccupazione di fondo: «Fino a quando si può proseguire così?».

E non sapendo come o quando potrà concludersi questa situazione, si pone di nuovo il tema delle dimissioni. «Tu come la vedi?» Gli ho risposto: «Stanisław, mi hai fatto la stessa domanda per la prima volta anni fa. Allora ti ho detto che il problema, secondo me, non si poneva. Adesso invece si pone, perché le sue limitazioni fisiche sono evidenti. Ma nello stesso tempo non si pone, perché Dio vuole dire a noi che siamo vicini al papa – ma non al papa stesso, che vive su un piano diverso dal nostro – che bisogna vivere abbandonandosi, vivere giorno per giorno, perché non vuole farci vedere qual è il suo piano. Bisogna vivere senza pensare al domani, che Dio vuole nascondere».

«Qualcosa» ho aggiunto «come quello che il papa ha scritto nell'enciclica sulla Madonna: l'itinerario della fede.[1] Lei non ha visto tutto fin dall'inizio, non sapeva che cosa sarebbe successo il giorno dopo e viveva giorno per giorno, abbandonandosi a Dio. E a proposito delle dimissioni: forse Dio vuole mostrarci che la Chiesa è qualcosa di diverso da altre organizzazioni che hanno sempre a capo qualche giovane dinamico. Anni fa, di fronte a certi pronunciamenti, contro il papa si levavano delle critiche. Adesso, nessuno lo critica. Ovviamente, ci sono critiche alla dottrina della Chiesa da parte di non credenti, ma non si azzardano a criticare personalmente Giovanni Paolo II…»

Dziwisz è rimasto a riflettere. E dopo un po' mi ha domandato: «Le cose che dici, le pensi da tempo o ti sono venute in mente adesso?». Ho risposto che ci ho pensato a lungo e che le dico spesso a me stesso.

Le osservazioni di Dziwisz mi spingono a considerare di nuovo che non si tratta soltanto di preoccupazioni sue: il papa stesso le deve avere, di fronte alle progressive difficoltà sempre più evidenti. E questo lascia intravedere che le sue sofferenze forse non sono soprattutto fisiche, bensì morali. Non ci sono dubbi. Probabilmente, chiederà a Dio che questo finale della sua vita non si allunghi troppo. Che cosa succede se questa situazione perdura e l'invalidità graduale avanza? Ormai non può più camminare. Non riesce a reggersi in piedi senza un appoggio. La sua dizione a volte è quasi inintelligibile. Ci sono problemi di respirazione e di deglutizione. E c'è una Chiesa da governare, un'attività pubblica quotidiana da esercitare, una continua visibilità globale. Rinuncia?

Malgrado i gravi argomenti di cui abbiamo parlato, ci siamo salutati con un sorriso. Gli ho domandato se si recherà in Polonia. Penso che sarebbe stupendo, e forse anche necessario, se potesse svignarsela per qualche giorno. Ridendo, mi ha chiesto perché, visto che qui sta così bene. In realtà, comprende che è necessario rimanere accanto al papa in questa situazione. Mietek è andato in Polonia per qualche giorno, ma lui non andrà, credo. Gli ho domandato se fa un po' di esercizio fisico. Ha detto di sì. «Mi sembra che ti stia crescendo il naso come a Pinocchio» ho ribattuto.

Ha concluso dicendo che il papa sta pensando alla possibilità di un nuovo concistoro di nomina di cardinali in ottobre, approfittando della circostanza che verranno tutti in occasione del suo anniversario.

Slovacchia. La croce in diretta
14 settembre 2003

Viaggio in Slovacchia dall'11 al 14, caratterizzato – perlomeno rispetto all'opinione pubblica e al seguito del papa – dallo stato di salute di Giovanni Paolo II.

Tutto inizia all'arrivo all'aeroporto di Bratislava. Faticosamente, il papa viene fatto scendere dall'aereo tramite un elevatore. Si eseguono gli inni musicali e il presidente legge il suo discorso. Il papa incomincia a leggere il suo. Lo sforzo va oltre le sue possibilità: la pronuncia diventa inintelligibile, il ritmo della respirazione è irregolare e ostacola la voce. Si ferma. Tenta di proseguire ma non ci riesce. Allora, si chiama il monsignore slovacco che ci accompagna. Il microfono alternativo non funziona. Utilizza quello del papa, ma bisogna adattarlo all'altezza del monsignore. Il procedimento richiede qualche minuto. La situazione è troppo evidente e drammatica per la stampa, che assiste a tutta la manovra da pochi metri di distanza. Simultaneamente, si crea un po' di confusione durante l'operazione per calare dall'aereo una poltrona per il papa, necessaria per la successiva tappa alla nunziatura. Risultato: sensazione inconsulta di allarme. Il giorno dopo, questo sarà l'unico argomento trattato dai media internazionali.

Arriviamo alla nunziatura. Se è stato faticoso far accomodare il Santo Padre nella papamobile, farlo scendere si presenta come un'impresa. Mietek e Dziwisz cercano di sollevarlo e di trasportarlo. Inutilmente: non hanno la forza né la pratica per riuscirci. Si avvicinano altri: tutto si complica ancora di più. Interviene Cibin e con la sua forza lo solleva per iniziare il trasferimento sulla sedia che si trova sulla piattaforma mobile accanto alla papamobile. A quanto pare, una gamba del papa si è incastrata in qualche modo nel sostegno del sedile dell'auto. Ne consegue una crisi respiratoria; uno spasmo laringeo impressionante: la sua respirazione diventa affannosa e straordinariamente rumorosa, si sente nel giardino all'ingresso della nunziatura. Tutti restano immobili. Buzzonetti, al mio fianco, rimane bloccato dov'è. Fra l'altro, perché non c'è niente che si possa fare. Scorrono minuti angoscianti per il papa e per tutti noi. Finalmente, muovono la piattaforma e lo trasportano alla nunziatura.

Rilascio sul posto una dichiarazione alla stampa riguardo al fatto che il discorso del papa è stato letto da un monsignore: «È normale, considerando gli sforzi del Santo Padre durante questi viaggi, che si cerchi di alleviarli il più possibile». Le mie parole sdrammatizzano un po' la situazione. In effetti, il giorno dopo i giornali le riprendono cercando di infondere un po' di serenità.

Le limitazioni dello stato in cui versa il papa sono drammaticamente evidenti. Non solo non può camminare: non può neanche reggersi in piedi. Non riesce a muovere le gambe. La sua dizione è molto faticosa perché è in grado di articolare poche parole, soprattutto se deve leggere un testo. In questo, indubbiamente, influisce la pressione emotiva.

Alle dodici e mezza il papa riceve nella sede della nunziatura, in udienze successive, il presidente della Repubblica, il presidente del Parlamento e il primo ministro. Tutti con le rispettive famiglie. Le sue condizioni si sono normalizzate, ma per lui si tratta di una nuova fatica.

Nel pomeriggio, alle cinque, si percorrono in auto – Giovanni Paolo II sulla papamobile – 60 chilometri fino a Trnava. Di nuovo, la manovra per farlo scendere dalla papamobile è difficoltosa. E quando entra nella cattedrale sulla piattaforma mobile, ha un'altra crisi respiratoria. Lo portano direttamente in sacrestia, invece di raggiungere il presbiterio, e passano una decina di minuti prima che si normalizzi. Nuovo allarme dei giornalisti, che seguono la diretta in televisione, per queste anomalie. Inoltre, hanno visto alcuni paramedici dei servizi locali dirigersi verso la sacrestia con un defibrillatore. Arrivati alla nunziatura di ritorno da Trnava, verso le otto, vedo che il papa non scende dalla vettura. Passano dieci minuti ed è ancora dentro: Mietek sta leggendo il breviario e il papa ascolta… finché non hanno finito.

Comunque, in tutto e nonostante tutto, continua a compiere il suo ministero. Così, una volta terminato il suo discorso – letto dal cardinale Tomko –, quando vede un gruppo di invalidi sulle loro sedie a rotelle, si fa portare da loro per salutarli. È una scena commovente vedere lui, invalido, che consola e accarezza altri invalidi.

Il resto del viaggio, che è complicato perché ogni giorno si va in una città diversa, viene trattato dalla stampa ponendo l'attenzione sulla salute del papa. E non c'è da stupirsi. Oltre ai problemi motori dovuti al morbo di Parkinson, ci sono anche le limitazioni dell'età e di un'ipertrofia prostatica benigna che gli provoca una relativa incontinenza urinaria. Soffre, ma non è estraneo agli sviluppi del viaggio. Poco fa mi ha visto, mi ha fatto un cenno e mi sono avvicinato per riferirgli qualcosa sull'atmosfera fra i giornalisti.

Per il papa è una croce enorme. Spesso è di buonumore e scherza – o tenta di scherzare –, gli appare un sorriso sul volto reso una maschera dal morbo di Parkinson. Ma a volte la malattia si impone. A Castel Gandolfo, questa estate, ci sono stati giorni in cui non si è potuto alzare dal letto. Quando andava a fare qualche giro, a volte non scendeva nemmeno dall'auto. Per tutta l'estate non ha potuto utilizzare la piscina.

«Malgré tout…»
16 settembre 2003

Sono trascorsi due giorni dal ritorno del papa dalla Slovacchia, e ci invita a pranzare a Castel Gandolfo. Appena iniziato il pranzo, devono portarlo fuori con la sedia a rotelle per i suoi problemi urinari. Torna poco dopo e segue con interesse quello che gli raccontiamo del viaggio.

Gli dico che ha fatto molto bene alla gente in Slovacchia; anche vederlo alle prese con tante difficoltà fisiche. Riflette per un po' e poi dice: «*Non omnis moriar*» (Non morirò del tutto), una frase del poeta Orazio, che interpreto come un modo per dire che non tutto è andato perso nel suo viaggio, che qualcosa rimane lì. E aggiunge in francese: «*Malgré tout…*», vale a dire, nonostante le limitazioni.

Dziwisz gli domanda nel suo stile scherzoso: «Che ne pensa il Santo Padre dei suoi collaboratori?». Si riferisce a noi. E lui risponde: «Abbastanza sopportabili», in italiano. Continua a prenderci in giro… nonostante tutto.

Toni drammatici
14 ottobre 2003

Si avvicina il venticinquesimo anniversario dell'elezione di Giovanni Paolo II. E questo periodo si presenta con toni drammatici. Il papa non è quasi in grado di parlare. Può muoversi solo sulla sedia a rotelle. Ogni sua apparizione è una sofferenza per lui e per quelli che lo ascoltano. Durante le udienze del mercoledì, riesce a leggere soltanto un paragrafo, e a volte con sforzo. All'*Angelus* della domenica lo si capisce con difficoltà.

Ieri ho parlato al telefono con Dziwisz per informarlo su com'era andata la presentazione nel mio ufficio del volume con l'opera filosofica di Karol Wojtyła. Si è interessato per riferire in seguito al papa. Ho aggiunto che non doveva preoccuparsi, che sarebbe andato tutto bene nei giorni seguenti, molto intensi. Mi ha detto: «Vedremo». L'ho rassicurato: in molti stiamo pregando. E lui: «Vedremo». È stata la prima volta in questi anni che Dziwisz mi ha espresso i suoi dubbi sul tempo di vita che resta al papa.

Venticinque anni di pontificato
16-20 ottobre 2003

16 ottobre. È arrivato il giorno del venticinquesimo anniversario dell'elezione di Giovanni Paolo II. Ha celebrato la messa quotidiana in Piazza San Pietro. Ha potuto leggere ben poco della sua omelia che, fra l'altro, è magnifica. È un testo completamente suo, che consente di penetrare – almeno un po' – nel suo cuore. Ha letto solo l'inizio, e Sodano ha completato la lettura.

La voce del Santo Padre durante la messa è confusa: Ratzinger ha adattato le parole nella preghiera eucaristica, in modo che la propria voce «abbracciasse» quella che non arrivava dal papa. Già alla mattina, nella cerimonia della firma dell'esortazione post-sinodale sul ministero dei vescovi (*Pastores gregis*), il papa ha letto solo una piccola parte del testo.

L'immagine del papa – diffusa dalle Tv di tutto il mondo – suscita tristezza e insieme ammirazione. E questa è stata la nota dominante nei giorni successivi. Ha assistito al concerto – la *Nona sinfonia* di Beethoven – eseguito in suo onore nell'Aula Paolo VI il giorno 17. Anche in questa occasione non ha potuto leggere il testo.

Sabato 18, dopo il suo incontro nell'Aula Paolo VI con i cardinali e i presidenti delle conferenze episcopali, ho partecipato al pranzo offerto dal papa. Sandri ha letto le parole preparate per lui. Già al primo piatto, il papa ha dovuto abbandonare la sala. Sono rimasto seduto con Buzzonetti e Dziwisz – finché questi non se n'è andato –, e Buzzonetti mi ha detto: «Dziwisz mi domanda: "E perché il papa non può parlare adesso?". Gli dico: "Ma lei non si rende conto che non ce la fa più?"». È difficile accettare questa situazione quando lo hai visto per anni perfettamente in forma.

In questi giorni ho incontrato diversi cardinali. Non sanno che dire, al di là di manifestare la loro ammirazione per la tenacia del papa. Riscontro le stesse reazioni durante le numerose interviste a giornali e televisioni che ho dovuto rilasciare in occasione dell'anniversario. Il tema di fondo è sempre la salute del pontefice. A volte penso che le interviste si realizzino con una certa superficialità, ma – in realtà – ho sempre visto affetto e buone intenzioni.

Il 19, beatificazione di Madre Teresa di Calcutta. È un privilegio averla conosciuta. Ricordo sempre le sue parole, in risposta alla mia domanda su come riassumeva il suo lavoro con i più diseredati: «Fare in modo che queste persone, che hanno vissuto maltrattate come bestie, possano morire come quello che sono, come figli di Dio, e cioè puliti, pettinati, nutriti». Era il 1986, in occasione del viaggio del pontefice in India.

Questa sera ci sono i fuochi artificiali sul Gianicolo. Il papa si affaccia alla finestra che dà su Piazza San Pietro: legge soltanto poche parole, ma sono sufficienti per entusiasmare la gente. Il 20 c'è l'udienza per i pellegrini nell'Aula Paolo VI. Legge appena un paragrafo, sforzandosi.

Polemica per «La Passione» di Mel Gibson
15 dicembre 2003

Il produttore della *Passione*, Steve McEveety, ha portato al Santo Padre una copia del film. È con la moglie e il collega Alberto Michelini, che ha svolto il ruolo di intermediario ed è accompagnato dal figlio Jan, che ha preso parte alle riprese. Il papa ha visto il film insieme a Dziwisz in due sere, il 5 e 6 dicembre. Gli è piaciuto. Deve aver detto che il film mostrava quello che era successo. E questo probabilmente è il commento che Dziwisz ha trasmesso ai quattro il giorno dopo, quando ha restituito il nastro.

Alberto mi ha chiamato la mattina dell'8 e mi ha chiesto se volevo vedere il film. Gli ho detto di sì, e quella sera Steve è venuto a casa mia con la moglie e Jan, e lo abbiamo visto in sala. Ho invitato anche Juanjo García-Noblejas, professore di cinema.

Alla fine della proiezione, Steve mi ha detto che gli dispiaceva molto che, secondo Dziwisz, il papa non potesse esprimersi pubblicamente sul film. «Mi ha spezzato il cuore» ha affermato. Ho risposto che forse avremmo detto qualcosa, e siamo rimasti così.

Qualche giorno dopo, ricevo un messaggio di Steve con il quale mi informa che Dziwisz gli ha riferito il commento del papa:

«*It is as it was*», ovvero che il film mostrava come erano andate le cose. E mi chiede se può usare questa citazione. Acconsento senza pensarci troppo: se il papa lo aveva detto e se Dziwisz glielo aveva riferito…

Ho commesso un errore, perché quella frase del papa è comparsa sulla stampa degli Stati Uniti. L'articolo più citato è stato quello di Peggy Noonan, sul «Wall Street Journal».

Nel frattempo, ai giornalisti che mi facevano domande su questo argomento, dicevo che non sono solito commentare le attività private del Santo Padre. In realtà, ho chiesto a Dziwisz: ha risposto che preferiva che non dicessi niente.

Sono iniziate a comparire voci di «fonti anonime» del Vaticano: alcune sostenevano che il papa aveva detto quella frase, mentre altre affermavano il contrario. Una giornalista della CNS – Cindy Wooden – ha scritto una lettera a Dziwisz per avere conferma o smentita di quella espressione del papa. E Dziwisz ha negato che avesse pronunciato quelle parole. Al che è scoppiata una tempesta nella stampa americana. Perché quella risposta negativa è stata intesa come una presa di distanza del papa dal contenuto del film.

Di lì a qualche giorno, d'accordo con Dziwisz, ho fatto una dichiarazione segnalando che «dopo aver consultato il segretario del Santo Padre, posso confermare che il papa ha visto il film». Ho aggiunto un giudizio positivo sulla pellicola e ho concluso dicendo che il papa non è solito fare commenti pubblici su un'opera d'arte, e che il giudizio rimane aperto a diversi apprezzamenti di carattere estetico… Le cose si sono complicate, perché con le mie dichiarazioni ho lasciato intendere che il papa avesse detto qualcosa, ma non destinato al pubblico.

Allora ho scoperto che Steve, con buone intenzioni, aveva dato a qualche giornalista una copia della mia corrispondenza elettronica con lui, nella quale gli consigliavo di utilizzare la prima citazione del papa. La confusione ormai era massima! A un giornalista di Dallas, che mi ha fatto domande con insistenza, ho finito per dire che la frase che si attribuisce al papa non è autentica… Secondo errore. Dal canto suo, Peggy Noonan è tornata alla carica e ha scritto un nuovo articolo sentendosi ingannata, e mi ha trascinato nell'arena.

Pochi giorni dopo è scoppiata la polemica degli ebrei americani contro il film, e tutto questo episodio è stato relegato in un discreto secondo piano fino a sparire. Sinceramente, il mio ruolo in tutta questa vicenda non è stato brillante.

Soffre il freddo
8 gennaio 2004

Ho avuto una conversazione con Dziwisz e gli ho suggerito che sarebbe bene per il papa uscire da Roma per qualche giorno intorno a Natale. Anche se non può camminare, almeno si rilasserebbe nel vedere dall'auto il paesaggio innevato. Però mi ha detto quello che succede adesso: il papa soffre il freddo.

Gli ho consigliato anche di controllare un po' l'alimentazione, perché il papa ha preso peso. Dziwisz ha attribuito il fatto alle medicine. Mi ha detto che sta facendo fisioterapia e che, con un po' d'aiuto, riesce a muovere qualche passo nella sua stanza.

«Alzatevi, andiamo!»
24 marzo 2004

Oggi presentiamo all'hotel Excelsior il nuovo libro del papa, *Alzatevi, andiamo!* O meglio, annunciamo l'imminente uscita per il prossimo 18 maggio, giorno del compleanno del pontefice. Sono presenti una sessantina di giornalisti, diverse televisioni. Si parla dei temi fondamentali del libro, e c'è un'ampia eco.

La vicenda è stata lunga e curiosa. Dziwisz mi ha chiesto di occuparmi dell'operazione editoriale, seguendo l'esperienza di *Varcare la soglia della speranza*. Chiamo Leonardo Mondadori e la Rizzoli (Ferruccio De Bortoli): restiamo che a uno andrà *Alzatevi, andiamo!* e all'altro il libro del papa dedicato all'Europa (*Memoria e identità*).

Sorge il problema della Libreria Editrice Vaticana, che vuole figurare in questo schema. Alla fine, ci accordiamo: saranno menzionati come depositari dei diritti d'autore.

Dodici giorni in montagna
17 luglio 2004

Trascorriamo i giorni dal 5 al 17 in Valle d'Aosta con il Santo Padre. Insieme a me, a Styezeń, Buzzonetti e Cibin, quest'anno viene anche Patrizio Polisca, che affianca Buzzonetti come medico. Sono giorni di serenità e di pace. Siccome il papa non cammina e non può reggersi in piedi, è stato preparato un semplice e ingegnoso sistema di poltrona con rotelle, con il quale è possibile farlo salire in macchina. Poi, quando arriviamo a destinazione, lo trasferiamo su una sedia in modo che stia più comodo. Siamo usciti a passeggiare tutti i giorni, anche quando è piovuto, perché il papa è voluto andare: si è riparato in una tenda, e noi sotto dei teli.

Un giorno parlo con lui mentre lo prepariamo per scattare alcune fotografie. Gli dico che solo Dio conosce l'efficacia pastorale di questi anni di pontificato. Aggiungo che lui – un uomo anziano e celibe – sta insegnando a molte persone anche a capire l'amore umano. «E come avviene questo?» mi domanda. «Perché il suo sforzo è un esempio di come amare» rispondo convinto.

Cambia argomento e mi dice che questa notte non ha dormito per niente. «E ne ho così bisogno...» aggiunge. Mi fa molta pena e gli assicuro che oggi pregherò tutto il giorno perché lui di notte possa dormire. Poco dopo si avvicina Dziwisz: «L'intervista del dottor Navarro-Valls si conclude». E il papa simpaticamente risponde: «Però questa volta sono stato io a fare l'intervista». Tornando a Les Combes dico agli altri in macchina con me di pregare con un'intenzione particolare per il papa, senza precisare di che cosa si tratta.

Un giorno ci rechiamo al Vallone di Youla, una località dove siamo già stati l'11 luglio 2001. C'è una casetta, che il proprietario mette a nostra disposizione, da cui si può contemplare una stupenda cascata di fronte alla quale il Santo Padre è rimasto a lungo estasiato. Lì sono nati i versi che aprono il suo libro di poesie, *Trittico romano*, pubblicato l'anno scorso. Il proprietario ha messo sulla facciata un'iscrizione in pietra con la data della visita del pontefice nel 2001.

Durante le gite, il papa rimane sempre seduto nella tenda. Non legge più. Le letture gliele fa ad alta voce suor Tobiana; quest'anno è la prima volta che ci accompagna sempre nelle passeggiate.

Di solito partiamo in macchina fra le undici meno un quarto e le undici. E torniamo fra le cinque e mezza e le sei. Il papa saluta le persone che ci aspettano vicino alla casa. Questi gruppi aumentano ogni giorno. Hanno scoperto che, per fermare l'auto, basta mostrare al papa dei bambini. È un metodo infallibile. L'ultimo giorno, nel momento dei saluti per congedarsi dalla casa, si «infiltra» un gruppo di giovani madri della zona con i piccoli nati nell'ultimo anno. Anche il tragitto verso l'aeroporto è interrotto da frequenti fermate per la gente che si trova ai due lati del percorso. «Trattatecelo bene!» gridano al passaggio della nostra auto. Nel sentirli, non riesco a evitare un nodo in gola.

Comunico alla stampa una frase del Santo Padre: «So che vi dispiacerà lasciare tanta bellezza, anche a me dispiace. Perché qui si sfiora la mano di Dio».

Madonna di Kazan'
22 luglio 2004

Durante il soggiorno in Valle d'Aosta, si ritiene opportuno preparare qualche dichiarazione sulla restituzione dell'icona della Madonna di Kazan' al Patriarcato ortodosso russo:[2] in effetti, una delegazione vaticana si recherà a Mosca il 28 agosto per consegnare l'icona. Preparo una frase che poi vedo insieme al papa e che viene diffusa dal mio ufficio a Roma.

Dico a Dziwisz che, per coinvolgere l'opinione pubblica, forse converrebbe che io facessi parte della delegazione che andrà a Mosca. Anche lui ritiene sia opportuno, e ne parlerà con il papa. Qualche giorno dopo il mio ritorno a Roma, ricevo una lettera di Sandri: il pontefice ha indicato che io faccia parte della delegazione.

Con il presidente del Senato
4 agosto 2004

Qualche giorno fa, mi ha chiamato al telefono il presidente del Senato italiano, Marcello Pera. Mi chiede un incontro. Abbiamo fissato un appuntamento oggi a pranzo a Palazzo Giustiniani, nell'appartamento di rappresentanza del Senato. Mi manda a prendere da un'auto blindata con la scorta. Siamo soli, sotto un magnifico ritratto che appartiene alla scuola di Velázquez. Vedo che ci sono altri dipinti di Guido Reni. Si parla di filosofia. Lui è professore di Filosofia della scienza a Pisa. Il suo grande tema è il relativismo filosofico e culturale. Su questo argomento ha avuto di recente uno scambio con Ratzinger,[3] e gli piacerebbe rifare qualcosa del genere. Vuole che gli dia una mano.

La conversazione è privata e cordiale. Afferma di non avere fede, ma ci sono argomenti che lo preoccupano e che sono «cristiani». Parliamo dell'America – lui è filoamericano –, del papa, che ammira, e di politica italiana (lui è anticomunista dai suoi anni all'Università di Pisa). Non è un politico nel senso convenzionale italiano, e mi assicura che non ha alcun interesse per quella che viene chiamata «carriera politica».

Le preoccupazioni di Dziwisz
12 agosto 2004

Questa mattina sono andato a Castel Gandolfo per parlare con Dziwisz. Una lunga conversazione: quarantacinque minuti. Ha un bell'aspetto. Gli è rimasto il colorito che ha preso in Valle d'Aosta, forse rinforzato da qualche scappata successiva. Io volevo discutere soprattutto due questioni: il viaggio a Mosca con l'icona della Madonna di Kazan' e il nuovo libro del papa. Ma sono venute fuori molte altre cose.

A proposito di Mosca, gli descrivo qual è l'atmosfera, anche con il Patriarcato. La perizia tecnica effettuata sulla tavola, secondo cui si tratta di un'icona della fine del XVII secolo o degli inizi del XVIII, è stata eseguita male. Non c'erano tecnici autorevoli né da parte russa né da parte del Vaticano. Inoltre, come ho visto dai dossier e da altre conversazioni che ho avuto, la parte russa era interessata ad affermare che l'icona non era originale. Volevano rafforzare l'idea che non era l'icona autentica della Madonna di Kazan', ma una copia successiva, per quanto pregevole. Così, il risultato finale è l'affermazione contenuta nella dichiarazione congiunta del 2003, che data l'icona verso il secolo XVIII. Ora abbiamo il problema di evitare, dal canto nostro, affermazioni suscettibili di provocare reazioni negative del Patriarcato prima della cerimonia della consegna.

A proposito del libro del papa sull'Europa, gli dico che sarebbe necessario che il manoscritto fosse pronto agli inizi di settembre, in modo che Rizzoli possa portarlo alla Fiera del libro di Francoforte. Questo permetterebbe di firmare contratti con molte case editrici del mondo. Crede che sia possibile e mi parla del modo di scrivere del Santo Padre: prima legge e si documenta, ma quando scrive non ha bisogno di consultare nemmeno un libro, scrive di getto e quasi senza correggere dopo.

Osservo che le condizioni del papa sono migliorate dopo il soggiorno in Valle d'Aosta. E lo conferma, dice che è evidente. Però lascia affiorare i suoi dubbi e i suoi timori di fronte alla situazione attuale. «E delle dimissioni...» Gli dico che è un argomento che ormai non è più discusso nell'opinione pubblica, e ripetiamo le stesse considerazioni fatte altre volte, e che lui conosce meglio di me. Concordiamo che l'importante è che i collaboratori seguano il pensiero espresso dal Santo Padre in tutti questi anni. Dziwisz afferma che persino adesso, quando il papa rileva qualcosa che non va, lo manifesta chiaramente perché si cambi rotta. E parlando di collaboratori, menziona la sfortunata circostanza che anche Tauran sia malato, anche lui del morbo di Parkinson. È una pena, inoltre, perché pensa che in futuro sarebbe stato un ottimo candidato per il ruolo di segretario di Stato.

Mi parla del prossimo viaggio a Lourdes. Ci sarà Chirac, e l'ambasciatore francese è già venuto varie volte preoccupato che il papa, nel suo discorso all'arrivo, di fronte al presidente, menzioni qualche tema polemico, come quello delle radici cristiane dell'Europa, rispetto al quale Chirac ha rappresentato l'opposizione più significativa. Mi riferisce che il papa, a suo tempo, aveva mandato Tauran a Parigi con una lettera privata per Chirac, e che questi non aveva nemmeno risposto. Ora Giovanni Paolo II ha deciso di non toccare l'argomento.

Gli comunico che andrò tre giorni in Spagna, e osserva che sono pochi. Gli spiego che vado solamente per il compleanno di mia madre, che ne compie 90. «E che regalo possiamo farle?» Mi accompagna fino al cortile dove ho parcheggiato l'auto. È molto cordiale e affettuoso.

La Madonna di Kazan' a Mosca
31 agosto 2004

Dal 27 al 30 mi reco a Mosca, in qualità di membro della delegazione inviata dal Santo Padre, per donare al Patriarca di Mosca l'icona della Madre di Dio di Kazan'. Viaggiamo su un Falcon della presidenza del Consiglio dei ministri italiano. Tre ore e un quarto di volo.

All'aeroporto di Šeremet'evo ci riceve, quale autorità più rappresentativa della parte russa, l'arciprete Chaplin, che agisce sempre come portavoce del Patriarcato. Viene anche un vescovo del Patriarcato e, naturalmente, Kondrusiewicz, arcivescovo dell'arcidiocesi della Madre di Dio a Mosca e presidente della Conferenza dei vescovi cattolici della Federazione Russa.

Passiamo in un salone dell'aeroporto e una volta seduti ci scambiamo saluti e propositi. Benvenuto da parte dei russi: la restituzione dell'icona è un atto di «amore e di giustizia». Sarà questa la formula, ripetuta a sazietà da tutti gli ecclesiastici del Patriarcato, ogni volta che si parlerà del gesto del papa.

Si esprime gradimento e la speranza che «aiuti a guarire le ferite che esistono fra le nostre Chiese». Si citano i due punti chiave di queste «ferite»: quello che loro chiamano il proselitismo e la distruzione di chiese in Ucraina, ma si spera che si farà di tutto per sanarle. Valuto che il tono è migliorato leggermente rispetto ad altre occasioni.

Ci dirigiamo al Danilovskaya Hotel, del Patriarcato ortodosso, vicino al monastero Danilov, che sarà la nostra residenza a Mosca. Pranziamo subito. Permane una buona atmosfera di cortesia. Chaplin – che è vicepresidente del Dipartimento per le relazioni estere del Patriarcato di Mosca, e pertanto lavora con Kirill – mi aveva proposto un incontro di tipo tecnico con la sua gente sul tema: «Chiesa e mass media». Dice che si tratterebbe di trasmettere esperienze. Cominciamo, ma, fra il ritardo accumulato e la mia fretta di telefonare a Roma, non si combina quasi niente. Gli propongo di dedicare due giorni a Roma o a Mosca per lavorare con più calma su questi temi. L'idea gli piace.

Sistemo al telefono gli ultimi dettagli di un'intervista sul viaggio che ho soltanto iniziato a Roma. Aggiungo qualche commento positivo sull'atmosfera e le aspettative dell'arrivo.

La serata si conclude con un ricevimento nella sede della nunziatura di Mosca. Saluto vecchi amici russi: Krasikov, che è stato con noi nel 1988, quando lavorava all'agenzia Tass; l'ex ambasciatore russo a Roma, ecc. Incontro anche Sergio Canciani, della RAI, al quale domani rilascerò una dichiarazione dopo la cerimonia.

Non ha avuto fortuna il suggerimento che l'icona passasse l'ultima notte nella nunziatura, in modo che potessero vederla i cattolici che l'avessero desiderato, perché alcuni avevano chiesto di poter pregare davanti alla Madonna. Prevale la *raison d'état*, e l'icona rimane con noi in albergo.

La mattina seguente ci rechiamo al Cremlino. Arriviamo direttamente alla cattedrale della Dormizione, e ha inizio la liturgia ortodossa: tre ore e un quarto, sempre in piedi. Il patriarca Alessio II riceve l'icona dalle mani di Kasper e pronuncia un discorso di ringraziamento, che contiene soltanto una generica allusione alle difficoltà fra le due Chiese. All'uscita dalla cattedrale registriamo la dichiarazione per la RAI. Altri giornalisti mi chiedono un commento, e lo faccio per tutti in inglese.

Il patriarca lascia la cattedrale e si dirige verso l'edificio adiacente, dove sarà servito il pranzo. Durante il tragitto risponde ad alcune domande di circostanza. Un giornalista – della televisione polacca, mi dicono – formula una questione interessante, ma niente affatto diplomatica in questo momento, a proposito del viaggio del papa a Mosca. Il patriarca risponde che per il momento la questione non è all'ordine del giorno.

Pranzo con il patriarca e cena ufficiale la sera. Come ricordavo dal mio viaggio del 1988, a ogni cena e quando si mangia fin dall'inizio viene servita vodka, e bisogna berla a ogni brindisi. Dato che ci sono sfilze persino di sei brindisi, la situazione si fa critica. Decido di rendere evidente che assaggio solo qualche goccia a ogni brindisi.

Il vescovo Mark ci congeda all'aeroporto. Consegna il messaggio per il papa e torna su un argomento che era già emerso in precedenti occasioni: «È nostro interesse che l'opinione pubblica in Europa e nel mondo veda che fra la Chiesa ortodossa e la Chiesa cattolica esistono buoni rapporti».

La mia conclusione è che desiderano far dimenticare l'immagine di un conflitto fra le due Chiese; non vogliono essere visti come intransigenti nei confronti della minoranza cattolica in Russia. Allo stesso tempo, però, non sembrano per niente disposti a cedere sul terreno dell'egemonia ortodossa in Russia o, nel caso dei cattolici di rito orientale, in Ucraina. Ovvero, credo che per i cattolici di questi luoghi la vita continuerà a essere dura.

Indubbiamente, c'è un elemento nazionale in tutto questo problema: la presenza cattolica in Russia comprende pochi russi etnici. Attualmente, per esempio, fra i 226 sacerdoti cattolici in Russia, 180 sono polacchi o di origine polacca.

XLVIII

Di nuovo al Gemelli

(2004-2005)

Vent'anni nella sala stampa
7 dicembre 2004

Qualche giorno fa, esattamente il 4 dicembre, sono trascorsi vent'anni da quando sono stato chiamato a svolgere questo lavoro al Vaticano. Monsignor Dziwisz è venuto a sapere dell'anniversario e ha detto che, per celebrarlo, si sarebbe organizzata un'udienza con il Santo Padre. Oggi, alle undici di mattina, si è svolta l'udienza, alla quale hanno partecipato tutti i miei collaboratori della sala stampa. È stata l'unica udienza programmata quel giorno.

Il papa ci ha ricevuti nella biblioteca, il luogo delle sue udienze ufficiali. Mi sono avvicinato per salutarlo e ha voluto che sedessi alla sua destra per presentargli tutto il personale dell'ufficio. Ognuno, dopo aver salutato il Santo Padre, ha occupato una delle poltrone predisposte alla sua destra e alla sua sinistra. Una volta che ci siamo tutti seduti, un monsignore ha cominciato a leggere il testo di una lettera che il papa mi rivolgeva. Naturalmente, io ero piuttosto imbarazzato, perché un conto è ricevere una lettera con quel testo, altro è ascoltare la sua lettura solenne in presenza di altre persone. Alla fine, mi sono avvicinato di nuovo al Santo Padre per baciargli la mano e ringraziarlo per il suo affetto. Tutti lo hanno salutato, e lui ha regalato a ciascuno una medaglia in ricordo del suo ultimo viaggio a Lourdes.

Di quel testo custodisco per me, soprattutto, le parole con cui si invoca l'aiuto di Dio per riuscire a raggiungere – attraverso questa attività professionale – la meta di ogni esistenza cristiana: la santità.

Cena con i colleghi
20 dicembre 2004

Alcuni giornalisti accreditati nel mio ufficio – almeno una trentina di loro – mi hanno offerto stasera una cena in occasione dei miei vent'anni nella sala stampa. Cindy Wooden è stata una delle organizzatrici insieme a Phil Pullella, che ha avuto la gentilezza di chiedere ai colleghi americani che avevano lavorato qui e che ora sarebbero tornati negli Stati Uniti di inviare messaggi.

È stato un momento molto gradevole. Mi ha sorpreso piacevolmente la partecipazione – e proprio di fronte a me a tavola – di Sandro Magister, dell'«Espresso», che ogni volta che scrive su di me, mi lancia frecciate con molto impegno…

L'impatto delle limitazioni
24 dicembre 2004

Oggi ho telefonato a Dziwisz per fargli gli auguri di Natale. Abbiamo parlato un po'. Gli ho detto che la gente aspetta la messa di mezzanotte del Santo Padre, che sarà trasmessa, come sempre, alla televisione. Ha sussurrato che forse c'è una grande curiosità per vedere come sta il papa… Gli ho risposto che la maggioranza delle persone è con lui, e che il suo esempio fa loro molto bene.

Gli ho raccontato alcuni aneddoti sulle conseguenze che il papa sta affrontando in questo periodo di gravi limitazioni fisiche. Gli ho riferito commenti recenti – fra cui quello del sindaco di Roma, Walter Veltroni – e dei ragazzi che stanno raccogliendo i soldi, con grandi sacrifici, per andare alla Giornata della gioventù a Colonia il prossimo agosto…

Alla fine, mi ha detto: «Non sai quanto mi fa bene sentire queste cose…».

Il poveretto conduce una vita terribile da anni, non solo per l'assistenza al papa, in tutte le sue necessità, ma anche nella preparazione delle udienze, ecc. Questo stato di sforzo permanente – avendo davanti agli occhi il decadimento delle condizioni di salute del Santo Padre – a volte gli impedisce di vedere oltre, di guardare al mondo e ai frutti straordinari del pontificato, proprio adesso che sembra più debole.

Il papa al Gemelli
1-4 febbraio 2005

Undici di sera. Dormo placidamente. Chiamata urgente dalla sala operativa del Vaticano. Da parte di Sandri. Me lo passano. Voce eccitata: il papa è stato trasferito all'ospedale. Problemi respiratori. Cerco di raccogliere i dati essenziali: a che ora, con chi, come, ecc. Nel frattempo, squilla un altro telefono accanto a Sandri. È Buzzonetti. Sento che comincia a dettare un breve comunicato che Sandri simultaneamente mi trasmette.

Riaggancio ed esito per un momento. Qual è la priorità adesso? Recarmi all'ospedale? No. La priorità è comunicare alla stampa quello che è successo. E comincio a redigere la nota per inviarla con il sistema di allarme automatico che abbiamo implementato nel mio ufficio circa un anno fa. Vado a trasmetterla via Internet, ma la connessione del Vaticano non funziona. Impossibile fare trenta telefonate ad altrettante agenzie di stampa... Chiamo l'ANSA. E poi inizio a inviare i messaggi. Finisco dopo l'una e mezza. Ecco il testo che invio: «La sindrome influenzale di cui il Santo Padre soffriva da tre giorni si è complicata questa sera con una tracheite acuta e uno spasmo alla laringe. Per questo motivo si è deciso di ricoverarlo d'urgenza al Policlinico Gemelli, e l'ingresso è avvenuto alle 22.50 di oggi, 1° febbraio».

L'indomani mattina vado direttamente all'ospedale. Parlo con Dziwisz e con Buzzonetti. Laringotracheite con laringospasmo. Il papa sarebbe potuto morire per asfissia. Lo hanno intubato ed è riuscito a respirare. Alimentazione parenterale. Catetere.

Dopo il primo comunicato notturno, informo la stampa che il Santo Padre è ricoverato nella stanza che gli è destinata, al decimo piano del Policlinico Gemelli, non nel reparto di rianimazione.

Rodolfo Proietti, capo del reparto di rianimazione, conversa con Buzzonetti, e viene preparato il comunicato stampa. Lo stampo nel mio ufficio e lo mando al direttore clinico perché lo legga prima ai giornalisti presenti al Gemelli, mentre io lo trasmetto simultaneamente a quelli che sono accreditati alla sala stampa: «Durante la notte scorsa, le terapie di assistenza respiratoria hanno continuato a stabilizzare il quadro clinico. I parametri cardiorespiratori e metabolici sono attualmente entro limiti normali. Pertanto, si conferma la diagnosi di laringotracheite acuta con episodi di laringospasmi, come avevo già comunicato stanotte. Durante la notte il Santo Padre ha riposato per qualche ora».

Nei due giorni seguenti ho fornito queste informazioni ufficiali:

2 febbraio. «Le condizioni generali e respiratorie del Santo Padre stanno evolvendo positivamente. La laringotracheite acuta è in fase di regressione e non si sono ripetuti gli episodi di laringospasmi che hanno motivato l'ospedalizzazione d'urgenza. Il Santo Padre ha trascorso una notte di riposo sereno.»

3 febbraio. «Lo stato di salute del Santo Padre è migliorato. Giovanni Paolo II si nutre regolarmente. Gli esami strumentali e di laboratorio confermano la stabilizzazione del quadro clinico. Alla luce dell'evoluzione favorevole della patologia respiratoria, verrà rilasciata una nuova dichiarazione lunedì 7 febbraio a mezzogiorno.»

E poi ho aggiunto: «Dalla sua stanza al Policlinico Gemelli, domani pomeriggio il papa seguirà alla televisione la cerimonia della festa di Nostra Signora della Fiducia, patrona del Seminario maggiore di Roma, che si celebrerà nell'Aula Paolo VI del Vaticano. Il testo del discorso preparato dal Santo Padre verrà letto dal sostituto della Segreteria di Stato, l'arcivescovo Leonardo Sandri. Per quanto riguarda la preghiera dell'*Angelus* di domenica 6 febbraio, è noto che si tratta di un appuntamento molto caro a Giovanni Paolo II, al quale non vuole mancare. Domani potrò essere più preciso in merito alle modalità della recitazione dell'orazione mariana».

4 febbraio. Non è un granché come informazione, ma in realtà è molto di più dei dati medici che sono stati diffusi quando grandi personalità – François Mitterrand, Giovanni Agnelli e tanti altri – sono state malate e sono addirittura decedute. E delle quali non sono state rese note le cause della morte.

Naturalmente, per i media questo è poco. Nel briefing di oggi un giornalista americano della CNN mi ha chiesto perché tanto mistero, perché non diciamo di più… Ho risposto: «Credo, obiettivamente, che abbiamo dato molte più informazioni di quelle fornite in tanti casi per personalità del tuo paese. Quello che non posso fare è alimentare il tuo lavoro per ventiquattr'ore al giorno».

Ogni mattina vado all'ospedale, salgo nelle stanze del papa, parlo con Dziwisz e con Buzzonetti (dopo che i medici hanno concluso la visita) e preparo l'informativa. Faccio tutto questo ai margini delle «strutture»: se ci sarà uno scivolone, sarà colpa mia.

Dato che per arrivare al Gemelli impiegherei delle ore, con il traffico romano, ogni mattina alle otto e mezza mi aspetta un'auto della polizia italiana preceduta da due motociclisti che in pochi minuti mi porta dall'ufficio all'ospedale, e poi mi riaccompagna. Ho gradito molto l'offerta. Da casa in ufficio vado con la mia auto, con Enrico Spigone alla guida.

La conversazione mattutina con Dziwisz è un momento gradevole, intimo e ameno. Si parla di tutto. Il primo giorno di ospedale lo vedo indossare i paramenti liturgici: è pronto per celebrare la Santa Messa con il papa. Cosa che farà ogni mattina.

Problemi con l'«Angelus»
6 febbraio 2005

Ieri ho parlato con Dziwisz del modo migliore per recitare l'*Angelus*: si potrebbe fare con il papa seduto sulla sua poltrona, dalla finestra contigua a quella di Dziwisz, che si affaccia sull'ingresso principale del Gemelli. È preferibile non aprire la finestra, visto che la giornata è fredda. Da sotto, la televisione potrebbe catturare qualche immagine.

Questa mattinata domenicale appariva più tranquilla, così ne ho approfittato per andare a passeggiare in spiaggia, perché a dire il vero sono piuttosto stanco. Sento l'*Angelus* alla radio: legge Sandri, aprono la finestra, e la voce del papa si sente malissimo, anche perché c'è stato un problema con il collegamento.

Torno a casa e cominciano a chiamarmi diversi giornali: un'agenzia, l'APCOM, ha diffuso la notizia secondo cui la voce del papa, in realtà, era registrata. Non so da dove l'abbiano tirata fuori, ma la «notizia» ha un potenziale negativo terribile: il Vaticano mente, c'è il rischio di «zero credibilità» per quello che si dirà in futuro.

Chiamo al telefono padre Lombardi, direttore dei programmi di Radio Vaticana. Mi dice che, secondo i dati di cui dispone in questo momento, pare che quella registrazione fosse stata fatta in precedenza. Con questa informazione, decido di non fare niente. Poco dopo chiamo Dziwisz e gli spiego come stanno le cose. Non mi dà una risposta, ma si rende conto del rischio.

Più tardi ricevo una telefonata da Roberto Calvigioni, il tecnico che si trovava nella stanza con il papa. Roberto ha appena parlato con Dziwisz e mi chiama per darmi informazioni di prima mano: non è stato registrato niente, l'errore è stato solamente tecnico. Inoltre, la trasmissione si era complicata perché, nel momento di impartire la benedizione, Mietek – uno dei segretari – aveva passato al papa un foglio con il testo della benedizione: quel foglio – visto dalla prospettiva delle telecamere – copriva tutta la faccia di Giovanni Paolo II, e forse ha dato la sensazione che si fosse voluto nasconderlo.

Sono già quasi le sette di sera quando diffondo una smentita ufficiale a tutte le agenzie, dicendo che la voce che si era sentita era quella del papa nel momento stesso in cui pronunciava le parole della benedizione, e che non aveva senso parlare di una precedente registrazione. Era ciò che molti stavano aspettando.

La parola «dimissioni»
7-9 febbraio 2005

La mattina del 7, il segretario di Sodano mi chiede il mio parere sull'opportunità, per il cardinale, di recarsi all'inaugurazione dell'ampliamento della libreria della Santa Sede in Piazza San Pietro. È preferibile che non vada, rispondo, perché il clima tra i giornalisti è surriscaldato, e lui dovrebbe rispondere a domande complicate.

Alla fine, decidono che sia conveniente andare. E quando arriva, lo accolgono con una raffica di domande, fra le quali cosa pensa in merito alle possibili dimissioni del papa. «Lasciamo l'argomento delle dimissioni alla coscienza del Santo Padre» risponde Sodano. E spiega che il papa sa meglio di chiunque altro quello che deve fare, e che continua a governare la Chiesa. Ma il segretario di Stato ha pronunciato la parola «dimissioni» in relazione al papa, e una volta aperto il recinto è impossibile trattenere i buoi...

La stampa si scatena. In quel momento io mi trovo in una sala del Senato per presentare il libro su Giovanni Paolo II scritto da Alceste Santini, vaticanista dell'«Unità». E non appena finisco, vengo assediato da vari giornalisti televisivi che mi domandano che cosa ne penso di ciò che ha detto Sodano riguardo alle dimissioni del papa. Naturalmente, non accolgo la domanda. Quando arrivo a casa, le agenzie mi confermano che si è scatenato un vespaio. Comincia a squillare il telefono. Non rispondo e me ne vado a dormire.

Il giorno dopo, i quotidiani aprono la prima pagina con questo argomento. E vedo che la reazione a livello mondiale è stata simile. Quando arriva in ospedale, Dziwisz ha già letto qualche giornale italiano. È molto contrariato.

Il papa è ancora intubato, ma sta migliorando. Gli domando se in questi giorni ha fatto qualche commento. Mi dice che poco fa ha chiesto se potevano alzargli un po' la parte superiore del letto. Mentre lo facevano, il Santo Padre ha detto che san Pietro è stato crocifisso a testa in giù, mentre lui stava chiedendo che gli alzassero la testa...

Ogni giorno converso con Dziwisz di varie cose. Mi parla di alcune nomine del papa ancora in sospeso. Per esempio, la sostituzione del cardinale Lustiger, a Parigi, per motivi di età: ha superato i 75 anni, perlomeno da due. Mi ricorda che quando era stata proposta la sua designazione, molti anni fa, tutti erano contrari, tranne il cardinale Felici. Il papa, comunque, lo aveva nominato.

Commentiamo un articolo di Accattoli sul «Corriere della Sera» riguardo agli «uomini che governano oggi la Curia». Dziwisz, che vede sempre come una minaccia qualsiasi articolo su questo argomento, aggiunge: «Sì, governano, ma con il papa e sotto la direzione del papa».

Nel pomeriggio, mi chiama a casa il cardinale Re. Un giornalista dell'agenzia Adnkronos lo ha interpellato a proposito delle famose dimissioni. Lui ha risposto: «Mi sembra fuori luogo e inopportuno parlare di questo, e a motivo di una semplice influenza». Tuttavia, mi dice, non voleva apparire polemico nei confronti di Sodano. Il rischio è che la stampa interpreti le sue parole in questo senso.

Il giorno seguente «la Repubblica» affronta il tema da questa angolazione, con un articolo di Politi. Il giorno prima Petrosillo sul «Messaggero» aveva definito ingenuo il commento di Sodano. Per complicare le cose, l'anziano cardinale Mejía esprime un commento presuntamente tecnico sulla questione, mentre un altro cardinale, all'oscuro di tutta la polemica, mi chiede cosa deve rispondere ad alcuni intervistatori che lo sollecitano a dire qualcosa su un commento di Sodano di cui lui non sa nulla.

La nostra linea informativa continua a essere quella di fornire dati oggettivi di carattere clinico, aggiungere qualche particolare personale di questi giorni e, ogni tanto, un pizzico di umorismo, come quando dico che il papa segue l'evoluzione delle sue malattie attraverso i giornali.

Il papa torna in Vaticano
10 febbraio 2005

La mattina si mormora che il papa potrebbe lasciare l'ospedale. Interpello Dziwisz e poi Buzzonetti: è già pronto il comunicato in cui si dice che gli esami effettuati non rilevano altre patologie (gli hanno fatto anche un elettrocardiogramma sotto sforzo e una TAC). Buzzonetti, cauto, parla di un'uscita imminente, senza precisare quando.

I servizi di sicurezza vaticani e italiani studiano il possibile tragitto per tornare in San Pietro. Ho la conferma, insieme a Dziwisz, che il papa lascerà l'ospedale nel pomeriggio. Conversiamo nella piccola stanza che serve da cappella, contigua a quella occupata dal Santo Padre, che sta recitando il breviario. Gli domando: «Dico che il papa esce oggi?». «Sii prudente» risponde. Considerando quello che percepisco, decido di dare la notizia come sicura. Mi reco in ufficio e tengo una conferenza stampa.

Nel pomeriggio parlo un paio di volte al telefono con Dziwisz. Il piano non cambia. Ma si discute ancora con quale mezzo tornare. Suggerisco la monovolume che abbiamo utilizzato la scorsa estate in Valle d'Aosta. Gli sembra una buona idea, ma più tardi mi richiama per dirmi che ci sono moltissimi giornalisti. E si decide per la papamobile. Il trasferimento non va male, anche se bisogna fare i salti mortali per parcheggiare la vettura nel punto in cui deve scendere il papa. Il risultato finale è che il pontefice questa notte dorme già nel suo appartamento. *Laus Deo*!

Di nuovo al Gemelli
24 febbraio 2005

Sono in ufficio. Alle nove e un quarto squilla il telefono sulla mia scrivania. È Dziwisz. Dopo i saluti dice: «Ti passo Buzzonetti». E questi mi informa che il papa non sta bene, che oggi è previsto un concistoro di cardinali per alcune cause di canonizzazione e beatificazione, e che il pontefice non vi assisterà. Si dica che il suo medico personale ha consigliato la permanenza nel suo appartamento. Forse il Santo Padre potrebbe seguire la cerimonia tramite un collegamento televisivo... Mi consiglia di essere prudente e di «lasciare le porte aperte».

È chiaro: si sono ripresentate le difficoltà respiratorie – laringospasmi – e bisogna vedere come evolve la situazione. Dziwisz mi dice che c'è una lettera del papa a Sodano con la delega alla presidenza del concistoro. Prendo appunti per il comunicato che rilascerò fra qualche ora e informo i miei collaboratori.

Passano quarantacinque minuti. Renato Buzzonetti mi richiama: è meglio non rilasciare il comunicato. Si sta pensando di ricoverare il papa in ospedale: al telefono usa l'espressione «fare una gitarella», ma capisco subito di che cosa si tratta. Si redige un nuovo comunicato: a causa della sindrome influenzale, si sono ripresentate le difficoltà respiratorie che consigliano l'ingresso in ospedale per effettuare controlli e un'eventuale cura.

In verità, pensare di riportare il papa in ospedale è devastante. Queste difficoltà respiratorie erano già comparse la notte precedente: sensazione angosciante di soffocamento... La croce, sempre!

Un po' più tardi mi chiama di nuovo Buzzonetti: hanno deciso di partire dal Vaticano alle undici e un quarto, ma mi propone – per evitare che l'ingresso in ospedale avvenga in mezzo a un nugolo di giornalisti – di chiamarmi nel momento in cui entreranno al Gemelli perché io dia, a quel punto, la notizia. Mi sembra molto sensato.

Siccome capisco la tensione che deve tormentare adesso Buzzonetti, e che potrebbe dimenticarsi di avvisarmi, chiamo Domenico Giani, capo della sicurezza vaticana, il quale mi dice che stanno arrivando all'ospedale. Un minuto dopo mi telefona Buzzonetti per confermare l'arrivo. Allora leggo ai giornalisti il testo che avevo già redatto e stampato. Fra loro c'era già un certo nervosismo perché stavano seguendo, attraverso il circuito chiuso televisivo, il concistoro senza la presenza del papa. Nessuno immaginava che la causa fosse l'ospedalizzazione.

Probabilmente sarei dovuto andare nel pomeriggio al Gemelli per seguire da lì l'evoluzione delle condizioni del papa e vedere se c'era qualche novità. Non sono andato. Verso la metà del pomeriggio cominciano a girare voci, provenienti dall'ospedale, circa una possibile tracheotomia al papa. Più tardi è Giani a chiamarmi. Con un linguaggio criptico mi dice che «sono già sotto», e che ci vorrà «un'ora e mezza». Gli chiedo di mettermi in contatto con Buzzonetti. Va a cercarlo. Poi mi chiama per dirmi che «è dentro». Restiamo d'accordo che me lo passerà non appena finiscono.

È la conferma che stanno operando il papa. Le telefonate sono numerose: vogliono sapere se sono vere le voci che girano. È il momento di decidere. E decido due cose: di non rispondere per il momento a nessuna chiamata (lasciando intendere che mi trovo all'ospedale) e provare le connessioni telematiche per essere sicuro che, quando dovrò dire qualcosa, sarò in grado di inviare l'informativa. E aspetto di avere notizie.

Alle nove di sera mi telefona Giani per informarmi che «hanno già finito». Poco dopo, è Buzzonetti a chiamarmi dall'ascensore: «Fra un momento, quando sarò al decimo piano, ti passerò le informazioni». Sono le dieci meno un quarto quando riesco a inviare tutto. E da quel momento il telefono smette di squillare.

Al Gemelli e ritorno
25 febbraio - 13 marzo 2005

Grazie alla scorta della polizia, sono in ospedale alle nove meno un quarto del giorno 25. Come l'altra volta, andrò tutte le mattine di buon'ora per raccogliere le informazioni. E anche per consentire a Dziwisz di chiacchierare un po' e di tirare il fiato. Fornisco regolarmente informazioni mediche alla stampa, che vengono sempre accolte con grandi aspettative. Ogni giorno nella sala conferenze dell'ufficio c'è un pienone di telecamere.

Il papa, mi dice Dziwisz, soffre anche di una micosi alla laringe, e bisogna attendere che sparisca per fare previsioni. Quando si è ripreso dall'anestesia ha scritto su un foglio: «Che cosa mi hanno fatto? Ma io sono sempre *Totus tuus*...». Ha già pronunciato qualche parola. Ieri ha scandito completamente il nome di Mietek.

Durante il briefing che organizzo nella sala stampa aggiungo che, dopo il rientro dall'ospedale, il Santo Padre non aveva avuto febbre, aveva seguito un'alimentazione normale e ripreso le sue attività. In quei giorni, inoltre, un medico specialista in rianimazione, il dottor Camaioni, era di guardia nel suo appartamento in caso di necessità. Preciso anche che la tracheotomia è stata praticata per assicurare «una ventilazione adeguata e aiutare a risolvere la patologia laringea». Concludo affermando che «adesso respira meglio, ha una notevole sensazione di sollievo e non ha bisogno della respirazione assistita».

Trascorrono alcuni giorni e si decide che l'*Angelus* di domenica 27 sarà diretto da Sandri dal sagrato di Piazza San Pietro. Verso la fine, il papa saluta per un momento dall'ospedale con le finestre chiuse. Fa anche un gesto per indicare la ferita al collo, come per dire: non posso parlare. La gente gradisce il gesto. Al suo fianco appare per un attimo Sodano.

A proposito di questa imprevista apparizione del Santo Padre, Domenico Giani mi racconta – la mattina dopo – che Dziwisz gli aveva chiesto che dal Vaticano qualcuno portasse la poltrona a rotelle del papa. E così avevano potuto trasferirlo fino alla stanza da dove aveva salutato.

Lunedì sera il papa ha avuto una «crisi di collera», per così dire: non ha voluto vedere i medici. Qualcosa di simile era successo anni prima, dopo l'operazione al femore: neanche in quell'occasione aveva voluto vedere i medici, come forma di «protesta silenziosa».

Alcuni quotidiani parlano in questi giorni di una presunta lettera di dimissioni che Giovanni Paolo II avrebbe scritto nel caso non fosse stato cosciente. E parlano anche di uno studio di cui avrebbe incaricato i canonisti della Santa Sede circa l'opportunità della rinuncia di un pontefice romano.

Interpello Dziwisz su entrambe le questioni. «Non è stato richiesto nessuno studio su questo argomento. Il papa ha chiesto l'opinione di Ratzinger, di Re quando era sostituto e di Martínez Somalo in qualità di camerlengo. Questo è successo negli anni 1992-93.» Mi dice altresì che Giovanni Paolo II è arrivato a scrivere una lettera – intendo che si riferisce a una «lettera apostolica» – su questo tema, che non è mai stata pubblicata e che non si conserva nemmeno negli archivi. Il documento trattava insieme la dimissione dei vescovi a 75 anni e quella del Santo Padre. Dziwisz spiega – e probabilmente questo faceva parte del documento – che si tratta di due situazioni molto diverse, la dimissione dei vescovi e quella del papa, dal momento che il vescovo emerito continua a essere vescovo, ma quale sarebbe la posizione di un papa emerito?

Mi conferma che non esiste assolutamente una lettera personale di rinuncia del Santo Padre. Non c'è una lettera perché non c'è un superiore a cui potrebbe essere destinata. In un altro ordine di cose, mi conferma inoltre, per conversazioni avute con monsignor Macchi, il suo segretario, che Paolo VI non ha mai pensato a dimettersi.

Sabato 5 marzo non mi reco all'ospedale, ma parlo con Dziwisz. Mi conferma che la soluzione per l'*Angelus* di domenica 6 sarà la stessa della settimana scorsa: Sandri guiderà la preghiera da Piazza San Pietro, e il papa saluterà dalla finestra. Prepariamo anche un piano per la cerimonia con gli universitari europei che si terrà questo pomeriggio e ci congediamo.

Domenica il Santo Padre appare alla finestra dopo l'*Angelus*. Vedo alla sua destra e alla sinistra Sodano e Lajolo.[1] Lunedì dico a Dziwisz che l'immagine non era male: il papa con i suoi collaboratori. E Dziwisz risponde: «Proprio per questo lo abbiamo fatto».

Passano i giorni. Continuo a recarmi all'ospedale la mattina, parlo con Stanisław e dopo con Buzzonetti. Comunico i bollettini medici e organizzo le conferenze stampa, per fornire le informazioni indispensabili, evitando qualche domanda quando capisco che non riguardano necessità informative.

Comprensibilmente, ci sono momenti in cui Dziwisz ha bisogno di conversare con qualcuno che gli ispiri più fiducia per poter esprimere, in qualche modo, le proprie perplessità. In quei momenti, parliamo della dimensione misteriosa di questa seconda ricaduta del papa; un mistero che può trovare la risposta soltanto nella Croce di Gesù. Da queste sofferenze del papa, Dio sta traendo molto bene per tutta la Chiesa. Evidentemente, sono cose che lui conosce meglio di me, ma penso che gli faccia bene sentirsele dire da qualcun altro. Infatti, mi confida: «Sentirti parlare così mi è di grande aiuto».

Cominciamo a fare piani per la possibile uscita del papa dall'ospedale. Suggerisco che sarebbe meglio la domenica 13 marzo nel pomeriggio. In questo modo non ci sarebbero problemi con l'*Angelus*, dato che si potrebbe ripetere la formula della domenica precedente, con il Santo Padre che saluta dalla finestra dell'ospedale mentre Sandri legge il testo in Piazza San Pietro. L'indomani Dziwisz mi dice che i medici hanno dato via libera a questo piano.

Venerdì 11 Buzzonetti scrive il bollettino medico in cui si dice che le condizioni del papa migliorano e che non verranno emessi nuovi comunicati fino a lunedì 14. Suggerisco che sarebbe meglio non dire niente a proposito di un nuovo comunicato il lunedì, dato che – in teoria – domenica il papa uscirà dall'ospedale. Cambiamo la frase: «Non è previsto un nuovo bollettino medico prima di lunedì».

Dico a Buzzonetti che è preferibile che mi consegni il breve testo sull'uscita del papa dall'ospedale sabato 12. Si scrivono poche parole e restiamo d'accordo di diffonderle alle tre di domenica 13 marzo. Però quel giorno, all'una, mi accorgo che esiste il rischio che la notizia filtri dall'ospedale stesso. Così chiedo a padre Ciro Benedettini, vicedirettore dell'ufficio, di diffondere il comunicato all'una. E di fatto ci salviamo per qualche minuto.

Dziwisz mi chiama nel pomeriggio: hanno deciso che il Santo Padre lascerà l'ospedale nel pulmino Mercedes che usa il cardinale Deskur, sul quale è facile sistemare e fissare una sedia. Si fa così: il papa si siede accanto all'autista. Nella vettura è stata collocata una telecamera che offre buone immagini.

Il papa dorme in Vaticano.

Anche se la decisione di lasciare l'ospedale era stata presa il venerdì precedente, non manca chi interpreta questa uscita come una decisione dell'ultimo momento del Santo Padre, contro il parere dei medici.

XLIX
Commozione e serenità
(2005)

L'ultima Settimana Santa
20-27 marzo 2005

20 marzo, Domenica delle Palme. A celebrare la messa sarà il cardinale Ruini, mentre l'*Angelus* sarà recitato da Sandri, come nelle domeniche precedenti, e il papa poi potrà salutare per un momento dalla sua finestra. E così si fa.

Tuttavia, l'immagine che offre il Santo Padre è molto triste: è piegato, si porta la mano sugli occhi, colpisce involontariamente il leggio... L'immagine scompare poco dopo. Dziwisz mi chiama verso sera. Per non deprimerlo, gli dico che non è andata male, però bisognerebbe confezionare per il papa una tonaca nuova, con il colletto un po' più alto e più ampio, affinché possa respirare attraverso la tracheotomia.

Il lunedì 21 nel pomeriggio suona un allarme generale fra i giornalisti. Chiamano ripetutamente dagli Stati Uniti. A quanto pare, tutto è partito da Sky News. Si diffonde la notizia che Giovanni Paolo II è deceduto. Non accetto di dover smentire una presunta morte del papa. A qualche giornalista che riesce a mettersi in contatto con me dico che, ogni volta che c'è stata una novità sullo stato di salute del Santo Padre, siamo stati noi a comunicarla. «Allora» mi domandano «questo vuol dire che smentisce la notizia?» «No, non smentisco niente, semplicemente ribadisco che, ogni volta che c'è stata una novità sullo stato di salute del Santo Padre, lo abbiamo comunicato. E così sarà anche in futuro.»

Capisco i giornalisti, ma non consento che la loro ansia diventi la «mia». Spengo tutti i telefoni e me ne vado a dormire. Dal Vaticano mi ha chiamato Domenico Giani per dirmi quello che so già: che si è scatenato tutto questo scalpore. Niente da commentare.

L'indomani mattina, martedì 22, chiamo Dziwisz e ci vediamo nell'appartamento del papa. Mentre sto andando lì, incontro Buzzonetti nel cortile Sisto V. Non parla molto. Dà per scontato che io sappia, e che mi comporti di conseguenza... Gli do il mio numero di telefono delle emergenze notturne.

Dziwisz mi riceve e parliamo. Chiede che portino un caffè, come all'ospedale, dove ogni mattina prendevamo un caffè insieme. Mi racconta le difficoltà nell'alimentazione del papa. Hanno scoperto che la dieta a base di alimenti semiliquidi non era sufficiente e hanno cominciato a completarla con l'alimentazione attraverso una sonda nasale. Però hanno consigliato di fare una PEG: una piccola apertura addominale per accedere direttamente allo stomaco per mezzo di una sonda. Per farlo, mi dice, devono prima eseguire una gastroscopia allo scopo di determinare esattamente il punto in cui aprire. Chiedono il mio parere. Tento di sminuire l'importanza della cosa, dato che se i medici l'hanno consigliato, significa che non c'è un altro metodo meno traumatico per alimentarlo.

Però mi rendo conto, ancora una volta, delle dimensioni della croce che il papa deve portare. Non è tanto il dolore fisico, ma il decadimento progressivo in un uomo che è davanti agli occhi dell'umanità... E lo dico di nuovo a Dziwisz: non è possibile comprendere tutto questo se non guardando alla Croce di Gesù Cristo.

Mi dice che ieri mattina il Santo Padre ha seguito alla televisione l'incontro degli universitari dell'UNIV nell'Aula Paolo VI. Poi mi domanda: che si fa in questi giorni? Gli dico che, se le condizioni del papa lo consentono, domani, mercoledì, potrebbe affacciarsi un minuto alla finestra per salutare i pellegrini presenti nella piazza. Il Giovedì Santo, niente. Il Venerdì Santo, forse per un paio di minuti al termine della Via Crucis nel Colosseo, in collegamento televisivo dalla sua cappella. E la Domenica di Resurrezione, qualche minuto alla fine della messa, all'ora dell'*Angelus*, dalla sua finestra.

Mi domanda chi dovrebbe leggere il messaggio pasquale del papa. Se Sodano celebrerà la messa, Sandri può leggere il messaggio e l'*Angelus*. Gli dico un'altra volta che è necessario confezionare una tonaca nuova per il papa, con il colletto più ampio, in modo che possa respirare senza inconvenienti rimanendo allo stesso tempo abbottonato. Se vuole, io potrei chiamare Gammarelli, il sarto, e chiedergli che sia pronta in ventiquattr'ore.

23 marzo, mercoledì. Grande confusione, voci da una parte e dall'altra. Il caso più comico è quello del «Messaggero»: mezza pagina drammatica sulla salute del pontefice e l'altra metà occupata dalla possibile sostituzione di Sodano con Re, che il papa farebbe a Pasqua.

Chiamo Dziwisz che poi mi passa Buzzonetti, il quale non vuole dare informazioni, com'è sua abitudine. Gli dico che, davanti al grande vuoto informativo, si moltiplicano le voci e la confusione. Accondiscende a dichiarare questo: «La convalescenza del Santo Padre prosegue con lenti e progressivi miglioramenti. Si alimenta normalmente, e proseguono gli esercizi respiratori e di fonazione». Acconsento a diffondere queste parole, togliendo però l'aggettivo «progressivi». Ma siccome più tardi, alle undici, il papa si affaccia per un minuto alla sua finestra per benedire i pellegrini, decido di non comunicare nulla. Verrebbe interpretato come un tentativo di correggere l'immagine che la gente ha visto. Dziwisz mi chiama poco dopo per chiedermi com'è andata. Bene, gli dico, anche se il volto del Santo Padre era un misto di sofferenza, inespressività e turbamento. Chiedo a Dziwisz se il papa si è commosso, e me lo conferma.

25 marzo, Venerdì Santo. Chiamo Dziwisz per domandargli se posso andare a trovarlo. «Dove sei?» «A casa» rispondo. Pensa che mi trovi lontano. In realtà, in un quarto d'ora sono nell'appartamento pontificio. Pochi minuti dopo arriva Buzzonetti.

La situazione del papa è la seguente: ha i globuli rossi molto bassi (2,8 milioni) e scarse difese organiche. Si è presentato uno stato di anemia. Buzzonetti pensa che quel deficit nutrizionale si sia verificato già all'ospedale, anche se le sue conseguenze si sono viste qui. Perciò gli hanno applicato una sonda nasale permanente per nutrirlo. Inoltre, hanno deciso che, non appena avrà recuperato le forze, verrà portato di nuovo in ospedale, per praticargli un intervento che consenta di alimentarlo direttamente per via gastrica. Così potranno togliere la sonda nasale. Ma devono passare due o tre settimane, finché si sarà ripreso.

Nel frattempo, quando il papa compare alla finestra – i mercoledì e le domeniche – gli tolgono la sonda e per introdurgliela di nuovo devono praticargli una lieve anestesia generale, per evitare i fastidi e perché – non avendo ora il papa la capacità di deglutire – altrimenti la sonda non entra. Così hanno proceduto nelle ultime tre apparizioni del Santo Padre alla finestra. Dziwisz domanda cosa si deve fare questa sera con la Via Crucis.

Argomento dicendo che, in queste condizioni, è escluso che si possa togliere e poi introdurre di nuovo la sonda. Concordiamo sul fatto che sarebbe insensato dover anestetizzare il papa ogni volta che si deve introdurre la sonda nasale, soltanto perché si veda in televisione. Per la Via Crucis, Dziwisz si interroga sulla possibilità che il papa si mostri per un momento con la sonda. Io scarto l'idea, sostenendo che quell'immagine si fisserebbe come simbolica di questi giorni e, a mio parere, non rispetterebbe nemmeno un minimo di privacy di un malato come il papa.

Prospetto una terza opzione: la telecamera può inquadrare il pontefice di spalle, seduto nella sua cappella, poi zoomare sul crocifisso e infine allargarsi sulla figura del papa seduto, di spalle e anche un po' sul fianco sinistro – la sonda nasale è a destra –, ma senza mostrare la sonda. Dopo averne discusso per un po', vediamo che è la soluzione migliore.

In seguito, bisognerà decidere il da farsi durante le due settimane, più o meno, in cui il papa dovrà continuare ad alimentarsi per via nasale. Io escludo che si possa togliere e rimettere la sonda i mercoledì e le domeniche. Tutt'al più, si potrebbe togliere la Domenica di Pasqua per la benedizione *urbi et orbi*. Ma solo questa volta.

Suggerisco a Dziwisz che, in occasione di un prelievo di sangue del papa, chieda al medico di fornirgli una fialetta, e poi di custodirla lui come reliquia per il momento in cui arriverà la canonizzazione. Dziwisz non aveva pensato a questa opportunità. Mi domanda: «Ma come si conserva?». Gli dico di chiedere al medico che ci aggiungano un po' di anticoagulante. Mi ringrazia.

Quando stiamo per uscire, vedo che portano il papa dalla sua stanza alla cappella sulla sedia a rotelle: non con la poltrona che utilizzano durante le cerimonie, bensì una classica sedia a rotelle da malato. È avvolto in una coperta bianca. Sembra che la sua figura si sia rimpicciolita. Lo vedo e mi commuovo. Mi vengono le lacrime agli occhi. Per giustificarmi, dico a Dziwisz che «ultimamente mi commuovo più di quando è morto mio padre». Torniamo nella stanza, e adesso è Dziwisz che deve consolarmi. Mi dice che il papa soffre molto, che è il mistero della Croce.

Più tardi chiamo di nuovo Stanisław per chiedergli se preferisce che vada ad aiutarlo a preparare la trasmissione. Non è necessario.

La sera seguo la Via Crucis in televisione. L'immagine del Santo Padre è dignitosa e commovente. Si fa come abbiamo deciso questa mattina: zoom sul crocifisso, apertura sul papa di spalle e di fianco. Sotto l'altare hanno installato uno schermo televisivo sul quale il papa può seguire la trasmissione dal Colosseo. È una buona immagine. Però, invece di mostrarla una sola volta all'inizio della Via Crucis, la ripetono ogni tanto durante l'ora e mezza di durata della processione. Alla fine, mettono un crocifisso di legno nelle mani del Santo Padre. Questa esposizione ripetuta è un rischio. Perché sempre di spalle? Com'è che non si vede il volto del papa? Comunque, prevale l'intensità del momento, e in pochi – almeno nelle cronache giornalistiche – si pongono queste domande.

Dziwisz mi chiama il sabato per chiedermi suggerimenti riguardo alla Domenica di Pasqua. Gli dico che è sufficiente che il papa si affacci alla finestra e dia la benedizione. Già è un grosso sacrificio per lui doversi far togliere e rimettere la sonda. Più tardi, a metà mattinata, mi chiama di nuovo: «Non sarebbe possibile, se il papa non parla, mettere come audio la sua voce registrata in una precedente occasione...?». Rispondo che l'idea non mi piace. Che in seguito avrebbero chiesto ogni volta se il papa era stato registrato, ecc. «D'accordo, mi hai convinto.»

La Domenica di Pasqua il Santo Padre compare alla finestra del suo appartamento. Si percepisce una grande emozione fra la gente. Gli avvicinano un microfono. Il papa si blocca e non può parlare. Ritirano il microfono e dà la benedizione in silenzio. La gente, molta gente nella piazza, piange.

Verso sera, quando parlo con Stanisław, mi dice: «So che mi chiami per tirarmi un po' su. Il problema è che il papa ha parlato bene per tutta la mattina. E poi, alla finestra, si è bloccato». Gli dico che la gente si è commossa, che molti piangevano, che la piazza era più gremita che mai.

Restiamo d'accordo di vederci ancora martedì mattina per parlare del futuro e del modo in cui presentare questa nuova tappa della vita del pontefice.

La situazione si aggrava
31 marzo 2005

Giovedì di Pasqua. Nel pomeriggio giravano voci di un aggravamento delle condizioni del papa: qualcuno deve aver visto dei medici che entravano in Vaticano. Chiamo l'appartamento del papa e parlo con Dziwisz. Mi conferma che queste voci sono veritiere. Mi passa subito Buzzonetti, il quale mi informa sulle condizioni generali: uno shock settico originato da un'infezione delle vie urinarie con un collasso cardiocircolatorio. La pressione arteriosa è molto bassa, la febbre molto alta. È stato superato un po' il collasso, ma i parametri biologici non sono stabili. Il papa è cosciente. Buzzonetti mi detta un breve bollettino medico che diffondo quella sera stessa, e gli dico che lascio acceso il mio telefono.

Se ne sta andando
1° aprile 2005

Buzzonetti mi chiama alle sei di mattina. Le condizioni permangono gravi. Mi detta un nuovo comunicato, questa volta più esplicito. Lo diffondiamo mezz'ora dopo. Si parla di «shock settico con collasso cardiovascolare», si aggiunge che «è stata rispettata la volontà del Santo Padre di rimanere nella sua casa», e che il quadro clinico si è evoluto negativamente durante la notte. Si precisa che il papa era «cosciente, lucido e sereno», che ieri ha ricevuto l'Eucaristia – il viatico – e questa mattina ha concelebrato la Santa Messa.

Prima delle nove mi reco direttamente all'appartamento del pontefice senza passare in ufficio. Incontro prima Dziwisz e poi Buzzonetti. Vedo nel corridoio qualche vassoio con avanzi di cibo: sicuramente medici e infermieri sono stati in piedi tutta la notte. Entro nella cappella del Santo Padre e mi trattengo lì per mezz'ora. Una delle monache che si occupano dell'appartamento del papa entra portando fiori ed esce. Sull'altare, una piccola immagine di Cristo resuscitato che mettono sempre nel periodo pasquale. Quando ho finito, entro nella stanza del papa.

È nel suo letto, a cui hanno cambiato la posizione, ed è parallelo alle finestre laterali che non si affacciano sulla piazza. Dietro il capezzale, lo strumento medico di ausilio alla respirazione. È intubato con la sonda nasale per l'alimentazione; la cannula tracheale è collegata a un apparecchio di assistenza respiratoria, e uno dei medici aiuta comprimendo la sfera di gomma. In questo momento nella stanza ci sono Dziwisz, le tre monache dell'appartamento, Wanda Półtawska, Buzzonetti, altri due medici – uno è Polisca – con due infermieri.

Il papa è cosciente e cerca di dire qualcosa a suor Tobiana, che non riesce a comprenderlo. Suor Tobiana è inginocchiata accanto al letto e gli tiene la mano destra. Gli danno un cartoncino grande con un evidenziatore, ma mi sembra che non riescano a decifrare quello che scrive. Soffre. È evidente la difficoltà nella respirazione.

Mi fermo per un momento in preghiera. Prima di uscire, mi avvicino al papa per baciargli la mano destra: la mano è piena di ematomi causati dalle siringhe ed è molto fredda. Porta uno scapolare di lana e una croce d'oro: questa croce, mi dirà più tardi Dziwisz, proveniva dal cardinale Sapieha, che l'aveva ricevuta da Pio XII; ha delle reliquie di santi. Uscendo, vedo Sodano che parla con Dziwisz in corridoio. Si tratta di rendere pubbliche alcune nomine già approvate dal papa, per le quali si metterà in evidenza la data del giorno in cui le ha firmate.

Poi esco con Buzzonetti e parliamo della situazione. È gravissima. Rimaniamo d'accordo di vederci tutti i giorni due volte, la mattina e la sera.

Alle dodici e mezza, quando c'è il briefing con i giornalisti, regna un grande silenzio. Dico che immagino avranno molte domande, ma che risponderò solo a un paio. Non ricordo la prima. La seconda me l'ha rivolta Andreas English, un giornalista tedesco. «Dal punto di vista personale, come vive questo momento?» È allora che la tensione si spezza, e perdo il controllo delle emozioni. Rispondo: «I sentimenti personali non hanno spazio in questo luogo... È certamente un'immagine nuova del pontificato: il papa nel suo letto, che soffre, molto sereno, con le inevitabili difficoltà a respirare».

Le parole escono a singhiozzo, ho un nodo in gola, che si nota in diretta sulle televisioni di mezzo mondo. A quanto pare, molti sono stati più turbati per la mia commozione in pubblico che per i termini tecnici che stavo pronunciando sulla situazione gravissima del Santo Padre. Forse ha contribuito a far comprendere meglio che qualcosa di molto grave stava avvenendo. Si è introdotto un elemento di verità, di vera umanità, che naturalmente io non avevo voluto comunicare in modo deliberato.*

* Ancora settimane dopo, continuai a ricevere messaggi, lettere, biglietti da visita, ecc. di gente che mi esprimeva personalmente le condoglianze per la morte del papa, o che si univa al mio dolore. Ex presidenti, ministri, persone che non conoscevo, giornalisti – compresi quelli che erano (o si vantavano di essere) grandi cinici –, direttori di giornali... Mi arrivarono messaggi da ogni parte in questo stesso tono commosso, di partecipazione al dolore che sentivano che io stavo provando.

Nel pomeriggio torno all'appartamento del papa. Entro nella sua stanza e vedo che è assopito. Parlo di nuovo con Dziwisz e con Buzzonetti, il quale crede che non ci sia niente da fare dal punto di vista medico. Dziwisz è sereno. Gli domando se il Santo Padre ha pronunciato qualche parola in questi giorni. Mi riferisce: «Benedico la Chiesa, benedico la mia diocesi di Roma. Benedico tutto il mondo, senza escludere nessuno». Prendo nota e conservo queste parole per trasmetterle eventualmente in un altro momento. Verso sera vengono le tre suore che si occupavano del papa al Gemelli. Pensavo che dovessero dare il cambio alle suore polacche, ma in realtà sono venute solo a vedere il Santo Padre.

Alle sei e mezza diffondo un altro comunicato in cui si dice: «Le condizioni generali e cardiorespiratorie del Santo Padre sono peggiorate ancora. Si evidenzia una crescente ipotensione, mentre la respirazione è superficiale. Si è creato un quadro clinico di insufficienza cardiocircolatoria e renale. I parametri biologici sono notevolmente pregiudicati. Il Santo Padre – con visibile partecipazione – si unisce alle continue preghiere di coloro che lo assistono». Lascio il cellulare acceso per tutta la notte.

Un giorno di tristezza e di gioia
2 aprile 2005

Oggi, alle 21.37 il papa è deceduto. Mi sento incapace di analizzare questa situazione: né il fatto in sé, né in relazione con la Chiesa, né in relazione a me stesso.

Sono entrato questa sera nella sua stanza. Era ancora nel letto, con una benda intorno alla testa.

Non ho potuto recitare nessuna preghiera in suffragio per la sua anima. Ho la sicurezza assoluta che sta già godendo di Dio.

«Santo subito»
2-9 aprile 2005

Sabato 2 torno di mattina all'appartamento pontificio, ma non entro nella sua stanza. Durante la giornata diffondiamo due comunicati nei quali si evidenzia l'estrema gravità della situazione.

Poco dopo la morte del papa, parlo con Buzzonetti, con i medici presenti nell'appartamento e con Martínez Somalo, il camerlengo. Si redige il comunicato con l'annuncio della morte. Ometto una frase che Buzzonetti voleva inserire: «Il Santo Padre ha perso coscienza alle 19». Dziwisz non accetta l'idea che il papa non fosse cosciente: dice che, se gli si parlava, capiva. Inoltre, ho avuto un dubbio perché vedo che più tardi gli è stato somministrato il viatico – una goccia del *Sanguis*, mi dirà più tardi Dziwisz – ed esito a dirlo, se riferito a una persona incosciente.

Dziwisz ha parlato con il camerlengo del suo desiderio di non esporre il corpo del papa: non vorrebbe che lo ricordassero così. Secondo lui, sarebbe meglio esporre la bara. Già il giorno precedente, quando lo ha detto a me, ho cercato di dissuaderlo. Ora è Martínez Somalo a convincerlo.

Lascio l'appartamento questa sera prima che comincino a vestire il Santo Padre, perché devo tornare in ufficio per continuare a rispondere alla grande domanda di informazioni.

Le notizie che ho dato in questi giorni sono state prima registrate in video con il Centro Televisivo Vaticano in inglese, spagnolo e italiano. Poi ripeto il briefing davanti ai giornalisti. In questo modo, le televisioni possono scegliere fra una delle tre lingue. Comunque, vedo che le grandi catene televisive, come BBC, CNN, FOX e altre, scelgono di trasmettere in diretta, con traduzioni simultanee, gli incontri con la stampa.

Il 1° aprile la FOX ha dato la notizia della morte del papa, seguita dalla CNN. La prima rettifica l'errore, la seconda scarica la colpa sulla stampa italiana. In ogni modo, l'informazione di questi giorni è molto buona. Si è avuta una grande partecipazione emotiva in tutto il mondo.

Nella sala stampa lo sforzo è stato terribile per tutti. Penso che sia stato fatto un gran lavoro. Molti giornalisti lo riconoscono e lo dicono anche. In questi giorni è aumentato in modo esponenziale il numero di quelli accreditati. La cifra totale supera i seimila, inclusi i tecnici delle radio e delle televisioni. Per tutto questo tempo, ci siamo impegnati con i giornalisti: sarebbero stati i primi a ricevere la notizia. Adesso penso, con un sano orgoglio professionale, che abbiamo rispettato l'impegno: il papa è spirato alle 21.37 e alle 21.45 la notizia è arrivata alle agenzie di tutto il mondo. Alle 21.50 è stata comunicata alle persone riunite in Piazza San Pietro.

Dal punto di vista personale, sono stati giorni strani. Mi dispiace enormemente, in primo luogo, per le sofferenze del Santo Padre e poi per la sua morte. Nello stesso tempo, riconosco che ha smesso di soffrire. Infine, mi consola l'assoluta certezza che stia già godendo di Dio. Mi rivolgo a lui.

Il giorno 3 si espone il corpo del papa nella Sala Clementina, il luogo di tante udienze. Arrivo prima che cominci a venire gente della Curia. Alla destra ci sono Stanisław, le monache, Buzzonetti, alla sinistra qualche cardinale. Dziwisz mi chiama. Mi avvicino e non riusciamo a dirci niente: piangiamo entrambi. Singhiozzando, gli dico che ieri non ho potuto recitare nessuna preghiera in suffragio. Mi riferisce che la prima preghiera che hanno recitato ieri sera in quella stanza, dopo la morte del papa, è stata un inno di ringraziamento, il *Te Deum*.

Torno nel pomeriggio. Alla sera preparano il corpo: «È un trattamento igienico-conservativo temporaneo» mi dice Buzzonetti. Lo eseguono gli specialisti in medicina legale di un'università romana (Tor Vergata) insieme a un medico privato. Non è stato imbalsamato.

Uno dei cerimonieri che lavorano con Piero Marini mi racconta che ha collaborato alla vestizione del papa. Dice che era preoccupato perché pensava che sarebbe stato molto difficile svestirlo e rivestirlo a causa della rigidità dopo quasi quarantott'ore dalla morte. Al contrario, il corpo era flessibile come se il papa fosse deceduto in quel momento. La stessa cosa mi viene confermata da Dziwisz il giorno dopo: «Mi ha detto il medico che nei venticinque anni da quando fa questo lavoro non ha mai trovato un corpo in queste condizioni».

Trasferimento del corpo nella basilica. Cerimonia nobile e solenne. La processione parte dalla Sala Clementina. Sono presenti tutti i cardinali, gli arcivescovi della Curia, gli arcipreti della basilica di San Pietro. Il corpo del papa è visibile, rivestito di paramenti rossi. Lo seguo, insieme a Dziwisz e a Buzzonetti... Il tragitto è lungo: bisogna scendere la scala, attraversare la prima loggia, poi c'è la scala che porta al Portone di Bronzo. Quando il corpo esce da quella porta e si affaccia sulla piazza, c'è un'esplosione di applausi e lacrime. Ed è così finché, salendo sul sagrato, arriva alla porta della basilica. Prima di entrare, i sediari lo girano in modo che la gente lo veda. Si rinnovano gli applausi.

Il corteo prosegue lungo la navata della basilica fino al baldacchino. Depositano il corpo su un catafalco posizionato di fronte all'altare della Confessione. Rimarrà lì tre giorni, affinché la gente possa rendergli omaggio. Saranno giorni indimenticabili. Si formano subito le code, e passeranno migliaia e migliaia di persone giorno e notte. La basilica viene chiusa di notte per le ore indispensabili per fare le pulizie. C'è un ordine straordinario. La gente aspetta fino a dodici ore per poter stare appena un minuto di fronte al corpo di Giovanni Paolo II. La Protezione civile italiana coordina i volontari che collaborano nell'organizzazione, distribuiscono acqua e, per la notte, qualche coperta a chi ne ha bisogno.

Nello stesso tempo, cominciano i preparativi per il funerale. E cominciano i problemi per sistemare tutte le delegazioni che annunciano la loro presenza. Si riduce il numero di persone assegnato a ogni delegazione: tre per i re e i capi di Stato, due per i capi di governo. Il problema è anche logistico: come garantire l'accesso al sagrato di tante personalità, che vengono con il loro seguito e le scorte, alla stessa ora e nello stesso luogo? Si lavora in stretta collaborazione con le autorità italiane.

Al suo arrivo a Roma, il presidente Bush dice che vuole recarsi direttamente alla basilica per rendere omaggio al Santo Padre. Giunge nel pomeriggio, accompagnato dalla moglie. Due giorni dopo, il re Juan Carlos fa la stessa richiesta. Quando atterra a Ciampino, il capo della sicurezza mi chiama per dirmi che il re vuole venire alla basilica con la regina e il capo del governo, Zapatero. Gli indico l'itinerario che deve seguire e gli chiedo di richiamarmi quando staranno per entrare in Vaticano. Telefono a Dziwisz per comunicarglielo. Scende subito e li riceviamo sulla porta laterale di San Pietro. Si trattengono per un po' nella basilica.

Si può dire, senza tema di esagerare, che il giorno del funerale è stato molto speciale nella storia del Vaticano, che pure ha visto tante cose. Non solo per l'affluenza della gente, ma per il numero di delegazioni ufficiali, civili e religiose. Con l'eccezione delle case reali, che sono in prima fila, le delegazioni seguono un rigoroso ordine alfabetico dei vari paesi. Così si risolve il problema del protocollo. Ma si presenta l'«anomalia» di Israele e Iran, le cui delegazioni sono sedute una accanto all'altra. Non solo non succede niente, ma si stringono persino la mano durante il rito della pace!

Verso la fine della messa, fra gli applausi della gente, cominciano a comparire dei cartelli con le parole «Santo subito». Sono dei Focolarini, ma c'è una completa solidarietà di tutti i presenti con questo desiderio.

Dopo la messa, il corpo – nella sua bara – viene trasferito alle Grotte Vaticane. Lo accompagno. Lì siamo in pochi: Sodano, Dziwisz, Marini, Buzzonetti, le monache dell'appartamento del papa, Comastri, arciprete della basilica, Ratzinger, in qualità di decano del Collegio cardinalizio... Si recita il rosario, la litania dei santi in italiano e il *Regina Coeli*. Il papa viene tumulato nella terra, nella tomba occupata da Giovanni XXIII fino alla beatificazione, quando venne trasferito in una cappella della basilica. Il giorno dopo, si concede l'accesso a tutte le persone che vogliono pregare davanti alla tomba: una fila interminabile.*

Dopo il funerale, segue il periodo di «Sede vacante», nel quale la principale attività si focalizza intorno ai cardinali elettori. Si riuniscono nell'aula del sinodo, a presiedere è Ratzinger, in qualità di cardinale decano. Lo vedo tutte le mattine. E scambio impressioni con lui, se ho qualche dubbio in merito alla comunicazione di questi giorni.

Il giorno successivo al funerale, gli riferisco dell'impatto che hanno avuto i cartelli, quella sorta di canonizzazione popolare che rimanda ad altre epoche della storia della Chiesa. «Non si preoccupi,» mi dice «questo tema è per il nuovo papa.»**

Si pone il problema delle biografie di tutti i cardinali, che sarebbero utili per i cardinali elettori. Sembra che non dispongano di niente del genere. Dico a Ratzinger che nel mio ufficio abbiamo biografie attualizzate per usi giornalistici. Mi domanda se sarebbe possibile farne un libretto. Incarichiamo una tipografia esterna, assicurandoci che sia pronto in ventiquattr'ore. E così Ratzinger può distribuirlo fra i cardinali.

Conclave: Benedetto XVI
18-19 aprile 2005

Arrivo in tempo, prima che abbia inizio la cerimonia. Sono le quattro del pomeriggio. Saluto Buzzonetti e Polisca: non faccio domande, ma penso che saranno i due medici che si occuperanno dei cardinali durante l'isolamento. La processione parte dalla Sala delle Benedizioni. Quando i cardinali entrano nella Cappella Sistina, il coro sta ancora intonando la litania dei santi. Il cardinale decano, Ratzinger, occupa l'ultimo posto. Come prevedevo, lo scenario è impressionante, con *Il Giudizio universale* di Michelangelo

* E così, in continuazione, fino al 2 maggio 2011, il giorno successivo alla sua beatificazione, quando fu trasferito alla Cappella di San Sebastiano, nella navata destra della basilica.

** Questo commento mi fece pensare, in seguito, a quanto fosse lontana dalla sua mente l'eventualità di essere eletto.

che domina l'ambiente. La cerimonia è molto ordinata: ogni cardinale occupa il posto assegnato nelle quattro file lungo tutta la navata, due a destra e due a sinistra. Passano a giurare, uno alla volta, dopo che Ratzinger ha letto il testo. Nell'attesa prego per il nuovo papa e per gli elettori. Osservo il volto di alcuni cardinali. Come predire il futuro? Alla fine, Piero Marini – con voce serena, non imponente né impostata – pronuncia l'*extra omnes* con il quale invita i pochi visitatori ad abbandonare la cappella. Poi chiude la porta dall'interno. Ha inizio il conclave.

Vado in ufficio. Nella piazza c'è poca gente. Ci sarà la fumata? Ieri l'altro Ratzinger mi ha detto che sarebbe stato il conclave stesso a decidere di un'eventuale votazione nel pomeriggio del primo giorno. Aspetto di vedere che cosa succede.

Verso le cinque mi chiama per radio Domenico Giani. Usa un linguaggio criptico per dirmi che stanno votando. Qual è la sua fonte? Probabilmente, il comandante della Guardia svizzera, il quale, fuori dalla porta, deve cogliere un certo movimento all'interno della Cappella Sistina.

In effetti, verso le sette comincia a uscire del fumo. All'inizio è grigio, ma poi si oscura fino a diventare inconfondibilmente nero. Anche se nessuno si aspettava sorprese, la piazza si era riempita via via di gente. Non si sa mai.

19 aprile, martedì. Fumata nera alla mattina. Verso le sette di sera comincia a uscire del fumo. Grigio. Grigio persistente che non diventa nero. Nuova fumata. Grigio, non nero. Terza fumata: con buona volontà, si può considerarla bianca… Sul colore del fumo si potrebbe scrivere tutta una tesi di laurea, ma penso che questa momentanea incertezza faccia parte del carattere unico del conclave. Le campane ci tolgono ogni dubbio e confermano che il papa è stato eletto. Bisogna solo aspettare.

La gente corre per Roma verso Piazza San Pietro. Nel giro di poco tempo, la piazza si riempie. Poi diventa sovraffollata.

Mentre siamo tutti in attesa, con lo sguardo rivolto alla loggia, ricevo una curiosa telefonata. Una signorina sollecita – niente meno, mi dice, che per incarico del re di Spagna – che le anticipi, per favore, chi è stato eletto papa. Scambiamo qualche frase e mi rendo conto che, probabilmente, è un'ingenua giornalista alle prime armi che pensa davvero che io sappia il nome, e che impiega le sue arti migliori per strapparmelo e ottenere così un'esclusiva mondiale. La congedo gentilmente.

Poco dopo compare il protodiacono – il cardinale Medina – e pronuncia il nome: *Josephum cardinalem Ratzinger*.

In quello stesso istante prego per lui e penso che, da questo momento, l'attenzione pubblica si concentrerà sulle differenze di stile, sulla nuova direzione, sui nuovi temi. Tutto è nuovo e nello stesso tempo è uguale. Forse in pochi – questa non è una notizia! – parleranno dell'affascinante mistero della continuità con Pietro, dopo venti secoli nei quali è successo di tutto e nei quali, non poche volte, si è vista come imminente la fine della Chiesa.

Compare Ratzinger – ormai Benedetto XVI –, padrone di se stesso, sobrio nei gesti, sorridente. Sotto la tunica bianca spuntano le maniche di un maglione nero! Immagino che facesse freddo nella Cappella Sistina, ma lo interpreto anche come un segno del fatto che non era preparato per quello che è accaduto. Pronuncia qualche parola. Impartisce la benedizione, che ricevo in ginocchio nella sala stampa. Poco dopo parlo con Sandri e gli do le prime notizie del calendario del nuovo papa. Devo comparire in vari telegiornali.

Proprio quel giorno avevo accettato un invito a pranzo con Luigi Accattoli. I ristoranti vicini al Vaticano erano gremiti di giornalisti di tutto il mondo e, se ci avessero visti, avrebbero pensato che stavo facendo filtrare qualche informazione al «Corriere della Sera». Per questo motivo siamo andati alla Taverna Giulia, dall'altro lato del Tevere. Naturalmente, abbiamo parlato dei papabili. Su questo punto, il portavoce ne sapeva quanto il giornalista. Chi? Europeo? Latinoamericano? Ipotesi Ratzinger? Gli ho detto la mia opinione: «Voglio bene a Ratzinger, leggo tutto quello che scrive, lo ammiro. Posso dirti che l'unico papa che io sarei disposto a seguire nella sala stampa sarebbe Ratzinger. Ma non so se lo eleggeranno e non so se lui accetterà. Naturalmente, penso che non ci sia un altro candidato della sua statura spirituale e intellettuale».

L
Sono stato un privilegiato
(2006)

Con il nuovo papa
20-21 aprile 2005

Il giorno dopo l'elezione, mercoledì 20, c'è la prima uscita del papa: si dirige al suo vecchio appartamento, in Piazza della Città Leonina, a pochi metri dagli spazi del Vaticano, per raccogliere le sue cose: libri, soprattutto. Non ha accettato di vivere provvisoriamente nella Torre di Giovanni, nei giardini vaticani: rimane nella residenza Santa Marta, in una suite detta del «Patriarca», finché non finiranno di sistemare alcune cose nell'appartamento pontificio.

Quando si allenta la tensione di queste settimane, mi accorgo che sono preoccupato. Pensare che adesso bisogna cominciare di nuovo, come ho cominciato più di vent'anni fa con Giovanni Paolo II, mi sembra una strada in salita. Soprattutto perché mi mancano l'accesso diretto al papa e l'aiuto inestimabile del contatto quotidiano con il suo segretario, che mi dava il «tono» delle questioni. Mi piacerebbe scappare. D'altra parte, vorrei essere d'aiuto, se posso.

Decido di prendere l'iniziativa. Venerdì sera chiamo al telefono don Georg,[1] il segretario di Ratzinger. Gli dico che quando sarà possibile mi piacerebbe parlare con il papa. Mi risponde che aspettava la mia telefonata. «In questo momento il Santo Padre ha una "pietra sullo stomaco": la scrittura dell'omelia di domenica. La chiamerò per farle sapere quando è possibile.» Verso le dieci mi chiama per dirmi di andare il giorno dopo alle nove e mezza.

Mi reco a Santa Marta un po' prima di quell'ora. Salgo in ascensore con un signore sorridente, che saluto, ma senza sapere chi sia. In realtà, più tardi scopro che è il sarto che viene per confezionare la tunica al papa. Entra prima di me. Mentre aspetto, arriva Cordero Lanza di Montezemolo, l'ex nunzio in Italia. In qualità di esperto di araldica, sta preparando lo stemma per il nuovo papa. Ha fatto un disegno in cui non figura più la tiara, bensì una mitra con tre corone.

Entro per incontrare il papa. Dato che è la prima volta, gli bacio l'anello e gli dico che sono un po' emozionato. Gli riferisco che ho ricevuto molte notizie da tutto il mondo, anche da parte di non cattolici, che assicurano di pregare per lui. «Se non fosse per questo, non ce la farei con il peso» risponde ringraziando.

Una volta seduti, gli spiego: «Santo Padre, varie volte ho parlato con Giovanni Paolo II di lasciare questo lavoro, perché sono già molti anni. Lui scherzava dicendo: "Ricordamelo fra cinque anni…". Ora farò assolutamente quello che il papa mi dirà». Lui risponde: «No, almeno durante il primo anno, continui a fare questo lavoro». Gli dico: «Santo Padre, questo lavoro si può svolgere soltanto se si ha un accesso diretto al papa. Se si è potuto fare qualcosa in questi anni, è stato per questo: sia nella normalità, sia nei giorni della malattia e della morte di Giovanni Paolo II. La mentalità nella Curia non è facile: "Non dica niente se i giornalisti non domandano, e se domandano, allora dica…". Però è una condotta molto reattiva, mai propositiva. L'opinione pubblica è come un grande contenitore: il primo che lo riempie può proporre i propri argomenti, e gli altri lo seguono. Se altri propongono gli argomenti, allora non resta che procedere con delle smentite». Gli faccio qualche esempio.

Il papa annuisce: «Sì, è così». Mi assicura che potrò avere accesso a lui in caso di bisogno, di chiamarlo al telefono. Che mi darà il suo sostegno. Tutto questo mi tranquillizza un po'.

Gli parlo dell'incontro che avrò il giorno dopo con i giornalisti venuti in questi giorni. Gli dico che mi sembrerebbe opportuno che potesse ricevere poche persone per un contatto più diretto. Mi domanda come faremo a selezionare queste persone senza che gli altri se la prendano. Mi sembra un'osservazione di grande prudenza. Propongo, ed è d'accordo, che siano soltanto direttori di media: questi sono pochi. Prima di uscire gli chiedo la benedizione.

Un po' di confusione
4 giugno 2005

Prime settimane del nuovo pontificato. Il papa agisce con il suo passo: pressoché nessun cambiamento. Udienze con tutti o quasi tutti i prefetti dei dicasteri della Santa Sede.

Continuo a rispondere a messaggi arrivati dopo la morte di Giovanni Paolo II. E mi rifiuto di accettare inviti a conferenze e assegnazioni di premi. So che tutto ciò è conseguenza dell'esposizione mediatica durante la malattia e la morte di Giovanni Paolo II, e un'espressione di affetto per lui, ma questa notorietà mi risulta insopportabile.

Nel frattempo, noto una tendenza involutiva nell'azione informativa della Santa Sede. Mancano le informazioni. Ma sono consapevole che alla fine di quest'anno lascerò il mio incarico, e non mi sembra opportuno condizionare il lavoro del mio successore.

Sono sorte un paio di questioni potenzialmente pericolose per il papa. Entrambe con un'eco negli Stati Uniti: la destituzione del direttore della rivista «America» – Thomas J. Reese – e la confusione intorno al possibile processo a padre Maciel, fondatore dei Legionari di Cristo. Il mio unico sforzo è cercare di fare in modo che i due casi non coinvolgano il papa.

Per quanto riguarda padre Maciel, il caso nasce da un articolo di Sandro Magister sull'«Espresso». Álvaro Corcuera, attuale superiore dei Legionari, chiama Sodano e redigono un comunicato per dire che non c'è un processo, né si prevede che ci sarà.

Tuttavia, si viene a sapere che la comunicazione è scaturita dalla Segreteria di Stato, e non dalla Congregazione per la dottrina della fede, che è l'organismo competente in materia. Confusione. Si presenta nel mio ufficio uno degli avvocati che rappresentano gli accusatori. Non voglio accrescere il caos ed evito di riceverlo con una scusa, però chiarisco le cose *off the record* a John Allen affinché il papa non venga ingiustamente coinvolto.

A Cartagena
30 giugno 2005

Passo qualche giorno con mia madre a Cabo de Palos, a Cartagena. Uno di quei giorni mi chiama al telefono Georg Gänswein, il segretario del Santo Padre. Mi dice che voleva solo confermarmi che andrò con il papa per le sue vacanze in Valle d'Aosta. E che non devo preoccuparmi di certe voci contrarie: qualcuno aveva detto che forse non era necessario che andassi, ma alla fine andrò. Mi dice che ne parleremo.

In Valle d'Aosta con Benedetto XVI
28 luglio 2005

Prime vacanze in Valle d'Aosta con Benedetto XVI. Tutto uguale e tutto così diverso. Lo stesso viaggio in aereo da Ciampino. Lo stesso pilota. Quasi le stesse persone. Eppure... è un nuovo papa. È una nuova tappa.

Arrivati a casa, si accorge che gli hanno installato un pianoforte nella piccola stanza che serve da studio. Però lui non ha con sé le partiture. Il giorno dopo Georg mi spiega che il papa ha preparato due pacchi: uno per Castel Gandolfo e un altro per la Valle d'Aosta. Le partiture erano nel primo. La mattina del giorno seguente, qualcuno va in cerca di partiture e si procura le Sonate di Mozart. Ogni giorno si sentirà il papa suonare il pianoforte per qualche minuto dopo la colazione, prima del pranzo e la sera dopo la cena.

Georg vuole parlare con me, e chiacchieriamo durante due lunghe passeggiate. Gli spiego la mia visione delle cose che si riferiscono al lavoro: il problema della mancanza di informazioni e la quasi impossibilità di organizzare una strategia informativa. Georg è molto esplicito. Senza fare nomi, mi spiega ciò che alcuni hanno detto al papa: che io ero molto amico di Dziwisz, e questo aveva fatto sì che io scavalcassi la struttura. Hanno detto che c'era mancanza di collaborazione, che in definitiva era conveniente un cambio. Georg si rende conto che, in realtà, quello che alcuni cercano è di recuperare «il potere perduto», per così dire. Comprendo la situazione e anche queste reazioni. Sinceramente, non vi attribuisco grande importanza.

Il programma delle giornate in Valle d'Aosta è sempre lo stesso: il papa lavora alla mattina e nel pomeriggio. Alle sei andiamo in macchina verso la montagna che si erge dietro la villa e cammina per trentacinque-quarantacinque minuti in una zona pianeggiante e con scarsa pendenza. In questo è molto metodico. Parla o recita il rosario con Georg. In qualche momento scambio con lui delle impressioni. «Non avrei immaginato che si potessero fare delle vacanze così» mi dice. È sorpreso dalla pace, dall'intimità e dalla privacy con cui può camminare e scrivere. Gli dico che, secondo i giornalisti, sta scrivendo un'enciclica. «No, l'enciclica la scriverò a Castel Gandolfo. Adesso scrivo un libro che ho incominciato tre anni fa, anche allora durante una vacanza.»[2]

Giovedì 21 partiamo per Courmayeur. Avvisiamo soltanto gli impiegati della teleferica che ci avvicinerà al Monte Bianco. Naturalmente, ci sono persone che riconoscono il papa, e lui le saluta. Saliamo per il primo tratto, fino al Pavillon du Mont Fréty. Visitiamo il giardino botanico alpino, il più alto d'Europa. Saliamo di nuovo fino al rifugio Torino, a 3350 metri, un'altezza alla quale il papa avverte già la mancanza d'ossigeno. Gli accosto una sedia, si siede e aspettiamo qualche minuto prima di continuare. Il terzo tratto ci porta fino alla Punta Helbronner, a quasi 3500 metri. Ci sediamo in un piccolo bar coperto. Intorno a lui siamo io, Buzzonetti, Cerise, Cibin e Georg. Il papa accetta un cappuccino, e prende un po' di formaggio. Parliamo dello spettacolo grandioso offerto dal paesaggio. Mentre scendiamo, saluta molte altre persone. Gli scatto una foto mentre prega davanti a un crocifisso. Torniamo per il pranzo. Il pomeriggio il papa lo dedica a scrivere.

Il giorno 25 mi chiama un giornalista verso le sette di sera per chiedermi qualche reazione a proposito della protesta di Israele. In quel momento vengo a sapere che il nunzio apostolico in Israele era stato convocato al ministero degli Affari esteri: intendevano trasmettergli la protesta del governo perché il Santo Padre – nell'*Angelus* precedente – aveva parlato di terrorismo e citato diversi luoghi con vittime senza menzionare Israele. Dev'essere successo la scorsa settimana. Vado a cercare il papa, che sta tornando insieme a Georg da una passeggiata in giardino. Gli riferisco i fatti e gli dico che mi sembra molto opportuno rispondere subito. Lui chiede a Georg di parlare con la Segreteria di Stato per poter dire qualcosa alla stampa. Poco dopo, mi chiama Lajolo: hanno preparato un testo, che mi legge. Lo prego di mandarlo al mio ufficio in modo che lo diffondano. Io avviserò padre Ciro, il vicedirettore.

Il giorno dopo, i giornali raccolgono queste dichiarazioni. È il mio onomastico e nel pomeriggio, durante la passeggiata, il Santo Padre mi chiama, mi fa gli auguri e mi dice di aver pregato per me nella messa. E aggiunge: «Grazie, lei ha difeso il papa». Rispondo che sono io a ringraziarlo per aver pregato per me, e che il resto fa parte del mio lavoro. Lo accompagno conversando per tutta la passeggiata.

Processo di beatificazione di Giovanni Paolo II
24 ottobre 2005

Venerdì 21 sono andato all'inaugurazione della mostra «Giovanni Paolo II a Roma», promossa dal sindaco della città, Walter Veltroni, al Vittoriano. Vi ho incontrato Dziwisz. «Ti ho chiamato al telefono» mi ha detto. Siamo rimasti d'accordo che andrò a trovarlo alla Casa dei Polacchi, sulla via Cassia. Ho parlato anche con monsignor Oder, il postulante della causa per la beatificazione di Giovanni Paolo II. Mi ha detto che vorrebbe rivedermi, per sapere se ho suggerimenti in merito all'elenco dei testimoni al processo.

Sono in via Cassia il giorno dopo e mi sono trattenuto a parlare con Stanisław in giardino per un'ora. Gli ho anticipato che in dicembre probabilmente presenterò le dimissioni. Ha cercato di dissuadermi. Gli ho detto che sono stanco e, inoltre, che non posso svolgere il lavoro come mi piacerebbe. Però abbiamo parlato, soprattutto, del processo di beatificazione di Giovanni Paolo II. Nel concreto, gli ho detto che al postulante servirebbero più persone per aiutarlo nel lavoro.

Una conversazione con il papa
1° dicembre 2005

Vado a trovare il papa. Secondo il nuovo stile, mi ha convocato con una lettera ufficiale della Prefettura della Casa Pontificia. La mia udienza è alle sei e un quarto del pomeriggio. Prima, il papa ne aveva un'altra con il cardinale Etchegaray. Si svolge nel suo appartamento, nella sala grande dell'ingresso. Il Santo Padre è solo. Non ci sono fogli sul suo tavolo. È rilassato, seduto con le gambe incrociate.

Ho l'intenzione di chiedergli se è venuto il momento del ricambio alla sala stampa. Ma non posso affrontare l'argomento, perché lui comincia a sollecitare il mio parere sull'informazione della Santa Sede. Gli dico che, senza esprimere alcun giudizio sulle persone, il clima attuale – dal mio punto di vista – non è positivo, fondamentalmente per la mancanza di informazione preventiva. Gli porto qualche esempio concreto.

Mi fa anche domande a proposito dell'«Osservatore Romano», di Radio Vaticana e del Pontificio Consiglio delle comunicazioni sociali. «Lei sa che il cardinale Szoka crede che si debba ridurre il bilancio della Radio Vaticana?» mi domanda. Lo informo che su questo argomento si era tenuta una riunione qualche mese fa, perché i cardinali erano preoccupati. Affrontiamo anche il problema di inviare i documenti ai vescovi prima che alla stampa, e del rischio della fuga di notizie che può provocare. Gli spiego che questo problema si risolve in gran parte inviando i documenti via Internet uno o due giorni prima della pubblicazione. Si rallegra nel sapere che esiste questa possibilità e mi riferisce che aveva lo stesso problema quando era nella Congregazione per la dottrina della fede.

Mi chiede qualche suggerimento su eventuali cambiamenti. Gli dico che, dal punto di vista del mio ufficio, sono stati una buona esperienza i cambiamenti pratici realizzati da Giovanni Paolo II, senza attendere grandi mutamenti strutturali: per esempio, incoraggiando la presenza della sala stampa ad alcune riunioni di cardinali, sinodi speciali, delegazioni, ecc., per poter contare su un criterio comunicativo in quelle attività.

A un certo punto della conversazione, gli parlo di una considerazione che ho letto in uno dei suoi libri, a proposito della convenienza di «alleggerire» le strutture della Curia. Risponde che una cosa del genere rientrerebbe in un piano di riforma organica, come se volesse dire con ciò che questa, forse, sarebbe arrivata più tardi, oppure con un altro papa.

Una lettera al papa
1° febbraio 2006

Sono trascorsi diversi mesi dall'elezione del papa. Penso che sia già passato un giusto lasso di tempo per proporre ufficialmente al papa la mia sostituzione. Dopo averci riflettuto, consegno a Georg Gänswein la lettera di dimissioni, nella quale dico al Santo Padre:

> Beatissimo Padre,
>
> ventidue anni fa, con mia grande sorpresa, mi proposero di diventare direttore della sala stampa, un incarico molto distante dalla mia prima occupazione personale – la medicina – e molto diverso anche dal mio lavoro nel campo del giornalismo come corrispondente estero, attività a cui mi sono dedicato professionalmente per alcuni anni. Il fatto che non avessi chiesto quell'incarico, e che ebbi molta paura ad accettarlo quando me lo proposero, mi diede una certa fiducia, poiché pensai che quella era la volontà del Signore.
>
> Dopo il tempo che ho trascorso accanto a Giovanni Paolo II e a Vostra Santità, ringrazio il Signore per tutto quello che ho ricevuto: molto più di quello che potevo immaginare e di cui sono in

grado adesso di rendermi conto. So che un giorno il Signore mi chiederà conto di questi anni e, soprattutto, della mia risposta personale a tante grazie.

Attualmente, Santo Padre, penso che sia giunto il momento di un avvicendamento nella direzione della sala stampa della Santa Sede. Per gli uffici analoghi a quelli della sala stampa, il fatto di avere come direttore la stessa persona per oltre ventun anni rappresenta un tempo straordinariamente lungo e quasi senza precedenti.

D'altra parte, alcune inaspettate circostanze personali e familiari mi spingono a chiedere a Sua Santità di accettare la mia rinuncia a questo incarico. Se la mia sostituzione richiedesse qualche tempo, potrei dichiarare, con il permesso di Sua Santità, che «il papa ha accettato la mia proposta di lasciare questo incarico e mi ha chiesto di permanere finché non sia nominato un nuovo direttore». Questo mi consentirebbe di dedicare maggiori attenzioni alle nuove circostanze cui le ho accennato.

Desidero che sappia che la prima delle mie preghiere al Signore sarà sempre, fino alla fine dei miei giorni, per la persona e le intenzioni del Santo Padre, come è stato durante tutti questi anni.

Le chiedo la sua paterna benedizione.

Dr. Joaquín Navarro-Valls

Il papa accetta
3 febbraio 2006

Georg mi ha chiamato per dirmi che il papa mi ha concesso quanto richiesto, ma desidera che io resti al mio posto di lavoro fino all'estate.

Sullo stesso foglio della lettera che gli ho inviato, Benedetto XVI in persona ha scritto di suo pugno queste parole: «Proprio così: ho accolto la disponibilità – *donec aliter provideatur*». La traduzione di queste indicazioni, tipiche del linguaggio «amministrativo» abituale negli uffici della Santa Sede, potrebbe essere questa: «Esattamente così. Accetto la disponibilità. Si cerchi pertanto un'altra persona che lo sostituisca».

La morte di mia madre
6-7 marzo 2006

Oggi è deceduta mia madre. Un mese fa ha avuto un ictus ed era in coma. Da allora, per tutto questo tempo sono stato praticamente accanto a lei, mattina e pomeriggio. La cosa più probabile è che non si sia resa conto di niente e non abbia sofferto. A soffrire siamo stati io e i miei fratelli. Vederla così, incosciente, un giorno dopo l'altro, con difficoltà respiratorie, è stato molto duro. Ci siamo alternati tutti, in modo che non restasse mai sola in nessun momento. Di notte, facevano i turni María ed Esperanza, le due donne che stavano con lei e la accudivano in questi ultimi anni.

Il mercoledì precedente all'ictus mi aveva chiamato al telefono, come ogni mercoledì. Con il suo solito buonumore, mi aveva consigliato di prendermi cura di me stesso, «perché cominci già ad avere un po' di anni» mi aveva detto con garbo. E aveva aggiunto: «A me resta poco». È stata la mia ultima conversazione con lei. Alla messa del funerale è stato letto il telegramma inviato dalla Segreteria di Stato a nome del Santo Padre.

Una lettera del papa
marzo 2006

Rientrato a Roma, ho trovato un numero enorme di messaggi di condoglianze: del sindaco di Roma, di ministri del governo, di cardinali. Ma la mia grande sorpresa è stata trovare una lettera autografa del papa, scritta con la sua piccola e caratteristica calligrafia:

> In conclusione degli esercizi spirituali, mi affretto per esprimerle le mie più sincere condoglianze per la morte della sua amata Madre, assicurandole le mie preghiere per l'anima dell'amata deceduta in questo momento di dolore. La morte di una madre comporta sempre – anche dopo una lunga vita – una ferita; e una parte di noi stessi se ne va definitivamente insieme a lei. Nella comunione con il Corpo di Cristo sappiamo sempre che «Sia che viviamo, sia che moriamo, siamo del Signore» (Rm 14,8).
>
> Approfitto dell'occasione per ringraziarla per la bella intervista che ha concesso al «Deutsche Tagespost».
>
> Con questi desideri, mi rinnovo Suo nel Signore
>
> *Benedicto XVI*

Proposta di un sostituto
15 maggio 2006

Ieri sono stato con il papa in un'udienza privata nel suo appartamento. L'argomento principale sono state le mie dimissioni. Mi ha proposto di parlare del mio sostituto e mi ha detto che la

Segreteria di Stato gli ha fatto il nome di padre Lombardi. È evidente che Federico Lombardi può farlo in modo magnifico, ma mi sembra una persona che ha già molti impegni, Radio Vaticana e il Centro Televisivo Vaticano. Ho aggiunto che dovrebbe lasciare gli altri suoi incarichi. Il papa ha annuito immediatamente.

Poi mi ha domandato se non potrebbe farlo una donna. Sarebbe stupendo, ho risposto, e in sala stampa lavora già una donna – Lina Petri – che ha la formazione necessaria, oltre all'esperienza che ha acquisito in questi anni. L'idea gli è piaciuta e mi ha chiesto di inviargli una nota, cosa che ho fatto questa mattina stessa.

Siamo rimasti d'accordo che io potrei lasciare il posto al ritorno del viaggio che farà in luglio a Valencia, per la Giornata delle famiglie.

Sul caso Maciel
19 maggio 2006

Scoppia il caso Marcial Maciel, il fondatore dei Legionari di Cristo. Da anni si susseguivano le accuse di presunti abusi sessuali ai danni di seminaristi e sacerdoti della congregazione. Non c'erano state prove, e la Curia romana non aveva aperto indagini ufficiali. D'altra parte, l'opera più che positiva dei Legionari in molti paesi sembrava parlare contro queste accuse.

Nella Curia, Maciel era apprezzato da molte persone, Sodano in testa. Con Sodano e Maciel andai a cena una volta, durante la riunione dei vescovi latinoamericani a Santo Domingo. Anche Stanisław lo apprezzava ed era in contatto con alcuni Legionari. Naturalmente, senza immaginare che nella vita di quest'uomo c'era qualcosa di inconfessabile. Anche Giovanni Paolo II, nel vedere il dinamismo apostolico dei Legionari, stimava la congregazione e il suo fondatore.

Occorre ricordare che qualche anno fa si sollevarono nell'opinione pubblica accuse contro due cardinali, Bernardin, a Chicago, e Pell, a Sydney. Entrambi si erano messi a disposizione per qualsiasi esame, e nel giro di poco tempo fu dimostrata la falsità di quelle accuse. Tutto questo creava un clima che favoriva la tendenza a respingere nuove accuse della portata di quelle mosse a padre Maciel nell'opinione pubblica.

Lo stesso Maciel le aveva smentite pubblicamente. Come esempio, ecco la copia di una lettera che inviò a un giornale americano nel 1997:

Quanto alle accuse mosse contro di me sull'«Hartford Courant» di domenica 23 febbraio, desidero dichiarare che si tratta in ogni caso di diffamazioni e falsità prive di qualsiasi fondamento, dato che, negli anni in cui questi uomini sono stati nella Legione, non ho mai commesso in nessun modo quegli atti con loro, né ho fatto simili avance né si è mai accennato a questi atti.

Durante il tempo in cui questi uomini sono stati nella Legione di Cristo, e anche dopo che se ne sono andati, non ho lesinato alcun sacrificio per aiutarli come ho potuto, come ho sempre fatto con tutte le persone che il Signore ha messo sotto la mia protezione. Non so che cosa le abbia spinte a muovere queste accuse completamente false, venti, o trenta, o quarant'anni dopo aver lasciato la congregazione. Mi sorprende ancora di più in quanto conservo tuttora le lettere di alcuni di loro degli anni Settanta, nelle quali esprimono la propria gratitudine e la nostra reciproca amicizia.

Malgrado la sofferenza morale causata da tutto ciò, non ho malanimo verso di loro. Offro anzi il mio dolore e le mie preghiere per ciascuno di loro, nella speranza che ritrovino la pace dell'anima ed eliminino dai loro cuori qualsiasi risentimento che può averli spinti a fare queste false accuse.

Dopo aver letto questa lettera, a cui venne data ampia diffusione, risultava davvero difficile credere alle accuse mosse contro di lui.

Nel 1998 la Congregazione per la dottrina della fede ricevette delle accuse contro padre Maciel per reati riservati all'esclusiva competenza di quell'organismo. Una competenza specifica assegnata da Giovanni Paolo II a quel dicastero diretto dal cardinale Ratzinger.

Nel 2002 padre Maciel pubblicò una dichiarazione simile a quella del 1997, nella quale negava le accuse e si diceva addolorato per le «offese» provenienti da alcuni ex membri della sua congregazione.

Il 22 aprile 2002, fra l'altro, assicurò: «Di fronte a Dio e con la coscienza limpida posso affermare categoricamente che le accuse mosse contro di me sono false. Non ho mai tenuto il tipo di comportamento ripugnante di cui questi uomini mi accusano, e non c'è niente di più lontano dal mio modo di trattare gli altri, come è evidente a ciascuno delle migliaia di Legionari che mi conoscono».

Ciononostante, la Congregazione per la dottrina della fede aveva aperto un'indagine sulla base delle accuse e secondo la competenza che Giovanni Paolo II aveva emanato con il *Motu Proprio Sacramentorum sanctitatis tutela*, promulgato il 30 aprile 2001.

Questa era la situazione quando, due giorni fa – il 17 maggio –, John Allen, giornalista del «National Catholic Reporter», è venuto da me e mi ha detto di avere informazioni sul fatto che il processo a Maciel si è concluso, e che è stato riconosciuto colpevole delle accuse che gli venivano imputate. Voleva un mio commento. Gli ho chiesto un paio di giorni prima di pubblicare qualcosa e prima che io dica qualcosa. Ha acconsentito e mi ha inviato – dietro mia richiesta – un testo con ciò che lui sa o crede di sapere.

Sostiene che la Congregazione per la dottrina della fede, con l'autorizzazione del Santo Padre, ha imposto una serie di restrizioni al ministero di padre Maciel, fra le quali la proibizione di celebrare messe pubbliche e la proibizione di fare discorsi e concedere interviste. Anche i Legionari hanno ricevuto istruzioni di non celebrare una messa pubblica al momento della sua morte.

Aggiunge che, secondo le sue informazioni, padre Maciel non è stato espulso dallo stato clericale. Le restrizioni, tuttavia, equivalgono alla conclusione che è colpevole delle accuse di abuso sessuale presentate contro di lui. La Congregazione ha chiuso la propria indagine alla fine del 2005. All'inizio del 2006, si è esibita la documentazione ai cardinali membri della congregazione residenti a Roma. Si è chiesto il loro parere – basato sui documenti – circa la credibilità delle accuse. La decisione a cui sono arrivati è stata quella di imporre le restrizioni. Questo risultato è stato comunicato al nunzio apostolico in Messico, paese nel quale risiedeva Maciel, e al superiore dei Legionari di Cristo, padre Álvaro Corcuera.

John sostiene inoltre che più di venti accusatori hanno portato testimonianze che comprendevano non solo ricordi orali e scritti, ma anche, almeno in un caso, nastri video. La documentazione è stata descritta come «impressionante» e non lascia dubbi sulla veracità delle accuse mosse contro Maciel.

Mi chiede poi di precisare alcuni dati: l'elenco esatto delle restrizioni, le motivazioni espresse dalla congregazione e anche come spiegare – alla luce di queste conclusioni – certi elogi che Maciel aveva ricevuto da Giovanni Paolo II e da alte cariche del Vaticano.

«Come ti ho detto di persona,» conclude «so che altri giornalisti, soprattutto in Messico, stanno lavorando su questa vicenda. È destinata a diventare pubblica, e probabilmente fra breve. Mi piacerebbe presentare la verità nel modo più completo, preciso e responsabile possibile, per questo motivo mi rivolgo a te.»

Il tema mi sembra molto serio, e l'atteggiamento di John è leale e professionale. Bisogna informare sulla vicenda. Cercare di restare in silenzio, su questo e altri casi, sarebbe deleterio.

Mi reco immediatamente a trovare Levada, prefetto della Congregazione per la dottrina della fede.[3] Gli spiego che la questione è già arrivata alla stampa, ma che bisogna dare l'informazione, anche se non fosse arrivata. Mi dice che hanno deciso di non comunicare niente. Ribatto che il tema mi sembra così importante, per le conseguenze di accuse di copertura che verranno attribuite alla Santa Sede, che andrò subito a vedere il papa. A questo punto, mi chiede se posso aspettare qualche ora. Qualche ora sì, ma non un giorno, rispondo.

Poche ore dopo, mi dice che il papa ci aspetta nel suo appartamento verso sera.

Insieme al Santo Padre, ci siamo io, Levada e Sodano. Il papa mi dà la parola per introdurre il tema. Dico semplicemente che in questa situazione la Santa Sede deve dare l'informazione, e deve farlo subito. In caso contrario, tutta la stampa, e soprattutto quella americana, accuserà Giovanni Paolo II di essere un insabbiatore, e anche lei – Benedetto XVI –, che era prefetto della congregazione quando è iniziato il processo. Malgrado i dubbi di qualcuno dei presenti, il pontefice dice di preparare un comunicato per l'opinione pubblica. E così si chiude quella riunione.

L'indomani mattina, Levada mi consegna il comunicato che diffondiamo dalla sala stampa.

Il papa ad Auschwitz
25-28 maggio 2006

Viaggio in Polonia. È un omaggio che Benedetto XVI vuole rendere a Giovanni Paolo II. L'emozione e la risposta della gente sono impressionanti: quasi come se fosse un nuovo viaggio di Giovanni Paolo II. Mi sorprende il Santo Padre, che legge alcune delle sue omelie in polacco: uno sforzo notevole che ha un indubbio successo.

Ci troviamo a Cracovia l'ultimo giorno. Nel pomeriggio è prevista Auschwitz. La visita di un papa in questo luogo è sempre un po' problematica, a causa dell'atteggiamento di alcuni ebrei; nel caso di un papa tedesco, la difficoltà aumenta.

Dopo pranzo leggo il discorso del pontefice, che mi sembra magnifico. Vedo, però, che non ha incluso la parola «Shoah» – olocausto –, che è particolarmente significativa per gli ebrei. Se non pronuncia quella parola, non mi stupirei se qualche rappresentante del mondo ebraico finisse per dire che il papa cerca di cristianizzare la storia di Auschwitz. E monterebbe un'amara polemica che finirebbe per essere l'unica eco di questo viaggio.

Così decido di recarmi subito alla residenza papale, nel palazzo arcivescovile di Cracovia, che si trova molto vicino al mio albergo. Salgo nella sua stanza e mi riceve Georg Gänswein. Gli dico che ho bisogno di parlare immediatamente con il papa. Lo chiama – forse sta pregando o riposando –, mi viene incontro e mi domanda un po' preoccupato: «Che cosa succede, dottor Navarro?». Gli spiego: «Il suo discorso è magnifico, sia dal punto di vista storico che teologico. Però manca questa parola, Shoah...». Non ho bisogno di continuare. Con il testo in mano, mi domanda: «Dove le sembra che possiamo inserirla?». Dove vorrà, rispondo. Mi chiede se andrebbe bene in una certa frase del discorso. Gli dico che va benissimo. La scrive a mano nel punto indicato. Poi aggiunge che potrebbe andare bene anche in un altro punto. E così la scrive di nuovo.

Mi ringrazia. Ricambio i ringraziamenti, sottolineando che «è il mio lavoro», e lascio la stanza colpito dall'esempio di umiltà del «papa intellettuale» che accetta un suggerimento con tanta semplicità.

Un'esperienza straordinaria
11 luglio 2006

Oggi, come avevo concordato con il papa, è stata resa nota la nomina di padre Federico Lombardi a direttore della sala stampa.

Ho dichiarato alla stampa: «Sono molto grato al Santo Padre per aver accolto la mia disponibilità, manifestata più volte, a lasciare, dopo molti anni, l'incarico di direttore della sala stampa della Santa Sede. Sono consapevole di aver ricevuto in tutto questo tempo molto più di quello che ho potuto dare, e anche di quanto adesso sono in grado di immaginare».

L'esperienza degli anni trascorsi è stata straordinaria. Per molti fattori.

Negli ultimi mesi, ho potuto vedere da vicino la nobiltà e la semplicità di Benedetto XVI.

Con Giovanni Paolo II, negli oltre vent'anni precedenti, si era stabilita una collaborazione basata sulla fiducia, informale, rapida, che oltrepassava la lentezza cronica della Curia. Con il papa tutto era più facile, anche nelle occasioni in cui, per la natura degli argomenti, le cose erano di per sé difficili. L'accesso diretto e continuo alla sua persona mi consentiva di avere il polso della situazione e, pertanto, di poter adattare quello che si comunicava nella sala stampa alla vera realtà di ciò che accadeva. Ammetto che questa non è la normalità. Sono stato un privilegiato. Ma soprattutto sono un privilegiato perché ho potuto vedere da vicino un uomo santo.

Epilogo

«A modo suo»

*di Rafael Navarro-Valls**

Io e Joaquín andavamo abbastanza d'accordo. Non solo per il naturale affetto fraterno, ma per circostanze della nostra vita che hanno rafforzato ancora di più quel sentimento.

Per esempio: devo la mia vita a Joaquín. Ho già raccontato altrove del nostro comune amore per la pesca subacquea. In un'occasione, mentre eravamo insieme alla ricerca di una preda importante, avvistai un polpo piuttosto grande. Lo trafissi con l'arpione. Cercai di tirarlo fuori dalla sua tana e afferrai il manico dell'arpione. Lui rilasciò una grande nuvola di inchiostro, ma nonostante la scarsa visibilità continuai a combattere. Siccome si era nascosto, io allungai la mano. Il polpo (uno degli animali più intelligenti) lanciò un paio di spessi tentacoli, che strinsero la mia mano bloccandola sul fondo. Non riuscivo a liberarmi. Cercai aiuto e Joaquín si lanciò sul polpo e tagliò di netto i tentacoli che mi imprigionavano permettendomi di risalire verso la superficie, dove arrivai ormai quasi senz'aria.

Qualche tempo dopo restituii il favore, anche se su scala minore. Una notte, mentre tornavo da una partita di poker nella quale avevo vinto una discreta somma di denaro (pesetas, all'epoca), trovai Joaquín che discuteva con mio padre sulla cifra necessaria per un viaggio molto importante per lui. La discussione si concluse con un pareggio. Era molto a corto di soldi. Senza che se ne accorgesse, misi tutta la mia vincita nella sua valigia e tra i suoi vestiti. L'autore della «donazione» è sempre rimasto anonimo.

* Cattedratico e professore emerito presso l'Università Complutense di Madrid.

Lo dico perché con una certa frequenza mi faceva partecipe di confidenze (quelle che poteva raccontare) sul suo lavoro. Perciò il libro al quale aggiungo queste parole contiene molti aneddoti, alcuni dei quali mi sono familiari. Nel volume *Il portavoce*, che ho curato nel 2020, e in cui raccolgo venti testimonianze di personalità di tutto il mondo sulla vita di Joaquín, ne riporto altri.

Già il curatore, nella sua Presentazione a questo libro che il lettore ha tra le mani, dà conto delle sue vicissitudini. Aggiungo un segreto: Joaquín voleva che le sue memorie fossero pubblicate a qualche anno dalla morte. Tuttavia, la mia famiglia – mentre Joaquín era in vita – lo ha incoraggiato a non ritardare così tanto. Quindi, poco prima di morire, diede un buon impulso a questi ricordi del suo tempo in Vaticano, ma mantenendo le sue condizioni.

Anche se avevo letto le bozze di queste note e dato alcuni suggerimenti a Joaquín, devo congratularmi con il curatore, Diego Contreras Luzón, professore di Analisi e pratica dell'informazione presso la facoltà di Comunicazione dell'Università della Santa Croce di Roma, per aver coordinato l'eccellente compito di organizzarli e rivederli.

Questi ricordi sono fatti «a modo suo», appunto il titolo di una nota canzone (*My Way*) che Joaquín a volte cantava accompagnandosi con la sua chitarra e che gli piaceva particolarmente.

Permettetemi di raccontare qui un aneddoto molto intimo che vi fa riferimento. Terminato il funerale, a Roma, i miei fratelli e io abbiamo trasportato la bara al carro funebre che l'avrebbe portata al cimitero. All'improvviso, la canzone in questione è squillata sul mio cellulare senza che io l'avessi attivata. Mi sono commosso perché mi sembrava che, in qualche modo, ci volesse dire che la sua anima era giunta a buon porto.

Certo, «a modo suo».

Note

Presentazione. *Breve storia di alcuni appunti*

[1] Juan Vicente Boo, *Navarro-Valls: Juan Pablo II nunca me dijo «esto no lo comunique»*, in «ABC», 24 aprile 2011.

[2] Luigi Accattoli, *De papel a digital*, in Rafael Navarro-Valls (a cura di), *El Portavoz*, Rialp, Madrid, 2019.

[3] Federico Lombardi è stato provinciale dei gesuiti in Italia, direttore dei programmi e direttore generale della Radio Vaticana, nonché direttore generale del Centro Televisivo Vaticano. È succeduto a Navarro-Valls come direttore della sala stampa vaticana (2006-2016). Presidente della Fondazione Joseph Ratzinger.

[4] Federico Lombardi, *Papi, Vaticano, comunicazione. Esperienze e riflessioni*, Milano, Ancora, 2021, p. 98.

[5] *The West Wing* è stata una popolare serie televisiva (1999-2006) creata da Aaron Sorkin e ambientata nell'ala ovest della Casa Bianca, dove si trovano lo Studio Ovale e gli uffici dei principali collaboratori del presidente degli Stati Uniti, in particolare l'ufficio stampa e comunicazione.

[6] José Miguel Cejas (†), Marc Carroggio, Jaime Cárdernas e Miguel Castellvì hanno collaborato in vari momenti al lavoro di revisione realizzato dalla cattedra Navarro-Valls della facoltà di Comunicazione dell'università della Santa Croce. Navarro-Valls aveva consegnato, con una lettera, le annotazioni originali al rettore dell'università, che le aveva trasmesse alla facoltà di Comunicazione.

I. *Una svolta inaspettata*

[1] Crescenzio Sepe. In quel periodo lavorava presso la Segreteria di Stato. Anni dopo è stato nominato consigliere della Segreteria di Stato, quindi segretario della Congregazione per il clero e prefetto della Congregazione per l'evangelizzazione dei popoli. È stato Segretario generale del Comitato per il Giubileo del 2000 e arcivescovo di Napoli (2006-2020). È cardinale dal 2001.

[2] Eduardo Martínez Somalo (Spagna, 1927-2021) e stato sostituto della Segreteria di Stato vaticana (cioè il funzionario della Santa Sede che dirige la

sezione per gli Affari generali) fino al 1988, quando è stato nominato prefetto della Congregazione per il culto divino e la disciplina dei sacramenti. Nel 1992 il papa lo ha nominato prefetto della Congregazione per gli istituti di vita consacrata. Nel 1988 è stato elevato al cardinalato ed è stato camerlengo (amministratore in sede vacante) dal 1997 al 2007.

[3] Andrzej Maria Deskur (Polonia, 1924-2011) è stato, nel 1983, presidente emerito dell'allora pontificia Commissione per le comunicazioni sociali. Era un amico intimo di Giovanni Paolo II, che conosceva da prima che fosse eletto papa. Proprio il giorno prima del conclave dell'ottobre 1978, Deskur fu colpito da un ictus che lo lasciò parzialmente paralizzato per il resto della vita. È stato creato cardinale nel 1985.

[4] Agostino Casaroli è stato segretario di Stato della Santa Sede dal 1979 al 1990. Conosciuto come l'architetto della cosiddetta Ostpolitik vaticana nei confronti dei paesi comunisti dell'Europa orientale. Cardinale dal 1979.

[5] Stanisław Dziwisz (Polonia, 1939) era già segretario personale di Karol Wojtyła al tempo in cui questi era vescovo ausiliare di Cracovia. Lo stesso Wojtyła lo aveva ordinato sacerdote nel 1963. Quando fu eletto papa, Giovanni Paolo II lo nominò segretario privato e, nel 1998, prefetto della Casa Pontificia. Benedetto XVI lo ha nominato arcivescovo di Cracovia (2005-2016) e, nel 2006, cardinale. Ha pubblicato un libro di ricordi del pontefice: *Una vita con Karol* (2007).

[6] Emery Kabongo Kanundowi (Repubblica del Congo, 1940) è stato secondo segretario del papa dal 1982 al 1988. È stato nominato vescovo di Luebo nel 1988. Nel 2003 si è dimesso per motivi di salute ed è tornato a Roma, dove è canonico della basilica di San Pietro.

[7] Dicastero è il termine generico con cui si indicano i principali organi della Curia romana che assistono il papa nell'esercizio dell'ufficio pastorale.

[8] Da luglio a settembre 1980 c'erano stati scioperi a Varsavia, Gdansk e in Slesia. Alla fine si era raggiunto un accordo tra il governo della Repubblica Popolare Polacca e il comitato di sciopero guidato da Lech Wałęsa. A settembre, Stanisław Kania aveva sollevato Gierek dalla carica di leader del Partito e a ottobre si erano registrate le iscrizioni a Solidarność, il primo sindacato indipendente in un paese del blocco sovietico. Nel 1981 il generale Jaruzelski era stato eletto primo ministro. I contadini avevano fondato una «Solidarietà agraria». Le tensioni sociali si erano aggravate, così come i timori di un intervento russo. Questo aveva portato, in dicembre, alla proclamazione della legge marziale. Nel 1982, il governo aveva vietato il sindacato Solidarność. La legge marziale era durata fino al luglio 1983. Due anni dopo, Jaruzelski era stato nominato presidente del Consiglio di Stato (l'equivalente del capo di Stato) tra forti tensioni politiche.

[9] L'attentato al papa, compiuto dal turco Ali Ağca, ebbe luogo il 13 maggio 1981, la stessa data della prima apparizione della Vergine Maria a Fatima (Portogallo), il 13 maggio 1917.

[10] Il Nevado del Ruiz è un vulcano attivo che il 13 novembre 1985 ha ucciso circa 25.000 persone in quella che è considerata l'eruzione vulcanica più catastrofica del XX secolo.

[11] Il secondo dei documenti della Santa Sede dedicati alla teologia della liberazione (*Libertatis conscientia*, 1986). Il primo, *Libertatis nuntius*, è stato pubblicato nel 1984.

[12] Roberto Tucci (1921-2015), sacerdote gesuita. Nel 1973 è stato nominato direttore generale della Radio Vaticana e dal 1982 si è occupato dell'organizzazione dei viaggi papali fuori dall'Italia. È stato nominato cardinale da Giovanni Paolo II nel 2001.

[13] L'enciclica è datata 18 maggio 1986 e chiude il ciclo trinitario delle prime tre encicliche di Giovanni Paolo II: *Redemptor hominis* (2 marzo 1979), dedicata a Gesù Cristo, figlio di Dio; *Dives in misericordia* (30 novembre 1980), dedicata a Dio Padre; e *Dominum et vivificantem*, dedicata all'azione dello Spirito Santo nella Chiesa e nel mondo.

II. *Un papa deve prendere decisioni*

[1] Wilton Wynn (Stati Uniti, 1920-2011) dal 1945 al 1947 ha diretto il dipartimento di giornalismo dell'università americana del Cairo, dove ha conosciuto sua moglie. Dal 1962 al 1974 è stato corrispondente dell'Associated Press a Beirut e del «Time» a Roma. Dopo un ulteriore soggiorno al Cairo è tornato a Roma, dove ha lavorato per il «Time» fino al pensionamento, nel 1991.

[2] Il libro è stato pubblicato nel 1988 con il titolo *Keeper of the Keys: John XXIII, Paul VI and John Paul II. Three who changed the Church* (*Custodi del regno. Giovanni XXIII, Paolo VI, Giovanni Paolo II, tre Papi che hanno cambiato la Chiesa*, trad. it. Milano, Frassinelli, 1989).

[3] Proprio in quei mesi il papa stava studiando il documento *Donum Vitae. Il rispetto della vita umana nascente e la dignità della procreazione*, che Joseph Ratzinger, in qualità di prefetto della Congregazione per la dottrina della fede, avrebbe promulgato l'anno successivo, il 22 febbraio 1987.

[4] Charles E. Curran (Stati Uniti, 1934), teologo. Nel 1986 la Congregazione per la dottrina della fede gli ha ritirato la facoltà di insegnare teologia cattolica nelle scuole cattoliche a causa delle sue posizioni su alcune questioni morali.

[5] In realtà, i dogmi di fede sono molto pochi: la maggior parte di essi sono inclusi nel *Credo*. Altri sono stati definiti nel corso dei secoli: l'ultimo è il dogma dell'Assunzione della Vergine Maria, dichiarato solennemente da Pio XII il 1° novembre 1950. Ma il contenuto della fede cristiana non si limita a questi dogmi. Giovanni Paolo II cita il magistero ordinario e universale: cioè quando tutti i vescovi in unione con il papa, anche senza un atto solenne, concordano sul fatto che una certa verità debba essere considerata definitiva e vincolante per i credenti.

[6] L'espressione indica la capacità dei fedeli di riconoscere che una certa verità fa parte del contenuto della fede.

[7] I media hanno spesso fatto eco alle controversie che con la Santa Sede hanno avuto Curran e altri teologi, in particolare Edward Schillebeeckx (Belgio, 1914-2009), Hans Küng (Svizzera, 1928-2021) e Leonardo Boff (Brasile, 1938). In generale, si trattava di problemi sorti nel decennio precedente.

[8] Justin Rigali (Stati Uniti, 1935) era allora presidente della Pontificia Accademia Ecclesiastica, la scuola diplomatica della Santa Sede. In seguito è stato segretario della Congregazione per i vescovi, arcivescovo di Saint Louis (Missouri) e poi di Filadelfia (Pennsylvania). È stato nominato cardinale nel 2003.

[9] La Segreteria di Stato assiste il papa nella sua missione e nel rapporto con gli altri dicasteri. È presieduta dal cardinale segretario di Stato, nominato dal

papa e con un mandato di cinque anni. All'epoca, la Segreteria di Stato aveva due sezioni: la prima, per gli Affari generali, sotto la direzione del sostituto assistito da un consigliere, e la seconda, per le Relazioni con gli Stati, con un proprio segretario assistito da un sottosegretario. Nel 2017 papa Francesco ha introdotto una terza sezione, guidata da un delegato, dedicata al personale diplomatico della Santa Sede.

[10] Il Myanmar di oggi, che all'epoca era una repubblica socialista con una limitata libertà religiosa.

[11] Angelo Gugel è stato assistente di camera (figura in un certo senso equivalente a quella di un maggiordomo) di Giovanni Paolo I (1978), Giovanni Paolo II (1978-2005) e Benedetto XVI (2005-2006).

[12] L'attacco terroristico è avvenuto venerdì 27 dicembre 1985 all'aeroporto Leonardo da Vinci di Fiumicino, vicino a Roma. Victor, allora quarantatreenne, stava andando a New York con la sua famiglia – la moglie Daniela e l'altro figlio, Michael – quando i terroristi hanno sparato indiscriminatamente. Sedici persone sono state uccise e molte ferite.

III. *Più forte dell'odio*

[1] Renato Buzzonetti è stato il medico personale di Giovanni Paolo II per tutto il suo pontificato e per quattro anni, fino al suo ritiro, di Benedetto XVI. In precedenza, era stato secondo medico di Paolo VI e di Giovanni Paolo I.

[2] Juan Francisco Fresno Larraín (Cile, 1914-2004) è stato nominato cardinale da Giovanni Paolo II nel 1985.

[3] Edith Stein (Germania, 1891-1942), filosofa, carmelitana e martire di origine ebraica. Fu collaboratrice del filosofo Edmund Husserl. Si convertì al cattolicesimo all'età di 30 anni. In seguito divenne monaca carmelitana a Colonia con il nome di Teresa Benedetta della Croce. Fu arrestata dai nazisti nei Paesi Bassi e imprigionata nel campo di concentramento di Auschwitz-Birkenau, dove fu uccisa insieme alla sorella Rosa nel 1942. È stata canonizzata nel 1998 da Giovanni Paolo II, che l'ha dichiarata compatrona d'Europa.

[4] Rupert Mayer (Germania, 1876-1945), sacerdote gesuita arrestato tre volte dalla Gestapo con l'accusa di predicare contro il nazismo. Durante l'ultimo arresto, all'età di 63 anni, la sua salute si deteriorò al punto che, per evitare di farne un martire, fu trasferito dal campo di concentramento all'abbazia benedettina di Ettal, dove fu liberato nel maggio 1945. Morì qualche mese dopo, mentre celebrava la messa.

[5] Questo sinodo è durato dal 1° al 30 ottobre 1987. Si intitolava: *La vocazione e la missione dei laici nella Chiesa e nel mondo* ed è sfociato nell'esortazione apostolica *Christifideles laici* (30 dicembre 1988). Le esortazioni apostoliche sono documenti di carattere universale, ma meno solenni delle encicliche. Hanno natura esortativa e portano sempre la firma del papa.

[6] František Tomášek (Repubblica Ceca, 1899-1992) è stato arcivescovo e cardinale di Praga, e ha mantenuto una prudente ma coraggiosa opposizione al regime comunista cecoslovacco.

[7] La *visita ad limina apostolorum* è la visita che tutti i vescovi diocesani devono fare alle «soglie (*limina*), cioè alle tombe degli apostoli Pietro e Paolo». Durante la visita, che si realizza ogni cinque-dieci anni, riferiscono al papa sullo stato delle diocesi che governano.

[8] Il 9 dicembre 1987 era iniziata la prima *Intifada*, o rivolta palestinese. Fu la cosiddetta «guerra delle pietre». Ogni giorno la televisione mostrava immagini di scontri di strada fra palestinesi e soldati dell'esercito israeliano.

[9] L'enciclica *Mater et Magistra* (Madre e maestra) di Giovanni XXIII fu pubblicata il 15 maggio 1961.

[10] L'enciclica *Populorum Progressio* (Lo sviluppo dei popoli) di Paolo VI, del 26 marzo 1967, affronta da una prospettiva cristiana la cooperazione tra i popoli e i problemi dei paesi in via di sviluppo.

[11] Jean-Yves Calvez (Francia, 1927-2010) è stato un sacerdote gesuita, esperto di marxismo. Il cardinale Roger Marie Etchegaray (Francia, 1922-2019) è stato, tra l'altro, presidente del Pontificio Consiglio della giustizia e della pace e del Pontificio Consiglio «Cor Unum». Il cardinale Jorge María Mejía (Argentina, 1923-2014), esperto di dottrina sociale della Chiesa, è stato bibliotecario della Biblioteca Vaticana e archivista dell'Archivio Segreto Vaticano. Rocco Buttiglione è stato docente universitario, europarlamentare e vicepresidente della Camera dei deputati.

[12] Pubblicato il 15 agosto 1988 con il titolo *Mulieris Dignitatem*.

[13] I nunzi apostolici sono rappresentanti stabili del papa nei vari paesi. Sono arcivescovi, hanno la cittadinanza vaticana e lo status diplomatico di ambasciatori. Il servizio diplomatico della Santa Sede è il più antico del mondo.

[14] Piero Marini è stato cerimoniere pontificio dal 1987 al 2007.

[15] L'arcivescovo Georg Zur (Germania, 1930-2019) è stato pronunzio in Malawi e Zambia e, oltre che in Paraguay, è stato nunzio in numerosi paesi, tra cui India, Messico, Burundi, Uganda, Russia e Austria.

[16] In quel periodo si pensava che Lefebvre avrebbe sottoscritto il protocollo d'intesa che la Santa Sede gli proponeva, ma non fu così. Marcel-François Marie Lefebvre (Francia, 1905-1991) è stato un arcivescovo noto per la sua opposizione a diversi insegnamenti del Concilio Vaticano II. Nel 1970 aveva fondato la Fraternità Sacerdotale San Pio X, che aveva un proprio seminario, Ecône. Le sue dure critiche alla Santa Sede e al Concilio portarono, però, a una visita apostolica del seminario e al ritiro, da parte del vescovo diocesano monsignor Mamie, del riconoscimento della Fraternità, che costituiva il supporto giuridico del seminario. Nonostante questa situazione di illegalità, Lefebvre continuò a ordinare diaconi e sacerdoti, e il 29 giugno 1976 fu quindi sospeso *a divinis*. L'11 ottobre di quell'anno fu ricevuto da Paolo VI: dopo l'udienza disse di essersi riconciliato con il papa, ma poco dopo riprese i suoi attacchi alla «Roma modernista» e al Concilio. Nel 1977 pubblicò un libro dal titolo *Accuso il Concilio*. Non appena eletto papa, Giovanni Paolo II cercò di riprendere il dialogo, ma il 27 ottobre 1986, dopo la celebrazione della prima Giornata interconfessionale ad Assisi, i seguaci di Lefebvre raddoppiarono le critiche. Il 5 maggio 1988 il cardinale Ratzinger e monsignor Lefebvre sottoscrissero un accordo, ma Lefebvre cambiò di nuovo idea poco dopo.

IV. *Una visita al Cremlino*

[1] Johannes Willebrands (Paesi Bassi, 1909-2006) ha dedicato gran parte della sua vita alle relazioni ecumeniche. È stato presidente del Segretariato per l'unità dei cristiani (poi Pontificio Consiglio) dal 1969 al 1989. Eleva-

to al cardinalato nel 1969, ha unito il suo incarico a Roma con quello di arcivescovo di Utrecht dal 1975 al 1983.

[2] Pierre Duprey (Francia, 1922-2007), della Società dei Missionari d'Africa (Padri Bianchi), è stato segretario del Pontificio Consiglio per l'unità dei cristiani (1983-1999).

[3] Il Consiglio per gli affari pubblici della Chiesa è stato rinominato Sezione dei Rapporti con gli Stati (la Seconda sezione della Segreteria di Stato) nel 1991.

[4] Il metropolita Filarete (Kirill Vakhromeev, Russia, 1935-2021) è stato a capo della Chiesa ortodossa bielorussa (1989-2013).

[5] La Chiesa greco-cattolica ucraina è la più grande delle Chiese cattoliche orientali autonome, in piena comunione con la Santa Sede. Durante il regime sovietico è stata duramente perseguitata.

[6] Oggi si chiama hotel Radisson-Royal.

[7] La guerra afgano-sovietica (1979-1989), conclusasi con il ritiro di Mosca, è considerata il «Vietnam sovietico».

[8] Sergej Izvekov (Russia, 1910-1990), Pimen I, è stato il quattordicesimo patriarca di Mosca, carica che ha ricoperto quasi interamente sotto il governo sovietico.

[9] Il cardinale Myroslav Ivan Ljubačivs'kyj (Ucraina, 1918-2000) è stato arcivescovo maggiore di Leopoli e capo della Chiesa greco-cattolica ucraina. È vissuto in esilio a Roma fino al 1991. È stato nominato cardinale nel 1985.

[10] Domenico Del Rio (1926-2003) è stato vaticanista del quotidiano «la Repubblica» dal 1975 al 1993.

[11] Il metropolita Juvenalij (Vladimir Pojarkov, Russia, 1935) era stato nominato metropolita di Krutitsy e Kolomna nel 1977.

[12] Il termine si riferisce originariamente alla politica della Repubblica Federale Tedesca, in particolare a quella dell'ex ministro degli Esteri e cancelliere Willy Brandt, volta a normalizzare le relazioni con i paesi dell'Europa orientale nel periodo 1969-1975. Per estensione, l'espressione «Ostpolitik vaticana» si riferisce all'azione, guidata soprattutto da Casaroli, volta a negoziare «possibili soluzioni» con i governi del blocco comunista.

[13] Il 5 settembre 1978 l'arcivescovo ortodosso Nikodim di Leningrado, oggi San Pietroburgo, morì improvvisamente all'età di 48 anni per un attacco di cuore, durante un'udienza in Vaticano mentre era a colloquio con Giovanni Paolo I.

[14] Il riferimento è a Vincentas Sladkevičius (Lituania, 1920-2000), elevato al rango di cardinale il 28 giugno 1988. È stato arcivescovo di Kaunas (1989-1996). Perseguitato sotto il comunismo, è stato agli arresti domiciliari dal 1963 al 1982.

V. *Testimone di uno scisma*

[1] In quel periodo, Vincent Tran Ngoc Thu (Vietnam, 1918-2002) era diventato il secondo segretario del papa in sostituzione di Emery Kabongo. Ha ricoperto questo incarico dal 1988 fino al suo pensionamento nel 1996.

[2] Si tratta del Vatican Information Service (VIS). Piet Derksen (Paesi Bassi, 1913-1996) è stato un uomo d'affari cattolico, che ha devoluto parte dei profitti delle proprie aziende alla sponsorizzazione dei media cattolici.

[3] Édouard Gagnon (Canada, 1918-2007) è stato un cardinale canadese

che, tra gli altri incarichi, ha presieduto il Pontificio Consiglio per la famiglia (1983-1990).

[4] Il papa aveva istituito un Anno Mariano per tutta la Chiesa, celebrato dal 7 giugno 1987 al 15 agosto 1988, in preparazione all'anniversario dei duemila anni dalla nascita di Cristo.

[5] All'epoca, infuriavano le polemiche sul passato di Kurt Waldheim e sul suo presunto coinvolgimento in crimini di guerra. Una commissione internazionale lo ha scagionato dalle accuse, ma come politico è rimasto isolato sulla scena internazionale.

[6] Lefebvre ordinò quattro vescovi senza mandato pontificio, in contrasto con il diritto canonico e nonostante le esplicite suppliche e gli ordini del papa. In conformità al diritto canonico, il 2 luglio 1988 Giovanni Paolo II scomunicò Lefebvre e i quattro sacerdoti coinvolti: Bernard Fellay, Bernard Tissier de Mallerais, Richard Williamson e Alfonso de Galarreta.

[7] María del Carmen Hernández Barrera (Spagna, 1930-2016) è stata, insieme a Kiko Argüello, l'iniziatrice del Cammino Neocatecumenale.

VI. *In vacanza con il papa*

[1] Il SAR (Search And Rescue) è un servizio di soccorso marino e alpino dotato di vari mezzi, tra cui l'elicottero.

[2] Il professor Tadeusz Styczeń (Polonia, 1931-2010) è stato discepolo e poi successore di Karol Wojtyła nella cattedra di Etica dell'Università cattolica di Lublino, in Polonia.

[3] Camillo Cibin (1947-2009) era a capo della sicurezza vaticana quando Ali Ağca tentò di assassinare il papa. Mentre due agenti proteggevano il papa, Cibin saltò le recinzioni di legno e riuscì a bloccare Ağca, aiutato da alcuni assistenti. Dopo l'attentato, presentò le sue dimissioni al papa, che le respinse come espressione della sua stima. Nel 1982 è stato nominato capo dell'ufficio centrale di sorveglianza e poi ispettore generale, responsabile della sicurezza del papa in tutti i viaggi apostolici all'estero e in molti di quelli in Italia. Durante il soggiorno del papa a Fátima, la sua presenza fu di nuovo cruciale quando bloccò un prete squilibrato che tentava di accoltellare il pontefice. È andato in pensione nel 2006. I funerali, officiati dal cardinale Lajolo, si sono svolti nella basilica di San Pietro.

[4] Ispettorato di pubblica sicurezza della Polizia di Stato italiana presso il Vaticano.

VII. *«Lo vede che il papa non è poi così cattivo?»*

[1] Quell'anno erano state autorizzate le imprese private e l'opposizione politica.

[2] Edward Idris Cassidy (Australia, 1924-2018) il 23 marzo era stato nominato sostituto del segretario di Stato, incarico che avrebbe mantenuto fino al 12 dicembre 1989, quando fu nominato presidente del Pontificio Consiglio per la promozione dell'unità dei cristiani. È stato creato cardinale nel 1991.

[3] Due giorni dopo, ha perso la vita un altro ostaggio.

[4] Dino Monduzzi (1922-2006) è stato prefetto della Casa Pontificia (1986-1998): tra i suoi compiti c'era il protocollo. È stato nominato cardinale nel 1998.

[5] John Patrick Foley (Stati Uniti, 1935-2011) è stato presidente del Pontificio Consiglio delle comunicazioni sociali. È stato elevato al cardinalato nel 2007.

[6] Jan Pieter Schotte (Belgio, 1928-2005) è stato segretario generale del sinodo dei vescovi. È stato nominato cardinale nel 1994.

[7] Francisco José Gómez Argüello Wirtz (Spagna, 1939) è stato con Carmen Hernández, nel 1964, l'iniziatore del Cammino Neocatecumenale nel quartiere madrileno di Vallecas.

VIII. *Roma e il dissenso*

[1] Le sessioni si sono svolte dal 10 aprile all'8 maggio 1994 e il tema era «La Chiesa in Africa e la sua missione evangelizzatrice verso l'anno 2000: "Sarete miei testimoni"». Il risultato dell'assemblea speciale è stata l'esortazione apostolica *Ecclesia in Africa,* firmata e presentata dal papa a Yaoundé (Camerun) durante la sua visita in Africa (14-20 settembre 1995).

[2] Achille Silvestrini (1923-2019) era all'epoca prefetto del Supremo Tribunale della Segnatura apostolica. In seguito è stato prefetto della Congregazione per le Chiese orientali. È stato nominato cardinale nel 1988.

[3] Questo Carmelo, situato accanto all'ex campo di concentramento di Auschwitz, è stato trasferito in modo permanente nel 1993.

[4] Il teologo Walter Kasper (Germania, 1933) è stato nominato arcivescovo di Rottemburg-Stoccarda qualche mese dopo (1989-1999). Chiamato a Roma dal papa, è stato prima segretario del Consiglio per l'unità dei cristiani (1999-2001) e poi presidente (2001-2010). Giovanni Paolo II lo ha creato cardinale nel 2001.

[5] Josip Uhač (Croazia, 1924-1998) è stato nunzio apostolico in diversi paesi e segretario della Congregazione per l'evangelizzazione dei popoli. Giovanni Paolo II aveva previsto di nominarlo cardinale, ma Uhač è morto un mese prima del concistoro.

[6] Il cardinale Joachim Meisner (Germania, 1933-2017) è stato arcivescovo di Colonia dal 1988 al 2014. La sua nomina era stata fortemente contestata da alcuni settori della diocesi.

[7] Emmanuel Milingo (Zambia, 1930). Nel 1983 gli era stato chiesto di dimettersi da arcivescovo di Lusaka. È stato inviato in Vaticano per lavorare nel Pontificio Consiglio della pastorale per i migranti e gli itineranti.

[8] Andrej Sacharov (Russia, 1921-1989) è stato un fisico nucleare, vincitore di tre medaglie di «Eroe del lavoro socialista». A partire dagli anni Sessanta ha iniziato a battersi per i diritti umani e le libertà, ragione per cui ha subito un esilio interno in URSS. Ha ricevuto il Nobel per la Pace nel 1975. È morto pochi mesi dopo l'incontro con il papa. Irina Alberti (1924-2000) è stata una giornalista e attivista russa, tra le altre cose redattrice di «La Pensée Russe». È rientrata in Russia nel 1991.

[9] Bernhard Häring (Germania, 1912-1998), sacerdote redentorista, specializzato in teologia morale, era in contrasto con il magistero della Chiesa per alcune sue posizioni sulla contraccezione, ecc.

[10] Carlo Caffarra (1938-2017) è stato, dal gennaio 1981, fondatore e presidente del pontificio Istituto Giovanni Paolo II per il matrimonio e la famiglia. Nel 1995 è stato nominato vescovo di Ferrara e nel 2003 di Bologna. Benedetto XVI lo ha elevato al cardinalato nel 2006.

[11] László Paskai (Ungheria, 1927-2015), creato cardinale nel 1988, è stato arcivescovo di Esztergom-Budapest dal 1987 al 2002.

[12] Angelo Sodano (1927-2022) era all'epoca segretario per i Rapporti con gli Stati. Nel 1991 è succeduto a Casaroli come Segretario di Stato, carica che ha ricoperto fino al 2006. Nominato cardinale nel 1991.

[13] Francesco Colasuonno (1925-2003) era stato nominato da Giovanni Paolo II «nunzio apostolico con incarichi speciali» nei paesi dell'Europa dell'Est, non appena in quei paesi era iniziato il processo di democratizzazione. È stato il primo nunzio a Mosca. Il papa lo ha creato cardinale nel 1998.

[14] József Mindszenty (Ungheria, 1892-1975) era stato nominato arcivescovo di Esztergom e creato cardinale nel 1945. Perseguitato dai nazisti prima e dal regime comunista poi, fu arrestato nel dicembre 1948 e sottoposto a tortura perché confessasse di aver commesso crimini contro il regime. L'anno successivo, dopo un processo farsa, fu condannato all'ergastolo. Fisicamente esausto, sottoscrisse la confessione di aver cospirato per rovesciare il governo, ma ebbe la lucidità di aggiungere le iniziali C.F. (*coactus feci*, cioè «ho firmato perché costretto»). Durante la prigionia si ammalò di tubercolosi. Fu liberato dagli insorti della rivolta popolare del 1956. Dopo il fallimento di quella rivoluzione, si rifugiò nell'ambasciata statunitense a Budapest. Nel 1971 fu costretto all'esilio in Austria, e giurò che non sarebbe tornato in Ungheria prima della fine del comunismo. I suoi resti sono stati trasferiti in Ungheria nel 1991.

[15] Anno Sjoerd Brandsma (Olanda, 1881-1942), sacerdote carmelitano e filosofo, era stato beatificato da Giovanni Paolo II pochi anni prima, il 3 novembre 1985. È stato rettore dell'Università cattolica di Nimega. È morto nel campo di concentramento di Dachau. Canonizzato da papa Francesco il 15 maggio 2022.

[16] Victoire Rasoamanarivo (Madagascar, 1848-1894), imparentata con i reali, fu battezzata a 15 anni e costretta a un matrimonio di convenienza durante il quale soffrì molto a causa dell'alcolismo del marito, che sul letto di morte accettò il battesimo cattolico. Rimase fedele al suo credo nei periodi di persecuzione, sostenne i cattolici nella loro fede quando i missionari furono espulsi dal paese e compì numerose opere di misericordia.

[17] Le suore polacche della comunità delle Serve del Sacro Cuore di Gesù che si prendevano cura della casa del papa erano: suor Matilda (che si occupava principalmente del guardaroba), suor Fernanda (amministrazione e acquisti), suor Eufrosina (corrispondenza privata e telefono), suor Germana (cucina) e suor Tobiana, che fungeva da governante (e collaborava con la sala stampa, talvolta traducendo testi).

[18] Jean-Bernard Rousseau, in religione fratel Scubilione (Francia, 1797-1867), era un Fratello Cristiano (lasalliano) conosciuto come «il catechista degli schiavi».

IX. *Il calore dei paesi nordici*

[1] Gorbačëv era stato eletto presidente del Soviet Supremo dell'Unione Sovietica il 25 maggio 1989.

[2] L'*Edda* è una raccolta del XIII secolo di storie orali legate alla mitologia norrena.

[3] L'Istituto per le Opere di Religione (IOR) è un'istituzione finanziaria della Santa Sede creata da papa Pio XII nel 1942, anche se trae origine da un organismo voluto da Leone XIII nel 1887. La sua missione è servire le varie istituzioni della Chiesa cattolica (Santa Sede, ordini religiosi, clero, ecc.) salvaguardando e amministrando i beni loro affidati e fornendo servizi di pagamento dedicati, in tutto il mondo. Secondo il rapporto annuale del 2021, lo IOR ha un patrimonio di 649,3 milioni di euro, con un utile netto di 18,1 milioni. Nella sua storia recente, lo IOR è stato coinvolto in una serie di scandali che sono stati ampiamente divulgati. Gli ultimi pontefici hanno intrapreso alcune riforme con l'obiettivo di rendere più trasparenti le sue strutture e i suoi regolamenti.

[4] Olof Palme (Svezia, 1927-1986), leader del Partito socialdemocratico, è stato primo ministro dal 1969 al 1976 e dal 1982 fino al suo assassinio da parte di un ignoto.

[5] Tekla Famiglietti (1936-2020), badessa generale delle Brigidine (Ordine del Santissimo Salvatore di Santa Brigida).

[6] La battaglia di Varsavia tra polacchi e russi (13-25 agosto 1920) viene talvolta definita «miracolo della Vistola». Anche se inizialmente sembrava che i russi fossero in vantaggio, stavano in realtà cadendo in una trappola. Il 16 agosto le truppe guidate da Józef Piłsudski contrattaccarono, costringendo i soldati russi alla ritirata.

[7] L'arcivescovo Paul Casimir Marcinkus (Stati Uniti, 1922-2006) è stato presidente dello IOR dal 1971 al 1989. Il suo nome compare in diversi scandali finanziari italiani di quegli anni.

[8] AAVV, *Giovanni Paolo II, pellegrino per il Vangelo* (Cinisello Balsamo, Edizioni Paoline, 1989). Contiene testimonianze, tra gli altri, di re Juan Carlos I, Cory Aquino, Shūsaku Endō e Madre Teresa di Calcutta, e fotografie di Giancarlo Giuliani.

[9] Roland Minneath (Francia, 1946), specialista in storia della Chiesa. È stato nominato vescovo di Strasburgo nel 1989 e poi di Digione (2004). Robert A. Graham (Stati Uniti, 1912-1997), gesuita, specialista in storia della Chiesa durante la seconda guerra mondiale.

[10] Si tratta dell'esortazione apostolica *Redemptoris custos*, sulla figura e la missione di san Giuseppe nella vita di Cristo e della Chiesa, pubblicata il 15 agosto 1989.

X. *Di nuovo in montagna*

[1] Helmut Schmidt (Germania, 1918-2015), politico socialdemocratico che ha ricoperto, tra le altre cariche, quella di cancelliere della Germania Ovest dal 1974 al 1982.

[2] Pier Giorgio Frassati (1901-1925), giovane membro dell'Azione Cattolica, grande alpinista valdostano, era stato beatificato dal papa il 20 maggio di quello stesso anno.

[3] Nel 1984 gli Stati Uniti hanno avviato il programma di Iniziativa di Difesa Strategica (SDI), popolarmente noto come «Guerre stellari», che mirava a creare uno scudo per proteggere il paese da un eventuale attacco dell'Unione Sovietica.

XI. *Un'estate difficile*

[1] Il 22 febbraio 1987, rappresentanti ebraici e cattolici avevano firmato un accordo. La parte cattolica era composta da quattro cardinali: tra loro, l'arcivescovo di Cracovia Franciszek Macharski, all'interno della cui arcidiocesi si trova Auschwitz. Tra i punti dell'accordo c'era il trasferimento del monastero carmelitano entro i successivi due anni.

[2] Alain Decaux (Francia, 1925-2016) è stato uno storico, membro dell'Académie de France. Dal 1988 al 1991, nel governo di Michel Rocard, è stato ministro degli Affari esteri con delega ai paesi francofoni.

XII. *«Servi inutiles sumus»*

[1] La Pacem in Terris era un'associazione di sacerdoti cecoslovacchi che prese il nome dall'enciclica di Giovanni XXIII. Creata nel 1971 con l'obiettivo di cercare «la pace nel mondo e l'amicizia tra le nazioni», era in realtà sponsorizzata dal regime comunista e il suo vero scopo era controllare e spiare il clero per condizionare la vita della Chiesa. L'arcivescovo di Praga František Tomášek proibì ai sacerdoti di farne parte. Di fatto, negli anni Ottanta ha iniziato a indebolirsi e si è sciolta nel dicembre 1989.

[2] Dili fu fondata dai portoghesi nel 1520. Nel 1769 divenne la nuova capitale di Timor sotto il dominio portoghese. Durante la seconda guerra mondiale fu occupata dai giapponesi. Il 28 novembre 1975 dichiarò unilateralmente l'indipendenza dal Portogallo, ma nove giorni dopo fu invasa dall'Indonesia. Il 20 maggio 2002 è diventata la capitale dello Stato indipendente di Timor Est.

[3] Il tetun è attualmente, insieme al portoghese, la lingua ufficiale di Timor Est, che – come ricordato – ha raggiunto l'indipendenza nel 2002. È una lingua austronesiana, con molte parole di origine portoghese e malese.

[4] Edmund D. Pellegrino (Stati Uniti, 1929-2013), medico, uno dei primi esperti di bioetica.

[5] *Luca* 17,10: «*Sic et vos cum feceritis omnia quae praecepta sunt vobis dicite servi inutiles sumus quod debuimus facere fecimus*», «Così anche voi, quando avrete fatto tutto quello che vi è stato ordinato, dite: Siamo servi inutili. Abbiamo fatto quanto dovevamo fare».

XIV. *«Cosa possiamo offrire al papa?»*

[1] Manuel Antonio Noriega (Panama, 1934-2017) ha guidato una dittatura militare a Panama (1983-1989) fino a quando non è stato esautorato dall'invasione degli Stati Uniti. In precedenza aveva collaborato con la CIA. Tra le accuse che hanno portato alla sua condanna c'era il traffico di droga.

[2] Nicolae Ceauşescu (Romania, 1918-1989) è stato segretario generale del Partito comunista rumeno (1965-1989) e presidente della Romania (1967-1989). La sua dittatura, iniziata con segnali di apertura, è stata poi caratterizzata da una crescente repressione. È stato fucilato insieme alla moglie, Elena, dopo un processo trasmesso in televisione. La Romania è stato l'unico paese del blocco sovietico a rovesciare il regime comunista con la violenza.

[3] José Sebastián Laboa (Spagna, 1923-2002), nunzio del papa a Panama, Paraguay, Malta e Libia. Si è distinto per la sua opera di mediazione e conciliazione durante la dittatura militare a Panama.

[4] La regione del Sahel, a sud del deserto del Sahara, è una delle più povere al mondo. Nel 1984, su iniziativa del papa, è stata creata la Fondazione Giovanni Paolo II per il Sahel: tra le varie iniziative, promuove progetti contro la desertificazione e per lo sviluppo dell'agricoltura. La maggior parte dei suoi beneficiari sono musulmani.

XV. *«Non so cosa sia un miracolo...»*

[1] Václav Havel (Repubblica Ceca, 1936-2011), drammaturgo e politico, è stato arrestato più volte dal regime comunista. Leader del movimento per i diritti umani «Charta 77», è stato in prigione dal 1979 al 1984. A seguito della «Rivoluzione di velluto» del 1989 è stato eletto presidente della Cecoslovacchia. Nel 1993, dopo la separazione dalla Slovacchia, è stato nuovamente eletto presidente della nuova Repubblica Ceca.

[2] Pubblicato originariamente nel 1967, questo libro di conversazioni di Guitton con Paolo VI – *Dialoghi con Paolo VI* – ha rappresentato un evento editoriale senza precedenti. Jean Guitton (Francia, 1901-1999), membro dell'Académie Française, è stato uno dei pensatori cattolici più significativi del XX secolo. È stato l'unico laico a partecipare al Concilio Vaticano II.

[3] L'11 marzo, in seguito alla vittoria elettorale del Movimento riformatore lituano (Sajudis) nelle prime elezioni libere dalla seconda guerra mondiale, il Parlamento lituano dichiarò l'indipendenza dall'URSS. La dichiarazione non venne riconosciuta da Mosca, che mise in atto diverse sanzioni economiche ed energetiche, seguite da azioni militari. Il riconoscimento sovietico avvenne il 6 settembre 1991.

[4] Il 30 marzo 1990 re Baldovino informò il primo ministro Martens che la sua coscienza gli impediva di firmare la legge sull'estensione dell'aborto approvata dal Parlamento, condizione necessaria per la sua promulgazione. Poiché il re non cambiò idea, si cercò una soluzione costituzionale: il 4 aprile Baldovino delegò l'esercizio dei suoi poteri all'esecutivo, invocando l'articolo 82 della Costituzione belga sulla «temporanea inabilità a regnare del rappresentante della Corona». Il governo assunse la reggenza e nell'esercizio della stessa approvò la legge. Un giorno dopo, il Parlamento dichiarò cessata l'incapacità temporanea del re, che così riassunse le sue prerogative.

[5] Vadim Zagladin (Russia, 1927-2006) è stato il consigliere personale di Gorbačëv e uno degli ideologi della perestrojka.

[6] Joaquín Ruiz-Giménez (Spagna, 1919-2009) è stato direttore dell'Istituto di cultura ispanica (1946-1948), ambasciatore spagnolo presso la Santa Sede (1948-1951) e ministro dell'Istruzione (1951-1956). Dal 1956 in poi mantenne una posizione critica nei confronti del regime franchista e promosse iniziative politiche di ispirazione democristiana.

XVI. *Il «grande sogno» del papa*

[1] Volodymyr Sterniuk (Ucraina, 1907-1997) è stato a capo della Chiesa cattolica ucraina dal 1972 fino al 1991, quando l'arcivescovo maggiore Liubačivs'kyj è potuto tornare in patria dall'esilio a Roma. Sempre sorvegliato e perseguitato dalla polizia sovietica, ha trascorso cinque anni in prigione e nei campi di lavoro.

[2] Maxim Hermaniuk (Ucraina, 1911 - Canada, 1996) è stato un religioso redentorista che ha svolto il suo ministero in tutto il Canada, dove fu ordinato vescovo nel 1951. Ha presieduto il sinodo della Chiesa greco-cattolica ucraina dal 1969 al 1974.

[3] Myroslav Marusyn (Ucraina, 1924 - Roma, 2009), nominato vescovo da Paolo VI nel 1974, è stato il primo membro della Chiesa greco-cattolica ucraina a lavorare stabilmente nella Curia romana. È stato segretario della Congregazione per le Chiese orientali e vicepresidente della commissione per la redazione del Codice di diritto canonico orientale.

XVII. *Sul Monte Bianco*

[1] Leszek Kołakowski (Polonia, 1927-2009), filosofo e saggista noto, tra l'altro, per la sua analisi critica del marxismo, che gli costò l'espulsione dal Partito comunista polacco e l'esilio nel 1968.

[2] In realtà, l'enciclica sarebbe stata pubblicata solo nel 1993 con il titolo *Veritatis Splendor*.

[3] È stata pubblicata pochi mesi dopo, nel maggio 1991, con il titolo *Centesimus Annus*.

[4] Sarebbe apparsa come enciclica pochi mesi dopo (*Redemptoris Missio*, dicembre 1990).

[5] Franjo Šeper (Croazia, 1905-1981) è stato prefetto della Congregazione per la Dottrina della Fede dal 1968 al 1981.

XVIII. «*Le certezze di Gesù Cristo*»

[1] Il documento venne firmato nel 1977 da 241 persone. Vi si invitava il governo comunista cecoslovacco a sottoscrivere i principi di tutela dei diritti umani contenuti negli Accordi di Helsinki (1975), firmati anche dalla Cecoslovacchia. Sebbene il principale firmatario, Václav Havel, fosse in prigione e l'adesione al manifesto fosse considerata un reato, «Charta 77» riuscì ad aggregare un'opposizione al regime che si sarebbe concretizzata nella «Rivoluzione di velluto» del 1989, culminata con l'elezione di Havel a presidente della Repubblica.

XIX. *Un incontro difficile*

[1] Saddam Hussein (Iraq, 1937-2006). Alcuni mesi prima, il 2 agosto 1990, aveva invaso il Kuwait rivendicando antichi diritti sul suo territorio. Fu l'origine della prima guerra del Golfo, che si concluse ufficialmente il 28 febbraio 1991.

[2] Come detto, l'enciclica sociale *Centesimus Annus* è datata 1° maggio 1991. L'enciclica di carattere morale, *Veritatis Splendor*, finì per essere pubblicata oltre due anni dopo (6 agosto 1993).

[3] Maria Antonietta Macciocchi (1922-2007) è stata un'intellettuale e giornalista che ha militato nel Partito comunista italiano fino alla sua espulsione negli anni Settanta. Successivamente ha aderito al partito radicale di Marco Pannella. Nel 1991 ha conosciuto Giovanni Paolo II ed è rimasta affascinata dalla sua personalità. In seguito, gli ha dedicato un libro, *Le donne secondo Wojtyła* (1992).

[4] Jean-Louis Tauran (Francia, 1943-2018) è stato nominato nel 1990 Segretario per i Rapporti con gli Stati (allora Consiglio per gli Affari pubblici della Chiesa), carica che ha ricoperto fino al 2003. In quell'anno è stato creato cardinale e il papa lo ha nominato Bibliotecario e Archivista di Santa Romana Chiesa; successivamente, presidente del Pontificio Consiglio per il dialogo interreligioso (dal 2007 fino alla sua morte).

[5] Michel Sabbah (Nazareth, 1933) è stato patriarca latino di Gerusalemme dal 1987 al 2008. Il patriarca latino è attualmente l'unico titolo nelle Chiese cattoliche di rito orientale assegnato a un vescovo della Chiesa latina. Ha giurisdizione su tutti i cattolici di rito latino in Israele, nei territori palestinesi, a Cipro e in Giordania. Non ha giurisdizione sui cattolici delle Chiese cattoliche di rito orientale che vivono in quelle aree.

[6] Il teologo Livio Melina è stato preside del Pontificio Istituto Giovanni Paolo II per gli studi sul matrimonio e la famiglia (2006-2016).

[7] Elio Sgreccia (1928-2019), noto esperto di bioetica, è stato nominato vescovo nel 1992 e segretario del Pontificio Consiglio per la famiglia (1992-1996). Benedetto XVI lo ha creato cardinale nel 2010. Presidente della Pontificia Accademia per la Vita (2005-2008).

[8] Bernardin Gantin (Benin, 1922-2008) era all'epoca prefetto della Congregazione per i Vescovi (1984-1998); in seguito è stato anche decano del Collegio cardinalizio (1993-2002).

[9] Due anni dopo, nel 1993, il papa ha nominato due vescovi ausiliari per la diocesi di Coira, nella speranza di pacificare la situazione. Ma gli attacchi dei suoi critici sono continuati. Anche il governo svizzero, intervenendo negli affari interni della Chiesa, ha presentato un'istanza diplomatica affinché il Vaticano sostituisse il vescovo. Vista la situazione, nel 1997 la Santa Sede ha deciso di creare una nuova diocesi a Vaduz, capitale del Liechtenstein, e ha nominato arcivescovo Haas, nato in quella città il 7 agosto 1948.

XX. *Conversazione su Fátima*

[1] Lúcia de Jesús Rosa dos Santos (Portogallo, 1907-2005) aveva dieci anni quando, insieme ai cugini Jacinta e Francisco, dichiarò che la Vergine Maria era apparsa loro più volte, tra il 13 maggio e il 13 ottobre 1917, nella Cova da Iria. In quella località fu eretto il santuario, dopo che la Chiesa ebbe certificato la veridicità delle apparizioni.

[2] Nelle apparizioni di Fátima i veggenti Lúcia, Jacinta e Francisco ricevettero tre messaggi della Madonna, considerati di natura premonitrice. I primi due, rivelati da Lúcia nel 1941, riguardavano rispettivamente la Rivoluzione russa e la seconda guerra mondiale. Il terzo rimase custodito dal papa in una busta sigillata, fino a quando Giovanni Paolo II non decise di renderlo pubblico nel 2000. Si riferisce alla persecuzione dei cristiani. Poiché, come i precedenti, la sua comprensione non è immediata né univoca, il papa volle che fosse pubblicato insieme a un commento dell'allora cardinale Ratzinger.

XXI. «*Vacanze di lavoro*»

[1] Come già accennato, si riferisce alla futura *Veritatis Splendor*.

[2] Nel giugno 1938 si iscrisse alla facoltà di Filosofia e Lettere dell'Università Jagellonica di Cracovia. Voleva studiare Filologia polacca e

andò a vivere in quella città con il padre, l'unica persona della famiglia che gli era rimasta. Tuttavia poté frequentare le lezioni solo per un anno accademico, poiché alla fine dell'estate dell'anno successivo scoppiò la seconda guerra mondiale. La Polonia fu invasa, l'università venne chiusa e lui non ebbe altra scelta che andare a lavorare in una cava di pietra per l'azienda chimica Solvay.

[3] «Tu che hai sofferto per noi, abbi pietà di noi.»

XXII. *Conoscere gli ostacoli*

[1] Il cardinale Fiorenzo Angelini (1916-2014) era all'epoca presidente del Pontificio Consiglio per la pastorale degli operatori sanitari (1985-96).

XXIII. *«È la Chiesa, non il papa»*

[1] Viktor Emil Frankl (Austria, 1905-1997) è stato un neurologo e psichiatra di origine ebraica, fondatore della logoterapia. Sopravvisse a diversi campi di concentramento nazisti, dove morirono i genitori e la moglie. Raccontò quell'esperienza in uno dei suoi libri più noti, *Uno psicologo nei lager.*

[2] Il fotografo italiano Giancarlo Giuliani ha seguito tutti i viaggi di Giovanni Paolo II per il settimanale «Famiglia Cristiana».

[3] Vladimir Gundjaev (Russia, 1946), Kirill di Smolensk, era all'epoca presidente del Dipartimento per le relazioni ecclesiastiche esterne del Patriarcato di Mosca. Nel 2009 è stato eletto patriarca di Mosca, succedendo ad Alessio II.

[4] Nel nuovo contesto di libertà, i cattolici ucraini di rito orientale cominciarono a chiedere – talvolta occupando le chiese – la restituzione delle parrocchie che erano state loro sottratte durante il periodo comunista e passate alla Chiesa ortodossa.

[5] La denominazione Repubblica dello Zaire è stata utilizzata dal 1971 al 1997 – durante il periodo di Mobutu Sese Seko – per indicare l'attuale Repubblica Democratica del Congo.

[6] Jozef Tomko (Slovacchia, 1924-2022) è stato un vescovo slovacco. È stato creato cardinale da Giovanni Paolo II nel 1985 e nominato prefetto della Congregazione per l'evangelizzazione dei popoli (1985-2001).

XXIV. *«Sarò ricoverato in ospedale»*

[1] Mario Tagliaferri (1927-1999) ha ricoperto incarichi diplomatici per la Santa Sede in molti paesi. È stato nunzio apostolico in Spagna dal 1985 al 1995, quindi è stato nominato nunzio a Parigi, dove è morto.

[2] Felipe González Márquez (Spagna, 1942) è stato segretario generale del Partito socialista operaio spagnolo (PSOE) dal 1974 al 1997 e capo del governo dal 1982 al 1996.

[3] Roger Schutz (1915-2005), monaco protestante svizzero, è stato il fondatore della Comunità ecumenica di Taizé, composta da confratelli protestanti, ortodossi e cattolici. È morto in seguito alle ferite riportate in un accoltellamento opera di una persona squilibrata.

XXV. *Recuperare le forze*

[1] Józef Kowalczyk (Polonia, 1938) è stato responsabile della sezione polacca della Segreteria di Stato dalla sua creazione nel 1978 fino al 1989. È stato poi nominato nunzio a Varsavia dopo il ripristino delle relazioni diplomatiche con la Polonia (1989-2010). È stato arcivescovo di Gniezno e primate di Polonia (2010-2014).

XXVI. *Prendere l'iniziativa*

[1] Francisco-Javier Lozano (Spagna, 1943) era all'epoca responsabile della sezione di lingua spagnola della Segreteria di Stato. In seguito è diventato nunzio in vari paesi.

XXVII. *Assisi, di nuovo*

[1] Francis Arinze (Nigeria, 1932), presidente del Pontificio Consiglio per il Dialogo Interreligioso, successivamente è stato prefetto della Congregazione per il Culto Divino (2002-2008). È stato nominato cardinale nel 1985.

[2] Si tratta rispettivamente di *Veritatis Splendor* (pubblicata il successivo 6 agosto) ed *Evangelium Vitae*, pubblicata due anni più tardi (25 marzo 1995).

[3] Leonardo Sandri (Argentina, 1943), assessore per gli Affari generali della Segreteria di Stato (1992-1997), in seguito è stato nominato sostituto per gli Affari generali della Segreteria di Stato (2000-2007) e poi prefetto della Congregazione per le Chiese orientali. È stato elevato a cardinale nel 2007.

XXVIII. *«Un po' invalido, ma non del tutto»*

[1] Camillo Ruini è stato cardinale vicario del papa per la diocesi di Roma (1991-2008) e presidente della Conferenza episcopale italiana (1991-2007).

[2] Stanisław Ryłko (Polonia 1945) in quel momento lavorava nella sezione polacca della Segretaria di Stato. È stato presidente del Pontificio Consiglio per i laici (2003-2016) ed è stato nominato cardinale nel 2007.

[3] Karol Józef Wojtyła, militare dell'esercito polacco, nacque a Lipnik, Polonia, il 18 luglio 1879 e morì il 18 febbraio 1941.

[4] Wanda Półtawska (Polonia, 1921), medico e scrittrice. Come membro della resistenza polacca, fu internata nel campo di concentramento di Ravensbrück, dove fu vittima di vari esperimenti che le provocarono danni fisici permanenti. Ha scritto *Diario di un'amicizia*, in cui racconta il suo lungo rapporto con Giovanni Paolo II, che per un periodo è stato suo confessore e l'ha aiutata a superare i traumi sofferti durante la prigionia.

XXIX. *La famiglia all'orizzonte*

[1] Seminario internazionale della prelatura dell'Opus Dei a Roma.

[2] Aleksej Michajlovič Ridiger (Estonia, 1929-2008), Alessio II, è stato patriarca di Mosca e di tutta la Russia (1990-2008). È stato eletto successore di Pimen pochi mesi prima della dissoluzione dell'Unione Sovietica, diventando così anche il primo patriarca eletto dalla Chiesa ortodossa e non dal potere comunista.

[3] Czesław Miłosz (Polonia, 1911-2004), poeta e traduttore, premio Nobel nel 1980.

[4] Álvaro del Portillo y Diez de Sollano (Spagna, 1914-1994), primo successore di san Josemaría Escrivá presso l'Opus Dei. È stato beatificato il 27 settembre 2014. Nell'incarico gli è succeduto l'allora vicario generale Javier Echevarría (1994-2016).

XXXI. *«Uomo dell'anno»*

[1] Il patriarca ortodosso Pavle (1914-2007) ha occupato l'incarico dal 1990 fino alla sua morte. In precedenza, era stato vescovo ortodosso del Kosovo per trent'anni.

[2] Paul Ricœur (Francia 1913-2005), filosofo e antropologo, si è occupato soprattutto di fenomenologia ed ermeneutica.

[3] L'enciclica *Ut Unum Sint*, sull'ecumenismo, verrà pubblicata il 30 maggio 1995. Gli altri due documenti menzionati sono la lettera apostolica *Tertio Millennio Adveniente*, per la preparazione del Giubileo del 2000 (14 novembre 1994), e l'enciclica *Evangelium Vitae* (30 marzo 1995).

[4] Lettera apostolica *Ordinatio sacerdotalis*, diretta ai vescovi della Chiesa cattolica, riguardo all'ordinazione sacerdotale riservata agli uomini, datata 22 maggio 1994.

[5] Renato Raffaele Martino in quegli anni era osservatore permanente della Santa Sede presso le Nazioni Unite (1986-2002). In seguito, è stato presidente del Pontificio Consiglio della giustizia e della pace e del Pontificio Consiglio della pastorale per i migranti e gli itineranti. È stato elevato cardinale nel 2003.

[6] Il viaggio a Sarajevo era previsto per l'8 settembre 1994; le date quindi coincidevano con quelle della Conferenza del Cairo. Alla fine, il viaggio non si fece nelle date stabilite. «Oltre alla volontà di non esporre il papa ai gravi rischi che lo attendono nella capitale bosniaca,» diceva il comunicato vaticano «si è aggiunta anche la preoccupazione di evitare che, in questo momento, il viaggio a Sarajevo sia malinteso e possa aumentare le tensioni.»

[7] Nel 1994, l'impatto internazionale di questa iniziativa giornalistica della rivista «Time» era molto più forte di quanto sia oggi.

XXXII. *Mio padre e il papa*

[1] L'Associazione patriottica dei cattolici cinesi è stata lo strumento usato dal regime per controllare la Chiesa cattolica, in contrapposizione con la cosiddetta «Chiesa clandestina», fedele a Roma. Negli ultimi decenni sono stati comunque numerosi i «cattolici patriottici» che hanno riconosciuto l'autorità del papa.

[2] George Weigel (Stati Uniti, 1951), teologo e scrittore. Autore di numerose pubblicazioni, tra le quali la biografia di Giovanni Paolo II, *Witness to Hope* (1999), è la più conosciuta.

[3] Michael Novak (Stati Uniti, 1933-2017), filosofo e diplomatico cattolico. Autore di più di venticinque libri sulla filosofia e la teologia della cultura, tra i quali *Lo spirito del capitalismo democratico e il cristianesimo* (1982).

XXXIII. *Una conferenza problematica*

[1] La *Lettera alle donne* è datata 29 giugno 1995. In un certo senso, completa la visione che Giovanni Paolo II aveva presentato nella lettera apostolica *Mulieris Dignitatem* (1988).

[2] Diarmuid Martin (Irlanda, 1945) è stato segretario del Pontificio Consiglio della giustizia e della pace (1994-2001) e arcivescovo di Dublino dal 2004 al 2020.

[3] Sheri Rickert è un'avvocatessa di New York, assessore giuridico della missione della Santa Sede presso l'ONU.

[4] John Klink è stato presidente della Commissione cattolica internazionale per gli emigrati e consulente del Pontificio Consiglio per la famiglia.

[5] Frank Joseph Dewane (Stati Uniti, 1950) è stato sottosegretario del Pontificio Consiglio della giustizia e della pace (1995-2001). Dal 2007 è vescovo di Venice, Florida.

[6] Gail Quinn, direttrice del segretariato Pro Vita della Conferenza episcopale nordamericana.

[7] Mary Ann Glendon (Stati Uniti, 1938) è stata professoressa di diritto presso l'università di Harvard. Anni dopo è stata ambasciatrice degli Stati Uniti presso la Santa Sede (2007-2009). È stata presidentessa della Pontificia Accademia di Scienze Sociali per nove anni.

[8] Benazir Bhutto (Pakistan, 1953-2007) è stata direttrice del Partito popolare del Pakistan o PPP. È stata la prima donna a occupare il ruolo di primo ministro in un paese musulmano (1988-1990 e 1993-1996). È morta assassinata al termine di un affollato comizio.

[9] Gertrude Ibengwe Mongella (Tanzania, 1945) ha occupato vari incarichi ministeriali nel suo paese ed è stata la prima donna presidente del Parlamento panafricano.

[10] Oltre ai nomi già menzionati, la delegazione era formata anche da Patricia Donahue, Teresa Chooi, Peter J. Elliot, Pilar Escudero de Jensen, Janne Haaland Matláry, Claudette Habesch, Kathryn Hawa Hoomkwap, Irena Kowalska, Joan Lewis, David John Malloy, Anne Nguyen Thi Thanh, Luis Jensen Acuña, Lucienne Sallé e Kung Si Mi.

[11] James Michael Harvey (Stati Uniti, 1949) lavorava allora nella Segreteria di Stato. Ne è stato nominato assessore nel 1997 e poi è stato prefetto della Casa Pontificia (1998-2012). È stato ordinato cardinale nel 2012, anno in cui è stato nominato arciprete della basilica di San Paolo fuori le Mura.

XXXIV. *Comunicazione nebulosa*

[1] Judith Zoebelein (Stati Uniti, 1948), sorella francescana dell'Eucaristia, ha lavorato per il sito web del Vaticano sin dalla sua nascita nel 1995.

[2] Antonio Machado (Spagna, 1875-1939), poeta e drammaturgo, rappresentante della cosiddetta «Generazione del '98».

[3] In effetti, passarono quasi vent'anni: Óscar Romero è stato beatificato il 23 maggio 2015 a San Salvador e canonizzato da papa Francesco il 14 ottobre 2018 in Piazza San Pietro a Roma.

XXXVI. *Tremori a Sarajevo*

[1] Mieczysław Mokrzycki, confidenzialmente «Mietek» (Polonia, 1961), è stato nominato secondo segretario del papa nel 1996, in sostituzione di monsignor Thu. Dopo la morte di Giovanni Paolo II, è stato segretario di Benedetto XVI fino a quando quest'ultimo lo ha nominato, nel 2007, arcivescovo coadiutore di Leopoli (Ucraina). Un anno dopo è stato nominato arcivescovo di Leopoli.

XXXVII. *L'aria di Parigi*

[1] Andrea Riccardi è cattedratico di Storia all'Università di Roma III e fondatore della Comunità di Sant'Egidio (1968), che promuove il dialogo, l'ecumenismo e la solidarietà internazionale.

XL. *Lettere che toccano il cuore*

[1] Julián Marías (Spagna, 1914-2005) è stato un filosofo e saggista, principale discepolo del filosofo José Ortega y Gasset. Il libro menzionato si intitola precisamente *Sul cristianesimo* (1997).

[2] In realtà, i due cardinali *in pectore* annunciati dal papa nel concistoro del 21 febbraio 1998 erano Marian Jaworski e Jānis Pujats, i cui nomi avrebbe reso pubblici nel concistoro del 21 febbraio 2001. In questa occasione monsignor Re sarà proclamato cardinale.

[3] Alojzije Viktor Stepinac (Croazia, 1898-1960) è stato arcivescovo di Zagabria dal 1937 fino alla morte. Dopo la seconda guerra mondiale, il regime comunista dell'allora Iugoslavia lo ha condannato a sedici anni di prigione. Pio XII lo ha nominato cardinale nel 1952, provocando in risposta la rottura delle relazioni diplomatiche della Iugoslavia con il Vaticano.

[4] Laurent-Désiré Kabila (Congo, 1939-2001) aveva rovesciato nel 1997 Mobutu Sese Seko. È morto assassinato e gli è succeduto suo figlio, Joseph Kabila.

[5] *Incarnationis Mysterium,* bolla di convocazione del Grande Giubileo dell'anno 2000, datata 29 novembre 1998.

[6] Jan Tyranowski (Polonia, 1901-1947) ha esercitato la professione di sarto a Cracovia. È stato amico e mentore del giovane Karol Wojtyła, che ha introdotto alla spiritualità carmelitana e alla teologia di Luis María Grignion de Montfort.

XLI. *Grazia per un condannato*

[1] Vincenzo Paglia all'epoca era parroco della basilica di Santa Maria in Trastevere. Nel quadro delle attività della Comunità di Sant'Egidio, di cui è stato uno dei promotori, ha lavorato per la pacificazione del Kosovo, ottenendo la liberazione di Rugova. È stato nominato vescovo di Terni (2000-2012), presidente del Pontificio Consiglio per la famiglia (2012-2016) e presidente della Pontificia Accademia per la vita (2016).

[2] Alla fine, neanche questo viaggio privato si è potuto realizzare. Pochi giorni dopo, il 29 giugno, Giovanni Paolo II invierà da Roma un messaggio

personale a Karekin I, che morirà quello stesso giorno. Il viaggio in Armenia avverrà nel settembre 2001.

[3] Santa Kinga, conosciuta come Cunegonda (Polonia, 1224-1292), è stata regina di Polonia ed è venerata come patrona di Polonia e Lituania. Dopo la morte del suo sposo, Boleslao V, è entrata in un convento di monache clarisse.

XLII. *Verso il Grande Giubileo*

[1] Michael Louis Fitzgerald (Regno Unito, 1937), dei Missionari d'Africa, esperto in relazioni con l'Islam, è stato segretario del Pontificio Consiglio per il dialogo interreligioso (1987-2002) e in seguito presidente di questo stesso organismo (2002-2006). Poi è stato nunzio apostolico in Egitto (2006-2012). È stato nominato cardinale nel 2019.

[2] Tre mesi dopo, pubblicherà la lettera apostolica *Spes Aedificandi* (1° ottobre 1999), con la quale nomina copatrone d'Europa santa Brigida di Svezia, santa Caterina da Siena e santa Teresa Benedetta della Croce (Edith Stein).

[3] *Lettera sul pellegrinaggio nei luoghi legati alla storia della salvezza*, 29 giugno 1999.

[4] Elia II (1933) è stato eletto patriarca della Chiesa apostolica georgiana nel 1977.

XLIII. *Terrasanta*

[1] Hosni Mubarak (Egitto, 1928-2020) è stato presidente della Repubblica araba d'Egitto per trent'anni (1981-2011). Ha rassegnato le dimissioni nel 2011, in seguito alle proteste della cosiddetta «primavera araba». È stato condannato e poi assolto in una serie di processi a causa dei quali ha trascorso sei anni in carcere.

[2] Shenuda III (Egitto, 1923-2012) è stato il leader della Chiesa ortodossa copta dal 1971 al 2012.

[3] Muḥammad Sayyid Ṭanṭāwī (Egitto, 1928-2010) è stato gran muftì d'Egitto dal 1986 al 1996. In seguito, Mubarak lo ha nominato «decano» dell'università di Al-Azhar, che è considerata la più prestigiosa scuola islamica sunnita.

[4] Vedi *Es* 3,13-14.

[5] *«God of our fathers, you chose Abraham and his descendants to bring your Name to the Nations: we are deeply saddened by the behaviour of those who in the course of history have caused these children of yours to suffer, and asking your forgiveness we wish to commit ourselves to genuine brotherhood with the people of the Covenant.»*

XLIV. *Una luce alla finestra*

[1] Tarcisio Bertone è stato segretario della Congregazione per la dottrina della fede dal 1997 al 2003, con il cardinale Ratzinger come prefetto; nel 2002 è stato nominato arcivescovo di Genova e l'anno successivo cardinale. Nel 2006 Benedetto XVI lo ha nominato segretario di Stato, carica che ha occupato fino al 2013.

[2] Negli anni successivi a questo episodio, Milingo si è reso protagonista di altri atti (ordinazione illegale di vescovi) che lo porteranno alla scomunica nel 2006.

XLV. *Abusi*

[1] Il 4 novembre 2005, la Congregazione per l'educazione cattolica ha pubblicato un documento dedicato a questo tema: «Istruzioni sui criteri di discernimento vocazionale riguardo alle persone con tendenze omosessuali in vista della loro ammissione al seminario e agli ordini sacri».

XLVI. *Guerra giusta?*

[1] Alla fine, il papa non sarebbe andato a Manila. Però volle partecipare in qualche modo al IV Incontro mondiale delle famiglie tramite un collegamento televisivo da Roma, il 25 gennaio 2003.

[2] L'11 febbraio 2002, Giovanni Paolo II aveva nominato vescovo di Irkutsk – in Siberia – monsignor Jerzy Mazur, ma il 19 aprile le autorità lo avevano espulso dai territori della Federazione Russa senza dare spiegazioni. Il 23 aprile 2003 è stato nominato vescovo di Elk, in Polonia.

[3] Il primo dei libri citati è stato pubblicato il 18 maggio 2004, con il titolo *Alzatevi, andiamo!* Il secondo, *Memoria e identità*, vedrà la luce il 23 febbraio 2005, poche settimane prima della morte di Giovanni Paolo II.

XLVII. *«Non ce la fa più»*

[1] L'enciclica è la *Redemptoris Mater* (Sulla Beata Vergine Maria nella vita della Chiesa in cammino), datata 25 marzo 1987.

[2] L'icona della Madonna Madre di Dio di Kazan' è l'immagine mariana più venerata dagli ortodossi russi. L'icona restituita dalla Santa Sede al Patriarcato di Mosca era stata conservata da Giovanni Paolo II nel suo appartamento per dieci anni. Gli era stata donata dall'associazione mariana Blue Army, che l'aveva comprata nel 1970, dopo molte vicissitudini. Esistono diverse teorie sull'identità dell'icona originale del XVI secolo. Alcuni sostengono che sia stata distrutta.

[3] Pubblicato in forma di libro, firmato da entrambi: *Senza radici. Europa, relativismo, cristianesimo, Islam* (2004).

XLVIII. *Di nuovo al Gemelli*

[1] Giovanni Lajolo (Novara, 1935) a quei tempi era segretario della Segreteria di Stato per le relazioni con gli Stati (2003-2006). È stato nominato cardinale nel 2007.

L. *Sono stato un privilegiato*

[1] Georg Gänswein (Germania, 1953) si è trasferito a Roma nel 1993, dove ha lavorato nella Congregazione per il culto divino e la disciplina dei sacramenti, e nella Congregazione per la dottrina della fede, diretta dal cardinale Ratzinger, del quale è stato segretario personale dal 2003. Nel 2012 Benedetto XVI lo ha nominato prefetto della Casa Pontificia e gli ha conferito l'ordinazione vescovile (2013). Dopo la rinuncia, è rimasto il più stretto collaboratore del papa emerito fino alla sua morte (31 dicembre 2022).

[2] Il libro sarà *Gesù di Nazaret*, pubblicato in tre volumi, il primo dei quali è uscito nel 2007.

[3] Il cardinale William Levada (Stati Uniti, 1936-2019) ha sostituito come prefetto della Congregazione per la dottrina della fede il cardinale Joseph Ratzinger, quando questi è stato eletto papa. Ha ricoperto questa carica dal 2005 al 2012. In precedenza, era stato arcivescovo di Portland (1986-1995) e di San Francisco (1995-2005).

Indice dei nomi

Referenze iconografiche

© Arturo Mari/Vatican Media: 1-2, 6-8, 11, 13, 24, 36-37

© Grzegorz Galazka: 3-5, 9, 12, 15, 43-44, 46-47

© Franco Origlia: 9

© Archivio personale di Joaquín Navarro-Valls: 14, 16-23, 25-35, 38-42, 45

Certificato PEFC
Questo prodotto è realizzato con materia prima da foreste gestite in maniera sostenibile e da fonti controllate
PEFC/18-32-03
www.pefc.it

Mondadori Libri S.p.A.

Questo volume è stato stampato
presso ELCOGRAF S.p.A.
Stabilimento - Cles (TN)

Stampato in Italia - Printed in Italy